탄소 기술관료주의

CARBON TECHNOCRACY

탄소 기술관료주의
CARBON TECHNOCRACY

빅터 샤우 지음 이종식 옮김

동아시아 탄소 중독의 기원과 종말을 찾아서

빨간소금

사랑과 감사함을 담아

나의 부모님, 샐리 니오(Sally Neo)와 샤우촨빈(Seow Chuan Bin)에게

바칩니다.

추천사

중국의 탄도(炭都) 푸순의 이야기를 통해 에너지와 제국, 산업화와 오만, 생태 파괴를 탁월하게 설명하는 책이다. 이 책은 탄소 시대 동아시아의 정치 질서를 형성하는 데 화석 연료 에너지가 수행한 역사적 역할을 이해하는 독특한 시각을, 나아가 기술의 대안적 지구사를 제시한다.

— 티머시 미첼, 《탄소 민주주의(Carbon Democracy)》 저자

빅터 샤우는 석탄 위로 세워진 문명이 문자 그대로 삽질을 거듭하며 자신의 토대를 허물고 있음을 보여준다. 탄소 기술관료주의에 관한 그의 탐구는 기술 진보와 개발을 향한 욕망이 어떻게 폭력의 깊은 골짜기를 따라 흘러왔는지 드러낸다. 지극히 인도주의적이며 세심한 책이다.

— 케이트 브라운, 《체르노빌 생존 지침서(Manual for Survival)》 저자

《탄소 기술관료주의》의 광범위한 분석 범위와 중요성은 대단히 인상적이다. 이 책은 중국 안팎에서 화석 연료 경제와 근대 국민국가의 부상이 역사적으로 깊은 연관이 있음을 설득력 있게 제시한다. 독자는 화석 연료 중독의 뿌리와 그 대가—생태 파괴뿐만 아니라 노동자에 대한 폭력적 착취와 국가의 사회 통제 역량 강화 등—에 대해 신선한 관점을 얻게 될 것이다. 빅터 샤우는 만주의 한 탄광을 중심으로 풍부한 역사적 발굴을 수행함으로써, 우리가 기후 위기를 극복하기 위해 왜 기술관료주의적 해결책에만 목을 매서는 안 되는지 명쾌하게 보여준다.

— 시그리드 슈말저, 《적색혁명, 녹색혁명(Red Revolution, Green Revolution)**》 저자**

이 매혹적인 책은 만주의 푸순 탄광사를 중심으로 석탄이 20세기 전후 동아시아에 만들어 낸 세계의 모습을 추적한다. 빅터 샤우는 국가와 경제의 추상적인 구조에서부터 엔지니어와 노동자의 일상에 이르기까지 여러 주제를 자유자재로 넘나들면서 거대과학, 거대공학, 그리고 거대기술이 제국 일본과 공산 중국 모두가 딛고 있는 탄소의 토대를 어떻게 구축해 갔는지 생생하게 들려준다. 궁극적으로 책은 기후 위기의 기원과 직면 과제를 깊이 있게 성찰하게 한다.

— 루이스 영, 《총력 제국, 일본(Japan's Total Empire)**》 저자**

한국 독자들에게

지구라는 행성 차원에서 벌어지고 있는 여러 어려움이 오늘날 우리를 옭아매고 있습니다. 에너지 문제에 대해 새로운 시각을 가져야 할 때가 되었습니다. 빙하가 녹아내리고, 숲이 불타고, 기온은 상승합니다. 무언가 바뀌고 있다는 징후가 점점 더 뚜렷해지는 가운데, 우리는 여전히 이 모든 변화에 결정적으로 기여한 화석 연료에 계속해서 의존하고 있습니다. 지구 구석구석 여러 공동체에서 우려의 목소리가 터져 나오고 있습니다. 2022년 여름, 80년 만의 최악의 홍수가 서울을 강타했습니다. 이는 탄소 배출량을 더 빠르게 줄여야 할 필요성을 시사하는 여러 극심한 기상 이변 중 하나에 불과합니다. 그런데도 한국은 여전히 전체 소비 에너지의 80퍼센트 이상을 화석 연료로부터 얻고 있습니다.

《탄소 기술관료주의》는 한때 동아시아 최대 탄광이었던 푸순의 역사를 비판적으로 검토함으로써 화석 연료에 대한 우리의 지독한 의존이 어떻게 시작되었는지 살펴봅니다. 이 책은 제국 일본에서 공산 중국에 이르기까지 확연히 다른 여러 정치 체제를 가로지릅니다. 그러나 이 책에 등장하는 모든 정권은 놀라울 정도로 유사한 경로를 따릅니다. 바로 국제 경쟁과 경제 성장, 국가 안보, 자원 자립에 대한 국가주의적 집착 속에서 석탄 중심의 개발주의를 수용했다는 점입니다. 그 결과 막심한 생태 및 환경 파괴가 뒤따랐음은 물론입니다. 그것이 다가 아닙니다. 《탄소 기술관료주의》는 특히 석탄 에너지를 이용 가능하게 만들기 위해 이런저런 노동을 해야 했던 사람들이 입은 피해를 강조합니다. 과도한 탄광 굴착이 초래한 위험 속에서 언제나 높아져만 가는 채굴 목표를 달성하기 위해 땀 흘렸던 노동자들 가운데 너무 많은 사람들이 다치거나 죽었습니다.

화석 연료에 대한 의존에서 벗어나기 위해 노력하는 가운데, 에너지 부문의 현장에서 일하는 한 사람 한 사람과 우리의 낭비적인 에너지 소비에 뒤따르는 막대한 인적 비용(human costs)에 대해 우리가 더 큰 관심을 가지면 좋겠습니다. 이러한 관심이 아마도 변화를 추동해 낼 수 있을 것입니다. 환경 정의의 문제와 사회 정의의 문제는 결코 분리될 수 없습니다.

끝으로 《탄소 기술관료주의》를 이토록 유려하게 번역한 저의 제자이자 이제는 걸출한 과학사·의학사학자가 된 이종식에게 깊은 감사의 마음을 표합니다. 또 이 책을 제작하는 데 크게 애써 주신 빨간소금 출판사 관계자 분들께 감사합니다. 그리고 무엇보다도 기꺼이 이 책에 관심을 가져 주신, 지금 이 글을 읽고 계시는 독자 여러분께 고마운 마음을 전합니다.

2024년 봄

빅터 샤우 드림

차례

서론

탄소 기술관료주의

Carbon Technocracy

중국의 근대적 산업화의 기원을 찾고 싶었다. 대신 그 끝의 시작을 발견했다. 2011년 여름, 탄광도시 푸순(撫順)을 처음 방문했다. 그전부터 나는 약 한 세기 전 일본 기술관료들이 개발한 어마어마한 푸순 노천광에 관한 역사적 사진과 문헌을 접했다. 현장은 기계가 만든 광대하고 공업화한 풍경이었다. 바위를 깎고 땅을 파내 구멍을 만드는 대형 굴착기, 전기 및 증기 동력삽, 그리고 덤프트럭. 1928년에 푸순을 찾은 일본 시인 요사노 아키코(與謝野晶子, 1878~1942)는 노천광을 "마치 하늘을 향해 커다란 아가리를 열어젖힌 지상의 괴물과도 같은 무시무시하고 기괴한 형상"이라고 묘사했다.[1] 내 눈으로 보기에도 푸순 탄광은 과연 대단했다.

만약 양 측면에 두드러지게 규칙적인 층—마치 셰일오일(shale oil)과 석탄을 수확하는 계단식 농장처럼 보인다—이 나 있지 않았더라면, 이 거대한 땅의 구멍을 계곡처럼 자연스레 형성된 것으로 착각하기 쉽다. 나는 이 광경을 자랑하고 싶어 안달이 난 탄광 측 직원에 의해 노천광으로 이끌려 갔다. 우리 차가 깊은 곳을 향해 울퉁불퉁한 길을 따라 내려갈 때 탄광이 예상보다 훨씬 더 한가해 보인다는 느낌을 받지 않을 수 없었다. 마

1 Yosano and Yosano, "Man-Mō yūki," 140. 시인이자 작가 겸 번역가인 요사노 아키코는 여러 사회 문제에 대해 예리하고도 논쟁적인 논평을 남겼다. 그는 1928년 봄, 남편인 시인 요사노 뎃칸(與謝野鐵幹)과 함께 만주와 몽골을 여행하면서 푸순을 방문했다. 요사노는 2장에 다시 나온다.

〈그림 0-1〉 푸순 서부 노천광의 항공 사진(2017년 9월 29일). **이 당시 현장 작업의 대부분은 석탄이나 셰일오일을 추출하는 것이 아니라, 지난 날의 과도한 채굴이 초래한 낙석의 잔해를 제거하거나 지면에 노출된 석탄과 셰일에서 자연적으로 발생한 화재를 진압하는 일이었다. 이 탄광은 사진이 찍힌 시점으로부터 채 2년이 되기 전에 폐쇄되었다.** (사진 제공: Imaginechina Ltd./Alamy Stock Photo.)

침 쓰레기를 실은 덤프트럭 한 대가 우리를 스쳐 지나갔다. 덤프트럭은 꽤 인상적이었다. 바퀴가 우리 세단 차체의 두 배는 되어 보였다. 이 덤프트럭을 빼면 이 현장이 굴러가고 있다는 인상을 주는 표지는 아무것도 없었다. 머리 위로 펼쳐진 하늘은 공업도시치고는 지나치게 푸르렀다. 특히 푸순이 과거 수십 년 동안 동아시아 최대 탄광을 보유한 '탄도(炭都)'였음을 고려할 때 하늘은 푸르러도 너무 푸르렀다.

푸순은 중국의 둥베이(東北) 지역—과거에는 '만주'라 불린—을 구성하는 세 개의 성(省) 가운데 가장 남쪽에 있는 랴오닝성(遼寧省)에 있다.[2] 도시의 지하에는 녹색 이암(green mudstone), 유혈암(oil shale), 응회암, 현무암으로 이루어진 지층들 사이로 막대한 양의 석탄이 들어 있다. 과거에 이 석탄은 오랫동안 삽으로 채굴되었다. 그러나 20세기 전반기에 푸순 탄광을 경영한 일본제국 기업 남만주철도주식회사(南滿洲鐵道株式會社, 약칭 만

2 '만주(Manchuria)'라는 지명의 역사에 대해서는 다음을 보라. Elliott, "The Limits of Tartary."

철)의 등장과 더불어 대규모 석탄 채굴 산업이 발전했다. 1933년에 푸순은 만주 석탄 생산량의 5분의 4를, 일본 본국과 식민지 전체에서 생산된 석탄의 6분의 1을 책임지고 있었다.[3] 일본이라는 에너지 제국의 칠흑의 심장, 그곳이 바로 푸순이었다.

1948년에 이 지역을 점령한 후 중국공산당은 꾸준히 푸순의 탄소 자원을 활용했다. 1952년 현재, 여전히 중국 최대의 탄광인 푸순은 전국 석탄 생산량의 8퍼센트를 담당하고 있었다.[4] 그로부터 수십 년이 흘러 채굴의 속도와 규모가 더 이상 지속 가능하지 않다는 사실이 드러났다. 오늘날 푸순의 연간 석탄 생산량은 300만 톤에도 미치지 못하는데, 이는 2차 세계대전 전 최대 생산량을 달성한 1936년도의 3분의 1, 전후 최대 생산량을 기록한 1960년도의 6분의 1 수준에 불과하다.[5] 과거의 소모적인 채굴 관행은 현재와 미래의 생산을 대가로 했다. 푸순의 전체 석탄 예상 부존량인 15억 톤 가운데 약 3분의 1이 여전히 지하에 남아 있다. 하지만 이를 채굴하려면 산사태와 지반 침하가 일어나 기반 시설이 붕괴하고 건물이 가라앉을 위험성을 감수해야 한다. 2012년의 정부 보고서에 따르면, 푸순 전체 면적의 3분의 2가 불안정한 지반 위에 놓여 있다고 한다. 최근 한 논자는 다음과 같이 말했다. "푸순은 과거 석탄 덕분에 인구 220만 명의 번영하는 대도시로 성장했지만, 오늘날에는 바로 그 석탄 때문에 잠식될 위기에 처했다."[6]

이 책은 중국과 일본이 산업화를 향한 열망을 실현하는 데 필수불가결한 화석 연료를 장악해 나가는 과정에서 어떻게 에너지 추출을 위한 대규

3 Schumpeter, "Japan, Korea, and Manchukuo," 409, 424.

4 Fushun shi tongji ju, *Fushun sanshi nian*, 21.

5 *FMBN*, 360–61.

6 Dong, "Coal, Which Built a Chinese City."

모 기술 프로젝트를 추동했는지 탐구한다. 이러한 프로젝트는 궁극적으로 막대한 인적·환경적 비용을 초래했으며, 푸순보다 이를 더 분명하게 보여주는 공간은 존재하지 않는다.[7] 왕년의 탄도는 비록 쇠퇴하고 있지만, 애당초 그 성장을 가능케 했던 화석 연료 중심의 개발 행태는 오늘날까지 여전히 건재하다. 그 결과 우리는 지나친 탄소 소비가 촉발한 행성 차원의 위기에 직면했다. 푸순 탄광의 역사는 현재 우리가 겪는 곤경의 역사적 계보를 드러낼 것이다.

20세기 초에 중국 상인들이 처음으로 개발한 푸순의 탄광들은 그 뒤 러일전쟁 기간(1904~1905)에 일본의 수중에 떨어졌으며, 곧 만철의 관리를 받았다. 1945년, 일본제국의 패망 후 푸순 탄광은 차례로 소련, 중국국민당, 중국공산당에 의해 점령되었고, 중국공산당은 그때부터 지금까지 국영기업 체제를 유지하고 있다. 이 기간에 줄곧 탄광의 운영자들은 다양한 추출 기술을 동원해 수확량을 극대화하고자 했다. 그들은 대지로부터 탄소 에너지를 더 철저히 뽑아내기 위해 노천채굴법(open-pit mining)과

7 푸순 탄광은 과거에도 얼마간의 학술적 관심을 끌었다. 만철 휘하 탄광 기업으로서의 발전사에 대해서는 다음을 참고. Chen, *Riben zai Hua meiye touzi*, 29-80, 163-75. 대부분 중국인이었던 노동자들을 일본인들이 어떻게 관리했는지에 대해서는 다음을 보라. Murakushi, *Transfer of Coal-Mining Technology*, 48-84; Matsumura, "Fushun meikuang gongren shitai"; You, *Mantetsu Bujun tankō no rōmu kanri*; Teh, "Mining for Difference"; Wang, "Manshūkoku" rōkō, 213-319. 이 책은 여러 면에서 기존 연구와 구별되며, 또 선행연구를 보충한다. 첫째, 나는 석탄 자체에 많은 관심을 기울인다. 푸순의 주요 생산품이 다른 자원이나 상품이 아닌 석탄이었다는 점이 중요하다. 이 단순한 전제에서 출발해 석탄의 의미와 물질성이 이 화석 연료의 추출, 유통, 생산에 어떠한 영향을 미쳤는지, 그리고 이러한 과정이 푸순과 그 너머에서 어떻게 기술, 노동, 환경의 특정한 집합체들(assemblages)을 만들었는지 보여줄 것이다. 둘째, 다른 기존 문헌들은 1945년 일본제국의 몰락까지만 다루지만, 나는 푸순의 석탄을 따라 1960년까지 이야기를 이어갈 것이다. 이로써 우리는 푸순 탄광이 중국국민당과 중국공산당의 손에 넘어간 뒤 어떻게 변화했는지, 어떠한 연속성이 확인되는지, 더욱 일반적으로 말하자면 뒤이은 중국의 여러 정권에 미친 일본제국주의의 유산이 무엇인지 살펴볼 수 있다. 셋째, 나는 이 국지적이고 지역적인 역사를 중국과 일본의 발전이라는 더 넓은 맥락 속에 확고히 위치시키면서, 중국과 일본이 공유한 화석 연료 중심의 산업 근대성의 비전에서 푸순이 얼마나 핵심적이었는가를 보여주고자 한다.

모래주입식채탄법(灑砂充塡採掘法, hydraulic stowing)과 같은 기술을 도입했다. 인간의 노동력에 대해서도 마찬가지 이유로 지문 채취와 열량 계산 등의 메커니즘을 활용했다. 푸순은 중국과 일본의 근대적 석탄 채굴 모델 그 자체였으며, 그 거대한 노천광의 이미지는 도쿄, 난징(南京), 베이징(北京) 등지에서 에너지 집약적 산업 근대성이라는 환상을 살찌웠다.

푸순과 전 세계의 다른 에너지 추출 현장에서 채굴된 석탄은 하나의 독특한 사회기술적 제도를 만들어 냈다. 이는 마치 보편적이고 과학적이며 불가피한 근대성의 정점처럼 보였다. 정치 체제로서 그 모든 차이점에도 불구하고, 서로 다른 시기에 푸순을 지배한 일본제국, 중국국민당, 중국공산당은 탄소 자원과 관련해서는 대단히 기술관료주의적(technocratic)인 비전을 공유했다. 곧 국가주의적 목적을 위해 과학과 기술을 총동원해 화석 연료를 쥐어짰다. 더욱이 이러한 비전은 전형적으로 석탄 중심의 개발을 포용하고 중공업 확장에 집중했으며, 민족국가 단위의 경제자립에 집착하고 인간의 노동을 절감하는 기계화에 눈독 들였으며, 값싼 에너지를 선호하고 경제 성장을 석탄 생산과 소비의 증가로 환원했다. 동시에 일본과 중국의 정권들은 근대화를 이룩하기 위한 수단으로 탄소 에너지를 보면서, 한편으로 연료 부족이 올 수 있다는 두려움과 다른 한편으로 과학기술을 통해 거의 무한한 연료 공급원을 확보할 수 있다는 믿음이 불러일으키는 모순 속으로 빠져들었다.[8] 이와 같은 대단히 근대적인 에너지 추출 레짐을 나는 '탄소 기술관료주의(carbon technocracy)'라고 명명한다. 탄소 기술관료주의의 출현이 바로 이 책의 주제라고 할 수 있다.

8 앤슨 라빈바흐(Anson Rabinbach)도 일의 과학과 노동의 문제에 관한 주저에서 이와 비슷한 역설을 이야기했다. "에너지와 피로의 개념은 (…) 인간의 목적을 위해 활용할 수 있는 무한한 자연의 힘이 있다고 단언하면서 동시에 한계에 대한 불안을 노출한다." 다음을 참고. Rabinbach, *The Human Motor*, 12.

탄소가 만든 세계

우리는 탄소가 만든 세계에 산다. 석탄이라는 형태의 화석 연료 에너지가 집중적으로 활용되기 시작한 것은 18세기인데, 그 뒤 전 세계적으로 일련의 사회적·물질적 격변이 촉발되었다. 석탄에 내재한 막대한 동력이 증기 기관을 통해 이용됨으로써 대규모 공업 생산이 뒤따랐고, 노동의 구조와 소비 형태에 변화가 일어났다. 석탄을 연료로 한 증기기관차와 증기선은 육지와 바다에서 장거리 이동을 촉진했다. 이로써 사람, 사유, 사물의 더욱 쉬운 순환이 가능해졌다. 석탄을 가열하는 과정에서 만들어진 가스는 거리, 공장, 주택가의 등불을 밝혔고, 사람들은 해가 진 뒤에도 주간 활동을 이어갈 수 있었다. 코크스(coke)[9]로 가공된 석탄은 철과 강철을 제련하는 용광로를 움직였고, 광산 펌프부터 철로에 이르는 최신 기계 설비와 기반 시설을 만들었다. 19세기 말에 석탄을 태워 전기를 생산하는 화력 발전소가 등장한 후 이 광물의 활용 범위는 한층 더 넓어졌다. 사회 평론가 루이스 멈포드(Lewis Mumford)는 다음과 같이 말했다. "이 석탄과 철로 된 복합체로부터 새로운 문명이 발전해 왔다."[10]

석탄은 우리의 가까운 과거를 만들었고 여전히 우리의 현재를 지탱한다. 1800년 이래로 전 세계 석탄 소비량은 약 450배 증가했다. 2019년 현재 석탄은 전 세계 에너지 사용량의 약 27퍼센트를 차지한다. 이는 석유(약 33퍼센트)에 뒤처지지만, 여전히 천연가스(약 24퍼센트)에는 앞선 수치다. 공교롭게도 모두 화석 연료다. 여전히 석탄은 주요 전력원이다(약 36퍼센트).[11] 처음부터 석탄은 여러 정치공동체의 안팎에서 불균등하게 소비되

9 석탄을 가공해 만드는 고체연료의 일종으로 주로 제철에 활용된다. 영어로는 단수형 coke와 복수형 cokes가 모두 쓰이지만, 우리말에서는 일반적으로 '코크스'라고 표현한다–옮긴이.

10 Mumford, *Technics and Civilization*, 156. 루이스 멈포드와 광산 및 여타 지하 공간에 관한 그의 저작에 대한 추가적인 내용으로는 다음을 참고. Williams, *Notes on the Underground*.

11 Ritchie, "Energy Mix"; Ritchie and Roser, "Fossil Fuels."

었다. 탄소 에너지에 대한 접근성의 격차는 사회적·물질적 불평등을 반영하고 또 재생산한다. 시간이 지나면서 화석 연료 사용은 기하급수적으로 증가했고, 이와 더불어 불평등도 계속해서 확대되었다.[12]

그럼에도 석탄이 만든 세계는 일견 비슷비슷해 보였다. 가장 많은 변화를 겪은 지역들은 놀라울 정도로 비슷했다. 석탄이 불붙인 잉글랜드 '면방직의 수도'이자 근대 공업의 중심지 맨체스터—알렉시스 드 토크빌(Alexis de Tocqueville)이 "전 세계를 먹여 살리는 인류 산업의 가장 위대한 물줄기가 흘러나오는 (…) 하수구"라는 모순적인 표현으로 부른—는 전 지구적으로, 특히 동아시아에서 모방되었다.[13] 2차 세계대전 전 일본의 가장 산업화한 도시 오사카는 '동양의 맨체스터'로 불렸다. 1896년도 도시 조사에 따르면, 당시 오사카에는 1,370개나 되는 높은 굴뚝이 하늘 위로 우뚝 솟아 유독 가스 구름을 내뿜었다. 굴뚝 아래에서는 연소하는 석탄이 증기 엔진에 동력을 공급함으로써 공장을 움직였다. 오사카의 도심 지형은 이 '굴뚝의 숲'으로 정의되었다.[14] 동양의 맨체스터라는 지위를 놓고 오사카와 경쟁한 또 하나의 도시가 있었다. 상하이(上海)는 "중화제국에서 가장 큰 면방직 공장 지대이자 세계에서 가장 큰 공장 지대 중 하나"임을 자임했다.[15] 한 관찰자가 1929년에 남긴 기록에 따르면, 상하이의 풍경 역시 "탑과 사원으로 점철된 여타의 중국 도시들과 달리 (…) 수백 개의 공장 굴뚝"으로 특징지을 수 있었다.[16] 맨체스터, 오사카, 상하이, 그리

12 Oswald, Owen, and Steinberger, "Large Inequality in International and Intranational Energy Footprints."

13 Tocqueville, *Journeys to England and Ireland*, 107.

14 "Commercial and Industrial"; Scott, "Changes and Still More Changes." 맨체스터와 마찬가지로 오사카도 방직업으로 가장 유명했지만, 그 외 유리, 성냥, 선박, 기관차 등 평범한 물건에서 대단한 기계까지 다양한 상품을 생산했다.

15 Browne, *China*, 283-84.

16 Hsia, *The Status of Shanghai*, 118.

고 더 멀리 떨어진 지역들을 가로질러 공장과 기계, 증기와 연기가 화석 연료가 지탱하는 산업 근대성의 도래를 알렸다.

그러나 석탄이라는 검은 암석은 산업화한 세계를 만드는 데 핵심적이었던 만큼 그러한 세계를 파괴하는 데 일조하고 있다. 석탄과 여타 화석 연료의 무분별한 연소는 막대한 양의 이산화탄소와 각종 온실가스를 대기 중으로 배출했고 여전히 배출하고 있으며, 이로써 인류 역사상 유례없는 규모로 지구의 기후 변화를 가속한다. 우리 행성의 해수면과 해양 온도가 상승하고 있으며, 눈과 얼음이 빠른 속도로 녹아내리고 있다. 그 결과 발생하는 지상에서의 변화는 "현대 문명의 생존 가능성뿐만 아니라, 아마도 심지어 미래의 호모 사피엔스의 존재 자체까지도 심각하게 위협할 것"이라고 화학자 윌 스테판(Will Steffen) 등은 경고한다.[17] 중국의 도시들은 거의 언제나 스모그에 뒤덮여 있다. 또한 양쯔강(揚子江 또는 長江) 상류 지역에서는 빙하가 급속히 사라지고 있다. 이는 단기적으로 홍수를, 장기적으로 물 부족을 일으킬 가능성이 높으며, 이 문제들은 잠재적으로 치명적인 결과를 초래할 수 있다.[18] 대기화학자 파울 크뤼천(Paul Jozef Crutzen)의 제안대로 우리는 인류세(人類世, the Anthropocene) 시대에 진입했다.

인류는 언제나 환경에 압력을 가해 왔다. 그러나 이 새로운 '인류의 시대(age of man)'란 생물권(biosphere)에 미치는 영향력이라는 면에서, 우리가 하나의 종으로서 지구물리학적(geophysical) 힘에 필적하는 가장 가공할 만한 자연계의 힘을 발휘하게 되었다는 사실을 나타낸다. 이는 우리 스스로에게도 해가 되며, 따라서 우리의 업보다. 기후 변화 외에도, 과학

17 Steffen et al. "The Anthropocene," 862.

18 Inglis, "Tibetan Headwaters." 이 물을 끌어오기 위한 지역 차원의 프로젝트에 대해, 또한 기후 변화와 빙하의 후퇴로 이미 그 수원들이 훼손되기 시작했다는 점에 대해 다음을 참고할 것. Pomeranz, "The Great Himalayan Watershed."

자들은 과도한 비료 사용이나 공업과 농업에서의 여러 실천이 질소와 인과 같은 생명에 필수적인 요소들의 생지화학적(biogeochemical) 순환을 교란했음을 지적한다. 인간은 댐을 쌓거나 강물의 방향을 바꾸고 초목을 제거함으로써 육상에서의 물 순환을 인위적으로 바꾸었으며, 우리는 다른 종의 서식지를 빼앗고 파괴함으로써 또 한 번 대멸종의 위기로 치닫고 있다.[19] 이것은 어떤 식으로든 화석 연료가 움직이는 기계의 힘으로 가능하거나 촉진된 활동이다.

화석 연료 경제의 출현은 그 자체로 대단히 획기적인 사건이었지만, 이 과정에서 또 하나의 매우 중요한 역사적 발전, 즉 근대국가의 부상이 동시에 발생했다는 점은 특기할 만하다. 환경에 대한 인간의 영향력과 마찬가지로 국가라는 정치 조직 형태는 물론 근대 이전부터 존재했다. 그러나 근대에 이르러 더욱 명확해졌으며 그 존재감을 드러내기 시작했다.[20] 역사가 찰스 마이어(Charles Maier)에 따르면, "19세기 말에 이르러 (…) 국가는 통치행위에 대한 전념, 관료주의적 역량, 고정된 영토 공간 안에서의 일체감, 타국과 경쟁이 불가피한 어떠한 임무와 전례 없을 정도로 강하게 일체화되었다." 그는 20세기 전환기에 새로운 통신 및 교통 기술로 "국가의 야망과 행정 권력이 결정적으로 강화"되었다고 주장한다. 이러한 기술들은 대부분 석탄이 떠받친 것이었음을 강조할 필요가 있다.[21] 비록 근대국가들은 이데올로기부터 실제 역량에 이르기까지 다양한 측면에서 달랐지만, 탄소를 핵심으로 국가 기능을 확장하려는 충동만큼은 대부분 공유했다.

19 Steffen et al., "The Anthropocene," 843. 또한 다음을 참고. Miller, *The Nature of the Beasts*, 9.

20 국가에 대한 역사와 이론을 다루는 선행연구는 매우 광범위하고 다양하다. 유용한 기초 문헌 중 하나로 다음을 들 수 있다. Brooke and Strauss, "Introduction."

21 Maier, *Leviathan 2.0*, 11.

그러나 이상의 두 가지 역사적 발전, 즉 탄소 경제의 출현과 근대국가의 부상은 단순히 동시대적일 뿐만 아니라 상호구성적이었던 것은 아닐까? 다시 말해 화석 연료 경제가 근대국가를 가능하게 했고, 근대국가가 화석 연료 경제를 가능하게 했다면?《탄소 기술관료주의》는 바로 이러한 전제에 서 있다. 요컨대 열량을 만들어 내는 힘과 정치적 힘은 서로를 생산함으로써 산업 근대라는 우리의 시대를 정의해 왔다.[22]

화석 연료는 근대국가의 식욕과 야망을 살찌웠다. 에너지 자원이 경제 생산부터 전쟁 수행까지 다양한 국가의 지상과제를 뒷받침하면서 국가들은 여러 목표 달성에, 궁극적으로 그 생존과 힘의 확장에 안정적이고 지속적인 에너지 공급을 확보하는 것이 필수라고 여기게 되었다.[23] 충분한 석탄 비축량을 확보하기 위해 국가들은 최신 과학과 기술—지하의 광물 부존량을 파악하기 위한 지질학적 조사 기법, 그러한 땅 밑에 있는 부의 원천을 끌어올리기 위한 채광 공학 등—에 주목했다. 중국, 일본, 그리고 다른 지역의 광산들과 마찬가지로 푸순에서도 지질학자들은 석탄을 찾아내기 위해 노두(露頭)와 함지(陷地)를 유심히 관찰했고,[24] 엔지니어들은 탄광을 정상적으로 가동하기 위해 그 설계와 운영을 총괄했다.[25]

많은 국가가 화석 연료를 발굴하고 개발하려는 열망에서 에너지 추출을 위해 대대적인 노력을 기울였다. 이러한 시도들은 매우 광범위했지만,

22 여기서 내 생각은 실라 재서노프(Sheila Jasanoff)의 공동생산(coproduction) 개념으로부터 영향을 받았다. Jasanoff, "The Idiom of Co-production," 1-6.

23 17세기 무렵 영국이 국정 운영에서 석탄을 핵심 자원으로 간주하기 시작한 경위에 대해서는 다음을 참고. Parthasarathi, *Why Europe Grew Rich*, 164-70.

24 '노두'란 특정한 광물이나 암석의 지층이 지표면으로 드러낸 부분을, '함지'는 광산 인근 지형 가운데 땅이 움푹 파인 부분을 뜻한다-옮긴이.

25 이 시기 중국의 지질학에 관한 연구로는 다음을 보라. Shen, *Unearthing the Nation; Wu, Empires of Coal*. 일본에 대해서는 다음을 참고. Tanaka, *New Times in Modern Japan*, 39-48.

그만큼 낭비적이었다. 나는 이러한 체제를 '탄소 기술관료주의'로 부르고자 한다. 과학과 기술에 입각한 국가 운영이 우월하다는 확고하고 심지어 무비판적인 믿음에 기반을 두고 있기 때문이며, 근대국가의 각종 프로젝트의 핵심인 화석 연료를 활용하는 과정에서 과학기술적 방법에 크게 의존하고 있기 때문이다.[26] 래리 로만(Larry Lohmann)은 일찍이 교토의정서가 기후 변화를 완화하기 위한 탄소 시장을 구축하는 데 드는 비용을 과소평가했다고 비판하며,[27] 그것을 "탄소 기술관료주의라는 카프카스러운 논리"에 토대를 둔 "기술 환원주의적 해결책"이라고 특징지었다.[28] 나는 탄소 기술관료주의를 다음과 같이 더욱 폭넓게 정의한다. 즉, 탄소 기술관료주의란 각종 기계 및 경영관리 수단을 통한 화석 연료의 대규모 활용을 이상화하는 기술정치 체제이다. 또한 나는 이 책에서 하나의 역사적 과정이자, 동시에 근대 동아시아사와 트랜스내셔널 기술사 속에서 국가 형성을 설명하는 하나의 대안적인 방식을 가리키기 위해 이 용어를 사용할 것이다. 국가의 관점에서 사안을 본 사람들은 효율성이라는 기계론적 개념에 호소하며, 자신들의 대규모 추출 사업을 '합리적인 것'으로 만들기 위해 꾸준히 노력했다. 그러나 현시점에서 돌이켜보면, 그리고 지구와 우리 존재의 지속 가능함이라는 관점에서 볼 때 이러한 노력은 결코 합리

26 어떤 이는 이를 두고 제임스 스콧(James Scott)이 말하는 '하이 모더니즘 이데올로기(high-modernist ideology)'의 한 형태라고 이해할지도 모르겠다. "그것은 과학적·기술적 진보, 생산의 증대, 인간의 필요에 따른 만족의 증가, 자연(인간의 본성을 포함해)에 대한 정복, 그리고 무엇보다 자연법칙에 대한 과학적 이해에 상응하는 사회 질서에 대한 합리적 설계 등과 관련한 자기 확신의 강력한 —심지어 근육처럼 단단한— 버전으로 이해하면 가장 정확하다." Scott, *Seeing Like a State*, 4(전상인 옮김, 《국가처럼 보기: 왜 국가는 계획에 실패하는가》, 에코리브르, 2010, 24쪽).

27 1997년 교토에서 의결된 최초의 국제적 기후 변화 대응 협약이다. 국가 단위의 온실가스 배출 규제를 골자로 하며, 2005년부터 발효되어 2020년에 종료되었다. 2021년 규제와 실천의 강도를 한층 더 강화한 파리협약으로 대체되었다-옮긴이.

28 Lohman, "Marketing and Making Carbon Dumps," 230.

적이지 않다.

이 책의 기획대로 우리의 근대적 에너지 레짐(regime)의 기원을 탄광에서 찾는다는 것은 다소 뻔한 일일 수 있다.[29] 그럼에도 어쨌든 탄광은 산업 근대적으로 살아가는 데 필요한 전력의 대부분을 생산했다. 멈포드라면 아마도 "탄광으로부터 단절되는 것은 고(古)기술(paleotechnic) 문명의 원천으로부터 단절되는 것과 같다"라고 주장할지도 모르겠다.[30] 그러나 탄광 너머 더 넓은 세계로 연료를 공급하면서, 이 추출의 현장은 또한 그것이 떠받치는 체제의 본성을 반영하게 되었다.

나는 탄광이 더욱 거시적으로 산업 근대 세계의 몇 가지 주요 특징을 예시한다고 주장한다. 기술을 통해 자연을 길들이고 변화시키려는 오만함, 기계화와 더불어 노동을 규율화하고 비하하는 것, 그리고 무엇보다도 끈질기게 생산을 특권화하고 추구하는 것 같은 특징이다. 이러한 면모들은 푸순에서 끔찍할 정도로 선명하게 드러났다. 노천광에서, 노동 통제와 관련한 각종 기법 속에서, 증가 일변도의 높은 생산 목표치에서 말이다. 이러한 요소들은 탄광의 주변 환경뿐만 아니라 채굴 작업에 필수불가결한 노동자에게 큰 부담을 짊어지웠다. 이러한 의미에서 푸순 탄광은 탄소가 만든 근대 세계의 작동에 내재한 모순을 조명할 수 있는 하나의 파노라마를 제공한다고 볼 수 있다.

중독의 고고학

근대국가가 탄소 경제의 출현 과정에서 수행한 역할을 추적하는 이 연구는 산업화 사회에 사는 우리가 어떻게 화석 연료에 이토록 의존하게 되었

29 이 책과 비슷하게, 더 거시적인 사회적·생태적 시스템의 변화를 드러내기 위해 생산 현장에 초점을 맞추는 에너지 역사 분야의 연구 성과로는 다음을 꼽을 수 있다. Andrews, *Killing for Coal*; Black, *Petrolia*; Santiago, *The Ecology of Oil*; and Brown, *Plutopia*.

30 Mumford, *Technics and Civilization*, 156.

는가에 대한 하나의 설명을 제공한다. 최근 수십 년 동안 인간이 초래한 기후 변화에 대한 인식이 고조되며 이러한 의존의 문제가 더욱 두드러졌다. 더욱이 그 의존의 정도가 심각한 중독 수준에 버금간다는 점을 인정하는 다양한 목소리가 터져 나오고 있다.[31] 그러나 이토록 강렬한 의존이 결코 불가피한 것은 아니었다. 사회의 주요 동력원이 석탄과 여타 화석 연료로 전환되고, 따라서 집중적으로 사용되는 과정은 역사적으로 필연적이지 않았다. 바로 이러한 과거를 발굴하고 에너지 전환의 배후에 존재했던 여러 힘을 검토해야 한다. 그렇지 않고서는 결코 화석 연료에 대한 우리의 집착과 그에 따른 기후 위기를 극복하기는커녕 진정으로 직면할 수조차 없을 것이다.[32]

화석 연료로의 전환은 각각 다른 장소에서 다른 시점에 발생했다(전혀 발생하지 않은 예도 있다). 일단 전환이 발생하면 그 영향은 엄청났다. 영국의 산업혁명을 연구한 역사인구학자 에드워드 앤서니 리글리(E. A. Wrigley)는 초창기 경제 성장 체제들의 경우, 인구 집단의 번창이 식량, 사료, 연료를 생산할 수 있는 경작지의 면적과 결부되어 있었다고 주장한다. 그는 이러한 체제를 '유기 경제(organic economy)'라 명명했는데, 유기 경제 체

31 Huber, *Lifeblood*, x; Canavan, "Addiction."

32 여기서 언급한 것처럼, 그리고 책 전반에 걸쳐 분명히 말하는 것처럼 '에너지 전환(energy transition)'이라는 개념은 사회의 주요 동력원의 변화를 지칭하며, 이전 시기의 동력원들이 모조리 도태된다는 의미를 내포하는 것은 아니다. 오히려 그러한 동력원들 가운데 다수는 계속, 심지어는 더 많이 이용되기도 한다. 석탄에 의해 변형된 환경 속에서도 구(舊) 동력원들이 수행하는 역할이 있으며, '에너지 전환'은 바로 이 사실을 은폐한다는 섬세한 비판에 대해서는 다음 문헌을 참고할 것. Barak, *Powering Empire*, 8-11, 24-116. 또한 이라와디강(the Irrawaddy) 연안의 연료들을 둘러싼 영국과 버마(미얀마)의 조우를 사례로 해서, 예컨대 목재에서 석탄과 석유로 이어지는 변화의 흐름을 자연스럽게 가정하는 에너지 전환과 관련한 목적론적 서사에 도전하는 다음 연구를 보라. Sivasundaram, "The Oils of Empire." 기술사에서 '전환'이라는 개념이 갖는 한계에 대한 더욱 폭넓은 논의로는 다음을 참고. Edgerton, *The Shock of The Old*(정동욱·박민아 옮김, 《낡고 오래된 것들의 세계사: 석탄, 자전거, 콘돔으로 보는 20세기 기술사》, 휴머니스트, 2015).

제는 근세에 이르러 더 이상의 성장을 가로막는 물리적 한계들에 직면했다. 유기 경제에서 인간 활동에 필요한 거의 모든 에너지는 식물 광합성—태양 에너지를 화학 에너지로 변환하는—이나, 일사(日射, insolation)로 추동되는 바람과 물의 작용을 통해 태양으로부터 얻어진 것이었다. 비록 유기 생명체의 잔해인 화석 연료도 그 에너지적 기원이 궁극적으로 태양에 있지만—석탄의 여러 별칭 중 하나는 '매몰된 햇빛'이다—, 수억 년에 걸쳐 화석 연료 에너지가 생성되는 과정은 훨씬 덜 즉각적이다. 농지 경작에서 물품 운송에 이르기까지 유기 경제에서 대부분의 노동은 인간이나 동물의 근력에 의해 이루어졌으며, 이는 다시 식물 또는 식물을 섭취한 동물을 섭취함으로써 유지되었다. 식물은 또한 장작이나 숯이 되어 가정용·산업용 주요 연료로 이용되었다.[33]

리글리가 보기에 이 식물 기반 에너지 시스템은 유한성의 문제에 부딪혔다. 그는 다음과 같이 결론 내린다. "역학적 에너지와 열에너지의 모든 공급이 연간 일사량과 태양 복사를 포착하는 식물 광합성의 효율에만 달린 한 (…) 인류 대부분의 물질적 조건이 급격하게 개선되리라는 기대를 하기 어려웠다."[34] 더욱이 인간이 태양 에너지의 매개체로서 식물에 의존했기 때문에 농지나 삼림의 규모에 따라 에너지 공급이 제한되기도 했다. 석탄은 이런 한계를 극복할 수 있는 탈출구를 제공했다. 추출해서 태워 쓸 수만 있다면, 석탄은 바이오매스보다 적어도 두 배 이상의 열량을 만들 수 있는 에너지원이었다. 석탄은 또한 상대적으로 간편하게 운반할 수 있으며 햇빛의 계절성과 토지의 제약에 구애받지 않았다. 장기 19세기에 걸쳐 여러 산업화 사회는 점점 더 석탄에 의존하게 되었고, 리글리가 '광

33 Wrigley, *Energy and the English Industrial Revolution*, 13-17.

34 Wrigley, 17.

물 경제(mineral economy)'라 명명한 체제를 향해 나아갔다.[35]

그러나 탄소 집약적 경제로의 전환이 전적으로 화석 연료의 강점만으로 이루어질 수 있었던 것은 아니다. 증기 기관이나 신식 철 제련 기술과 같은 새로운 형태의 지식이 필요했다.[36] 그 외에도 전체적으로 의도된 계획과 우발적인 요행의 결합 덕분에 가능했다. 무연탄(anthracite)이 풍부한 미국 대서양 중부 지역의 에너지 전환에 대한 역사학자 크리스토퍼 존스(Christopher Jones)의 연구는 어떻게 기업가가 잠재적 사용자에게 석탄, 석유, 전기를 공급하기 위해 운하, 파이프라인, 전선 등의 대규모 운송 시스템에 투자를 감행했는지 보여준다. 이러한 요소들이 저렴하고 믿을 수 있는 에너지를 풍부하게 공급할 수 있는 능력을 제고시켰고, 결과적으로 에너지 소비 자체를 획기적으로 증가시켰다. 이러한 과정을 통해 존스가 말하는 "심화의 풍경(landscape of intensification)"이 만들어졌다. 그에 따르면, "미국 에너지 전환의 **뿌리(roots)**는 석탄, 석유, 전기를 운송하기 위해 건설된 **통로(routes)**에 있다."[37] 존스를 비롯한 여러 에너지 역사 전문가들은 작금의 위기에 대한 책임이 기업에서 소비자에 이르기까지, 자본주의의 구조적 힘에서 개개인의 행동에 이르기까지 광범위하다는 사실을 보여주기 위해 큰 노력을 기울였다.[38] 연루된 이해관계가 너무 광범위해

35 Wrigley; Wrigley, *Continuity, Chance and Change*. 이와 비슷하게, 이전 시스템에 비추어 화석 연료로의 이러한 전환의 중요성을 조명하는 중요한 연구 성과로는 다음을 꼽을 수 있다. Sieferle, *The Subterranean Forest*; Jones, *Routes of Power*. 에너지와 에너지 전환을 통해 인류 역사를 폭넓게 다루는 저작으로는 다음을 보라. Crosby, *Children of the Sun*; Debeir, Deléage, and Hémery, *In the Servitude of Power*; and Smil, *Energy and Civilization*. 브루스 포도브닉(Bruce Podobnik)은 순차적으로 석탄과 석유를 향한 근대 글로벌 에너지 시스템의 변화를 분석할 때 지정학적 경쟁 구도, 기업 간의 경쟁, 사회적 갈등이 한데 모여 어떻게 이러한 변화를 촉진했는지에 초점을 맞춘다. Podobnik, *Global Energy Shifts*.

36 Renn, *The Evolution of Knowledge*, 362-63.

37 Jones, *Routes of Power*, 2(원저자의 강조).

38 현재 에너지 역사 분야의 선행연구가 상당량 축적되고 있다. 지난 수십 년 동안 이 분야가 어떻게 발전했는지에 대한 개괄로는 다음을 참고. Miller and Warde, "Energy Transitions as

서 문제를 더더욱 해결하기 어려워 보인다. 그러나 대부분의 이러한 설명은 국가의 문제를 간과하는 것 같다.[39] 이는 놀랍기도 하지만, 또 마냥 그렇지만도 않다. 근대국가의 영향력과 개입은 압도적이지만, 동시에 은밀하며 때로는 비가시적이기 때문이다.

이 책은 국가를 다시 불러들임으로써 화석 연료 전환에 관한 서사의 공백을 메우고자 한다.[40] 국가는 탄소 중심으로 에너지를 개편하는 데 핵심적인 역할을 했다. 그러나 이 지점에서 내가 이해하는 국가의 의미를 명확히 짚고 넘어가려 한다. 정부의 관료 기구가 곧 국가 전체를 의미하는 것으로 흔히 간주되곤 하지만, 국가는 이를 넘어설 수 있다. 근대국가의 주요 모순 중 하나는 국가와 사회 사이의 경계가 매우 모호하다는 점이다. 일반적으로 양자가 구별된다고 여겨지지만 말이다. 그러나 국가와 사회의 경계선은 무의미하지 않다. 티머시 미첼(Timothy Mitchell)이 주장하듯, "국가와 사회를 구분하고 유지하는 것 자체가 권력의 원천을 생성하는 메커니즘이다." 그는 이러한 일련의 상호작용을 "국가 효과(state

Environmental Events." 에너지의 역사에 관한 대부분의 연구는 오늘날 사람들이 '에너지'라는 단어를 들었을 때 주로 연상하는 무생물 에너지원(석탄, 석유, 전기 등)을 중점적으로 다룬다. 몇몇 연구는 인력이나 축력 같은 생물 에너지원에 대해 주목하거나 적어도 언급은 하고 있다. 무생물 에너지원과 생물 에너지원 모두를 망라하는 에너지의 흐름에 관한 고전적인 연구로는 다음을 참고할 것. White, *The Organic Machine*. 이러한 분석 틀을 생산적으로 적용한 더욱 최근의 연구로는 다음을 보라. Demuth, *Floating Coast*. 이 책에서 나는 주로 석탄과 다른 유형의 무생물 에너지를 살펴보지만, 우리의 산업 세계를 만들고 지탱한 인간의 노동이라는 생물 에너지에도 많은 관심을 기울일 것이다. 사회적 분석의 대상으로서 에너지라는 주제는 인류학자들 사이에서도 많이 주목받고 있다. 에너지의 인류학에 대한 유용한 개괄로는 다음을 참조. Boyer, "Energopower."

39 캘리포니아 석유의 사례를 다루는 다음 연구는 예외로 들 수 있을 것이다. Sabin, *Crude Politics*. 이 저작은 지방정부와 중앙정부가 화석 연료의 수요와 공급을 늘리는 데 일조했다는 점을 전면에 내세운다.

40 "국가를 다시 불러들인다"라는 표현은 다음 문헌으로부터 왔다. Evans, Rueschemeyer, and Skocpol, *Bringing the State Bach In*.

effect)"라고 부르며, 그 결과로 나타나는 것이 국가라고 말한다.[41] 이런 맥락에서 이 책의 등장인물은 즉각적으로 국가의 대리인으로 인식되는 개개인들—준공공기관이었던 만철의 일본인 지질학자나 국민당 정부 산하 국가자원위원회(國家資源委員會)의 중국인 엔지니어—부터 일본과 중국의 국익을 대변하거나 그를 위해 행동한다고 추정되는 인물들까지 다양하다. 여기에는 규제에 관한 논의를 주도하는 석탄업계의 지도자, 자연자원의 자급자족을 부르짖는 경제학자, 자국이 전쟁에서 잘 싸울 수 있도록 에너지를 절약하기 위해 연료 소비를 절제하는 평범한 사람도 포함된다. 국가와 탄소 기술관료주의 체제는 이처럼 사전에 계획되지 않은 여러 집단적인 행위 가운데서 나타났다.

근대국가에 석탄은 여러모로 유용했다. 경제적 필수품이자 전략적 자원이었으며, 공공재이면서 동시에 시장성 있는 상품이었다. 그러나 석탄 사용은 석탄의 물질적 특성이라는 변수에 의해 제약되기도 했다. 석탄은 일반적으로 탄소 함량을 기준으로 매겨진 품질에 따라 구분된다. 이는 석탄의 지질학적 연대와 관련 있으며, 품질에 따라 얼마나 뜨겁게 탈 수 있는지 알 수 있다. 석탄의 종류를 탄소 함유량이 낮은 것부터 높은 것으로 정렬한다면, 갈탄(lignite), 아역청탄(subbituminous), 역청탄(bituminous), 무연탄 순이다. 또한 그 다양한 성질을 고려해 석탄을 기능별로 분류하는 방법도 있다. 이 분류 체계는 석탄을 두 가지 유형으로 나눈다. 첫째는 일반탄(steam coal) 또는 열탄(thermal coal)으로, 보일러를 가동하거나 전기를 생성하는 데 사용한다. 이러한 석탄은 일반적으로 아역청탄 또는 역청탄인데, 고열에서 빠르게 탈 수 있도록 고운 가루로 분쇄한다. 둘째는 코크스 혹은 야금탄(metallurgical coal)이다. 철과 강철 생산에 이용되며, 대개는 역청탄이다. 황과 인의 함유량이 더 적으며, 코크스로 전환할 때 필

41 Mitchell, "Society, Economy, and the State Effect," 83; Mitchell, "Limits of the State."

요한 고열을 견딜 수 있다. 코크스 전환 과정을 통해 불순물이 연소하며 순수한 탄소가 남는다. 푸순 탄광에는 이상의 두 가지 유형이 모두 존재했다. 탄전(coalfield)의 중앙부와 서부에서는 양질의 열탄을 생산했고, 동부에는 타지의 야금탄과 혼합해 코크스를 만들기에 매우 적합한 석탄이 있었다.[42] 푸순 석탄은 널리 사용하기에 적합해 보였다.

이처럼 석탄을 물질적으로 활용하는 수많은 방식이 존재한다. 그러나 그와 별개로 석탄은 또한 국가의 개발 수준을 측정하는 추상적인 기준이기도 했다. 역사학자 덜로리스 그린버그(Dolores Greenberg)는 19세기 초 영국과 미국의 수많은 과학자, 엔지니어, 정치가, 경제학자에게 어떻게 "무생물 동력과 신기술을 결합하면 자동화와 풍요의 이상을 실현할 수 있다는 믿음이 노동, 부, 인류의 역사를 사유하는 데 빼놓을 수 없는 전제"가 되었는지 보여준다. 결과적으로 그들은 "지속해서 증가하는 에너지 사용을 변화의 주요 원천으로 보는 각양각색의 담론들"에 매몰된 하나의 유토피아적 비전을 받아들였다.[43] 마찬가지로 20세기 초 동아시아의 정치 지도자들과 사회 평론가들은 탄소 소비의 증가를 옹호했고, 중국과 일본의 석탄 생산 및 소비 수치를 타국의 수치와 비교함으로써 세계 무대에서 자국의 위치가 어느 정도인지 가늠했다. 1919년에 한 일본인 논자는 석탄 사용량이 곧 "일국의 문화도를 측정하는 척도"라고 말했다.[44] 이러한 논리의 연장선상에서 국가들은 어느 나라가 탄소 자원을 더욱 철저하게 이용하는지 서로 경쟁했다. 생태학적으로 보자면, 이는 밑바닥을 향한 경주에 불과했다.

42 Quackenbush and Singewald, *Fushun Coal Field*, 9-10.

43 Greenberg, "Energy, Power, and Perception of Social Change," 695. 적어도 18세기 이래로 명멸했던 끊임없는 성장에 관한 여러 관념에 대해서는 다음을 참고. Jonsson, "The Origins of Cornucopianism."

44 Kita, "Sekitan kai."

오늘날에야 어두운 과거의 화석으로 생각하기도 하지만, 석탄은 아주 최근까지만 해도 더 밝은 내일을 위한 연료였다.[45] 석탄에 대한 초창기의 낙관주의는 부분적으로, 석탄이 근대적 기계를 가동함으로써 인간의 역량을 대대적으로 증대시킬 수 있다는 점으로부터 비롯되었다. 1928년에 중국의 사상가 후스(胡適, 1891~1962)는 "자연을 정복하고 노동력을 배가하기 위해" 석탄이 만들어 내는 증기와 전기로 구동되는 새로운 기계장치를 고안할 수 있는 능력이 근대성의 핵심이라고 말했다. 그는 바로 이 지점에서 "동서양 문명 간의 진정한 차이"가 발견된다고 주장했다. 후스는 한 미국인 친구의 입을 빌려 다음과 같이 적었다. "미국의 남성, 여성, 어린이는 25~30명의 기계 노예를 소유하는 반면, 중국의 남성, 여성, 어린이는 1인당 겨우 0.75명의 기계 노예를 부릴 수 있는 것으로 추정된다."[46] 기계의 노역과 그것을 구동하는 에너지는 틀림없이 인류를 해방시킬 것이었다.[47] 그럼에도 푸순과 산업화 세계의 다른 탄광 현장의 억압적인 노동 환경은 탄소 에너지가 사회의 일부 구성원에게 자유를 가져다줄 때 종종 다른 구성원의 자유를 희생시켰다는 불편한 진실을 상기시킨다.[48]

석탄의 매력은 또한 그 풍부함에서 나온다. 석탄은 인간이 어떻게 활용하는지 알아낸 지표면의 암석 가운데 가장 흔한 물질이다. 1차 세계대전

45 연료와 미래에 관한 판타지들은 전간기(the interwar period)에 등장해 2차 세계대전 이후 더욱 뚜렷해졌다. 이 판타지들은 각종 에너지원, 특히 석유를 중심으로 만들어졌다. 베네수엘라에서 석유가 개발과 근대성에 관한 강력한 비전들에 숨을 불어넣은 과정을 다룬 다음 연구를 참고할 것. Coronil, *The Magical State*.

46 Hu, "Civilizations of the East and the West," 27-28.

47 '에너지 노예(energy slave)'라는 개념과 그 선행 개념인 '전기 노예(electric slave),' '기계 종복, 혹은 노예(mechanical servant or slave)' 등에 대해서는 다음을 참고. Johnson, "Energy Slaves."

48 이러한 주제를 미국 조명(illumination)의 역사적 맥락에서 다루는 연구로는 다음을 보라. Zallen, *American Lucifers*.

직후 연료를 둘러싼 불안 속에서 일본연료협회(日本燃料協會) 회장 요시무라 만지(吉村萬治, 1882~1969)는 석유가 아닌 석탄을 "미래의 주요 연료"로 천명했다. 그의 믿음은 거의 전적으로 석탄의 상대적인 풍부함에 기반을 두고 있었다. 당시 지구상 가장 큰 석유 매장지들은 아직 발견되기 전이었다. 반면 석탄은 거의 모든 대륙에서 상당한 부존량이 확인되었다.[49] 1913년 캐나다지질조사국(The Geological Survey of Canada)은 최초로 전 세계 석탄 자원 추정치를 계산해 74억 톤이라는 수치를 제시했다.[50] 현재 확인된 매장량—경제적으로 채굴 가능하다고 여겨지는 지표면 석탄의 양—은 1조1,000억 톤이다. 오늘날의 소비 속도로 볼 때 최대 500년 정도 버틸 수 있는 양이다.[51]

오랫동안 이런 식으로 인간의 수명을 초월하는 관점에서 석탄 매장량을 생각하는 경향이 존재했다. 이러한 사고방식은 이것이 사실이라고 믿는 데서 오는 상상된 무궁무진함과 일종의 무신경함을 조장했다. 예컨대 점령 초기에 일본 기술관료들은 푸순 탄광을 두고 "고갈될 수 없는(無盡藏)" "무한"의 "보고(寶庫)"라고 말했다.[52] 뒤이은 중국의 정권들도 이러한 인식을 너무 당연하게 답습했다. 푸순 등지에서 석탄의 잠재력과 풍부함은 사실상 끝없는 에너지가 추동하는 미래에 관한 여러 환상을 불러일으켰다. 바로 이 오랜 백일몽이 우리를 탄소 중독에 걸리게 했다. 머지않아 우리는 반드시 이 꿈에서 깨어나야 한다.

49 Yoshimura, "Waga kuni ni okeru nenryō mondai."

50 McInnes, Dowling, and Leach, *Coal Resources of the World*, xviii.

51 Kopp, "Coal."

52 *BJTK*, 72.

에너지 레짐

이 책에서 나는 열량(the calorific)과 정치(the political)의 상호 의존성을 포착하기 위해 '에너지 레짐'이라는 개념을 도입한다. 흔히 에너지 레짐이라고 하면, 주로 사용하는 에너지의 유형에 따라 정의하는 사회경제적 체제를 떠올릴 수 있다. 그러나 나는 이 개념을 더욱 광범위하게 사용한다. 에너지 레짐은 에너지의 채취, 운송, 소비를 관장하기 위해 한데 묶인 정치적 제도, 기술적 인공물, 환경적 조건, 노동의 배치, 시장의 힘, 이데올로기, 그리고 지식과 전문성의 집합체 등을 통칭한다.[53] 이러한 정의는 가브리엘 헥트(Gabrielle Hecht)가 제안한 '기술정치 레짐(technopolitical regimes)'이라는 개념으로부터 영감을 얻었다. 헥트의 생각과 같은 이유로 나는 '레짐'이라는 메타포가 유용하다고 판단했다. 이 말은 권력의 작동에 관여하는 개인, 이데올로기, 기구를 중심으로 통치의 문제에 접근할 수 있게 한다. 또한 레짐이라는 말이 레지멘(regimen)[54]을 연상시키며 사회정치적 질서의 규범을 처방하는 방식을 생각해 보라. 그리고 이 용어는 레짐 내부와 여러 레짐 간의 갈등을 암시한다.[55] 무엇보다 레짐이라는 관용어를 채택함으로써 나는 근본적으로 정치적일 수밖에 없는 에너지의 본성을, 다시 말해 에너지는 권력 행사의 중요한 목표이면서 동시에 주된

53 나의 '에너지 레짐'에 대한 정의는 존 맥닐(John McNeill)의 다음과 같은 정의에 기반을 두며, 그것을 더욱 확장한다. "(에너지 레짐이란) 태양에서 (또는 우라늄 원자)로부터 에너지를 얻고, 운반하고, 저장하고, 구매하고, 판매하고, 일에 쓰거나 낭비하고, 궁극적으로 소멸시키는 배열의 집합이다." McNeill, *Something New under the Sun*, 297.

54 환자의 건강을 위해 체계적으로 안배한 식단과 치료 계획–옮긴이.

55 Hecht, *Radiance of France*, 16–17. 가브리엘 헥트는 '기술정치 레짐'을 "기술 개발을 지배하고 기술정치를 추구하기 위해 함께 작동하는 사람, 공학적·산업적 관행, 기술적 인공물, 정치적 구상, 제도적 이데올로기 등의 연결된 집합"이라고 정의한다. 에너지 레짐이라는 나의 개념은 또한 사라 프리차드(Sara Pritchard) 같은 학자들이 선도한 환경기술적(envirotechnical) 접근법으로부터 도출된 것이기도 하다. Pritchard, *Confluence*, 1–27.

수단이라는 점을 강조하고 싶다.[56]

그렇다면 에너지의 정치적 본성은 어떤 방식으로 정치의 본성을 빚어냈을까? 티머시 미첼은 근현대 에너지 네트워크와 대중 민주주의의 부상에 관한 연구를 통해, 협소한 수로와 철도를 따라 운송된 에너지가 팽창하는 도심에서 집중적으로 대량 소비되는 새로운 사회기술적 체제가 어떻게 석탄으로 인해 형성되었는지 분석한다. 이러한 체제는 쉽게 교란될 수 있었다. 이에 석탄 채굴과 수송에 종사한 노동자들은 태업과 파업을 통해 체제의 약점을 이용함으로써 몇몇 핵심적인 권리를 스스로 쟁취할 수 있었다. 그러나 미첼은 이러한 민주적 공간이 2차 세계대전 후 석유의 시대가 도래하면서 오래 가지 못하고 종식되었다고 주장한다. 에너지의 흐름이 인간의 손보다는 정밀하게 제작된 펌프와 파이프 같은 기술에 의해 통제되기 시작하자—이러한 변화는 부분적으로 고체인 석탄과 액체인 석유 사이의 물리적 특성 차이에서 기인한다—, 노동자들이 거시적인 정치 과정으로부터 점차 소외되었다. 석탄 에너지 레짐이 설계상의 특징으로 의도치 않게 근현대 민주주의의 부상을 촉진했다면, 석유 에너지 레짐은 정확하게 바로 그러한 참여 민주주의 정치의 약속을 약화하도록 설계되었다.[57] 이 책이 추적하는 동아시아 화석 연료 에너지 레짐의 출현은 탄소의 정치경제학에 대한 대안적 설명을 제공한다. 우리는 푸순에서 석탄이 닦아 놓은 역사의 길을 뒤따라갈 것이다. 이 여정의 종착점은 민주주의적 가능성보다는 기술관료주의적 경향성이다.

통상적으로 기술관료주의란 전문가에 의한 지배, 다시 말해 기술적인 지식, 기예, 전문성을 소유한 자들이 사회나 산업을 통치하고 통제하는

56 Russell et al., "The Nature of Power."

57 Mitchell, *Carbon Democracy*, 12-31.

것을 의미한다.[58] 기술관료주의는 사회 문제를 인식하고 해결하는 데 과학과 기술에 무조건적인 우선권을 부여하며, 식별된 문제 해결을 위해 국가주의적으로 명령을 하달함으로써 과학기술적 수단을 도입하기를 선호한다. 이러한 점에서 기술관료주의를 체계적인 문제 해결 계획을 내포한 과학만능주의(scientism)—과학의 힘에 대한 거의 종교적인 믿음—라고 생각할 수도 있다.[59] 기술관료주의는 합리화라는 명목으로 효율과 효능을 동일시하면서, 주관적인 인간을 객관적인 기계로 대체하는 기계화를 우상시한다. 또한 무릇 한 사회가 근대성이라는 모호한 종착점에 도달하기 위해서는 산업화라는 수단이 필요하다며 이를 이상화한다. 나는 기술관료주의를 무엇보다도 하나의 이데올로기—민주주의가 이데올로기인 것과 같은 의미에서—로서 분석한다. 기술적인 전문지식을 가진 기술관료들이 이 이데올로기를 특히 강하게 추구하겠지만, 기술관료주의는 이들을 넘어 인구 전반에 더 큰 호소력을 가질 수 있다.[60] 어떤 이는 순수하게 엔지니어만으로 구성된 정부를 떠올릴지도 모르겠다. 물론 이러한 형태의 기술관료주의가 온전히 실현된 적은 없다. 그럼에도 장기 20세기의 수많은 사례를 통해 보건대, 근대주의적 미래에 대한 여러 기술관료주의적 비전은 국가적 상상력을 잠식했으며 그러한 비전이 투사된 사회를 만

58 기술관료주의의 작동을 보여주는 일군의 사례들에 대해서는 다음 문헌을 참고. 비록 제목에는 이 개념이 빠져 있지만, 본문 곳곳에서 다루고 있다. Mitchell, *Rule of Experts*. 기술관료주의 정치에 대한 베버주의적 설명으로는 다음을 보라. Fischer, *Technocracy and the Politics of Expertise*.

59 리처드 올슨(Richard Olson)은 기술관료주의를 "20세기에 표출된 과학만능주의적 추세의 가장 중요한 형태 중 하나"였다고 주장한다. Olson, *Scientism and Technocracy*, ix. 과학만능주의를 중국적 맥락에서 자세히 풀어낸 연구로는 다음을 보라. Shen, "Scientism in the Twentieth Century."

60 이러한 "기술관료주의적 멘탈리티"에 관한 명쾌한 설명으로는 다음을 참조. Putnam, "Elite Transformation in Advanced Industrial Societies," 385-88.

들었다.[61] 중국과 일본에서 이러한 기술관료주의적 이상의 부상은 석탄 에너지 레짐—점점 더 많은 양의 탄소 에너지를 생산하고 소비하기 위한 국가계획과 정책의 형태로, 그리고 그러한 사업을 가능케 한 기계 및 경영관리 인프라의 형태로 구체화한—과 불가분의 관계에 있었다.

푸순의 사례를 통해 매우 분명하게 볼 수 있는 것처럼, 중국과 일본에서 국가가 석탄 산업에 대해 그토록 기술관료주의적 통제를 실현하려 한 이유로 무엇보다 국가적 목표의 실현을 위해 에너지 자원을 중요하게 인식했다는 점을 꼽을 수 있다. 중국과 일본의 많은 지도자는 서구 제국주의 열강이 화석 연료를 폭넓게 이용할 수 있었기 때문에 산업적·군사적 성공을 거두었다고 생각했다.[62] 19세기 중반 이래 열강들은 에너지에 대한 접근을 지렛대 삼아 동아시아 국가들의 주권을 침식해 들어갔다. 중국과 일본은 한편으로 서구 제국주의의 침략에 대응해야 했고, 다른 한편으로 국내와 동아시아 역내의 각종 압력에 대처해야 했다. 이 과정에서 두 국가는 서구 열강의 성취 혹은 접근법과 비슷한, 일종의 산업 근대적 발전—이 발전에는 단일한 목적론적 궤적이 존재한다고 생각되었다—을 희구했다.

중국과 일본은 다른 여러 나라들과 마찬가지로 자국이 국제적인 먹이사슬에서 원하는 것보다 낮은 지위에 있다고 판단했으며, 따라서 개발이라는 가치를 추구했다. 이는 개발주의로 귀결되었다. 역사학자 아리프 딜릭(Arif Dirlik)의 유용한 정의에 따르면, 개발주의란 "개발을 물신화하는 것으로 특징지어지는 이데올로기적 경향성, 또는 경제 침체와 빈곤의 저

61 찰스 마이어는 과학적 경영관리와 더불어 기술관료주의가 산업적 생산성을 약속함으로써 전간기 유럽의 정치적 스펙트럼을 가로질러 광범위한 주목을 받는 과정을 설명했다. Maier, "Between Taylorism and Technocracy."

62 청 왕조가 19세기에 서구 제국주의 열강과 관계를 맺고 산업화를 추구하면서 석탄을 필수 자원으로 인식하게 된 과정에 대해서는 다음을 참고. Wu, *Empires of Coal*.

주에 걸릴 위험을 무릅쓰지 않고는 저항하거나 의문을 제기할 수 없는 자연적인(심지어 신적인) 힘을 개발에 부여하는 태도"를 의미한다.[63] 석탄이 개발을 추동하는 것은 사실이었다. 그러나 이 탄소 자원을 정복하려는 그토록 과잉된 욕구를 추동한 것은 개발주의였다. 중국과 일본은 풍부한 석탄 공급을 담보하기 위해 자국의 석탄 산업을 전체적으로 발전시키고자 했으며, 많은 경우 국가가 스스로 자본 집약적인 근대적 탄광을 설립하고 운영했다. 다량의 석탄을 확보하기 위한 중국과 일본의 집착은 1차 세계대전 중 경제자립 사상이 등장하면서 더욱 심해졌다. 동아시아에서 이른바 '연료 문제'가 새로이 부상하면서 탄소 자원에 지속해서 접근할 수 있느냐를 둘러싸고 사회적 불안이 가중되었고, 이러한 공포를 잠재우기 위해 국가주의적 개입이 요구되었다.

동시에 미첼이 주장하듯이 석탄 에너지 레짐이 조직된 노동에 취약했다고 할 때, 석탄이라는 핵심 연료의 꾸준한 유통을 보장하려는 욕구를 가진 행위자들로서는 그와 같은 취약성을 감소시켜야 했을 것이다. 이러한 맥락에서 기계화라는 기술관료주의적 해결책은 매력적인 대안이었다. 화석 연료로 움직이는 기계는 인간의 근육보다 더 많은 일을 할 수 있다. 이론적으로 광산의 운영자는 각종 기계를 도입함으로써 필요한 노동력의 규모를 축소할 수 있었고, 그렇게 함으로써 노동자들의 소요에 따라 에너지 흐름이 중단될 위험을 줄일 수 있었다. 푸순에서 기계화가 가장 눈에 띄게 실현된 공간은 노천광이었다. 노천채굴법에 따라 만들어진 새로운 환경에서 선형 준설기(line dredges)와 동력삽을 포함한 여러 중장비가 등장했다. 또한 광부들이 지하 깊숙한 곳이 아닌 지상에서 일하게 되면서 더욱 눈에 띄었고, 이들을 더 쉽게 감시할 수 있었다. 미셸 푸코(Michel Foucault)가 근대적 규율 기관을 이야기하며 제기한 파놉티콘의

63 Dirlik, "Developmentalism," 30-31.

시선과 그 규율화 효과를 탄광이라는 추출 현장에까지 확대 적용할 수 있었다.[64]

그러나 증가 일변도의 에너지 추출이라는 탄소 기술관료주의 특유의 과정에서 국가는 석탄뿐만 아니라 사람으로부터 막강한 힘을 뽑아낼 수 있었다. 산업 사회의 성장은 결국 화석 연료를 이용하는 것 외에도 공장과 광산에서 인간 노동력을 이용하고 또 남용할 수 있느냐에 달려 있었다.[65] 조지 오웰(George Orwell)의 절묘한 표현을 빌리자면, 착취당하는 광부는 "검댕 묻지 않은 거의 모든 것을 어깨로 떠받치는 검댕투성이 여인상 기둥"과도 같았다.[66] 이는 푸순 탄광에도 정확히 들어맞는 말이었다. 푸순의 관리자와 엔지니어는 노동자를 대단히 다루기 힘든 존재로 간주했고, 그들을 대체하기 위한 기계화에 매진했다. 그러나 그 모든 노력에도 불구하고 탄전을 가로질러 작업장이 계속해서 확대되면서, 이들은 점점 더 많은 노동자에게 의존할 수밖에 없었다.[67] 결과적으로 이러한 대규모 노동력을 완벽히 장악하기 위해 기술관료들은 더 공격적이고 자유를 억압하는 통제 기술을 동원했다.

동아시아 탄소 기술관료주의의 역사를 본격적으로 검토하기 전에 우리는 다음 세 가지 논점을 명확히 할 필요가 있다. 첫째, 탄소 기술관료주의는 에너지 결정론의 한 사례가 아니다. 석탄이 특정한 정치 질서—민주주의든 기술관료주의든—를 불가역적으로 만들어 내는 것이 아니다. 오히려 나는 그리 멀지 않은 과거의 중국과 일본의 행위자들이 석탄의 탄소 에

64 Foucault, *Discipline and Punish.*

65 산업 사회의 노동 착취라는 주제는 역사적 연구와 동시대적 분석의 대상으로서 널리 다루어졌다. 관련해 다음 문헌은 여전히 가장 날카로운 분석의 하나일 것이다. Engels, *Condition of the Working Class.*

66 Orwell, *Road to Wigan Pier,* 18.

67 19세기 영국의 산업가들이 인력과 수력을 대체해 석탄과 증기로 가동되는 기계를 도입하는 과정을 설명한 다음을 참고하라. Malm, *Fossil Capital,* 58-254.

너지를 확보하기 위한 제도를 구축하고, 그 에너지를 여러 정치적 가능성을 실현하는 데 활용하는 역사적 과정을 드러내고자 한다. 둘째, 내 주장은 장기 20세기 동아시아의 기술관료주의 통치 질서를 여전히 건재한 동양의 전제주의(Oriental despotism) 담론과 곧바로 연결 짓는 지나치게 단순한 인식에 문제를 제기한다.[68] 불가피하게 기술관료주의를 따를 수밖에 없도록 만드는 어떠한 문화적 요소가 동아시아에 내재한다고 볼 수 없다. 오히려 나는 에너지 자원 관리를 둘러싼 기술관료주의적 경향성이 전 세계 여러 국가에서 발견되며, 실로 근대성의 본질적 조건이었다고 주장할 것이다. 셋째, 기술관료주의의 작동은 종종 윤활유가 잘 쳐진 기계의 작동과 비슷한 것으로서 이상화되지만, 나는 석탄의 탄소 에너지를 통제하기 위한 가장 잘 짜인 계획조차 결국에는 좌초되고 말았던 무수한 실패의 사례를 보여줄 것이다. 탄소 기술관료주의가 동아시아에 어느 정도 뿌리를 내렸을지언정, 그것이 완벽하게 결실을 보았다고 가정할 필요는 없다. 그 순간 우리는 기술관료주의 그 자체의 판타지를 답습하게 될 뿐이다.

탄소 시대의 동아시아

우리는 인류세에 관해 이야기할 때 반드시 동아시아를 중심에 두어야 한다.[69] 단지 오늘날 세계 2위 경제 대국이 된 중국이 지난 10여 년 동안 세계 최대의 이산화탄소 배출국—현재 중국이 전 세계 나머지 국가를 모두 합친 것과 맞먹는 양의 석탄을 소비하고 있다는 점을 고려한다면 전혀 놀라운 일이 아니다—이었다는 이유 때문만은 아니다. 중국의 이러한 모습은 단순히 시장 중심의 개혁개방 시대만의 특징으로 치부할 수 없으며,

68 이러한 입장을 대표하는 텍스트는 다음과 같다. Wittfogel, *Oriental Despotism*.

69 인류세 시대의 아시아에 대한 거시적인 논의로는 다음을 참고. Ghosh, *The Great Derangement*; Thomas et al., "JAS Round Table on Amitav Ghosh"; Chatterjee, "The Asian Anthropocene."

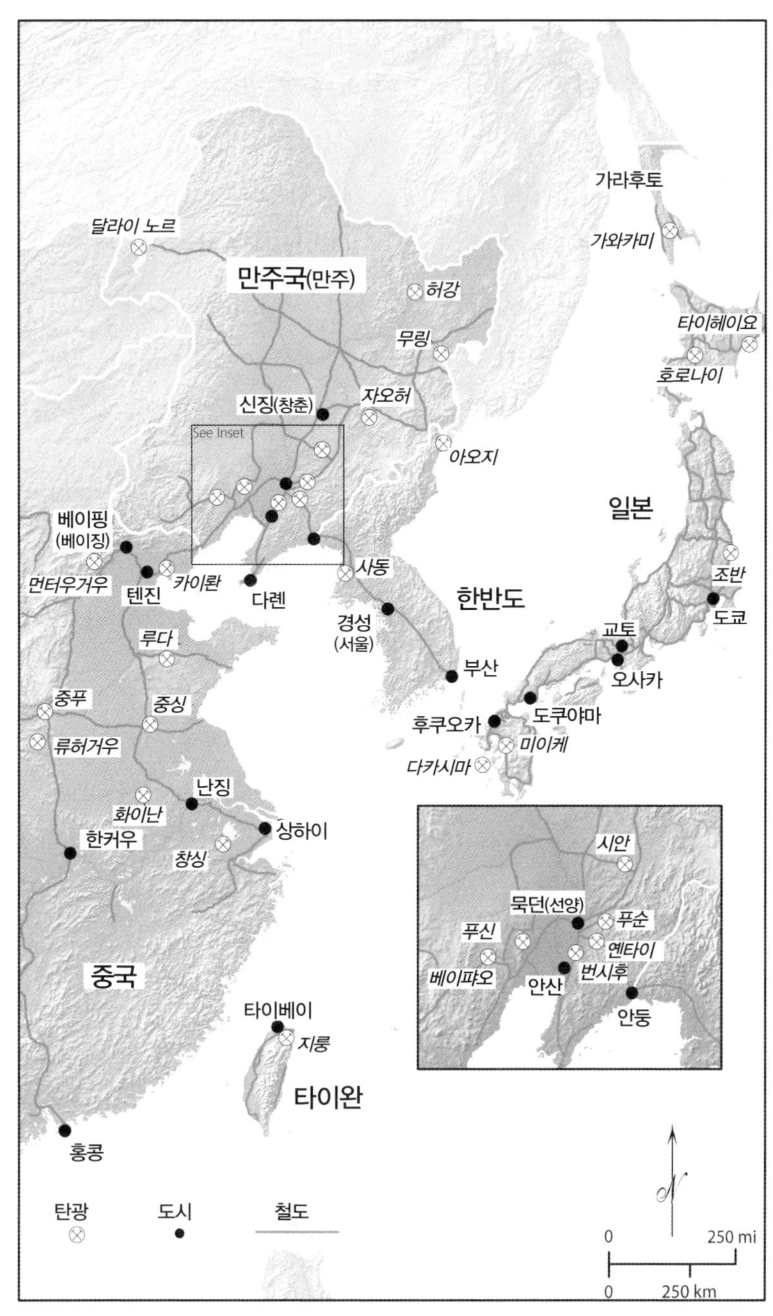

〈그림 0-2〉 1935년경 동아시아의 주요 탄광과 철도.

대규모 환경 파괴를 몰고 온 사회주의 시대의 군중 운동—주디스 사피로(Judith Shaprio)가 "자연에 대항한 마오의 전쟁"이라고 규정한—을 그저 계승한 것도 아니다.[70] 오히려 이 책에서 보여줄 것처럼, 중국의 부강함을 재건하기 위해 석탄의 획기적인 힘을 이용하려는 열망은 중국에 근대국가가 등장한 이래 오랫동안 초미의 관심사였다.[71] 역사학자 케네스 포머란츠(Kenneth Pomeranz)가 주장했듯, 석탄에 대한 접근 방식의 차이가 중국과 유럽 경제 사이의 '대분기(great divergence)'—중국과 유럽은 19세기까지는 상대적으로 비슷한 경로를 걸었다—를 만드는 데 이바지했다면, 중국 지도자들이 이러한 격차를 줄이기 위해 취할 방법의 하나는 바로 석탄을 광범위하게 추출하는 것이었다.[72] 마찬가지로 일본의 근대국가도 산업적·군사적 발전이라는 열망을 실현하는 데 석탄이 필수라고 보았다. 석탄은 세계 무대에서 일본의 지위 상승을 견인한 연료였다. 과거의 물질적·이념적 자원의 토대 위에서 일본은 석탄을 이용해 진보했고, 결국 일본과 탄소 시대의 여타 제국주의 열강 사이에는 '대합류(great convergence)'가 발생했다.[73] 석탄은 문자 그대로 '총력 제국(total empire)' 일본의 동력이었다.[74] 시대의 격동 속에서 석탄 및 석탄이 만든 사회기술적 가능성은 중일 양국의 산업 근대적 비전과 결코 분리될 수 없었다.

중국의 20세기 전반은 거대한 도전과 경천동지할 변화의 시기였다.

70 Shapiro, *Mao's War against Nature.*

71 로버트 마크스(Robert Marks)와 마이카 무스콜리노(Micah Muscolino) 등은 중국공산당 통치 시기 국가의 환경 착취를 적어도 20세기 초까지 거슬러 올라가는 개발주의적 계획이라는 더 장기적인 역사적 맥락 안에 두어야 한다고 주장한다. Marks, "Chinese Communists and the Environment"; Muscolino, "Global Dimensions."

72 Pomeranz, *The Great Divergence*(김규태·이남희·심은경 옮김, 《대분기: 중국과 유럽, 그리고 근대 세계 경제의 형성》, 에코리브르, 2016).

73 Thomas, "Reclaiming Ground."

74 '총력 제국'이라는 용어는 루이스 영(Louise Young)이 고안했다. 다음을 보라. Young, *Japan's Total Empire.*

1912년, 250여 년간 존속한 만주족의 청(淸) 왕조가 무너지면서 2000년이 넘는 제국 체제가 막을 내렸다. 그 뒤 독재적 군사 지도자 위안스카이(袁世凱, 1859~1916)의 짧은 총통 재임 시기가 뒤따랐으나, 곧 중화민국(中華民國)은 정치적 분열의 늪에 빠졌고 각지의 군벌에 의해 사분오열되었다. 1928년, 장제스(蔣介石, 1887~1975)가 이끄는 중국국민당이 지방 군벌들을 토벌하거나 회유함으로써 표면적으로나마 통일을 이루고 난징(南京)에 중앙정부를 세우는 데 성공한다. 그 뒤 10년 동안 국민당 정권은 야심 차게 산업 개발 프로젝트를 추진했다. 이 행보의 저변에는 기술관료주의적 충동이 있었다. 이를 두고 역사학자 윌리엄 커비(William Kirby)는 "중국이 기른 과학기술인의 지도 아래 국제적인 기술을 계획적으로 적용함으로써 물리적으로, 그리고 간접적으로는 경제적으로도 중국이 재건될 수 있다는, 경제학적 관점에서는 설명될 수 없으며 심지어 합리적이지도 않은 낙관주의적 에토스(ethos)"라고 규정했다.[75]

두 가지 주요 동기가 국민당의 기술관료주의적 노력을 뒷받침했다. 첫째, 그들은 19세기에 시작되었지만 미완의 상태로 남아 있다고 여겨진 산업화를 마무리하길 바랐다. 국민당 지도자들이 보기에 여전히 산업화는 적자생존의 세계에서 중국에 필요한 '부강(富强)'을 획득하게 해줄 수단이었다. 19세기 중반 이래 서구 제국주의의 침략이라는 도전에 직면한 청말 '양무운동(洋務運動)'의 지도자들과 마찬가지로, 국민당도 산업화라는 바람직한 변혁의 핵심 열쇠가 바로 과학과 기술이라고 생각했다.[76] 첫 번째

75 Kirby, "Engineering China," 152. 중화민국 시기 기술관료주의적 발전에 대한 다른 설명들로는 다음을 꼽을 수 있다. Kirby, "Technocratic Organization and Technological Development"; Pietz, *Engineering the State*, 39-118; Bian, *Making of the State Enterprise System*, 45-100; Greene, *Origins of the Developmental State*, 14-46.

76 청말 중국이 특히 산업과의 연관성 속에서 과학과 기술을 접하는 과정에 대해서는 다음을 참고. Elman, *On Their Own Terms*, 281-395; Meng, "Hybrid Science versus Modernity"; Wu, *Empires of Coal*, 66-128, 160-79; Hornibrook, *A Great Undertaking*.

와 무관하지 않은 두 번째 동기는 1932년에 만주를 점령한 일본과 맞설 준비를 하기 위해 군사적·산업적 역량을 강화하고자 한 국민당의 열망이었다.[77] 국민당 정권은 일본의 침략이라는 폭풍을 잘 견뎌냈지만 얼마 가지 못하고 마오쩌둥(毛澤東, 1893~1976)이 이끄는 중국공산당이라는 적에 의해 무너졌다. 장장 8년에 걸친 중일전쟁(1937~1945)과 이어진 국공내전을 치른 끝에 1949년, 공산당은 장제스의 국민당 정부를 패퇴시키고 중화인민공화국(中華人民共和國)의 건국을 선언한다.

일본의 경우, 20세기로의 전환기는 신흥 제국주의 국가로서의 불안으로 특징지을 수 있다. 일본은 청일전쟁(1894~1895)의 승리를 통해 전통적인 역내 패권국가인 중국을 넘어섰고, 이는 1868년 메이지유신 이래의 광범위한 사회적·정치적 개혁이 꽤 성공적으로 전개되고 있음을 시사한 사건이었다. 더욱이 일본은 러일전쟁에서 또 하나의 역사적인 승리를 거두었고, 1910년 조선을 식민지화해 제국의 강역을 넓혔다. 그런데도 여전히 일본 지도자들에게는 서구의 포함외교(gunboat diplomacy)와 불평등조약—메이지유신을 촉발한 계기인—의 그림자가 크게 드리워져 있었다. 서구 열강의 제국주의 앞에서 일본은 후발주자로서의 열등감에 빠졌고, 스스로 제국주의 국가들의 일원이 아닌 것 같다고 느꼈다. 무언가 부족하다는 이러한 감각은 오래 지속되었고, 경제적·군사적 발전을 향한 국가의 지속적인 노력을 추동했다.[78]

수십 년이 지나면서 점점 더 많은 일본인이 제국의 확장과 대륙으로의 진출을 자국의 지속적인 번영과 안보에 필수 요소로 여겼다. 석탄과 여타

77 1920년대 말과 1930년대 초에 국민당은 다시금 세력을 키운 군벌 세력 및 공산당과도 전투를 벌였고, 이들을 지하로 몰아냈다. 하지만 완전히 파괴하지는 못했다. 주로 국민당의 군사적·산업적 발전은 임박한 일본과의 결전을 대비한 것이었다. van de Ven, *War and Nationalism in China*, 151-52.

78 Duus, *Abacus and the Sword*, 424-38.

자원이 풍부하다는 이유로 오랫동안 주목받은 만주는 대중 담론 속에서, 1920년대 말에 1930년대 초의 경제 위기로부터 일본을 구하고 '국방 국가' 건설의 물적 토대를 제공할 '생명선'으로 떠올랐다.[79] 1885년에 개혁가 후쿠자와 유키치(福澤諭吉, 1835~1901)는 '탈아(脫亞)'를 주장했다. 즉, 일본이 죽어가는 이웃인 중국 및 조선과 갈라서고 "서구의 문명국가들"과 명운을 함께해야 한다는 것이었다.[80] 그러나 탈아를 추구하는 과정에서 정작 일본은 과거 어느 때보다 더 아시아 대륙으로 끌려 들어갔으며, 1945년에 과도하게 팽창한 제국이 마침내 붕괴할 때까지 끝내 아시아에서 분리되지 못했던 것으로 보인다.[81]

격동의 시대가 만주를 완전히 뒤바꾸어 버렸다. 청 왕조 시기 이 지역은 만주족 지배자들의 신성한 고향으로 호명되었다. 이 '용흥지지(龍興之地)'에서 만주의 황제들은 존엄한 선조들에게 제를 올렸다.[82] 조정은 한인(漢人)의 만주 이주를 엄격히 규제했다. 그럼에도 수천 명이 이 지역으로 넘어와 정착했다.[83] 19세기 후반에 접어들어 청 왕조는 이러한 규제를 완화했다. 만주로 인구를 이주시킴으로써 나름의 진출 계획을 도모하고자 한 제정 러시아를 견제하기 위해서였다. 이후 수십 년 동안 수백만 명이 추가로 이주했다. 오언 래티모어(Owen Lattimore)가 직접 목격한 바에 따르면, 제국의 시대에 만주는 "식민자들(colonists)의 침공과 문명들의 경

79 Young, *Japan's Total Empire*, 88–95, 130–40.

80 Fukuzawa, "Datsu-A ron."

81 1945년 이후 동아시아와 동남아시아로 일본제국주의 프로젝트가 계승되는 방식에 대해서는 다음을 참고하라. Mizuno, Moore, and DiMoia, *Engineering Asia*.

82 청 조정이 만주족의 숭고한 발원지로서의 만주의 이상(ideal)을 만들고 유지하는 과정에 대해서는 다음을 참고. Elliott, "The Limits of Tartary," 607–14; Shao, *Remote Homeland, Recovered Borderland*, 25–67.

83 청 왕조 개창 이후로 만주 남부로 이주한 중국인 정착민들은 농업 부문의 발전을 견인했다. 이들은 조약항들이 개항되기 전부터 만주의 양곡과 콩을 중국 곳곳으로 수출했다. Isett, *State, Peasant, and Merchant*, 211–38.

쟁"의 무대였다.[84] 20세기 초에 일본은 러시아로부터 남만주의 조차지와 철도 및 광산 운영권을 빼앗아 이 지역의 지배적인 제국주의 세력으로 자리매김했다. 바로 이 시기에 푸순 탄광이 일본의 손에 들어왔다. 청이 멸망한 후 만주는 군벌 장쭤린(張作霖, 1875~1928)의 지배 아래 놓였다. 그는 비록 출신 배경이 미천한 마적이었지만 '무관의 왕'으로서 이 지역에 군림했다.[85] 짧은 기간 장쭤린과 일본은 공생관계를 유지했고, 두 세력에 의해 만주가 재편되었다.[86]

만주의 경제는 1920년대까지 급속도로 성장했다. 철도와 항만 인프라가 확장되었고, 더 많은 토지에서 환금작물(가장 두드러진 작물은 콩이었다)이 경작되었으며, 새로운 공장과 광산에서 쏟아져 나온 완제품과 원자재가 지역 시장과 세계 시장으로 공급되었다. 일본은 이러한 성장에 적극적으로 관여했다. 1932년까지 만주 지역 산업 자본의 약 3분의 2가 일본의 소유였다.[87] 초기에 일본은 장쭤린에게 의지함으로써 자국의 이익을 보호하고자 했다. 이를 위해 장쭤린에게 무기와 자본을 제공했다. 거꾸로 장쭤린은 만주에서 일본의 활동을 지원하기로 되어 있었다. 그러나 장쭤린은 반일 민족주의를 선동하는 한편, 경쟁 기업의 뒷배를 봐줌으로써 일본의 경제적 이익을 침해했다. 결국 장쭤린과의 관계에 진력이 난 일본은 1928년 6월 4일, 자국의 만주 주둔군인 관동군(關東軍)을 움직여 묵던(Mukden, 지금의 선양(瀋陽)) 교외에서 장쭤린이 탄 기차를 폭발시켜 그를 암살한다. 얼마 뒤인 1931년 9월 18일에 관동군은 만주사변을 일으켰으며, 이는 일

84 Lattimore, *Manchuria*, xi. 제국적, 민족적, 트랜스내셔널한 이해관계들이 교차하는 지역으로서 근현대 만주의 역사에 대해서는 다음을 참고. Tamanoi, *Crossed Histories*.

85 "New Cabinet in Peking."

86 장쭤린 정권에 대한 더 상세한 내용은 다음을 보라. McCormack, *Chang Tso-lin in Northeast China*; Suleski, *Civil Government in Warlord China*.

87 Duara, *Sovereignty and Authenticity*, 48–49.

본의 만주 침공과 1932년 만주국(滿洲國)이라는 종속국의 건국으로 귀결되었다.

만주는 동아시아에서 탄소 기술관료주의가 부상하는 데 중추적 역할을 했다. 타의 추종을 불허하는 이 지역의 막대한 석탄 매장량은 중국과 일본의 개발주의적 꿈에 불을 지폈다. 중화민국한테 만주는 무엇보다도 산업화 드라이브에 투입할 석탄과 여타 자원을 확보하기 위해 반드시 수복해야 할 영토였다. 일본제국에게 만주란 일종의 제국 실험실이었다. 바로 이 공간에서 역사학자 아론 무어(Aaron Stephen Moore)가 말하는 "기술적 상상(technological imaginary)"—서로 다른 집단에 의해 다양한 방식으로 '기술'이라는 용어에 부여되었던 여러 이데올로기적인 의미와 비전—을 구체화하는 데 필요한 다양한 과학기술 프로젝트가 펼쳐졌다.[88] 과학자, 엔지니어, 산업가, 군부 인사, 그리고 관료 집단은 푸순 탄광에서 일본제국을 위해 노천광과 셰일오일 증류 기술을 포함한 몇몇 획기적인 과학기술상의 진전을 이루었다. 이러한 기술들을 통해 일본제국이라는 거대한 기계를 움직일 에너지를 더욱 철저하게 쥐어짤 수 있었다. 에너지 추출을 둘러싼 이러한 실험적 성과들은 진보라는 국가적 목표를 추구하기 위해 중국공산당이 동원한 수단 가운데 일부로 계승되었다. 나는 푸순과 만주를 중심으로 석탄 에너지 레짐의 출현 과정을 탐구하면서, 일본이 1949년 이후 중국에서 전면화한 석탄 위주의 산업적 변혁에 중요하게 이바지했음을 강조할 것이다.[89] 그리고 이 책은 '과연 이러한 유산이 긍정적

88 Moore, *Constructing East Asia*, 3. 만주 및 일본제국 전반에 걸친 일본 기술관료주의에 관한 중요한 연구로는 다음을 참고. Mimura, *Planning for Empire*; Mizuno, *Science for the Empire*.

89 이와 비슷하게 루스 로가스키(Ruth Rogaski)는 중국 조계지에서 위생적 근대성(hygienic modernity)이 부상할 때, 일본이 중요한 매개 요소가 되었음을 보여주었다. 이러한 사례들은 과학과 기술의 트랜스내셔널한 순환이 여러 다양한 모습으로 변주되는 근대성을 만들어 내는 데 매우 중요했음을 시사한다. Rogaski, *Hygienic Modernity*.

이었는가?'라는 의문을 제기할 것이다.

이어지는 다음 장은 주로 푸순의 역사를 통시적으로 설명하면서 중국과 일본에서 탄소 기술관료주의의 발전을 추적한다. 이야기는 푸순에서 석탄을 채굴하기 위한 근대적 채광 기술이 최초로 '용맥(龍脈)'을 교란하며 도입되었던 20세기 초에서부터 시작된다. 이야기의 종착점은 대약진운동이 한창이던 1960년이다. 이즈음은 중국공산당의 국가가 그 이전의 국가들과 마찬가지로 화석 연료를 중심으로 한 산업화를 추구하는 과정에서 사람보다 생산을 우선시한다는 점이 명백해진 후였다. 나는 푸순에 초점을 맞춰 수입된 기술, 이주 노동, 트랜스내셔널한 전문지식, 식민주의적 경영관리가 어떻게 한데 모여 석탄 산업을 일으켰는지 주목하고자 한다. 더 나아가 이 놀라운 역사(役事)를 중국과 일본의 에너지 레짐이라는 더욱 거시적인 맥락의 중핵에 위치시킬 생각이다. 이를 위해 나는 푸순의 석탄이 지탱하는 시스템—상하이의 발전소부터 오사카의 방직공장까지 망라하는—이 바로 이 석탄을 어떻게 유통하며 주요 산업 도시들의 하늘을 검게 물들였는지 추적할 것이다. 또한 식민 제국의 '계산의 중심(centers of calculation)'에서 활동했던 국정 기획자와 엘리트가 주도한 에너지 관련 담론에서 푸순이 두드러지게 회자한 경위를, 특히 이들의 개발주의적인 강박을 더 악화시킨 연료 불안이라는 맥락에서 살펴볼 것이다.

이어지는 장들은 중국, 일본, 타이완, 미국을 가로지르는 광범위한 문헌자료에 기반을 둔다. 사료의 구체적인 종류로는 기업 문건, 기술 보고서, 무역 관련 간행물, 문학 작품, 여행기와 일기, 노동자의 구술사 자료, 광산 엔지니어의 개인 기록을 포괄한다. 이러한 자료들을 바탕으로 중국과 일본이라는 국가가 어떻게 화석 연료로 만들어질 미래를 푸순의 석탄에 걸었는지, 또 석탄을 이용하기 위해 얼마나 다양한 추출 기술을 동원했는지에 대해 연결사적이자 동시에 비교사적인 분석을 제공할 것이다.

비록 이 책에서 내가 풀어내는 탄소 기술관료주의 이야기는 동아시아를 배경으로 하지만, 서사의 궤적은 더 넓은 산업 세계 전반을 포괄한다.[90] 《위건 부두로 가는 길》에서 조지 오웰은 다음과 같이 말한다. "우리의 문명은 (…) 전적으로 석탄에 토대를 두고 있다. 그러나 사람들은 곰곰이 생각해 보기 전까지 이 점을 미처 깨닫지 못한다. 우리를 살게 하는 기계와 그러한 기계를 만드는 또 다른 기계들이 모두 직간접적으로 석탄에 의존하고 있다."[91] 그러나 석탄은 단순히 물질세계를 재배치한다는 점을 넘어서 더 많은 역할을 했다. 석탄은 사회적·정치적 변혁을 가능케 했다. 우리 문명이 진실로 석탄이라는 토대 위에 세워진 것이라면, 그 위로 세워 올린 건축물은 과연 어떠한 것이었는가를 이제 다시 생각해 볼 필요가 있다.

"항구적인 문명을 떠받칠 수 있는 기반 가운데 탄광은 단연 가장 취약이다"라는 루이스 멈포드의 말이 어쩌면 정말 맞을지도 모르겠다. 그가 이렇게 말한 근거는 다음과 같다. "탄층(炭層)이 고갈되면 해당 탄광은 온갖 잔해와 황량한 창고나 집 따위를 뒤로한 채 반드시 폐쇄되어야 한다." 푸순의 석탄 매장량이 완전히 고갈된 것은 아니다. 그러나 채굴 작업을 계속하기에는 어려움이 많아 옛 탄도는 오늘날 사실상 그 문을 닫을 지경에 이르렀다. "부산품은 더럽혀지고 어지러이 흐트러진 환경이요 (…) 완

90 이 책에서 나의 전반적인 접근 방식은 중국과 일본의 역사적 경험을 급변하던 동시대의 전 지구적 맥락에 배치하는 것이다. 그러나 책 전반에 걸쳐 이처럼 거시적인 비교를 몇 차례 다루기는 하지만, 그 경우에도 어디까지나 이 책의 주요 연구 대상인 동아시아 정치체들 간의, 혹은 그 내부의 차이에 맞춘다. 나는 일반적으로 산업 근대 세계의 불균등과 불평등 속에서 화석 연료의 시대, 탄소 기술관료주의, 단선적인 진보 인식을 정의하고 구성하는 당대의 트랜스내셔널하고 상호 연결된 역사적 전개 과정에 더 관심이 있다. 이러한 접근 방식에 영향을 준 과학기술사 연구자들의 저작으로는 다음을 들 수 있다. Anderson, "From Subjugated Knowledge to Conjugated Subjects"; Bray, "Only Connect"; Fan, "Modernity, Region, and Technoscience"; Raj, "Beyond Postcolonialism ... and Postpositivism"; Roberts, "Situating Science."

91 Orwell, *Road to Wigan Pier*, 18.

제품은 거덜 난 환경이다."[92] 멈포드의 결론이다. 그해 여름, 그리고 그 뒤로 나는 여러 차례 푸순을 여행했다. 앞다투어 폐쇄된 개별 탄광들이 자아내는 그 탈산업화된 풍경 곳곳에 아무렇게나 쌓여 있는 먼지 쌓인 잔해더미들이 반복해서 내 눈길을 끌었다. 탄소가 만든 이 세계를 살아가는 우리는 아직 우리 발밑에 있는 '매몰된 햇빛'을 전부 다 써버리진 않았다. 그러나 우리는 석탄을 모두 다 쓴 것이나 다름없다. 이는 정말로 석탄이 고갈되었기 때문에 맞이한 결과라기보다는, 끊임없이 석탄을 사용한 업보다. 오늘날 우리는 기후 변화에 따른 참상을 더 이상 간과할 수 없게 되었다. 이러한 각도에서 볼 때 푸순의 흥망성쇠는 우리가 직면한 가장 시급한 행성(planetary) 차원의 문제들이 압축된 섬뜩한 소우주에 불과할지도 모른다.

92 Mumford, *Technics and Civilization*, 157.

1

수직의 자연

Vertical Natures

1927년 늦봄, 류바오위(劉寶玉)는 푸순현 감독(監督)에게 탄원서를 보냈다. 그는 푸순 서남부 구청쯔(古城子) 일대의 동쪽 구릉지에 2무(畝)의 땅을 소유하고 있었다.[1] 고인이 된 그의 부친이 반세기 전에 매입한 이 땅은 가문의 장지로 사용되고 있었고, 이미 4기의 묘가 세워져 있었다. 수십 년 동안 류바오위의 식구들은 이곳에서 세상을 떠난 친지들에게 경의를 표하고 제를 올렸다. 그러나 몇 해 전부터 만철이 마을 주민들로부터 이 일대의 토지를 사들이기 시작했다. 광산을 조성하기 위해서였다. 류바오위도 장지를 비롯한 자신의 부동산을 팔고 약 8킬로미터 떨어진 다른 마을로 이사했다.[2]

토지 매매 관행에 따라 류바오위는 무덤에서 제사 지낼 권리를 계속 유지했다.[3] 그는 비록 방문 빈도는 줄어들지라도 특별한 날에는 꼭 다시 돌아오겠다는 뜻을 여러 차례 밝혔다. 그해 초봄, 류바오위는 청명절(淸明節)에 조상을 살피기 위해 장지를 찾아갔다.[4] 근처에 다다랐을 즈음 저 멀리 "우뚝 솟아 있는 석탄 기계 공장"이 눈에 들어왔다. 묫자리로 더 다가갔

1 1무는 약 99제곱미터다.

2 "Jumin Liu Baoyu cheng," 222.

3 Qian Nanjing Guomin zhengfu Sifa xingzheng bu, *Minshi xiguan diaocha*, 28.

4 류바오위의 방문이 청명절 기간에 이루어졌는지는 명시되어 있지 않다. 다만 그가 푸순 당국자에게 청원한 시점이 1927년 5월 17일이고, 춘분(春分)으로부터 15일째인 청명절이 그해 4월 4일이므로 청명절 시기였을 가능성이 크다.

다. "무덤의 흔적이 전혀" 보이지 않았다. 류바오위는 주변 사람들에게 어떻게 된 일인지 물었고, 일본인들이 묘를 모두 파내 버렸다는 이야기를 들었다. 혹시나 해서 관이나 유골을 찾아봤지만 허사였다.[5]

류바오위는 한탄했다. "이 이야기를 다시 떠올리는 것만으로도 마음이 아픕니다." "탄광 측에서 땅을 사용하고 싶었다면 (…) 그리고 그 위에 무덤들이 있었다면, 마땅히 무덤의 수를 기록하고 그에 따라 적절히 보상한 다음, 이장할 시간을 정해 줬어야 합니다." 류바오위가 주장했다. "그런데 탄광 측은 정작 이 무덤들을 몰래 파 버리고 흔적도 없이 유해를 처분했습니다. (…) 이는 이성에 반하는 행동이며 정의에 대한 모독입니다. 소생이 어떻게 이런 일을 참을 수 있겠습니까?"[6] 아카이브의 문헌에는 류바오위의 탄원이 어떻게 해결되었는지에 관한 기록이 없다. 1929년에 또 다른 푸순 주민에게 발생한 비슷한 사례를 비추어 보건대, 아마도 만철은 류바오위에게도 얼마간의 돈을 주었을 것이다. 이때 만철은 광산을 더 키우는 과정에서 훼손한 무덤 한 기당 10위안을 내놓았다.[7]

여러 각도에서 류바오위의 사례를 읽을 수 있다. 하나는 일본 식민주의 기업—그 당시 이미 운영된 지 20년이 된—이 중국 현지 보통 사람들의 삶을 어떻게 어지럽혔는지에 관한 것이다. 이러한 독해는 만주에서의 일본제국 건설에 대한 오늘날의 통상적인 서사에도 부합한다.[8] 푸순에서 이러한 교란은 죽은 자의 안식을 방해하는 것을 넘어 산 자에 대한 폭력 행위로 확장되었다. 우리가 사건을 읽을 수 있는 또 다른 방법은 현지 중국

5 "Jumin Liu Baoyu cheng," 222.

6 "Jumin Liu Baoyu cheng," 222-23.

7 Fushun colliery manager to Fushun magistrate (July 22, 1929), in *DBDX*, 27:130-31. 만철은 일반적으로 무덤당 5위안의 "이장 비용"을 지급했다.

8 지난 20년간 만주에서의 일본제국주의에 관한 선행연구가 급증했다. 이러한 많은 연구에 영감을 준 고전은 다음과 같다. Young, *Japan's Total Empire.*

인들의 행위능력(agency)에 주목하는 것이다. 류바오위는 만철이 인수한 토지 위의 무덤을 처리하는 표준 절차를 잘 알고 있었다. 그는 해당 절차를 따르지 않은 회사에 주저 없이 연락했다. 만철이 푸순 탄광을 경영하는 동안, 회사가 스스로 중국 당국과 협상 끝에 만들어 낸 여러 규정에 호소함으로써 이 식민주의 기업의 선을 넘는 대담함에 현지 중국인들이 제동을 걸고자 한 일화는 무수히 많다. 위에서 설정한 규칙을 이용한 아래로부터의 이러한 도전은 제국주의 침략에 맞서는 식민지와 반(半)식민지의 수많은 주체의 경험을 반영한 것이었다.[9] 그러나 세월이 흐르며 만철은 일본의 조차지 내에서 점점 더 면책특권을 받으며 활동할 수 있었고, 그에 따라 회사에 배상을 요구하는 항의도 점차 줄어들었다.

동시에 석탄을 채굴하기 위해 무덤을 파내는 행위는 땅과 수직적인 관계를 맺는 특정한 방식을 표상했다. 이는 탄소 기술관료주의 에너지 레짐 아래에서 출현한 근대적 채굴 사업의 특징이기도 했다. 19세기 말 캐나다의 지질조사를 연구한 지리학자 브루스 브라운(Bruce Braun)의 주장에 따

9 또한 다음 사례를 참고하라. Cederlöf, "Agency of the Colonial Subject." 푸순과 푸순의 중국인들은 기본적으로 반식민주의적 공간과 주체로 간주될 수 있다. 푸순에서 일본의 관할권은 엄밀히 말해 중국 당국의 동의 아래 일본이 획득한 조차지에만 국한되었다. 그러나 앞으로 살펴볼 것처럼, 일본은 중국 관료들의 계속된 항의에도 불구하고 조차지를 점유한 채 이익을 절대로 포기하지 않았으며, 조차지의 경계를 넘어 빈번하게 중국의 영토와 국민 속으로 잠식해 들어갔다. 말하자면 일본은 비록 공식적이지는 않았지만, 푸순에서 마치 식민주의적 점령 세력처럼 행동할 때가 많았다. 이러한 관점에서 보자면, 일본의 종속국 만주국(표면적으로는 독립국이었지만)이 탄생한 1932년을 만주에서 중국 주권이 공식적으로 종식된 시점이라 할 수 있으며, 이를 기해 반식민주의가 식민주의로 전환했다고 간주할 수 있다. 반식민주의 대 식민주의라는 단순한 구분은 식민주의적 권력과 폭력에 노출된 사람으로서는 사실상 차이가 없다는 사실을 부정하지 않는다는 전제 아래 매우 타당하다고 생각한다. 반식민지 중국에서 자행된 식민주의적 폭력에 대해서는 다음을 참고. Hevia, *English Lessons*. 중국과 제국주의 열강의 상호작용을 이해하기 위한, 그리고 그 과정에서 중국이 세계 자본주의 질서 속에서 불평등한 위치를 점하는 과정을 이해하기 위한 분석 틀로서 반식민주의에 대한 더 자세한 설명으로는 다음을 참고할 것. Osterhammel, "Semi-colonialism and Informal Empire"; Barlow, "Colonialism's Career"; Goodman and Goodman, "Introduction"; and Karl, *The Magic of Concepts*, 113–40.

르면, "지구의 '내부 구조'"를 탐구한 국가 지질학자들은 "캐나다 서부 해안 지역을 추출 자본의 전 지구적 순환에 종속시키는 데" 기여했을 뿐 아니라, 자연의 깊숙한 곳까지 이해할 수 있는 공간으로 만들어 통제할 수 있게 하는 데 한몫했다.[10] 이와 비슷하게 일본인 지질학자들도 종종 중국인 조사원의 도움을 받아 푸순의 "수직적 영토(vertical territory)"를 파악 가능한 공간으로 만들었다. 이들은 지하의 광활한 석탄층을 찾아 목록화했을 뿐 아니라, 더욱 중요하게는 그 가치에 대해 적극적인 견해를 피력했다. 그럼으로써 지질학자들은 "정치적 합리성으로 통제할 수 있는 하나의 공간—인식론적이며 동시에 지리적인—을 열어젖혔다."[11] 뽑아내야 할 광물자원이 존재하는 한, 지구의 깊숙한 내부는 더 이상 죽은 자를 예치하는 공간으로 남아 있을 수 없었다.

이 장에서는 일본이 어떻게 푸순 탄광을 소유하고 운영하게 되었는지, 에너지 추출 장소를 구축하는 과정이 수직성—문자 그대로의 의미이면서 동시에 은유적인 의미로—의 발현에 어떻게 의존했는지 살펴본다. 일본이 처음부터 석탄 때문에 푸순에 들어온 것은 아니었지만, 주로 석탄 때문에 계속 머물렀다. 이 귀중한 검은 암석을 채굴하기 위한 기술관료주의적 질서를 세워 가면서 말이다. 이러한 질서를 떠받치는 것은 토양, 노동, 그리고 누군가의 고향이었는데, 시간이 지나면서 이것들 또한 재배치되고 재구성되었다. 이야기는 탄소 기술관료주의가 등장하기 이전에 이 지역의 석탄과 관련한 지리와 인간의 역사에서부터 시작된다. 이어서 나는 중국, 러시아, 일본의 행위를 통해 20세기 초에 푸순에서 근대적 석탄 채굴이 어떻게 개시되었는지 추적할 것이다. 특히 일본제국주의자들이 푸순의 가치를 결정하고 그 이용 방법을 조율하기 위해 수행한 일들—지

10 Braun, "Producing Vertical Territory," 22-24.

11 Braun, 28.

질조사, 외교적 협상, 노동자 모집 등—을 살펴볼 것이다. 이러한 활동과 이 활동이 지역 환경과 주민에게 미친 영향은 켜켜이 쌓인 일련의 위계적 관계—중국인과 일본인 사이의 위계, 노동자와 관리자 사이의 위계, 일반 공동체와 조차지 사이의 위계—를 반영했고, 그러한 관계를 재생산했다. 이처럼 다양한 수직성의 양태들이 탄소 기술관료주의의 부상에 얼마나 근본적인 영향을 미쳤는지 검토하는 것이 이 장의 핵심이다.

깊은 역사

만철이 벌인 푸순의 탄광 사업은 탄소 기술관료주의가 있기 훨씬 전에 시작된 깊고 오래된 지질학적 역사, 사람들의 역사 위에 토대를 두고 있다. 만주에서 활동하며 일본제국 건설에 매진한 행위자들은 푸순을 조차하기 전까지 이러한 역사를 거의 알지 못했다. 지질학자 아사다 가메키치(淺田龜吉)—러일전쟁 도중 일본군이 인근 옌타이(煙臺) 탄광을 운영하기 위해 파견한 일군의 전문가 중 한 명이었다—에 따르면, 일본인들은 푸순의 석탄 매장량이 그토록 풍부한지 전혀 몰랐다고 한다. 푸순에 석탄이 있다는 소문을 듣고 아사다 일행은 중국인 측량사 몇 명을 파견했다. 이들은 양질의 석탄 표본을 갖고 돌아와 "푸순의 석탄은 품질이 좋고, 석탄층의 두께가 약 9미터가 넘는다"라고 보고했다. 일본인 전문가들은 중국인 측량사들의 말을 믿지 않았다. 측량사들이 인근 잉커우(營口)항에서 일본산 석탄을 가져왔다고 생각하고 "사기를 친다"라며 질책했다. 그러나 이내 후속 조사가 진행되자, 측량사들의 주장이 사실로 판명되었다.[12] 푸순의 자원 개발 가능성이 보이기 시작하자, 일본인들은 이 지역의 역사와 그 역사가 아로새겨진 지형에 익숙해질 필요가 있음을 깨달았다.

푸순은 서쪽으로는 광활한 몽골고원, 동쪽으로는 청과 조선의 경계를

12 Manshikai, *Manshū kaihatsu yonjūnen shi*, 34–35.

〈그림 1-1〉 묵던과 그 주변을 그린 일본 지도. 오른쪽 위에 푸순이 있다. 〈봉천명소도회: 부무순명소(奉天名所圖繪: 附撫順名所)〉라는 제목의 이 지도는 1930년에 발행되었다. 이 지도에는 묵던과 푸순의 도시 중심부와 일대의 철도 노선, 여러 소규모 촌락, 황릉 같은 명소가 묘사되어 있다. 예를 들어, 이 지도에서 푸순의 왼쪽에는 청 태조 누르하치의 복릉이 있다. (Image courtesy of the Harvard University Library Map Collection.)

따라 창바이산맥(長白山脈)[13]까지 이어지는 랴오허강(遼河) 일대의 중심 지역인 남만주 평원의 한가운데에 자리 잡고 있었다.[14] 푸순은 청 제국의 중심인 베이징에서 북동쪽으로 약 720킬로미터 정도 떨어져 있었고, 만주 지역 최대 도시—당시 만주어로는 묵던, 중국어로는 성징(盛京) 혹은 펑톈(奉天)이라 불리던 만주족의 고도(古都)—로부터는 동쪽으로 약 65킬로미터도 채 안 되는 거리에 있었다.[15] 푸순 땅은 동서로 흐르는 훈허강(渾河)에 의해 나뉘었고, 이 강은 묵던을 거쳐 랴오허강에 합류한 후 발해만으로 흘러들었다. 훈허강의 북쪽으로는 비교적 평평한 평원이 있어 그 위로 푸순 성벽이 세워져 있었다.[16] 강의 남쪽은 동쪽으로 휘감긴 험준한 구릉

13 백두산을 주봉으로 해서 중국의 랴오닝성, 지린성, 헤이룽장성에 걸쳐 펼쳐져 있는 산맥. 산맥의 명칭은 백두산의 중국식 표현인 창바이산에서 유래했다–옮긴이.

14 Lattimore, *Manchuria*, 14.

15 Zhao, Cheng, and Li, *Fushun xian zhi lüe*, "Shanchuan biao di er," 1a.

16 1911년에 나온 푸순 지방지(地方志)에 따르면, 푸순현 전체 2만3,907가구, 16만5,699명의 인구

과 낮은 산들로 촘촘히 채워져 있었다.[17] 바로 이 넓은 강남 지역에 탄광이 들어섬으로써 지형이 크게 바뀌었다. 20세기로 들어설 무렵까지만 해도 석탄층은 대부분 이암(泥巖, mudstone)과 셰일 아래에 감춰져 있었지만, 풍화와 침식 작용으로 모습을 드러낸 노두가 이따금 발견되기도 했다. 군데군데 몇몇 촌락이 있었다. 최초의 탄광 노동자는 이 마을 사람들이었다.[18]

이러한 물리적이고 지리적인 특성이 지하에 풍부한 자원이 있음을 암시하거나 초기 정착민들에게 발굴의 계기를 제공했을 수 있지만, 푸순 석탄의 기원은 훨씬 더 깊은 지질학적 과거 속에 층층이 묻혀 있었다. 이 이야기는 지질학자들이 팔레오세(Paleocene)와 에오세(Eocene)라고 부르는 시대인 약 6,600만~3,300만 년 전에서 시작된다. 기록에 따르면, 당시는 "검치호랑이, 삽 모양의 입을 가진 마스토돈, 그리고 다이노사우루스와 같은 선사 시대 동물"이 유라시아 대륙의 오른쪽 모퉁이를 돌아다니던 시대다. 훗날 푸순 탄전이 되는 지역에는 "울창한 소나무와 가문비나무 숲을 통과하는 급류"가 살찌운 큰 호수가 있었다. 상록수, 낙엽수, 덤불이 뒤섞인 이 푸르른 혼합은 당시의 따뜻하고 습한 기후 덕분에 번성할 수 있었다. 이 식물들은 광합성을 통해 태양 에너지를 생존과 성장에 필요한 화학 에너지로 바꾸었다. 이 식물들이 죽었을 때 그 흔적("대량의 목재, 통나무, 가지, 뿌리, 이파리, 솔방울")은 급류로 떨어져 호수로 흘러 들어가 너저분한 바닥으로 가라앉았다. 이 과정에서 미생물이 이 식물성 물질의 일부를 섭취했다. 그 나머지는 산소가 존재하지 않는 더 깊은 곳까지 도달했으며, 산소가 없는 탓에 부패는 더 천천히 진행되었다. 시간이 지나면서 가

가운데 겨우 371가구, 2,399명만이 현성 내부에서 거주하고 있었다고 한다. Zhao, Cheng, and Li, *Fushun xian zhi lüe*, "Cuntun hukou biao," 1a, 15b.

17 Zhang and Zhou, *Fushun xian zhi*, 5.

18 Zhao, Cheng, and Li, *Fushun xian zhi lüe*, "Cuntun hukou biao," 1a-15b.

라앉아 축적된 식물성 물질은 토탄(土炭)[19]이 되었다. 토탄은 유기 생명체와 에너지의 잔해들로서 검고 축축하다. 이러한 토탄층 위로 다시 퇴적물과 화산성 물질이 자리 잡았다. 위로 쌓인 퇴적물에 의한 압력 증가와 아래로부터의 지열이 함께 작용해 토탄은 수백만 년에 걸쳐 석탄이 되었다. 지표면 가까이에서는 훈허강만이 "석탄층의 형성에 이바지했던 태초의 강력한 급류와 호수"를 떠올리게 할 뿐이다.[20]

푸순 석탄이 만들어지는 데 수백만 년이 걸린 것과는 대조적으로, 사람들이 그것을 발견하고 사용하는 데는 수천 년 정도면 충분했다. 현지의 어느 전설은 약 2,000년 전인 한대(漢代, BCE 206~CE 220)에 푸순에서 석탄이 처음 발견되었음을 시사한다. 이 전설에 따르면, 옛날옛적에 땔감을 모으러 산에 오른 가난한 사람이 있었다. 그는 산에서 다친 여우를 우연히 만났다. 여우는 곧바로 도망쳐 제 굴속으로 피했다. 남자는 그 여우에게 가까이 가기 위해 굴의 좁은 입구 주변을 파기 시작했다. 안쪽이 보일 만큼 넓게 파니 웬 검고 광택이 나는 바위들이 이어져 있는 것이 보였다. 다음날 남자는 현장을 다시 찾았다. 그는 여우 굴 입구에 불을 지폈다. 아마도 연기를 피워 여우를 쫓아내기 위해서였을 것이다. 그런데 놀랍게도 검은 바위에 빠르게 불이 붙었다. 그 뒤로 남자는 주기적으로 이 현장을 찾았고, 바위를 깎아 땔감으로 썼다. 이 전설은 이 바위가 바로 푸순 석탄이었다고 이야기한다.[21]

이 여우 굴 석탄 이야기가 사실인지 아닌지 알기 어렵지만, 고고학자들은 푸순 일대의 주민들이 한나라 때 처음으로 석탄을 연료로 사용했을 것으로 추정한다. 이러한 추정의 근거는 푸순 중부 용안타이(永安臺)구의 한

19 이탄(泥炭)이라고도 함-옮긴이.

20 Powell, "The Marvellous Fushun Colliery"; Johnson, "Geology of the Fushun Coalfield," 221, 225-27; McElroy, *Energy*, 107-9.

21 *FKZ*, 25-26.

대 유적에서 구리 동전, 점토 타일 등과 함께 발굴된 타고 남은 석탄의 잔해이다. 몇 세기 후 오늘날 한반도 근대국가의 선조인 발해 왕국(698~926)이 남만주로 강역을 넓혔다. 발해 사람들이 석탄을 사용했음은 틀림없다. 7~10세기의 것으로 확인되는 도기 파편, 가마 유적, 오래된 광산 갱의 흔적이 발굴되었는데, 이는 모두 이 지역 문화의 특징이기도 한 도자기를 생산하는 데 푸순의 석탄이 채굴되고 활용되었음을 알려준다.[22]

고대 푸순의 석탄 사용 역사는 전근대 중국에서 석탄이 어떻게 사용되었는지 우리가 알고 있는 내용과 일치한다. 학자들은 오랫동안 문헌에 기록된 용어의 모호성 때문에 중국 석탄 사용의 정확한 기원을 추적하는 데 애를 먹었다. 현대 중국어에서 석탄을 뜻하는 단어를 구성하는 두 글자 가운데 더 자주 사용되는 '매(煤)'는 적어도 14세기까지 석탄의 의미로 통용되지 않았다. 또 다른 글자인 '탄(炭)'은 숯을 뜻하기도 했다.[23] 그러나 고고학적 발굴을 통해 기원후 수 세기까지 거슬러 올라가는 철 생산과 관련한 유적지에서 석탄과 연탄이 발견되었다.[24]

석탄은 몇 세기 후 북송대(北宋代, 960~1127)에 이르러 산업 확장의 중심에 선다. 역사학자 로버트 하트웰(Robert Hartwell)의 주장에 따르면, 북송 시대 철 생산 규모는 "19세기 산업혁명이 일어나기 전까지 세계 그 어느 곳과도 비교할 수 없을 정도"였다고 한다.[25] 북송의 철 생산은 원래 숯을 연료로 사용해 이루어졌다. 그러나 철 산업이 성장하고 도시의 발전과 더불어 난방 및 건설 수요 또한 팽창하자, 땔감 자원에 대한 압력이 심해졌

22 *FKZ*, 26-27.

23 Ting, *Coal Industry in China*, 1; Read, "Earliest Industrial Use of Coal," 125.

24 Golas, Science and Civilisation, 190-94. 고고학자들은 또한 기원전 4,000년 전의 것으로 추정되는 갈탄으로 조각한 장신구를 발굴했다. 다만 그 뒤로 석탄이 연료로 사용되었다는 물질 증거는 발견되지 않았다.

25 Hartwell, "Cycle of Economic Change in Imperial China," 123.

다. 화베이(華北) 지역의 삼림 벌채는 심각해졌고, 숯 공급이 부족해졌다. 더욱이 북송은 북방 적들의 진격을 지연시키기 위해 충분한 삼림을 유지한다는 국경 방어 전략을 세웠다. 이에 벌목을 제한함으로써 연료 부족 현상을 더욱 악화시켰다. 11세기에 이르자, 막대한 철 생산 속도를 유지하기 위해 결국 제련소들은 용광로를 가열하는 방식을 바꾸어 석탄, 더 정확하게는 코크스—더 뜨겁게, 더 빠르게, 더 적은 연기를 내며 탈 수 있도록 산소가 적은 조건의 화로에서 가열한 역청탄—를 이용하기 시작한다.[26]

후기 제국 시기[27]에 석탄은 제철업 외에도 구리나 납과 같은 금속의 제련, 석회 제작, 벽돌과 유리 제조, 술 양조, 그리고 소금물을 끓여 소금을 생산하는 데 연료로 쓰였다.[28] 17세기 사대부 송응성(宋應星, 1587~1666)은 1637년에 《천공개물(天工開物)》이라는 기술 및 공예 관련 백과를 집필했는데, 이 널리 알려진 문헌에는 이와 같은 산업적인 작업 절차가 자세히 설명되어 있다. 석탄에 관한 절에서 송응성은 갱도를 지하화하고 지지대를 세우는 방식으로 석탄층을 뚫는 방법을 설명한다. 그중 다음과 같은 주장은 특히 주목할 만하다. "일단 석탄이 채굴되면 지하수 우물을 흙으로 채울 수 있다. 그로부터 20년 또는 30년이 지나면 석탄이 다시 생성되며 고갈되지 않는다."[29] 오늘날의 관점에서 이러한 주장은 비웃음을 살지 모르지만, 근대 시기에 이르기까지 석탄 생산과 소비의 패턴은 본질적으로 이와 같은 고갈불가능성(inexhaustibility)이라는 관념에 기초했다.

26 Hartwell, "Revolution in the Chinese Iron and Coal Industry," 159–61; Golas, *Science and Civilisation*, 195.

27 대개 명나라와 청나라 시대를 의미한다–옮긴이.

28 Ting, *Coal Industry in China*, 4; Golas, *Science and Civilisation*, 197.

29 Song, *Tiangong Kaiwu*, 283; 송응성과 《천공개물》에 대해서는 다음을 참고. Schäfer, *Crafting of the 10,000 Things*.

석탄은 산업적 목적 외에 가정용으로도 채굴되었다. 화베이 지역의 가정에서는 종종 석탄을 태워 '캉(炕)'—난로 위에 올려 세운 평상—을 덥혔다. 뜨뜻한 캉은 긴 겨울철 추위에서도 앉거나 잠을 청할 수 있는 편안한 공간이었다. 17세기 말 예수회 사제 가브리엘 드 마가레이스(Gabriel de Magalhães)의 기록에 따르면, "벽돌로 만든 이 난로는 침대나 소파처럼 서너 뼘 정도의 높이로 되어 있으며, 가족 수에 따라 더 넓거나 좁게 만들어졌다. 가족 구성원들은 여기에 매트나 카펫을 깔고 그 위에 누워 잠을 잔다. 낮에는 그 카펫이나 매트 위에서 서로 몸을 맞댄다. 이것 없이는 혹독한 추위를 도저히 견딜 길이 없다. (…) 난로 옆에는 작은 가마가 있는데, 그 안에 석탄을 넣으면 불꽃, 연기, 열기가 의도적으로 설계한 파이프를 통해 사방으로 퍼진다. 가마에는 작은 구멍을 통해 이어지는 통로가 있고, 가마 입구에서 음식을 조리하고, 술을 데우고, '차(Cha)'나 '테(Thê)'를 준비한다. 이렇게 이들은 항상 차를 따뜻하게 마신다." 이 모든 것을 누리는 과정에서 위험이 없었던 것은 아니다. "열과 연기가 너무 강해 여러 사람이 질식한 적이 있었고, 때로는 난로에 불이 나서 그 위에 잠든 사람이 다 타 죽는 일도 있었다."[30] 그럼에도 수많은 사람이 이러한 위험을 무릅썼다. 계절을 견뎌 살아남느냐가 이 캉에 달렸기 때문이다.

이른바 산업화 시대 이전에도 석탄이 중국 전역에서 다양한 방식으로 사용되었지만, 석탄을 연료로 소비한다는 것은 지역적으로 매우 제한적일 수밖에 없었다. 대체로 시장 가치에 비해 석탄의 부피와 무게가 크기 때문에 운송 측면에서 어려움이 많았다. 이는 곧 석탄이 탄광과 가까운 지역에서만 주요 연료로 사용되는 경향이 있었음을 의미한다. 광산이 강에 인접해 있다면, 배나 바지선을 이용해 석탄을 수 킬로미터 떨어진 곳

30 de Magalhães, *New History of China*, 10-11. 또한 다음을 보라. Handler, *Austere Luminosity*, 166-67.

까지 어느 정도 합리적인 비용으로 운반할 수 있었지만 육로 운송은 대단히 비쌌다. 수상 운송이 가능하더라도 석탄을 광산으로부터 강가까지 옮기는 거리가 상당했을 것이다. 19세기 중반의 한 기록에 따르면, 화베이의 한 탄광에서 생산된 석탄이 약 48킬로미터가 조금 넘는 황허강(黃河)에서 채굴지 시세의 다섯 배 가격으로 팔렸다고 한다. 더 거시적인 차원에서 볼 때 제국 전역의 지형 분포라는 문제를 고려해야 한다. 석탄 매장지는 북방에 집중되어 있었지만, 운하 네트워크는 남방에 집중되어 있었다. 역사학자 팀 라이트(Tim Wright)의 주장대로, "이러한 높은 운송 비용이야말로 석탄 소비 증가를 억제한 가장 중요한 요인이었다."[31]

그러나 석탄은 발해 시대 이후 푸순의 역사에서 크게 두드러지지 않았던 것으로 보인다. 명대(明代, 1368~1644)에 푸순은 제국의 동북면 국경을 따라 만들어진 방어 체계의 일부였는데, 바로 이 시기에 지어진 푸순이라는 지명이 이 사실을 반영한다. '푸순(撫順)'은 '무수변강 순도이민(撫綏邊疆順道夷民, 변강을 평안케 하고 오랑캐 족속을 계도한다)'이라는 구절 속 '무수(撫綏, 평안케 하다)'와 '순도(順道, 계도하다)'라는 단어에서 두 글자를 따온 것이다. 여기서 '오랑캐 족속(夷民)'은 앞선 원대(元代, 1234~1368)의 지배 민족이자 1380년대까지 만주 일대에서 어느 정도 영향력을 행사했던 몽골족, 그리고 이 지역의 들과 숲에서 오랫동안 거주해 온 퉁구스계 민족인 여진족을 가리켰다.[32]

푸순이라는 이름이 너무 거창하게 들릴지 모르겠지만, 이는 확실히 명대 초기 변경 지역에서 왕조의 권위에 도전한 세력들을 성공적으로 진압한 역사를 예고하는 것이기도 했다. 성벽으로 둘러싸인 도시 푸순은 1384년에 건설되었다. 3년 후 명은 군을 일으켜 남만주에서 세를 확장하

31 Wright, *Coal Mining in China's Economy and Society*, 9.

32 *FKZ*, 2; Wang, "Ming xiu Fushun cheng."

던 몽골족 지도자 나하추(Naγaču)의 항복을 받아냈다. 그 외 여러 몽골과 여진 세력도 얼마 지나지 않아 명에 복종했다.[33] 푸순은 명의 한족이 여진족과 교역할 수 있는 도시 중 하나로 지정되었다. 명의 기병대가 철기와 옷가지를 대가로 여진족 사육자들로부터 말을 사들이는 마시(馬市)가 공식적으로 이곳에서 열렸다. 그러나 인삼, 버섯, 담비 가죽, 담수 진주 등 온갖 '야생의 기물'을 여진족 상인들로부터 구매하려는 한족 상인들도 이곳으로 몰려들었다.[34]

17세기 초에 이 수익성 높은 교역으로 부를 축적한 누르하치(Nurhachi, 1559~1626)라는 이름의 여진족 지도자가 명에 대항해 거병했다. 누르하치는 여진의 여러 부족을 통일—그의 후계자 홍타이지는 이 통일된 족속의 이름을 '만주족'이라 명명했다—한 뒤 1618년에 원정을 개시했다.[35] 누르하치의 군대는 예정된 마시에 참석하는 척 가장해 명의 전초로 진공했다. 바로 푸순이었다.[36] 이 공격으로 푸순성이 무너졌다. 1657년에 성을 재건할 때 성벽 위로는 만주족 청 왕조의 깃발이 휘날렸다.[37]

사료를 통해 청대 전반에 걸쳐 푸순의 석탄이 어느 정도 채굴되었는지 파악하기란 쉽지 않다. 청 조정은 건륭제(乾隆帝) 재위 기간(1735~1796)에 풍수지리적인 이유로 푸순 일대의 채굴 활동을 일절 금지했다. 푸순은 세 황릉과 가까웠다. 그 가운데 중원 정복 이전에 사망했지만, 사후 왕조의 태조로 추존된 누르하치의 능도 있었다. 조정은 석탄을 채굴하면 신성한 창바이산맥과 이 황릉들 사이에 흐르는 '용맥'이 끊어질 것이라 주장했

33 Rossabi, "Ming and Inner Asia," 258-59.

34 Rawski, *Early Modern China and Northeast Asia*, 76. 만주의 천연자원은 청대 내내 황실과 시장에 공급하기 위해 채취되었다. Schlesinger, *World Trimmed with Fur.*

35 여진족이 만주족으로 개칭한 문제에 대해서는 다음을 참고. Elliott, *The Manchu Way*, 71-72.

36 푸순 함락에 대해서는 다음을 참고. Wakeman, *The Great Enterprise*, 59-62; Swope, *Military Collapse of China's Ming Dynasty*, 11-13.

37 Zhao, Cheng, and Li, *Fushun xian zhi lüe*, "Jianzhi lüe," 1b.

다. 그럼에도 도광제(道光帝, 재위 1820~1850)는 1838년에 재차 푸순에서의 채굴 활동을 금지한다는 칙령을 내려야 했다. 이는 채굴 자체가 완전히 근절되지 못했음을 시사한다.[38] 1896년에 청 왕조는 결국 만주에서의 광물 탐사와 채굴을 허용한다. 그러나 이때에도 푸순처럼 용맥에 맞닿아 있는 지역은 개발 금지 구역으로 지정되었다.[39] 19세기 말 푸순에서 채굴 활동이 존재했다면, 석탄 쪼가리를 암시장에 내다 팔아야 하는 지역 주민들에 의해 소규모로 은밀하게 이루어졌을 것이다.[40]

푸순의 깊은 역사와 관련해 일본인들은 청 왕조가 능묘와 풍수지리에 대한 우려로 채굴을 금지한 이 마지막 시기를 특히 강조했다. 1908년에 일본 탄광 산업 연대기를 출간한 다카노에 모토타로(高野江基太郎)는 광산과 황릉에 대한 문제를 두고 "풍수의 미신" 중 하나라고 말했다.[41] 기존의 관행을 이런 식으로 특징짓는 행위는 과거 중국인이 미신에 얽매인 후진적인 생각으로 푸순의 귀중한 석탄 자원을 충분히 활용하지 못했다는 함의를 지닌다.[42] 대조적으로 당시 일본이 추진하던 탄광 개발은 옳고 합리적이며 과학적인 것으로 여겨졌다. 토양과 그 자원들이 과소 이용, 혹은 오용되고 있다는 문제 제기는 식민주의 열강이 타자의 영토로 진출할 때 흔히 사용한 정당화 전략이다.[43] 일본 또한 푸순에서 마찬가지 전략을 취했다. 이런 식으로 일본제국주의는 자신을 푸순의 '수직의 역사(vertical history)'—거의 개발되지 않은 잠재력이 있으며, 따라서 이제 일본인이

38 *FKZ*, 27.

39 "Moukden: Official Sanction of Mining."

40 Yang, "Fushun meikuang kaicai," 2.

41 Takanoe, *Nihon tankō shi*, 444.

42 이런 식의 해석은 비일본어권 문헌에서도 발견된다. 다음 사례를 볼 것. "Coal and the Manchu's Ghost."

43 예를 들어 다음을 보라. Whitt, *Science, Colonialism, and Indigenous Peoples*, 10-14.

개발하기만 하면 되는—의 꼭대기에 위치시켰다.

지정학

그러나 푸순의 근대적 석탄 채굴은 일본이 등장하기 몇 해 전인 20세기 초에 중국인의 손에 의해 시작되었다. 이러한 전개는 19세기 중반부터 시작된 중국 전역에서의 광범위한 석탄 채굴 확대라는 거시적 맥락과, 의화단(義和團)의 봉기(1899~1901) 이후 남만주가 개방되기 시작했다는 더욱 구체적인 맥락의 산물이었다. 푸순 탄광에 근대적 시설이 설립된 지 얼마 지나지 않아 러시아의 투자가 들어왔다. 훗날 러일전쟁 승리 후 일본은 이를 구실로 푸순 탄광을 차지했다. 푸순 역사에서 이 시기를 의식한 일본 측의 일부 문헌은 일본의 광산 점령을 옹호하기 위해, 중국이 막 근대적 탄광 사업을 시작했을 때 러시아가 이를 지원했다는 사실을 강조했다. 이 방어적인 태도는 일본제국이 푸순 일대를 재편하며 탄소 기술관료주의의 실현을 위한 여러 가지 여건을 조성하기 시작한 후에도 계속되었다.

1901년 10월 8일, 만주 최고위 관료 성징장군(盛京將軍) 쩡치(增祺, 1851~1919)는 황제에게 푸순에서의 채굴을 허가해 달라는 상소를 올렸다. 쩡치는 푸순 탄광 개발에 관심 있는 상인 웡서우(翁壽, 1859~1925), 왕청야오(王承堯, 1865~1930)와 가까웠다. 이 둘은 모두 예비 관료—과거제 또는 아마도 매매를 통해 학위를 갖고 있었고, 따라서 원칙적으로 황실의 관료로 임명될 자격을 확보하고 있었다—로서 일정한 지위와 부를 갖고 있었다.[44] 쩡치는 이들의 청원을 뒷받침하기 위해 상소를 올린 것이다. 능묘의 문제가 여전히 우려의 대상이 될 수 있음을 알고 있던 성징장군은 자신이 이 문제를 자세히 검토했으며, 태조 누르하치의 복릉(福陵)은 광산 개발

44 후기 중화 제국 시기 매관매직에 대해서는 다음을 참고. Kaske, "Price of an Office"; Zhang, "Legacy of Success."

후보지로부터 4리(里) 이상 떨어져 있다는 점을 조정에 알리고자 했다.[45] 그는 이 지역 철도와 능 사이에는 최소 30리[46]의 거리를 두어야 한다는 규정에 비추어 봐도 문제 될 것이 없으며, 그러므로 태조의 안식을 방해할 위험이 없을 것이라고 주장했다. 쩡치는 광산 개방이 국익을 위해 최선이라 판단했다. 의화단 봉기 때 '전화(戰火)'가 남만주 일대를 휩쓸었으며, 그 여파 가운데서 지방정부는 재건을 위한 재원을 마련해야 했다. 이 과정에서 웡서우와 왕청야오 같은 상인들이 현지에서 사업을 꾸리는 대가로 낸 상당량의 자금은 재정적으로 요긴했다.[47]

당시 탄광업은 아직 규모는 작지만, 꾸준히 성장하는 중국 산업의 중요한 일부분이었다. 조약항(treaty port)의 설치와 더불어, 중국 관리들은 현지 사업가들과 '관독상판(官督商辦, 정부가 감독하고 민간 상인이 운영)' 방식으로 자본을 조달해 대규모 기계화 광산을 개발했다. 늘어나는 석탄 수요에 대응하기 위해서였다. 이러한 광산들 가운데 가장 주목할 만한 곳은 1877년에 즈리총독(直隸總督) 리훙장(李鴻章, 1823~1901)이라는 정계 원로와 상인 탕팅슈(唐廷樞)가 설립한 카이핑(開平) 탄광이었다. 또한 1898년에 독일의 자오저우만(膠州灣) 점령을 기점으로, 해외 열강들이 중국 전역으로 영향력을 확대하는 과정에서 더 공격적으로 광산 채굴권을 확보해 광산 개발에 착수했다. 탄광업에 대한 외세의 개입은 중국 기업과 외국 기업이 공동으로 소유하고 운영하는 광산 사업체를 만드는 방식으로도 이루어졌다. 완전히 혹은 부분적으로 외국인이 소유한 광산의 생산성이 더 높은 경향이 있었다. 자본과 최신 채굴 기술 및 전문지식에 대한 접근성이 더 높았기 때문이다. 1898~1906년에는 외세로부터 탄광과 채굴권

45 1리(里)는 약 400미터다.

46 약 12킬로미터-옮긴이.

47 *BJTK*, 9-12.

을 되찾으려는 움직임이 전국적으로 활발해졌다. 주로 민족주의적 정서를 지닌 지방 신사(紳士)들이 이러한 흐름을 주도했는데, 이들은 중국 자본으로 다수의 외국계 혹은 중외 합작 탄광을 매입하기도 했다.[48] 하지만 이처럼 중국 탄광업이 수십 년에 걸쳐 성장하는 동안에도 외국계 및 중외 합작 탄광이 지배적인 위치를 점하고 있었다. 중일전쟁 발발(1937) 이전까지 푸순 탄광, 그리고 푸순과 가장 가까운 경쟁사인 중영 합작 카이롼 광무총국(開灤礦務總局, 20세기 전환기에 영국의 수중에 떨어진 카이핑과 중국 자본으로 운영되던 롼저우(灤州) 탄광이 합병해 설립)이 대형 탄광에서 생산된 중국 연간 석탄 생산량의 절반 이상을 관할했다.[49]

과거에는 운송 문제로 성장이 막혔지만, 19세기 후반부터는 철도망이 건설되면서 석탄 산업이 번성했다. 일반적으로 중국 최초로 여겨지는 철도 노선은 1881년에 카이핑에서 근처 루타이(蘆臺) 운하까지 석탄을 운송하기 위한 목적으로 부설되었다. 루타이에 도착한 석탄은 수로를 통해 하류의 여러 시장으로 옮겨졌다.[50] 분명 철도를 통한 운송 비용 절감은 석탄 산업 확장의 주요 요인 중 하나였다. 더욱이 석탄은 철도가 운송하는 중요 화물의 하나였을 뿐 아니라, 철도 엔진을 작동시키는 연료이기도 했다. 철도와 석탄 에너지 레짐은 대단히 상호의존적이었다. 따라서 중국에 진출한 외세는 보통 철도와 탄광 채굴권을 일괄적으로 확보했으며, 신규

48 Li, *WanQing de shouhui kuangquan*; Lee, "China's Response to Foreign Investment."

49 Wright, *Coal Mining in China's Economy and Society*, 78, 117-18. 영국의 카이핑 점령과 카이롼광무총국의 설립에 대해서는 다음을 참고. Carlson, *The Kaiping Mines*, 47-113. 중일전쟁 직전까지 카이롼 탄광의 역사에 대해서는 다음을 볼 것. Yun, *Jindai Kailuan meikuang yanjiu*.

50 실제 최초의 철도는 1876년에 부설된 상하이-우송(吳淞) 구간 노선이었다. 그러나 양장총독(兩江總督) 선바오쩐(沈葆楨)은 철도를 외세 침탈의 상징으로 간주하고 이 노선을 예의주시하다가 1877년에 해체했다. 장기 20세기에 걸친 중국의 철도 발전에 대해서는 다음을 보라. Köll, *Railroads and the Transformation of China*.

철도 부설권 또한 종종 광산 개발 허가와 함께 묶여 제공되었다.[51]

만주에서 러시아의 활동도 바로 이러한 사례 중 하나였다. 1896년에 러시아 정부를 대표하는 재무상 세르게이 비테(Sergei Witte)와 외무상 알렉세이 로바노프 로스토프스키(Aleksey Lobanov-Rostovsky)는 당시 청에서 가장 막강한 외교관이 된 리훙장과 비밀 협정을 체결했다. 이 협정을 통해 러시아는 만주를 관통하는 철도를 건설할 수 있게 되었고, 막 청일전쟁에서 패한 청은 일본을 견제하는 과정에서 러시아의 지원을 약속받았다. 이 동청철도(東淸鐵道)의 본선은 시베리아의 치타에서 시작해 북만주를 가로질러 블라디보스토크항까지 거의 1,600킬로미터에 달했다.[52] 1897년에 러시아는 남만주의 뤼순(旅順)과 다롄(大連)을 점령하면서 청나라 정부로부터 이 두 항구에 대한 조차권을 확보했으며, 또 남북을 잇는 철도 지선 건설권을 성공적으로 얻어냈다.[53] 러시아의 이러한 시도는 새롭게 조차한 랴오둥(遼東)반도의 영토와 동청철도를 연결하는 약 1,100킬로미터의 남만주철도 부설로 귀결되었다. 이 협정의 일환으로 러시아는 또한 철도 노선과 인접한 지역에서 목재를 관리하고 광산을 경영할 권리를 획득했다. 이를 통해 철도망 건설과 운영에 필요한 자재와 연료를 확보할 수 있었다.[54] 푸순의 탄광 개발은 마침 러시아의 이권이 남만주로 확장되는 시기와 맞물렸고, 이렇게 상트페테르부르크도 푸순 석탄을 둘러

51 예를 들어 독일은 1898년 자오저우(膠州) 협약에 따라 산둥성(山東省) 남부 조계지로부터 확장된 철도 노선 주변 약 12킬로미터 이내의 석탄 채굴권을 확보했다. Ting, *Coal Industry in China*, 13.

52 Paine, *Imperial Rivals*, 185-90.

53 Paine, "The Chinese Eastern Railway," 19. 러시아는 독일이 자오저우만을 점령한 상황에서 청을 지원하기 위해 이 두 항구를 점유했다고 주장했다. 그러나 사실 러시아와 독일은 이러한 영토 쟁탈전에서 서로를 지원하고 공모했다.

54 Paine, *Imperial Rivals*, 190-94. 남만주철도 부설에 관한 합의로는 다음을 참고. "Agreement Concerning the Southern Branch of the Chinese Eastern Railway."

싼 경쟁에 휘말렸다.

1901년 12월 초에 왕청야오와 웡서우는 쩡치로부터 답변을 받았다. 청 조정은 푸순을 포함한 펑톈성(奉天省) 전역의 광산 개발을 허용하기로 동의했다.[55] 두 사람은 쩡치에게 수수료로 만 냥을 지급한 후 푸순을 양분하는 양바이푸(楊柏堡)강을 경계로 각각 회사를 차렸다. 강 서쪽의 탄광은 왕청야오의 화싱리공사(華興利公司), 동쪽의 탄광은 웡서우의 푸순매광공사(撫順煤礦公司)의 관할이 되었다. 두 사람은 자본 집약적인 사업에 자금을 조달하기 위해 러시아인을 포함한 다수의 투자자를 끌어들였다.[56]

두 회사는 지척에 있는 경쟁사로서 처음부터 적대적인 관계를 맺었다. 사업이 시작되자마자 웡서우는 두 회사 간 관할 용지의 경계선에 이의를 제기했고, 사람들을 보내 왕청야오의 탄광 중 두 곳을 강제로 점거했다. 양측의 노동자들이 충돌해 여러 명의 사상자가 발생했다. 결국 지방정부가 개입해 다툼을 멈추고 웡서우가 빼앗은 채굴장을 왕청야오에게 반환하도록 강제했다. 이 사건 이후 왕청야오는 웡서우가 그토록 대담할 수 있었던 이유는 그의 사업에 투자한 러시아인들의 뒷배 덕분이라는 생각을 품었다. 향후 비슷한 분쟁이 발생할 경우, 또다시 자신에게 유리하게 일이 풀릴지는 결코 알 수 없는 노릇이었다. 이를 우려한 왕청야오는 막강한 러청은행(華俄銀行)을 자신의 대주주로 끌어들이기로 결심했다.[57] 한편, 1903년 초에 러시아극동임업회사(Russian Far Eastern Forestry Company)는 웡서우의 푸순매광공사에 눈독을 들이더니 결국 5만 루블에 매수했다.[58]

55 *BJTK*, 11.

56 *BJTK*, 13, 18–19, 22-23.

57 *BJTK*, 12-13; *KWD*, 2158, Zeng Qi to Board of Foreign Affairs (BFA) (August 29, 1903).

58 *BJTK*, 27; Fu, *Zhong-Ri Fushun meikuang an*, 14–15.

러시아의 만주 진출을 도쿄는 우려했다. 일본 지도자들이 보기에 이는 만주와 국경을 맞댄 조선을 잠재적으로 위협하는 행위였다. 일본은 조선의 지정학적 중요성을 매우 중시했다. 한반도는 "일본의 심장부를 겨누는 단검"이었다.[59] 이러한 이권 충돌 문제를 해결하기 위한 외교적 시도가 뒤따랐다. 그러나 협상에 별다른 진전이 없자 일본은 선제공격을 결정했다. 일본제국 해군은 1904년 2월 8일, 뤼순에서 러시아 태평양 함대에 기습 공격을 감행했다. 개전 직후 러시아군은 남만주철도의 쑤자툰(蘇家屯)역과 푸순의 라오후타이(老虎臺) 광산 사이에 지선을 부설했다. 확장된 철도망을 통해 석탄을 더 쉽게 수송해 전쟁 수행을 위한 연료를 더 쉽게 공급하려는 의도였다.[60] 1904년 봄, 왕청야오는 화싱리 탄광의 운영을 중단했다. 그러나 그해 겨울, 성도(省都) 펑톈에서 연료 부족 문제가 발생하자 채굴 작업을 재개했다. 1905년 2월 16일에 러시아군은 에너지 수요를 맞추기 위해 왕청야오의 탄광 5개 중 3개를 점령하고 나머지 두 곳의 생산물을 압수했다.[61] 한 달도 채 지나지 않은 3월 10일에는 일본의 압록강 주둔군이 푸순에 입성해 러시아군을 북쪽으로 몰아내고 일대를 손에 넣었다. 그러나 전쟁은 6개월 더 지속되었고, 9월 5일에 마무리되었다.

증기력의 시대였던 러일전쟁 당시 석탄의 탄소 에너지는 전쟁의 추이에 중추적인 역할을 했다. 예를 들어 러시아는 블라디보스토크에서 일본 함대를 공격할 계획이었다. 이를 위해 발트함대는 크론시타트(Kronshtadt) 기지에서 블라디보스토크까지 약 2만9,000킬로미터를 해상으로 이동하는 데 필요한 석탄 연료를 확보해야 했다. 하루에 약 3~5톤

59 한반도에 대한 이 유명한 메타포는 본래 한 주일본 독일 군사고문이 처음 만들어 낸 표현이다. Duus, *Abacus and the Sword*, 49.

60 *KWD*, 2162, BFA to Russian ambassador (1904); Fushun shi difang zhi bangongshi, *Fushun shi zhi*, 557.

61 *BJTK*, 21-22, 33.

의 석탄이 필요한 러시아 군함들은 이 여정에서 약 50만 톤의 석탄을 소비했다. 이 과정에서 발트함대는 도중에 다른 열강들이 장악한 탄광 공급지에서 연료를 보급해야 했다. 러시아 측 대표들은 영국, 프랑스, 독일 측과 신중하게 협상을 전개할 필요가 있었다. 이 나라들은 지노비 로제스트벤스키(Zinovy Rozhestvensky) 제독이 이끄는 발트함대를 지원함으로써 중립적인 태도를 유지하지 못하게 될 것을 우려했기 때문이다. 약간 지연되었지만, 발트함대는 중립국들로부터 필요한 석탄을 공급받아 마침내 동북아시아로 향할 수 있었다. 그리고 1905년 5월 27~28일, 쓰시마 해전에서 사실상 완전히 궤멸했다.[62]

일본 측에서는 전쟁이 일어나기 몇 년 전부터 해군의 석탄 공급과 관련한 우려가 있었다. 일본 열도, 특히 북쪽 홋카이도와 남쪽 규슈의 탄광에서 상당량의 석탄이 채굴되었다. 그러나 이 석탄의 대부분은 품질이 낮은 역청탄이었다. 발열량이 적어 전함의 동력원으로는 적합하지 않았다. 더욱이 연소할 때 검은 연기를 내뿜어 멀리서도 적의 눈길을 끌 수 있었으므로 전략적으로도 불리했다.[63] 따라서 일본 해군 참모들은 해외에서 대안을 찾아 영국 카디프(Cardiff)산 석탄을 구매하기 시작했다. 기존에 비축해 둔 카디프 석탄과 1902년 영일동맹의 일환으로 새로이 수입한 영국산 석탄 덕분에 일본제국 해군은 주요 작전 수행에 필요한 충분한 양의 핵심 자원을 확보할 수 있었다.[64]

다시 푸순의 상황을 살펴보자. 일본 점령군은 이 지역의 석탄 채굴을 되살리기 위한 조처를 했다. 러시아군은 철수하면서 일본의 석탄 생산을 견제하기 위해 건물을 불태우고 기계 설비를 파괴했으며, 라오후타이와

62 Cecil, "Coal for the Fleet," 990–92, 1001, 1005.

63 Evans and Peattie, *Kaigun*, 66.

64 Evans and Peattie, 66–67.

양바이푸의 광산들을 침수시켰다. 그들은 매장된 석탄뿐만 아니라 채굴에 필요한 장비까지 함께 작동할 때 광산이 비로소 가치가 있는 일종의 집합체라는 것을 인식하고 있었고, 이는 옳았다. 푸순의 탄소 자원은 일본인이 쉽게 차지하도록 그저 내버려 두기에는 너무 귀중한 자원이었다. 푸순에 주둔한 일본군은 먼저 첸진차이(千金寨)의 오래된 갱을 채굴하기 시작했고, 다음으로 라오후타이의 침수된 갱도로부터 물을 빼냈으며, 두 광산에서 새로운 갱도를 여러 개 열었다. 몇 달 만에 일일 생산량이 300톤에 이르렀고, 이는 재건의 미미한 성과였지만 그럼에도 유망한 시작점이었다.[65]

러시아에 대한 일본의 승리는 이 지역의 지정학과 일본제국주의의 성격에서 중대한 전환점이었다. 일본은 대륙에 더 확고한 발판을 마련했고, 러시아는 남만주에서의 기반을 잃었다. 동시에 일본의 러일전쟁 승리는 다수의 일본 정치인, 관료, 군 장교, 일반 시민이 제국주의의 약속과 팽창 전망에 더욱 동조하는 계기가 되었다.[66] 전쟁을 끝낸 포츠머스 조약에 따라 러시아는 남만주철도 가운데 창춘(長春)에서 다롄을 잇는 약 640킬로미터 이상의 구간을 일본에 양도했다. 또한 "철도를 위해 운영했던" 이 지역의 모든 탄광을 일본에 넘겼다.[67] 바로 이 조약에 따라 일본은 푸순 탄광의 영유권을 주장할 수 있게 되었다.

전리품 탐색

일본이 만주에서 새롭게 획득한 전리품을 관리하는 방식은 처음부터 식민주의와 과학의 융합으로 특징지을 수 있었다. 일본 정부는 철도와 광산

65 *BJTK*, 37; Manshikai, *Manshū kaihatsu yonjūnen shi*, 50.

66 Matsusaka, *Making of Japanese Manchuria*, 54-59.

67 이는 포츠머스 조약 제4항의 내용이다.

을 운영하기 위해 '반관반민(半官半民)' 기업인 만철을 설립했다. 이 거대한 식민지 주식회사의 초기 자본은 2억 엔이었으며, 일본 정부에 대주주 권한이 부여되었다.[68] 의사이자 식민지 관료였던 고토 신페이(後藤新平, 1857~1929)가 만철의 초대 총재로 임명되었다. 고토는 타이완의 민간 총독으로서 인구집단과 여러 지역에 관한 체계적인 연구를 통해 수집한 광범위하고 세부적인 정보에 기반한 식민지 통치, 즉 '과학적 식민주의'를 표방했다.[69] 비록 만주에서는 식민지가 아닌 기업을 운영하는 처지였지만, 그는 만철에서도 이러한 경영 방식을 중점적으로 관철했다. 이러한 특징은 만철 산하 조사부에서 가장 두드러졌다. 만철 조사부는 고토가 만철 설립 당시 설치한 연구 조직으로서, 향후 수십 년 동안 만주 전역과 그 밖의 여러 지역에서 수천 건의 사회경제적 조사연구를 수행했다.[70] 지질연구소와 중앙실험실 등 만철이 뒤이어 설립한 다른 연구기관에서도 과학적 식민주의라는 방침이 재확인되었다. 그뿐만 아니라 만철의 공업 경영 부문에서도 과학적 식민주의가 강조되었다. 여기에는 1907년 4월 1일, 공식적으로 만철에 인수되어 그 뒤로 자회사가 된 푸순 탄광도 포함되었다.

만철이 푸순에 도착한 뒤 가장 시급히 처리해야 하는 임무 중 하나는 바로 지질조사였다. 발밑에 깔린 석탄의 상태를 파악하기 위해서는 푸순 땅을 수직적으로 바라볼 수 있어야 했다. 지질조사에는 여러 단계의 절차가 필요했다. 우선 측량사들이 지형을 살피며 노두를 관찰하고, 특히 사암, 석회암, 셰일 등 석탄을 생산할 수 있는 시대에 속하는 암석을 찾아내

68 Matsusaka, "Japan's South Manchuria Railway Company," 37-38.

69 고토 신페이와 그의 '과학적 식민주의' 구상에 대해서는 다음을 참고. Peattie, "Japanese Attitudes toward Colonization," 83-85.

70 만철 조사부에 대해서는 다음을 볼 것. Kobayashi, *Mantetsu Chōsabu*; Young, *Research Activities of the South Manchurian Railway Company*, 3-34.

야 했다. 석탄이 존재할 가능성이 있다고 추정되면, 측량사들은 해당 지역의 지형도를 제작해 지층의 잠정적 형태와 구조를 파악했다. 그런 다음 삼각 측량을 통해 지도상의 좌표를 확정했다. 여기까지 작업이 완료되면, 시추공을 가라앉혀 석탄의 존재 여부를 최종적으로 확인했다. 실제로 석탄이 존재한다면 후속 분석을 위해 표본을 채취했을 것이다.[71]

만철의 조사는 푸순 탄광의 규모를 확장하려는 이전 시기의 노력을 토대로 했다. 러일전쟁 중 일본군이 만주를 횡단할 때 군을 따라온 지질학자와 광업공학자가 만주 땅과 그곳의 자원적 전망을 평가하는 임무를 맡았다.[72] 바로 이러한 맥락에서 앞서 언급한 것처럼 중국인 대리인들을 동원한 탐사가 이루어졌으며, 일본제국 건설자들은 애초 그 우수성이나 규모에 대해 회의적이었음에도 푸순의 석탄에 대해 파악하게 되었다.[73] 전쟁이 마무리된 뒤 일본이 러시아로부터 획득한 만주 남단의 조차지인 관동주(關東州)의 정부인 관동도독부는 즉시 주변 지역에 조사단을 파견해 농업, 임업, 상업, 어업, 광업의 생산 상황을 평가했다. 이 지역의 광업 조사를 담당한 조사단은 지질학자와 광업공학자가 조를 이루어 꾸려졌다. 전자는 광물의 존재를 확정했고, 후자는 경제적인 채광 수단을 모색했다.

71 Matsuda, "Shisui"; Colliery Engineer Company, *Elements of Mining Engineering*, 12.1-12.52. 전전 일본의 탄광 탐사 및 분포도 제작에 대한 자세한 내용은 다음을 보라. Kuboyama, *Saishin tankō kōgaku*, 1:77-137. 19세기 말, 세계 광산 공학 분야를 선도하며 일본에도 일종의 준거가 된 미국의 탄광 지도 제작법의 발전에 대해서는 다음을 참고. Nystrom, *Seeing Underground*, 17-52. 같은 시기 미국의 더욱 광범위한 석탄 컨설팅 사업에 대해서는 다음을 보라. Lucier, *Scientists and Swindlers*, 11-140.

72 Matsuda, *Mantetsu chishitsu chōsajo*, 10-11.

73 한 가지 흥미로운 점은 이보다 10년 전인 청일전쟁기에 남만주에서 현장 조사를 한 일본 지질학자들이 푸순 탄광에 주목하지 않았던 것으로 보인다는 점이다. 아마도 독일 지질학자 페르디난트 폰 리히트호펜(Ferdinand von Richthofen)이 작성한 이 일대에 대한 보고서에 푸순이 언급되지 않았기 때문이었을 수 있다. 일본인 지질학자들의 기록을 보면, 이들이 리히트호펜의 연구를 틀림없이 인지하고 있었음을 알 수 있다. Inouye, "Geology of the Southern Part," 1-2. 중국에서의 리히트호펜의 지질조사 활동에 대해서는 다음을 참고. Shen, *Unearthing the Nation*, 29-35; Wu, *Empires of Coal*, 33-65.

푸순으로 파견된 조사단에 소속된 지질학자는 도쿄제국대학 지질학과를 졸업한 오가와 다쿠지(小川琢治)다. 얼마 전에 타이완의 지형에 관한 연구서를 저술한 오가와는 러일전쟁 개전 직후부터 일본제국군 총사령부에서 근무하고 있었다. 그의 파트너인 광업 공학자 오하시 다키치 역시 전시에 국가를 위해 복무하고 있었으며, 한 해 앞서 일본군을 위해 만주 전역에서 일련의 광산 조사를 완료했다.[74] 당시 관동도독부 민정장관이었던 이시즈카 에이조(石塚英藏)도 시인했듯, 조사팀이 현장에서 활동한 늦가을부터 겨울까지의 몇 달은 조사 작업에 적기는 아니었다. 땅이 "단단한 얼음과 지독한 눈으로 완전히 얼어 있었기 때문에" 핵심 표본을 시추하기 어려웠다.[75] 설상가상으로 적절한 탐사 도구가 조사팀에 없을 때도 여러 번 있었다. 이러한 어려움에도 불구하고 오가와와 오하시는 푸순의 지질학적 특징과 석탄의 특성에 대한 기초 보고서를 완성해 후속 연구를 위한 토대를 마련했다.[76]

이러한 조사를 통해 푸순 탄전의 전반적인 형태와 규모가 파악되었다. 석탄은 서쪽에서 동쪽으로 기울어진 채로 비교적 좁게 줄지어 배치된 암석들 안에 있었다.[77] 이처럼 지형의 지질학적 구조를 반영한 새 지형도가 앞선 시기의 개략적인 도면들을 대체했다. 그러나 이는 단순히 종이 위에 자연을 더 진실하게 표상하기 위한 것이 아니었다. 이러한 지형도는 지하에서 상당량의 자원을 채굴하기 위한 길잡이 역할을 했다. 푸순 석탄 매장량의 추정치는 제각각이었지만, 측량사들은 그 양이 엄청날 것이라는 점에는 모두 동의했다. 오가와와 오하시가 제시한 추정치는 보수적인 편

74 Matsuda, *Mantetsu chishitsu chōsajo*, 11-14.

75 Ishizuka Eizō, preface to Kantō totokufu, *Manshū sangyō chōsa shiryō (kōzan)*, 5-6.

76 "Ogawa gishi no Bujun tankō."

77 *BJTK*, 49. 또한 다음을 보라. Johnson, "Geology of the Fushun Coalfield," 217.

에 속했는데, 이들은 수십 년 동안 연간 100만~200만 톤의 석탄 생산이 가능하다고 보았다.[78]

이른 시기에 행해진 조사 중 가장 권위 있는 조사는 만철 지질연구소 소속 지질학자들이 수행한 연구로, 이들이 만주에서 맡은 최초의 임무가 푸순의 석탄 매장량 계산이었다.[79] 기도 주타로(木戶忠太郎, 1874~1960)—일본 정부 광업조사국과 후베이성(湖北省) 소재의 한 일본 광업 회사에서 근무했다—예하의 지질학자들은 반년 동안 조사한 끝에 8억 톤이라는 어마어마한 추정치를 제시했다.[80] 이들에 따르면, 푸순은 당시 일본에서 가장 큰 탄광으로 알려진 홋카이도 북부 지역의 탄광(매장량 6억 톤 추정)을 압도하는 수준이었다.[81] 기도의 말을 빌리자면, 푸순은 "보고(寶庫)"였다.[82]

기도 같은 전문가들이 내놓은 엄청난 수치는 관의 공식적인 언로와 대중적인 정보 유통망을 가로질러 광범위하게 퍼져 나갔다. 때때로 푸순 석탄이 앞으로 수백 년 동안 채굴될 수 있으며, 완전히 고갈되는 시점은 현재의 어떠한 활동과도 무관할 만큼 먼 미래일 것이라는 주장도 곁들여졌다. 시간이 지나면서 여러 전문가와 관료는 매장량의 규모와 예상되는 생산성에 주목하며, 푸순 석탄은 사실상 "무한"하다거나 "무진"하다고 이야기하기 시작했다.[83] 이러한 수사는 많은 일본인의 뇌리에 푸순의 탄소 자원을 지속해서 확보하는 것이 국익과 직결된 문제라는 생각을 심어 주었

78 Kantō totokufu, *Manshū sangyō chōsa shiryō (kōzan)*, 112.

79 *BJTK*, 47. 또한 다음을 보라. Kido, "Bujun tandan chishitsu chōsa." 이 시기 다른 지질조사들의 사례로는 다음을 꼽을 수 있다. Ishiwata, "Bujun tankō"; Matoba, "Bujun tankō ni tsuki."

80 *BJTK*, 70-71.

81 "Mining in the Far East."

82 *BJTK*, 72.

83 이러한 종류의 발언은 수도 없이 많지만, 하나만 예를 들자면 다음을 보라. Shinozaki, *Bujun tankō Ōyama saitanjo*, 1.

으며, 만철의 석탄층 개발 사업의 규모에도 영향을 미쳤다.[84]

푸순 석탄의 가치는 양뿐만 아니라 질에서도 찾을 수 있었다. 오가와와 오하시의 보고서에 따르면, 푸순 석탄은 일본 본토 석탄과 마찬가지로 제3기 시대(Tertiary period)에 속했다. 외관은 칠흑같이 검고 윤기가 나며, 단단하고 쉽게 부서지지 않았다. 또 무기 불순물이 거의 없었다. 이 모든 게 푸순 석탄의 높은 품질을 나타내는 지표였다.[85] 추가적인 시험을 거쳐 푸순 석탄의 수분 함량, 휘발성, 유황과 회분(ash)의 비율, 발열량 등이 측정되었다. 이러한 시험은 일본 본토의 미이케(三池) 탄광, 독일 함부르크 자연사박물관 고트체 박사의 실험실(the laboratory of a Dr. Prof. Gottschhe), 1908년 늦봄 만주 뉴좡(牛庄)항과 일본 모지(門司)항 사이를 항해하던 미쓰이물산(三井物産)의 '후지산마루호'의 보일러실 등 다양한 장소에서 이루어졌다. 각종 시험을 통해 푸순 석탄의 특성이 더 자세히 밝혀졌다. "약간의 딱딱거리는 소리와 함께" 쉽게 불이 붙었고, 거의 완전히 연소해 연기가 나지 않았으며, 클링커(clinker)—석탄의 잔여물로, 보일러 내부에 쌓이면 고장을 일으킬 수 있다—도 거의 남지 않았다. 예를 들어 후지산마루호 선상 시험의 사례를 살펴보자. 일본 최고급 다가와(田川) 석탄을 연소할 때는 4시간에 한 번씩 연소실의 재 받침대를 교체해야 했는데, 푸순 석탄을 사용했을 때는 6시간에 한 번만 교체하면 되었다. 시험 결과 높은 발열량까지 자랑한 푸순 석탄은 기차, 증기선, 발전소 연료로 특히 적합하다고 판명되었으며, 이러한 점에서 대부분의 일본 석탄을 능가한다고 밝혀졌다.[86] 당시에 만철이 제작한 광고는 푸순 석탄을 "극동 최고의

84 마틴 멜로시(Martin Melosi)는 미국의 경험을 바탕으로 에너지 풍요라는 관념과 현실이 어떻게 과도한 채굴과 불필요한 낭비를 조장했는지 상세히 설명한다. Melosi, *Coping with Abundance*.

85 Kantō totokufu, *Manshū sangyō chōsa shiryō* (*kōzan*), 112-19.

86 *BJTK*, 72-98; "Fushun Coal Mines," 438-41. 일본인 지질학자, 엔지니어, 연료 전문가는 항

증기 석탄"이라고 추켜세웠다.[87]

일본제국 건설자들이 푸순 석탄의 규모와 가치에 특히 흥분한 것처럼 보일지 모르겠다. 그러나 이들은 이전부터 이미 석탄을 근대 일본이 부상하는 데 중요한 자원으로 여기고 있었다. 스코틀랜드 출신 엔지니어 헨리 다이어(Henry Dyer)는 1904년에 다음과 같은 기록을 남겼다. "서양의 영국이 세계 여러 국가 사이에서 우월한 지위를 차지할 수 있었던 원인이 상당 부분 풍부한 광물자원, 특히 모든 종류의 제조업을 지탱한 석탄과 철 덕분이라는 사실을 일본이 인식하는 데 오랜 시간이 걸리지 않았다. 그들은 최대한 빠르게 자국의 광물자원을 개발하기로 결심했다."[88] 다이어는 19세기 말, 거의 10년 동안 일본에 머물며 일본 정부를 도와 근대적 공학 커리큘럼을 확립하는 데 힘썼다. 메이지 지도자들은 무엇보다도 석탄과 기타 광물자원 개발에 이러한 공학 교육이 필수적이라고 생각했다. 석탄은 일본 공업 부문의 확장을 추동했으며, 이 과정은 메이지 국가권력이 그토록 높은 우선순위를 둔 군수품 제조 및 군사력 증강 사업과 밀접하게 연결되었다.[89] 전쟁 수행에 증기 동력이 점점 더 중요해지는 시대에 석탄이 없었다면, 메이지 일본은 청일전쟁에서뿐만 아니라 러일전쟁 과정에서 중요한 해전을 승리로 마무리하지 못했을 것이다. 1907년에 만철이 푸순 탄광을 접수했을 때 일본 본토의 석탄 생산량은 이미 10년 전에

상 일본 열도와 일본 본토산 석탄을 기준으로 삼으면서 푸순이라는 추출 장소와 그 자원의 특수성을 연구했다. 이러한 모습은 데보라 코엔(Deborah Coen)이 분석한 오스트리아 제국의 '황실 과학자들'과도 흡사하다. 코엔에 따르면, 황실 과학자들은 "지역별 세부 사항을 전체 제국 내 포괄적인 전망과 적절하게 연결하는 능력, 사소한 것에도 주의를 기울이되 종합적인 일관성을 놓치지 않는 능력에 대한 공적인 권위"를 확립하려 했다. Coen, *Climate in Motion*, 63-91(인용은 64쪽).

87 "Fushun Coal."

88 Dyer, *Dai Nippon*, 157.

89 Samuels, "Rich Nation, Strong Army," 84-88.

비해 세 배 이상 늘어나 있었다.[90]

이 초창기의 지질학자, 광업공학자, 그리고 여타 전문가의 작업은 푸순에 일본의 탄광 사업을 확립시키는 데 필수적이었다. 이들이 수행한 연구와 건의는 이후 탄광 개발의 기초가 되었다. 푸순 석탄의 양과 질을 검증하는 과정에서 이러한 연구는 푸순 탄광이 계속 보유할 가치가 있는 전리품이라는 주장을 강화했다. 확실히 그 풍부한 매장량에는 부인할 수 없는 매력이 있었다. 지하자원의 부존량을 계산한 일본 지구과학자들은 본국의 국가 관료와 대중의 상상력을 자극하는 각종 수치를 내놓았다. 이러한 결과를 토대로 푸순은 탄소 기술관료주의 비전의 핵심인 무궁무진한 에너지에 대한 약속을 상징하는 이름이 되었다.

자원에 대한 권리

푸순 석탄을 탐내 마지않던 일본제국주의자들은 충분히 자신들이 원하는 것을 가질 자격이 있다고 자신했다. 그들은 그러한 자격조차도 전리품 가운데 하나라고 주장했다. 정서적 측면에서 보자면, 그것은 수많은 일본인의 희생에 대한 보상이기도 했다. 1912년, 한 일본인 공학도는 푸순 탄광에서 몇 달간의 실습을 마친 뒤 다음과 같이 적었다. "푸순 탄광은 우리 위대한 일본 국민이 피 흘려 그 대가로 얻은 것이다."[91] 그러나 푸순 탄광에 대한 이러한 일본의 권리 주장에 아무런 논란이 없었던 것은 아니다. 왕청야오의 광산들은 러일전쟁 중 먼저 러시아에 의해 몰수되었고 곧이어 일본에 의해 접수되었는데, 그는 자신의 자산을 되찾기 위해 청 정부에 도움을 요청했다. 그 뒤 이어진 외교적 우여곡절은 푸순이라는 추출 현장의 탄생이 다양한 국제법적 규범들—여러 당사자가 모두 국제법에

90 Walker, *Toxic Archipelago*, 177-79.

91 Kubo, *Bujun tankō*, 1.

따라 자신의 주장을 펼쳤다—과 힘의 위계—일본은 힘의 논리를 앞세워 논의를 유리하게 끌고 갔고, 궁극적으로 거의 아무것도 양보하지 않은 채 푸순의 탄소 자원에 대한 권리를 확보했다—와 절대 무관하지 않음을 보여준다.

1906년 4월 24일, 청의 총리아문(總理衙門)은 주청일본대사 우치다 고사이(内田康哉)에게 왕청야오의 광산 반환을 요청하는 외교 공문을 보냈다. 공문은 양바이푸강 서쪽에 있는 해당 광산들이 중국 상인의 소유이며, 포츠머스 조약에 따라 일본이 영유권을 주장할 수 있는 강 동쪽의 러시아 소유 푸순매광공사와는 "아무런 관련이 없다"라는 전제에서 시작했다. 따라서 일본군은 광산을 점령할 아무런 명분이 없으므로 신속히 반환할 것을 촉구했다.[92] 우치다는 아무런 회신을 보내지 않고 채 한 달이 되기 전에 전근했다. 총리아문은 후임으로 온 아베 모리타로(阿部守太郎)—주청대사직을 겨우 두 달밖에 수행하지 않았다—일본대사와 하야시 곤스케(林權助, 1860~1939)—조선을 일본제국에 종속시키고 식민지화의 토대를 닦은 1904년 한일의정서에 서명한 주한 일본 외교관이었다—에게 이 문제에 관한 외교 공문을 몇 차례 더 전송했다.[93]

12월 20일, 하야시에게 보낸 공문에 담긴 총리아문 측의 논리는 더욱 정교했다. 왕청야오의 광산들이 일본 측의 점령 이전에 전적으로 중국 기업의 소유였다는 주장 외에도, 1905년 12월 22일 베이징에서 체결된 청일만주선후조약(清日滿洲先後條約)을 거론했다. 이 조약에는 일본군이 "군사적 필요"에 따라 접수한 중국의 모든 공공 및 사유 자산은 일본군이 철수하거나 군사적 필요가 소멸했을 경우, 원소유자에게 반환해야 한다는

92 *KWD*, 2168, BFA to Uchida Kōsai (April 25, 1906).

93 *KWD*, 2172, BFA to Abe Moritarō (June 16, 1906); *KWD*, 2181 and 2185, BFA to Hayashi Gonsuke (October 1 and December 20, 1906).

조항이 포함되어 있었다.[94] 총리아문은 또한 푸순 탄광이 만철의 본선으로부터 30리 이상 떨어져 있으므로 일본이 보유한 철도 운영권에 근거해 채굴 작업이 허용되는 범위를 넘어선다는 점을 지적했다. 청은 일본에 거듭 광산 반환을 요청했다. 당시 일본은 인근의 옌타이 탄광도 점령하고 있었는데, 규모는 작지만 푸순과 비슷한 역사—청나라 말에 러시아 자본의 지원을 받아 개발되어 러일전쟁 중에 일본군에 의해 점령되었다—를 가진 탄광이었다.[95] 이 공문과 이어진 대부분의 논의에서 총리아문은 푸순 문제와 옌타이 문제를 하나로 묶어 중국 주권에 대한 도전으로 간주하며 그 해결책을 모색했다.[96]

몇 달 뒤인 1907년 5월 11일에 하야시가 수위 높은 답신을 보냈다. 그는 푸순 탄광은 전쟁 전부터 러시아가 관리하고 있었으며, 이 사실을 뒷받침하는 "명백한 증거"가 있다고 주장했다. 하야시는 러시아가 광산에 투자함으로써 "진정한 경영상의 독점권"을 획득했으며, 러시아는 바로 이러한 권한을 행사해 동청철도 운영에 필요한 석탄을 확보한다는 명백한 목적 아래 이 지역에 군대를 배치하고 쑤자툰역과 라오후타이 광산 간 지선을 부설했다고 주장했다. 하야시는 왕청야오의 광산들이 일본에 할양된 철도 운영권 관할 범위 내에 포함된다고 주장했다. 그는 러일 간 포츠머스 조약의 조건에 따라 해당 탄광들이 일본에 귀속되었으며, 총리아문 자신이 인용한 1905년 청일만주선후조약에 따라 러시아에서 일본으로의 모든 소유권 이전을 청이 이미 승인했다고 결론지었다.[97] 30리 범위

94 "Treaty and Additional Agreement Relating to Manchuria, December 22, 1905." 청일만주선후조약 추가조항 제4조는 다음과 같다. "일본제국 정부는 일본군이 군사적 필요에 따라 점령 또는 수용한 만주 내 중국의 공유 및 사유 자산을 만주에서 철수하는 시점에 반환하며, 철수 전이라도 군사적 목적에 따라 더 이상 필요하지 않은 자산을 반환할 것을 약정한다."

95 Yu, "Liaoyang Yantai meikuang," 66-68.

96 *KWD*, 2185.

97 1905년 청일만주선후조약 제1조는 다음과 같다. "청 제국 정부는 상기 평화 조약(즉, 포츠머스

에 관한 문제 제기에 대해서는 이미 동청철도가 규정된 한계 범위 바깥에서 석탄을 채굴한 사례가 있다고 역설했다. 그는 더 나아가 청 정부가 "자의적으로 행동"하면서 조약을 악용해 일본의 권리를 제약하려 한다고 비난했다.[98]

이러한 외교적 대화가 진행되는 동안 왕청야오는 청의 관료들에게 여러 차례 서신을 보내 자신의 문제를 해결해 달라고 압박을 가했다.[99] 1907년 5월 20일, 총리아문은 이 사건을 해결하기 위해서는 차라리 왕청야오가 만철 총재 고토 신페이를 직접 만나는 편이 낫다는 일본 외무대신 하야시 다다스(林董)의 조언을 성징장군에게 전달했다.[100] 왕청야오는 이러한 내용을 통지받았으나 고토와 협상 자리를 마련하는 데 어려움을 겪었다. 7월 26일, 마침내 면담이 성사되었다. 그러나 왕청야오가 만난 인물은 고토가 아닌 그를 대신해 나온 만철 측 인사였다. 왕청야오는 이날의 만남을 "모호함에서 시작해 애매함으로 이어진(始而含混, 繼而支吾)" 자리였다고 묘사했다.[101] 결국 이 회담을 통해 해결된 것은 아무것도 없었다. 왕청야오는 광산을 돌려 달라는 요구를 반복했지만, 그는 계속되는 중일 간의 후속 논의 과정에서 빠르게 배제되었다.

푸순과 옌타이를 둘러싼 청과 일본 관료 간의 협상은 몇 년 더 계속되었다. 자원에 대한 권리문제 외에도 몇 가지 다른 문제가 불거졌다. 만철의 탄광 주변 토지 매입과 관련한 문제, 탄광과 주변 지역에 경찰을 주둔시키는

조약) 제5조와 제6조에 의거해 러시아가 일본에 양도한 모든 권리 이전 및 양도에 동의한다."

98 *KWD*, 2192, Hayashi Consuke to BFA (May 11, 1907).

99 왕청야오는 1905년 12월 27일부터 1909년 10월 5일까지 총 11차례 청 조정에 탄원서를 보냈다. Fu, *Zhong-Ri Fushun meikuang an*, 227-34.

100 *KWD*, 2193, BFA to Fengtian general (May 20, 1907). 이러한 면담을 제안하는 일본 측 문건으로는 다음을 참조. Japanese consul in Fengtian to Hayashi Tadasu (June 8, 1907), in *NGB*, vol. 40, no. 2, 230-32.

101 *KWD*, 2196, Wang Chengyao to BFA (August 30, 1907).

문제, 그리고 일본에 가장 시급한 문제인 석탄 생산에 대해 청 정부에 세금을 어떻게 납부해야 하는지의 문제 등이었다. 중국 세관은 푸순 석탄의 수출 물량에 대해 톤당 3량의 세금이 부과했다. 일본 측에서는 이를 톤당 1량으로 낮추고자 했다.[102] 이러한 일련의 문제에 대한 양측의 교섭은 1909년 일반 협정과 1911년 세부 규정을 체결하는 것으로 귀결되었다.

1909년 9월 4일에 조인된 만주 탄광 및 철도에 관한 협정으로 푸순과 옌타이의 지위가 결정되었다. 협정의 제3항에 따라 중국 정부는 이 두 곳에 대한 일본 정부의 운영권을 공식적으로 인정했다. 일본은 "중국의 완전한 주권을 존중"해 푸순과 옌타이 석탄 수출에 대한 모든 관세를 지급한다는 데 동의했지만, 세율을 "중국 내 다른 지역에서 생산된 석탄의 최저 관세를 기준으로" 묶어 두었다.[103] 약 2년 후인 1911년 5월 12일에 기초한 푸순과 옌타이에 관한 규정은 위의 제3항에 대한 더욱 자세한 설명을 덧붙였다. 특히 이 규정에는 수출 관세뿐만 아니라 탄광 현장에서의 석탄 채굴세에 관한 조항이 있었다. 이 채굴세는 일일 생산량이 3,000톤을 초과할 경우 석탄 원가의 5퍼센트, 그 이하로 떨어질 경우 톤당 1량으로 책정되었다. 이 규정은 또한 만철이 탄광 인근의 사유지를 매입하거나 기존 철도 노선을 연장하고자 할 경우, 중국 현지 당국과 협의해야 한다고 명시했다.[104]

결국 청일 간 협상 과정에서 왕청야오에게 보상금을 지급해야 하는 문

102 Japanese consul in Niuzhuang to Hayashi Tadasu (April 30, 1908), in *NGB*, vol. 41, no. 1, 588–89. 또한 다음을 보라. *KWD*, 2005, Tax Affairs Bureau to BFA (June 17, 1908).

103 "Agreement Concerning Mines and Railways in Manchuria, September 4, 1909." 또한 다음을 보라. Fu, *Zhong-Ri Fushun meikuang an*, 220–21.

104 "Detailed Regulations for Fushun and Yentai Mines, May 12, 1911." 또한 다음을 참고. Fu, *Zhong-Ri Fushun meikuang an*, 222–23. 이 규정들의 초안들은 다음에서 확인하라. Japanese consul in Mukden to Japanese foreign minister (December 11, 1909), in *NGB*, vol. 42, no. 1, 569–72.

제가 다시 거론되었다. 1907년 5월 20일, 관동도독부 도독에게 보낸 전보에서 하야시 외무상은 왕청야오가 탄광 사업에 투자한 것은 사실이므로 현재 사업체를 인수한 만철이 그에게 손실에 대한 보상금을 지급할 수 있다는 의견을 개진했다. 하야시는 10만 량 정도를 생각했다.[105] 추후 이 문제가 정식으로 논의되었을 때 청일 양국은 왕청야오의 최초 투자금에 따라 지급액을 결정하기로 했다. 양측은 추가적인 검토를 거친 끝에 왕청야오에게 20만5,000량을 주기로 합의했다. 일본 측 대표들은 왕청야오에게 이 금액을 제시하면서 신중한 태도를 보였다. 그들은 지급금의 성격이 어디까지나 "배상"이 아닌 "구휼"이라는 점을 강조하며, 이 일이 속죄가 아닌 자선처럼 보이도록 했다.[106]

이처럼 일본은 푸순의 석탄 자원에 대한 권리를 무력 이외에도 법적 정당성에 근거해 공고히 하고자 했다. 이러한 일본의 행보는 더욱더 국가 주권을 신성하게 여기는 방향으로 전 지구적 규범이 변화하고 있었다는 방증이다.[107] 그럼에도 푸순을 둘러싼 청과 일본의 협상 결과에는 힘의 차이가 크게 작용했음을 알 수 있다. 양측은 체결된 조약과 관련 법 조항을 근거로 각자의 주장을 펼쳤지만, 결국 일본의 해석—탄광들이 과거 러시아의 통제 아래 있었기 때문에 러일전쟁 전리품의 하나로 일본에 귀속된

105 Hayashi Tadasu to Kwantung Leased Territory governor-general (May 20, 1907), in *NGB*, vol. 40, no. 2, 230.

106 '구휼'이라는 용어는 영어로 직역되기 다소 어려운 감이 있다. '구휼금'은 곤궁한 사람이나 피해자를 구제하기 위한 목적으로 제공하는 금전적 기부를 말한다. '배상' 개념과 달리 구휼금을 주는 사람이 그것을 받는 사람의 상황에 대해 직접적인 책임이나 연관이 없을 수 있다. 왕청야오가 만철로부터 돈을 받았다는 사실을 알게 된 주청 러시아 대사는 총리아문에 공문을 보내 해당 구휼금의 일부를 원주주였던 러청은행의 러시아인들에게도 나누어 주라고 요청하기 시작했다. 1912년, 청 왕조가 멸망한 후 중화민국 초기까지 이에 따라 여러 차례 더 협상이 이어졌고, 러시아혁명 뒤 완전히 종결되었다. Fu, *Zhong-Ri Fushun meikuang an*, 173-77.

107 이러한 점은 일본이 한일병합을 어떻게 정당화하려 했는가에 관한 알렉시스 더든(Alexis Dudden)의 분석과도 일맥상통한다.

다는—이 관철되었다.

노동 분업

푸순 석탄 채굴업의 등장은 석탄 에너지 레짐의 출현과 마찬가지로 지질 조사를 하거나 채굴의 법적 권리를 확보하는 것 이상이 필요했다. 즉, 광산 깊숙한 곳까지 내려가 작업할 수천 명의 노동자가 필요했다. 이 광부들 대부분은 만주와 화베이의 여러 지역에서 온 이주민이었고, 수는 그보다 적었지만 조선과 일본 열도에서 온 이도 많았다. 이러한 노동자들의 경험에 관한 기록은 거의 남아 있지 않다. 광부 개개인에 대해서는 알 수 없지만, 적어도 집단으로서 광부들에 대해서는 꽤 잘 이해할 수 있다. 만철은 과학적 식민주의의 기치 아래 노동자들에 대한 기록을 세밀하게 남겼고, 해를 거듭할수록 더욱 상세해졌다. 푸순의 중국인 광부들이 수행한 노동과 사측에서 어떻게 이들을 통제하려 했는지는 다음 장에서 다룰 것이다. 지금 우리의 관심은 탄광 도시 푸순에서 광부들이 어떻게 모집되었고 어떠한 생활 조건—특히 만철 일본인 직원들의 형편과 비교할 때—에서 살았는지에 있다.

1907년 만철이 푸순 탄광을 인수했을 당시에 직원은 2,589명이었고, 그중 1,843명이 중국인이었다. 사업 규모가 커지면서 필요 인력이 늘어났지만, 중국인이 여전히 다수를 차지했다. 1913년부터는 푸순에서 일하는 노동자의 90퍼센트 이상이 중국인이었다. 이처럼 중국인 노동자를 주로 고용한 배경에는 시종일관 비용 문제가 있었다. 1906년의 한 일본 보고 문건에 따르면, "중국인을 고용하는 것이 더 경제적"인데 "어쨌거나 그들이 원하는 기본적인 필요(의복, 음식, 주거)의 수준은 우리 광부나 노동자보다 현저하게 낮"기 때문이었다. "그러므로 중국인들에게는 더 낮은 임금과 숙박비를 지급"해도 괜찮았다.[108] 중국인 노동자는 기본적인 욕구가 덜하므로 일본인보다 임금을 적게 받아도 된다는 논리는 중국인의 인종적 열등함에 대한 사회 다윈주의적(social Darwinist) 사고와도 일치했다. 이러한 담론은 특히 청일전쟁 후 승전국 일본 내에 만연했다.[109] 푸순에서 이러한 관념은 "우리 동포는 현장 관리자나 감독관 같은 직무를 맡겨야 하고, 중국인은 주로 급 낮은 작업에 투입해야 한다"라는 일종의 노동 분업론을 뒷받침했다.[110] 광부로 일한 일본인들도 없지 않았지만, 대부분은 관리직, 사무직, 기술직에 종사했다. 탄광촌에는 조선인 노동자들도 유입되었다. 그러나 이들의 대부분은 인근 토지에서 농사를 지었다.[111]

푸순에서 일한 중국인들은 대부분 발해만 건너 허베이성(河北省)과 산둥성(山東省) 출신이었다. 탄광의 초창기 노동자들은 푸순 인근 출신이거나 만주의 다른 주변 지역에서 온 사람들이었지만, 사측에서는 곧 노동 수요를 감당하기 위해 더 넓은 지역으로 눈을 돌렸다. 1930년, 푸순의 중국인 광부 가운데 25퍼센트가 허베이성 출신, 57퍼센트가 산둥성 출신이었다.[112] 중국 내 다른 대부분의 광산과 마찬가지로 파두(把頭) 또는 고력두(苦力頭)라 불리는 노동 도급업자가 광부 인력을 확보하는 데 앞장섰다. 이들은 노동자를 모집하고 그 작업을 감독했다.[113] (이 도급업자들과 이들이 일으킨 폐해, 그리고 푸순에서 이들이 맡은 역할의 변화에 관해서는 다음 장에서 더 자세히

108 Kantō totokufu, *Manshū sangyō chōsa shiryō (kōzan)*, 141.

109 Kingsberg, *Moral Nation*, 3.

110 Kantō totokufu, *Manshū sangyō chōsa shiryō (kōzan)*, 141.

111 1913년 푸순에 등록된 조선인 69명 가운데 1명은 상인, 2명은 노동자였고 나머지 66명은 모두 농민이었다. The report by the Fushun county office (July 24, 1913), in *DBDX*, 42:32-38. 또한 1923년 〈탄광실습보고서〉에 따르면, 노천광 주변 지역에 14가구 74명의 조선인이 거주하고 있었다. Wang, *Bujun rotenbori*, 35. 만주 조선인 농업 이주자에 관해서는 다음을 참고. Park, *Two Dreams in One Bed*.

112 Mantetsu rōmuka, *Minami Manshū kōzan rōdō jijō*, 30.

113 Torgasheff, "Mining Labor in China," 400.

설명한다). 만철은 노동자를 직접 고용하기도 했다.[114] 만철은 필요한 노동력을 더 잘 유치하기 위해 1911년 3월, 산둥성 즈푸(芝罘)에 인력 모집소를 설치한다.[115] 이러한 모집소는 이후 지난(濟南)과 차오양(朝陽) 같은 내륙 도시, 칭다오(青島)와 다롄 같은 번화한 항구를 비롯해 화베이와 만주 내에 몇 군데 더 만들어졌다. 광부가 되고 싶은 사람들은 이러한 인력 모집소에서 등록을 마친 뒤 푸순으로 들어가는 방편을 마련할 수 있었다.[116]

1913년, 만철 탄광클럽(Colliery Club)에서 발행하는 잡지에 〈한 석탄 광산 쿨리의 고백〉이라는 제목의 기사가 실렸다. 이 기사는 일본 독자를 염두에 두고 쓴 허구의 이야기였다. 일인칭으로 쓰인 이 글은 인력 채용 과정의 한 단면을 보여준다. 글은 실직 상태였던 주인공이 다른 마을에 사는 친구를 방문하는 것으로 시작된다. 그는 근처 냥냥 사원이라는 곳을 지나가다가 우연히 절 입구에 붙어 있는 빨간 종이를 발견한다. 자세히 살펴보니 푸순 탄광에서 일할 노동자를 모집하는 광고였다. "가벼워진 주머니 사정"도 있고, 탄광 일자리가 비교적 안정적이며 "계절을 타지 않는다"라는 이야기를 들은 적 있는 그는 광고의 안내를 따라 인력 모집소에 가기로 결심한다. 그곳에서 채용 담당자는 그와 다른 사람들에게 차를 대접하며 푸순에 관한 많은 이야기를 들려준다. 담당자의 말에 놀란 주인공은 푸순으로 가기로 결심한다. 그렇게 그는 가족을 남겨 두고 증기선에 올라 발해만을 건넌다. 며칠 뒤 그는 "아무런 고생도 하지 않고 또 다친 곳 없이" 푸순에 도착한다. 푸순에서는 숙소부터 임금(월 15~16위안)까지 모든 게 "꿈만 같았다."[117] 분명 현실은 이토록 아름답기만 하지 않았을 것

114 *BJTK*, 226.

115 *FGY*, 5.

116 Bunkichi, *Manshū ni okeru kōzan rōdōsha*, 57-77.

117 Cai, "Saitan kūrii no jihaku," 23-24.

이다. 그러나 이 글의 표현과 같은 고소득 일자리에 대한 유혹이 전혀 없었다고 하기는 어려울 것이다.

유망한 일자리가 다수의 산둥 사람을 만주로 이주하게 했다. 산둥 사람들은 구어체로 "관문 동쪽으로 돌진한다(闖關東)"라고 이를 표현했다. (여기서 '관문'은 산하이관(山海關)을 가리킨다. 산하이관은 만리장성의 동쪽 끝 관문으로 이곳에서 산과 바다가 만난다.) 산둥은 인구에 비해 지리적으로 협소한 지역이었기 때문에, 19세기 말에 이르러 그 땅에 큰 압력이 가해졌다. 빈곤, 기아, 그리고 죽음이 만연했으며, 각종 천재와 인재가 상황을 더욱 악화시켰다. 가뭄과 홍수, 여러 비적과 군대가 산둥 사람들의 얼마 되지 않는 자산을 빼앗았다. 이들에게 만주 이주는 생존 전략이었으며, 더 나은 삶을 모색할 기회였다.[118] 일자리를 찾아 푸순으로 떠나는 길은 19세기 말에서 20세기 중반까지 이어진 화베이 지역의 대규모 이주 패턴—2,500만 명이 이주하고 그중 800만 명이 새로운 땅에 정착한—의 일부였다.[119]

푸순에 온 대부분의 중국인 노동자는 몇 달 혹은 몇 년 동안만 머물다가 저축한 돈을 갖고 고향으로 돌아가 땅을 사고 결혼했다. 광부 중 일부는 춘절 같은 큰 명절이나 고향 마을에서 일손이 절실히 필요한 추수철에 귀향하기도 했다. 가족과 동반 이주한 사람들도 없지 않았지만, 탄광 밖에서 일하는 경우가 아니라면 대부분 이주 노동자는 남성이었다. 이러한 노동 이주 패턴에 따라 푸순 인구의 성비는 대단히 불균형했다. 1922년,

118 Honda, "Santō kūrii ni tsuite." 그러나 이러한 전략은 대체로 어느 정도 재정적 수단과 인맥이 있는 사람들만 선택할 수 있었다. 다음을 보라. Cottschang and Lary, *Swallows and Settlers*, 4-8. 산둥성을 포함한 화베이의 생태적 한계가 어떻게 농촌의 폭력과 저항 전통 등과 맞닿아 있는 다른 유형의 생존 전략을 낳았으며, 이것이 어떻게 훗날 혁명 과정에서 공산당이 인민을 동원하는 데 방해가 되었는지에 관해서는 다음을 참고. Perry, *Rebels and Revolutionaries* in North China.

119 Cottschang and Lary, *Swallows and Settlers*, 2. 실제로 이때 만주에 머무른 중국인 이주민의 수가 동남아시아에 정착한 화교의 수를 넘어섰다. Amrith, *Migration and Diaspora*, 52-53.

푸순의 한 병원에서 치료받은 사람의 수를 살펴보자. 탄광에는 남성들만 고용되었으며, 따라서 채굴과 관련한 부상과 질환으로 병원을 찾는 이는 남성이 대다수였을 것임을 고려하더라도 다음과 같은 성비는 확실히 눈에 띈다. 그해 병원을 찾은 환자 중 1만9,417명이 중국인 남성이었고, 중국인 여성은 54명에 불과했다.[120]

예비 노동자는 채용 절차상 짧은 면접과 건강 검진을 받아야 했다. 푸순 탄광 총무처에서 제작한 일본인 감독관을 위한 중국어 독학 교본에는 이러한 채용 과정을 엿볼 수 있는 정보가 들어 있다. 노무 분야부터 교통 문제까지 주제별로 구성된 이 교재에는 일본인 상급자와 중국인 노동자 간의 수많은 대화 예문이 포함되어 있다. 위쪽에는 발음법 해설이 달린 중국어 문장이 있고, 아래쪽에는 일본어 번역문이 있다. 특히 교재 제1권에는 일본인 채용 담당자가 예비 중국인 노동자를 인터뷰하는 가상 시나리오가 수록되어 있다.[121] 채용 담당자는 면접자에게 이름, 나이, 고향 등의 기본 정보를 묻고, 이전 근무 경력, 가족 현황, 장기 근무 희망 여부 등 겉으로 보기에 비교적 무난해 보이는 질문을 한다.[122]

교재 속 노동자의 나이에 대한 문답 예시는 인터뷰의 전반적인 어조를 잘 보여주며, 고용 과정의 주목할 만한 측면을 드러낸다. 만철은 명시적으로 탄광 노동자의 나이가 18세 이상, 40세 미만이어야 한다는 규정을 두고 있었다. 교과서 속 나이에 대한 예문에 등장하는 노동자는 자신이 서른다섯 살이라고 답한다. 그러나 면접관은 다음과 같이 반박한다. "당신은 머리가 다 하얗게 될 정도로 나이가 들었는데도 여전히 서른다섯이라고 말하시는군요. 나는 당신의 말을 믿지 않습니다." 면접관은 노동자

120 Miyakuchi, *Bujun tankō Ryūhō kō chōsa*, 13.

121 *NMKY*, vol. 1, Jimu rōmu hen, 99-115.

122 *NMKY*, 1:99-104.

에게 무슨 띠인지 묻고, 이를 이용해 실제 출생 연도를 가늠한다. 이러한 추가 질문을 거친 뒤 결국 노동자는 자신이 마흔두 살이라고 털어놓는다.[123] 이 문답 시나리오는 허구이지만, 그럼에도 시사하는 점이 있다. 첫째, 일본인 경영진이 중국인 고용자에 대해 상당한 불신을 품고 있음을 확인할 수 있다. 언어 학습을 위해 제작된 대화 예문조차 중국인 노동자를 기만적인 존재로 묘사한다. 일본인 채용 담당자에게 중국인의 속임수를 적발하고 지적하는 방법을 훈련하기 위해 고안되었다는 것을 알 수 있다. 둘째, 중국인 노동자들은 실로 회사가 원하는 바를 잘 파악하고 있었던 것 같다. 노동자들은 나이 요건을 충족한다고 주장하거나 혹은 이직에 대한 회사의 우려를 직접적으로 언급하면서, 자신은 "이 일자리 저 일자리 옮겨 다니는 그런" 사람이 아니며 "고용된다면 최소 1년은 일할 것"이라고 말한다. 즉, 중국인 노동자들은 일본인 채용 담당자가 듣고 싶어 하는 말을 기꺼이 할 수 있었음을 암시한다.[124]

면접을 통과한 노동자들은 건강 검진 단계로 넘어간다. 그들의 육체가 고된 탄광 노동을 감당할 수 있는지 확인하기 위해서다. 노동자들은 한데 집합해 일렬로 세워지고 한 명씩 앞으로 불려 나왔다. 그들은 옷을 벗은 다음 체중과 키를 재고, 악력, 시력, 청력 검사를 받았다. 이어서 가슴둘레를 측정했는데, 이는 "폐활량" 즉 폐 기능을 나타내는 지표로 활용되었다. 당시는 아직 폐활량계(spirometer)가 탄광에 보편화되기 전이었다.[125] 노동자들은 또한 소변 표본을 통해 당뇨 검사를 받았다. 당이 너무 많으면 건강에 문제가 있는 것으로 여겨져 퇴소당할 수 있었다. 또한 상체 근력을

123 *NMKY*, 1:104–5.

124 *NMKY*, 1:103.

125 Braun, *Breathing Race into the Machine*, 140–60.

측정하기 위해 무거운 역기를 들었다.[126]

각종 질병 검진 외에도, 일본인 의사들은 신입 노동자가 마약을 하는 징후가 있는지 눈으로 확인했다.[127] 20세기 초 만주에서는 계급을 막론하고 중국인과 일본인 전반에 걸쳐 약물 남용이 만연했지만, 일본인들은 대체로 비참한 중국인 "쿨리" 마약 중독자들을 식별하는 데 더 관심이 많았던 것 같다.[128] 교재에는 "얼굴이 왜 이렇게 창백합니까? 코카인을 흡입했기 때문 아닙니까?"라든지, "온몸에 이 검은 반점들은 다 무엇입니까? 당신은 분명 모르핀을 했군요"와 같은 비하적인 표현이 여러 차례 등장한다.[129] 마약 복용으로 일부 중국인은 취업을 거부당하기도 했다. 그러나 많은 중국인이 오히려 탄광 취업 후 고된 노동의 고통을 완화하기 위해 마약에 의존하기도 했다.[130]

각종 검사를 통과하고 채용된 신입 노동자는 회사 기숙사에 입주하도록 권장되었다. 푸순 탄광 사측에서는 인근에 사는 사람들은 자기 집에서 출퇴근하도록 허용했지만, "회사 기숙사 밖에 사는 사람들은 비가 많이 오거나 농사일로 바쁘면, 제멋대로 일을 건너뛰거나 아예 결근하는 경우

126 *NMKY*, 1:109–10.

127 만주의 마약에 대해서는 다음을 보라. Kingsberg, *Moral Nation*; and Smith, *Intoxicating Manchuria*.

128 Kingsberg, *Moral Nation*, 44. 남아시아에서 유래한 것으로 알려진 "쿨리"라는 용어는 19세기까지 아시아 출신 계약 노동자를 지칭하는 데 널리 쓰였다. 정문호는 이 개념이 "유럽 제국주의가 주로 아시아와 아메리카로 확장하는 과정에서 표방한 노예화와 해방이라는 두 지향점의 모순을 드러내는 역사적 산물"이라고 주장한다. See Jung, *Coolies and Cane*, 13. 중국어 "쿠리"와 일본어 "쿠-리"(둘 다 문자 그대로 풀면 "고된 힘"이라는 의미의 한자 苦力을 공유)는 엄밀히 말해서 그 실제 어원이 "쿨리"와 다르더라도, 19세기 말과 20세기 초에 "쿠리"와 "쿠-리"는 중국인과 일본인 사이에서 "쿨리"와 비슷하게 경멸적이고 인종주의적인 의미를 가졌다. 예컨대 만주에서 일본 식민 당국은 중국인 노동자를 가리킬 때만 "쿠-리"라는 용어를 사용했다. Tucker, "Labor Policy and the Construction Industry," 33.

129 *NMKY*, 1:109–10.

130 Driscoll, *Absolute Erotic, Absolute Grotesque*, 48.

〈그림 1-2〉 중국인 노동자를 위한 숙소 내부. 숙소 건물은 약 21.6×6.4미터 크기로 네 구역으로 나뉘었고, 각 구역에는 15~20명의 노동자가 수용되었다. 내부에는 흙바닥과, 남자들이 앉거나 잠을 자는 '캉'밖에 없었다. 이 사진은 1922년에 촬영된 푸순 완다우(萬達屋) 광산의 숙소이다.

가 많다"라며 우려를 표했다.[131] 중국인 노동자들의 생활 공간은 대개 붐비고 지저분했다. 땀 냄새, 사람과 동물의 똥오줌, 석탄·목재·수수 줄기를 태우는 연기가 공간을 가득 메웠다. 1914년 푸순을 방문한 한 일본인 청년은 다음과 같이 썼다. "중국인 구역에 가 보려 했는데, 온갖 악취가 뒤섞여 도저히 내 코가 견딜 수 없었다."[132] 과밀한 기숙사에는 70~80명의 남성이 각 방에 수용되었다. 방 하나에는 고작 흙바닥과 어느 정도 지면에서 높이를 둔 수면 공간이 다였다. 방바닥 아래에서 석탄이나 기타 가연성 물질을 태운 온기를 벽면을 둘러싼 관에 전달하는 방식으로 난방이 이루어졌다. 탄광 노동의 특성상 노동자가 무심코 갱에서 묻혀 온 석탄 먼지와 잔해 때문에, 또 그토록 좁은 공간에 너무 많은 사람이 밀집해 살

131 *NMKY*, 1:111-13.

132 Kado, *Bujun tankō chōsa*, 5.

았기 때문에 기숙사 공간이 지저분해지는 경우가 많았다. 이유가 어찌 되었든, 일부 일본인 관찰자는 계속해서 "불결함은 모든 중국인의 특징"이라고 조롱했다.[133] 역사학자 루스 로가스키(Ruth Rogaski)가 "위생적 근대성(hygienic modernity)"이라고 개념화한 것처럼 청결도와 특정 민족의 문명적 성숙도가 일체화될 때 계급이라는 요소는 거의 고려되지 않는다.[134]

이러한 환경은 병을 키웠다. 비록 푸순은 1910~1911년의 만주 페스트 때 큰 피해를 보지 않았지만, 발진티푸스나 디프테리아 같은 감염병이 한 바탕씩 주기적으로 발생했다.[135] 1913년 한 해에만 푸순의 현지 병원 한 곳에서 1,795건의 감염병 치료가 이루어졌다.[136] 1919년에는 발진티푸스가 심각하게 유행해 푸순의 석탄 생산에 상당한 타격을 입혔다. "이(lice)가 질병을 옮기는 강력한 매개체"라는 사실에 주목한 사측에서는 중국인 노동자들에게 변발을 자르라고 요구하기 시작했다(변발을 의무화한 청 왕조가 몰락한 후에도 수많은 사람이 이 머리모양을 고수하고 있었다). 만철은 "복슬복슬하니 거추장스러운 것을 잘라내는 데 동의하는" 노동자에게 2엔을 지급한다는 계획을 세웠다. "약 2만 명이 여전히 변발을 유지"했다는 점을 고려할 때 사측으로서도 막대한 비용을 감내해야 했을 것이다. 유인책을 주고 변발을 자르게 하는 계획이 실제로 원활하게 이루어졌는지는 알 수 없다. 그러나 그 뒤 회사는 무료 이발 서비스를 제공하기에 이른다. 아마도

133 Ishiwata, "Bujun tankō ni tsuite," 4-5.

134 Rogaski, *Hygienic Modernity.*

135 푸순에서 감염병이 억제된 것은 일본과 중국 당국이 현장에서 강력한 위생 감독을 시행한 덕분일 수 있다. 그러나 일본 경찰이 소독 시설에 중국 경찰의 접근을 제한하면서 두 나라의 경찰 사이에 충돌이 발생하기도 했다. Nathan, *Plague Prevention and Politics*, 33. 1910~1911년 만주 페스트에 대해서는 다음을 참고. Carnsa, "Epidemic of Pneumonic Plague"; Summers, *Great Manchurian Plague*; and Lei, "Sovereignty and the Microscope." 만주의 감염병과 공중 보건의 의미를 둘러싼 중일 간의 논쟁에 대해서는 다음을 보라. Rogaski, "Vampires in Plagueland."

136 Inoue, *Bujun tank*ō, 8.

〈그림 1-3〉 용안타이에 있는 만철 직원 숙소. 오른쪽 위의 사진이 탄광 관리자 전용 기숙사다. 최신 설비와 편의시설을 갖춘 이 숙소에는 대부분 만철의 일본인 직원과 그 가족이 거주하고 있었다. 사진 왼쪽 아래에는 너무 희미해서 잘 보이지 않는 다음과 같은 영문이 적혀 있다. "푸순은 국제적인 탄광이자 동양의 분주한 공업 지구다." 여느 곳과 마찬가지로 이 조차지의 일본제국 건설자들은 '국제적'을 '서구적'이고 '근대적'이라는 뜻으로, '분주한'을 '생산성'과 '진보'와 같은 의미로 사용했다. (Image courtesy of the Harvard-Yenching Library, Harvard University.)

발진티푸스를 옮기는 이에 대한 두려움 때문이었을 것이다.[137]

푸순 탄광의 중국인 이주 노동자들이 거주한 비좁고 열악한 환경은 일본인 직원들만 이용할 수 있는 숙소와 비교할 때 더더욱 심각해 보였다. 한 여행 안내자는 일본인 숙소가 "위생 원칙에 따라 지어졌다"라며 감탄했다.[138] 가스 및 전기 조명, 상수도, 하수 처리 시설, 현대식 난방 시스템—1920년대 초 무렵부터는 라디에이터 포함—등 최신 편의시설이 갖춰져 있었다.[139] 일본인 구역—탄광 관리사무소도 이곳에 있었다—은 1908년에 회사가 매입한 첸진차이 서쪽 9만9,000제곱미터 규모의 수수

137 "Eruptive Typhus at Fushun."

138 Imperial Japanese Government Railways, *Unofficial Guide to Eastern Asia*, 114.

139 Koshizawa, *Zhongguo Dongbei dushi*, 112.

밭 위에 지어졌다. 격자형으로 배치된 널찍한 길과 대로는 바로 옆에 있는 오래된 중국인 촌락의 좁고 구불구불한 거리와 대조를 이루었다.[140] 곧 만철은 탄광의 서쪽 끝에 조성한 노천광을 더 확장하기 위해 첸진차이 대부분을 철거하기로 했다. 이때 회사는 탄광 동부 용안타이 일대에 새로운 고급 지구를 계획해 건설했다. 이곳을 방문했을 때 시인 요사노 아키코는 그 "유럽 스타일의 일본인 시가지"의 "질서정연하고 아름다운" 건축물과 신작로를 보고 경탄을 금치 못했다.[141]

그러나 이처럼 근대적인 공간에서 생활하는 만철의 일본인 직원들에게 그들이 현재 있는 곳이 중국 땅이라는 사실을 절실히 상기시키는 일이 있었다. 바로 의무 중국어 학습이다. 야마구치 요시코(山口淑子, 1920~2014)의 회고에 따르면, 1924년부터 모든 만철 신입 사원은 "중국인과 의사소통을 원활히 하기 위해" 중국어를 반드시 배워야 했다. 중국 예명 리샹란(李香蘭)으로 더 잘 알려진 야마구치는 전시 선전 영화에 출연해 중국인 캐릭터를 연기하며 경력을 쌓은 일본의 여성 배우다. 산둥성 옌타이에서 태어난 그는 푸순에서 자랐다. 만철 직원들의 중국어 교사인 부친 야마구치 후미오(山口文雄)를 따라갔던 것이다. 야마구치 요시코는 어릴 때 아버지의 수업을 들었다. "당시 저는 유일한 어린이였고 유일한 여자였죠." 그의 기억에 남는 일화가 하나 있다. 하루는 수업 시간에 아버지가 유기음(有氣音)인 '치(qi)'(예: 七 qī)와 무기음 '지(ji)'(예: 雞 jī)의 발음을 가르치며 둘을 혼동하지 말라고 수강생들에게 주의를 주고 있었다. 아버지는 수강생들에게 코에 침을 묻혀 휴지를 붙이게 하고, 제대로 발음하면 휴지가 펄럭일 것이라며 '치' 발음을 반복 연습시켰다. 야마구치 요시코가 회상했다. "다른 사람들이 봤으면 다 큰 어른들이 코에 얇은 휴지를 매달고 일제

140 Koshizawa, 100.

141 Yosano and Yosano, "Man-Mō yūki," 140.

〈그림 1-4〉 푸순탄광클럽. 용안타이 지역이 위치한 구릉 서쪽 경사면에 지어진 이 3층짜리 건축물은 식당, 카드 게임 시설, 독서실, 살롱, 그리고 다수의 객실을 갖추고 있었다. 이 클럽은 호텔로도 이용되었다. 건축물 인근의 넓은 부지는 푸순탄광클럽의 특권을 드러내고 보호하는 벽으로 둘러쳐져 있었다. 이 사진은 1937년에 촬영되었다.

히 '치'를 외치는 모습이 우스워 보였을 것 같아요. 그래도 저를 포함한 아버지의 제자들은 그보다 더 진지할 수 없었죠."[142] 적어도 수강생들에게는 진지하게 수업에 임할 동기가 있었다. 만철은 중국어 능력 시험에 합격한 직원들에게 보너스 월급을 주었다.[143]

일본인의 중국어 학습은 중국인과 더 쉽게 대화하기 위해서였지만, 푸순에서의 업무 외 생활 환경은 정작 그러한 상호작용을 최소화하도록 구조화되어 있었던 것으로 보인다. 일본인 직원들과 식구들의 거주 구역은

142 Yamaguchi and Fujiwara, *Fragrant Orchid*, 4-5.

143 보너스는 중국어 능력 시험에 합격한 이후 2년간 지급되었다. 한편, 비슷한 보상이 러시아어나 일본어를 배우는 직원들에게도 제공되었다. 그러나 중국인 직원의 경우, 보너스의 폭이 일본인 직원보다 적었다. Minami Manshū tetsudō kabushiki gaisha, *Mirtami Manshū tetsudō kabushiki gaisha dainiji jūnen shi*, 153.

중국인 거주 구역과 분리되었다. 또한 대체로 일본인만의 고립된 공동체 내에서 일상적인 활동을 영위했다. 그들은 일본 기업을 후원하고 일본인 학교에 다녔다. 그리고 일본인을 위한 오락 시설에서 시간을 보냈는데, 1910년 첸진차이에 문을 연 푸순 야마토호텔이 대표적이었다. 이 호텔은 일본인 고위직을 위한 시설로 1911년에 푸순탄광클럽으로 이름을 바꿨고, 1924년에 용안타이로 자리를 옮겼다(오늘날에도 이 자리에서 여전히 메이두 빈관(煤都賓館)이라는 간판을 달고 운영 중이다).[144] 아마도 야마구치 요시코가 아직 어린아이였기 때문일 수 있지만, 그는 만주사변 이전의 푸순을 "구불구불한 언덕 위 매혹적인 포플러나무들이 산골짜기와 노천광이 이루는 원경과 완벽하게 조화를 이루는 조용한 공동체"라고 기억했다. 이를 생각할 때 탄광촌은 중국인 노동자들에게는 일상이었던 채굴 현장의 덜 목가적인 풍경들로부터 어린 야마구치를 차단할 수 있을 만큼 성공적으로 분할되어 있었던 것으로 보인다.[145]

분쟁의 땅

만철이 푸순에 입지를 굳히자, 일본인 고용주와 중국인 노동자 사이의 수직적 관계는 탄광촌 안팎으로 퍼져 나가 중국인 공동체 일반을 다루는 방식에서도 그대로 재현되었다. 푸순의 중국인 주민들은 지속해서 식민주의 기업의 횡포에 저항했다. 그들은 현지 중국 당국에 민원을 제기하는 방식으로 탄광 경영진에 자신들의 불만을 전달하려 했다. 때에 따라 성급(省級) 당국에 구제를 요청하기 위해 펑톈으로 가기도 했다. 이러한 시도들은 1912년에 청이 멸망한 후에도 계속되었다. 중화민국 신정부는 그 전임 정권이 외세와 체결한 '불평등조약'에 대응해야 하는 과제를 고스란히

144 Xiao and Jin, *Wangshi jiu ying*, 133.

145 Yamaguchi and Fujiwara, *Fragrant Orchid*, 2.

떠안았다. 관료들은 국제법과 여러 관행을 바탕으로 조약을 개정하기 위해 노력을 반복했지만, 대체로 중화민국은 1910~1920년대 전반에 걸쳐 기존의 불평등조약을 준수할 수밖에 없었다.[146] 만주라는 지역적 맥락에서 볼 때 중국이 제국에서 민족국가로 전환되는 과정은 지역 권력을 확보한 군벌 장쭤린의 부상을 동반했다. 일본과 서로 이익이 되는 관계를 구축한 장쭤린은 현상 유지를 바랐다. 그는 군사적·재정적 지원에 대한 대가로 푸순을 포함한 남만주 전역에서 일본제국의 조차지와 자산을 승인했다.[147]

재산권 문제는 일본 조차지와 탄광촌 공동체 간 갈등의 주된 원인이었다. 만철은 지질조사를 통해 일본이 점령한 광산의 경계 너머로 탄전이 넓게 펴져 있다는 사실을 금세 파악했다. 액체인 석유는 유동적이기 때문에 유전이 발견된 지점 위의 여러 곳에서 추출이 가능하다. 따라서 누가 되었든 지하에서 석유를 끌어 올린 사람이 소유권을 갖는다는 '확보 우선 원칙(rule of capture)'을 많은 국가가 채택하고 있다. 반면, 고체인 석탄은 이동이 불가능하므로 발견된 지점에서 곧바로 채굴해야 했다.[148] 더욱이 채굴권과 관련해 중국 토지문서는 일반적으로 "토지 소유자는 하늘에서 지표면 아래 도달 가능한 가장 낮은 지점까지 모든 땅을 소유한다"라고 규정했다.[149] 이는 푸순에서도 마찬가지였던 것으로 보인다.[150] 다른 여느 광산 운영자들과 마찬가지로 푸순의 일본인들도 석탄층을 따라 채굴을 진행하면서 지하에서부터 빈번하게 인접 토지를 침범했다. 그러나 일본

146 Wang, *China's Unequal Treaties*, 35–62.

147 McCormack, *Chang Tso-lin in Northeast China*.

148 영국 보통법(English common law)에서 발원한 확보 우선 원칙에 대한 설명으로는 다음을 참고. Frank, *Oil Empire*, 53.

149 Ting, "Mining Legislation and Development in China." 청말민초 중국 탄광 관련 법제에 대해서는 다음을 보라. Wu, *Empires of Coal*, 129–59.

150 "Fengtian jiaoshe shu gei Fushun xian zhishi de xunling."

인들은 땅 밑의 탄전 개발을 합법적으로 확대하려면 결국 땅 위의 소유권을 취득해야 한다는 점을 인지하고 있었다. 푸순의 일본제국 건설자들은 자신들을 이전 러시아인들과 구별 짓고자 했다. 일본인들은 러시아인들이 상습적으로 "현지 주민들의 감정을 해치는 (…) 해로운" 행동을 벌여 토지를 "강제로 점유"했다고 비판했다. 그들과 달리 일본인들은 1911년 규정에 적시된 적법 절차를 따라 중국 현지 당국과 협상해 토지를 매입하고 있다고 주장했다.[151] 만철이 푸순 탄광 사업을 막 시작했을 때 약 380만 제곱미터를 통제할 수 있었다. 그 뒤 1916년까지 만철은 신도시 건설 용지를 포함한 약 1,000만 제곱미터를 추가로 매입했다.[152] 만철 소유로 귀속된 토지는 그 뒤 수십 년 동안 계속 넓어졌다.[153] 1930년 만철 측의 통계에 따르면, 푸순에서 만철이 차지한 땅이 약 5,860만 제곱미터 이상이었다. 이는 관동주 안팎 철도 노선 주변 토지를 제외하면, 만철이 소유한 가장 큰 규모의 부동산이었다.[154]

푸순의 중국인들이 토지 거래 과정에서 언제나 발언권이 있다고 느낀 것은 아니었다. 1912년에 푸순 주민 58명이 펑톈의 관료에게 서신을 보내 만철이 "탄광 갱도를 핑계로 막대한 부동산을 강제로 사들이고 식량 조달의 원천을 빼앗으며(거래된 토지는 본래 농사에 사용되고 있었으므로) 사람들을 쫓아내고 있는데, 이는 모두 폭리를 취하기 위한 계획의 하나"라고 불만을 토로했다.[155] 때때로 주민들은 사측이 토지 매도자들에게 제대로 값을 치르지 않고 있다고 주장했다. 1917년, 푸순 남서부의 몇몇 촌락 거

151 *BJTK*, 264–66.

152 *MT10*, 542–44.

153 *MSZ*, vol. 4, no. 1, 157.

154 Young, *Japanese Jurisdiction*, 142–43. 참고로, 푸순 다음으로 만철 소유의 면적이 넓은 지역은 안산(鞍山)과 펑톈이었다. 당시 만철은 안산에 약 20제곱킬로미터, 펑톈에 약 11제곱킬로미터의 토지를 보유하고 있었다.

155 "Fushun jumin Chen Rong deng."

주민들은 지방 당국을 찾아가 탄광 측이 철도망 확장을 위해 자신들의 "비옥하고 기름진" 땅을 상당 부분 빼앗으면서 "불공정한 액수"를 지급했다고 탄원했다. 이들은 1무당 94엔을 받았는데, 주위에 물어보니 이 값은 얼마 전에 사측이 첸진차이와 양바이푸에서 부동산을 사들이며 지급한 값에 비해 턱없이 적다는 사실을 알아차렸다.[156] 또 다른 사례를 살펴보면, 회사가 아무런 보상도 없이 자신들의 토지를 점유했다고 비난하는 주민들도 없지 않았다.[157]

푸순 탄광의 채굴 활동은 현지 주민들의 삶에, 심지어 회사가 소유하거나 소유권을 주장한 토지 외부 거주민들의 삶에 부정적인 영향을 미치는 환경적인 변화를 가져왔다. 지속해서 발생한 문제 중 하나는 지반 침하다. 1926년, 현지 농상협회가 펑톈의 관료들에게 연락해 푸순 탄광이 첸진차이 상업지구 지하에서도 채굴 작업을 전개해 왔다며 불만을 제기했다. 이들은 사측이 해당 구역에서 지표면의 토지를 매입하지 않았기 때문에 지하에서 "멋대로 채광 작업을 해서는 안 된다"라고 지적했다. 문제는 "채굴 작업으로 공동이 생겨 (…) 지반이 언제 어떻게 무너질지 아무도 모른다"라는 점이었다. 실제로 일대의 여러 점포가 이미 "지반에 깊은 균열이 셀 수 없을 정도로 많이 갑작스레 생긴 것"을 발견했다. 또한 "캉 평상이 약 30센티미터 이상 가라앉고, 벽이 무너지며, 건물이 기울고, 하루 종일 흔들리는 현상"을 동반했다. 주민들이 보기에 "위험은 이미 최고조에 달한 상태"였다. 이들의 우려에는 그럴 만한 이유가 있었다. 1920년, 라오후타이 주민 천칭산(陳青山)의 집이 지하에 있는 갱도 속으로 완전히 함몰된 적이 있었다. 그 사고로 천칭산과 지인 한 명이 깔려 죽었고, 천칭산의

156 Fushun magistrate to general affairs section, Fushun colliery (August 4, 1919), in *DBDX*, 17:447–49.

157 예를 들어 다음을 보라. Fushun magistrate to general affairs section, Fushun colliery (June 12, 1920), in *DBDX*, 18:402–3.

가족들이 다쳤다.[158]

채굴 활동에 따른 홍수 또한 현지 중국인을 괴롭혔다. 1925년, 탄광 남서쪽에 있는 샤오퍄오툰(小瓢屯) 주민들은 촌락을 가로지르는 강을 따라 제방 쌓는 일을 중지시켜 달라고 푸순 당국에 청원했다. 주민 대표의 주장에 따르면, 공사로 강의 흐름이 바뀌어 샤오퍄오툰의 일부가 침수 되었다. 그는 이를 관할 구역을 더 넓히려는 만철의 탓으로 돌렸다.[159] 이런 일이 벌어진 것은 이때가 처음이 아니었다. 만철은 1921년에 우라오툰(五老屯)이라는 또 다른 촌락의 토지를 매입한 후 탄광에 물을 대기 위해 인근 강을 따라 관개 공사를 시작했다. 하류에서는 이 공사로 건설된 제방 때문에 "마치 비가 끊임없이 내릴 때처럼 강이 범람"했다.[160] 의도한 것은 아니었겠지만, 만철은 지하 공정에 사용할 자갈을 확보하기 위해 준설 작업을 시작했을 때도 비슷한 홍수를 일으켰다. 그 결과 준설 현장 부근 강의 제방이 약해지고 무너졌다. 이에 따른 홍수는 이 지역의 농업과 상업에 상당한 피해를 줬다.[161]

토지 매입과 채굴 활동에 따른 환경적 변화 외에도, 일본 조차지와 현지 공동체 사람들 사이의 주요 갈등 원인으로 푸순에 주둔한 일본 경찰이 저지른 폭력 사건을 꼽을 수 있다. 초대 도독 오시마 요시마사(大島義昌, 1850~1926)의 주도로 관동도독부는 조차지와 철도망 전체에서 일본의 이익을 보위하는 임무를 맡은 경무과를 설립해 운영했다.[162] 푸순에서는 일본 경찰이 탄광과 일본인 구역의 치안 유지를 담당했다. 그들은 때때로

158 "Fengtian jiaoshe shu gei Fushun xian zhishi de xunling."

159 Fushun magistrate to Fushun colliery manager and people of Xiaopiaotun (July 30, 1925), in *DBDX*, 23:228–33.

160 Wulaotun residents to Fushun magistrate (July 12, 1920), in *DBDX*, 20:368–69.

161 Fushun magistrate to Fushun colliery (September 12, 1920) and Fushun colliery to Fushun magistrate (September 17, 1920), in *DBDX*, 19:15–22.

162 Myers, "Japanese Imperialism in Manchuria," 109.

현지 중국 경찰과 각자의 관할권 경계에서 충돌하기도 했다. 1911년에 중국인의 일본 조차지 출입을 둘러싼 의견 충돌로 양측 간 갈등이 고조되다가, 급기야 일본 보초병 한 명과 중국 경찰 한 명이 사망하는 사건이 발생했다.[163] 그러나 일본 경찰이 "질서 유지"를 명분으로 중국 민간인에게 발길질하는 일이 더 빈번했다. 예를 들어 1926년, 경찰과 한 푸순 주민 간의 다툼 끝에 주민이 사망하는 사건이 발생했다. 이 남성은 첸진차이로 향하는 노면전차(tram)을 타고 가던 중 차장과 승차권 금액이 다르다는 이유로 언쟁을 벌였다. 경찰이 출동해 남성을 전차에서 끌어 내리려고 했다. 그 과정에서 남성은 머리를 부딪쳐 사망하고 말았다.[164] 또한 1930년에 일본인 경찰이 중국인 주민 멍리터우(孟立頭)를 구타한 사건도 그리 특별한 일이 아니었다. 여기서 주목할 것은 멍리터우가 겨우 여섯 살이었다는 사실이다. 경찰관은 소년이 탄광 외곽에 널브러진 석탄을 훔치는 것을 발견했다. 그는 중국인 구역까지 소년을 추격했다. 그러고는 소년을 진흙탕에 밀어 넣고 "옷이 피투성이가 될 때까지" 팼다.[165] 일본제국 건설자들은 종종 자신들의 과업을 합리적이고 자비로운 것으로 포장하기를 즐겼다.[166] 그러나 그 이면에 존재하는 지독한 무감각함과 잔혹함이 너무 자주 노출되었다.

결론

푸순은 만철의 책략에 따라 탄광업의 중심지로 변모했다. 이 모든 과정은

163 "The Fushun Disturbance"; Hu, "Quarantine Sovereignty," 312–13.

164 Fushun magistrate to Fushun superintendent (December 6, 1926), in *DBDX*, 24:249–51.

165 Fushun security bureau chief to Fushun magistrate (June 6, 1930), in *DBDX*, 28:1–4.

166 이러한 맥락에서의 '합리성'에 대해서는 다음을 참고. Moore, *Constructing East Asia*, 7. '자비로움'에 대해서는 다음을 보라. Kingsberg, *Moral Nation*, 5.

"수직의 영토"에 가치를 둔 일본의 "지질학적 비전"으로부터 시작되었다. 수천만 년에 걸쳐 지질학적인 힘이 응축되어 막대한 양의 석탄을 만들어냈지만, 그러한 석탄의 가치는 탄소 시대의 개막과 국가에 봉사하는 지질학의 등장 후에 비로소 결정될 수 있었다. 기도 주타로를 비롯한 지질학자들과 광업공학자들이 푸순에서 수행한 연구는 그 당시 세계 곳곳에서 전개되던 지질학 전문가들의 연구와 비슷했다. 그들은 동력을 찾아 지구의 지층을 샅샅이 뒤졌다. 브루스 브라운은 19세기 말, 캐나다 지질학자들이 "'지질학'이라는 시각적 언어와 '가치'라는 투기적 언어 사이를 자유롭게 넘나들었다"라고 지적한다. 기도와 동료들도 마찬가지로 넘나듦을 실천했다. 그들은 직접 관찰과 코어 샘플링에 근거한 석탄 매장량 예측과 "보고" 푸순의 막대한 부를 칭송하는 자극적인 선언 사이를 거침없이 오갔다. 캐나다나 다른 여느 곳에서와 마찬가지로 푸순에서도 "이처럼 지질학을 확률적으로 나타내는 언어는 가능성에 대한 경제적이고 정치적인 언어와 일맥상통"했다.[167] 푸순의 탄소 매장량 예상 수치가 치솟을수록, 그처럼 "무한"·"무진"한 자원에 대해 일본이 권리를 가져야 한다는 대담한 주장이 대중 담론으로서 강화되었다. 그에 따라 많은 일본인은 푸순 석탄이 모국 열도와 자연스럽게, 심지어 필연적으로 연결되어 있다고 느끼기 시작했으며, 만주의 오래된 암석들을 일본의 미래 연료로 여겼다.

그러나 화석 연료 경제의 부상은 단지 자원 탐지나 담론의 문제에 그치지 않았다. 여기에는 공간적인 변화가 발생하며, 이는 탄소 자원 개발에 내재한 것처럼 보이는 일종의 침략성을 반영한다. 멕시코 우아스테카(Huasteca) 지방의 석유 산업의 출현에 관해 연구한 역사학자 미르나 산티아고(Myrna Santiago)는 "화석 연료 추출은 완전히 새로운 생태계의 창조를 수반한다"라고 주장한다. 그가 말하는 "석유 생태계(ecology of oil)"에

167 Braun, "Producing Vertical Territory," 24-25, 28.

는 토지의 소유와 이용을, 지역사회의 구성과 구조를 어떻게 재구성할 것인가 하는 문제가 포함되었다.[168] 액체 석유가 아닌 고체 석탄이 중심이긴 했지만, 푸순에서도 이와 비슷한 변화가 일어났다. 이러한 변화는 기업가 정신을 갖춘 중국인의 노력과 러시아의 투자로 시작되었고, 일본 점령 이후에는 만철이 새로운 사업을 일으키기 위해 토지와 노동력을 확보하는 과정에서 더욱 가속화되었다. 다음 장에서는 만철이 도입한 새로운 채굴 기술이 어떻게 푸순의 사회적·환경적 지형을 대대적으로 변화시켰는지 살펴볼 것이다.

물론 이러한 변화는 푸순에만, 혹은 더욱 일반적으로 화석 연료 추출이라는 맥락에만 해당하는 것은 아니다. 근대적 광물 채굴의 특징 중 하나는 생산 현장과 그 주변을 대규모로 재편한다는 점이다.[169] 석탄 채굴의 차별성은 이러한 재편 과정에서 물리적 힘과 사회적 힘이 특히 긴밀하게 얽힌다는 데 있다. 탄소 에너지 레짐 아래 산업 사회에 동력을 공급하는 석탄을 캐내기 위해 지하를 파헤치는 과정에서, 만철과 다른 여느 지역의 탄광 운영자들은 채굴 여건을 조성하기 위해 사회적 힘의 작동에 크게 의존했다.[170] 푸순에서는 이러한 역학관계가 일본 식민주의 기업과 탄광촌에 거주하며 노동한 중국인 사이에 놓인 위계질서의 축을 따라 펼쳐졌다.

이러한 사회적 관계의 수직성은 갈등을 일으켰다. 갈등의 해결책 또한 바로 그 수직성에 의해 크게 좌우되었다. 이 장의 서두를 장식한 류바오위의 무덤 사건을 포함해 탄광 측과 지역 공동체 간의 충돌은 대부분 만

168 Santiago, *The Ecology of Oil*, 4.

169 북아메리카의 맥락—다른 지역과도 일맥상통하는—에서 탄광이 일으킨 환경적 영향에 대한 논의로는 다음을 보라. Vrtis and McNeill, "Introduction."

170 물리적·사회적 힘의 원천으로서 에너지에 대해서는 다음을 보라. Russell et al., "The Nature of Power." 티머시 미첼과 토머스 앤드루스(Thomas Andrews) 등이 보여주었듯이, 그리고 다음 장에서 살펴볼 것처럼, 탄광 노동자들 또한 언제나 성공한 것은 아니지만 사회적 힘을 쟁취하려 시도했다. Mitchell, *Carbon Democracy*, 18-27; and Andrews, *Killing for Coal*.

철의 일방적인 행동으로 발생했다. 이때 푸순이나 펑톈의 중국 당국은 만철에 문제가 되는 행위를 중단하게 하거나 적절한 보상을 제공하게끔 하고자 했다. 아카이브에는 이러한 내용의 수많은 공문서가 남아 있지만, 만철의 답신이 수신되거나 보관된 예는 드물다. 그러나 중국 관료들이 이러한 서류를 계속 보냈다는 것은 그러한 요청이 완전히 효과가 없지는 않았음을 시사한다. 확인할 수 있는 답신들을 살펴보면, 만철은 특히 금액이 적당히 적거나 항의 내용이 반박하기 어려운 것처럼 보일 때에는 간혹 금전적 보상을 제공하기도 한다. 그러나 이때에도 만철은 피해 자체를 되돌리려 하기보다는, 그저 피해를 본 사람들에게 보상금을 지급하는 것으로 문제를 종결하려 했다. 탄광 소유권을 반환하는 대신 20만5,000냥의 '구휼금'을 지급하는 것으로 끝낸 왕청야오의 사례가 일본의 이러한 해결 방식을 분명하게 보여준다. 갈등이 해결된다고 하더라도 거의 언제나 승자는 만철이었다. 탄소 기술관료주의는 분쟁의 땅 아래로 뿌리를 내렸다. 그 땅은 매우 불평등한 땅이었다.

2

기술의 대업

Technological Enterprise

1928년 5월 말, 요사노 아키코는 만주와 몽골을 가로지르는 한 달간의 여행길에 올랐다. 만철의 초청에 따른 그의 여정은 회사의 비용으로 이루어지고 있었다. 식민주의 기업 만철은 자사의 여러 현행 사업을 홍보하기 위해 영향력 있는 일본 문화계 인사들의 만주 기행을 오랫동안 후원했다.[1] 저명한 시인이자 사회 평론가인 요사노는 이러한 조건에 잘 들어맞았다. 요사노가 방문한 곳 가운데 푸순 탄광도 있었다.[2] 가이드의 안내를 받아 방문한 푸순의 유명한 노천광을 보자마자 요사노는 마치 어마어마한 괴물 같은 모습에 압도당했다. 그는 탄광을 둘러본 뒤 그 장관에 찬탄하며 "로마 시절의 커다란 콜로세움보다 몇 배는 더 웅장하다는 느낌을 받았다"라고 말했다. 이 거대한 공동(空洞)은 "탄광이란 무엇인가"에 대한 요사노의 통념을 "즉시 뒤흔들었다." "땅속 깊숙이 파 내려간 수평과 수직의 터널" 대신에 "약 9~12미터 두께의 오일셰일 표층만 벗겨내면 (…) 그 밑에 있는 모든 석탄"을 발견할 수 있는

1 만철의 초청 인사 가운데 가장 유명한 사람은 아마도 작가 나쓰메 소세키(夏目漱石, 1867~1916)일 것이다. 소세키는 1909년 가을에 만주와 조선 일대를 방문한다. 요사노와 마찬가지로 나쓰메도 푸순 탄광에 들러 갱 내부로 내려가기도 했다. 그는 자기 경험을 기행문으로 집필해 《아사히신문(朝日新聞)》에 〈만주와 조선의 이곳저곳(滿韓ところどころ)〉이라는 제목으로 연재했다. 이 여행과 기행문에 대해서는 다음을 참고. Yiu, "Beach Boys in Manchuria."

2 요사노 아키코와 그의 만몽(滿蒙) 기행에 대한 추가적인 논의는 다음을 참고. Fogel, "Yosano Akiko and Her China Travelogue." 일본 식민주의자들이 제국의 변방 영토를 본국의 심장부와 더 긴밀하게 결박하기 위한 수단으로서 여행을 장려한 거시적인 맥락에 대해서는 다음을 보라. McDonald, *Placing Empire*, 50-80.

추출의 현장이 펼쳐졌기 때문이다. 요사노는 이 장관을 회고하며, "그런 식으로 자연을 이용하는 인간은 지적인 개미와 같다"라고 결론 내렸다.[3]

이토록 극적으로 탄광의 경관을 묘사할 수 있는 사람은 많지 않다. 그럼에도 수많은 사람이 비슷한 경이로움을 표현했다. 일종의 새로움을 느낀 것이다. 푸순 탄광은 일본 최초의 근대적 노천광으로서, 일본 열도에서는 전례를 찾을 수 없는 만주라는 '제국의 실험실'의 산물이었다. 특히 공학적 위업의 엄청난 규모 자체가 압권이었다. 가장 두꺼운 석탄층 위에 자리 잡은 푸순의 도심지는 석탄 굴착을 위해 동쪽으로 약 4.8킬로미터 가량 옮겨졌다. 요사노가 방문했을 무렵, 땅을 가른 자리에는 이미 길이가 약 3.2킬로미터에 달하는 "거대한 구멍"이 있었다.[4] 푸순 노천광의 모습은 레오 맑스(Leo Marx), 데이비드 나이(David Nye) 등이 말한 "기술적 숭고(technological sublime)," 즉 숭고함이라는 경험의 원천인 자연 세계 자체를 변화시킬 만큼 강력한 기계가 만들어 낸 풍경 앞에서 압도적으로 느껴지는 놀라움과 우려의 뒤섞임을 떠올리게 했다.[5] 과학기술적인 수단을 통해 에너지를 광범위하게 추출해야만 하는 탄소 기술관료주의는 기술적 숭고와 더불어 발현되었다. 석탄을 핵심 동력으로 하는 굴착기, 삽, 화물차 등이 구성하는 기술적 집합체가 석탄 채굴을 위해 지형을 변화시켰다. 그렇게 탄생한 노천광은 그 크기와 깊이에서 매우 인상적이었다. 1931년의 통계에 따르면, "푸순 석탄층 표면에서 굴착된 흙의 양이 파나마 운하를 팔 때 퍼낸 흙의 양의 세 배"에 달했다.[6]

3 Yosano and Yosano, "Man-Mō yūki," 140.

4 "Japan Moves Town." 동시에 필립 브라운(Philip Brown)이 에치고(越後) 평야의 관개 치수 공정 사례를 통해 보여준 것처럼, 환경을 공학적으로 개선하려는 대규모 사업은 당시 일본 사회에서 절대 낯설지 않았다. Brown, "Constructing Nature."

5 Marx, *Machine in the Garden*; Nye, *American Technological Sublime.*

6 Powell, "The Marvellous Fushun Colliery."

노천광의 강렬하고 매력적인 이미지는 곧 푸순을, 더 나아가 일본의 기술이 견인하는 만주의 경제 성장을 상징하게 되었다. 일본제국주의 국가권력은 수십 년에 걸쳐 만주 개발이 성공적으로 진행되고 있다고 선전했다. 이를 위해 작성된 수많은 보고서는 자주 푸순 노천광의 사진을 삽화로 사용했다. 푸순이라는 추출 현장의 사진은 신문, 잡지, 팸플릿, 엽서를 막론하고 다양한 매체를 통해 배포되었다. 이 사진들은 탄광의 광활한 모습, 즉 노천광을 가능케 한 수많은 설비가 곳곳에 박힌 거대한 함몰부를 중심으로 촬영된 경우가 많았다. 이러한 이미지에서 거의 눈에 띄지 않은 존재는 바로 광산 노동자들이었다. 이들은 괴물처럼 어마어마한 굴착 현장 속에서 왜소한 모습으로 드러나거나 아예 드러나지 않았다. 이는 푸순의 노동력이 수만 명에 달했다는 점을 고려한다면 놀라운 일이었다. 푸순 탄광을 묘사할 때 광부들이 상대적으로 비가시화되고 있었다는 점은 인간의 노동보다는 기계의 작동을 중심으로 채굴 작업을 정의하는 탄소 기술관료주의적 비전과 궤를 같이한다.

푸순의 일본인 기술 관료들은 기계화를 추진함으로써, 갈망해 마지않던 높은 생산량을 달성함과 동시에 중국인 노동자에 대한 의존도를 낮추고자 했다. 이 기술 관료들은 중국인 노동자들이 무능하고 신뢰할 수 없을 뿐만 아니라, 때때로 집단행동을 벌여 만철의 석탄 채굴 작업을 방해한다고 비난했다. 티머시 미첼은 2차 세계대전 후 전 세계적으로 에너지의 중심이 석탄에서 석유로 전환된 과정을 분석하면서, 이것이 노동자의 집단행동을 억제하고 민주주의적 가능성을 제한하려는 의식적인 노력의 결과라고 주장했다. 과거에 석탄 채굴과 운반을 담당한 노동자들은 각종 태업과 파업을 통해 에너지 공급의 흐름을 방해하거나, 혹은 방해하겠다고 위협함으로써 여러 권익을 얻어냈다. 반면, 그 추출과 운송이 인간의 노동보다는 펌프와 파이프라인과 같은 기술적 장치에 좌우되는 석유는

〈그림 2-1〉 "노천 작업의 장관, 푸순 탄광." "무진의 보고(無盡の寶庫)"라는 일본어 문구를 추가로 기재함으로써 푸순의 석탄 자원이 무한하다는 일반적인 인식에 호소한다. 이 책의 다른 몇몇 이미지와 마찬가지로 이 또한 엽서에 사용된 사진이다. 20세기 초에 발행된 수많은 일본 엽서는 푸순과 같은 공업 현장을 담고 있다. 이는 당시 유행하던 산업적 근대성의 미학을 보여준다. (저자 소장 엽서.)

노동자의 힘으로부터 크게 제약받지 않으리라 기대되었다.[7] 마찬가지로 푸순 탄광의 기계화도 이러한 반자유주의적 목적에 의해 추동되었다. 그러나 이러한 노력은 끝내 노동력의 규모를 줄이는 데 실패하고 말았다. 생산 규모가 계속해서 커졌고 노동자의 수도 덩달아 늘어났기 때문이다. 결국 식민주의 기업 만철은 팽창하는 인력을 관리하기 위해 새로운 통제 기술을 실험적으로 도입했다. 그와 동시에 만철이 푸순에서 채탄 사업을 확장하면서, 점점 더 많은 광부가 공학적으로 개조된 환경 안에서 점점 더 큰 위험에 노출될 수밖에 없었다.

개발주의 계획

만철은 초창기부터 푸순 탄광의 기술적 발전을 최우선 과제의 하나로 설

7 Mitchell, *Carbon Democracy*, 12-31.

정했다. 만철은 공학적 전문지식과 기계의 힘을 통해 지하자원의 생산 잠재력을 활용하고 싶었다. 사측에서는 1년 반 안에 일일 석탄 생산량 3,000톤을 달성하고 연간 약 380만 엔의 수익을 올릴 수 있을 것으로 예상했다. 한 자료에 따르면, 만철이 초기 자본을 조달할 때 전도유망한 푸순 탄광이 그 자산에 포함되었다는 이유로 만철 주식이 "폭발적인 인기"를 누렸다고 한다.[8]

고토 신페이는 푸순에 대한 기대를 실현하기 위한 경험과 비전을 지닌 탄광 관리자를 찾았다. 그가 낙점한 인물은 베테랑 광업 엔지니어 마쓰다 부이치로(松田武一郎, 1862~1911)였다. 도쿄제국대학 출신인 마쓰다는 1883년 대학 졸업 직후 미쓰비시에 입사했다. 그의 첫 부임지는 일본 최초의 근대식 탄광인 다카시마(高島) 탄광이었다. 미쓰비시는 이보다 2년 앞서 다카시마 탄광을 인수했는데, 당시 주력인 해운업 외에 여러 분야로 사업을 다각화하고 있었다. 마쓰다는 이곳에서 영국인 엔지니어 존 스토다트(John Stoddart) 밑에서 일하며 최신 광업 기술, 특히 탄광 지층 조사와 평가를 가능케 하는 다이아몬드 시추 드릴 기술을 학습했다. 시추 절차에 관한 지식을 바탕으로 마쓰다는 메이지 시대 일본 최대의 탄광 단지인 미이케(三池) 탄광을 비롯한 다른 여러 탄광의 탐사에 참여했다. 몇 년 후 미쓰비시는 마쓰다를 치쿠호(筑豊) 탄전으로 발령했고, 마쓰다는 그곳에서 신뉴(新入) 탄광과 나마즈타(鯰田) 탄광을 연이어 이끌었다. 그의 지휘 아래 나마즈타는 역내 최대 규모의 기계화 탄광으로 성장했다.[9] 마쓰다가 미쓰비시에서 경력의 정점에 도달했을 즈음 푸순 탄광의 지휘봉을 잡아 달라는 고토의 요청이 당도했다. 마쓰다는 "나는 미쓰비시 사람"이라며

8 "Fushun Coal Mines."

9 미쓰비시의 나마즈타 탄광 개발 과정에는 자본의 투입뿐만 아니라 다카시마 탄광의 엔지니어와 광부를 이전시키는 것이 중요했다. 이에 관해서는 다음을 보라. Murakushi, *Technology and Labour,* 53.

제안을 거절했다고 한다. 그럼에도 고토는 마쓰다의 인사 문제를 놓고 끈질기게 이와사키 히사야(岩崎久彌) 미쓰비시 회장을 설득했다. 마침내 만철과 미쓰비시는 푸순 탄광의 확장 계획이 완료될 때까지 마쓰다를 만철에 파견하며, 추후 미쓰비시로 복귀할 수 있다는 데 합의했다. 1908년 초, 마쓰다는 푸순으로 부임하기 위해 만주로 출항했다.[10]

만주 현지에 도착한 마쓰다는 향후 자신이 맡아 수행하게 될 일에 대해 상당히 흥분한 듯 보였다. 그가 보기에 푸순 탄광 개발은 대륙 전체의 자원 추출이라는 거대한 프로젝트의 시작점에 불과했다. 마쓰다는 다음과 같은 기록을 남겼다. "청국의 광활한 영토를 고려할 때 그 지하에 부존된 부(富)는 가히 무한하다고 할 수" 있으며, "이를 손에 넣기 위해 우리는 최신 과학 지식과 최대의 기계력을 동원해야 할 것이다." 푸순은 이러한 대업의 "효시(嚆矢)"가 될 터였다. 그는 과학과 기술을 통해 "황량한 황무지 푸순을 (…) 숱한 공장 연기가 뭉게구름이 되어 하늘을 가득 채우고, 고층 건물의 서까래가 서로 맞닿을 정도로 가까운 번화한 도시로 변모시키고 말겠다는" 기술관료주의적 비전을 품었다. 마쓰다는 이러한 발전이 마치 "북두칠성의 광채가 밤하늘 한 귀퉁이를 환히 밝히는 광경과 비슷할 것"이라 상상했다.[11]

더욱 구체적으로, 마쓰다의 푸순 계획에는 채탄 작업을 확대하고 관련 기반 시설을 확충하는 방안이 포함되어 있었다. 그의 진두지휘 아래 첸진차이, 양바이푸, 라오후타이 등 세 기의 기존 탄광에 대한 개보수가 진행되었다. 이 과정에서 더 많은 기계 설비가 도입되고 증산이 달성되었다. 더불어 두 기의 새 광산이 추가로 개장되었다. 러일전쟁기 육군 총사령관 오야마 이와오(大山巖)와 해군 제독 도고 헤이하치로(東鄉平八郎)의 이름

10 Matsuda, "Matsuda Buichirō shōden"; Hisada, "Chikuhō tankō hatten ki," 11.

11 *BJTK*, 1-2.

〈그림 2-2〉 천금채 탄광 동수갱(東竪坑)의 '이전'과 '이후' 사진. 위쪽 사진은 러일전쟁 시기의 사진이다. 아래쪽 사진은 푸순 탄광에서 이 사진들이 수록된 책자를 발간한 1909년 직전에 찍은 것으로 추정된다. 만철은 자사의 관할 아래 푸순의 공업화가 가속화하고 광범위해졌음을 강조하기 위해 이런 책자를 만들었다. Minami Manshū tetsudō kabushiki gaisha *Bujun tankō*, Bujun tankō (Dairen: n.p., 1909), unpaginated between 230 and 231. (Image courtesy of Hathitrust.)

을 때 '오야마'와 '도고'라고 명명된 새 탄광들은 일본의 국력을 상징하는 기념비로서 자리 잡았을 뿐만 아니라, 애초에 푸순이 어떻게 일본의 수중에 들어왔는지를 떠올리는 역할을 맡았다. 푸순의 이러한 탄광들에는 워커사(Walker)의 비파괴 환풍기부터 휘트모어사(Whitmore)의 권선 엔진용 자동 브레이크에 이르기까지, 당시 일본이 해외에서 조달할 수 있는 최첨단의 기술들이 갖춰져 있었다. 오야마 탄광과 도고 탄광은 만철 경영 첫 5년간 푸순에 투자한 약 920만 엔 가운데 절반 이상이 투입된 대규모 사업장이었다.[12] 발전소, 기계 공장, 수도 및 가스 서비스 등 채굴 활동을 지원하는 각종 시설과 병원, 신시가지, 직원 숙소, 학교 등 탄광촌의 편의시설까지 마쓰다의 구상에 맞춰 모두 완공되었다.[13] 마쓰다의 첫 번째 개발 계획에 따라(실제로 훗날 마쓰다 개발 계획으로 불림) 푸순 탄광은 크게 성장해 1907년에 23만 톤이었던 생산량이 1911년에 약 140만 톤으로 여섯 배 증가했으며, 이는 그해 일본 전체 탄광에서 생산된 석탄 총량의 약 8퍼센트에 달했다.[14]

초창기 푸순 탄광에서는 주방식채탄법(柱房式採炭法, the pillar-and-stall method)을 활용했다. 광부들이 지하로 갱도를 파 지표면과 석탄층 사이에 통로를 연다. 그 뒤 이 갱도의 끝과 석탄층을 직접 연결하는 터널 혹은 헤딩(headings)을 뚫는다. 보통 폭이 약 3미터, 높이가 약 2미터인 이 터널은 다른 터널들로 갈라지기도 한다. 이 터널들은 서로 평행하게 이어지며, 중간중간에 설치한 교차 터널을 통해 서로 연결된다.[15] 그 결과 터널들에 의해 만들어진 가용공간(stalls)과 천장을 지탱하기 위해 남겨둔 석탄

12 *MT10*, 491, 525-26.

13 *MT10*, 491.

14 Murakushi, *Transfer of Coal-Mining Technology*, 33; Murakushi, *Technology and Labour*, 21.

15 *MT10*, 492-93.

기둥(pillars, 炭柱)으로 이루어진 격자 구조가 만들어진다. 이러한 구조적 특징 때문에 채굴할 수 있는 석탄의 양이 제한되었다. 터널과 갱도를 너무 넓게 만들거나 기둥을 너무 좁게 만들면 천장이 붕괴할 위험이 있었다. 같은 논리로 주방식채탄법은 너무 깊숙한 곳에서는 적용할 수 없었다. 상부의 채굴되지 않은 석탄의 무게와 전반적인 과부하가 하부의 터널 공간에 더 큰 압력을 가하기 때문이다. 때에 따라서는 땅 밑 깊은 곳의 석탄층이 너무 약해서 적용이 어려울 수도 있다. 한 추정치에 따르면, 푸순 탄광은 주방식채탄법 때문에 "전체 석탄 부존량의 70퍼센트 이상을 지하에 그대로 남겨 둬야" 했다. 게다가 작업 과정에서 노출된 석탄은 대기 변화로 열화(deterioration, 劣化)되기 쉬워 지붕이나 옆벽을 기울게 할 위험이 있었다. 또한 대기에 노출된 석탄은 자연 발화에도 취약했다. 푸순 탄광 측이 이러한 위험을 완화하기 위해 시도한 한 가지 방법은 갱도의 바닥과 주요 터널의 벽을 벽돌로 포장하는 것이었다. 하지만 비용이 지나치게 많이 들어서 더욱 효율적인 대책이 필요했다.[16]

그러나 마쓰다는 더 이상의 추가적인 개선 조치를 감독할 수 없었다. 1910년, 그의 건강이 나빠지기 시작했다. 마쓰다는 결국 그해 가을에 치료를 위해 일본으로 돌아갔다. 그는 자신의 옛 상사였던 미쓰비시의 이와사키 히사야에게 조심스레 낙관적인 서신을 보내기도 했다. "의사의 경고를 듣고 내 병세가 심각하다는 것을 깨달았습니다. 필요한 치료를 받기로 결심했습니다."[17] 그는 이듬해 봄을 보지 못한 채 인후암으로 세상을 떠났다.[18] 그의 암이 수십 년 동안 탄광에서 일한 것과 관련이 있는지는 알려지지 않았다. 다만 탄광 환경이 그 내부에서 일하는 모든 사람에게 위

16 Yamaoka, "Manchurian Plant," 899-900.

17 Matsuda Buichirō to Iwasaki Hisaya (September 17, 1910), in Hisada, "Chikuhō tankō hatten ki," 57.

18 Matsuda, "Matsuda Buichirō shōden."

〈그림 2-3〉 양바이푸 광산 지하에서 작업 중인 광부들. 주(主) 갱도를 굴착하고 있다. 작업대 위에서 곡괭이를 짊어진 두 남자와 삽을 들고 허리를 구부린 남자는 중국인 노동자다. 지팡이와 광산 램프를 든 두 남자는 일본인 감독관이다. 이 사진은 1921년에 촬영되었다.

협이 된다는 사실은 분명했다. 마쓰다처럼, 먼지나 탄광의 작업 공간을 특징짓는 몇몇 물질에 노출되어 수년 또는 수십 년에 걸쳐 서서히 신체와 호흡기가 망가지는 피해를 당한 사람들이 존재했다.[19] 나중에 자세히 살펴보겠지만 더 즉각적으로, 심지어는 순식간에 장애를 입거나 사망하는 예도 있었다. 만철은 마쓰다의 짧지만 유의미했던 재임 기간을 기념하기 위해 유명 조각가 아사쿠라 후미오(朝倉文夫)에게 청동 흉상 제작을 의뢰했다. 이 동상은 푸순 첸진차이 구역 내 야마토 공원에 설치되었다.[20]

마쓰다의 후임자로 그와 같은 학벌을 갖춘 또 한 명의 노련한 탄광 엔지니어 요네쿠라 기요쓰구(米倉清族, 1863~1931)가 부임했다. 마쓰다보다

19 McIvor and Johnston, *Miners' Lung*, 50-60.

20 Yadian, "Youguan Fushun di yi ren kuangzhang."

몇 년 후에 도쿄제국대학을 졸업한 요네쿠라는 20년 동안 홋카이도의 여러 탄광에서 근무하며 전문성을 갈고 닦았다.[21] 1911년 7월부로 푸순에 부임한 그는 곧바로 전임자의 과업을 계승·확대하는 2차 개발 계획에 착수했다. 그 뒤 수년간 푸순 탄광은 탄전 동부를 중심으로 완다우(萬達屋), 룽펑(龍鳳), 신툰(新屯) 등 세 기의 지하 광산을 추가로 개발했다. 또한 보조 업종들도 더욱 확장했다. 특히 기계와 공구 제작 분야가 요네쿠라의 계획에 따라 발전했다. 만철은 여전히 독일 아에게사(AEG, Allgemeine Elektricitäts Gesellschaft)의 모터와 프랑스 기업 시트로엥(Citroën)이 영국에서 제작한 기어 등 탄광의 주요 장비 대부분을 수입에 의존하고 있었다. 그러나 이제 푸순의 기계와 공구 공장도 간단한 장치를 생산할 수 있게 되었으며, "승강기, 터빈 펌프, 환풍기, 스크린, 굴삭기, 전기 공작기계 등 다양한 기계 부품을 개조하거나 자체 제작할 수 있는" 충분한 역량을 입증해 나가고 있었다.[22] 이러한 발전은 푸순의 공업적 성격을 심화시켜 채굴 규모를 늘렸을 뿐만 아니라, 사업상의 기술 자급률을 높이고 더욱 전면적인 기계화를 위한 토대를 마련했다.

요네쿠라의 계획에 따라 채탄 방식에도 변화가 일었다. 일본 본토의 일반인들은 푸순 석탄의 풍요를 그저 찬양했을지라도, "그토록 두꺼운 석탄층에서 작업한 경험이 전혀 없는" 일본 광업 엔지니어들에게는 그 어마어마한 양이 해결해야 할 하나의 문제였다.[23] 기존의 주방식채탄법으로는 석탄을 원하는 만큼 채굴하지 못한 채 지하에 남겨 두어야 했다. 엔지니어들은 더욱 온전하게 석탄 자원을 끌어올 방안을 모색하기 시작했다. 몇 차례의 조사 끝에 푸순 현지의 엔지니어들은 모래주입식채탄법을 채택

21 Ōshima, "Ko Yonekura Kiyotsugu."

22 Yamaoka, "Two Strip Pits," 948; Murakushi, *Transfer of Coal-Mining Technology*, 36-37.

23 *MT10*, 492.

하기로 했다. 이들은 이 새로운 방식을 통해 더 효율적이고 철저하게 석탄층을 뚫을 수 있기를 기대했다. 주방식과 마찬가지로 모래주입식도 갱도를 파 석탄층과 연결되는 터널을 뚫는 작업에서부터 시작한다. 이 터널이 다음 셰일층이나 현무암층에 도달하면, 광부들은 전진을 멈추고 측면 확장 작업을 시작해 보통 높이 약 1.8미터, 너비 약 2.4~3.6미터, 길이 약 15~30미터의 공간을 만든다. 이러한 공간은 특정한 지형적·물리학적 조건에서 최대 높이 약 6미터, 너비 약 4.8미터까지 확장된 예도 있었다. 이러한 공간이 완성되고 굴착된 석탄을 모두 꺼내면, 광부들은 나무판자나 수숫대를 엮어 만든 매트로 이 공간을 차폐하고 파이프를 꽂아 공간 속으로 모래와 물의 혼합물을 주입한다. 공간이 가득 차면 광부들은 배수를 진행하고, 인접한 공간으로 이동해 같은 과정을 반복한다. 한 층의 채굴이 끝나면 노동자들은 모래로 채워진 기존 층 위에 새로운 층을 만들고, 그렇게 만들어진 공간에서 채굴 작업을 속개했다.[24]

모래주입식채탄법을 이용하기 위해 푸순 탄광은 지하 작업장뿐만 아니라 환경 전반에 영향을 미치는 다양한 보조 기술들을 도입했다. 훈허강 유역에 드래그라인 굴착기(dragline excavators) 두 대와 증기 삽, 버킷 굴착기(bucket excavator) 한 대가, 양바이푸 탄광과 오야마 탄광 옆 사암 언덕에 여러 대의 증기 삽이 설치되었다. 이 거대한 기계들이 함께 움직여 모래를 파냈다. 이 모래는 전기 기관차에 실려 각 광산으로 옮겨졌다. 그 뒤 통 위에 설치한 체에 걸러 큰 돌을 제거한 모래는 혼합 통에 부어져 물과 함께 섞였고, 통과 바로 연결된 파이프를 통해 수백 미터 지하에 있는 작

24 Yamaoka, "Manchurian Plant," 901. 비슷한 관행이 시행된 더 이른 시기의 사례가 있었을지도 모르지만, 물을 이용해 모래와 자갈을 탄광으로 옮겨 굴착된 공동을 채우는 근대적 공법은 20세기 초 독일에서 시작되었으며, 푸순의 시스템은 이에 기반을 두고 있었다. Kubo, "Bujun tankō ni hattatsu seru shase jūten saikutsu hō," 1–2.

업장으로 뿜어져 나왔다.[25]

푸순의 엔지니어들은 1912년, 양바이푸 탄광에서 모래주입식채탄법을 처음 도입했다. 새 방법이 잘 작동하는 듯하자, 그들은 이 방법을 푸순의 다른 모든 탄광에 적용했다.[26] 그 뒤 엔지니어들은 모래주입식채탄법에 석탄층을 하나의 긴 단면으로 만들어 채굴 작업을 전개하는 장벽식채탄법(longwall mining)을 결합함으로써 채탄법을 발전시켰다. 말 그대로 "경사형 장벽 단면 모래주입식채탄법(累段傾斜長壁昇拂)"이라고 불리는 이 방법은 그 뒤 수십 년 동안 푸순 탄광의 지하 채굴 작업에 활용되었다.[27] 이러한 채탄법은 굴착된 구역을 모래로 채움으로써 지반 침하와 화재의 위험을 줄였다. 또한 주방식채탄법을 적용할 때 갱도 지붕을 지탱하는 버팀목 제작에 필요한 목재의 양을 줄여 주었다.

막 탄광 운영을 시작했을 무렵, 푸순 일대는 "한 눈으로 보기에도 황량한" 지역이어서 만철은 일본 본토로부터 사할린산 전나무를 수입했다. 그러나 이런 식의 목재 수입은 비용이 너무 많이 들었다. 만철은 대안으로 안둥(安東)—일제 식민지 조선과 만주의 국경도시—과 펑톈을 잇는 철도(안펑선) 변을 따라 늘어선 소나무 숲에서 목재를 현지 조달하는 방안을 모색했다. 그러나 작업 규모가 계속해서 커지고 갱도 버팀목의 수요가 늘어나면서 안펑선 주변의 목재만으로는 부족하다는 점이 밝혀졌다. 푸순 탄광은 조선으로부터 만주적송을 수입하는 등 더욱 먼 곳으로부터 목재를 조달하는 한편, 탄광 주변에 나무를 심기 시작했다. 1919년에 이르면 거의 4제곱킬로미터에 달하는 조림지가 만들어진다. 그런데 모래주입식채탄법의 채택과 더불어 갱도 버팀목이 훨씬 덜 필요해졌다. 이에 더해

25 Yamaoka, "Manchurian Plant," 900-901.

26 Yamaoka, 901.

27 Kurakushi, *Transfer of Coal-Mining Technology*, 41-42; Kubo, "Hydraulic Stowage Mining System," 221; Manshikai, *Manshū kaihatsu yonjūnen shi*, 87-89.

모래로 채워진 하층 공간에서 사용한 목재를 회수해 상층 작업에 재사용할 수도 있었다.[28] 또한 사측에 가장 중요한 것은 모래주입식채탄법을 적용할 경우, 주방식 구조 자체를 유지하기 위해 탄주를 너무 많이 남겨둘 필요가 없다는 점이었다. 이제 푸순 탄광은 각 석탄층의 탄을 최대 70~80퍼센트까지 채굴할 수 있었다. 따라서 석탄을 더 철저하게 추출할 수 있었으며, 이는 만철의 생산 지상주의 원칙과 부합했다.[29]

일본 기술 관료들이 주도한 두 차례의 개발 계획을 통해 푸순의 기계화와 생산성이 동시에 높아졌다. 1907년에 약 23만3,000톤이었던 탄광 전체의 생산량은 1919년에 약 280만 톤으로 10배 이상 늘어났다. 이는 일일 생산량 3,000톤이라는 초창기의 목표치를 두 배 이상 초과 달성한 것이었다. 1920년경 푸순은 매일 최소 1만 톤의 석탄을 생산했고, 만철은 푸순 석탄 사업을 통해 매년 200만~300만 엔의 수익을 올렸다. 애초 예상보다는 적었지만, 여전히 회사 수익의 상당 부분을 차지했다.[30] 그러나 이러한 성장세는 새로운 지하 광산의 증설, 기존 광산의 업데이트, 모래주입식채탄법의 도입만으로는 설명할 수 없다. 무엇보다 푸순의 가장 큰 공학적 업적이라 할 노천광의 굴착이 이 시기에 시작되었다는 점을 기억해야 한다.

28 *MT10*, 498-502; Yamaoka, "Two Strip Pits," 948. 일제의 식민지 조선 삼림 정책, 특히 조림, 삼림 녹화, 삼림 재생에 관해서는 다음을 보라. Fedman, *Seeds of Control*.

29 *MT10*, 493.

30 "Fushun Colliery Development," 516; "South manchuria Railway Company." 예를 들어 1920년에 만철의 전체 수익은 2,700만 엔이었다. 즉, 푸순 탄광이 전체 수익의 약 10분의 1을 담당했다.

노천광 굴착

푸순에서 노천광이 열릴 수 있었던 까닭은 부분적으로 지질학적인 요인 때문이다. 푸순 탄전의 서부 외곽은 석탄층이 상부로 휘어 있어 지표면과의 거리가 불과 약 9~12미터밖에 되지 않았다. 근대적 노천채굴법을 채택하면, 채굴자는 각종 기계를 활용해 겉흙, 모래, 그리고 푸순의 경우 셰일 암석층(혈암(頁岩))으로 이루어진 지층을 단계적으로 벗겨낸 뒤 원하는 석탄을 추출한다. 따라서 석탄층이 지표와 가까울수록 채굴이 쉽다. 노천채굴법은 더 철저하게 석탄층의 석탄을 확보하는 방법이지만, 동시에 굴착기를 비롯한 기타 채굴 장비에 상당한 초기 지출이 필요한 자본 집약적인 방식이다.[31]

한 문건에 따르면, 고토가 일찍이 1909년 초부터 푸순 탄광 경영진에게 노천 채굴의 타당성을 검토하라고 지시했다고 한다.[32] 그 적합성을 확정하기 위한 몇 년에 걸친 탐사 끝에 푸순 탄광은 1914년 4월, 구청쯔(古城子)에서 노천광 굴착을 시작했다. 근대식 노천 채굴에 관한 경험이 전혀 없는 만철의 일본인 엔지니어들은 독일과 미국의 경험을 참고했다. 당시 광업공학과 광업 기술 분야를 선도하던 두 나라는 이미 이 노천광 방식을 채택해 석탄과 여타 자원을 채굴하고 있었다.[33] 푸순에서의 노천광 굴착 초기 단계는 전적으로 인간의 노동력에 의지했다. 땀과 삽이 겉흙과 부딪혔다. 그러다 기계화가 진행되면서 곧 굴삭기가 도입되어 겉흙 외의 상부 지층을 없애는 데 활용되었다. 셰일 암석층과 그 밑에 있는 석탄을 채굴하는 데는 증기 삽이 동원되었다. 이렇게 채굴된 광물 자원과 각종 부산

31 Hartman and Mutmansky, *Introductory Mining Engineering*, 182–91.

32 Koshizawa, *Zhongguo Dongbei dushi*, 116.

33 미국의 노천광에 대해서는 다음을 보라. LeCain, *Mass Destruction*. 이 저작은 유타주 솔트레이크 외곽의 구리 광산을 다룬다. 또한 몬타나주 뷰트(Butte)의 구리광을 다룬 다음 문헌을 보라. Leech, *City That Ate Itself*.

물은 인력으로 덤프트럭에 실려 가공 공장이나 폐기장으로 옮겨졌다. 1917년 11월에 두 번째 노천광을 첸진차이의 기존 갱도식 지하 광산 바로 서쪽에 만들기 위한 사전 작업이 시작되었다. 몇 년 후 바로 이곳에 대규모 노천광이 만들어졌다.[34]

푸순에서 노천채굴법의 확장을 감독한 인물은 이노우에 타다시로(井上匡四郎, 1876~1959)다. 이노우에는 1919년에 자리에서 물러난 요네쿠라의 뒤를 이어 푸순 탄광 책임자로 부임했다. 전임자들과 마찬가지로 이노우에도 도쿄제국대학 공과대학 출신이었다. 그러나 전임자들과 달리 경력의 대부분을 산업계가 아닌 학계에서 보냈다. 1899년, 대학을 최우등으로 졸업할 때 천황으로부터 은시계를 하사받은 이노우에는 그 뒤 20여 년 동안 대학 교수로서 활약했다. 1901년 도쿄제국대학은 모교에서 십여 년간 교원으로 근무한 이노우에를 독일과 미국으로 파견해 더 심도 있는 연구를 수행하게 했다. 3년 후 귀국한 이노우에는 오사카고등공업학교(大阪高等工業學校)와 교토제국대학을 거쳐 다시 도쿄제국대학으로 돌아와 광업 관련 강의를 담당했다. 1910년, 메이지 시대의 정치인 이노우에 고와시(井上毅)의 양자 자격으로 자작 작위를 물려받은 이노우에는 선거를 통해 귀족으로 추대되었다.[35] 귀족원(貴族院)의 일원으로서 이노우에는 각종 특별위원회에 적극 참가했다. 그 가운데 전시에 국가가 군사적 전략 산업을 장악할 수 있도록 하는 1918년의 군수사회동원법(軍需社會動員法)을 기초하기 위한 특위가 대표적이다.[36] 비록 광산이나 공장을 직접 운영한 경험은 없지만, 과학자로서의 감각과 귀족 지위를 갖춘 이노우에를 만철은 주목했다. 사측은 그가 푸순 탄광의 미래 개발 계획과 인근 도시 안

34 *MT10*, 532-35; "Kongo no Mantetsu"; "Manshū ni okeru Mantetsu"; "Japan Moves Town."

35 "Shishaku giin hoketsu senkyo."

36 "Dōin hōan iinkai."

산(鞍山)에 새로 건설한 제철소를 진두지휘할 전문가이자 지도자라고 판단했다.[37] 얼마 뒤 이노우에는 푸순 탄광과 안산 제철소의 책임자로 발탁되었다.[38] 사람들은 이노우에의 관리·감독 아래 이 두 기업이 산업계의 공룡으로 거듭날 것이라 기대했다. 그리고 이노우에의 미래 개발 계획의 핵심에는 푸순 노천광의 확장이 있었다.[39]

코스모폴리탄한 기술 관료 이노우에는 해외에서 쌓은 네트워크를 활용해 트랜스내셔널한 전문지식을 동원했다. 1921년 여름에 그는 미국인 지질학자와 엔지니어로 구성된 연구팀을 만주로 초청한다. 이 팀은 미네소타대학교 광업대학 학장이자 전문 야금학자인 윌리엄 애플비(William R. Appleby), 미네소타대학교와 위스콘신대학교에서 파견한 지질학 교수 2명, 미네소타 출신 광산 엔지니어 3명으로 구성되었다. 애플비에 따르면, "광석의 탐사, 개발, 채굴, 선광(選鑛)을 포괄하는 폭넓은 경험을 가진" 인력들이 미네소타와 위스콘신에서 선발된 까닭은 "이 지역과 만주가 비슷한 광업 상의 문제를 겪고 있기 때문"이었다.[40] 몇몇 광물의 미국 내 최대 매장지가 바로 미네소타에 있었다. 특히 철광석이 풍부한 메사비(Mesabi)산맥은 노천채굴법이 사상 최초로 19세기 말에 도입된 곳이다. 노천채굴법을 통해 강도가 비교적 약한 철광석이 지표면과 가까이 부존되었다는 이점을 십분 활용할 수 있었던 미네소타는 미국 최대 규모의 철 생산지로 거듭났다. 20세기 전체를 통틀어 미국이 생산한 철 가운데 절

37 안산 제철소의 역사에 대해서는 다음을 보라. Matsumoto, "Manshūkoku" kara shin Chūgoku e; Hirata, "Steel Metropolis."

38 Minami Manshū tetsudō kabushiki gaisha, *Minami Manshū tetsudō kabushiki gaisha dainiji jūnen shi*, 588; Kokugakuin daigaku toshokan chōsaka, *Inoue Tadashirō monjo mokuroku*, 1.

39 "Fushun Colliery Development," 513.

40 "Manchuria Mine Survey Completed"; "Frank Hutchinson Entertains."

반 이상이 메사비산맥에서 나왔다.[41] 연구팀은 약 두 달 동안 푸순과 안산을 조사한 후 두 지역을 가장 잘 개발할 방법에 관한 권고안을 작성했다. 푸순의 경우, 가장 경제적인 방식으로 노천광을 확장하는 방법이 무엇인지, 현재 노천광 확장에 방해가 되는 인근 도심 구역을 어떻게 이전할지가 주요 쟁점이었다.[42]

이노우에는 연구팀의 조사 평가에 만족했던 것 같다. 그는 연구팀의 전문성을 계속해서 활용하려 했다. 조사 답사 직후 이노우에는 연구팀의 광산 엔지니어 중 한 명인 L. D. 데번포트(L. D. Davenport)를 고문 자격으로 초청해 푸순의 노천 채굴 작업을 지휘하도록 했다. 올리버철광사(the Oliver Iron Mining Company)의 수석엔지니어를 역임한 데번포트는 철광석 채굴을 위해 미네소타주의 히빙(Hibbing)이라는 마을을 통째로 옮기는 과정에서 '공학적 브레인'으로 활약한 인물이다. 이노우에는 그가 푸순에서도 비슷한 일을 해 주기를 바랐다.[43] 데번포트는 미네소타주 둘루스(Duluth)에서 증기 삽 기사, 광업용 기관차 운전사, 크레인 기사, 소방수, 제동기 기사, 광산 폐기장 전문 감독관, 일반 선로 감독관, 숙련된 기계 정비사 등 15명의 인력을 꾸렸다. 이들은 데번포트와 함께 푸순으로 와서 만철과의 계약에 따라 현장 노동자들에게 새로운 채굴법과 각종 신식 추출 장비의 사용법을 교육했다. 데번포트는 개별 기술들과, "만주라는 매우 다른 작업 조건에서 버틸 수 있는 근성과 성실함"을 기준으로 선발된 이 전문가들이 "가장 노련하고 효율적인 토목이 무엇인지 보여줄 것"이라고 호언장담했다.[44]

41 Whitten and Whitten, *Handbook of American Business History*, 71. 이 당시 철 광맥의 역사에 관해서는 다음을 참고. Manuel, *Taconite Dreams*, 5-13.

42 "Bei gakusha dan."

43 "Tech Man Who Moves Towns."

44 Davenport to Inoue (November 29, 1921), in *ITM*, reel 105, no. 05310.

데번포트가 제안한 고도의 토목 프로그램은 개발된 지 얼마 지나지 않은 최신 증기 기술에 토대를 두고 있었으며, 이러한 기술은 대부분 석탄을 동력으로 했다. 인간의 창의력이 자연의 힘에 필적할 수 있다는 전제 아래 이러한 기술적 역량은 탄소 기술관료주의 특유의 오만함을 낳았다. 그러나 이토록 자신만만한 데번포트조차도 막상 푸순 현지에 부임한 후에는 꽤 어려운 시간을 보냈던 것으로 보인다. 1922년 가을, 데번포트는 당시 만철 내 스캔들 때문에 원치 않게 자리에서 물러난 이노우에에게 다음과 같이 격분에 찬 서신을 보냈다. "제가 이곳에 온 뒤로 실제 이룬 일이 아무것도 없습니다."[45] 그가 보기에 문제는 한 마디로 자신이 무시당하고 있다는 것이었다. 그의 회상에 따르면, 데번포트는 노천광으로 내려가 현장의 시추 감독관과 그의 부하 직원들에게 '고퍼 홀(gopher holes)' 폭파법을 보여준 적이 있다. 광부들은 일반적으로 구릉 위에 수직으로 구멍을 뚫은 다음 그 안에 가루 화약을 넣어 폭파했다. 이렇게 하면 구릉의 구조가 약해져 삽으로 쉽게 허물 수 있다. 반면, 고퍼 홀은 구릉의 바닥에서부터 수평으로 비스듬하게 낸 구멍을 뜻한다. 고퍼 홀 폭파법은 지반이 너무 건조하거나 모래가 많아 수직 구멍을 유지할 수 없는 곳이나 구릉이 너무 높아 위에서부터 구멍을 뚫을 수 없는 곳에서 주로 사용되었다.[46] 데번포트의 시연이 끝난 뒤 현장 작업자들은 위에서부터 수직 구멍을 뚫는 편이 차라리 더 낫다고 판단하고 그의 지시를 무시했다.[47]

현장 인력들의 냉담함에 더해 데번포트의 심기를 더 크게 건드린 것은 자신과 사사건건 부딪친 푸순 노천광 감독관 오누마 도쿠시로(小沼得四郎)와의 불편한 관계였다. 두 인물은 노천광 조성 계획, 특히 굴착 과정에

45 만철 스캔들과 이노우에의 사직에 대해서는 다음을 보라. Iguchi, *Unfinished Business*, 12-13.

46 "Loading Black Powder"; Hustrulid, *Blasting Principles*, 16-18.

47 Davenport to Inoue (October 22, 1922), in *ITM*, reel 105, no. 05312.

서 발생한 부산물을 어떻게 운반할지를 놓고 언쟁을 벌였다. 데번포트는 여러 대의 기관차가 노천광과 가공 공장 및 폐기장 사이에 놓인 두 선로를 따라 석탄, 셰일 암석, 각종 부산물, 잔해 등을 운반하는 '철도식' 방법을 선호했다. 주기적으로 운행되는 이러한 화물 열차는 때때로 두 선로를 갈아타며 주어진 업무를 완수할 수 있었다. 데번포트는 이 방식이 칠레광물탐사회사(the Chile Exploration Company)가 운영하는 세계 최대의 구리 광산 단지 추키카마타(Chuquicamata)를 위시한 수많은 대형 광산 현장에서 사용되고 있다고 강조했다. 그는 이 방식을 푸순의 조건에 맞게 일부 조정하고자 했다. 1914년, 구청쯔 노천광 조성 공사에 참여했던 오누마는 데번포트의 주장에 별다른 감흥을 느끼지 못했다.[48] 데번포트에 따르면, 오누마는 "이미 노천 채굴에 관해 모두 알고 있었으므로 새삼 미국으로부터 새롭게 배울 만한 것이 없다"라고 주장했다. 이 일본인 엔지니어는 철도식 방법이 "어렵고" "위험하다"라며 일축했는데, 선로를 계속 바꾸다 보면 충돌이 쉽게 일어날 수밖에 없다는 것이 그의 비판 요지였다. 오누마가 대안으로 제안한 '경사선로식'은 각각의 채굴 공정과 특정한 목적지 사이를 연결한 상·하행 이중 선로 와이어 체계를 촘촘하게 구성하고, 굴착물을 그때그때 노천광 경사면 위의 와이어에 매달린 광차(鑛車)에 싣는다.[49]

데번포트는 재빨리 자신의 기술적 구상의 안전성과 간편성을 변호했다. 그는 열차 통행을 통제하기 위해 각 교차 지점에 기수를 배치하면 충돌을 방지할 수 있으며, 광차가 같은 선로를 공유할 때마다 충돌의 위험은 항시 존재하므로 오누마의 계획이라고 이 문제로부터 마냥 자유로울 수 없다고 강조했다. 데번포트는 거꾸로, 오누마의 경사선로식이 경제성과 효율성 측면에서 모두 부족하다고 비판했다. 오누마가 이자와 감가상

48 Yamaoka, "Two Strip Pits," 945.

49 Davenport to Inoue (October, 1922), in *ITM*, reel 105, no. 05312.

각을 제대로 반영하지 않아 예상 소요 비용을 90만 엔 이상 과소평가했고, 실제로는 더 큰 비용이 들 것이라 주장했다. 무엇보다 데번포트가 보기에 경사선로식은 훨씬 더 "복잡하고 번거롭다." 그는 셰일 암석 수송을 사례로 들며, 오누마의 구상을 채택하면 9단계의 공정과 22개의 새로운 장비가 필요하지만 자기 방식으로는 3단계의 공정과 단 7개의 신규 장비만으로 충분하다고 지적했다. 데번포트의 계획에 대한 비판자들이 자주 제기한 또 하나의 문제는 해당 기술의 수준이 너무 높은 데 반해, 이 기술을 운용해야 하는 노동자들의 자질이 너무 낮아 서로 맞지 않는다는 점이었다. 이러한 비판자들은 "중국인 쿨리들은 미국 광산의 일반적인 노동자들만큼 영리하지 않다"라고 주장했다. 데번포트는 즉각 반박했다. 미네소타의 철광산에서 "영어를 구사할 수 있는 광부는 고작해야 10퍼세트 미만"이며, 노동자들의 대다수는 "유럽인, 몬테네그로인, 오스트리아인, 이탈리아인 등 최하층 계급"이라고 역설했다. 데번포트의 이러한 대응에는 그의 기술 관료주의적인 태도가 잘 드러난다. 기술적 설계의 우월함과 그것을 실제로 다루는 사람의 열등함은 너무 쉽게 당연시된다.[50]

두 엔지니어 사이의 다툼이 그리 놀라운 일은 아니다. 과학기술 전문가는 항상 같은 문제에 대해 서로 다른 해결책을 제시하기 일쑤다. 그럼에도 이 일화는 일본인 기술 관료들이 해외의 최신 기술을 도입해 자국 산업에 적용하는 데 대체로 열성적이었지만, 그 과정에서 마냥 무비판적이지는 않았다는 사실을 상기시킨다. 기술사가 그레고리 클랜시(Gregory Clancey)는 메이지유신 이후 일본의 건축학과 지진학에 관해 연구했다. 1891년 노비대지진(濃尾大地震) 때 벽돌과 철로 지어진 신식 건축물 대다수는 무너져 내렸지만, 일본의 전통식 목조 건축물들은 건재했다. 이를 계기로 일본인과 외국인 건축가, 엔지니어, 과학자 등이 서양식 건축의

50 Davenport to Inoue (October, 1922), in *ITM*, reel 105, no. 05312.

우월성에 의문을 품게 된 과정을 클랜시는 잘 보여준다. 이는 당시 구미의 지식이 높은 지위를 차지하고 있었다는 점을 고려하면 놀라운 일이다.[51] 1920년대는 수입 기술이 더 우수하거나 일본 현지 여건에 무조건 부합할 것이라는 생각에 오누마와 같은 일본 전문가들이 꾸준히 이의를 제기할 수 있을 만큼 자신감과 입지를 다진 뒤였다.

오누마와 데번포트 사이의 대립을 정리하고 노천광에서 어떠한 조치를 취할지 결정하기 위해 만철은 두 제안을 검토할 특별위원회를 구성했다. 1923년 겨울에 특위는 두 구상의 몇몇 요소들을 결합한 임시 계획 초안을 완성했다. 특위는 노천광의 얕은 부분에서는 철도식이, 깊은 부분에서는 경사선로식이 더 효과적일 것으로 판단했다. 이에 지표면에서 가까운 부분에는 철도식으로 각종 화물과 셰일 암석을 운반하기로 하고, 더 깊은 곳에 있는 석탄을 운반하는 데는 경사선로식을 사용하기로 했다. 이러한 혼합 계획은 탄광촌의 경제적·환경적 지형을 크게 변화시킬 개발 공사의 초석이 되었다.[52] 계획을 실현하기 위해 푸순 탄광은 이미 보유하고 있던 부사이러스(Bucyrus)사의 굴삭기와 전동 삽에 더해 더 많은 기계 장비를 미국으로부터 수입했다.[53] 그 결과 불과 1년 후인 1924년, 노천광에서 생산한 석탄이 180만 톤에 이르렀다. 이는 푸순 탄광 전체 석탄 생산량의 3분의 1을 넘어서는 수치였으며, 이를 일일 생산량으로 환산하면 7,000톤에 달했다.[54] 1920년대에 헨리 포드(Henry Ford)가 소유한 16개 탄광이 하루 평균 약 1만3,000톤을 생산한 점을 고려할 때 푸순 탄광의 생

51 Clancey, *Earthquake Nation*. 일본에서의 "기술 이전" 과정에서 발생한 갈등에 대해서는 다음을 참고. Gooday and Low, "Technology Transfer and Cultural Exchange."

52 "Rotenbori zenkōan no naiyō"; Minami Manshū tetsudō kabushiki gaisha, *Minami Manshū tetsudō kabushiki gaisha dainiji jūnen shi*, 1756.

53 Yamaoka, "Two Strip Pits," 946.

54 Davenport to Inoue (October 22, 1922), in *ITM*, reel 105, no. 05312.

산성은 주목할 만했다.[55] 더불어 이러한 노천광 팽창 과정의 일환으로 인근 도심 구역이 용안타이 신구(永安臺 新區)로 이전되었지만, 이마저도 계속해서 광산이라는 괴수에 의해 잠식당할 터였다.[56] 요사노 아키코를 단번에 사로잡은 바로 그 노천광은 이렇게 태어났다.

푸순의 노천광은 미네소타의 철광석을 채굴하는 데 사용되었던 기계와 작업 방식을 만주의 석탄 채굴에 어떻게 적용할 것인가를 두고 펼쳐진 트랜스내셔널한 차원의 긴장과 타협의 산물이라고 할 수 있다. 그리고 노천광은 머지않아 일본의 산업 근대성을 상징하는 아이콘으로 자리매김한다. 유타주 솔트레이크시티 외곽의 대니얼 재클링 빙햄 구리 노천광(Daniel Jackling's Bingham Pit copper mine)의 사례와 마찬가지로, 푸순에서 대지를 파헤쳐 지하의 부를 약탈하는 행위에는 엄청난 오만과 자만이 결부되어 있었다.[57] 1931년 무렵, 노천광의 굴착 깊이는 매우 깊어졌다. 한 미국 언론사의 중국 특파원 J. B. 파월(J. B. Powell)은 이를 취재하지 않을 수 없다고 느꼈다. 그는 "도시 하나를 통째로 묻어 버릴 수 있을 정도로 거대한 규모의 지표면 굴착 작업"이 이루어졌으며, "미국의 가장 현대적인 고층 빌딩을 노천광 바닥에 옮겨 세운다고 가정하면, 그 꼭대기 첨탑의 고도가 겨우 노천광 표면 인근의 촌락에 닿을까 말까 할 것"이라고 썼다.[58]

푸순의 노천광은 만철의 공식 간행물과 여타 각종 인쇄 매체의 지면을 장식했다. 그뿐만 아니라 요사노를 비롯한 수많은 방문객의 뇌리를 사로잡은 랜드마크가 되었다. 노천광이 내뿜는 매력은 보는 사람에게 경외감을 느끼게 했던 것으로 보인다. 한 일본 여행 책자는 장담했다. "구청쯔 전

55 Bryan, *Beyond the Model T*, 136.

56 Koshizawa, *Zhongguo Dongbei dushi*, 108–13.

57 LeCain, *Mass Destruction*, 11–15, 129–68.

58 Powell, "The Marvellous Fushun Colliery," 374.

〈그림 2-4〉 "푸순 노천광의 광물 운반기." 석탄, 셰일, 각종 부산물로 가득 찬 운반 차량(dump cars)이 탄광의 깊숙한 곳에서 경사면을 따라 올라가고 있다. 아래에는 일본어로 "(푸순) 노천광의 광물 운반기가 움직이는 장관이 방문객의 눈을 번쩍 뜨이게 한다"라고 적혀 있다. 광물 운반기가 잘 보여주는 것처럼, 이 채굴 현장의 엄청난 작업 규모와 고도의 기계화가 "기술적 숭고"를 불러일으킨다. (저자 소장 엽서.)

망대에 도착해 웅장한 노천광의 전경을 보면 놀라움을 금치 못하실 겁니다."[59] 노천광을 방문한 방문객들 가운데 가장 주목할 만한 인물로는 미래에 한국의 독재자가 되는 박정희를 꼽을 수 있다. 1942년 당시 만주군관학교의 학도였던 박정희는 일주일간의 현장학습으로 옛 전적지와 만주 지역의 대표적인 산업 시설을 둘러보았다. 이 여정에서 푸순의 노천광은 결코 놓쳐서는 안 되는 장소였다.[60]

기계화를 통한 합리화

푸순의 노천광은 그 규모뿐만 아니라 기계화의 전형으로도 널리 알려져 있다. 거대한 증기 굴삭기가 가차 없이 대지를 갈랐고, 그 아래의 셰일과 석탄을 육중한 전동 삽과 증기 삽이 마구 파헤쳤다. 땅으로부터 벗겨져 나온 각종 화물을 실은 덤프트럭은 노천광의 벽면을 수놓은 구불구불한 계단식 순환 도로를 누볐다. 석탄을 실은 차량은 중간에 멈춰, 경사면이나 갱도 위 케이블에 매달린 광차에 검은 암석들을 쏟아냈다. 그리고 광차는 경사 철로를 따라 위쪽의 석탄 가공 공장으로 옮겨졌다.[61] 이러한 공정을 포착한 사진들은 모든 게 잘 작동하는 노천광 현장이, 마치 기어와 체인을 비롯한 온갖 기계장치가 공학적 리듬에 맞춰 돌고 도는 거대한 시계 장치와 같았음을 암시한다. 석탄은 이 어마어마한 기술적 집합체를 움직이는 동력원이었다. 석탄을 채굴하는 데 석탄이 연루되어 있었다. 따라서 이 집합체가 성장하면서 석탄 수요도 덩달아 증가했다. 에너지 추출은 그 자체로 에너지 집약적인 사업이었으며, 여전히 그러하다.

석탄 채굴의 기계화는 노천광 너머에서도 진행되었다. 예컨대 선탄(選

59 "Bujun shi yūran no shiori."

60 Eckert, *Park Chung Hee*, 232.

61 Minami Manshū tetsudō kabushiki gaisha, *Minami Manshū tetsudō kabushiki gaisha dainiji jūnen shi*, 588–93; Woodhead, *A Visit to Manchukuo*, 73.

〈그림 2-5〉 오야마 탄광의 선탄 공장 내부. 노동자들은 주로 영국제 마커스(Marcus) 선별용 컨베이어와 같은 기계 설비의 도움을 받아 원탄(原炭, raw coal)을 크기별로 석탄 파편, 더 작은 조각, 큰 덩어리 등으로 분류하고 불순물을 걸러낸다. 이 공장에는 "밤낮으로 가동 중"이라는 일본어 설명이 적혀 있다. 실제로 이 공장에는 10시간씩 3교대 근무조가 투입되어 끊임없이 가동되었다. (Image courtesy of the Harvard-Yenching Library, Harvard University.)

炭, coal dressing)에서 기계화는 대단히 중요했다. 선탄이란 모터 컨베이어, 스크린, 지그(jigs) 설비 위에서 사람이 수작업으로 크기에 따라 석탄을 분류하고 불필요한 암석이나 불순물을 걸러내는 과정을 일컫는다.[62] 또한 기계화는 마쓰다의 제1차 개발 계획 이후 계속되어서 지하 갱도식 광산에도 변화를 가져왔다.[63] 노천광의 장대한 광경은 요사노에게 "탄광은 땅속 깊이 파 내려간 수평과 수직의 터널"이라는 통념을 뒤집고 "탄광이란 무엇인가에 관한 개념"을 다시 생각하게 했다.[64] 그럼에도 여전히 푸순에서 전통적인 지하 작업은 지속되고 번성했다. 비록 노천채굴법 때문에 쓸모없는 것처럼 보였을지라도 말이다. 지하갱도식채굴법으로 생산된 석

62 Yu, *Fushun meikuang baogao*, 120.

63 Minami Manshū tetsudō kabushiki gaisha, *Minami Manshū tetsudō kabushiki gaisha dainiji jūnen shi*, 545-47.

64 Yosano and Yosano, "Man-Mō yūki," 140.

탄은 푸순 탄광 전체 생산량의 적어도 절반을, 때로는 그 이상을 꾸준히 차지했다.[65] 노천채굴법과 마찬가지로, 다양한 종류의 기계가 도입되면서 지하갱도식채굴법 또한 지속해서 확장되었다.

푸순의 광업 엔지니어들은 다른 많은 산업의 감독관과 마찬가지로 기계화를 작업 '합리화'의 필수요건으로 여겼다. 합리화라는 개념은 전간기 일본의 재계와 정관계에서 큰 호응을 얻었다. 합리화가 정확히 어떻게 추진되어야 하는지는 결코 확실한 합의가 이루어지지 않았다. 그러나 합리화는 거의 언제나 과학을 산업에 적용하는 일과 관련 있었다. 역사가 윌리엄 쓰쓰이(William Tsutsui)의 설명에 따르면, "이 경우 '과학'이란 객관성, 최고의 효율성, 전통과 경험의 법칙보다 '사실'을 우위에 두는 것을 뜻한다."[66] 합리화는 더 광범위하게 산업 세계의 전반을 관통했다. 테일러주의와 포드주의를 위시한 생산주의 이데올로기와 세계 곳곳에 만연한 더 빠르게, 더 싸게, 더 많이 무언가를 생산해야 한다는 강박 속에서 그 영향력이 확인되었다.[67]

푸순에서 기계화를 통한 합리화를 가장 강력하게 주장한 인물은 광업 엔지니어 구보 도루(久保孚, 1887~1948)다.[68] 구보는 일본 본토의 네 개 섬 가운데 가장 작은 시코쿠(四國)의 고치현(高知縣) 출신으로, 칠 남매 중 셋째이자 장남으로 태어났다. 그의 아버지 구보 기도는 지방 관리였는데, 공직 생활 중 가세가 기울어 집에 '우물과 담장'만 남았다고 해서 이른바

65 Kubo, "Bujun tankō no saitan jigyō," 28.

66 Tsutsui, *Manufacturing Ideology*, 63. 현장의 지혜를 표준화된 방법으로 대체한다는 이 생각이야말로 테일러주의적 과학 경영의 핵심 원리다. Taylor, *Principles of Scientific Management*, 10.

67 구체적으로는 포드주의가, 더욱 일반적으로는 합리화라는 개념이 다양한 이데올로기를 가로질러 설득력을 얻어 가는 과정에 대한 트랜스내셔널한 차원의 설명은 다음을 참고하라. Link, *Forging Global Fordism*.

68 Kubo, "Saitan no gōrika."

"이도베이(井戸塀)"라고 불렸다. 설상가상으로 그는 여러 차례 크고 작은 사업에 투자했지만, 재미를 보지 못했다. 어려운 가정 형편에도 아들 구보 도루는 우수한 성적을 바탕으로 각종 후원을 받아 도쿄제국대학에 진학해 광업공학을 전공했다.[69] 이 분야의 다른 모든 학생과 마찬가지로 구보 역시 교과 과정의 일환으로 실제 가동 중인 광산에서 실습해야 했다. 이러한 실습 전통은 일본 최초의 근대식 공학 교육기관인 공부대학교(工部大學校)로부터 비롯되었다. 이 학교의 초대 교장(都檢)을 역임한 스코틀랜드 출신 엔지니어 헨리 다이어는 "학생이 이론과 실제의 관계를 학습하고 관찰하며 독창적 사고를 진전시킬 수 있는 습관을 기를 수 있도록" 실습을 커리큘럼에 포함했다.[70] 책으로 배운 내용은 실제적인 응용의 용광로 속에서 제련되어야 했다. 바로 이러한 교육적 요구로, 1912년 여름에 구보는 처음으로 푸순에 발을 디뎠다.

학생 대부분은 일본 국내 광산에서 실습을 마쳤지만, 구보는 푸순 탄광에서 실습하기로 마음먹었다. 만주로 향하는 학생에게 더 높은 생활비가 지급되었는데, 이 점이 구보에게 매력으로 다가왔다. 한 전기에 따르면, 당시 구보는 아버지의 빚을 해결해야 하는 상황이었다.[71] 푸순에서의 경험은 남은 생애에 큰 영향을 미쳤다. 구보는 실습 보고서에 푸순의 천혜 자연과 바로 그 현장에서 일본이 구축해 나가는 기술 체계에 깊이 감탄했다. "지하 석탄층의 엄청난 규모와 무궁무진함이 전 세계에 알려져 있듯, 지상의 각종 설비의 광대함과 새로움도 전 세계적으로 찬사받고 있다."[72] 탄광에 매료된 구보는 실습이 끝날 무렵에 탄광 관리책임자 요네쿠라와

69 Hara, *Harukanari Mantetsu*, 18-24.

70 Dyer, *Dai Nippon*, 5. 공부대학교에 관한 더욱 상세한 내용은 다음을 보라. Duke, *History of Modern Japanese Education*, 172-81.

71 Hara, *Harukanari Mantetsu*, 22.

72 Kubo, *Bujun tankō*, 1.

면담을 잡아 자신이 학위를 마친 뒤 푸순에서 일할 수 있을지를 이야기한다. 이듬해에 차차석으로 대학을 졸업한 구보는 과연 푸순으로 돌아왔다. 그 뒤 수십 년 동안 꾸준히 승진해 1932~1937년에 푸순 탄광 관리책임자로 직무를 수행했다.[73] 그리고 이 과정에서 도쿄제국대학 공학박사 학위를 취득한다. 푸순에서의 경험을 바탕으로 한 그의 박사학위 논문은 모래주입식채탄법에 관해서였다.[74]

1934년, 구보는 탄광 책임자가 된 지 얼마 지나지 않아 한 공학 학술지에 푸순의 지하 채탄법을 더 기계화하는 것이 중요하다는 글을 실었다. "노천광의 공정은 완벽하게 기계화되어 있지만, 지하 채탄 작업의 기계화는 아직 완벽한 수준에 도달하지 못했다." 그는 푸순 탄광이 "인력"을 조달하는 데 이미 한계에 달했으며, "효율성을 극대화하기 위해서는 새로운 길을 개척해 탄광의 기계화를 도모하는 것 외에는 다른 방법이 없다"라고 주장했다. 구보는 푸순의 엔지니어들이 이러한 목표를 위해 노력했음을 언급했다.[75] 1920~1930년대에 엔지니어들은 석탄 채굴을 더 쉽게 할 수 있는 다양한 기구들을 광산 깊숙한 곳으로 들여왔다. 몇 가지 사례를 들자면, 우선 석탄 절단기가 있었다. 이는 체인, 막대 또는 디스크에 곡괭이처럼 생긴 톱니가 배열된 기계로, 광부가 다른 도구를 써서 상부의 돌출부를 허물기 전에 작업 면을 깎는 데 사용되었다. 그리고 전기 나사송곳 드릴도 있었다. 광부들은 이 기구를 사용해 더 쉽게 석탄 표면에 구멍을 뚫을 수 있었다. 그러고는 그 구멍 안에 가루 화약을 넣고 폭발시켜 석탄을 쪼갰다. 또한 석탄 채취용 망치가 있었다. 광부들은 이 도구를 활용해 유달리 단단한 암석이나 석탄을 내리치는 방식으로 작업했다.

73 Hara, *Harukanari Mantetsu,* 23-24.

74 Kubo, "Bujun tankō ni hattatsu seru shase jūten saikutsu hō."

75 Kubo, "Bujun tankō ni okeru saitanki," 264.

대부분 미국과 독일에서 수입한 이 기계화 도구들은 효율성과 생산성의 향상을 약속했다.[76]

그러나 기계화 덕을 톡톡히 본 분야는 석탄층에서의 채탄 작업이 아니라 석탄을 갱도 밖으로 옮기는 작업이었다. 이전에는 광부들이 석탄을 석탄층 표면에서 떼어내 고리버들 바구니에 모아 이륜 수레에 실은 다음 수작업으로 운반 갱도 바닥까지 밀어야 했다. 그곳에서 석탄은 다시 인력으로 차량에 실려 지표면 위로 끌어올려졌다. 혹은 수로를 통해 터널 밖으로 석탄을 운반할 수 있었다. 하지만 석탄 먼지가 물에 가라앉아 점차 쌓여 수로 체계 가동이 멈추는 일이 왕왕 있었다. 게다가 겨울철에는 물이 자주 얼어 수로를 사용할 수 없기도 했다. 결국 캐낸 석탄과 각종 부산물을 작업장으로부터 멀리까지 운반하는 체인과 톱니바퀴 기반의 컨베이어를 설치함으로써 이러한 문제를 완화할 수 있었다.[77]

초창기부터 채굴 공정에서 핵심적으로 이용한 다른 기계 설비로는 급수 펌프와 환풍기를 꼽을 수 있다. 푸순 탄광은 일본 열도의 탄광보다 더 건조한 데다 모래주입식채탄법을 채택해서, 광산을 가동하기 위해서는 훨씬 더 많은 물이 필요했다. 한 추정치에 따르면, 석탄 1톤을 채굴할 때마다 5톤의 물을 퍼부어야 했다.[78] 환풍기는 신선한 공기를 작업 공간으로 주입할 뿐만 아니라, 지하 공간의 위험한 가스를 바깥으로 배출하는 데도 쓰였다.[79] 이런 식으로 급수 펌프와 환풍기는 지표면 아래의 여러 조건을 조절했다. 적대적이고 열악하기만 했을 지하 환경은 이 장치들 덕분에 비로소 안전하고 생산적인 작업 공간으로 기능했다. 이처럼 석탄 에너

76 Kubo, 265-79.

77 You, *Mantetsu Bujun tankō no rōmu kanri,* 205.

78 Minami Manshū tetsudō kabushiki gaisha Bujun tankō, *Tankō dokuhon*, 472-73.

79 Minami Manshū tetsudō kabushiki gaisha Bujun tankō, 467-68.

지 레짐은 탄광이라는 인공물—루이스 멈포드가 "인간이 살 수 있게끔 인간에 의해 창조된 최초의 완전한 무기질 환경"이라 묘사한—에 기반을 두고 있었다.[80] 그러나 탄광의 환경은 여전히 위험했고, 그 보조 지원 장치들이 작동을 멈추기라도 하는 순간에는 더더욱 그러했다.[81]

지상과 지하에서 채굴의 기계화는 푸순이 에너지 추출의 중심지로 전환·확장하는 데 핵심 요소였다. 그러나 이는 그 자체로 상당량의 에너지를 소모함으로써 실현되고 또 유지될 수 있었다. 근대적 기계 설비는 결국 그것을 구동하는 동력과 분리될 수 없었다. 초창기에는 석탄을 연료로 하는 증기 엔진이 화물 수송, 인력과 장비 운반, 양수 펌프질, 환풍 장치 작동 등 각종 채굴 작업에 필요한 동력 대부분을 제공했다. 증기 외에도 압축 공기가 보조 역할을 담당했다. 압축 공기는 파이프를 통해 고압으로 지하로 송출되어 공기압력 장치에 동력을 공급했다. 증기와 압축 공기는 완전히 사라지지는 않았지만, 푸순에서 향후 수십 년간 진행된 광범위한 전기화와 더불어 그 비중이 줄어들었다. 푸순의 첫 번째 발전소는 달랑 두 대의 석탄 기반 500킬로와트급 발전기를 갖춘 채 1908년에 가동을 시작했다. 1915년에 푸순 탄광은 발전소 한 기를 증설했지만, 이 두 번째 발전소는 석탄을 통한 직접 발전이 아닌 몬드 가스—증기로 석탄을 가열하면 연료용 가스가 생산된다는 사실을 발견한 독일의 화학자 루트비히 몬트(Ludwig Mond)의 이름을 따서 지었다—를 이용한 간접 발전 방식을 채택했다.[82] 이상 두 기의 발전소에 더해 푸순 서부의 다관툰(大官屯)에 세 번

80 Mumford, *Technics and Civilization*, 69.

81 캐나다 북서부 대호(大湖) 지역의 산업화에 관한 연구를 통해 리자 파이퍼(Liza Piper)가 주장한 것처럼, 공업화는 종종 "인간의 일과 자연의 일 사이의 연결을 약화하기보다는 인간과 자연의 관계성을 재구성"한다. Piper, *Industrial Transformation of Subarctic Canada*, 287. 곧 자세히 살펴볼 것처럼, 탄광의 기계화로 인간 노동자들은 지하의 환경, 그리고 그 속의 수많은 위험 요소와 말 그대로 더 깊은 관계를 맺게 되었다.

82 몬드 가스의 장점 중 하나는 그 제조 과정의 부산물로 황산암모늄을 합성할 수 있다는 점이다.

째와 네 번째 발전소를 세웠는데, 모두 석탄 화력 발전소였다. 1937년 몬드 가스 발전소는 채굴에 따른 침하 위험이 있다는 이유로 폐쇄되었으며, 나머지 화력 발전 시설로 28만 킬로와트의 발전량을 확보했다. 그해 지하 채굴에 쓴 전력은 약 2억 킬로와트시(kWh)였으며, 그중 60퍼센트 이상이 양수 펌프 설비에 투입되었다. 이는 푸순이라는 공업화한 환경을 유지하는 데 얼마나 많은 에너지가 필요한지 알려주는 지표다.[83]

탄광의 주요 동력원이 증기에서 전기로 전환되자, 푸순 광산 운영에 몇 가지 이점이 나타났다. 우선 전기화와 더불어 탄광은 석탄 절단기에서 컨베이어에 이르기까지 점점 더 많은 해외 최신 기술을 도입해 사용할 수 있었다. 이러한 기술은 대체로 전기로 움직였다.[84] 전기는 석탄과 여객의 수송을 위한 교통 시스템을 뒷받침하기도 했다. 그중에는 "극동 지역 최초의" 고전압 직류 가선식(架線式) 전차가 있었다.[85] 전기로의 전환은 노천광에서 기후와 관련한 어려움을 극복하는 데도 도움이 되었다. 푸순 탄광은 혹독하기로 악명 높은 만주의 겨울철에 증기 동력삽을 가동하는 데 애로 사항이 많았다. 한 보고서에 따르면, "급수관과 증기 연결관 및 부속품이 얼어붙거나 파손되어 상당한 지연과 비용을 초래하는 등 막대한 어려움"을 겪었다.[86] 이에 대한 해결책으로 푸순 탄광은 전기삽을 더 많이 활용하기 시작했다. 또한 증기 대신 전기를 사용함으로써 더욱 깊숙한 곳까지

푸순의 석탄은 질소 함량이 높았는데, 질소를 수소, 황, 산소와 합성하면 황산암모늄을 만들 수 있다. 따라서 푸순 탄광은 상업적으로 가치가 있는 이 무기물질을 대량 생산해 일본 본토에 수출했다. 일본에서는 이를 원료로 화학비료를 만들어 쌀, 밀, 보리 등의 농작물 재배에 활용했다. Yamaoka, "Two Strip Pits," 947.

83 Oka, "Electric Power Development," 307; Minami Manshū tetsudō kabushiki gaisha Bujun tankō, *Tankō dokuhon*, 343–45.

84 Devine, "Coal Mining."

85 Yamaoka, "Two Strip Pits," 946.

86 "Influence of the Coldness during the Winter upon Open Workings," in *ITM*, reel 109, no. 05954.

지하 채굴 작업을 확대할 수 있었다. 송전선이 증기 엔진보다 훨씬 더 멀리까지 뻗어 나갈 수 있었기 때문이다.[87] 전기화는 이러한 방식으로 전례 없는 정도의 추출 규모와 깊이를 확장했다. 그 결과 땅으로부터 더 많은 석탄을 채굴할 수 있었다. 그러나 뒤에서 설명할 것처럼, 더 많은 광부가 지표면으로부터 더 먼 곳까지 내려가야 했고 그에 비례해 더 큰 위험에 노출되었다.

푸순의 관리자들은 효율성, 경제성, 운영 확대라는 이름으로 기계화를 추구했지만, 이를 통해 노동자에 대한 의존도를 줄일 수 있다는 점에도 관심을 기울였다. 1차 세계대전 기간과 그 직후, 일본에서는 노동 운동의 파고가 높아졌다. 이 기간에 공업의 확대로 공장 노동자 수가 거의 두 배 늘어났으며, 특히 전시(wartime) 인플레이션에 대응해 수많은 노동자가 더 나은 노동 조건과 임금을 요구하기 시작했다. 이에 정·관계와 재계가 이른바 '노동 문제'로 골머리를 앓았으며, 이러한 고민은 1917년 볼셰비키 혁명과 1918년 일본 쌀 폭동—주식인 쌀의 급격한 가격 인상에 반대해 전례 없는 규모의 전국적인 봉기가 그해 여름 발생했다—이후 사회주의에 대한 두려움과도 맞물렸다. 엘리트들은 이를 시급히 해결해야 할 문제로 인식하고 해결책을 모색했다.[88]

이 시기 푸순에서 노동 봉기가 발생한 것은 아니다. 그런데도 노사 간의 긴장은 분명히 있었다. 이노우에 타다시로는 쌀 폭동이 일어난 당시에 다음과 같이 관찰했다. "우리는 아직 만주에서 노동 파업에 따른 혼란을 목도하고 있지는 않다. (…) 그렇다고 해서 그 저류가 존재하지 않는 것은 절대 아니다." 이에 더해 그는 근래 푸순 탄광의 생산 실적이 둔화하고 있

87 You, *Mantetsu Bujun tankō no rōmu kanri*, 137.

88 Garon, *State and Labor*, 40-42. 쌀 폭동은 전전(戰前) 일본 노동 운동의 분수령이 된 사건이다. 이에 관해서는 다음을 보라. Gordon, *Labor and Imperial Democracy*, 104-9.

는데, 이는 부분적으로 푸순 외 지역들에서 임금이 오르면서 대체로 노동 유동성이 증가해 이전처럼 많은 "산둥 출신 쿨리들"을 유치하기 어려운 탓이라고 지적했다.[89] 만철 지도부는 노동 수급 부족 문제를 해결하기 위한 대책으로 기계화를 고려했다. 예를 들어 앞서 등장한 데번포트는 노천 채굴을 위한 철도식 방법을 제안하는 보고서에서, 만철이 자신의 주장을 수용하면 "노동력 부족과 파업 등의 문제 상황에 직면해도" 증산을 "지속"할 수 있다고 강조했다.[90] 그러나 온갖 기계를 동원하기 위한 그 모든 노력에도 불구하고 푸순 탄광은 결코 인간 노동에 대한 의존도를 낮출 수 없었던 것으로 보인다. 목표 생산량이 해마다 늘어나면서 이 거대한 산업 인프라는 그 톱니바퀴를 계속 돌리기 위해 언제나 수만 명의 노동자가 정기적으로 필요했기 때문이다.[91]

"채탄의 원동력"

탄광의 생산성을 관리하는 데 인간의 에너지는 필수 요소였다. 푸순의 경영진은 현장의 대규모 노동력을 통제하는 문제에 강박적으로 몰두했다. 제2차 개발 계획이 개시된 지 몇 년 후인 1915년, 푸순에는 2만 명이 넘는 노동자가 일하고 있었다. 이는 그해 일본 전체 탄광업 노동자의 10분의 1이 넘는 수치다.[92] 푸순 노동력의 대다수를 차지하는 중국인 광부 숫자는 비록 이어지는 수십 년간의 석탄 시장 변동에 맞춰 증감하기는 했지만, 결코 2만 명 밑으로 줄어들지는 않았다. 1916~1919년에 탄광 노동자는 거의 두 배로 늘어났는데, 이는 1차 세계대전 중 역내 석탄 수요 증가에

89 Inoue, "Manshū no tankō."

90 Davenport, *Open Cut Mining*, 1.

91 이와 비슷하게 자본 집약적인 공업화와 노동 집약적인 공업화의 상호의존성을 강조한 연구로 다음을 참고. Liu, *Tea War*, 115-51.

92 "Establishment and Persons Engaged in Mining."

따라 생산량을 늘렸기 때문이다. 마찬가지로 인력 규모는 1920년대 초의 경기 침체로 감소했다가 1920년대 후반 경제가 회복되며 다시 증가했다. 세계 대공황과 1931년 일본의 만주 점령이 본격화하면서 다시 노동자 수가 줄어들었지만, 그 뒤 몇 년 동안 꾸준히 늘어났다. 중일전쟁이 막 시작되려던 1937년에 푸순 탄광은 5만 명에 달하는 노동자의 일터였다. 사측은 노동자를 가부장적으로 대했다. 중국인 광부들을 향한 통지문은 다음과 같은 탄광 관리자의 당부를 담고 있었다. "우리 회사는 기본적으로 쿨리 여러분의 안녕을 항상 생각하면서 여러분을 사랑하고 여러분을 도울 것"이기 때문에 "쿨리"도 응당 "자신의 임무를 미루지 말고 (…) 규칙을 준수해야 마땅하다."[93] 동시에 회사는 푸순의 노동자를 반복적으로 "채탄의 원동력"이라고 일컬었다. 이처럼 인간을 사물화하는 용어를 사용함으로써 노동자 자체보다 그들의 몸에 내재된 잠재 에너지를 강조했다.[94] 만철은 바로 이 에너지를 장악하기 위해 다른 종류의 에너지를 쏟아부었다.

푸순의 광부들은 세계 여느 곳의 광부들과 마찬가지로 고된 노동에 시달렸다. 근무 시간은 길고, 환경은 불안정하며, 노동 강도는 높았다. 원래 푸순 탄광은 매일 10시간씩 2교대가 원칙이었다. 1929년에 일부 광산은 하루 8시간씩 2교대 또는 3교대로 방침을 바꿨다. 그러나 실제로는 광산마다 편차가 심해 광부들이 최대 11~12시간까지 초과 근무 후 교대하는 경우가 허다했다. 사측은 이러한 현상이 존재한다는 점을 기꺼이 인정했다. 이는 "효율성 향상을 위해 여러 광산이 서로 경쟁을 벌인 결과"였다는 것이다. 훗날 사회주의 시대의 생산 경쟁 운동과 마찬가지로(6장 참고), 탄광 내 여러 단위가 서로의 생산 성적을 앞지르기 위해 분투하면서 노동자

93 Bunkichi, *Manshū ni okeru kōzan rōdōsha*, 248–49.

94 *MT10*, 495.

를 쥐어짰다.[95]

지하 작업장에서 일하는 사람은 보통 탄광 입구에서 근무 개시를 신고했다. 그곳에서 주간 근무일 때는 검은색, 야간 근무일 때는 빨간색이 찍힌 작업 전표를 제시하고 직책과 사원 번호를 기록했다. 그런 다음, 받은 안전 램프를 들고 어둠 속으로 내려갔다. 루이스 멈포드의 표현을 빌리자면, 이 어둠은 "하루가 사라지고 자연의 리듬이 깨진 채로 (…) 끈질기게, 쉬지 않고, 집중적으로 일해야 하는" 공간이었다.[96] 광부의 작업은 터널 굴착과 석탄 채굴이라는 두 가지 활동을 중심으로 이루어졌다. 더 구체적으로 말하자면, 폭발물 폭파, 석탄층 표면에서의 굴착 작업, 석탄 적재, 잔해물 제거, 갱도 구조물 설치, 모래 주입식 채탄을 하기 위한 여분 공간 확보 등 일련의 다양한 개별 작업이었다.[97] 여러 도구가 작업을 더 효율적으로 만들었을지 모르지만, 반드시 일을 더 쉽게 만들지는 않았다. 예컨대 채탄 망치와 같은 장비의 무게는 이를 다루어야 하는 사람의 몸을 무겁게 짓눌렀다.[98]

노천광에서도 노동자들은 폭발물을 넣기 위한 천공, 돌무더기 제거, 운반용 광차에 석탄 싣기 등 주로 육체노동을 했다.[99] 몇몇 노동자는 굴삭기나 증기 삽을 조작하는 등 더욱 기술적인 작업에 종사하기도 했다. 다른 분야에서도 흔히 그러하듯, 광부에게 의존할 수밖에 없는데도 푸순 탄광의 일본인 경영진은 중국인 광부들이 이러한 기계를 다루는 데 충분한 역량이 있는지 의심하곤 했다. 노천광의 일본인 감독관을 위한 〈중일 상용

95 Mantetsu rōmuka, *Minami Manshū kōzan rōdō jijō*, 84-91.

96 Yu, *Fushun meikuang baogao*, 172; Mumford, *Technics and Civilization*, 70.

97 Mantetsu rōmuka, *Minami Manshū kōzan rōdō jijō*, 11.

98 채탄 망치의 무게는 약 7킬로그램으로 그리 무겁지 않다고 생각할 수 있다. 하지만 광부는 오랫동안 이 망치를 들고 석탄층 표면을 내리치며 다양한 자세로 이 도구를 떠받쳐야 했으므로 확실히 육체적으로 힘들었다. Bulman, *The Working of Coal*, 206.

99 Mantetsu rōmuka, *Minami Manshū kōzan rōdō jijō*, 16.

회화집〉에는 기계를 조작하는 중국인 하급자를 어떻게 훈계해야 하는지 가르치는 내용이 들어 있다. "당신이 스스로 책임져야 하는 기계에 문제"가 있음을 나타내는 "소리를 듣지" 못하거나, 기계 내부를 청소하지 않고 기어에 기름칠하지 않는 등 각종 주요 관리 절차를 빠뜨리는 행위를 꾸짖는 예문을 그 사례로 꼽을 수 있다. 이러한 가상의 대화는 일본인 관리자와 중국인 노동자 사이의 불신을 조장했다. 그 훈계조의 속성을 고려할 때 우리는 중국인 광부들이 이토록 엄격한 노동 환경 속에서도 오직 명시적으로 지시받은 일만 수행했으며, 때때로 규정의 허점을 이용할 줄 알았다는 것을 짐작할 수 있다.[100]

중국인 광부들은 탄소 기술관료주의적 제재에 맞서 나름대로 탄광이라는 시스템을 굴리는 다른 방법을 찾아냈다. 사측이 정기적으로 발표한 〈규정집〉의 행간 속에서 바로 그러한 가능성이 엿보인다. 일부 광부들은 작업하다 진이 빠졌을 때 잠시 눈을 붙일 공간을 찾았다. 그러한 공간 중 하나가 광차를 세워 놓는 지하였다. 사측은 거기서 잠자면 "매우 위험하며 목숨을 잃을 수도 있다"라고 경고했다. 어두침침한 곳에서 몰래 쪽잠을 자던 광부가 광차에 치일 위험성이 실제로 존재했지만, 이와 같은 경고는 오히려 광부의 근무 태만을 막으려는 노력의 하나였을 가능성이 커 보인다. 다른 규정 위반 사례 가운데 상당수는 노동자의 업무 성과와 관련 있었다. 광부들이 언제나 채굴 광차를 가득 채운 것은 아니었다. 가득 채웠다고 해도 가치가 떨어지는 석탄 조각이나 돌멩이를 많이 넣기도 했다. 더 고약하게는, "안쪽에는 돌을 깔고 바깥쪽에는 좋은 석탄을 채워" 아래쪽의 쓸모없이 자리만 차지하고 있는 돌들을 덮어 검시관의 눈을 속이려 한 광부도 있었다. 이러한 일이 발각되면, 사측은 과실이 있는 광부

100 *NMKY*, vol. 2, *Rotenbori hen*, 178-82.

의 가뜩이나 얼마 안 되는 임금을 더욱 삭감하는 방식으로 응수했다.[101]

처음부터 줄곧 만철의 푸순 탄광 경영은 값싼 중국인 노동력에 크게 의존하고 있었다. 탄광의 인력은 근대적 공장제와 노동 분업 체계에 상응해 직급에 따라 구분되었다. 장장 40년에 걸친 만철의 운영 기간에 이러한 분업적 조직 구조는 조금씩 바뀌었지만, 근간이 되는 패턴은 대체로 변함없이 유지되었다. 기술관료주의 기조에 따라 기술적 전문성이 직분을 결정하는 주요 요인으로 기능했다. 가장 광범위한 수준에서 보자면 무엇보다 고용 범주가 달랐다. 이는 제공되는 혜택과, 일급을 받는지 아니면 건별 분할 보수를 받는지와 연관 있다. 1917년에 노동자들은 크게 세 가지로 나뉘었다. 첫째, 어느 정도의 기술력을 갖춘 것으로 간주해 만철 직원으로서의 모든 혜택을 누리고 일당을 받는 '정규 직원(傭人)'이 있었다. 둘째, '상근 노동자(常役夫)'는 기술력이 다소 떨어지는 인력으로서, 일부 혜택만을 누렸으나 일당을 받았다. 셋째, 어떤 혜택도 받지 못하는 '채탄 쿨리(採炭苦力)'는 업무 성과에 따라 보수를 받았다. 여기에 더해 추가적인 노동력이 필요하면 '임시 노동자(臨時夫)'를 고용하기도 했다. 대부분의 중국인 광부는 상근 노동자나 채탄 쿨리였다.[102]

이러한 틀 아래에서 또한 노동자들은 중국인이냐 일본인이냐에 따라 다른 직분으로 분류되어 각기 다른 보상을 받았다. 여기서 기술관료주의의 논리는 인종적 차이에 따라 더욱 강화되었다. 1916년을 기준으로 푸순 탄광에는 약 60개의 직분이 있었다.[103] '석탄 검시관(檢炭方)'과 같은 일부 직책은 업무상 감독의 성격이 강한 만큼 일본인만 고용될 수 있었다. '석탄 운반원(運炭夫)'과 같이 육체적으로 더 힘든 직책은 전적으로 중국인으

101 Bunkichi, *Manshū ni okeru kōzan rōdōsha*, 250.

102 Bunkichi, 231-44; Mantetsu rōmuka, *Minami Manshū kōzan rōdō jijō*, 16.

103 Bunkichi, *Manshū ni okeru kōzan rōdōsha*, 128-32.

로 채워졌다. 중국인 직원은 언제나 일본인 직원보다 적은 급여를 받았다. 이러한 차이는 물론 중국인이 주로 저임금 직종에 고용되는 경향이 있었기 때문이다. 예를 들어 일본인 석탄 검시관은 일당 94센(錢)을, 중국인 석탄 운반원은 45센을 받았다. 그러나 중국인과 일본인이 같은 직분을 맡을 때에도 임금 격차는 있었다. 일본인 '갱부(坑夫)'는 평균 92센을 받았지만, 중국인 갱부는 50센에 해당하는 수입을 올렸을 따름이다. 전반적으로 중국인 노동자의 임금은 일본인 노동자의 절반에서 3분의 1 수준이었다.[104] 이러한 차별적인 격차는 일본인 노동자에게는 안정적인 일본 엔화로 임금을 지급하고, 중국인 노동자에게는 가치가 떨어지기 쉽고 변동성이 큰 현지의 소액 은화로 임금을 지급하면서 더욱 커졌다.[105] 값싼 중국인 노동력이 대단히 매력적이었으므로, 만철은 일본인 대신 중국인 고용을 선호하기도 했다. 이러한 처사는 특히 1920년대 초의 경기 침체를 비롯한 불황기에 이역만리 만주에서 심각한 실직 위기에 빠진 일본인 육체노동자들의 공분을 불러일으켰다.[106] 아마도 만철은 순전히 인건비 감축만을 고려했을 가능성이 높다. 그러나 어찌 되었든 이러한 관행은 인종에 따른 지위와 임금의 격차라는 기존의 요소에 더해, 중국인과 일본인 노동자가 사측에 맞서 연대할 가능성을 더욱 제약했다.[107]

푸순의 중국인 노동력을 관리하는 과정에서 만철은 몇 가지 고질적인 문제에 직면했다. 그중에서도 가장 주요한 두 가지 과제는 노동력의 이동성과 수급 불안정성이었다. 노동자의 빈번한 이직은 초창기부터 문제였

104 Bunkichi, 129-30.

105 Teh, "Mining for Difference," 94-95; "Chinese Miners of Fushun Collieries."

106 O'Dwyer, "People's Empire," 143.

107 푸순의 일본인 육체노동자들의 노동 운동은 만철직공협회(Mantetsu Employment Assocation)의 현지 지부에 의해 조직되었다. 이 조직에서 중국인 노동자는 배제되었다. 다음을 보라. O'Dwyer, *Significant Soil*, 218-19.

다. 만철은 몇 가지 원인을 지적했다. 많은 이주 노동자가 농촌 출신이었기 때문에 수확기와 파종기를 전후로 해서 소위 "가을에 왔다가 봄에 떠나는(秋來り春去る)" 경우가 많았다. 만주 전반의 경제 사정에 밝은 노동자들은 더 나은 기회가 생길 때마다 다른 어딘가로 옮겼다. 그뿐만 아니라 "극도로 생활 수준이 낮았던" 일군의 노동자들은 적은 벌이에도 제법 만족하는 듯 보였으나, 20~30엔 정도의 푼돈만 모여도 곧장 고향으로 돌아갔다. 사측의 한 보고서에 따르면, 이 "원시적인 농민들"은 전반적으로 "성질이 고집스럽고 무식했으며(性質頑迷固陋)," "큰 광산"에 와서 "온갖 좋은 것들을 받아 놓고도 (…) 행운이라고 여기기"는커녕 "엄격한 규정"과 "복잡한 생활"을 "견디지 못하고" 얼마 못 가 나가떨어진다고 결론지었다.[108] 1917년에만 약 3만5,000명의 신입 노동자가 들어오고 약 3만1,000명이 푸순을 떠났다는 사실로부터 이직률이 어느 정도였는지 가늠할 수 있다. 탄광 경영진의 관점에서 볼 때, 노동자의 잦은 이동은 곧 채용 과정에 많은 자원을 지속해서 낭비해야 함을 의미했으며, 생산성 향상에 필요한 노동 경험이 축적되지 못하고 있다는 뜻이기도 했다.[109]

노동력의 수급 불안정성 측면에서 보자면, 푸순의 광부들은 비록 1918년의 쌀 폭동 당시에 봉기를 일으키지는 않은 것으로 보이지만, 전 세계의 다른 탄광 노동자들과 마찬가지로 고용주를 상대로 집단행동에 나설 때도 있었다. 탄광 노동자들은 에너지 시스템을 유지하는 데 중요한 역할을 담당해서, 다른 업종의 노동자들이 쉽게 누리지 못하는 일종의 권력을 가질 수 있었다. 티머시 미첼의 주장처럼, 탄광 파업은 "증기나 전력에 의존하는 모든 공장, 사무실, 가정 또는 운송 수단과 지하의 석탄 굴을 잇는

108 Bunkichi, *Manshū ni okeru kōzan rōdōsha*, 79.

109 Bunkichi, 80-81. 푸순에서 노동의 이동성 문제에 관한 추가적인 논의는 다음을 참고. Teh, "Mining for Difference," 124-36.

탄소의 흐름에 영향을 미칠 수 있었기 때문에 (…) 효과적이었다."[110] 역사학자 팀 라이트는 중국의 탄광 노동자를 파업에 돌입할 가능성이 낮은 집단으로 보았다. 비슷한 친족 관계와 비밀결사 중심의 유대가 너무 강해 계급적 연대를 약화했으며, 광부 대부분은 여전히 농업을 주업으로 생각하며 광업을 부업으로 치부했기 때문이다.[111] 그럼에도 푸순의 중국인 광부들은 불만을 품고 주기적으로 모여 일본인 경영자에게 요구사항을 전달했다. 1927년도 영어 신문《만주일보(Manchurian Daily News)》의 한 기사는 "푸순 탄광의 중국인 광부들이 모두 양 떼와 같이 온순한 것은 아니다"라고 표현했다.[112] 파업의 가장 흔한 원인은 임금 문제였다.[113] 1923년 12월 16일, 양바이푸 탄광에서 1,400명의 노동자가 식량 물가는 오르는데 임금은 삭감되고 있다며 파업을 일으켰다. 사측은 결국 하루 만에 예정된 삭감액의 절반만 줄이고 식료품 가격을 동결하기로 합의했다.[114] 그 외에도 중국인 동포가 체포되거나, 노동 시간이 연장되거나, 일본인 감독관 및 기타 직원과 분쟁이 일어나거나, 무엇보다 중국인 노동 도급업자의 악행에 대한 분노가 폭발할 때 노동자들은 파업을 일으켰다.[115]

만철은 도급업자를 통해 중국인 노동자를 모집하고 고용했는데, 이 과정에서 부당한 일이 빈번하게 발생했다. 초기 몇 년 동안 푸순 탄광은 중국인 도급업자 개개인에게 특정한 작업을 맡겼고, 업자들은 해당 작업을 완수하는 데 필요한 노동력을 자체적으로 모집했다. 탄광 측에서 도급업

110 Mitchell, *Carbon Democracy*, 21.

111 Wright, *Coal Mining in China's Economy and Society*, 182.

112 "Fushun Miners All Not Like Lambs."

113 푸순 탄광에서 1916~1930년에 발생한 파업 가운데 100명 이상이 참가한 대규모 파업은 총 27건이었다. 그중 21건이 임금과 관련이 있었다. *FGY*, 7-33.

114 *FGY*, 13.

115 *FGY*, 7-33.

자에게 작업 대금을 지급하면 업자들이 이 금액을 다시 노동자에게 분배했다. 그 뒤 사업 규모가 커지고 회사가 노동력 확보에 더 직접적으로 관여하면서, 도급업자의 주요 기능은 노동자를 감독하는 것으로 바뀌었다. 이러한 시스템 아래서 업자들은 자신이 관리하는 노동자들의 보수 일부를 챙겼다. 또한 높은 이직률을 줄이기 위한 사측의 노력으로 업자들은 관할 광부가 30일 이상 근무하면 보너스를 받을 수 있었다. 조직적인 측면에서 볼 때 100명 이상의 노동자를 관리하는 '대규모 도급업자'와 50명 내외의 '소규모 도급업자'가 있었다.[116] 그 규모가 크든 작든 푸순의 도급업자들은 여느 곳과 마찬가지로 노동자의 임금을 후려치거나, 지급을 늦추거나, 임금의 일부를 떼먹거나, 기타 각종 권한을 남용하는 것으로 악명 높았다. 일부 업자들은 광부들에게 고리대를 놓기도 했고, 자체적으로 매점을 운영해 터무니없는 가격으로 물건을 팔기도 했다. 한 문건에 따르면, 이는 "모두 사리사욕을 채우기 위함"이었다고 한다.[117] 역사학자 가와시마 켄(Kawashima Ken)이 전간기 일본의 조선인 이주 노동자의 불안정한 노동 상황과 일상적인 투쟁에 관해 밝혀낸 것과 비슷하게, 푸순의 중국인 노동자들은 종종 그들을 고용하고 감독하는 "동포"에 의한 "중간착취"에 시달렸다.[118]

도급업자에 대한 분노의 대부분은 그들이 수하의 광부를 희생시키며 자신들의 잇속만을 챙긴다는 인식(그리고 실제 현실이기도 했다)에서 비롯되었다. 1917년에 발생한 한 도급업자의 자택 강도 사건은 이들이 얼마나 많은 부를 축적할 수 있었는지 보여주는 사례다. 강도들은 270엔의 현금을 훔쳐 달아났는데, 이는 보통의 중국인 갱부의 2년 치 수입에 해당하는

116 파두(把頭) 또는 고력두(苦力頭)라 불리는 노동 도급업자를 가리킨다-옮긴이.

117 "Labor Management at the Fushun Coal Mines," 378.

118 Kawashima, *The Proletarian Gamble*, 74-91.

거액이었다.[119] 1922년 1월에 라오후타이 탄광 노동자 1,000여 명이 임금을 삭감한 도급업자에 맞서 파업을 일으켰다.[120] 탄광을 소유·운영하는 수십 년 동안 만철은 푸순에서 "경영자와 노동자 사이의 연락책"으로서 도급업자를 계속 활용했지만, 이들의 횡포를 억제하기 위해 몇 가지 변화를 꾀했다. 1927년에는 임금 지급 방식을 바꿔 노동자가 도급업자를 통하지 않고 회사로부터 직접 보수를 받게 했다. 1930년에는 업자가 노동자에게 대출해 주는 것을 금지하고, 또 사적으로 운영하는 매점에서 정가제를 시행하도록 했다.[121] 그럼에도 도급업자는 여전히 증오의 대상이었으며, 일본인 지배자와 함께 중국인 노동자를 착취하는 존재로서 현지의 역사적 기억 속에 확고히 자리 잡았다.[122] 다음과 같은 현지 속담이 이를 잘 보여준다. "(일본인) 악마는 우리의 살을 뜯어 먹고, 도급업자들은 우리의 뼈를 갉아 먹는다."[123]

도급업체의 만행이나 기타 불만 때문에 파업을 일으킨 푸순의 중국 광부들은 이따금 원하는 것을 쟁취하기도 했다. 파업과 관련한 두드러진 패턴은 여러 광산에서 동시에 발생하거나 한 광산에서 다른 광산으로 퍼지는 경우가 매우 드물었다는 점이다. 이는 푸순 탄광이 내부적으로 단위에 따라 매우 분절적이었음을 보여주는 방증일 수 있다. 또한 파업이 대부분 개별 단위에서 특정한 변화나 사건에 대해 사후 대응으로서 발생했으며,

119 "Burgulary at Fushun."

120 *FGY*, 12.

121 "Labor Management at the Fushun Coal Mines," 378; Murakushi, *Transfer of Coal-Mining Technology*, 76.

122 Teh, "Labor Control and Mobility," 95–96. 푸순의 노동 도급업자에 대해서는 또한 다음을 보라. Murakushi, *Transfer of Coal-Mining Technology*, 64–79; You, *Mantetsu Bujun tankō no rōmu kanri*, 81–88; Teh, "Mining for Difference," 143–88. 더욱 일반적으로 전전 중국 석탄업계 내 노동 제도에 대해서는 다음을 참고하라. Wright, "'A Method of Evading Management.'"

123 Xiao and Jin, *Wangshi jiu ying*, 87.

파업이 발생할 때마다 사측이 신속하게 대처했음을 보여주는 결과일 수도 있다. 만철이 노동자의 요구를 들어주었는지와 무관하게 대부분의 파업은 최대 3일을 넘기지 않았다. 새삼스럽지만 노동자가 원하는 양보를 얻어 내는 데는 수적인 힘이 작용했다. 광부들이 500명 정도만 모여도 회사의 타협을 끌어낼 수 있을 정도로 충분히 생산을 위협할 수 있었다. 노동자의 압력에 직면한 만철은 앞서 언급한 양바이푸의 사례처럼 임금을 인상하고 노동 시간을 단축했으며, 인플레이션에도 불구하고 각종 상품 가격을 동결하고 예정된 임금 삭감의 폭을 줄였다.[124]

한편, 푸순 탄광은 중국인 노동자를 위한 '복리 시설'을 설치해 상황의 불안정성을 다소간 완화하려 했다. 1925년에 사측은 새로 조성한 탄광촌 서쪽에 넓은 용지를 따로 마련해 유흥 지구로 개발했다. 그곳에서 노동자들은 공원을 산책하고, "녹색 기와와 붉은색 외벽을 갖춘 장엄한 사원"에서 유명한 중국의 여러 신에게 기도를 드리거나, 극장, 목욕탕, 식당, 술집, 유곽에서 쾌락을 살 수 있었다. 또한 회사는 탄광 곳곳에서 영화 상영회를 여는 등 더 직접적인 방식으로 광부들에게 오락을 제공하기도 했다.[125] 약 반세기 후에 쓰인 푸순 연대기의 저자들은 이러한 노력을 두고 만철이 "중국인들을 기만하고 정신 못 차리게 하려는 시도(欺騙麻醉)"에 지나지 않았다며 비난을 퍼부었다.[126]

충분한 휴식과 오락을 허용하지 않은 채 중국인 노동자에게 과도한 부담을 주게 될 경우, 중국에는 "작업 능률의 퇴화"가 발생할 수 있다는 판단에 따라 이러한 복지 제도를 도입했다는 것이 당시 사측의 설명이다.[127]

124 *FGY*, 7-34.

125 Mantetsu rōmuka, *Minami Manshū kōzan rōdō jijō*, 182-83.

126 *FGY*, 15.

127 Mantetsu rōmuka, *Minami Manshū kōzan rōdō jijō*, 181.

요점은 순전히 생산성에 있었다. 그러나 같은 시기에 비슷한 방식으로 노동자의 복리후생을 확대한 미국 기업들이 그랬던 것처럼—후대의 미국 사학자들은 이를 '복지 자본주의(welfare capitalism)'라고 개념화했다—,[128] 만철이 이러한 관행을 단순히 노동 수급의 불안정성을 억제하기 위한 일시적인 전략으로 간주하지 않았을 가능성도 있다. 복리 시설은 (사측도 인정하듯이) 회사 차원의 이익을 위해 설립되었더라도, 노동자에게 자비와 온정의 겉치장을 제공함으로써 그들의 반감을 줄이는 데 미미하게나마 도움이 되었을 수 있다. 유흥 지구의 설립을 기점으로 1920년대가 거의 같은 기간으로 양분되는데, 한 집계에 따르면 1920년대 전반에는 16건, 후반에는 11건의 파업이 발생했다고 한다.[129] 그럼에도 만철은 중국인 노동자들이 권력과 특권의 불평등 앞에서 얼마나 쉽게 불만을 품을 수 있는지 너무 잘 알고 있었다. 일본인 경영자들은 노동자의 소요 문제만 아니면 사업을 훨씬 더 편하게 운영할 수 있으리라 기대했을지도 모른다.

탄광 경영진과 노동자는 생산성과 이윤을 향한 전자의 욕망과 공정한 임금과 노동 조건에 대한 후자의 요구 사이에서 계속해서 갈등을 겪었다. 이에 일본 기술관료들은 노동 이동성과 불안정성 문제를 완화할 방법을 끊임없이 모색했다. 기계화는 문제해결의 방정식에서 노동이라는 핵심 변수를 제외하거나 최소한 그 기능을 약화할 수 있다는 점에서 매력적인 대책으로 여겨졌다. 일부 광부들도 바로 이 점을 놓치지 않고 파악했다. 1933년에 푸순을 방문한 한 방문객은 노천광에서 "마치 악마가 쫓아오는 것처럼 행동하는 약 30명 정도의 노동자 무리를 본 적이 있다"라고 회상했다. "그들은 바구니를 가득 채운 석탄을 구석에 있는 광차에 쏟아 버린

128 1920년대 미국 복지 자본주의에 대해서는 다음을 보라. Cohen, *Making a New Deal*, 159-211. 일본 본토에서의 복지 자본주의에 관한 사례로는 다음을 참고하라. Kinzley, "Japan in the World of Welfare Capitalism."

129 이 통계는 다음 문헌에 토대를 두고 있다. *FGY*, 10-26.

〈그림 2-6〉 노천광에서 부사이러스(Bucyrus)제 전동 삽이 광차에 채굴한 물자를 채워 넣고 있다. 이 사진의 오른쪽 위 모서리를 보라. 몇몇 노동자가 폭발물을 넣어 둔덕을 부술 수 있도록 수직으로 구멍을 내고 있다. (Image courtesy of Special Collections and College Archives, Skillman Library, lafayette College, and the East Asia Image Collection, https://dss.lafayette.edu/collections/east-asia-image-collection/.)

뒤 곧바로 다시 바구니를 채우기 위해 어디론가 달려갔다." 이 방문객은 노동자들이 "기계에 생계 수단을 빼앗길지도 모른다는 두려움"에 휩싸여 그렇게 행동하는 것이라고 평가했다. 저 멀리 떨어진 다른 쪽에서는 "거대한 호퍼(hopper) 설비가 적어도 서른 명의 사람이 작업해야 할 양의 석탄을 거침없이 화물차에 싣고 있었으며, 인부들은 (…) 그저 간단한 마무리 작업만 거들 뿐이었다."[130]

기계화는 노동력 절감이라는 애초의 약속을 끝내 실현하지 못했다. 그럼에도 기계화는 노동자 저항의 불꽃이 쉽게 타오를 수 없도록 하는 방향으로 작업 환경을 재편하는 데 성공했다. 이러한 점은 노천광의 노출된 노동 환경과 관련해 특히 두드러졌다. 지하 갱도에서 일하는 광부들은 어

130 Goforth, "Battle of the Coal."

느 정도 자율성을 누릴 수 있었다. 이는 직접적인 감시에서 벗어나 소규모 조별로 일하는 지하 채굴 작업의 속성에서 비롯되었다. 그리고 이러한 자율성 덕분에 광부들은 자본의 침투에 맞서 더 전투적으로 대응할 수 있었다. 이에 반해, 작업 환경의 구조상 더 잘 보이고 쉽게 관찰되는 노천광의 광부들이 쉽게 집단행동을 조직할 수 없었다는 점은 놀랍지 않다.[131] 역사학자 브라이언 리치(Brian Leech)가 몬태나주 뷰트(Butte)의 구리 광산 사례를 통해 보여준 것처럼, 이는 세계 곳곳의 다른 노천광에서도 마찬가지였다.[132] 1914~1930년에 푸순에서 발생한 26건의 주요 파업(100명 이상이 참여한 파업) 가운데 노천광에서 발생한 파업은 3건에 불과했으며, 1920년대 초에 노천 채굴이 더욱 확대된 후에는 심지어 단 한 건도 없었다.[133]

통제의 테크놀로지

푸순 탄광은 중국인 노동자를 관리하기 위한 여러 새로운 기술에도 관심을 기울였다. 그중 가장 주목할 만한 것은 1924년 8월에 만철이 푸순 탄광에 도입한 지문 인식 기술이다. 탄광의 중국인 노동관리국 국장을 지낸 구리바야시 구라타(栗林庫太)의 말을 빌리자면, 신기술 도입의 주된 목적은 "불량분자의 배제(不良分子排除)"였다. "불량분자"란 아편을 복용했거나, 빚을 갚지 못했거나, 위법 행위에 연루되었거나, 다른 작업장에서 도망쳤거나, 파업에 가담한 사람을 포함하는 광범위한 범주였다.[134] 근대적

131 Goodrich, *The Miner's Freedom*.

132 Leech, *City That Ate Itself*, 157-59.

133 이 통계는 다음 문헌에 토대를 두고 있다. *FGY*, 6-34.

134 Kuribayashi, "Konwakai ni shimon jisshi," 51; Teh, "Labor Control and Mobility," 112; Minami Manshū tetsudō kabushiki gaisha, *Minami Manshū tetsudō kabushiki gaisha dainiji jūnen shi*, 572.

지문 인식 기술은 1908년에 오바 시게마(大場茂馬)가 처음 일본에 소개했다. 그는 영국에서 유학한 변호사로, 그 뒤 독일에서 지문 인식 기술을 배웠다. 그는 이 기술을 사법적인 사안뿐만 아니라, 호적 제도와 연동해 시민 개개인의 관리에도 적용하고자 했다.[135] 한편 지문 인식이 대규모 노동 관리에까지 이용된 사례는 푸순이 최초였다.[136] 영국령 인도에서 비롯된 지문 인식 혁명은 식민주의적 통제 도구로서 그 역사적 뿌리로부터 결코 크게 벗어나지 않았다.[137]

푸순에서 "불량분자"에 대한 사측의 우려는 부분적으로 개별 노동자를 추적하기 어려울 정도로 비대해진 사업의 규모에 기인했다. 푸순 탄광 산하에 여러 광산과 공장이 있었고 노동자들도 많았기 때문에, 이유 여하를 막론하고 한 단위에서 해고되거나 고용이 거부된 노동자가 다른 단위로 이동해 취업을 시도할 수 있었다. 이처럼 "이 갱 저 갱 배회하는 행위"를 탄광 경영진은 오랫동안 심각한 골칫거리로 여겼다.[138] 지문 인식은 여러 광산을 넘나드는 떠돌이 노동자의 움직임을 추적할 수 있는 수단이었다. 아치형, 고리형, 소용돌이형 등의 지문 모양을 파악함으로써 개별 노동자의 현황과 이동 패턴을 읽어 낼 수 있었다. 지문 인식은 또한 몇 가지 다른 목적을 달성하는 데도 도움이 되었다. 무엇보다도 지문 인식 기술은 중국인 노동자에 관한 더욱 상세한 기록을 남기는 출발점 역할을 했으며, 이는 과학적 식민주의라는 방향성과도 부합했다. 지문이 찍힌 사원증에는 부서, 직업, 급여와 같은 고용 정보와 이름, 나이, 고향, 거주지, 친인척 등의 개인 정보가 적혀 있었다. 사망, 탈주, 해고, 사직 등으로 노동자의 신

135 Takano, *Shimon to kindai*, 51–52, 54–55.

136 Tanaka, "Shimon ōnatsu no genten."

137 Sengoopta, *Imprint of the Raj*, 37–52.

138 Minami Manshū tetsudō kabushiki gaisha, *Minami Manshū tetsudō kabushiki gaisha dainiji jūnen shi*, 572.

상에 변동이 생기면, 총무과에서 보관한 사원증 사본에 관련 설명이 추가되었다.[139] 이러한 기록을 바탕으로 사측은 노동자에게 더 효과적으로 보상과 처벌을 내릴 수 있었고, 노동의 이동이 왜 발생하는지 더 잘 파악할 수 있었다.

지문 인식은 노동자를 검증하고 "불량분자"를 걸러 내는 데 효과적인 방법임이 입증되었다. 노동자가 입사 원서를 낼 때 사측은 지문 두 묶음을 채취했다. 한 묶음은 채용 부서로, 다른 한 묶음은 중국인 노동관리국으로 보냈다. 노동관리국은 이 지문을 기존에 등록한 지문과 비교했다. 지문의 주인이 사측이 문제가 있다고 간주한 이력이 있는 인물과 동일인이라고 판명되면, 그 즉시 해당 노동자를 해고했다. 푸순 탄광이 지문 인식을 도입한 지 1년 만에 1,640명의 노동자가 고용 거부 처분을 받았다. 1925년에 전체 고용 인원이 3만5,000명에 조금 못 미친 점을 고려하면, 이는 많다고 볼 수는 없지만 그렇다고 무시할 만한 수치도 아니었다.[140] 푸순에서 지문 인식 기술이 성공을 거두자, 만철은 산하의 모든 사업장에 이 방식을 적용했고 만주에 기반을 둔 다른 일본계 기업들도 곧 뒤따랐다. 1932년, 일본이 만주국을 수립한 후 이 신생 종속 국가의 정부는 한 발짝 더 나아가 이주 노동자와 자국민에게 발급하는 신분증 제작에 지문 채취를 도입했다.[141] 이렇게 푸순의 중국인 노동자를 관리하기 위해 처음 도입된 지문 인식이라는 통제 테크놀로지는 결국 만주 안팎에서 식민지 주민 전반을 통치하기 위한 도구로 그 기능이 확대되었다.

만철은 지문 인식 이외에도 노동자의 신체를 통제하기 위해 각종 과학기술적 수단을 채용했다. 과학적 식민주의를 구체화했던 이러한 수단들

139 "Fushun meikuang zhiwen guanli," 316.

140 Teh, "Labor Control and Mobility," 111.

141 만주에서의 지문 인식의 역사에 대한 추가적인 논의로는 다음을 참고. Takano, *Shimon to kindai*; Ogasawara, "Bodies as Risky Resources"; Tan, "Science and Empire."

로는 앞 장에서 설명한 건강 검진과 주택 배치에서부터 다음 장에서 다룰 전기 철조망과 감시탑에 이르기까지 다양한 사례를 꼽을 수 있다. 흥미롭게도 이러한 노력 가운데 노동자의 소화기관을 자세히 살펴보는 행위도 포함되어 있었다. 사측은 중국인 노동자를 마치 기계("채탄의 원동력")처럼 간주했으며, 그래서 그 성능을 좌우할 수 있는 연료에도 많은 관심을 기울였다. 푸순 탄광은 노동자가 먹는 음식을 추적 관찰하며 그들의 주식인 수수, 옥수수, 콩 등의 단백질과 지방, 탄수화물 함량을 주의 깊게 기록했다. 노동자가 향후 자신에게 주어질 고된 노동을 견딜 수 있도록 "건강을 유지하고 (…) 양호한 체력을 가지게 하는 것"이 핵심이었다.[142] 1940년대에 푸순은 노동자의 칼로리 섭취량을 계산하기 시작했는데, 이는 전시에 중국 노동자에 대한 비인간화가 심해지는 상황에서 인간 노동의 에너지 기반을 정량화해서 파악해야 한다는 강박을 반영한 것이었다.[143] 모든 걸 쥐어짜는 전시 체제 아래서(4장에서 상술) 칼로리 계산의 핵심 문제는 노동자에게 얼마나 많은 양을 먹여야 충분한가가 아니라, 얼마나 적게 먹여도 버틸 수 있는가였던 것으로 보인다.

만철은 상대적으로 은밀한 통제의 테크놀로지를 사용하는 한편, 노골적인 경찰력을 행사하기도 했다. 특히 중국공산당이 탄광 노동자들 속에 뿌리내려 탄소 기술관료주의에 도전하려는 움직임을 보일 때, 푸순에 주둔한 일본의 경찰력은 이를 효과적으로 분쇄했던 것으로 보인다. 아직 프롤레타리아트에서 농민으로 그 활동 초점을 완전히 전환하지 않은 초창기의 중국공산당은 노동 운동을 조직하기 위한 장소로 만주의 산업 요충지 푸순을 선택했다.[144] 1927년 공산당이 푸순에서 활동을 시작할 무렵,

142 Bunkichi, *Manshū ni okeru kōzan rōdōsha*, 206.

143 Abiko and Shimeno, *Manjin rōdōsha no eiyō*.

144 Fushun shi shehui kexueyuan, *Zhonggong Fushun difang shi*, 25.

그들은 금방이라도 혁명의 불꽃이 타오를 것만 같은 지하 광산 내부로 들어갔다. 중국인 노동자가 직면한 암울한 생활 환경, 작업상의 고됨과 위험, 그리고 각종 차별은 저항과 혁명의 씨앗이 뿌려지기에 비옥한 토양이었다. 하지만 공산당이 탄도 푸순에서 혁명의 뿌리를 내리는 과정은 절대 순탄하지 않았다.

1920년대 후반부터 1930년대까지 중국공산당이 푸순에서 별다른 소득을 거두지 못한 이유에 대해서는 몇 가지 설명이 가능하다. 무엇보다 일본의 경찰 조직과 감시 기구의 위력이 가장 큰 요인이었다. 푸순의 일본 경찰은 공산당의 지하 활동을 적발하고 무력화하는 데 능했다. 1929년 8월, 일본 경찰은 최초의 대규모 검거 작전을 벌여 공산당 주요 간부 십여 명을 체포했다. 체포를 피한 인물들 대부분은 외지로 도주했고, 그 결과 노동자를 포섭하던 현지 당 지부와 노조가 와해되었다. 또한 작전 과정에서 경찰 측은 상당량의 공산당 문건을 노획함으로써, 공산당이 어떻게 조직 활동을 전개했으며 푸순과 만주 일대에서 어떠한 계획을 세우고 있는지 더 잘 파악할 수 있었다. 공산당원들은 여러 어려움에도 굴하지 않고 푸순의 광부들을 조직하기 위한 노력을 계속했다. 그러나 노획한 문건 덕분에 일본 경찰은 대체로 한발 앞서 공산당원을 제지할 수 있었다. 그뿐만 아니라 1929년과 그 뒤로 이어진 일련의 검거 과정에서 일본 경찰은 중국공산당 내부에 심어 둔 첩자들, 특히 1927년 푸순에 도착한 이래 일본 당국에 꾸준히 정보를 흘린 판칭(範青)이라는 첩자의 덕을 크게 보았다. 장기간에 걸친 판칭의 반역 행위는 그 뒤로도 오랫동안 밝혀지지 않았으며, 탄광촌에 자리 잡으려는 공산당의 노력에 심각한 타격을 입혔다.[145]

그러나 일본의 경찰력이라는 결코 간과할 수 없는 요인을 차치하고서

145 *FGY*, 19, 25, 32-33; "Bujun ni koeru Chūgokujin kyōsan undōsha."

도, 푸순에 파견된 중국공산당 간부들은 군중의 지지를 얻는 데 어려움을 겪었다. 이는 주로 접근방식의 문제였던 것 같다. 푸순의 간부들은 "(공산주의) 노동 운동의 요람"이었던 안위안(安源) 탄광에서의 성공을 이끈 선배 간부들의 전철을 밟지 않았다. 엘리자베스 페리(Elizabeth Perry)가 밝힌 것처럼, 안위안에서 마오쩌둥, 리리싼(李立三, 1899~1967), 류사오치(劉少奇, 1898~1969) 등은 이른바 "문화적 입지 다지기(cultural positioning)" 전술—"정치적 설득을 목적으로 다양한 상징적 자원(종교, 의례, 복장, 연극, 예술 등)을 전략적으로 이용하는 것"—을 활용했다. 이를 통해 그들은 탄광촌 공동체에 접근할 수 있었고, 노동자를 조직해 1922년의 파업을 승리로 이끌 수 있었으며, 현지에 뿌리를 내려 중국의 "작은 모스크바"를 세울 수 있었다.[146]

대조적으로 푸순의 공산당 간부들은 문화적 입지를 다지는 데 필수인 현지 상황에 대한 깊은 이해도나 정치적 민감함이 부족했던 것으로 보인다. 결과적으로 그들은 메시지를 효과적으로 전달하지 못했다. 예를 들어 1929년 8월의 검거 작전 직전에 일본 당국이 탄광 여기저기에서 적발한 공산당의 포스터와 유인물로부터 이러한 사실을 분명히 알 수 있다. 이 자료들은 한편으로는 노동자들에게 8월 1일 '적색 국제주의의 날'을 준수해 제국주의 전쟁에 항의할 것을 촉구했다.[147] 다른 한편으로, 그들은 또한 최근 발발한 중동로 사건(中東路事件)과 관련해 소련을 옹호했다. 이는 다수의 중국인에게 소련이라는 사회주의 국가의 제국주의적 성격을 각인시킨 사건이었는데도 말이다.[148]

제정 러시아로부터 동청철도를 물려받은 소련은 외형상으로는 중소

146 Perry, *Anyuan*, 4, 46–123, quotation on 4.

147 '적색 국제주의의 날'에 대해서는 다음을 보라. "Long Live May Day."

148 Lee, *Revolutionary Struggle in Manchuria*, 104.

합작의 형태를 띠는 관리 조직을 활용해 이에 대한 통제권을 유지했다. 철도 관할권을 포기하라는 중국 측의 거듭된 요구에도 소련은 묵묵부답이었다. 이에 1929년 7월, 만주 군벌 장쉐량(張學良, 1901~2001)[149]이 난징 국민정부의 후원을 등에 업고 무력으로 동청철도를 점령하는 사건이 발생했다. 소련도 사태에 대응하기 위해 군사 개입을 준비하기 시작했다. 중국공산당이 어떠한 태도를 보여야 할 것인가를 놓고 당 내부 의견이 갈렸다. 그러나 이내 소련을 지지하는 쪽으로 가닥이 잡혔다. 중국공산당 창립자 중 한 명인 천두슈(陳獨秀, 1879~1942)는 이 결정에 반대했고, 이 과정에서 트로츠키주의자로 몰려 당에서 추방당했다. 만주에서 소련의 행위를 지지함으로써 결국 중국공산당은 비판을 자초하는 꼴이 되고 말았다. 공산당과 적대 관계인 국민당은 거리낌 없이 이들을 민족 반역자로 낙인찍었다.[150] 심지어 소련을 옹호하는 중국공산당의 선전 문건을 압수해 검토한 푸순의 일본 경찰조차도, 널리 퍼진 반소 감정에 비추어 볼 때 이러한 선전이 과연 효과가 있는지 의문을 제기할 정도였다.[151]

공산당은 계속해서 푸순에서 발판을 마련하기 위해 노력했다. 첫 번째 검거 작전이 발생한 지 1년 후, 재건된 현지 당 지부는 상급 지역위원회로부터 "푸순의 중심 임무는 파업을 지지할 정치적 동맹 세력을 조직하고, 무장봉기를 준비해 권력을 장악하고, 푸순에 지방 소비에트 위원회와 홍군을 구축하는 것"이라는 명령을 받았다.[152] 당원들은 이러한 비전을 지지하는 일부 노동자를 규합하는 데 성공했다. 그러나 이는 탄광에서의 일상과 노동이라는 현실과는 너무 동떨어진 추상적인 목표여서 대규모 지지

149 앞서 등장한 장쭤린의 아들이다–옮긴이.

150 1929년 중동로 사건 및 중소 분쟁에 대해서는 다음을 참고하라. Elleman, *Moscow and the Emergence*, 192–205; Patrikeeff, "Railway as Political Catalyst."

151 Lee, *Revolutionary Struggle in Manchuria*, 104.

152 "Manzhou shengwei yi Fushun."

세를 끌어모으기에는 역부족이었다. 푸순에서 중국공산당은 일본의 경찰력과 일련의 체포로 주기적으로 타격을 받으며 1945년까지 상대적으로 미약한 존재감을 유지할 수 있었을 따름이다. 공산당은 1948년에 이르러서야 푸순을 진정으로 손에 넣었는데, 이 무렵 중국공산당 당원들은 탄소 기술관료주의를 전복시키는 데 더 이상 관심을 두지 않았다. 오히려 이들은 탄소 기술관료주의를 다시 일으켜 세우는 데 몰두하게 될 터였다 (6장 참고).

재난 관리

푸순 탄광은 노동자를 규율하는 데 어느 정도 성공을 거두었지만, 채굴 과정에서 발생하는 위험을 통제하는 데는 그렇지 못했다. 갱도 붕괴, 화재, 침수, 그리고 각종 유독 가스와 폭발성 물질의 누출과 같은 흔하디흔한 위험 요소들이 탄광의 운영을, 나아가 노동자의 생명을 끊임없이 위협했다. 이는 지하 환경에서 자연의 힘을 제어하는 인간의 능력에 한계가 있음을 상기시키는 암울하고도 치명적인 사고들이었다. 모래주입식채탄법은 지지 구조가 취약하거나 손상되어 발생하는 천장 붕괴를 방지하는 데는 도움이 되었지만, 땅 밑 동공에는 언제나 위험성이 존재했다. 또한 밀폐된 지하 갱도라는 공간에서의 불과 물은 특히 공포심을 자아냈다. 불에 타 죽거나 연기에 질식될 위험이 더욱 컸다. 석탄층의 노두에서 자연스레 연소가 발생한다거나 가스와 석탄 분진이 폭발하는 등 다양한 이유로 화재가 발생했다. 일단 화재가 발생하면, 주변의 석탄에까지 불이 붙을 때가 많아 소화에 어려움이 컸다. 탄광 내 침수의 경우, 대개 양수 펌프가 불충분하거나 비효율적일 때 발생했다. 이는 광부들에게 수장당할지도 모른다는 공포심을 불러일으켰다. 또한 석탄층의 균열이나 틈에는 오랜 세월 축적된 가스가 있을 수 있었다. 채탄 작업 과정에서 이러한 가스가 방출되면, 질식(이산화탄소와 질소)이나 중독(일산화탄소)에 따른 인명 사고가 발생할 수 있었다. 그 가운데 가장 치명적인 사고는 고농도 메탄, 석탄 분진, 또는 이 두 가지가 혼합된 가연성 가스가 열원과 접촉했을 때 발생하는 폭발로, 작은 불씨 하나가 수많은 생명을 앗아갈 수 있었다. 푸순에서는 이러한 폭발 사고가 주기적으로 발생해 매번 수십, 수백 명의 광부가 숨졌다. 콜로라도 탄광의 광부들처럼 푸순의 광부들이 지하에서 설치류와 공생관계를 맺었는지에 대해서는 상세한 기록이 존재하지 않는다. 콜로라도의 노동자들은 쥐에게 먹이를 주며 반려동물로 키웠다. 그 대가로 이 동물은 인간을 위해 위험을 감지하는 역할을 했다. 쥐는 일산화탄소를 흡입하면 기절하거나 죽었고, 갱도 붕괴의 징후인 미세한 떨림을 감지할 수 있었다.[153] 어쨌든 1915년에 라오후타이 광산에서 화재가 발생했을 때 갱 안에 있는 쥐들은 모두 무사히 도망갔다고 한다.[154]

푸순 사상 최대의 재앙은 1917년에 오야마 탄광에서 일어났다. 1월 11일 밤, 자정을 한 시간 남짓 앞두고 "벼락같은" 폭발이 오야마 지하 작업장을 아수라장으로 만들었다. 지상 구조물에서도 순식간에 창문이 깨지고 환풍기실의 지붕이 날아갔다. 그만큼 폭발의 강도는 강했다. 심지어 인근 마을에 정전까지 발생했다. 또한 폭발로 탄광 내 공기 흐름을 조절하는 장비가 부서졌다. 공기가 평상시와 반대 방향으로 흘러 상갱(up shaft)을 타고 탄광 내부로 들어왔지만, 공기 순환을 즉시 차단할 방법이 없었다. 결국 하갱(down shaft)의 바닥 인근에서 시작된 화마는 공기를 잡아먹고 덩치를 키웠다. 폭발 30분 후 하갱의 지표면 입구에서 "검은 연기

153 Andrews, *Killing for Coal*, 129-30. 석탄광의 쥐에 대해서는 다음을 보라. Long, *Where the Sun Never Shines*, 34-36. 세계의 다른 나라와 마찬가지로 중국에서도 오랫동안 동물의 행동을 관찰해 환경적인 변고를 예측할 수 있다는 생각이 뿌리내렸다. 이는 사회주의 시기에도 마찬가지였다. 다음을 보라, Fan, "Can Animals Predict Earthquakes?"

154 "Laohutai Fire Scented by Rats."

가 뿜어져 나오더니 이내 화염이 공중으로 회오리치며 약 21미터 이상 치솟았다."[155]

불길이 퍼지기 전에 상갱의 승강구를 이용해 갇힌 광부들을 대피시키려고 시도했다. 그러나 승강기가 잔해에 걸려 움직이지 않아서 소수의 중국인 광부만을 구출할 수 있었다. 그러자 "용기 있게 방화복을 갖춰 입고 산소통을 짊어진 사람들"로 구성된 두 구조팀이 모래 주입식 채탄 장비를 작동할 때 필요한 별도의 굴착로를 따라 지하로 내려갔다. 막장에 도착하자마자 "순식간에 연기가" 구조대원들을 "질식시킬 듯한 기세로 덮쳤다." 대원들은 "더 이상 소리를 들을 수 있는 사람"이 없는 것 같다고 느껴질 때까지 생존자를 찾아 울부짖었다. 얼마 뒤 "강제 후퇴 명령이 떨어졌다." 탄광 경영진은 결국 공기 공급을 차단함으로써 화재를 통제하기로 하고 지표면의 모든 갱구를 순차적으로 봉쇄하도록 명령했다. 수십 년 후 한 생존자는 다음과 같이 주장했다. "악마 같은 왜놈들은 석탄을 지키기 위해 중국인 (광부)의 목숨은 아랑곳하지 않고, 땅 위에 있는 사람들에게 강제로 진흙을 발라 갱구를 막게 했습니다. 그 때문에 지하에 있는 노동자들이 도저히 탈출할 수 없었던 겁니다."[156] 총 170명의 광부가 구조되었고, 917명의 목숨이 사라졌다. 이 가운데 일본인이 17명, 중국인이 900명이었다.[157]

몇 년 후 규슈제국대학의 광업공학도 시노자키 히코지는 배정된 실습지인 오야마 탄광을 찾았다. 현장에서 여전히 1917년의 재앙의 여파는 생생했다. 그는 다음과 같은 기록을 남겼다. "단 한 번의 굉음과 함께 1,000명의 소중한 생명이 연기구름 속으로 사라져 버렸다. (…) 광부들은

155 "Colliery Disaster"; Yu, *Fushun meikuang baogao*, 212.

156 "Lao gongren Sui Xingshan 1959 nian huiyi cailiao," Fushun Archives, as cited in Fu, "Jiu-yi-ba' qian de Fushun kuanggong," 81.

157 "Colliery Disaster"; Yu, *Fushun meikuang baogao*, 212.

아마도 계약서에 서명하면서 몇 달 혹은 몇 년만 고생하면 밑천을 두둑이 마련할 수 있으리라 생각했을 것이다. 그들 앞에 이렇게 비참하고 비극적인 죽음이 기다리고 있을 줄 과연 누가 알았겠는가?"[158] 그러나 시노자키 외에 이러한 측은지심을 느끼는 사람은 거의 없었다.

사고 직후 푸순 탄광 책임자 요네쿠라는 사고 원인에 대한 여러 가설이 담긴 성명을 발표했다. 사고가 일어난 석탄층 구역에는 가스가 거의 없었다는 점을 비롯해 여러 가지 요인을 고려했을 때, 폭발은 가스가 아닌 석탄 분진에서 비롯된 것 같다는 것이 그의 생각이었다. 이어서 석탄 분진이 어떻게 발화했는지와 관련해서 그는 발파 작업이나 석탄의 자연 연소 가능성을 배제했다. 전자의 경우, 오야마에서는 본디 발파 작업을 거의 하지 않거니와 "그러한 작업이 진행되더라도 언제나 신뢰할 수 있는 일본인이 책임지고 수행"했기 때문이다. 후자의 경우, 자연 연소는 서서히 일어나기 때문에 "불쾌한 냄새가 나고 (…) 곧이어 옅은 회색 연기가 나는 등"의 어떠한 징후가 나타났을 것이며, 필시 파수꾼이 이를 알아차렸을 거라고 요네쿠라는 주장했다. 그가 가장 그럴듯하다고 생각한 설명은 과거 소량의 가스와 석탄 분진이 감지되었던 지점에서 광부가 "담배를 태우거나 안전용 램프 조명을 다루는 과정에서 무언가 실수를 저질러 가스에 불이 붙었고, 그 불이 인근의 석탄 분진에 옮겨붙었다"라는 것이었다.[159] 이듬해인 1918년에 만철은 사고에 대한 종합 보고서를 작성했다. 요네쿠라의 가설은 탄광 사고를 설명하는 데 중국인 노동자의 "무지몽매함"을 당연시했다는 점에서 사측의 공식 입장과도 정확히 일치했다.[160] 중국인은 무능하다는 전제가 깔린 이러한 믿음은 당시에 상당히 널리 퍼져

158 Shinozaki, *Bujun tankō Ōyama saitanjo*, 1.

159 "Colliery Explosion."

160 Bunkichi, *Manshū ni okeru kōzan rōdōsha*, 175.

있었던 것 같다. 푸순의 또 다른 실습생 세타 히데토시의 다음과 같은 기록은 이를 잘 보여준다. "중국인 노동자들은 일반적으로 지능이 낮고 기본적인 광업 지식도 없으므로 (…) 탄광에서의 안전 같은 문제들에 대해서 당최 아무 생각이 없었다."[161]

운영 초기 몇 년 동안 "예기치 못한 수많은 재난"을 겪은 뒤 푸순 탄광은 정식으로 구조대를 운영했다. 구조대원들은 독일 기업 드레가(Dräger)가 제작한 탄광 안전 장비인 호흡 보조 장치, 인공호흡기, 산소 탱크 등을 갖추었다. 구조대 제도가 시행되면서 푸순의 각 탄광은 관련 훈련에 참여할 몇 명의 "정상적인 신체를 가진" 노동자를 선발했다. 이들은 일주일 동안 안전 장비 사용법을 배우고 구조 훈련을 했다. 훈련을 수료한 인원들은 일단 본업으로 복귀했고, 재난이 발생할 때 구조대원으로서 동원되었다. 최초로 선발된 구조대원들이 한창 훈련받고 있을 때 라오후타이 탄광에서 화재가 발생했다. 대원들은 즉시 구조 활동을 위해 파견되었다. 그 뒤 수십 년 동안 더 많은 인원이 훈련받았고, 구조대 제도는 상당히 광범위하게 운용되었다. 다년간에 걸쳐 사측은 안전 장비를 업그레이드했다. 특히 프로토(Proto)라고 불린 영국산 휴대용 호흡 장치를 전면 도입했는데, 이는 가용성이 높은 호흡 주머니, 최소한의 튜브 연결부와 접합부, 비교적 가벼운 무게, 더 큰 안정성, 편안함, 운반의 용이성을 자랑하는 최신식 장비였다.[162] 구조와 현상 복구 작업을 담당한 구조대와 더불어 푸순 탄광은 사고 예방을 위해 노력했다. 무엇보다 이러한 재난 방지가 애당초 모래주입식채탄법을 채택한 주된 이유의 하나였다. 중국인 노동자를 지속해서 불신한 사측은 같은 맥락에서, "성냥과 담배를 갱도로 반입하는 등 바람직하지 않고 위험천만한 관행"을 근절하고자 교대 때마다 완전히

161 Seta, *Bujun tankō Rōkudai kō*, 2.

162 Manshikai, *Manshū kaihatsu yonjūnen shi*, 91–92; "The 'Proto' Breathing Apparatus."

옷을 벗고 지급된 복장만 입을 수 있도록 강제하기 시작했다.[163]

안전 문제에 관한 푸순 탄광의 관심은 경제적 합리성과 생산주의 논리에도 부합했다. 사측은 탄광 재난과 각종 사고에 따른 인명 피해와 상해에 대해 보상하기로 했다. 1916년도 규정에 따르면, 작업 중 다친 중국인 '쿨리'에게 한 달에 25센을 병원비로 지급하고, 사망한 사람에게는 최대 10원의 장례비를 지원하기로 했다.[164] 1917년의 오야마 폭발 사고 후 사측은 공들여 추도식을 치렀다. 여기에는 "수탉의 울음소리를 흉내 내" 방황하는 망자의 혼령을 불러 모으는 의식도 포함되어 있었다. 또한 사측은 유족들에게 5만 엔을 지급했는데, 이는 재난에 따른 전체 피해 추정액의 7분의 1에 해당하는 액수였다. 회사에 더 중요한 점은 재난으로 생산이 중단된 것이었다. 오야마 탄광은 폭발 사고 후 반년 이상 정상 가동될 수 없었고, 이에 따라 푸순 전체의 생산량과 수익에도 타격을 입을 수밖에 없었다.[165]

그러나 푸순 탄광이 취한 모든 예방과 구호 조치에도 불구하고, 정기적으로 발생하는 탄광 재난을 예방하거나 그로 인한 인명 피해를 완전히 줄일 수는 없었다. 재난이 생산성의 감퇴를 의미한다는 것을 인식한 사측이 안전 조건을 개선하기 위해 노력했지만, 생산량에 대한 바로 그 집착 때문에 또 다른 재앙을 자초하곤 했다. 한 집계에 따르면, 만철이 푸순 탄광을 경영하는 기간에 크고 작은 사고로 생명을 잃은 중국인 노동자는 약 7,000명에 달했다. 이 추출 사업의 한가운데서 일하다 다치거나 불구가 된 사람들은 그보다 훨씬 더 많았을 것이다.[166]

163 "The Ryuho Coal Mine," 64-65.

164 Bunkichi, *Manshū ni okeru kōzan rōdōsha*, 175.

165 "Fushun Collieries"; Minami Manshū tetsudō kabushiki gaisha, *Minami Manshū tetsudō kabushiki gaisha dainiji jūnen shi*, 604-5.

166 "1907-1945 nian Fushun meikuang shigu siwang."

결론

생산 기계화는 푸순을 탄도로 변모시키는 밑바탕이 되었다. 만철은 최신 광업 기술을 도입해 노천광을 조성하고 지상과 지하에서 다양한 채굴 작업을 확장함으로써 막대한 석탄을 생산했다. 이 과정에서 푸순은 아시아 최대의 탄광으로 거듭났다. 푸순은 일본제국 안팎의 수많은 소비자에게 에너지를 공급했지만, 동시에 스스로 막대한 에너지를 소비했다. 드래그라인 굴착기에서 절탄기에 이르는 다양한 채굴용 중장비가 증기 엔진을 통해 직접적으로, 또는 푸순 탄광 경내의 발전소에서 생산된 전기를 통해 간접적으로 석탄을 통해 작동되었다. 이러한 방식으로 푸순의 발전은 기계 엔진과 에너지를 기반으로 하는 탄소 기술관료주의적인 진보라는 비전을 체현했다.

푸순의 기계화는 전례 없는 깊이와 규모로 채굴 작업을 가능하게 했지만, 더 많은 광부를 위험에 빠뜨리는 작업 환경을 만들기도 했다. 역사학자 브렛 워커(Brett Walker)는 일본 치쿠호 지방의 호조 탄광에서 발생한 끔찍한 폭발 사고에 관해 연구했다. 그는 이 참사를 "메탄가스의 천연 매장지와 인접한 곳에서 수천 톤의 석탄을 추출하기 쉽도록 세심하게 설계된 지하 환경"을 만든 데서 기인한 "복합적인 맥락과 원인"의 산물이라고 설명한다.[167] 이는 푸순에도 해당하는 분석이다. 그러나 나는 푸순의 사고가 더욱 파괴적이었던 원인으로 채탄 작업의 확대와 더불어, 더 많은 노동자가 그처럼 공학적으로 설계된 환경에 내몰렸다는 점을 덧붙이고 싶다. 그 결과 비극이 닥쳤을 때 더 많은 사상자가 발생할 가능성이 높았다. 이러한 재난의 발생을 예측할 수 있는 사람은 거의 없었지만, 중국인과 일본인 사이의 인종주의적 불평등은 때때로 누가 살아남을지를 결정하기도 했다.

167 Walker, *Toxic Archipelago*, 177.

1928년에 오야마 탄광의 한 갱 내부에서 홍수가 발생했다. 사측은 1917년 폭발 때와 비슷한 사고를 염두에 두고 석탄이 자연 발화했을 때 재빠르게 대처하기 위해 바로 옆 버려진 갱에 물을 채워 두었다. 그러나 두 갱 사이의 벽이 수압을 견디지 못하고 무너졌다. 일본인 광부들은 "각자 전기 주머니 전등을 소지하고 있었기 때문에 거세지는 물살로부터 신속하게 피신할 수 있었다." 일본인 사상자는 발생하지 않았다. 그러나 중국인 광부들은 "간단한 기름 전등만 받았는데, 이는 수압으로 인한 강한 돌풍으로 모두 무용지물이 되고 말았다. 결국 어둠 속을 속수무책으로 헤맬 수밖에 없었다." 그날 총 470명의 중국인 노동자가 유명을 달리했다.[168] 채굴 작업을 확장하는 과정에서 사측은 부주의하게 새로운 종류의 위험에 광부를 노출시켰다. 이러한 위험은 미리 대비하기 어려운 것들이 많았는데, 이러한 불확실성은 언제나 중국인 노동자에게 불공평하게 전가되곤 했다.

철학자 앙드레 고르스(André Gorz)는 다음과 같이 주장했다. "자연을 완전히 지배하는 데는 필연적으로 그 지배의 기술들에 의해 인간 또한 지배받는 과정이 수반된다."[169] 일본제국에서 푸순의 노천광이 그토록 찬양받은 이유는 산업 기술을 활용해 광대한 잠재적 자원을 지닌 자연경관을 집중적인 자원 생산 기지로 변모시켰다는 사실 때문이다. 더욱이 이 인공적인 과정이 자연의 힘 자체에 필적할 만한 수준의 규모로 이루어졌다는 점에서 자연에 대한 지배를 상징하는 것이기도 했다. 이러한 지배에는 수만 명의 중국인 노동자에 대한 지배가 동반되었다. 역사학자 티머시 르케인(Timothy LeCain)은 노천 채굴이 지구를 할퀸 상처를 정당하게 비판하

168 "Explanation Given of Disaster at the Fushun Mine."

169 Gorz, *Ecology as Politics*, 20.

면서 이 추출 행위를 "대량 살상"으로 규정했다.[170]

푸순의 노천광은 현재까지도 여전히 그 자리를 지키며 주변 환경을 훼손하고 있다. 탄소 자원의 집중적인 추출 및 소비와 관련 있는 이 공간의 역사적 측면 외에도, 땅속에 뚫린 공동들은 깨끗하지 않은 물을 배출하며 현지의 여러 수원을 계속해서 오염시키고 있다. 한 환경 영향 평가 결과 보고서에 따르면, 이는 "농지와 우물, 식물의 성장, 주민의 건강에 악영향을 미친다."[171] 심지어 이 기술의 대업이 초래한 깊디깊은 피해는 또 다른 대량 살상 행위에 뿌리를 두고 있었다. 노동자에 대한 착취로 많은 사람의 신체가 훼손되었고 생명이 사라져 버린 것이다. 어쨌든 요사노 아키코가 푸순의 노천광에 대해 가졌던 첫인상이 경이로움이 아닌 괴물의 형상이었음을 다시 떠올려 보자. 그녀의 말이 틀리지 않았을지도 모른다.

170 LeCain, *Mass Destruction*, 11-15, 108-71.

171 Gilpin, *Environmental Impact Assessment*, 152-53.

3

불안의 연료

Fueling Anxieties

1925년 어느 여름날 오후, 고토 신페이는 도쿄 중심부 마루노우치(丸の内)에 있는 제국철도협회 청사에서 기대에 찬 청중을 상대로 강연을 펼치고 있었다. "보통의 일본인보다 키가 훤칠하고" 흰머리와 짧게 다듬은 수염이 인상적인 고토는 "섬세하게 뻗은 오뚝한 콧날" 위로 코걸이 안경을 끼고 있었다. 적어도 어느 추종자가 보기에 이러한 풍모의 고토는 "한 번 보면 절대 잊을 수 없는 위엄을 갖춘 사람"이었다.[1] 막 은퇴했지만, 고위 공직자로서의 오랜 세월이 고토에게 권위와 아우라를 더했을 것이다. 만철의 초대 총재로서 짧지만 중요한 임기를 마친 고토는 그 뒤로 체신상, 내무상, 외무상 등 내각의 요직을 연이어 역임했다. 1920년 말부터 1923년 관동대지진이 발생하기 몇 달 전까지는 도쿄 시장으로 재직했다. 대지진 후 몇 달 동안 다시 내무상의 중책을 맡은 그는 수도 도쿄의 재건을 위해 바쁘게 여러 야심 찬 계획을 실행에 옮겼다.[2] 비평가들이 보기에 지나치게 거창한 계획을 세운 뒤 정작 실현하는 데는 무능한 "허풍쟁이(大風呂敷)"였지만, 그 정도로 열정이 가득한 정관계의 거두 고토에게는 에너지 문제를 포함한 거의 모든 분야에 자신만의

1 Hayakawa, "New Foreign Minister," 189.

2 고토의 경력에 대해서는 다음을 참고. Hayase, "Career of Gotō Shinpei." 관동대지진 후 고토가 주도했으나 대체로 실현되지는 못한 도쿄 재건 계획에 대해서는 다음을 보라. Schencking, *Great Kantō Earthquake*, 153-225.

견해와 생각이 있었다.[3]

그날 고토의 강연 제목은 "인생과 연료 문제(人生と燃料問題)"였다. 300명이 넘는 청중은 주로 석탄 및 석유 업계 대표, 과학자, 엔지니어, 정부 관료, 군부 인사 등이었다. 이날은 일본연료협회 창립 3주년이었다. 고토의 강연은 소위 '연료 문제' 또는 '연료와 동력 문제'—일본 연료의 미래를 둘러싸고 고조되는 불안, 그리고 그러한 불안 요소가 "국가 방위, 국가 경제, 국민의 일상생활"에 미치는 영향을 강조했다—를 해결하기 위한 협회의 꾸준한 활동을 널리 알리는 기념 심포지엄의 일부였다.[4]

1922년에 설립된 일본연료협회는 연료에 관한 연구를 수행하거나, 에너지 부문에 종사 또는 이해관계가 있는 공인과 사인의 결사체다. "연료 및 전력과 관련한 문예와 과학을 진흥·개선"하는 것을 목표로 하는 일본연료협회는 각종 강연, 세미나, 라운드테이블을 조직하고 연료 문제에 관한 에세이 공모전을 개최했으며, 국가 연료 정책을 둘러싼 제안서와 청원서를 기초하고 월간지《연료협회지》를 발행했다.[5] 이 간행물의 초창기 호에 글을 기고한 한 논자는 전문가의 윤리적 책임이라는 각도에서 협회의 역할에 관해 이야기했다. "달리는 기차가 무너진 다리를 건너려 할 때 기차 가까이에 있는 사람들은 기차를 구하기 위해 노력해야 할 의무가 있습니다. 마찬가지로 조국의 연료 문제와 가장 가까이에 있는 사람인 우리에게는 동포에게 오늘날의 위험을 알리고 국가의 먹거리를 위해, 연료 위기를 완화하기 위해 노력해야 할 의무가 있습니다."[6] 이러한 절박한 심정으로 활동을 전개한 일본연료협회는 그 과정에서 의도치 않게 연료와 관련

3 Hayase, "Career of Gotō Shinpei," 254.

4 "Nenryō kyōkai sōritsu," 724.

5 Takenob, *Japan Year Book, 1923*, xliv.

6 Yoshimura, "Nenryō kyōkai jūnen shi," 1196, 1200-10, 인용문은 1196쪽.

한 불안에 더욱 기름을 부었다.

고토는 강연에서 연료 문제를 생사의 문제로 규정했다. "연료의 고갈은 인간의 생명을 죽은 것으로 만들어 버리고 말 것이며, (…) 연료의 산화(酸化)는 우리의 존재를 완성합니다." 그의 주장에 따르면, 특히 산업혁명 이후 대량 생산이 가능해지면서 석탄, 석유, 땔나무 등의 연료 소비가 많이 늘어났고 그에 따라 문제가 더욱 심각해졌다. 동시대의 다른 많은 논평가와 마찬가지로, 고토 또한 일본이 과연 이러한 시대에 살아남을 수 있을 만큼 충분한 자원을 확보하고 있는지 의구심을 드러냈다. 그는 당시의 추정치에 따라, 일본은 80억~100억 톤가량의 석탄을 보유하고 있지만 미국은 4조 톤, 영국은 2,000억 톤 이상을 보유하고 있다고 지적했다.[7] 일본이 "가진 것 없는 나라(持たざる國)"라는 공적 담론이 널리 퍼지기 몇 년 전 시점이었는데도, 이 시기에 이미 일본의 물질적 자산이 상대적으로 빈곤하다는 깊은 우려—특히 상기한 국가들과의 비교로 두드러졌다—가 있었다.[8] 더욱 구체적으로 연료의 경우, 다수의 일본인은 탄소 에너지 자원이 지탱하는 산업적 근대의 질서 속에서 일본을 계속 팽창하지 못하게 하는 위협 요인으로 국내 연료 자원의 부족을 꼽았다.

연료 문제에 대한 고토의 해답은 바로 "과학의 힘"에 기대는 것이었다. 그는 정치인들과 사법계 관료들이 "현대 과학"의 문제에 대해 "놀라울 정도로 무지"하며, 그 때문에 연료 문제에 대해 지금까지 제대로 된 대응을 펼치지 못했다고 주장했다. 이는 고토와 같은 과학계 인사들이 흔히 하는 비판이었다. 의사 출신인 고토는 비록 정관계 최고위직까지 오를 수 있었지만, 고위 공직은 대부분 법학 학위를 가진 인사들이 압도적인 두각을

7 Gotō, "Jinsei to nenryō mondai," 29-31.

8 일본이 "가진 것 없는 나라"라는 담론은 1930년대 대중의 상상력을 사로잡았다. Dinmore, "Small Island Nation Poor in Resources," 59-107; and Satō, *'Motazaru kuni' no shigen ron*, 62-68, 138-54.

나타내고 있었다. 따라서 고토 이외의 다른 과학기술계 전문가들은 관료 세계 사다리의 상층부로 진입하기 쉽지 않았다. 이러한 소외에 불만을 품은 많은 과학자와 엔지니어는 법조계 출신들에게는 없는 자신들만의 전문지식이 선정(善政)에 필수적이라고 주장하며, 권력에 더 가까이 다가가기 위해 동분서주했다.[9] 이러한 맥락에서 고토는 일본연료협회와 그 연구 활동의 중요성을 강조하며 국익을 위해 "포괄적이고 과학적인 연구를 준비"하도록 협회원을 독려했다.[10] 이처럼 연료 위기는 기술관료주의적 통치를 실현하기 위한 하나의 기회이기도 했다.

고토는 강연에서 푸순을 두 번 언급했다. 첫째, 그는 푸순산 석탄이 일본 본토 시장을 잠식해 자신들을 망하게 할 것이라는 일본 국내 석탄 생산 기업 측의 오랜 우려를 거론했다. 고토는 식민지산 석탄 수입을 제한함으로써 본국의 탄광업을 보호해야 한다는 요구가 충분히 이해할 만하다고 이야기하며 말문을 열었다. 그럼에도 청중에게 "수요와 공급의 연계"와 관련해 "더욱 폭넓은 과학적 관점"을 가져야 한다고 촉구했다. 일본제국의 연료 수요를 총체적으로 고려한다면, 푸순 등 일본의 해외 식민지 석탄을 포함해 최대한 많은 석탄을 확보하는 것이 의심의 여지 없이 긍정적이라는 뜻이다. 둘째, 고토는 푸순에서 일본 최초로 셰일오일 사업을 시작하기 위해 지속해서 공을 들이고 있다는 점을 이야기했다.[11] 푸순의 석탄층 위에 자리 잡은 셰일 암석으로부터 채취할 기름이 일본의 석유 부족을 해결할 수 있을 것으로 여겼다. 만철과 일본제국 해군은 만주라는

9 법조계 출신들이 고위 관료직에서 두각을 나타낸 것은 다른 어떠한 분야의 전문성이 아니라, 오로지 법률 교육을 평가하기 위해 고안된 공무원 고시의 영향이 컸다. 과학자와 엔지니어가 법조 관료와 경쟁하는 가운데 정부 내에서 입지를 확보하기 위해 한 여러 시도에 대해서는 다음을 보라. Mizuno, *Science for the Empire*, 22-25, 40-41.

10 Gotō, "Jinsei to nenryō mondai," 29-30, 34.

11 Gotō, 33-34.

제국의 실험실에서 셰일오일을 개발하기 위해 막대한 시간과 돈을 투자했다. 연료 문제라는 배경 속에서 푸순은 일본제국 미래 에너지의 핵심지로 떠오르고 있었다.

탄소 기술관료주의는 푸순에서 만철이 주도하는 추출 위주의 경제 질서를 만들어 냈다. 비슷한 방식으로 탄소 기술관료주의는 1차 세계대전 이후 일본제국 전체와 에너지의 관계성을 바꾸어 놓았다. 그 과정에서 점차 부상하는 경제적 자립이라는 사고방식과 그 틀에서 고토 등이 해결하고자 한 연료 문제가 도화선이 되었다. 연료 문제의 핵심에는 결국 현재와 미래에 예상되는 에너지 부족에 대한 두려움이 자리 잡고 있었다. 에너지 부족은 곧 국가 경제의 자급자족이라는 원대한 이상을 근본적으로 뒤흔드는 문제로 여겨졌다.[12] 바로 이 점에서 연료 문제는 탄소 기술관료주의라는 에너지 레짐의 근본적인 역설 가운데 하나를 가리킨다. 광범위한 석탄 채굴은 무궁무진함이라는 환상에서 비롯된 낙관적 자신감에 의해 추동되는 것만큼이나, 에너지 공급 부족과 제한된 접근성이 일으키는 극도의 불안으로 촉진된다는 사실 말이다.

이 장에서는 푸순과 만주에서 잠시 발걸음을 옮겨 일본 열도를 살펴볼 것이다. 일본 본국에서 관료, 과학자, 엔지니어는 연료 문제와 씨름하며 공교육과 국가 정책 분야에서 해결책을 찾고자 했고, 또 에너지 효율성을 높이거나 대안적인 연료 자원을 찾는 과학기술적인 해답을 모색했다. 일본연료협회가 이러한 노력의 최전선에 있었다. 동시에 이러한 시도의 결

12 프레드릭 알브리튼 존슨(Frederick Albritton Jonsson), 존 브루어(John Brewer), 닐 프로머(Neil Fromer), 프랭크 트렌트만(Frank Trentmann)이 지적했듯, 희소성 특히 에너지 희소성과 관련해 한 가지 핵심적인 쟁점은 그 원인이 자연적 한계에서 비롯된 것인가, 아니면 사회적 요인에서 비롯된 것인가이다. 나는 "생물리적(biophysical) 한계라는 문제는 권력, 분배, 그리고 가치의 문제와 분리될 수 없다"라는 점에서 "희소성의 혼종적 성격"을 제대로 파악해야 한다는 이 연구자들의 제안에 공감한다. 이러한 관점은 내가 이 책에서 에너지 희소성을 다루는 각도에도 영향을 미쳤다. 다음을 보라. Jonsson et al., "Introduction," 2.

〈그림 3-1〉 나가사키항에서 여성, 어린이, 남성 등이 늘어서서 석탄을 배에 싣고 있다. 이들은 주로 석탄 바지선을 타고 항구에 입항하는 선박에 접근했다. 충분히 가까워지면 석탄을 배에 실을 수 있는 임시 구조물을 설치했다. 지하에서 석탄을 캐내는 것뿐만 아니라 추출의 현장에서 소비의 현장으로 석탄을 운반하는 데도 상당한 인적 에너지가 필요했음을 잘 보여주는 인상적인 사진이다. 이 사진은 1910년대에 촬영되었다. (Image courtesy of MeijiShowa/Alamy Stock Photo.)

과가 기대에 미치지 못하자, 점점 더 많은 연료 전문가가 에너지 위기를 해결하기 위해서는 만주의 석탄이 되었든 푸순의 셰일오일이 되었든, 혹은 여타 해외 영토의 연료 자원이 되었든 팽창주의를 지향하며 제국주의적으로 그 자원을 추출할 수밖에 없다고 주장하기 시작했다.

석탄을 향한 끝없는 갈망

연료 문제의 근본 원인은 주로 석탄 형태로 소비되는 탄소 에너지에 대한 의존도가 계속해서 심해지고 있었다는 점이다. 메이지 시대 일본의 산업적·군사적 도약을 가능케 한 석탄은 그 이후에도 열도의 사회경제적 변혁을 촉진하는 주요 동력 역할을 했다. 일본 열도 전역과 푸순 및 대륙의 다른 지역에서 대량으로 채굴된 석탄은 성장하는 일본의 주요 도시와 그 외곽에서 점차 엔진, 보일러, 용광로를 가동시켰다. 1909년에 일본의 연간 석탄 소비량은 1,000만 톤이 조금 넘었다. 이 수치가 1918년에 이르면 2,300만 톤으로 두 배 이상 급증한다.[13]

석탄 대부분을 공업 부문에서 소비했다. 19세기 후반부터 20세기 초까지 서서히 발전하던 일본의 제조업은 1차 세계대전 때 비약적으로 발전했다. 일본은 연합국 측 열강을 위해 각종 군수품과 전쟁 물자를 생산했다. 그뿐만 아니라 전쟁으로 많은 서구 기업이 아시아 시장에 물건을 지속해서 공급하는 데 어려움을 겪자, 경제 전반에 걸쳐 틈새시장이 생겨났고 일본이 이 빈자리를 메우기 시작했다. 1914~1919년에 일본의 제조업 생산량은 72퍼센트, 실질 국민총생산은 40퍼센트 증가했다.[14] 특히 방직업, 도자기 제조업, 제지, 화학, 양조, 기계 제작 등의 분야가 번성했다. 이러한 제조업 생산량 증가분을 뒷받침한 동력은 대부분 석탄이었다. 광물자원 에너지 위주로 구동되는 공장이 1914년에 1만300개에서 1919년에 1만7,700개로 늘어났지만, 인간과 가축의 노동에 주로 기반을 두는 공장은 같은 기간에 6,700개에서 6,200개로 줄어들었다. 주목할 만한 점은 이러한 발전 과정에서 공업 노동자가 85만 명에서 160만 명으로 늘어났다는 사실이다. 이러한 추세는 이 시기 탄소 에너지 소비의 심화가 인간 노동력에 대한 필요를 감소시킨 것이 아니라, 오히려 증가시켰다는 또 다른 방증이라고 볼 수 있다.[15]

일본 산업 경제의 또 다른 주축인 철강 산업도 이 기간에 성장하면서 막대한 석탄을 소비했다. 보통, 주철(iron) 1톤을 생산하려면 1톤의 코크

13 Inouye, "Japan's Position," 53.

14 Crawcour, "Industrialization and Technological Change," 436, 439.

15 Takenob, *Japan Year Book, 1920-21*, 593; *Japan Year Book, 1921-22*, 469. 여기서 한 가지 주의할 점은 이러한 공식적인 통계 수치에는 10명 이상의 노동자를 고용한 공장들만 집계되었다는 것이다.

스가, 강철(steel) 1톤을 생산하려면 3~4톤의 코크스가 필요했다. 1918년경 주철을 제련하고 강철을 생산하는 데 쓰인 석탄은 공업 부문 전체에서 소비한 석탄 총량의 10분의 1 이상이었다.[16] 더욱이 석탄은 운송 부문에서도 대량으로 쓰였다. 운송업은 대규모 공업 지대 안팎에서 철강 등의 기초 소재를 운반하거나 생산된 완제품을 국내외 시장에 수송하는 데 필수적이었다. 일본의 해운업과 철도업의 연간 석탄 사용량은 1차 세계대전 초기에 비해 종전 무렵 약 100만 톤 이상씩 늘어났다. 전체적으로 봐서 1914~1918에 연간 공업 석탄 소비량은 840만 톤에서 1,420만 톤으로 늘어났다.[17]

석탄은 연료로 바로 쓰이기도 하지만, 전기와 가스를 비롯한 여러 형태의 에너지를 생산하는 데 쓰이기도 했다. 이 에너지들은 석탄과 마찬가지로 열도의 공업화에 필수적이었다. 일본 최초의 석탄 화력 발전소는 1887년에 가동을 시작했다. 주식회사 도쿄전등(東京電燈)이 소유하고 운영한 이 발전소는 25킬로와트급 일본산 발전기를 갖춘 소박한 시설로서, 수도 도쿄의 백열등에 전기를 공급하기 위한 목적으로 설립되었다. 그 뒤 전력 사업의 발전량과 사용량은 차례로 급속도로 확대되었다. 20세기 초에 이르러 일본은 조명을 밝히는 데뿐만 아니라, 도시 곳곳을 누비는 전차를 운행하는 데, 공장의 전기 모터를 구동하는 데, 전기 분해를 통해 구리 등의 금속을 정제하는 전기화학 및 금속공학적 공정을 수행하는 데 막대한 전기를 사용했다.[18] 시간이 지나면서 일본은 석탄 화력 발전보다는

16 Berglund, "Iron and Steel Industry," 629, 635, 637, 640.

17 Inouye, "Japan's Position," 53.

18 Rutter, *Electrical Industry of Japan*, 5-6, 8-9. 일본 안팎의 공장에서 전기 사용이 갖는 중요성은 점차 높아졌다. 증기력의 경우, 동력원에서 멀어질수록 기어, 샤프트, 벨트 등이 느리게 움직임에 따라 엔진부터 기계 장치까지의 동력 전달이 상대적으로 덜 안정적이다. 반면, 전력의 송전은 더 안정성이 높았다. 따라서 전기로의 전환은 조립 라인에 따라 유동적으로 공장의 배치를 변경할 수 있게 했다. 다음을 참고. Nye, *America's Assembly Line*, 17-18, 25-27.

물—'백색 석탄'이라 불렸다—을 이용함으로써 더 많은 전력을 생산하는데, 최초의 수력 발전소는 1891년에 비와호(琵琶湖)와 제국의 옛 수도 교토 사이를 잇는 막 개통한 운하 위에 설치되었다. 발전 유형별 전력 생산량을 비교해 보면, 1907년 화력 발전량과 수력 발전량이 각각 7만6,000 대 3만8,000킬로와트시, 1912년에는 각각 22만9,000 대 23만3,000킬로와트시, 1919년에는 각각 42만2,000 대 71만1,000킬로와트시였다.[19] 이러한 추세는 그 뒤로도 수년간 지속되어, 결국 수력 발전량이 화력 발전량을 크게 추월한다. 그럼에도 전력 생산은 계속해서 석탄에 의존해야만 했다. 이는 부분적으로 계절적인 요인 때문이었다. 주로 겨울에 눈이 녹지 않아 강물의 수위가 충분히 오르지 않거나 간헐적으로 여름에도 수량이 부족해 수력 발전에 지장이 발생할 때, 화력 발전이 부족분을 보충해야 했다.[20] 또한 지리적 문제도 있었다. 일부 지역은 강에서 멀리 떨어지거나 탄광과 인접해 석탄 화력 발전소에 더 많이 의존했다. 1943년은 제국 일본이 가장 많은 전력을 생산한 시기로 기록되었다. 그해의 발전 총량 860만 킬로와트시 가운데 5분의 1 이상을 여전히 화력 발전이 담당했다.[21]

무산소 상태에서 석탄을 가열해 만드는 석탄가스(코크스 생산 과정과 비슷하다)는 다른 대부분의 산업 국가와 마찬가지로 일본에서도 전력 산업보다 먼저 자리 잡았다.[22] 항구 도시 요코하마에 세워진 일본 최초의 가스공장은 1870년에 프랑스 엔지니어 앙리 펠레그랭(Henri Pelegrin)이 설계하

19 Inhara, *Japan Year Book*, 1933, 611.

20 "Railway Electrification in Japan," 516.

21 United States Strategic Survey, Electric Power Division, *Electric Power Industry of Japan*, 12, 15.

22 전전(戰前) 일본의 거의 모든 유틸리티 가스는 석탄으로 만들어졌다. 탄화칼슘으로 생산된 아세틸렌(acetylene)은 극히 일부에 불과했다.

고 1872년에 가동을 시작했다. 이 설비는 수로 위에 있었다. 이 수로를 따라 바지선이 석탄을 운반했다. 작업자들은 이 석탄을 내려 무게를 잰 뒤 보관소로 이관했다. 그 뒤 화부들이 12시간 교대 근무하며 석탄을 증류기로 퍼 올렸다. 이렇게 생산된 가스는 관을 통해 인근 도시들로 공급되었다.[23] 가스공장은 곧 다른 도시에도 모습을 드러냈다. 본래 거리와 주택의 등불을 밝히기 위한 용도로 활용되던 가스는 공공 및 민간 조명 공급 부문 모두에서 전기와 경쟁 관계에 놓였고, 점차 그 자리를 빼앗겼다.[24] 상황이 가장 어려웠을 때 가스 산업은 "겨우 적자를 면하는" 수준이었고, 업자들은 코크스나 염료 제조에 사용하는 콜타르 같은 부산물을 판매하는 데 열을 올려 사업을 이어갔다.[25]

그럼에도 가스는 여러 해에 걸쳐 도시 지역 일반 가정의 취사와 난방 연료로서 뿌리내릴 수 있었다. 이와 같은 내수를 창출하기 위해 가스 회사들은 가스 밥솥과 가스레인지 등의 가전제품을 설계하고 개발했다. 가스는 사용하기 간편하다고 홍보했다. 한 광고는 "성냥 하나만 있으면 불을 붙일 수 있다"라는 점을 강조했다.[26] 일부 사람들은 가스로 지은 밥이 "맛이 없다"라며 새로운 기기에 반감을 나타내기도 했다. 그러나 한 논평가의 말마따나 "맛과 편리함이 항상 함께 갈 수는 없다는 점을 깨닫고 편리함 쪽을 선택하는" 사람들이 많았다.[27] 가스는 또한 석탄, 숯, 장작처럼

23 Graham, "Round the World," 820-21.

24 "Gas Companies in Japan," 425.

25 Takenob, *Japan Year Book*, 1919-20, 611. 석탄가스 산업은 염료 제조에 사용되는 "국내 유일의 콜타르 원료 공급원"이었다. 다른 곳과 마찬가지로 일본의 석탄은 에너지원으로서 역할 외에도 화학 공업 분야에서 중요한 역할을 했다. Delahanty and Concannon, *Chemical Trade of Japan*, 15. 과학계에서 콜타르 염료가 차지하는 더 거시적인 중요성에 대해서는 다음을 참고. Beer, "Coal Tar Dye Manufacture."

26 Sand, *House and Home*, 78.

27 Fukushima, "Japanese Gas Works," 490.

사용 후 그을음과 재가 남지 않는 청정 연료로 선전되었다.[28] "청정" 가스를 생산하기 위해 반드시 "지저분한" 석탄을 연소시켜야 한다는 사실은 가스업자들과 소비자들에게 쉽게 인식되지 못했던 것 같다. 탄소 에너지 레짐의 특징 중 하나는 바로 이렇게 생산의 장소와 소비의 장소 사이의 거리감을 늘리는 것이었으며, 따라서 불편한 사실은 인지되지 못한 상태로 남아 있도록 조장되는 경향이 없지 않았다. 이러한 문제는 오늘날에도 완전히 해결되지 못했다.

일본의 석탄 사용량—직접 연료로 사용하는 경우와 전기 및 가스를 통해 간접적으로 사용하는 경우를 통틀어—은 경제적으로 어려움을 겪은 1920년대에도 증가 일변도였다. 그러나 공급 측면에서 보면, 1차 세계대전의 호황이 끝나자마자 불황이 이어졌다. 1920년대 내내 일본 경제는 위기에 시달렸고, 탄광업도 결코 이를 피해 갈 수 없었다.[29] 과거 여러 해 꾸준히 늘어나던 석탄 생산량도 1924~1926년에는 줄어들었다. "미국 석탄값의 약 두 배까지 치솟은" 높은 가격 때문이었다. 이러한 석탄 가격 상승에는 여러 원인이 있었다. 특히 높은 생산 비용과 일본 광부들의 상대적 비효율을 들 수 있다. 한 평가에 따르면, 이는 "주로 일본 본토 석탄층이 빈약하고 기계 장비 사용에 더 큰 어려움이 있었기 때문"이다.[30] 1927년, 일본 광부 1인당 석탄 생산 총량은 약 130톤이었다. 반면 미국 광부는 1인 평균 역청탄 872톤, 무연탄 485톤을 생산했다.[31]

하지만 국내 생산량 감소와 경제 활동의 둔화에도 불구하고, 일본의 석탄 사용량은 1921년에 2,600만 톤에서 1930년에 3,200만 톤으로 늘어났

28 Sand, *House and Home*, 78.

29 1920년대 경제 위기에 대해서는 다음을 보라. Nakamura, "Depression, Recovery, and War," 451-67.

30 Takenobu, *Japan Year Book, 1927*, 505.

31 Hoar, *Coal Industry of the World*, 45 and 225.

다.[32] 일본은 1923년에 처음으로 석탄 수입이 수출을 넘어섰다. 일본은 오랫동안 중국과 인도차이나[33]로부터 석탄을 수입했지만, 더 많은 양의 일본산 석탄을 중국, 홍콩, 영국 해협 식민지, 연해주, 필리핀 등지로 수출했다. 그러나 이제 일본은 오랜 세월, 석탄 순수입국으로 남게 될 터였다.[34] 석탄 전문가이자 일본연료협회 회원 나이토 유(内藤游)는 산업계의 불황이 지속되는 가운데 석탄 소비는 계속 증가하는 명백히 모순적인 현상을 낮은 열효율 문제로 간주했다. 경제가 침체하면서 밤낮으로 가동되던 공장이 주간에만 운영되기 시작했다. 그 결과 야간에 방치된 공장의 증기 보일러는 대부분 차게 식어 버렸으며, 다음 날 기계를 다시 예열하기 위해 더 많은 석탄을 소모할 수밖에 없었다고 나이토는 설명했다.[35] 나이토와 다른 연료 연구자들이 이처럼 낭비와의 끝없는 전쟁을 벌이는 동안에도 석탄 소비량은 꾸준히 늘어났다.

푸순은 일본의 탄소욕(慾)을 충족시켰다. 일본 본토에서 수입한 석탄의 상당 부분은 제철 고로용 점결탄(coking coal, 粘結炭)이다. 열도에 매장된 석탄에는 점결탄이 거의 없었기 때문이다. 푸순 석탄은 단독으로 사용했을 때 코크스 제조에 적합하지 않았다. 그러나 푸순 동부 탄전의 생산분을 인근 번시후(本溪湖) 탄광산 야금탄과 7:3 비율로 섞으면, 제철 공정에 필수적인 훌륭한 코크스를 생산할 수 있었다.[36] 게다가 푸순 탄전의 중앙부와 서부에는 만철의 초창기 조사를 통해 확인된 것처럼, 증기 기관을 구동하고 가스를 생산하는 데 효과적인 휘발성 높은 역청탄이 매장되어

32 Takenobu, *Japan Year Book, 1927*, 505; Inahara, *Japan Year Book, 1933*, 542.

33 프랑스령 베트남, 캄보디아,라오스를 통칭하는 개념이다–옮긴이

34 Takenobu, *Japan Year Book, 1927*, 505; Bradley and Smith, *Fuel and Power in Japan*, 7.

35 Naitō, "Kōjō keizai," 336–37.

36 번시후에는 탄광업과 제철업에 종사하는 기업이 있었다. 이 회사는 1905년에 중일 합작 기업으로 출발했으며, 대체로 오쿠라(大倉) 재벌에 의해 관리되었다.

있었다.[37] 1928년에 푸순이 수출한 석탄의 절반 이상이 일본으로 향했고, 그해 일본 석탄 수입량의 3분의 2를 차지했다.[38] 이 장의 뒷부분에서 우리는 일본 석탄 부문에서 푸순이 차지하는 커다란 입지—이는 고토가 일찍이 지적했듯, 본국 석탄업자들의 오랜 근심거리이기도 했다—가 결국 어떻게 본국 광부들의 시위를 불러일으켰는지 살펴볼 것이다.

연료 문제의 대두

일본이 에너지를 점점 더 많이 소비하면서 불거진 연료 공급과 관련한 불안은 1차 세계대전 이후 이른바 연료 문제로 나타났다. 물론 러일전쟁 이전에도 적절한 해군용 석탄이 부족할 수 있다는 우려가 없지 않았다(1장 참고). 하지만 전간기 연료 문제는 구체적이고 실제적인 상황(임박한 전쟁 전에 미리 충분한 연료 공급 확보) 때문이 아니라, 향후 일본이 겪을 것으로 추정되는 어려운 상황 때문에 제기된 문제라는 점에서 이전 사례들과 차이가 있었다. 1927년 일본연료협회의 오쿠나카 고조 총무는 불만을 드러냈다. "일본은 기본적으로 다양한 형태의 연료 개발에서 유럽과 미국에 크게 뒤처져 있다." 이처럼 열악한 조건은 응당 시정되어야 했다. 오쿠나카는 촉구한다. "이 문제는 진실로 중요한 문제다. 만족스러운 해결책이 제시되지 않으면 국력, 국방, 산업 발전, 다시 말해 국가적 복리 체제 전반에 문제가 발생할 것이다."[39]

연료 문제는 19세기 말과 20세기 초 일본에서 제기된 '여성 문제', '사회 문제' 등—일본 사회의 변화와 변화하는 세계 속에서 일본의 위치에

37 Quackenbush and Singewald, *Fushun Coal Field*, 9-10.

38 *MSZ*, vol. 4, no. 1, 243.

39 Okunaka, "Fuel Problem in Japan," 30.

관한 고민이었다—과 병존하고 있었다.[40] 여러 문제가 제기되었다는 추세 자체는 전 세계적인 흐름과 맞닿아 있었다. 역사학자 홀리 케이스(Holly Case)는 장기 19세기를 "문제의 시대"라고 명명했다. 그는 이 시기에 유럽과 미국에서 '문제 제기'라는 것이 "사회, 정치, 국가에 관한 생각을 구조화하고, 현실적이고 바람직하다고 여겨지는 행위의 범위를 규정하는 데 특별한 영향력을 가진 일종의 사유 수단"으로서 떠올랐다고 주장한다. 여러 문제를 제기한 사람들은 이러한 사유 수단을 통해 상상 속의 미래를 현재에 아로새기고자 했다.[41] 일본의 연료 문제도 마찬가지였다. 논자들은 일본이 서구 열강에 비해 열세인 또 다른 분야를 거론하며, 그저 당혹감을 나타내기 위해 이 문제를 제기한 것이 아니라고 말했다. 이들은 연료 문제를 제기함으로써 연료 안보 문제가 중요하다는 점을 드러내고, 자신들이 제시하는 처방으로 문제를 해결함으로써 제국의 지속적인 전진을 보장할 수 있다는 주장에 신빙성을 더하고자 했다.

연료 문제는 1차 세계대전 이후 석유에 대한 우려와 더불어 처음 본격화되기 시작했다. 세계대전은 이 액체 연료가 전쟁에 얼마나 필수 불가결한지 무섭도록 뚜렷하게 보여주었다. 석유를 연료로 하는 내연기관에 의해 구동되는 전차, 전함, 전투기가 지상, 수중, 공중의 장병들에게 전례 없는 속도와 기동성을 부여했다. 이로써 전투의 조건이 완전히 새롭게 정의되었다. 일본 굴지의 석유 생산업체인 일본석유주식회사(Nippon Oil)의 마쓰자와 덴타로(松澤傳太郎)는 이렇게 선언했다. "이제 석유 공급이 승패를 좌우한다."[42] 마찬가지로 석유의 전략적 중요성을 강조하는 업계 관계자들은 독일의 패전이 이 핵심 자원의 부족 때문이었다고 주장하며, "석유 한

40 여성 문제에 대해서는 다음을 보라. Koyama, *Ryōsai Kenbo*, 76-82. 사회 문제에 대해서는 다음을 참고하라. Garon, *State and Labor*, 23-29.

41 Case, *The Age of Questions*, xv, 211-12.

42 Matsuzawa, *Kokubōjō oyobi sangyōjō*, 1.

방울에는 피 한 방울의 가치가 있다"라는 프랑스 정치가 조르주 클레망소(Georges Clemenceau: 1841~1929)의 유명한 발언을 인용하기도 했다.[43]

일본제국의 해군은 이 교훈을 뼈에 새겼다. 1915년에 처음으로 구축함에 석유 연소 보일러를 장착한 해군은 그 뒤 차례로 전체 함대를 석유로 운용할 수 있도록 개조하기 시작했다.[44] 군함의 연료로서 석유는 석탄에 비해 몇 가지 주요 이점을 가지고 있었다. 나카자토 시게지(中里重次, 1871~1946) 중장—훗날 일본이 사할린에 확보한 석유 추출용 조차지의 책임자가 되었다—은 석유의 높은 발열량 덕분에 함대가 더 빠른 속도로 기동할 수 있고, 사람이 실어야 하는 석탄과 달리 석유는 관으로 주유할 수 있어서 상당한 시간과 노동력을 절약할 수 있으며, 석유의 연소 과정이 더 깨끗해 전술적으로 불리할 수 있는 검은 연기를 덜 발생시킨다고 주장했다.[45] 해군의 석유 연료로의 전환은 시기적으로 해군 군축 제한과 비슷한 시기에 일어났다(실제로 해군 군축 때문에 석유화가 더 가속화되었을 수 있다). 1922년, 당시 세계 3대 해군 강국인 미국, 영국, 일본은 해군 군축 조약을 체결해 이들 사이에서 벌어지던 군비 경쟁을 억제하기로 합의한다. 조약의 최종 조건에 따라 일본의 해군 보유 규모는 미국과 영국 할당량의 60퍼센트인 30만 톤으로 제한되었다.[46] 당시 일본 해군 전략가들은 규모를 키워 '88 함대', 즉 8척의 드레드노트급 전함과 8척의 기갑 순양함이 중추적인 역할을 하는 대규모 함대를 만든다는 꿈을 오랫동안 품어 왔다. 군축 조약으로 이 계획은 물거품이 되고 말았다. 조약이 체결될 무렵, 해군 소속 연료 전문가 미즈타니 고타로(水谷光太郎, 1876~1962)는 함대 증가

43 예를 들어 다음을 보라. "Waga sekiyu mondai."

44 Evans and Peattie, *Kaigun*, 184.

45 Nakazato, "Kaigun to sekiyu."

46 이러한 결정이 내려진 워싱턴 군축 조약에 대해서는 다음을 보라. Kajima, *Diplomacy of Japan*, 465-501.

에 제약이 생겼다고 해서 석유 수요가 줄어들 것으로 생각해서는 안 된다고 주장했다. 대신 군용과 민간 석유 소비가 꾸준히 늘어날 것으로 예측하며, 일본은 이에 대비해야 한다고 역설했다.[47] 우선 해군은 주어진 군축 제한 조건을 우회하며 지속해서 작전 능력을 확장하기 위해 노력했다. 모든 군함에 오로지 석유 연소 보일러만 설치한 일도 이러한 목표를 이루기 위한 하나의 방편이었다. 1929년에 이르러 일본 함대는 거의 전적으로 석유로 움직였다.[48]

미즈타니가 옳았다. 그의 예상대로 공업 분야를 중심으로 해서 민간 석유 수요가 늘어났다. 땅에서 바로 뽑아낸 석유(영어로는 crude oil, 일본어로는 '겐유(原油)'라고 한다)는 그 자체로 인간에게 쓸모가 없었다. 원유(原油)는 정유 공장에서 다양한 액체와 고체 파생상품으로 증류됨으로써 여러 잠재적 유용성—엔진 연료로서의 용도가 중심이지만 이것이 유일한 쓸모는 아니다—을 얻는다. 1914~1921년에 일본의 액체 석유 상품들의 총소비량은 연간 230만 배럴에서 240만 배럴로 소폭 증가했다(해군이 태운 연료유의 양은 공개되지 않아서 이 수치에 포함하지 않았다). 그러나 이러한 증가분은 아무리 미미하더라도 주목할 만하다. 이전까지 일본 액체 석유 상품 소비량의 대부분을 차지한 등유의 소비가 절반으로 떨어졌는데도—조명용 등유가 전기에 밀려났다—전체 소비량이 늘어났기 때문이다. 다른 모든 종류의 기름도 괄목할 만한 상승세를 보였다. 일본의 공업용 모터와 기계의 기어에 기름을 더해 준 윤활유를 제외한 나머지 기름은 엔진에 에너지를 공급하는 데 사용되었다. 비행기, 자동차, 각종 기계 설비에 사용되는 휘발유, 주로 선박에 사용되는 중성유(neutral oil)와 연료유가 대표적이었

47 Mizutani, "Gunbi seigen to sekiyu mondai."

48 Bōeichō bōei kenshūjo senshishitsu, *Kaigun gunsenbi*, 702.

다.[49] 국가 안보와 관련해 석유가 차지하는 중요성과 공업 연료로서의 석유 소비 증가분을 고려할 때, 국내산 석유의 공급 부족과 외국산 석유 수입에 대한 의존의 심화는 극심한 불안감을 불러일으키기에 충분했다.

근대 일본 석유 산업은 외국의 원조 덕분에 시작될 수 있었지만, 그 뒤로는 국제적인 경쟁 가운데서 끊임없이 어려움을 겪었다.[50] 일본의 일부 지역에서는 수 세기 동안 석유가 사용되었다. 사람들은 짚단을 이용해 땅에서 새어 나온 끈적한 석유를 최대한 모았고, 이를 등잔에 태워 불을 밝혔다.[51] 이때 진동하는 악취 때문에 석유는 종종 '취수(臭水)'라고 불렸다. 극도로 빈궁한 사람들만이 이 냄새 나는 연료로 어두운 밤을 밝혔다. 메이지유신 후 일본은 주로 미국으로부터 정제된 석유 상품을 수입하기 시작했다. 석유 제품에 대한 수요가 늘어나자 한몫 챙기려는 일본 현지 기업가들이 자국에서 유정을 파기 시작했지만, 초창기에는 큰 성공을 거두지 못했다.[52] 미국인 광물 전문가 벤저민 리먼 스미스(Benjamin Lyman Smith)—1873년부터 메이지 정부의 수석 지질학자이자 광업 엔지니어로서 근무했으며, 광범위한 지질 조사를 벌여 홋카이도의 대규모 석탄 매장지를 발견했다—가 1876년에 일본 국내의 유전 연구에 착수했다. 스미스의 연구 결과, 특히 니가타(新潟)를 중심으로 일부 유전의 사업적 가능성이 확인되었다. 그로부터 대략 10여 년 후 일본석유가 니가타에 설립되어 석유 시추에 돌입했다.[53]

그 뒤 몇 년 동안 일본 국내 석유 생산량은 조금씩 느리게 늘어났다.

49 Kurita, "Oil Consumption Index," 43-45.

50 전전 일본 석유 산업의 역사에 대한 자세한 논의로는 다음을 참고. Samuels, *Business of the Japanese State*, 168-77; Hein, *Fueling Growth*, 46-49.

51 이러한 과정은 18~19세기 갈리시아(Galicia)에서 원유를 모으던 방식과 비슷하다. Frank, *Oil Empire*, 50-51.

52 Scott, "History of Oil in Japan," 483.

53 Smith, *Geological Survey of the Oil Lands*, 1-2, 45-46.

1914년에 미국산 로터리 드릴이 수입되면서 생산량이 급증하는데, 기존의 구형 케이블 시추기(이 또한 미국에서 수입되었다)의 성능을 앞서며 땅 밑 더 깊은 곳까지 파 내려갈 수 있었기 때문이다. 국내 석유 생산량은 1916년에 300만 배럴로 정점을 찍었다. 그 뒤 전쟁으로 미국제 시추 장비의 공급이 부족해지고 운영 비용이 높아지면서, 특히 값싼 외국산 정제 석유 상품과 원유가 밀려 들어오면서 일본 국내 생산량은 계속해서 줄어들었다.[54] 일본 석유 생산자들은 외국 기업, 특히 뉴욕의 스탠더드오일(Standard Oil)과 네덜란드 왕립 석유사 쉘(Shell) 그룹 산하의 수입 및 유통 회사인 라이징선석유(Rising Sun Petroleum)와의 치열한 경쟁에 직면했다.[55] 관세 장벽을 세웠는데도 일본산 원유는 외국산에 비해 언제나 비쌌으며, 때로는 두 배 이상 차이가 나기도 했다.[56] 1920년대 초에 가격 경쟁력 저하와 일본의 한정된 국내 매장량이라는 현실 앞에서, 일본 석유 생산 기업들은 사업의 역점을 시추에서 정제로 전환하고 이를 위해 외국산 원유를 수입하기 시작했다. 1920~1922년에 일본 국내 원유 생산량은 220만 배럴에서 200만 배럴로, 국내 정제 액체 석유 상품 생산량은 170만 배럴에서 140만 배럴로 줄어든 반면, 원유 수입량은 9만9,000배럴에서 56만3,000배럴로, 정제 액체 석유 상품 수입량은 120만 배럴에서 130만 배럴로 늘어났다.[57] 이러한 추세는 꾸준히 계속되었다. 1931년에 일본은 1,010만 배럴의 정제 액체 석유 상품을 수입했다. 같은 해 일본은 정제 액체 석유 제품을 약 500만 배럴 정도 자체 생산했지만, 이 가운데 절반도 안 되는 190만 배럴만이 국내산 원유로부터 정제한 것이었고, 나머지

54 Coumbe, *Petroleum in Japan*, 2.

55 Coumbe, 19-20.

56 Samuels, *Business of the Japanese State*, 174.

57 Coumbe, *Petroleum in Japan*, 2, 14, 17.

는 모두 수입 원유를 가공한 것이었다.[58] 일본의 전략가들은 10여 년 전부터 이미 외국산 석유에 과도하게 의존하는 사태를 걱정하고 있었다. 이러한 두려움은 결코 기우가 아니었다.

일본이 석유나 석탄 또는 기타 주요 자원을 자급자족해야 한다는 인식은 1차 세계대전을 통해 뿌리내린 경제 자립에 매진해야 한다는 생각과 맞아떨어졌다. 그 당시까지 아시아를 비롯한 여러 지역에서 일어난 전쟁은 비교적 짧게 끝났다. 따라서 일본 군사 전략가들의 주요 목표는 병력과 군수 물자를 신속하게 동원하고 배치하는 것이었다. 역사학자 마이클 반하트(Michael Barnhart)가 추적한 것처럼, 무엇보다 참호전으로 대표되듯 장기전의 양상을 띠었던 1차 세계대전 후 일본군 장교들은 전쟁 수행에 관한 생각을 바꾸고 자급자족의 중요성을 절감했다.[59] 특히 전시 해상 봉쇄와 선박 징발로, 참전 여부와 무관하게 대부분의 나라가 사실상의 경제 자립 상태에 놓였으므로 이러한 교훈은 더욱 깊이 학습되었다.[60] 일본 육군성(陸軍省)은 고이소 구니아키(小磯國昭) 육군 대령에게 새로운 전쟁의 문법에 맞춰 일본의 전략적 고려 사항과 역량을 분석하도록 했다. 고이소는 연구를 통해 두 가지 결론을 제시했다. 첫째, 현대전에 필수적인 자원이 부족한 일본은 중국처럼 그러한 물자를 풍부하게 갖춘 지역을 영토로 장악해야 한다. 둘째, 전시에 필요한 물자를 신속하게 징발할 수 있도록 국내 경제를 새로이 조직해야 한다. 고이소의 제언은 정계와 군부 지도자 모두로부터 지대한 관심을 받았고, 병부성은 그의 두 번째 결론을 반영한 종합 계획안의 초안 작성을 지원했다. 이는 1918년 군수공업동원법으로

58 Inhara, *Japan Year Book, 1935*, 552.

59 Barnhart, *Japan Prepares for Total War*, 22-23.

60 Carr, *Twenty Years' Crisis*, 123.

공표되었다.[61] 이와 비슷하게 각종 산업체를 군사적으로 활용할 수 있도록 하는 후속 법령들은 경제 자립에 대한 열망에 토대를 두고 진행되었다. 이러한 자립에 대한 강박은 처음에는 군사적 필요에 따라 촉발되었으나, 곧 근대국가의 생존 자체를 위해 반드시 이룩해야 하는 것으로 널리 받아들여졌다.

일본연료협회의 초대 회장인 요시무라 만지는 연료가 군사적으로 중요한 의미를 지니고 있음을 인정했다. 동시에 연료 문제가 실로 시급한 사안인 이유는 연료가 사회 질서와 문명 발전에 미치는 영향 때문이라고 주장했다. 요시무라는 1차 세계대전 이후 세계 각지에서 노동 운동이 점차 고조되고 있다고 보았다. 영국의 광부와 철도 노동자 파업에서 시작해 미국의 노동조합 운동에 이르기까지 확대되고 있다는 것이다. 그는 "대중의 각성은 시대의 특징"이라고 말했다. 요시무라가 보기에 대중은 더 이상 기본적인 욕구를 충족하는 데 만족하지 않고 더 고차원적인 것을 추구하며, 이를 위해서는 탄탄한 물질적 기반이 필요했다. 이러한 물질적 토대를 마련하는 데 두 가지 걸림돌이 존재했다. 첫 번째, 급속한 인구 증가다. 요시무라는 다음과 같이 말했다. "지난 10년 동안 일본은 인구 1,000명당 137명의 속도로 늘어났다. 약 50년 후에는 인구가 두 배로 늘어날 것으로 예상한다." 그는 일본 안팎의 맬서스주의자의 주장에 공명하면서, 이러한 인구 증가가 국가 자원에 엄청난 압박을 줄 것이라고 덧붙였다.[62] 이러한 상황은 물질적 기대치의 상승이라는 두 번째 장애물과 결합해 더욱 나빠졌다. 일반 소비자 대중이 이용할 수 있는 상품의 범위가 확대되면서 많은 물건이 생필품으로 여겨지기 시작했고, 애시당초 이

61 Barnhart, *Japan Prepares for Total War*, 23. 우연히도 이 법은 이노우에 타다시로가 귀족원의 일원으로서 제정 과정에 이바지한 법안 중 하나였다.

62 일본에서 과잉인구가 일으킨 불안에 대해서는 다음을 보라. Lu, *Making of Japanese Settler Colonialism*, 183-86.

러한 대규모 소비를 가능하게 만들었던 대량 생산 체제는 더욱 확대되고 있었다. 요시무라가 보기에 연료 문제의 근원은 바로 여기에 있었다. 공업 생산의 확대와 완제품을 유통하기 위한 운송 시스템의 확충은 더 많은 양의 연료를 필요로 했다. 그는 "문명이 발전할수록 (석탄) 소비가 늘어난다"라고 선언했다. 흥미롭게도 요시무라는 노동 불안이 이러한 진보의 의도치 않은 결과이며, 노동자가 (이러한 진보를 가능하게 한 조건인) 착취를 간파해서 이 불안이 발생하는 것이 아니라 화석 연료에 따른 물질적 풍요 속에서 더욱 높은 삶의 기대치를 갖게 됨으로써 유발된다고 주장했다. 이러한 주장의 논리적 귀결은 다음과 같다. 소비를 떠받칠 대량 생산을 끊임없이 확장할 수 있을 만큼 충분한 석탄 공급만 이루어진다면, 각성한 대중은 흥분을 가라앉힐 것이며 사회 질서는 유지될 것이다.[63]

요시무라가 석탄을 콕 집어 말한 내용도 자못 흥미롭다. 그는 1922년, 《연료협회지》 창간호에 실은 글에서 "고체 연료의 시대는 저물고 세계는 액체 연료의 시대로 접어들고 있다"라고 선언했다. 그러나 같은 기고문에서 영국의 광업 엔지니어 존 캐드먼(John Cadman, 훗날 앵글로-페르시아석유사의 회장으로서 석유 산업에 깊이 관여하는 인물)의 발언을 인용하며, "석탄이 미래의 주요 연료가 될 것"이라고 주장했다. 요시무라가 판단하기에 이는 생산량과 매장량의 문제였다. 당시 전 세계 연간 석유 생산량은 6억 배럴이었는데, 이는 약 1억 톤의 석탄에 상응하는 가치라고 그는 지적했다. 석탄 생산량은 연간 약 13~14억 톤으로 이 수치보다 10배 이상 많았다. 또한 그는 구체적인 계산 결괏값에 다소 차이가 있을 수 있지만, 전 세계 석탄 매장량과 그 사용 수명이 석유보다 "훨씬 더 크고 길다"라는 점에는 의심의 여지가 없다고 역설했다. 더욱이 석탄이 석유를 직접 대체할 수 있다는 전망도 제기되었다. 요시무라는 다음과 같은 조언을 남겼다. '액

63 Yoshimura, "Waga kuni ni okeru nenryō mondai," 1-3.

체 연료로 구동되는 수많은 기계에 공급할 석유에 대한 접근성이 현재로서는 제한적이기 때문에 일본과 같은 국가는 대안을 모색해야 하며, 한 가지 전도유망한 방책으로 저온 탄화를 통한 석탄 액화를 꼽을 수 있다.'[64] 에너지 전환 과정에서 "오래된" 동력원의 생명력이 꾸준히 유지되는 일은 빈번하다. 그러나 이처럼 옛 동력원이 때때로 새로운 형태로 용도 변경되는 방식에는 확실히 주의를 기울일 필요가 있을 것이다.

이와 동시에 요시무라는 영국 경제학자 윌리엄 스탠리 제번스(William Stanley Jevons)가 1865년에 쓴《석탄 문제(Coal Question)》를 읽고, 석탄 화력 발전의 장기 지속 가능성에 대한 저자의 의구심에 공감했던 것으로 보인다. 그는 이 책의 전제, 즉 영국의 힘은 값싼 석탄을 바탕으로 한다는 전제를 받아들였다. 값싼 석탄은 차례로 값싼 철, 값싼 기계, 값싼 수출 상품을 생산할 수 있도록 했다. 요시무라는 "이 책만큼 국가의 운명, 그 흥망성쇠가 석탄과 얼마나 깊은 관련을 맺고 있는지 상세히 다루는 책은 없다"라고 기록했다.[65] 그는 또한 이 책에서 지적하는 근본적인 우려를 받아들였다. 제번스가 말하듯, "문제는 (…) 석탄이 절대적으로 고갈될 때까지 얼마나 오래 걸릴 것인가가 아니라, 제조업 부문에서 차지하는 영국의 현재 우위를 지탱하는 품질 좋고 저렴한 석탄이 부존된 특정한 석탄층이 얼마나 오래 갈 것인가이다."[66] 다시 말해 채굴하기 쉬운 매장지를 모두 굴착하고 나면 석탄이 지하에 남아 있더라도 이것을 파내는 데 점점 더 큰 비용이 들게 될 것이었다. 이러한 현상은 이미 일본에서 벌어지고 있었다. 설상가상으로 그 소비량의 가파른 증가와 별개로, 석탄은 "재생할 가망이 없는 물건(再生の望まないもの)"임을 요시무라는 강조했다. 그러므로 지

64 Yoshimura, 3-4, 10.

65 Yoshimura, 6-7.《석탄 문제》에 대해서는 다음을 보라. Seow, "The Coal Question."

66 Jevons, *The Coal Question*, 35.

금 당장 석탄 자원의 가용성이 문제가 되지는 않겠지만, 머지않아 그렇게 될 것으로 예상했다. 예를 들어 일본 국내 석탄 매장량이 미국의 0.2퍼센트, 중국의 1퍼센트 수준이라는 전 세계적인 추정치를 고려할 때, "(석탄이) 미국, 중국, 그리고 그 외 여러 국가보다 일본에서 훨씬 더 빨리 고갈될 것이라는 점은 불 보듯 뻔한 일"이라고 경고했다.[67] 석탄이 실제로 미래의 주요 연료가 된다면, 일본의 미래는 말 그대로 암울하기 짝이 없어 보였다.

1920년대 말에 연료 문제는 일본 전역에서 광범위한 관심사였다. 연료 문제는 종종 문제가 되는 자원과 그와 관련한 특수성을 중심으로 언급—주로 '석탄 문제' 또는 '석유 문제'로 호명되었고, 심지어 '목탄 문제'라는 표현도 없지 않았다—되었는데, 국내 에너지원의 지속적인 부족과 향후 예상되는 부족분을 둘러싼 광범위한 우려를 반영했다. 1929년도 《재팬 애드버타이저(Japan Advertiser)》의 한 기사가 촉구하듯, 이는 "해결해야 할 중차대한 문제"였다.[68] 논자마다 연료 문제가 정확히 무엇이고 어떻게 해결해야 하는지에 대해서는 조금씩 의견이 갈렸다. 그러나 일본이 에너지 위기에 직면했다는 진단 자체에는 기본적으로 이견이 없었다. 그에 따른 불안은 탄소 기술관료주의의 팽창에 기름을 부을 터였다.

일본연료협회

1922년, 일본연료협회의 설립은 연료 문제에 대한 하나의 대응이었다. 그러나 이러한 위기에 대처하기 위해 설립된 최초의 조직은 아니었다. 1921년에 일본제국 해군은 도쿠야마항에 있는 연탄 공장을 확장해 연료 보급창으로 개편했는데, 이 기구는 추후 함대 전체에 동력을 공급할 액체

67 Yoshimura, "Waga kuni ni okeru nenryō mondai," 5.

68 "Basic Fuel Problem."

연료에 대한 해군 차원의 연구를 주도하게 될 터였다. 그로부터 1년 전에 농상무성(農商務省)은 매장량 감소 우려 속에서 석탄과 석탄의 효율적인 이용을 연구하기 위해 사이타마에 연료연구소를 설립했다.[69] 일본석유와 같은 기업부터 홋카이도제국대학과 같은 학술 기관을 망라하는 기존의 여러 조직도 연료 문제를 해결하기 위한 연구에 열을 올렸다. 일반적으로 이러한 기관에 소속된 과학자와 엔지니어는 두 가지 해결 방안에 집중한다. 첫째는 연료 추출 및 사용의 효율성을 제고하는 것이고, 둘째는 새로운 연료 대체 연료를 개발하는 것이다. 푸순 탄광이 셰일오일을 경제적·현실적으로 석유를 대체할 수 있는 연료 자원으로 전환하기 위해 공을 들인 일은 후자의 사례 가운데 하나였다.

일본연료협회는 자체적으로 연료에 관한 연구를 수행하지는 않았다는 점에서 다른 조직들과 차별화되었다. 협회는 연구 자체보다는 산업계, 학계, 정계, 군부의 연구자들과 기타 이해 관계자들(이들 중 다수가 위와 같은 계통의 조직을 위해 일하거나 직접 소속되어 있었다)을 한데 모으는 데 집중했다. 요시무라 만지의 말을 빌리자면, 협회의 이러한 활동의 목적은 "(우리끼리) 연료와 전력에 대한 지식의 교환을 촉진하고 일반 대중에게 (일본의 연료 문제를) 잘 알리기" 위해서였다.[70] 따라서 일본연료협회는 역사학자 테사 모리스-스즈키가 "혁신의 사회적 네트워크"로 묘사한 것과 같은 기능을 수행했다고 볼 수 있다. 그에 따르면 이러한 네트워크는 연구와 생산의 장소를 연결함으로써 메이지유신 이후 일본의 기술 개발을 가속했다.[71] 그러나 협회원 간의 교류가 연료 연구를 활성화하는 데 유용했을지 모르지만, 동시에 이러한 연구가 시급한 문제라는 정서를 고조시키기도 했다.

69 Kashima, "Japan Letter."

70 Okunaka, "Fuel Problem in Japan," 34-36; Yoshimura, "Nenryō kyōkai jūnen shi," 1198.

71 Morris-Suzuki, *Technological Transformation of Japan*, 7-9.

일본연료협회는 특히 연료 관련 연구의 당위성을 확보하기 위해 끊임없이 연료 문제를 거론했다. 이 과정에서 다양한 이해관계 당사자와 전문가의 연합체로서 연료협회는 수단을 가리지 않고 문제를 신속히 해결해야 함을 강조했으며, 자신들이 이러한 작업에 적격인 권위자임을 드러냈다.

1921년에 연료연구소가 설립되고 머지않은 시점에 일본연료협회의 전신 연료토론회가 발족했다. 초창기에 이 단체는 석탄의 저온 탄화나 연료용 석탄 분쇄와 같은 주제를 정기적으로 논의하는 느슨한 연구자 모임에 불과했다. 그러나 1년 만에 이 모임 소속 회원 23명은 조직을 더욱 공식화하고 광범위한 역할을 맡기로 하면서 일본연료협회를 설립하고 그 인적 핵심을 구성했다.[72] 그 뒤 조직은 빠르게 성장했다. 고토가 앞서 언급한 "인생과 연료 문제" 강연을 연 1925년 말에 일본연료협회의 회원 수는 1,500명에 달했다. 2년 후 연료협회는 "(협회에 대한) 사회적 신뢰를 더 공고히 하고 (제도적) 기틀을 다지기 위해" 법인 단체로 거듭났다.[73] 조직이 커지면서 본국과 식민지 전역의 각종 사무를 감독하기 위해 일본연료협회는 지역 이사를 선임했다. 만주의 이사는 기도 추타로였다. 기도는 푸순 최초의 탄전 조사를 주도한 후 장장 20년간 만철 지질연구소를 이끌고 있었다.[74] 일본연료협회는 그 본부를 사이타마에 있는 정부의 연료연구소 터 안에 두었고, 제국 구석구석에서 에너지 자원 개발을 장려하는 데 앞장섰다.

당시 연료연구소의 수장이기도 했던 요시무라 만지는 일본연료협회의 초대 회장으로서 협회의 방향성을 결정하는 데 주도적인 역할을 했다. 광업 엔지니어인 요시무라는 1906년에, 앞서 살펴본 푸순 탄광의 여러 관

72 Yoshimura, "Nenryō kyōkai jūnen shi," 1197.

73 Yoshimura, 1199.

74 Yoshimura, 1198.

리자를 비롯한 수많은 엘리트 엔지니어와 마찬가지로 도쿄제국대학에서 학위를 마쳤다. 그는 1913~1915년에 유럽에서 연수를 마친 뒤 미국으로 건너가 스탠퍼드대학 화학과에서 대학원 과정을 마쳤다.[75] 해외에 체류하는 동안 요시무라는 영국인과 미국인이 "그토록 많은 식민지"와 "드넓은 영토"로부터 오는 물질적 풍요를 누리면서, "천연자원을 보존하고 효율적으로 이용"해야 한다는 생각을 깊이 받아들였다는 사실에 큰 충격을 받았다. 요시무라는 물질적으로 더 가난한 일본인이 이와 비슷한 의식을 함양하고, 연료 문제의 심각성에 대한 전반적인 경각심을 제고하는 편이 좋으리라 판단했다.[76] 이에 요시무라는 처음부터 일본연료협회의 역점이 대중 계몽에 맞춰져야 한다고 믿었다.

연료 관련 지식의 교환과 확산이라는 주요 목적을 달성하기 위해 일본연료협회는 수많은 행사를 기획했다. 우선 협회는 월례 정기 강연과 특별 공개 강연을 열었다("한여름의 뙤약볕 속에서도 쉬지 않고 열렸다"라고 요시무라는 자랑했다). "각계각층의 전문가"가 강연했으며, 최신 연료 관련 연구부터 일본 등지에서 연료 문제가 갖는 의미에 이르기까지 다양한 주제가 다루어졌다. 참석하는 청중의 규모 또한 상당했다. 예를 들어, 총 700명 이상의 청중이 1925년도 월례 강연에 참석했다. 협회는 특정한 사안을 중심으로 전문가를 초청해 라운드테이블을 조직하기도 했다. 예컨대 관동대지진 이후 도시 재건 과정에서 연료 관련 문제를 중심으로 회의가 열린 적 있다. 이 역시 일반 대중에게 공개되어 광범위한 호응을 얻었다. 일본연료협회는 매해 봄마다 대중 강연, 전문 학술 강연, 인근 산업 현장 및 연구 기관으로의 견학 프로그램 등으로 구성된 대규모 콘퍼런스를 조직했

75 Takenobu, *Japan Year Book, 1927*, 123; Leland Stanford Junior University, *Graduate Study*, 58.

76 Yoshimura, "Nenryō kyōkai jūnen shi," 1194.

다. 장소는 해마다 바뀌었지만, 공통된 특징은 "연료의 생산이나 소비와 깊은 관련이 있는 곳"이 선정되었다는 점이다. 첫해에는 "굴뚝 숲"이 즐비한 "동양의 맨체스터" 오사카가 개최지로 낙점되었다. 이듬해 주최 측은 한껏 더 야심 차게 조선과 만주에서 콘퍼런스를 개최해 참가자들이 두 곳의 여러 산업 현장을 방문하도록 장려했다. 물론 그러한 장소에 탄도 푸순도 포함되었다.[77]

연료협회가 개최한 모든 행사 중 가장 규모가 큰 것은 1930년에 도쿄에서 열린 연료전람회였다. 제국의 수도 중심부에 있는 상공회의소에서 열린 이 전람회는 재를 남기지 않고 타오르는 '인공 목탄'과 생선 기름으로 만든 '합성 석유'와 같은 신종 연료부터, 석탄 소모량을 줄여 주는 신기술을 접목한 보일러, 난로, 주전자 같은 가전제품에 이르기까지 다양한 상품을 선보였다. 연료에 대한 상세한 정보와 통계자료가 각종 선 그래프, 막대 도표, 삽화 등과 더불어 전시되었는데, 한 참관자는 "특히 여성과 어린이의 많은 관심을 끌었다"라고 평가했다. 행사가 열린 열흘 동안 약 4만 명의 참석자가 전람회를 찾아 연료 문제에 대한 강연을 들었으며, 〈연료 사용〉, 〈연료 입문〉 따위의 팸플릿을 받았고, 연료 관련 단편 영화를 관람했다. 주최 측은 전람회가 "상상할 수 없을 정도로 성공적"이었다고 평가했다.[78] 이들의 자평을 어떻게 받아들일 것이냐는 차치하자. 어쨌든 일본연료협회가 그 어떤 단체보다도 연료 문제를 대중의 관심사로 만드는 데 지대한 노력을 기울였으며, 결과적으로 일본 국민이 화석 연료에 대한 갈망과 에너지 부족에 대한 두려움을 갖도록 만들었다는 사실을 부인하기란 쉽지 않다.

더 나아가 연료협회는 월간 《연료협회지》를 주요 매체로 삼아 연료에

77 Yoshimura, 1201-4.

78 Yoshimura, 1208-10; "Mokutan ya sekiyu"; Mitsuki, "Jūshūnen no omoide."

대한 지식을 인쇄물 형태로도 배포했다. 협회가 주최한 숱한 강연과 토론의 녹취록은 행사 후 이 기관지에 게재되어 참석자보다 훨씬 더 많은 대중에게 전달되었다. 월간지에는 또한 연료 및 전력 산업 현황에 대한 사설, 연료와 관련한 제반 문제에 대한 고도로 전문적인 기술보고서와 쉽고 대중적인 기사, 외국 문헌에서 발췌한 연구 결과 및 산업 실태조사의 요약문, 석탄과 석유의 생산 및 수입·수출 통계, 협회 동정과 거시적인 에너지 경제에 대한 소식 등이 실렸다.[79]

1925년에 일본연료협회는 대중의 참여를 촉진하기 위해 창립 3주년을 맞아 에세이 공모전을 열었다. 공모 과제는 "연료 문제와 관련한 중요한 이슈를 일반 대중에게 알리기 위한" 글이었다. 심사위원들은 "내용, 구조, 스타일의 면에서 (…) 탁월한" 최우수 에세이 한 편을 선정했다. 이들은 해당 작품이 연료 문제를 둘러싼 예상되는 경제적·국가 안보적·사회 정책적 측면뿐 아니라 "윤리적인" 측면까지도 고려한다는 점에서 다른 40편의 응모작과 다르다고 평가했다. 이듬해 협회 기관지에 실린 이 에세이의 저자는 육군 장교 나가이 모사부로다. 나가이는 "천연자원이란 하늘이 인류에게 내린 선물"이므로 "국제 공동체의 (…) 공존과 공영"의 원칙에 따라 천연자원에 대한 접근을 모든 국가에 개방해야 한다고 주장했다. 그는 "자원이 부족한 국가가 자원이 풍부한 국가를 침략하는 것이 부당한 일이라면, 자원이 풍부한 국가가 다른 국가의 자원 활용을 막아서는 것 또한 부당"하다고 역설했다. 이러한 논리에 따라 연료권을 확보하기 위해 별안간 "새치기하는(割込)" 행위는 윤리적으로 충분히 옹호될 수 있다는 것이 그의 결론이었다. 나가이가 보기에 이러한 행보를 취한 대표적인 국가는 "(중동에서) 석유를 둘러싼 경쟁에 뒤늦게 뛰어든 후발주자"로

79 Yoshimura, "Nenryō kyōkai jūnen shi," 1194.

서 현재 "기회균등과 문호 개방을 외치고 있는" 미국이었다.[80] 일본제국이 미 제국으로부터 배울 점이 있었다고 본 모양이다.[81]

연료 문제에 대한 대중의 이해를 높이기 위해 노력하는 동시에, 일본연료협회는 더욱 직접적으로 문제 해결을 위해 힘썼다. 예를 들어 《연료협회지》는 "연료 기술과 관련한 문예와 과학"에 관심 있는 일반 대중을 독자로 상정했지만, 다른 한편으로 여러 분야의 연료 전문가가 연료 문제 해결 방법을 논의하는 중요한 장으로서 기능하기도 했다.[82] 논의에 참여한 전문가들은 연료 효율성과 대안 연료(다음 두 절에서 더 자세히 다룰 것이다)에 관해 끊임없이 연구하고, 국가 차원의 연료 정책이 필수적이며 이를 위해 일본연료협회가 적극적으로 움직여야 한다는 공론을 개진했다.

연료 정책을 연구하면서 세부 사항에 대해서는 이견이 없지 않았지만, 분명한 것은 다수의 연료 전문가가 연료 문제를 해결하는 데 국가가 주도적인 역할을 해야 한다고 보았다는 점이다. 일본연료협회 총무 오쿠나카 고조는 다음과 같이 썼다. "정부는 확실하고 근본적인 (연료) 정책을 수립해야 하며 시간을 지체해서는 안 된다. 그러한 정책을 통해 현재의 한정된 자원과 불안정한 공급을 최선의 방식으로, 가장 경제적인 방식으로 활용할 수 있도록 노력해야 한다."[83] 1924년에 요시무라와 일본연료협회의

80 "Nenryō mondai no jūyo," 736–37, 746. 1차 세계대전 이후 중동 석유 쟁탈전에 가담하기 위한 미국의 노력에 대해서는 다음을 보라. DeNovo, "Movement for an Aggressive American Oil Policy"; Yergin, *The Prize*, 194–206.

81 제국으로서의 미국에 대해서는 다음을 참고. Maier, *Among Empires*; Immerwahr, *How to Hide an Empire*. 구체적으로 에너지 자원에 대한 미국의 접근에 관해서는 다음을 보라. Shulman, *Coal and Empire*.

82 Takenob, *Japan Year Book, 1923*, xliv. 경제지 《석탄시보(石炭時報)》와 《석유시보(石油時報)》도 이와 비슷한 역할을 맡았다. 기고자들은 기업 총수부터 해군 제독에 이르기까지 다양했다. 그러나 이 두 언론은 각각 석탄업계와 석유업계만을 따로 취급했으므로, 《연료협회지》만큼 논의의 폭을 넓혀 여러 종류의 연료를 다양하게 다루지는 못했다.

83 Okunaka, "Fuel Problem in Japan," 30.

몇몇 지도자들은 연료 정책의 토대를 마련하기 위해 "연료 및 전력 조사위원회"를 설립할 필요가 있다고 주장하며, 관련 제안서 초안을 작성해 당시의 집권 여당 헌정회(憲政會)와 그 내각에 제출했다.[84] 해군 또한 일본 연료협회의 주장에 힘을 보태자, 2년 후 상공무성은 연료조사위원회를 정식으로 설립했다.[85]

연료 정책의 필요성을 역설하고 구상한 인물들에게 이러한 정책은 국가의 개입을 확보하는 수단이었으며, 더 중요하게는 일본 내 탄전 및 유전의 발견과 개발, 자원 가격 규제와 국내 생산자들 간의 이해관계 조율, 대체 연료 개발, 해외 광업권 획득 등의 활동에 필요한 자금을 확보하기 위한 초석이었다. 연료조사위원회가 공식적인 연료 정책안을 마련하는 데는 그 뒤로 몇 년이 더 걸린다. 심지어 1934년에 제정된 최초의 연료 관련 법안은 석유 산업에 국한되었으며, 주로 일본 정유업체의 이익을 외국 기업과의 경쟁으로부터 지켜 내려는 보호주의적 규정으로 이루어졌다.[86] 그러나 종합적인 연료 정책의 부재에도 불구하고 국가는 앞서 언급한 목표를 단편적으로나마 하나하나 추진했다. 예를 들어, 1927년에 연료조사위원회는 상공무성을 설득해 국내 석유 자원 탐사를 장려하기 위해 기계 장비 구입과 시추 실험에 5년간 250만 엔의 보조금 예산을 책정하도록 했다.[87] 해외—아직 정식 식민지가 아니거나 만주처럼 철도 인근 지역에 대한 부분적인 조차권만 확보한 지역을 포함해—에서 자원 채굴권을 확보하는 문제와 관련해, 일본 정부는 우선 멕시코에서 석유 시추권을 획득하고자 했으나 결과적으로 실패하고 말았다. 그 뒤 일본은 1925~1944년

84 Yoshimura, "Nenryō kyōkai jūnen shi," 1206-7.

85 Sohn, *Japanese Industrial Governance*, 44.

86 1934년도 석유업법(石油業法)에 대해서는 다음을 참고. Sohn, *Japanese Industrial Governance*, 49-56; Samuels, *Business of the Japanese State*, 177-79.

87 Okunaka, "Fuel Problem in Japan."

에 사할린 북부의 유전을 개발할 수 있는 국영 기업을 설립하는 협정을 소련 정부와 체결했다.[88]

연료 정책 주창자들이 제시한 다양한 구상의 이면에는 일본이 더 많은 양의 화석 연료에 접근할 필요가 있다는 확신이 있었다. 일본산 석탄과 푸순산 석탄 사이의 긴장 관계에서 볼 수 있듯, 생산량이나 수입량을 제한해 자신들의 수익을 보호하길 바란 일부 일본 국내 생산자들도 틀림없이 있었다. 그러나 연료 정책을 요구한 대부분 사람, 특히 일본연료협회 회원들은 해외 영토 지하에 있는 물량까지도 포함해 더 많은 탄소 자원을 일본이 확보해야 한다고 생각했다. 어떤 이는 추출을 위해 팽창한다는 이러한 구도가 제국과 에너지 사이의 자연스러운 상호작용이 아니냐고 반문할지도 모르겠다. 그러나 이 시기에 중동 석유를 차지하기 위해 경쟁한 미국이나 영국과 같은 다른 제국주의 열강의 경우, 석유에 대한 통제권 확보는 생산량을 마냥 늘리는 것보다는 그것을 제한할 수 있는 권력을 의미했다. 1920년대 후반의 전 세계적인 석유 공급 과잉 상황에서는 생산량을 줄임으로써 자국 기업의 이익을 극대화할 수 있었다.[89] 이와 대조적으로, 일본은 자국이 다른 국가들에 비해 상대적으로 에너지 자원이 부족하다는 점을 너무 잘 알고 있었기 때문에 언제나 더 많이 확보하지 못해서 안달이었다.

국가를 위한 연료 절약

많은 전문가가 연료 문제에 대한 해결책의 하나로 연료 사용량을 줄여야 한다고 지적했다. 그러나 그들은 석탄, 석유, 여타 에너지원을 소모하는

88 일본의 북사할린 진출과 석유와 관련한 이익 확보 과정에 대해서는 다음을 보라. Hara, "Japan Moves North."

89 Ross, *Ecology and power*, 219-20; Mitchell, *Carbon Democracy*, 43-45, 96-97.

산업, 그리고 다른 여러 활동 자체의 규모를 축소하는 방안에 대해서는 논의하지 않았다. 오히려 "연료의 희생"을 줄여야 한다는 언사에서 보이듯, "소량의 연료를 완전히 연소시켜 더 큰 열을 방출"할 수 있도록 하는 방법과 메커니즘을 장려해 에너지 활용 범위를 유지·확장하고자 했다. 즉, 사용량 늘리기와 더불어 효율성을 높이겠다는 심산이었다.[90] 연료 절약에 대한 이러한 관심을 불러일으킨 데는 연료 문제의 핵심인 현재와 미래의 연료 부족에 대한 불안뿐만 아니라, 석탄과 석유의 비용 상승에 대한 우려 또한 작용했다.[91] 어떤 이들은 연료 절약을 도덕적 의무로 규정하기도 했다. 나이토 유는 과거 전근대 시대 일본이 "쇄국(鎖國)"으로서 "물질 존중 의식"을 갖고 있었으며, 근대 일본은 이 감각을 회복할 필요가 있다고 주장했다.[92] 그는 다음과 같이 한탄했다. "메이지유신에 이어 구미 문명을 도입한 이래로 생산이 많이 늘어났고, 외국과의 교류가 활발해지면서 원자재를 더 쉽게 구할 수 있게 되었다. 이에 따라 우리는 (자원 사용 방식에 유의하라는) 전통적인 계고를 더 이상 신경 쓰지 않게 되었다."[93] 도쿄제국대학에서 응용화학 학위를 취득했으며 일본연료협회 창립 회원 중 한 명이었던 나이토는 도쿄가스에서 몇 년간 근무한 후 연료 연구를 위한 자신의 연구소를 설립했다. 그는 연료 선정과 취급 방법을 개선하거나 더 많은 열을 유지해 연료를 절약하게 하는 엔진 장치를 고안하는 등, 주로 효율성의 극대화를 통해 연료 절약을 가능케 하는 연구에 매진한 몇몇 연구자 가운데 하나였다.[94]

90 Naitō, "Nenryō kenkyū no igi," 6.

91 "Japan Industries Retarded"; Kobori, *Nihon no enerugii kakumei*, 34-35.

92 일본 근세 시기 자원의 효율적 이용에 대해서는 다음을 보라. Hanley, *Everyday Things*, 51-76.

93 Naitō, "Nenryō kenkyū no igi," 4.

94 Naitō, 6.

각종 연료 절약법을 산업 현장에 적용하기 위한 최초의 주된 시도는 1920년대 후반 오사카에서 이루어졌다. 역사학자 고보리 사토루(小堀聡)가 전후 일본의 "에너지 혁명"에 관한 연구에서 주장하듯, 이는 "에너지 절약 정책의 탄생"이라는 맥락에서 중차대한 사건이었다.[95] 이러한 노력의 바탕에 오사카부립산업능률연구소(大阪府立産業能率研究所) 산하 연소지도부(燃焼指導部)가 있었다. 1925년에 현지 관료들과 재계 지도자들이 설립한 이 연구소의 목표는 가장 산업화한 도시인 오사카의 "생산 합리화"였다.[96] 연구소는 일본연료협회 회원이자 광업 엔지니어인 쓰지모토 겐노스케와 협의를 통해, 1929년에 더 나은 연료 연소법을 장려해 산업 효율을 높이는 것을 주요 목표로 천명하며 연소지도부를 설립했다. 연소지도부는 소속 전문가를 일선 공장에 파견해 적합한 연료 선택, 적절한 장비 설치 인증, 보일러에 석탄을 공급하는 방식부터 환풍기 제어에 이르기까지 연료 연소 문제 전반에 대한 지침을 내렸다. 이러한 권고사항을 준수한 공장은 추가적인 설비 투자를 거치지 않고도 평균 16퍼센트의 연료 소비를 줄일 수 있었다.[97] 비슷한 목적을 위해 보일러공에 대한 광범위한 교육 과정이 실시되었다. 1930년대 초부터는 이러한 교육을 거쳐 (적절한 연료 취급법에 관한) 면허를 취득한 보일러공만이 공장에 취업할 수 있었다.[98]

그러나 정작 오사카에서 연료 절약이 정책적으로 자리 잡은 것은 산업 효율성이 아니라 매연 저감이라는 명목 때문이었다. 1932년에 오사카부 정부는 매연 저감에 관한 규제를 통과시켰는데, 그중 보일러공의 면허를

95 Kobori, *Nihon no enerugii kakumei*, 40-51. 이 사례에 대한 나의 견해는 고보리의 연구에 빚졌다.

96 Tsutsui, *Manufacturing Ideology*, 79.

97 Kobori, *Nihon no enerugii kakumei*, 48.

98 Kobori, 50-51.

〈그림 3-2〉 "동양의 맨체스터"이자 "매연의 수도" 오사카. 1880년대에 촬영된 이 사진의 배경에는 이미 복수의 공장 굴뚝이 관찰된다. 이러한 굴뚝들은 훗날 산업 도시 오사카를 특징짓는 "굴뚝의 숲"의 시작을 알렸으며, 일본 최초의 매연 저감 운동의 계기가 되었다. 이러한 운동은 매연 방지와 산업 효율성 증대가 연결되었을 때 비로소 성공할 수 있었다. (Image courtesy of MeijiShowa/Alamy Stock Photo.)

필수화하는 것 또한 주요 내용 중 하나였다. 고보리는 이 규제가 "일본 최초의 대기 오염 관련 규제"라고 주장했다.[99] 여기에는 꽤 오래된 기원이 존재한다. 석탄을 태우는 공장에서 뿜어져 나오는 매연의 유해함에 대한 우려는 19세기 말부터 일본에서 제기되었다.[100] 물론 제철 도시 야하타(八幡)의 시가(市歌) 속 "소용돌이치는 연기가 하늘을 뒤덮는다"라는 가사가 시사하듯, 많은 사람이 매연을 진보의 상징으로 간주했다. 그러나 일부 사람들은 불안감을 느꼈다.[101] 1888년 당시 내무성 위생국의 젊은 의사

99 Kobori, "Development of Energy-Conservation Technology," 223.

100 많은 일본인 논자는 영국을 참고했다. 영국의 매연 공해와 그 절감 시도에 대해서는 다음을 보라. Stephen Mosley, *Chimney of the World*.

101 Shigeto, *Political Economy of the Environment*, 28.

고토 신페이는 다음과 같이 관찰했다. “어떤 사람들은 매연 굴뚝의 수가 늘어나는 것을 하릴없이 좋아만 하는 것 같다. 일본 여러 도시의 심장부에 그러한 시설이 더 많이 들어서는 것에 아무런 저항도 하지 않는다. 그저 그렇게 함으로써 도시의 경관이 더 좋아진다고 믿고 있는 것 같다.” 그는 불만을 토로했다. “그러나 이러한 상황은 국가의 미래에 대한 심각한 우려를 불러일으킨다.”[102]

“매연의 수도(煙の都)”라는 별명을 가진 오사카에서는 그 뒤 수십 년 동안 굴뚝의 배기가스를 규제하려는 시도가 있었지만, 번번이 실패했다. 대표적인 사례로 1913년에 영향력 있는 시민 단체가 제안한 연기 저감 조례를 꼽을 수 있는데, 여기에는 배기가스 저감 장치 설치를 의무화하는 조항이 포함되었다. 이 시민 단체는 오사카 상공회의소에 자신들의 제안을 심의해 줄 것을 요청했다. 상공회의소는 1년 넘게 답변을 미루다가 사업자가 감당하기에는 저감 장치 비용이 지나치게 비싸다고 결론 내렸다. “제안된 조례가 시행된다면 많은 공장이 불가피하게 문을 닫게 될 것이며, 이는 오사카시의 핵심 밑천에 치명타를 날리는 꼴이 될 것이다.”[103] 상공회의소는 결국 이 제안을 기각했다. 그러나 대기 오염은 오사카와 여러 도시에서 악화 일로였다. 그뿐만 아니라 공해가 건강에 해롭다는 점 또한 더욱 널리 인정받았다. 영양 전문가 아리모토 구니타로는 일본연료협회가 주최한 한 강연에서 장시간 매연을 흡입하면 “도시형 폐병”(진폐증)이 유발될 수 있으며, 스모그로 하늘이 어두워지면 햇빛 노출이 감소해 비타민D 결핍이 발생할 수 있다고 경고했다. 비타민D는 “구루병 예방과 치료,” 그리고 “뼈와 치아의 정상적인 성장과 발달”에 필수적인 영양소다.[104]

102 다음으로부터 인용. Shigeto, *Political Economy of the Environment*, 30.

103 Shigeto, 30; Adachi, “Gaien bōshi undō,” 1468.

104 Arimoto, “Toshi kūki,” 984-87.

1932년에 오사카부 정부가 마침내 배기가스 저감 규제를 도입할 수 있었던 것은 쓰지모토와 같은 일본연료협회 주요 인사들의 협력 덕분이었다. 두 기관은 함께 매연 저감과 연료 효율 증대를 동일시하는 논리를 만들어 냈다. 석탄을 완전하게 연소시키면 연료 사용량이 줄어들 것이고, 그렇다면 대기 중으로 배출되는 미립자도 줄어들 수 있다는 것이다. 이를 바탕으로 오사카 정부와 일본연료협회 측은 매연 저감을 위한 조치가 추가 비용을 초래하는 것이 아니라, 오히려 비용을 절감시킬 것이라고 현지 사업자들을 설득했다.[105] 오사카에서 시행된 규제는 곧 만주의 항구 도시 다롄을 비롯한 다른 여러 산업 도시에서도 채택되었다.[106] 기업의 이익이 보장된 후에야 비로소 정책적인 환경 보호가 시행될 수 있었다. 이러한 사례는 이전에도, 이후에도 수없이 많았다.

연료 절약 담론은 산업계를 넘어 가정 내부로까지 퍼져 나갔다. 1926년 당시 일본연료협회의 오시마 요시키요(大島義清, 1882~1957) 회장은 다음과 같이 말했다. "개별 가정 차원에서 볼 때 국내 연료 소비량이 적어 보일 수 있지만, 국가 전체의 누적 총량을 고려하면 결코 무시할 수 있는 수준이 아니다."[107] 일본연료협회는 대중 교육 사업의 하나로 가정에서 더욱 신중하게 연료를 사용해야 한다는 메시지를 널리 알리고자 했다. 1930년 도쿄연료전시회와 연계해 열린 일본연료협회 회의 일정에는 일본여자대학교 교수 와카하라 토미코(若原とみ子)의 "요리와 연료"라는 강연이 포함되어 있었다. 클레망소가 석유를 피에 비유한 것을 연상시키듯, 와카하라는 다음과 같이 선언했다. "석탄 한 조각은 빵 한 조각과 같고, 기름 한 방울은 식수 한 컵과 같다." 연료는 이러한 필수 물자와 마찬가지로 사

105 Kobori, *Nihon no enerugii kakumei*, 46.

106 Kobori, 53-59.

107 Ōshima, "Katei nenryō," 642.

회를 지탱하는 요소이므로 낭비해서는 안 된다는 것이 그의 생각이었다. 다른 많은 도시 개혁가와 마찬가지로 와카하라도 석탄가스를 가정용 연료로 장려했다. 여기에는 석탄가스업자들이 즐겨 광고한 것처럼 편리하고 위생적이라는 이유도 있었다. 그러나 와카하라의 평가에 따르면, 무엇보다도 석탄가스는 비용 대비 열효율이 높으므로 권장되어야 했다.[108]

그러나 가정에서의 연료 절약 담론은 단순히 연료 선택의 문제에 그치지 않았다. 연료의 사용 방법도 고려해야 했다. 와카하라는 직접 실시한 실험을 바탕으로 요리 시 연료 소비를 최소화할 수 있는 몇 가지 실용적인 방법을 소개했다. 예를 들어 밥을 지을 때는 먼저 불을 최대로 올려 물을 끓인 다음 불을 최대한 낮춰 끓는 상태를 유지하고, 마지막 단계에서는 불을 조심스럽게 조절해 밥이 타지 않도록 해야 한다고 조언했다. 이 과정을 설명하기 위해 와카하라는 세 단계를 명확히 구분한 시간 대비 온도 그래프를 제공했다.[109] 연료를 소모해야 하는 다른 분야와 마찬가지로 요리 분야에서도 효율성 추구는 과학의 미명으로 뒷받침되었다. 가사 노동하는 중산층 여성은 새로운 가정 과학기술의 갖가지 까다로운 요구를 준수해야 했다. 결과적으로 연료를 절약하는 대신 여성이 들여야 하는 시간과 수고가 가중되곤 했다. 기술사가 루스 슈워츠 코완(Ruth Schwartz Cowan)은 미국 산업화 시대의 각종 가사 도구와 젠더화된 노동에 관해 연구했다. 코완은 이러한 현상을 두고 "어머니들에게 더 많은 일"이 주어졌다고 분석했다.[110]

와카하라를 비롯해 가정용 연료 절약을 주창하는 사람들은 집안의 연료를 아끼는 일을 국가적 요구에 부응하는 것으로 해석했다. 와카하라는

108 Wakahara, "Ryōri to nenryō," 1114-16, 인용문은 1114쪽.

109 Wakahara, 1116-20.

110 Cowan, *More Work for Mother.*

연료 문제를 해결하기 위해 일본이 응당 "새로운 연료 공급원을 발굴"하고 "해외 자원을 개척"해야 한다고 주장했다. 그러나 그는 또한 "주방 연료 소비자인 여성들"을 포함해 모든 일본인이 반드시 연료 사용을 "효과적으로 합리화"해야 한다고 덧붙였다.[111] 검소한 가계 살림을 옹호하는 사람들은 오랫동안 연료 절약에 관해 이야기해 왔다.[112] 그러나 연료 문제가 떠오르면서, 이러한 절약 실천은 근검절약의 미덕보다는 국익 및 미래 연료에 관한 근심과 더 직접적으로 결부되기 시작했다. 구니사와 키요코라는 도쿄의 한 교사는 연료와 가정 경제에 관한 지침서를 썼다. 연료를 비롯해 일본이 전반적으로 "물질적 결핍"에 직면했다는 맥락에서 그는 다음과 같이 말했다. "무엇보다 가장 시급한 일은 일반 가정이 소비를 대대적으로 줄이는 것이다."[113]

공장에서나 가정에서나 연료 절약은 일본이 활용할 수 있는 에너지 자원을 더 많이 확보하는 방안으로서 장려되었다. 하지만 공장과 가정은 같지 않다. 연료가 정말 부족해졌을 때 주된 희생은 공장이 아니라 가정에 짐 지워졌다. 집안의 여성과 남성은 연료를 효율적으로 이용할 것을, 더 나아가 때때로 완전히 사용하지 말 것을 요구받기도 했다. 와카하라는 "국가 정책"이 "개인의 이익"보다 우선시되어야 한다고 주장했다.[114] 다음 장에서 설명하겠지만, 전시 긴축이라는 상황에서 이러한 주장은 고통스럽게 현실화했다.

111 Wakahara, "Ryōri to nenryō," 1115.

112 20세기 초 가정 내 근검절약에 대해서는 다음을 보라. Garon, "Fashioning a Culture."

113 Kunisawa, *Katei ni okeru nenryō*, 3.

114 Wakahara, "Ryōri to nenryō," 1115.

백일몽

연료 절감 노력과 더불어 일본 연구진은 대체 연료 개발에 열을 올렸다. 다수의 과학자가 일본에 국가를 부강하게 만들 에너지 자원이 부족하다면, 그 해결책은 대체 에너지원에서 비슷한 종류와 양의 동력을 확보하는 것이어야 한다고 여겼다. 예컨대 1921년에 화학자 고바야시 규헤이(小林久平)는 청어 기름과 산성 백토의 혼합물에서 "초록빛 형광의 석유 냄새가 나는 (…) 휘발성 기름"을 추출해 작은 반향을 일으켰다.[115] 생선 기름과 여타 물질을 두고 비슷한 실험이 이어졌다. 특히 악명 높은 사건 하나가 태평양 전쟁 막바지에 발생했다. 해군 소속 과학자들은 당시 절실했던 항공 연료를 확보하기 위해 소나무 뿌리 기름을 대량으로 증류하고자 했다. 이는 대단히 노동 집약적 사업이었다. 일본 열도의 울창한 소나무 숲의 대부분을 훼손했지만, 정작 군사적으로 이용할 만한 연료는 거의 생산하지 못했다.[116] 또 다른 주목할 만한 연금술적 시도는 요시무라가 언급한 석탄 액화였다(다음 장에서 다시 다룰 것이다). 일본 과학자들은 1920~1930년대에 이 공정을 실용화하기 위해 분투했지만, 2차 세계대전이 발발한 이후에야 비로소 석탄을 액화해 연료를 생산할 수 있는 공장이 푸순과 그 외 여러 지역에 세워졌다. 이러한 노력과 더불어, 엔지니어와 아마추어 기술공은 통상적으로 사용하지 않는 연료로도 가동할 수 있는 엔진을 설계하기 위해 노력했다. 이러한 기술을 응용한 가장 대표적인 사례로는 목탄으로 움직이는 차량을 꼽을 수 있다. 전시에 석유 부족이 심해지면서 일본 본국과 식민지의 도로 곳곳에서 점점 더 많은 목탄 자동차가 등장했다.[117] 그러나 전반적으로 이러한 기계 장치는 꾸준한 관심을 받지 못했다. 또한

115 Kobayashi, "Gyoyu yori sekiyu seizō"; "Aritificial Oil Made in Japan"; Colby, *New International Year Book*, 131.

116 Tsutsui, "Landscapes in the Dark Valley," 300; Yergin, *The Prize*, 363-64.

117 Shirato, "Mokutan gasu jidōsha."

성능 면에서도 이러한 장치가 대체할 것으로 기대한 기존의 엔진보다 못했다. 한편, 과학기술적 해결책을 모색하는 과정에서 대체 연료에 관한 관심은 꾸준했다. 이 가운데 가장 중요한 사례는 푸순의 셰일오일이었다.[118]

'셰일오일'은 '오일셰일(유혈암)'이라고 불리는 고운 질감의 퇴적암에 있는 불용성 유기물에서 증류한 액체 탄화수소를 가리킨다. 푸순의 두꺼운 석탄층 바로 위로 이 암석이 대량으로 매장되었다는 사실은 수많은 일본 제국주의자를 기쁘게 했다. 아카바네 가쓰미(赤羽克己, 1869~1941)는 미쓰이 출신으로 훗날 만철의 임원이 되어 일본 최초의 셰일오일 사업체를 푸순에 설립하는 데 중추적인 역할을 했다. 그는 약 55억 톤으로 추정되는 푸순의 오일셰일로부터 20억 배럴 이상의 원유를 생산할 수 있다고 지적했다. 이는 석유 부국 미국 매장량의 약 5분의 1에 해당하는 양으로, 일본이 향후 300년 동안 사용할 만하다고 설명했다. 더욱이 아카바네는 1924년에 "제국의 다양한 군사, 공업, 교통 운수 관련 활동을 떠받치는 과정에서" 셰일오일이 "국부의 증대에 이바지할 것"이라고 말했다. 이해 관계자들이 이 연료를 개발할 가능성을 모색함에 따라, 그는 셰일오일의 가치를 강하게 옹호했다.[119]

1912년에 한 나이 많은 중국인 노동자가 푸순의 석탄 매장지를 덮은 기름을 함유한 셰일 암석의 특성을 발견했다는 이야기가 전해진다. 어느 무더운 여름날 오후, 이 광부는 첸진차이 광산 모퉁이에 드러난 셰일 암석에 기대어 담배를 한 대 피우며 쉬고 있었다. 마지막 연기를 토해 내고 담뱃대를 비운 뒤 그는 바로 옆 셰일 암석에서 이상한 액체가 흘러나오는

118 푸순 셰일오일 사업의 흥기에 대해서는 다음을 보라. Iiduka, "Mantetsu Bujun oirushēru jigyō"; Yamamoto, "Manshū oirushēru jigyō." 푸순 셰일오일업의 시작에 관한 이 책의 설명은 이 두 논문 모두를 부분적으로 참고했다.

119 Akabane, *Nihon no sekiyu mondai*, 9-10.

것을 발견했다. 털어낸 담뱃재와 닿더니 액체에 불이 붙었다. 지나가던 일본인 감독관이 이 신기한 광경을 목격하고 상사에게 보고했다. 이야기에 따르면, 그 뒤 암석에 원유가 존재한다는 사실이 확인되었고 순식간에 널리 알려졌다.[120]

일본 측 기록에는 중국인 광부에 관한 언급이 없다. 다만 발견 시점이 1909년으로 적시되어 있다. 또한 푸순에서 발견된 "불에 타는 돌(燃える石)"이 다롄에 있는 만철 중앙연구소로 운반되었으며, 만철 소속 화학자들이 이를 분석했다고 밝힌다.[121] 초창기 실험에 사용한 셰일 표본은 석탄과 가장 가까운 지층에서 채취한 것으로 품질이 가장 좋지 못했다. 이 암석 표본에서 생산된 원유는 전체 질량의 2퍼센트에 불과했다.[122] 향후 몇 년 동안 후속 실험이 진행되었지만, 이 암석을 가지고 수익성 있는 사업을 전개할 전망은 그리 밝아 보이지 않았다.[123]

그러나 1차 세계대전 이후 연료 문제가 대두되면서 푸순의 오일셰일은 전례 없을 정도로 이목을 끌었다. 해군은 전쟁 초기부터 관심을 두고 유럽과 미국의 셰일오일 산업 실태에 관해 자체 연구를 시작했다. 얼마 지나지 않아 해군은 만철에 연락해 푸순에서 셰일오일 사업에 착수할 가능성을 타진했다. 이를 위해 해군은 도쿠야마 연탄 공장에서 푸순 셰일에 대해 여러 실험을 했고, 대규모 사전 실험을 진행하기 위해 수 톤의 셰일 암석을 스코틀랜드로 보냈다. 푸순 탄광에도 전문 인력을 파견해 각종 현장 실험을 추진했다.[124] 만철 또한 자체적으로 셰일오일 연구에 본격적으로 돌입했다. 해군과 마찬가지로 막대한 양의 셰일 암석을 스코틀랜드뿐

120 *FKZ*, 290.

121 Mizutani, "Manshū ni okeru ekitai nenryō," 822.

122 Iiduka, "Mantetsu Bujun oirushēru jigyō," 3.

123 *ITM*, reel 107, nos. 05612–05615.

124 Yamamoto, "Manshū oirushēru jigyō," 181–82.

만 아니라 에스토니아, 독일, 스웨덴 등 세계 각지의 레토르트(retorts) 설비로 보내 실험했다.[125] 사내에서도 만철 소속 과학자와 엔지니어가 셰일의 특성에 관한 추가 연구에 착수했다. 다양한 실험 결과가 도출되었다. 푸순에서 셰일오일을 경제성 있게 생산할 수 있을 것인가라는 문제에 대해 전반적으로 해군은 다소간 희망을 품었지만, 만철은 조금 더 조심스러웠다.[126]

그러나 이 기획이 불현듯 실현될 것처럼 보이게 된 데는 두 가지 요인이 작용했다. 일본연료협회의 창립 회원이자 해군 장교였던 미즈타니 고타로(水谷光太郎, 1876~1962)가 1920년대에 사후적으로 설명한 것에 따르면, 첫 번째 요인은 셰일 지층을 시추해 채취한 내부 핵심층의 표본을 철저히 조사한 결과였다. 만철 소속 연구원 기무라 다다오는 이러한 실험 결과에 따라 석탄층으로부터 가장 멀리 떨어진 곳에 매장된 셰일 암석의 품질이 준수하며, 그 질량의 10퍼센트 이상의 원유를 생산할 수 있다고 판단했다. 만철의 지시로 에든버러 외곽의 한 정유 공장에서 몇 달 동안 공정을 관찰한 기무라는 석탄층에 가까운 셰일일수록 품질이 떨어진다는 결론을 내렸다.[127] 따라서 만철이 석탄층과 인접한 셰일을 잘 제거할 수 있다면 7~8퍼센트의 원유 회수율을 확보할 수 있을 것이라는 계산이 나왔다.[128] 두 번째, 아마도 더 중요한 요인은 대형 노천광(2장 참고)의 출현으로 푸순 탄광 측은 어쨌든 석탄층에 도달하기 위해 그 상부의 셰일층을 뚫을 필요가 있었다는 점이다. 따라서 연료로 가공하기 위해 이 셰일 암석을 채굴하는 일이 "공짜로 해결되었다고도 간주할 수 있다"라고 또 다

125 예를 들어 다음을 보라. "Oil-Shale-Tests in Sweden, Sample of Oil Obtained" (June 9, 1922), *ITM*, reel 107, no. 05616.

126 Yamamoto, "Manshū oirushēru jigyō," 182-84.

127 Mizutani, "Manshū ni okeru ekitai nenryō," 824; "New Fushun Shale Oil Plant," 58.

128 Iiduka, "Mantetsu Bujun oirushēru jigyō," 5.

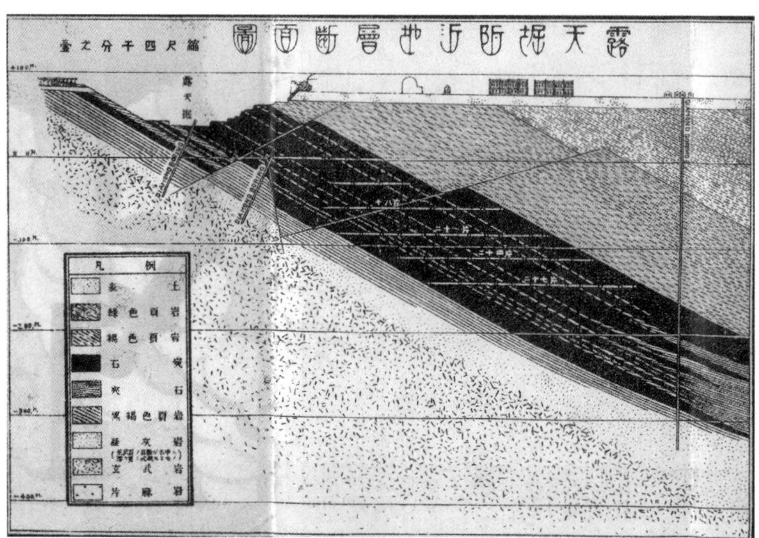

〈그림 3-3〉 만철이 1929년에 출간한 《푸순탄광개요(撫順炭鑛槪要)》라는 제목의 소책자에 수록된 노천광의 지층 단면도. 검은색 띠로 표시된 부분이 석탄층이며, 그 바로 위에 있는 층이 오일 셰일이다. (Image courtesy of the Harvard-Yenching Library, Harvard University.)

른 만철 연구원은 주장했다.[129] 따라서 푸순 노천광이라는 형태의 확대된 추출 활동이 예기치 않게 또 다른 탄소 자원을 개발할 가능성을 열어젖혔다. 실제로도 셰일 암석을 땅에서 들어내는 과정은 추가 비용을 들이지 않고 이루어졌다고 볼 수 있다. 그러나 증류 및 기타 가공 처리 시설을 마련하기 위해 소요된 자본까지—더욱이 오늘날의 관점에서 봤을 때 이 비전통적인 원유를 가공하고 소비하는 과정에서 발생한 환경적 비용까지—따진다면, 전체 비용은 실로 막대했다고 해야 할 것이다.[130]

비용 문제는 푸순 셰일오일 사업 출범을 둘러싼 논의 과정에서 주요

129 Mizutani, "Manshū ni okeru ekitai nenryō," 824; Ishibashi, "Present Status," 183.

130 물론 이 추출의 현장을 유지하는 데도 지속해서 비용이 발생했다. 이집트의 면화 경제에 관한 연구에서 애런 제이크스(Aaron Jakes)가 지적한 것처럼 "자연이 준 '공짜 선물'은 실제로 결코 공짜가 아니었다. (…) (자연 자원을 획득하는 과정에는) 이 심대한 생태적 변화가 초래하는 진정한 비용을 덮어두기 위한 다양한 조치들이 수반되었다." Jakes, "Booms, Bugs, Bust," 1043.

고려 사항이었다. 만철은 1925년 5월에 다롄 본사에서 해군 및 육군과 함께 일주일간 회의를 열어 사업 착수를 위한 단계별 계획을 협의했다. 만철 총재 야스히로 반이치로(安廣伴一郎, 1859~1951)가 직접 이 회의의 좌장을 맡았다는 사실은 만철이 셰일오일 사업을 얼마나 진지하게 받아들였는지 짐작할 수 있게 한다. 회의에 배석한 다른 만철 측 주요 인사는 기술자문위원회 위원장이자 만주엔지니어협회 회장인 가이세 긴고, 푸순 탄광장 우메노 미노루, 유럽과 미국 전역의 셰일오일 운영 상황을 참관하고 막 귀국한 푸순 탄광 산업과장 오카무라 긴조(岡村金藏) 등이었다.[131] 이 회의에 참석한 해군과 육군 측 인사는 군수와 군비를 총괄하는 장교들과 군에 파견 중이던 공학 교수 오시마 요시키요, 구리하라 간시, 다나카 요시오 등이었다(공교롭게도 이들은 모두 일본연료협회 회원이었다).[132]

주요 쟁점은 셰일오일을 어떻게 증류할 것인가였다. 스코틀랜드의 작업 방식이 즉각적인 관심을 끌었다. 다른 여러 국가에도 셰일오일 관련 시설이 있었지만, "현재 대규모의 산업적 (생산 역량)을 갖춘 곳은 스코틀랜드가 유일"하다고 가이세는 강조했다.[133] "해군의 연료유 수요"와 "석유의 자급자족"이라는 원칙을 고려할 때, 오시마를 비롯한 해군 측 인사들은 이미 검증된 스코틀랜드 방식을 채택하는 것이 "무엇보다 불가피"하다고 주장했다.[134] 그러나 오카무라는 해외 출장을 통해 배운 것을 거론하며, 사실상 전적으로 외부에서 가열해야 하는 스코틀랜드의 방식은 "열경제성 측면에서 떨어진다"라고 지적했다. 따라서 운영 비용이 많이 들 수밖에 없고, 여기에 더해 초기 자본까지 많이 소요될 수 있었다. 대신 오

131 Iiduka, "Mantetsu Bujun oirushēru jigyō," 6.

132 Minami Manshū tetsudō kabushiki gaisha, *Bujun yuboketsugan jigyō*, 1-2.

133 Minami Manshū tetsudō kabushiki gaisha, 252.

134 Minami Manshū tetsudō kabushiki gaisha, 248.

카무라는 자신이 독일에서 목격한 방식을 옹호했다. 연료와 원료가 레토르트 안에서 서로 직접 반응하게 하는 더욱 효율적인 내부 가열 방식을 개발하자는 주장이었다. 만철 측 인사 대부분은 오카무라의 아이디어를 직접적으로 지지하지는 않았지만, 두 가지 방법 모두 시범으로 운영해 보고 최적의, 즉 가장 가성비가 좋은 방식을 선정하고자 했다.[135]

그 뒤로 몇 년간 셰일오일 사업이 서서히 존재감을 드러내면서 많은 대중의 이목이 만철의 행보에 집중되었다. 우선, 만철은 셰일오일의 예상 생산량 전체를 해군이 수매한다는 계약을 따냈다. 이로써 거액을 들여 이 석유 대체 자원을 개발하고도 판로가 없어 수익을 내지 못하는 상황을 방지할 수 있었다.[136] 하지만 셰일오일을 어떻게 생산할 것인가에 대한 문제는 여전히 해결되지 못한 채 남아 있었다. 스코틀랜드 방식에는 경제적 타당성이 없다는 점이 곧 명백해졌다. 예상 생산량에 비해 너무 큰 자본을 집약적으로 투자해야 했으며, 정부의 승인 한도 내에 있는 해군의 지급 능력에도 한계가 있었기 때문이다. 일본 굴지의 과학 연구 기관인 이화학연구소(the Institute of Physical and Chemical Research, RIKEN)의 수장 오코치 마사토시(大河内正敏)가 1925년 여름에 푸순을 방문했다. 그는 가장 낙관적인 상황을 가정해, 석유 가격이 아주 높아졌을 때나 비로소 스코틀랜드 방식으로 생산한 셰일오일이 가격 경쟁력을 가질 수 있으리라 내다봤다. 이 진취적인 엔지니어에 따르면, "새로운 사업을 시작할 때는 오히려 그 특정 사업 라인에서 일어날 가능성이 있는 가장 최악의 돌발 상황을 기준으로 삼아 수반되는 위험을 최소화"할 필요가 있었다.[137] 만철

135 Minami Manshū tetsudō kabushiki gaisha, 232-37; Yamamoto, "Manshū oirushēru jigyō," 187-88. 스코틀랜드식 셰일오일 증류 방법과 그 다양한 변주에 대해서는 다음을 참고. Gavin, *Oil Shale*, 62-74.

136 "More on Fushun Oil Shale Question"; "Fushun Shale Oil Industry Decided."

137 "Anshan Pig-Iron."

경영진은 바로 이러한 논리에 따라 사업을 운영했던 것으로 보인다.

오코치는 "푸순의 전문가들이 스코틀랜드 공정보다 더 유리한 새로운 방식을 고안하기 위해 온 지력과 노력을 쏟아붓고 있다"라고 언급했다.[138] 1925년 9월에 이들의 실험은 고무적인 예비 결과를 도출하기 시작했다. 푸순의 셰일오일은 스코틀랜드, 독일, 에스토니아의 셰일보다 "녹는점이 훨씬 낮다"라는 사실이 입증되었다. 전문가들이 개발한 화로에서 증기로 약 593도까지 가열하니 셰일이 완전히 녹아내렸다. 그러나 열을 약 538도로 낮추자 "우수한 품질의 중유를 얻을 수 있었다."[139] 오카무라와 그의 부하 직원인 엔지니어 하세가와 기요지, 오하시 라이조(大橋賴三) 등은 이 결과를 바탕으로 공정을 더욱 개선하기 위해 몰두했다. 이들은 초기 10톤 규모의 시험용 용광로에서 40톤(나중에는 50톤) 규모의 공업용 레토르트 설비로 작업 규모를 확대했다. 이 과정에서 전문가들은 증류 공정 중에 발생하는 잉여 가스를 생산 설비에 다시 공급해 열로 사용하는 배관을 새로 설계했다. 이로써 보조 연료가 더 이상 필요하지 않게 되었다. 마지막으로 증류 속도와 온도를 조절하는 등의 조치를 통해 상당량의 수익성 있는 황산암모늄과 코크스(셰일오일 증류 공정의 일반적인 부산물들이다)뿐만 아니라 대량의 파라핀 왁스(石蠟)도 생산할 수 있도록 했다. 이러한 귀중한 부산물 덕분에 푸순 셰일오일 사업은 명실공히 "해볼 만한 가치가 있는" 일이 되었다.[140] 1928년 초에 야마모토 조타로(山本条太郎, 1867~1936) 신임 총재가 이끄는 만철 이사회는 이전에 제안된 계획의 두 배 규모로 푸순 셰일오일 공장 설립 계획을 확정했다. 그만큼 사업 전망을 확신하고 있었다. 이 공장은 연간 125만 톤의 셰일을 가공해 36만 배럴 이상의 원

138 "Anshan Pig-Iron."

139 "New Oil Extracting Contrivance."

140 "New Fushun Shale Oil Plant," 60; "Fushun Shale Oil Experiments."

〈그림 3-4〉 푸순 셰일오일 산업과 관련한 두 장의 사진이다. 위: 만철 엔지니어 오카무라 긴조, 하세가와 기요지, 오하시 라이조는 푸순 오일셰일에 맞춰 더 경제적인 증류 방식을 고안했다. 이러한 방식을 적용해 건설한 시험용 공장의 모습니다. 아래: 완공된 셰일오일 공장 설비가 가동되고 있다. (위: Image courtesy of Special Collections and College Archives, Skillman Library, Lafayette College, and the East Asia Image Collection, https://dss.lafayette.edu/collections/east-asia-image-collection/. 아래: Image cortesy of the Harvard-Yenching Library, Harvard Unviersity.)

유를 생산할 수 있는 50톤급 레토르트 80개를 갖추게 될 터였다. 건설 비용은 1,000만 엔 가까이 추산되었으나, 정부의 승인을 얻어 그 이상의 예산을 마련했다.[141] 만철은 체코슬로바키아로부터 100만 엔 상당의 증류 및 정제 설비를 구매했지만, 그 외 대부분의 설비는 일본에서 자체 제작했다. 예를 들어 레토르트 설비는 고베의 가와사키 조선소가 생산했다. 1929년 말에 공장이 준공되어 생산 공정이 돌아가기 시작했다.[142]

푸순의 셰일오일 생산 방식은 그 제안자들의 주장처럼 스코틀랜드 방식보다 덜 복잡하다고 볼 여지가 있었다. 어쨌든 내부 가열 구조는 필요한 기계 부속품을 하나라도 더 줄였을 것이다. 그럼에도 푸순 방식의 공정 또한 여전히 까다로웠다. 노동자는 노천광 노면에 구멍을 뚫고 폭탄을 터뜨렸다. 약해진 셰일 암석은 삽과 굴삭기에 의해 덤프 차량에 실렸고, 다시 선로에 실려 인근 공장으로 옮겨졌다. 공장에 도달한 셰일은 저장고로 하역된 후 곧바로 앞니와 어금니처럼 작동하는 두 세트의 분쇄기에 투입되었다. 첫 번째 분쇄기, 즉 페어뱅크스 싱글롤 분쇄기(Fairbanks single-roll crushers)는 최대 2.4미터 높이의 셰일을 0.127제곱미터의 작은 조각으로 분쇄한다. 두 번째 분쇄기인 사이먼즈 원뿔 분쇄기(Symons cone crushers)는 이 작은 조각들을 증류에 가장 적합한 0.05제곱미터의 더 미세한 조각으로 한 번 더 분쇄한다. 이렇게 분쇄한 셰일 조각은 진동 선별기를 통과하는데, 이 과정에서 너무 작은 조각들은 별도의 저장고로 옮긴다. 이 미세 조각들은 추후 지하 광산으로 옮겨져 모래 주입식 채탄용 혼합물 재료로 이용되었다. 반면 적절한 크기의 조각들은 화물 엘리베이터를 통해 레토르트 설비 상단으로 들어 올려진 뒤 수직형 컨베이어에 주입

141 Minami Manshū tetsudō kabushiki gaisha, *Dainijūhachi-kai*, 9; "Fushun Shale Oil Industry: Almost Ready."

142 "New Fushun Shale Oil Plant," 60.

되었다. 이 컨베이어를 통해 증류용 셰일 조각들이 개별 기계 장치로 분배·배출되었다. 설비 내부에서 가스화와 응축 공정을 거쳐 생산된 원유는 곧 파이프라인을 타고 증류 공장으로 보내져 정제되었다. 이 정유 공정 중에 각종 부산물 또한 회수되었다. 사용된 셰일은 레토르트 바닥에서 방출되었고, 증류하기에 지나치게 미세한 셰일 조각처럼 지하 광산에서 모래 주입식 채탄용 혼합물 제작에 재활용되었다. (푸순 탄광은 이처럼 사용 후 폐기 셰일과 미세 셰일 조각만으로 모래 주입식 채탄용 혼합물 원료를 충분히 확보할 수 있었기 때문에 별도로 모래를 파내지 않았다.)[143] 한 추산치에 따르면, 셰일 1톤에서 휘발유 약 5.6리터, 등유 약 15.8리터, 경유 약 21.1리터, 윤활유 약 5.6리터, 파라핀 약 9킬로그램, 황산암모늄 약 18킬로그램을 생산할 수 있었다.[144] 셰일오일 추출 과정은 화학자들이 "분해 증류(destructive distillation)"[145]—고열로 투입 물질의 큰 분자를 분해하는 과정—라고 부르는 공정에 해당하는 사례다. 확실히 이 방법은 제법 생산성이 높았다.

일본 안팎의 많은 사람이 푸순의 셰일오일 사업에 열광했다. 어떤 인물은 "연료 기근을 막기 위해 신이 일본에 보낸 선물"로, 또 다른 인물은 "새로운 연료의 시대"의 전령으로 셰일오일을 칭송했다.[146] 푸순 셰일오일은 실로 가치가 높은 자원으로 여겨졌던 것 같다. 이는 중국 정부가 기존의 중일 간의 협정이 석탄 채굴까지만 적용된다고 주장하며 일본의 셰일오일 채굴에 항의하도록 만들었다.[147] 채굴 권한을 둘러싼 양국 간의 분쟁은 일본이 만주를 공식 점령함으로써 이 문제를 근본적으로 뭉갤 때까지 해결되지 않았다. 푸순의 공장은 설립 당시 세계 최대 규모의 셰일오일 설

143 "New Fushun Shale Oil Plant," 60; Okamura, "Bujun yoboketsugan jigyō."

144 "New Fushun Shale Oil Plant," 63.

145 건류(乾溜)라고도 한다-옮긴이.

146 "God-Send to Japan"; "Ketsuganyu no jitsuyōka."

147 *MSZ*, vol. 4, no. 3; 829-36.

비로 기록되었다.[148] 만철은 그 뒤로도 계속 투자를 감행해 공장 시설을 확충했고, 이로써 셰일오일이 일본제국 전체에서 갖는 전략적 중요성이 더욱 커졌다. 1940년에 이르면 푸순 셰일오일은 일본과 식민지에서 생산된 석유 총량의 약 4분의 1을 차지했다.[149] 푸순의 셰일오일 사업은 1949년 이후 공산당 치하의 중화인민공화국에도 중요한 유산을 남겼다. 소련군이 이 정유 공장의 설비를 일부 해체하고, 중국국민당이 푸순을 잠시 점령하는 동안 추가적인 파손이 있었다. 그러나 1950년대 사회주의 공업화 추진 과정에서 복구되었다(5장과 6장을 참고). 새천년이 시작될 무렵에는 거의 5억 톤에 달하는 오일셰일이 채굴되어 바로 이곳에서 액체 연료로 가공되었으며, 오늘날에도 여전히 중국 최대의 셰일오일 생산 공장의 아성을 유지하고 있다. 비록 수십 년 동안 여러 변화가 없지 않았지만, 오카무라, 하세가와, 오하시가 고안한 푸순식 건식 증류법은 줄곧 이 셰일오일 생산 공정의 근간으로 기능했다.[150]

그러나 일본이 푸순에서 셰일오일 사업을 개시한 가장 큰 목적은 에너지 자급자족을 달성하기 위해서였다. 이 점을 고려할 때 실제 결과는 기대에 한참 못 미쳤다. 심지어 푸순 셰일오일이 일본제국 석유 생산량의 4분의 1을 차지한 1940년에도 일본이 소비한 전체 석유 가운데 60퍼센트 이상이 수입산이었다.[151] 해군 소속 미즈타니 고타로는 연료 문제에 관한 고문관 신분으로 만철에 수년간 파견되어 활동했다. 그는 "그것(푸순 셰일오일)은 긴 어려움의 연속이었고, 십분 양보해도 결코 수익성이 좋은 사업

148 "World's Largest Shale-Oil Plant."

149 Department of Justice, War Division, Economic Warfare Section, "Report on Fushun, Part 1," 1.

150 He, "Mining and Utilization."

151 Department of Justice, War Division, Economic Warfare Section, "Report on Fushun, Part 1," 1.

이라고 할 수는 없었다"라고 썼다.[152] 푸순의 셰일오일이 어느 낙관적인 논평가의 말마따나 "일본 연료 공급의 축"과 같은 역할을 하리라는 기대는 한낱 백일몽에 불과했다.[153]

그럼에도 어떠한 면에서 푸순의 셰일오일은 1차 세계대전 후 일본제국의 성격을 고스란히 보여주는 과학기술적 인공물이라고 할 수 있다. 푸순 셰일오일의 개발은 연료 문제를 둘러싼 불안, 에너지 자립을 확립해야 한다는 불안으로부터 촉발했다. 잠재적 에너지원으로서 셰일오일에 관한 전망은 일본제국이 푸순 조차지에서 탄소 기술관료주의를 실현하기 위해 매진했던 기존의 여러 시도, 특히 노천광 굴착과 연계되며 더욱 탄력을 받았다. 셰일오일을 생산하고 규모화하는 데는 일본 최대의 식민주의 기업(만철)과 군부 간의 협력이 필요했으며, 양측 모두 즉각적으로 일본의 연료 전문가들을 동원했다. 이러한 전문가들은 트랜스내셔널한 과학과 기술을 활용함과 동시에, 만주라는 제국의 실험실에서 자체적인 실험을 했다.[154] 과학사학자 티아고 사라이바(Tiago Saraiva)는 2차 세계대전 전후 이탈리아, 포르투갈, 독일의 동식물 육종에 관한 연구를 통해, 유전학자들과 그들이 섬긴 여러 정권이 밀에서부터 돼지에 이르는 각종 유기체를 입맛에 맞게 배양함으로써 어떻게 파시즘을 존재론적으로 구현했는지 조명한다.[155] 이와 비슷하게 오일셰일 속 유기 생물은 수백만 년 전에 사라졌지만, 그 잔해를 추출해 액체 대체 연료로 전환하는 일련의 과정은 일본제국주의의 성격을 반영했고, 또 그 성격 자체를 만들어 가는

152 Mizutani, "Liquid Fuel."

153 "New Oil Shale Plant."

154 일본 군부와 산업계가 협력해 전시에 응용할 수 있는 잠재력을 갖춘 기술을 개발한 또 다른 사례들에 대해서는 다음을 보라. Morris-Suzuki, *Technological Transformation of Japan*, 124-26. 과학기술적 군사화는 일본뿐만 아니라 세계 여러 곳에서 진행되었다. 미국의 사례에 대해서는 다음을 참고. Lindee, *Rational Fog*.

155 Saraiva, *Fascist Pigs*.

데 일조했다. 푸순의 셰일오일 산업이 탄생하는 과정은 하나하나 대중에게 대대적으로 홍보되었다. 이로써 국가 안보와 국력에서 에너지가 얼마나 중요한지에 관한 주장이 끊임없이 강조되고 구체화되었다. 또한 이 과정은 본질적으로 액체 연료를 암석에서 쥐어짜는 이 사업에 국가가 막대한 보조금을 쏟아붓는 것이기도 했다. 이를 가시화함으로써 일본의 국가 권력은 석유 자원을 확보하기 위해서라면 어떤 일이든 할 수 있다는 점을 시사했다. 그리고 아마도 무엇보다 가장 중요한 점은 다음과 같을 것이다. 셰일오일 개발론자들이 이를 연료 문제를 풀 현실적이고 심지어 자랑스럽게 여길 만한 해결책으로 제시함으로써, 일본의 온갖 문제는 결국 제국 경영을 통해 해소할 수 있다는 기대와 인식이 강화되었다.

대륙 석탄의 위협

대다수 일본인이 석탄과 오일셰일이 풍부한 푸순을 보고(寶庫)로, 일본의 미래 연료의 핵심으로 여겼다. 그러나 일부는 여기서 위협을 느끼기도 했다. 푸순 석탄은 "무한"하고 "무진"하다는 인식은 일본의 지질 조사를 바탕으로 상정된 관념이다. 이러한 인식은 더욱 일반화되었다. "어느 영향력 있는 금융가"가 1910년에 했다는 말을 빌리자면, "(만주의) 풍부한 천연자원은 진실로 바닥이 없는 금고와도 같다."[156] 많은 논자가 이처럼 막대한 푸순의 부에 일본의 국익과 세계적 위상을 높이는 데 필요한 어마어마한 가능성이 있다고 믿었다. 1931년 일본의 만주 침략을 촉발한 만주사변의 주모자 중 한 명인 이시와라 간지(石原莞爾, 1889~1949)가 보기에, 이 지역의 자원은 "오늘날의 중공업 기반을 더욱 확대하고 (…) 현재 처한 곤경(경제 공황)을 해소해 대약진의 기초를 닦기에 충분했다."[157] 그러나 모든

156 "Mantetsu no keizaiteki ichi."

157 de Bary, Gluck, and Tiedemann, *Sources of Japanese Tradition*, 295.

사람이 이러한 풍요로움을 긍정적으로 받아들였던 것은 아니다. 일본 석탄 생산자들에게 푸순 탄광은 국내외 시장에서 자신들의 이익 전망을 어둡게 만드는 영속적인 위협에 불과했다.

석탄 자원은 근대 일본의 경제 산업화에 중추적인 역할을 했고, 하나의 부문으로서 석탄 채굴업은 그 경제 구조의 기둥과도 같았다. 따라서 석탄에 관한 여러 문제 제기와 우려는 충분한 주목을 받곤 했다. 유신 이후 메이지 정부는 우선, 열도 전역에 걸쳐 석탄 광산의 민영화를 강행했다. 탄광이 각 번(藩)의 봉건 영주인 다이묘(大名)의 수입원이었으며, 다이묘의 권력이 지속된다는 것은 새로운 국가의 권위를 확립하는 데 걸림돌이었기 때문이다. 그러나 얼마 지나지 않아 정부는 방침을 바꾸어 먼저 탄광면허 제도를 중앙으로 일원화하고, 모든 지하자원에 대한 소유권이 천황에게 있다고 천명했다. 그 뒤 마침내 국가가 광산을 소유하고 운영할 수 있도록 하는 탄광업법을 제정했다. 이러한 조항을 바탕으로 메이지 정부는 일본 국내의 가장 유망한 탄광을 모두 인수하고 그 개발에 막대한 투자를 감행했다. 그러나 1880년대 후반에 이르러 공격적으로 일련의 근대화 프로젝트를 추진한 탓에 현금이 부족해진 정부는 일부 탄광을 신흥 재벌들에게 매각하기 시작했다. 이러한 매입을 통해 재벌들은 최신 채굴 기술을 갖춘 일본 최대 규모의 석탄 광산을 운영하게 되었고, 탄광은 대단히 높은 수익성을 가져다 주었다. 예를 들어 미쓰비시 전체 수익의 5분의 4가 탄광업 부문에서 창출된 해도 있었다. 시간이 흘러 다른 사업 부문이 재벌의 총수익에서 차지하는 비중이 점차 커지긴 했지만, 사실 이러한 후발 사업 중 상당수는 석탄 수익을 통해 초기 자금을 조달함으로써 성공할 수 있었다.[158] 전간기까지 대체로 10대 재벌이 운영한 대형 광산들은 내수용 및 수출용 석탄을 대량으로 생산했다. 그러나 이들 외에도 지역 시장

158 Hein, *Fueling Growth*, 32.

의 공급을 책임지는 수백 개의 소형 광산이 있었는데, 그중에서도 가장 작은 규모의 탄광을 "너구리굴(狸彫り)"이라고 불렀다.[159] 석탄 채굴은 또한 거대한 고용원이었다. 1930년 탄광업에 종사하는 노동자는 17만 명 이상이었는데, 그중 약 16퍼센트는 여성이었다. 여기에는 광산에서 직접 석탄을 캐고 나르는 일을 하는 여성 광부도 포함되었다(푸순과 중국, 그리고 세계 대부분의 다른 탄광에서는 대체로 여성에게 이러한 일을 주지 않았다).[160]

1905년, 일본이 푸순을 장악한 지 얼마 지나지 않아 규슈와 홋카이도의 탄광 사업자들은 푸순 탄광이 개발되면 자신들의 사업에 "치명타를 날릴 수 있다"라고 염려하기 시작했다.[161] 사실 대륙 석탄에 대한 우려는 이보다도 이른 1870년대까지 거슬러 올라간다. 당시 막 중국에서 대규모 석탄 매장지가 발견되자 몇몇 일본인 산업가가 중국 석탄업 성장을 저지하기 위해 가격 전쟁을 벌여야 한다고 주장했다.[162] 막대한 잠재력을 지닌 푸순 또한 위협의 대상으로 인식되었다. 그러나 푸순은 일본의 국가권력이 직접 나서서 무언가 행동해야 하는 상황이라는 점이 달랐다. 만철은 일본 국내 사업자들의 우려를 불식시키기 위해 여러 노력을 기울였다. 역사학자 요시히사 탁 마쓰사카(Yoshihisa Tak Matsusaka)가 주장하듯이, 만철이 푸순 석탄 사용에 관한 규정을 세워 수출을 마지막 네 번째 항목으로 제한한 것은 부분적으로 일본 국내 석탄업체의 이익을 보호하기 위해서였다. 다시 말해 푸순 석탄은 첫 번째로 철도, 해운, 공장 및 광산 운영, 사무실이나 발전소와 같은 부대 시설에 필요한 연료 공급 등 만철의 자체 이용분을 위해 조달되었다. 두 번째 우선순위는 만주 내부에서의 판매분

159 Samuels, *Business of the Japanese State*, 69-73, 81.

160 Inhara, *Japan Year Book, 1933*, 543. 일본 광산 내 여성 노동자에 대해서는 다음을 보라. Burton, *Coal-Mining Women in Japan*.

161 Kantō totokufu, *Manshū sangyō chōsa shiryō (shōgyō seizōgyō)*, 219.

162 Matsusaka, *Making of Japanese Manchuria*, 137.

이었다. 푸순 석탄은 만주의 가정과 산업 수요 대부분을 꾸준하게 책임지고 있었다. 세 번째로 푸순 석탄은 다롄, 잉커우(營口), 뤼순, 안둥 등 만주의 주요 항구를 오가는 선박의 연료로 판매되었다. 네 번째로 위의 세 가지 우선 판로를 모두 충족시킨 뒤 "남는 석탄(殘炭)"이 있을 때만 일본 본토와 여타 지역으로 수출될 수 있었다.[163]

그러나 만철은 여러 해에 걸쳐 수출을 늘려 나갔고, 결국 공개적으로 일본 시장을 공략하기 시작했다. 만철이 처음으로 석탄을 수출한 1908년의 경우, 수출량은 2만1,000톤으로 전체 생산량의 5퍼센트에 불과했다. 그러나 5년 후 1차 세계대전 발발 직전에는 120만 톤으로 늘어났다. 이는 전체 석탄 생산량의 거의 절반을 차지하는 양이었다. 1922년부터는 대일 수출량이 타이완, 조선, 중국, 동남아시아를 포함한 여타 지역으로의 수출량 총합을 넘어섰다. 그해 일본은 푸순 석탄 62만2,000톤을 수입했다. 1920년대 말에 이르면, 일본은 1922년에 비해 푸순 석탄을 세 배 이상 수입하고 있었다.[164] 1923년에 만철은 푸순 석탄 판매 독점권을 가진 자회사를 설립하는데, 이러한 행보는 "푸순 석탄의 생산량을 늘리고 대일 수출을 더욱 늘리기 위한" 거시적인 계획의 일환이었다. 일본 석탄 사업자들이 처음부터 우려한 바로 그러한 사태가 현실화하고 있었다.[165]

만철의 푸순 탄광과 일본 국내 탄광 사이의 긴장 관계는 만주사변 후 극에 달했다. 1930년에 일본 석탄업계는 이미 세계 대공황으로 어려움을 겪고 있었다. 여기에 더해 일본 정부가 금본위제로의 복귀를 결정함에 따라 엔화 가치가 절상되었고, 전 세계적인 수요 감소와 더불어 일본산 제

163 Matsusaka, 137–38; *MT10*, 605–27.

164 Manshikai, *Manshū kaihatsu yonjūnen shi*, 67.

165 Manshikai, 75; "Dark Future for Coal."

품의 국내외 시장 경쟁력이 대폭 하락했다.[166] 수요 위축, 가격 하락으로 수백 개의 중소규모 탄광이 운영비를 감당하지 못한 채 결국 폐업하고 말았다. 폐업을 면한 광산에서도 노동자의 약 40퍼센트를 해고하면서 실업률이 급증했다.[167] 1931년에 일본이 만주사변을 도발한 후 중국 국내 소비자들은 저항의 의미로 푸순 석탄을 포함한 일본 제품 불매 운동에 들어갔다(이에 대해서는 5장에서 자세히 살펴볼 것이다). 중국 시장의 외면을 받은 만철은 대륙에 팔기로 한 석탄의 대부분을 일본 시장에 풀었다. 1932년 4월, 일본 시장에서 일본산 석탄은 1톤당 평균 9.4엔에 팔린 데 반해, 푸순산 석탄은 1톤당 6~7엔에 팔렸다.[168] 일본 국내 탄광 사업자들은 이를 가격 후려치기라고 비난했다.[169]

두 달 뒤 수백 명의 일본인 광부가 "석탄 먼지로 뒤덮이고 기름으로 얼룩진 작업복을 입은 채" 후쿠오카의 거리로 쏟아져 나왔다.[170] 석탄광업호조회(石炭鑛業互助會)가 조직한 이 노동자 시위는 푸순 석탄 수입 제한을 요구하는 운동의 하나였다. 호조회는 1930년 9월에 여러 중소규모 탄광이 자신들의 이익을 보호하기 위해 설립한 단체인데, 이들은 당시 시대적 상황 때문에 점점 더 큰 어려움에 내몰리고 있었다. 1932년 6월 12일, 만철의 푸순 석탄 부당염매를 둘러싼 우려 속에서 석탄광업호조회는 대정부 결의안을 통과시켰다. "5억 엔의 투자금 손실을 막고 70만 노동자를 기아와 죽음의 위기에서 구제하기 위해 정부에 푸순 석탄 수입을 전면 금

166 1930~1931년이라는 결정적 시점에서의 금본위제와 일본 엔화에 대해서는 다음을 보라. Metzler, *Lever of Empire*, 217-39.

167 Nakamura, "Depression, Recovery, and War," 464.

168 Zhu, "Re-examining the Conflict," 238.

169 Samuels, *Business of the Japanese State*, 80-81; TōA keizai chōsakyoku, *Honpō o chūshin*, 289-302.

170 "Kōfu sū hyaku mei."

지할 것을 청원한다."[171] 후쿠오카에서 시작된 이 운동은 곧 일본 전역으로 퍼져 나갔다.[172]

몇 주 후 석탄광업호조회는 만철과 석탄광업연합회(石炭鑛業聯合會)를 수입 제한에 관한 협상장으로 불러들였다. 석탄광업연합회는 1921년에 일본의 대형 석탄 회사들이 서로 시장 점유율을 조율하기 위해 결성한 생산 및 유통 카르텔이었다. 협상이 교착 상태에 빠지자, 상공업성과 척무성(拓務省)을 필두로 일본 정부가 개입해 합의를 끌어냈다.[173] 만철은 연간 대일 수출량을 20만 톤 줄이기로 결정했다. 그러나 석탄광업연합회 소속 대형 석탄 회사들 또한 이에 상응해 연간 생산량을 80만 톤 삭감하기로 했다. 푸순 석탄에 대한 저항 시위는 사실상 중소규모 탄광의 몫을 늘리기 위해서였다. 원론적으로 본다면, 바로 이러한 목표를 달성하기 위해(혹은 적어도 그렇게 하는 것처럼 보이기 위해) 푸순 석탄의 수입을 줄이는 것보다 일본 국내 대형 탄광의 생산(곧 이윤)을 억제해도 무방했다.[174]

식민 본국과 식민지 간의 관계성을 중심으로 살펴볼 때 이러한 타협이 성사되었다는 것은 중요한 의의가 있다. 한 언론의 분석가가 지적하듯, 이 사건은 "일본과 만주국 사이에 발생한 최초의 경제적 정면충돌"이었다. 이를 어떻게 해결하느냐가 향후 비슷한 사건을 처리하는 과정에서 중요한 선례로 작용했으며, "일본-만주국 경제 블록 구상"—이 경제 자립권 내부에서 만주는 석탄과 같은 필수 자원을 공급함으로써 제국 본국의

171 Tōa keizai chōsakyoku, *Honpō o chūshin*, 294. 여기서 언급된 70만 노동자라는 규모와 이 장에서 앞서 인용한 다음 자료에 기록된 17만 명이라는 수치 사이의 격차에 주목하라. Inhara, *Japan Year Book, 1933*, 543. 후자의 자료가 더 신빙성이 높다. 70만이라는 숫자는 아마도 과장이거나 오타이거나 혹은 노동자의 부양가족까지 모두 계산한 수치일 것이다.

172 Zhu, "Re-examining the Conflict," 230.

173 "S.M.R. against Plan."

174 "Fushun Coal Fight." 일본 정부의 결정 이면의 논리에 대한 분석은 다음을 참고하라. Zhu, "Re-examining the Conflict," 247-54.

심장부를 지탱하는 역할을 할 것이었다—의 실현 가능성에도 영향을 미쳤다.[175] 일본 정부는 식민지산 석탄이 국내 소규모 생산자들에게 얼마나 큰 피해를 주었는지 분명히 인식하고 있었고, 이 타협안의 사례에서 드러나듯 이들의 고충을 덜기 위해 일정한 조처를 했다. 그럼에도 국가권력은 식민지로부터 지속해서 에너지를 수입해야 할 필요성을 결코 의문에 부치지 않았으며, 제국의 본토와 추출의 최전선 사이의 연결선을 쉽게 끊어낼 준비가 되어 있지 않았다는 점은 분명하다.

일본연료협회의 저명한 회원이자 메이지광업회사의 사장을 역임한 이시와타 노부타로(石渡信太郎, 1875~1957)는 1년 후 이 분쟁의 처리 결과와 관련해 여전히 남아 있는 앙금을 토로했다. "본국 사람들은 푸순 석탄의 연간 생산량 증가에 신경과민적으로 반응하지만, 나는 진정으로 걱정할 이유가 없다고 생각한다." 이시와타는 탄광업계의 영향력 있는 인사였을 뿐만 아니라, 25년 전 푸순에서 초창기 지질 조사 가운데 하나를 직접 수행한 경험이 있었다. 따라서 이 문제에 대해 발언권이 있다고 느꼈던 것 같다.[176] 그는 예외적인 상황이 아니라면 일본의 석탄 수요는 점차 늘어날 것이며, 푸순 석탄은 "국내 생산 역량이 탄력성을 잃을 경우" 부족분을 "단순히 보충"할 뿐이라고 주장했다. 그러나 그는 여러 여건을 고려할 때 푸순 석탄의 연간 생산량은 최대 700만 톤 수준에서 정점을 찍을 것이라고 예상했다. 이러한 상한선에 도달하더라도 일본과 만주의 연료 수요는 계속해서 늘어날 것이었다. 그러므로 이러한 시점에 이르면 제국이 "석탄 부족"을 경험하게 될지도 모른다고 암시했다. 이러한 가능성을 염두에 둘 때, 이시와타는 "바람직하지 못한 미래에 대비한다는 최소한의 차

175 "Fushun Coal Fight." '생명선'으로서 만주에 대해서는 다음을 보라. Young, *Japan's Total Empire*, 88.

176 Ishiwata, "Bujun tankō."

원에서 석탄 공급 계획"의 하나로 만주 곳곳에 더 많은 탄전을 개척할 것을 권고했다. 신규 탄광에 만주의 현지 수요를 맡기고, 푸순 탄광은 전적으로 일본의 수요만을 담당하게 하자는 것이었다.[177] 그로부터 몇 해 전인 1924년, 오사카에서 열린 일본연료협회의 제1회 춘계 학회에서 이시와타는 이와 비슷한 주장을 제기했다. 석탄 문제에 대한 장황한 강연에서 그는 만철이 관할하는 철도 일대 지역에서 유망해 보이는 탄전을 조사하고 개발해야 한다고 주장했다. 당시 이시와타는 10년 후 일본이 석탄 부족에 직면하게 될 것이라 예상했고, 푸순의 공급분만으로는 감당이 안 될 것이라고 보았다.[178] 그러나 시간이 흘러 실제로 일본이 겪는 문제는 석탄 부족이 아니라 과잉인 것처럼 보였다. 염매 사건에서 알 수 있듯, 이는 적어도 일본 국내 석탄 생산자들에게는 비정상적인 상황으로 인식되었다. 그러나 곧 일본이 다가올 전쟁에 대비해 군수 산업 증강에 나서면서 에너지 수요가 공급을 따라잡기 시작했다. 이제 만주에서 제국의 영향력은 철도 일대 조차지의 경계로부터 훨씬 더 확장되었고, 만주 전역에서 손쉽게 지하자원에 접근하고 이를 개발할 수 있는 입지를 다진 뒤였다.

만주 침략과 점령으로 귀결되는 사건들의 정확한 경과를 예견한 사람은 아무도 없었다. 그러나 일본연료협회 회원들은 대다수 일본인과 마찬가지로 이러한 전개 과정을 받아들였다.[179] 일부는 심지어 이를 경축하기도 했다. 1932년 신년 연설에서 일본연료협회 회장 사카모토 도시아쓰(坂本俊篤, 1858~1941) 제독은 "만주, 몽골, 화베이를 누비는 일본 원정군 장병들의 무운을 기원"하는 의미로 상상의 "술잔"을 들며 건배를 제안했다. 그는 장병들을 (다소 과장되게) "혹독한 추위와 열악한 조건에 맞서 싸우다

177 Ishiwata, "Nenryō jūō," 1286-87.

178 Ishiwata, "Waga kuni shōrai," 310.

179 만주국 건국이라는 구상에 대한 일본 사회 각계의 광범위한 지지에 대해서는 다음을 보라. Young, *Japan's Total Empire.*

가도 때가 되면 불시에 번개처럼 본능적으로 (적을) 제거하는 잡초"에 비유했다. 곧이어 사카모토는 일본연료협회원에게 새해 벽두의 제주(祭酒)나 일본의 대륙 침략을 기념하기 위해 마신 술에 "취하기 전에 연료 문제에 대해 경각심을 가질 것"을 촉구했다.[180] 대륙의 땅과 자원을 점령해 나가는 행보의 이면에는 연료 문제를 해결할 수 있다는 희망의 약속이 있었다. 그리고 이러한 약속은 그 어떤 독주보다도 더 독했다. 거나하게 취한 일본제국의 건설자들은 이렇게 팽창주의의 길로 비틀거리며 나아갔다. 그리고 사태는 점점 더 돌이키기 어려운 지경으로 치달았다.

결론

고토 신페이는 자신의 1925년도 일본연료협회 강연에서 과학을 "칼로리 응용(カロリー應用)"에 적용하는 문제에서 최근 여러 진전이 있다고 언급했다. 그러나 그는 에너지 효율을 극대화하려는 이러한 시도에 몇몇 한계가 있다고 지적했다. 가장 최선의 상황에서조차 여전히 칼로리의 80퍼센트가 연소 과정에서 낭비되고 있다는 것이다. 따라서 절약을 실천하는 것만으로는 국가의 연료 문제를 해결하기에는 충분하지 않았다. 그는 대신 일본이 "과학의 발전"을 활용해, 석탄과 석유를 풍부하게 보유하고 있지만 대부분 개발하지 못하고 있는 나라들과 "상호 협력해 공존공영의 기치 아래(互に相協力して共存共榮の下)" 그 "보물들"을 획득하고 사용할 필요가 있다고 제안했다. 고토가 보기에 일본은 과학은 있지만 에너지 자원이 없었고, 이러한 국가들은 에너지를 갖고 있지만 과학이 부재했다. 따라서 상호 이익을 위해 일본은 과학을, 이 국가들은 자원을 제공해야 했다. 이것이 바로 "야마토 민족의 사명(大和民族の使命)"이라고 그는 결론지었다.[181]

180 Sakamoto, "Nentō no kotoba," 2.

181 Gotō, "Jinsei to nenryō mondai," 31-32.

일본이 1930년대에 초군국주의로 나아갔음을 고려할 때 고토의 이러한 언사를 후대의 팽창주의적 행보의 전주곡으로 이해하는 것은 어렵지 않다. 특히 그가 언급한 "공영"이라는 표현이 전시 일본의 국가권력에 의해 아시아 전역에서의 침략 행위를 정당화하는 데 활용되었다는 점을 고려한다면 더더욱 그러하다.[182] 그러나 이러한 역사 인식은 지나치게 결과론적인 판단일 수 있다. 1920년대 일본의 모든 언행이 1930년대를 예고한다고 받아들일 필요는 없다.[183] 다만 해외의 자원을 통제하기 위해 과학을 활용하자는 고토의 논의에는 틀림없이 제국주의적 요소가 존재했다. 물론 이러한 요소가 반드시 일본만의 특수한 경험으로부터 비롯되었다고 보기는 어렵다. 실제로 1차 세계대전 후 모든 주요 제국주의 열강은 해외의 석유 자원을 확보하기 위해 진력했다. 일본의 연료 전문가들이 크게 존경해 마지않은 미국도 예외가 아니었다. 많은 일본인 전문가가 미국의 풍부한 석탄과 석유 매장량을 부러워했다. 앞서 살펴본 것처럼, 미국은 화석 연료가 상대적으로 부족한 일본의 처지와 반복적으로 대조되곤 했다. 일본연료협회 에세이 공모전의 우승자 나가이 모사부로를 비롯한 이러한 전문가 집단 가운데 일부는 전 세계적인 석유 쟁탈전의 후발주자로서 미국이 대담하게 경쟁에 뛰어들었다는 점을 상찬했다.[184] 역사학자 메건 블랙(Megan Black)은 미국 연방정부 내무부와 그 전 지구적 영향력에 관한 자신의 연구에서, 표면적으로 고립된 것처럼 보이는 이 부서가 아메

182 루이스 영은 1931~1945년의 일본의 성격을 "파시즘적 제국주의(fascist imperialism)"로 규정하고, 그것을 구성하는 네 가지 요소 가운데 하나로 초군국주의를 꼽았다. 나머지 세 개의 요소는 아시아주의, 공산주의에 대한 공포(red peril), 급진적 국가주의다. 다음을 보라. Young, "When Fascism Met Empire."

183 많은 사람들이 1920년대 일본을 사후적으로 해석해 왔다. 즉, 1930~1940년대의 "어둠의 나락"으로 급전직하하기 이전의 전조로서 인식한 것이다. 이에 비해 1920년대 일본 안팎에 존재한 진보적인 정치적 흐름에 더 주목한 관점으로는 다음을 참고할 수 있다. Dickinson, *World War I.*

184 Ross, *Ecology and Power*, 218-19.

리카 대륙 내에서의 정착민 식민주의(settler colonialism)[185]를 통해, 그리고 해외에서의 권력 행사를 통해 미국의 자연 자원 획득에 얼마나 깊이 관여했는지 보여주었다.[186] 블랙과 다른 학자들의 연구는 미국이 제국이었고, 여전히 제국이라는 사실을 상기시킨다. 1920년대 일본인들이 보기에도 미국이 제국이라는 점에는 의심의 여지가 없었다. 다시 말해 일본은 미국과, 다른 서구 제국주의 열강이 국경 바깥에서 에너지 자원을 선점하기 위해 기울인 노력을 참고했다. 그렇다고 해서 구미와 같은 제국주의적 행보를 추동했던 일본제국의 설계자들에게 면죄부를 줄 수는 없을 것이다. 또한 이것이 일본제국주의가 전적으로 모방적이었다거나 불가피한 것이었다는 주장으로 귀결되어서도 안 된다. 그럼에도 이러한 인식은 탄소 시대의 에너지 지배권을 손에 쥐기 위해 경쟁하는 여러 제국 가운데 하나로 일본제국을 더 잘 자리매김할 수 있게 한다.

이제 에너지와 제국의 관계에 관한 질문으로 넘어가자. 일본이 제국주의 열강의 반열에 오르는 데 석탄이 필요했던 것은 사실이지만, 메이지 정부가 적어도 처음부터 탄소를 통제하기 위해 일본 열도 너머로 영토를 확장했던 것은 아니다.[187] 일본은 푸순의 풍부한 석탄 부존량을 확인하기 이전에 이미 그곳에 진출해 있었다. 그리고 앞 장에서 설명했듯, 푸순 일대 석탄의 실체를 파악한 후에야 비로소 이 자원을 탈취하기 위해 거대한 사회적·기술적 집합체를 구축하기 시작했다. 그러나 그 뒤 몇 년간 일본

185 식민주의의 여러 형태 가운데 하나로, 특정한 지역의 선주민 인구를 완전히 멸절시키거나 강제이주시킨 후 식민자들로 구성된 새로운 정착민 집단을 형성하는 방식을 말한다-옮긴이.

186 Black, *The Global Interior.*

187 다소 오래되기는 했지만, 해리 레이(Harry Wray)와 힐러리 콘로이(Hilary Conroy)가 편집한 다음 선집에 실린 보니 오(Bonnie Oh), 앤 해링턴(Ann Harrington), 힐러리 콘로이, 오카모토 슘페이(Okamoto Shumpei)의 연구사 에세이는 메이지 제국주의의 기원을 둘러싼 논쟁들에 관해 여전히 훌륭한 입문서로서 읽힐 수 있다. Wray and Conroy, *Japan Examined,* 121-48.

이 제국으로서 지위를 공고히 하고 공업을 지속해서 발전시키면서 석탄이라는 화석 연료에, 결국에는 석유에 점점 더 의존하게 되었다.[188] 그러한 시점에서 기존에 확보한 제국의 강역은 과거 어느 때보다 많은 양의 에너지 자원을 공급하는 기지로서 기능했으며, 시간이 지나면서 심지어 셰일오일이나 액화석탄과 같은 대체 액체 연료의 공급처로 활용되었다. 이러한 자원이 에너지에 대해 늘어만 가는 욕망을 채우기에 부족하다고 판단되면, 일본은 자원을 찾아 또 다른 지역으로 눈을 돌릴 터였다.

1920년대의 연료 문제에 따른 불안 속에서 점차 해외 탄광 채굴권 획득에 관심을 두게 된 일본인들은 무력을 사용하지 않아도 현지인들이 일본의 자원 추출 행위에 동의할 것이라고 진실로 믿었던 것 같다. 고토의 강연에서 드러나는 것처럼 말이다.[189] 역사학자 루이스 영(Louise Young)에 따르면, "만주사변 이후 일본에 뿌리 내린 파시즘적 제국주의"의 핵심은 "군사 행동과 폭력의 미학에 대한 전례 없는 찬양"이었다. 이러한 새로운 추세를 고려할 때, 1930년대에 이르러 일본인 대부분은 1920년대와는 대조적으로 대체로 해외 채굴권을 확보하기 위해 군사적 강압이 필요하다는 점을 시인하고 있었던 것으로 보인다.[190] 예를 들어 요시무라 만지는 1936년에 "(중국인들은) 근대 세계의 시대정신에 역행해 현재 (…) 중국의 수억 (톤의) 석탄을 전혀 사용하지 않아 이 자원이 헛되이 쌓여" 있다며, 일본이 마땅히 이를 차지해야 한다는 글을 썼다. 이때 그가 일본의 총부리 앞에서 중국이 조금의 저항도 없이 순순히 석탄을 포기하리라 생각

188 피터 슐만(Peter Shulman)은 19세기 말 미국이 도서 제국(island empire)으로서 부상하는 과정을 두고 비슷한 주장을 펼쳤다. 다음을 보라. Shulman, *Coal and Empire*, 9, 125-63.

189 그러나 1925년에 소련령 사할린에서 일본이 석유 이권을 획득할 때 사할린섬 절반을 일본 해군이 점령하는 과정이 수반되었음은 특기할 필요가 있다. 다음을 참고하라. Hara, "Japan Moves North."

190 Young, "When Fascism Met Empire," 275.

하지는 않았을 것이다.[191]

강연 끝에 고토는 연료 문제를 과학적으로 푸는 것이 중요하다는 요점을 다시 한번 강조하면서, 도쿄 시장 재임 시절의 한 일화를 거론했다. 당시 가정용 연료 소비 문제에 관심 있었던 그는 도쿄 전역에서 에너지 사용 패턴에 관한 조사를 지시했다. 그 결과, 석탄가스가 도쿄의 주요 가정용 연료인 목재 땔감을 대체할 때 상당한 비용을 절감할 수 있을 것으로 예상되었다. 이러한 연료 전환을 구현하기 위해서는 가스 발전소 4기를 추가로 건설해야 했다. 또한 가스가 장작보다 단위당 가격이 비쌌다. 그렇지만 가스가 장작보다 효율이 높았기 때문에 결과적으로 도쿄 시민들은 연간 1,500만 엔을 아낄 수 있을 것으로 고토는 판단했다. 그러나 고토의 이러한 제안은 시의회 의원들의 반대에 부딪혀 기각되었다. 고토에 따르면, 의원들은 "과학적 지식이 부족"했다. 그는 정치인과 일반 대중이 단순히 기본 비용뿐만 아니라 현대 생활의 기초가 되는 '칼로리'라는 관점에서 생각하는 방법을 배워야 한다고 주장했다.[192] 칼로리는 정량화할 수 있다는 점, 그리고 다양한 형태의 생물 및 무생물 에너지 간의 질적 차이를 가로지를 수 있다는 점에서 탄소 기술관료주의적 계산과 사유의 근간이었다. 그 뒤 몇 년 동안 일본의 지도자들은 화석 연료로부터 칼로리를 확보해야 한다는 목표에 점점 더 집착했다. 그리고 다음 장에서 살펴볼 것처럼, 이러한 집착을 실현하는 과정에서 갈수록 더 비용이라는 측면을 간과했다. 이러한 와중에도 탄소에 대한 우려는 절대 사라지지 않았다. 일본은 연료 문제를 해결하는 데 결국 제국주의적 추출이라는 대책이 최선이라는 결론에 도달했지만, 이 또한 궁극적으로 일본이 바란 결정적인 해결책이 되지는 못했다.

191 Yoshimura, "Shunjitsu nenryō dansō," 91.

192 Gotō, "Jinsei to nenryō mondai," 35-37.

4

추출의 제국
Imperial Extraction

모더성(莫德勝)은 수십 년이 지나 그날의 기억을 떠올렸다. 그들은 "위압적이고 살기 가득"했다. 1932년 9월 16일 아침, "철모를 쓰고 번뜩이는 총검이 달린 소총을 든" 관동군 병사들이 모습을 드러냈다. 당시 여덟 살이었던 모더성은 푸순 동남쪽 핑딩산(平頂山)이라는 촌락에 살고 있었다. 그는 그날 군인을 가득 실은 차량 행렬이 비포장도로를 따라 자신의 마을로 밀려오는 광경을 목격했다. 도착하자마자 군인들은 게릴라 지도자들을, "반군과의 공모"를 암시할 수 있는 여러 흔적을 찾기 위해 마을 곳곳을 수색했다. 그리고 정오 무렵, 주민들에게 산비탈로 집결하라고 명령했다. 모더성의 아버지는 광부다. 막 야간 근무를 마치고 귀가한 아버지는 어린 아들의 손을 꼭 잡았다. 어머니는 세 살배기 여동생을 데리고 나왔다. 마침 가족을 찾아온 조부모님과 함께 모더성의 가족은 집 밖으로 나와 점점 늘어나는 인파에 합류했다.[1]

마을 주민들이 모였다. 모더성은 주변을 살폈다. 군인들이 주민들을 에워싸고 있었다. 한편에는 "검은 천으로 덮은 카메라처럼 보이는 장치"가 있었다. 얼마 지나지 않아 한 장교가 통역을 대동하고 앞으로 나와 주민들에게 연설하기 시작했다. 관동군은 그저 이 지역의 "적비(赤匪)"로부터 주민들과 그들의 재산을 보호하기 위해 온 것이라고 사람들을 안심시켰다. 그는 다음과 같이 약속했다. "우리는 여기 핑딩산에서 전투를 치를 것

1 "Mo Desheng huiyi," 228-29.

입니다. 그러나 적비만 몰아내고 나면 여러분을 댁으로 돌려보낼 것이니 두려워할 필요가 없습니다." 연설을 마친 뒤 장교는 주민들에게 사진을 찍어야 하니 덮개를 씌운 장치 쪽을 바라보도록 지시했다. 모더성은 그 뒤 "총알이 비처럼 사람들의 몸에 떨어지는 소리"가 들렸다고 회고했다. 비명 소리가 끊이지 않았다. 총소리가 그치자, 군인들은 쓰러진 사람들 사이사이로 아직 살아 있는 사람들에게 총검을 내리꽂았다. "엄마를 찾으며 울부짖는" 아이들도 예외가 아니었다. 총격이 시작되자마자 땅바닥에 몸을 던진 모더성은 눈을 감고 죽은 척했다.[2]

마침내 군인들이 떠났다. 모더성은 몸을 일으켜 가족을 찾기 시작했다. 그는 피투성이가 된 담요 아래에서 온기를 잃은 어머니와 여동생의 시신을 발견했다. 할아버지와 할머니 또한 무참히 죽임을 당했다. 모더성은 근처에 쓰러져 있는 아버지를 찾아냈다. 단지 기절한 것이기를 바라며 소년은 곁으로 다가갔다. 팔을 세게 깨물면 아버지가 정신을 차리리라 생각했다. 아무런 반응이 없었다. 그제야 아버지의 목에서 솟구치는 피가 눈에 들어왔다. 여섯 식구 가운데 모더성은 유일한 생존자였다.[3]

핑딩산에서의 학살로 무려 3,000명이 희생되었다.[4] 이 야만적인 행위의 목적은 일종의 보복이었다고 알려져 있다. 만주국이 수립된 후에도 중국인 반군들은 계속해서 새로운 질서에 저항하며 일본의 통치 거점을 습격했다. 푸순 탄광도 그런 장소 중 하나였다. 핑딩산 학살 전날 밤, 푸순 탄광은 홍창회(紅槍會)—지역 차원의 자위에 중점을 둔 전형적인 비밀결사 중 하나로, 조직원이 붉은 술이 달린 창을 들고 다닌다는 데서 그 이름

2 "Mo Desheng huiyi," 229-30.

3 "Mo Desheng huiyi," 230.

4 핑딩산 학살의 희생자 수는 최소 400명부터 최대 3,000명 사이에서 여전히 논쟁 중이다.

이 유래했다—와 연계된 것으로 추정되는 반군의 공격을 받았다.[5] 야음을 틈타 공격을 감행한 반군은 양바이푸의 광부들에게서 얻은 것으로 의심되는 석탄 덩어리와 여타 인화성 물질로 화염병을 만들어 탄광의 각종 시설을 불태웠다. 그날 밤은 바람이 거셌다. 불은 빠르게 번졌다.[6]

당시 열두 살이었던 야마구치 요시코는 그날 밤, 푸순의 일본인 거주 구역에 있는 집 창밖을 내다봤다. "건물의 지붕들과 도로변에 늘어선 포플러나무들이 어두운 실루엣처럼 보였어요. 그 너머의 모든 건 성난 붉은 바다가 집어삼킨 것 같았고, 먼 밤하늘로 거칠게 타오르는 화염의 혀들이 가득했습니다." 뒤이은 아수라장 속에서 반군은 양바이푸 광산과 도고 광산에서 근무하는 일본인 직원 7~8명을 사살했다. 마침 관동군 푸순 경비대의 병력 대부분은 주변 외곽 지역을 순찰하고 있었고, 탄광 수비 병력은 부족했다. 이들은 가까스로 반군을 격퇴하는 데 성공했다. 반군은 동남쪽으로 후퇴하며 핑딩산 인근을 통과했다. 다음 날 아침, 야마구치는 집 앞 마당에서 소나무에 묶인 한 중국인 남성을 목격했다. 일본 헌병이 그를 심문하고 있었다. 중국인은 자백을 거부했다. 헌병은 소총의 개머리판으로 그의 이마를 내리찍었다. 그 일격에 중국인은 숨을 거뒀다. 한밤중에 일어난 습격과 방화, 이를 수행한 자들을 지원한 것으로 의심받은 한 남성에 대한 심문과 살해, 그리고 이와 비슷한 공모 혐의를 이유로 인근 마을에서 벌어진 학살 등, 어린 야마구치 요시코가 이야기의 여러 부분을 조합해 이해하기까지는 그 뒤로 몇 년의 시간이 필요했다.[7]

핑딩산 학살은 일본 군국주의자들이 종속국인 만주국 건국 이후 저지른 만행 가운데 가장 악명 높았다. 여느 제국주의 프로젝트와 마찬가지로

5 홍창회 관련 선행연구로는 다음을 보라. Perry, "The Red Spears Reconsidered."

6 Yamaguchi and Sakuya, *Ri Kōran*, 22-23.

7 Yamaguchi and Sakuya, 17-24.

무분별한 폭력은 통제하기 어렵다고 여겨지는 인구 집단을 규율(또 실제로 학살)하기 위해 너무 쉽게 동원되었다. 이 사례에서 보이듯, 때때로 폭력에 대한 저항으로 가장 큰 고통을 받은 사람은 저항할 수 있는 능력이 가장 부족한 이들이기도 했다. 이 학살은 푸순과 일본 치하 만주 전역에 긴 그림자를 드리웠다. 일본군은 시신을 불태워 묻고 마을 자체를 완전히 파괴했다. 하지만 이 학살 사건에 관한 소문을 취재하기 위해 푸순에 잠입한 미국 언론인 에드워드 헌터(Edward Hunter) 덕분에 이 만행이 곧 세상에 알려졌다. 일본은 만주 침략을 전후해 일으킨 이 사건과 여타 위법 행위로 국제적인 비난을 한 몸에 받았다. 결국 일본은 1933년 2월에 국제연맹을 탈퇴하기에 이른다.[8]

이 사건은 반인륜적이라는 점에서 예외적으로 보이지만, 역설적으로 제국주의 프로젝트와 탄소 기술관료주의 에너지 레짐의 제도적 폭력과 여러 면에서 연결되어 있으면서도 또한 대조적이다. 우리는 앞서 1917년의 탄광 참사와 같은 사례에서 지하의 위험한 인공 환경이 얼마나 많은 인명 피해를 가져왔는지 살펴보았다. 이러한 사고는 1930~1940년대에도 계속될 것이었다. 그러나 핑딩산 학살이라는 억제되지 않은 잔학 행위는 만주국의 일본인 지도자들이 선호한 공업 발전 위주의 표백된 서사(sanitized narratives)를 한층 더 오염시켰다. 종속국 만주국은 그 시작부터 틀림없이 피로 얼룩져 있었다.

이 장에서는 만주 공업 발전이 추진되는 과정과 그에 따라 푸순 탄광을 중심으로 석탄 추출이 강화되는 양상이 1930~1940년대 제국 일본의 전시 동원과 어떻게 밀접하게 연관되었는지 검토하고자 한다. 더불어 만주국을 자급자족적인 공업 기지로 만들려던 계획이 전쟁 발발과 전개에 맞춰 일본 본토를 위한 원자재 공급처 수준으로 격하하는 와중에도, "통제

8 Mitter, *The Manchurian Myth*, 112-14; Meng, "More Evidence."

경제" 체제 아래 석탄 생산을 장악하려는 만주의 일본제국주의자들의 일관된 노력을 추적할 것이다. 또한 1930~1940년대를 통틀어 푸순 탄광은 만주국이 공업 전반을 독점적으로 관리하려는 시도에 저항했다. 이는 탄소 기술관료주의의 실제 작동 과정에서 균열이 존재했음을 시사한다. 그다음으로는 만주의 석탄 채굴을 일본제국 전역에서 벌어진 에너지 추출 사업과 더불어 거시적으로 조명할 것이다. 이는 부분적으로 석탄과 여타 자원을 더 많이 확보하기 위해 추동된 제국의 팽창이 어떻게 내가 말하는 "심화의 전경(warscape of intensification)"이라는 현상으로 귀결되었는지 보여준다. 즉, 제국을 유지하기 위해 계속해서 더 많은 양의 에너지가 필요했다. 가중되는 생산주의적 압력 속에서 추출 현장은 결국 증가하는 수요를 따라잡을 수 없게 되었다. 제국의 에너지 사용은 지나치게 늘어났다가 결국 그 원천을 소진하는 경향이 있었다. 이 점은 푸순에서 특히 두드러졌다. 탄광은 결코 계획한 생산 목표를 달성하지 못했다. 나아가 생산량을 더 늘리기 위해 완곡어법으로 "특수공인(特殊工人)"이라고 불린 중국인 노동자들을 강제로 노역시키며 폭력을 동원해 통제했다. 이 모든 건 비인도주의적이었던 만큼 비효율적이었다.

"산업 확장을 위해 억눌렸던 에너지를 분출시키며"

> 1931년 만주사변은 산업 확장을 위해 억눌렸던 에너지를 분출시키며 만주에서 전례 없는 산업 시대를 여는 신호탄이었다. 군벌 독재 체제의 전복과 뒤따른 만주국의 건국은 악명 높은 수탈 체제와 비합리적인 천연자원 착취로부터 통제경제와 합리적인 자원 개발로의 완전한 이행을 뜻했다.
>
> - 남만주철도주식회사, 〈1936년까지의 만주 진보에 관한 제5차 보고서〉

만주국 설계자들은 이전 정권이 만주의 천연자원을 제대로 관리하지 못했으며, 이를 극복하기 위해 새로운 질서를 구축하게 되었다는 논리를 근간으로 자신들의 체제를 정당화했다. 이와 비슷한 논조의 동시대 기록에 따르면, "중국인은 이 나라를 개발하려 하지 않았다." 반면에 "만주 경제 개발을 위한 일본의 투자는 이 지역의 부를 창출하는 기반이 되었다."[9] 청대에는 '용맥'에 관한 미신 때문에 푸순의 탄전이 거의 채굴되지 않았다는 만철 측의 주장과 마찬가지로, 만주 지역이 과거의 "악명 높은 수탈 체제와 비합리적인 천연자원 착취"에 얽매여 있었다는 인식은 일본제국주의자들의 식민주의적 수탈을 정당화하는 수단이 되었다. 석탄은 이러한 논리에서 핵심적이었다. 제국주의자들은 주로 푸순을 중심으로 여러 탄광이 이미 개발되었지만, 만주에는 여전히 개척되지 않은 석탄 매장량이 많이 남아 있고 이를 일본이 직접 개발할 가치가 있다고 강조했다.[10] 이는 만주국 프로젝트에서 가장 중요한 목표였다. 탄소 기술관료주의 에너지 레짐 아래서 만주의 "전례 없는 산업 시대"를 열어젖히는 과업의 관건은 말 그대로 이 지역 화석 연료의 지하 저장고에서 "억눌렸던 에너지"를 끌어올리는 데 있었다.

석탄은 오랫동안 만주에서 일본의 산업화와 기반 시설 건설 프로젝트를 지탱해 왔다. 만철과 여타 일본의 자본가들은 개발이라는 기치를 높이 들고 원자재를 가공하거나 부분적으로 완제품을 제조하는 사업—콩기름, 증류주, 밀가루, 설탕, 담배, 면화, 비단, 도자기 등—을 중심으로 공업 생산을 확대했다. 1909년에는 철도 인근 조차지와 그 외 일본 관할 지역

9 Japanese Chamber of Commerce of New York, *Manchukuo*, 31. 여기서 만주국 일본제국주의자들의 이러한 과거 인식을 강조함으로써 실제로 만주에서 일본이 깊은 이해관계를 갖고 있었다는 사실을 간과하려는 의도는 없음을 밝혀 둔다. 이에 대한 유용한 설명으로는 다음을 보라. Schiltz, *Money Doctors from Japan*, 159-85.

10 Imura, "Reconstruction of Manchuria."

에서 610만 엔 상당의 상품을 생산하는 152개의 공장이 있었다. 1927년에는 750개의 공장이 1억4,040만 엔 규모의 생산량을 기록했다.[11] 석탄은 이러한 경제적 활동에 필요한 에너지 대부분을 책임졌다. 또한 석탄은 일본령 만주 곳곳에서 여객과 물자를 수송하는 철도에 연료를 공급했다. 만철 치하 첫 20년 동안 기관차 수는 441대로 두 배, 화물차는 7,260대로 세 배 이상 늘어났다. 석탄 물동량 증가가 육상 교통을 이 정도 규모로 확대한 것이다.[12] 이러한 성장에 놀라움을 금치 못한 만주국의 설계자들은 석탄 추출을 고도화함으로써 만주의 산업화를 더욱 가속하기를, 그렇게 해서 개발주의적 야망을 실현할 수 있기를 바랐다.

공식적인 수사와 달리 석탄이 추동하는 만주의 산업 발전은 그 자체로 하나의 목적은 아니었다. 그것은 오히려 일본의 전략적·경제적 필요를 충족시키기 위한 수단에 불과했으며, 이것이야말로 애초에 일본이 만주 지역을 병합한 동기였다. 전략적으로 만주는 20세기 초에는 제정 러시아로부터, 현재는 소비에트사회주의공화국연맹으로부터 식민지 조선과 일본제국 본국을 보호하는 보루였다. 1920년대 말과 1930년대 초에 일본 제국주의자들은 소련이 군사적으로도, 이데올로기적으로도 위험하다고 보았다. 일본으로서는 소련이 극동 지역에서 병력을 증강하는 데 맞대응해야 했으며, 그뿐만 아니라 공산주의의 확산과 그것이 사회적·정치적 질서에 끼칠 해악을 억제할 필요가 있었다. 또한 경제적인 각도에서 볼 때, 대륙 팽창을 지지하는 일본인들은 세계 대공황 속에서 "교착 상태"에 빠진 일본 경제를 회생시킬 열쇠는 바로 자원이 풍부한 만주라고 믿었다. 1920년대 후반, 일본이 만주 내에서 "특수한 이해관계"를 갖는다는 인식은 고조되는 중국 민족주의의 물결과 충돌했다. 중국인은 만주 지역에서

11 Minami Manshū tetsudō kabushiki gaisha, *Report on Progress*, 131-38.

12 Minami Manshū tetsudō kabushiki gaisha, 77.

일본의 여러 행위를 침략과 착취로 이해했다(결코 틀린 말이 아니다). 이에 관동군의 몇몇 장교는 무력 침공이 불가피하다고 보았고, 더 나아가 이를 적극적으로 획책해야 한다고 생각했다.[13]

1928년, 첫 단추를 잘못 끼웠다. 만주에서 이권을 추구하는 일본과 협력해 온 둥베이의 '대원수(大帥)' 장쭤린은 1920년대 후반에 이르러 스스로 그 동맹관계에 금을 내고 있었다. 장쭤린은 중국 주요 도시에서 반일 민족주의 목소리가 1920년대 중반부터 점차 고조되는 양상에 주의를 기울였다. 그는 만주 조차지의 미래를 두고 일본과 협상을 벌이는 과정에서 더 강경한 태도를 굳히기 시작했다. 더욱이 장쭤린은 1926년에 베이징을 차지함으로써 국제적으로 공인된 중화민국 중앙정부를 이끌었다. 그러나 얼마 지나지 않아 그의 군대는 반군벌·반제국주의를 결연히 표방한 장제스의 북벌 원정군에 밀리며 입지를 잃었다. 일본은 만주를 사실상 중국으로부터 떼어 내기를, 장쭤린이 독립된 만주를 대변할 수 있기를 바랐다. 그러나 일본은 점차 장쭤린에 대한 믿음을 거두었다. 1928년 6월 4일, 장제스에게 패한 장쭤린은 베이핑(北平)[14]을 빠져나와 선양으로 퇴각하는 중이었다. 관동군 고모토 다이사쿠(河本大作, 1883~1955) 대좌는 후배 장교 몇몇을 이끌고 장쭤린이 종착역에 도착하기 직전에 그가 탄 열차를 폭파했다. 당시 선양에서 푸순으로 여행길에 막 오르려 했던 요사노 아키코는 멀리서 들려온 "희미하고 이상한 소음"과 그 뒤 도시를 휩쓴 "공포, 위협감, 그리고 혼돈"에 대해 회상했다.[15] 치명상을 입은 만주의 대원수는 며칠 뒤 끝내 숨을 거두었다. 일본의 계획은 장쭤린을 대신해 일본이 마음대로 조종할 수 있는 더욱더 다루기 쉬운 꼭두각시를 그 자리에 앉히는

13 Yamamuro, *Manchuria under Japanese Domination*, 9–29.

14 난징국민정부는 난징(南京)에 수도를 두었기 때문에 베이징의 수도 경(京)자를 평(平)자로 바꾸어 불렀다-옮긴이.

15 Yosano, *Travels in Manchuria and Mongolia*, 119.

것이었다. 그러나 장쭤린의 뒤를 이은 인물은 정작 그의 아들 장쉐량이었다. 장쉐량은 재빨리 장제스를 지지하며 중국국민당을 중심으로 중국이 통일되어야 한다고 선언했다.[16]

3년 후 관동군 내부의 강경파는 다소 다른 술책을 펼쳤고 이번에는 성공했다. 1931년 9월 18일, 가와모토 스에모리(川本末森) 중위와 그의 부하 몇 명이 선양 교외에 있는 만철 관할의 철도 지선에 폭발물을 설치했다. 가와모토의 상관인 이타가키 세이시로(板垣征四郎, 1885~1948) 대좌와 이시와라 간지 대좌가 획책한 음모에 따라 인근에 주둔하는 중국군에게 책임을 돌리고, 이를 만주 침략의 명분으로 삼았다. 실제로 폭발은 선로에 거의 피해를 주지 않았다. 그러나 일본의 모략가들은 이 파괴 행위에 대한 보복을 이유로 중국군에 대한 공격을 강행했다. 이것이 바로 만주사변이며, 중국 둥베이 지역에 대한 일본 침략의 서막을 알린 사건이다. 정확히 5개월 동안 이어진 전투 끝에 1932년 2월 18일, 일본군은 이 만주 전역을 점령하는 데 성공하고 종속국 만주국을 세웠다. 푸순은 오래 버티지 못하고 전투가 개시된 지 하루 만에 함락되었다.[17]

갓 만들어진 만주국은 곧 공업 개발 프로젝트에 관심을 쏟았다. 그 중심에(그리고 사실상 만주국 초기의 모든 정책의 중심에는) 관동군이 있었다. 역사학자 야마무로 신이치(山室信一)는 만주국을 복잡하고 상충하는 여러 부분이 모여 구성한 "키메라"로 비유했다. 그에 따르면 관동군은 "사자의 머리," 황제 제도는 "양의 몸통," 중국적인 근대국가 체제는 "용의 꼬리"에 해당했다.[18] 1933년 3월에 만주국 정부는 만철경제연구회가 초안을 작성하고 관동군이 승인한 〈만주국경제건설강요(滿洲國經濟建設綱要)〉를 발표

16 고모토 다이사쿠와 장쭤린 암살에 대해서는 추가적으로 다음을 참고하라. Orbach, *Curse on This Country*, 161-92.

17 *FKZ*, 126.

18 Yamamuro, *Manchuria under Japanese Domination*, 8.

한다.[19] 이 문건에는 교통망 확충, 화폐 개혁, 농업 생산 발전, 공업 확대를 위한 포괄적인 정책 방향성이 정리되어 있었다. 철도 건설부터 공업지구 설립에 이르는 다양한 계획이 담긴 이 정책안에는 에너지와 관련한 두 가지 핵심 조항이 포함되었다. 첫째는 "대중에게 저렴한 가격으로 충분한 양의 연료를 공급"하기 위해 "석탄의 생산과 공급을 합리화"한다는 내용이었다. 둘째 조항은 석탄 화력 발전 업체들이 "국가에 충분한 전력을 싼 값에 공급해야 한다"라는 요구였다.[20] 만주국 지도자들은 탄소 기술관료주의 원칙에 따라 갈고닦은 개발주의적 욕망을 품은 채 거창한 경제 비전을 받아들였다. 그러한 청사진을 실현하기 위해서는 값싸게 이용할 수 있는 막대한 양의 석탄을 동원해야 했다.

만주국이 수립된 지 얼마 지나지 않아 푸순 탄광장이 된 구보 도루는 만주국 공업화에서 석탄이 갖는 핵심적인 성격을 설명하기 위해 도교의 이미지를 빌렸다. 구보는 도(道)를, 바퀴를 작동하게 하는 바큇살들의 축에 비유하는 《도덕경(道德經)》의 유명한 구절을 언급하며, 석탄 채굴업이 이러한 "축"과 같다고 묘사했다. 이 중심축으로부터 철강, 기계, 화학, 요업과 같은 여러 갈래의 "바큇살"이 뻗어나갈 수 있다는 것이다. 탄소 기술관료주의와 그것이 떠받치는 산업적 질서를 설득력 있게 시각화한 시도라고 볼 수 있다.[21] 만주국 수립 직후 석탄 생산량은 계속 늘어났다. 1933년에 1,020만 톤에서 1936년에 1,360만 톤으로 증가했다. 푸순 탄광이 생산한 석탄은 전체 생산량의 약 4분의 3 이상을 계속해서 점유했다. 석탄 소비량은 같은 기간에 610만 톤에서 960만 톤으로 50퍼센트 이상 늘어

19 Hara, "1930-nendai no Manshū keizai tōsei," 19.

20 Minami Manshū tetsudō kabushiki gaisha, *Economic Construction Program*, 11-12.

21 Kubo, *TōA no sekitan*, 1.

나 생산량 증가 속도를 앞질렀다.[22] 그 대부분은 구보의 비유처럼 "축"에서 "바큇살"로 전파되며 만주국 산업화의 동력원이 되었다. 1936년에 만주에서 소비된 960만 톤의 석탄 중 130만 톤은 전기와 가스 생산에, 160만 톤은 제철 부문에, 200만 톤은 철도 증설에 사용된 것으로 추정된다.[23] 이 기간에 이 모든 분야에서 크고 작은 발전이 있었다. 전력 생산량은 6억 6,200만 킬로와트시에서 16억 킬로와트시로 두 배 이상 증가했고, 선철 생산량은 43만4,000톤에서 63만3,000톤으로 50퍼센트 남짓 늘어났다. 1939년경에 만철이 감독하는 철도는 총 9,978킬로미터 정도였는데, 이는 만주국 수립 전보다 두 배 이상 늘어난 것이었다. 이 철도 가운데 일부는 과거 중국과 러시아로부터 인수한 것이고, 일부는 새로이 부설한 것이다.[24] 석탄이 가능케 한 이러한 진전은 후대 산업 발전의 물적 기틀을 마련해 주었다.

만주의 석탄 매장량이 풍부한 것은 사실이었지만, 그럼에도 만주국 경제가 석탄이라는 단일 자원에 그토록 크게 의존적—증기 기관차를 구동하는 등 직접 연료로서뿐만 아니라 전력 생산용 원료로서도—이었다는 점은 자못 흥미롭다. 사실 만주는 막대한 수력 발전 잠재력을 지닌 지역이기도 했다. 1930년대 말에 이르러 만주국 정부는 몇몇 주요 댐 건설 프로젝트에 투자하긴 했지만, 1930년대 내내 만주 전력의 대부분은 화력 발전소로부터 만들어졌다.[25] 그 이유 중 하나는 댐 건설에 막대한 자본이 필요했기 때문이었을 것이다. 만주와 조선을 잇는 압록강을 따라 수풍댐

22 Schumpeter, "Japan, Korea, and Manchukuo," 409.

23 Schumpeter, 410.

24 Schumpeter, 384–86; Mitchell, *Japan's Industrial Strength*, 103, 106; "Survey of the Coal Mining Industry," 71.

25 만주와 조선에서 일본이 전개한 댐 건설 사업에 대해서는 다음을 보라. Moore, *Constructing East Asia*, 150–87.

을 비롯한 여러 댐 건설을 감독하기 위해 1937년에 설립된 압록강수력발전주식회사는 무려 1억 엔이라는 초기 자본금을 자랑했다.[26] 그러나 만철의 한 경과 보고서에 따르면, "만주에는 고갈될 수 없을 정도의 석탄 매장량"이 있어서 수력 발전 자원을 굳이 개발할 필요성이 실로 크지 않았다.[27] 화석 연료가 차고 넘친다는 상상이 대안을 모색할 동기를 최소화한 것이다. 이는 푸순에서든 탄소 기술관료주의가 맹위를 떨친 다른 여느 곳에서든 다르지 않았다.

석탄이 견인하는 산업화가 고조되면서 만주 경제의 발전 방향이 재조정되었고, 그에 따른 영향은 일본 본토까지 미쳤다. 더 많은 만주산 석탄을 현지에서 소화한다는 것은 일본으로 수출할 수 있는 석탄의 물량이 감소한다는 것을 뜻했다. 앞선 시기 만주 석탄이 일으킨 피해를 둘러싼 일본 국내 석탄 생산자들의 두려움은 이러한 유통상의 변화로 완화될 수 있었다. 1935년에 푸순은 230만 톤의 석탄을 일본 본토로 수출했는데, 이는 전년도보다 50만 톤이 줄어든 수치였다.[28] 농업은 여전히 만주 경제의 근간이었다. 특히 콩은 만주의 주요 수출품이었다. 1907년 이래로 만주의 콩은 식량, 사료, 그리고 가장 중요하게는 비료—콩의 뿌리와 공생하는 박테리아는 식물의 성장에 필수적인 질소를 토양에 고정하는 데 특히 효과적이었다—로서 일본과 여타 지역으로 점점 더 많이 수출되었다. 당시에 만주는 세계 최대 콩 생산지였다. 1925년, 전 세계 콩 생산량의 무려 52퍼센트가 만주에서 재배되었다.[29] 그러나 과거 일본의 조차지에만 국한되었던 공업 부문 또한 발전을 거듭하며 만주 내 더 넓은 지역으로 확

26 Moore, "Yalu River Era of Developing Asia," 121.

27 South Manchuria Railway Company, *Sixth Report*, 60.

28 "Fushun Coal Exports to Japan."

29 Minami Manshū tetsudō kabushiki gaisha, *Report on Progress*, 116–17.

대되었다.[30] 이러한 공업화의 가속화는 관동군의 만주 군사화 계획이 박차를 가하는 계기가 되었다. 1935년에 한 논자는 다음과 같이 말했다. "오늘날 만주의 주된 역할은 더 이상 일본의 모든 식당에 콩을 배달하는 것이 아니라 (…) 제국에 군자금을 공급하고 볼셰비키와의 전쟁에서 대일본의 최전방 참호로서 활약하는 것이다."[31]

통제경제 아래의 석탄

만주국의 통제경제는 1930년대에 일본이 파시즘적 제국주의로 선회하는 과정을 뒷받침하기 위해 등장한 여러 제도적 구조 가운데 하나였다. 그리고 이 통제경제 체제는 국가주의, 군국주의, 반자본주의라는 세 개의 기둥이 지탱했다.[32] 이 종속국 산업 발전의 밑그림이 담긴 〈만주국경제건설강요〉에 따르면, 경제 방면에서 정부의 역할은 더 확대되어야 했다. 비록 그 역할이 군사력을 강화하고 자본주의적 힘을 억제하는 데 국한되기는 했지만 말이다. 핵심 정책들을 제시하기에 앞서 문건은 다음과 같이 서두를 열었다. "고삐 풀린 자본주의가 발휘할 수 있는 해로운 영향을 미리 방지하기 위해 (…) 우리의 국민경제를 건설하는 데 일정 정도의 국가 통제 아래 자본의 과실을 활용하는 것은 가히 필수적이다. 그렇게 함으로써 경제의 모든 부문에서 건전하고 활발한 발전을 도모할 수 있을 것이다."[33] 만주국의 군사 전략가들은 일본을 강타한 전 지구적 경제 위기와 사회경제 전반에 걸친 병폐를 대부분 자본주의와 자본주의적 이윤 추구 탓으로 돌렸다. 따라서 그들은 만주에서 자원 개발과 공업 발전이 자유

30 만주의 콩에 대해서는 다음을 참고하라. Wells, "The Manchurian Bean"; Christmas, "Japanese Imperialism and Environmental Disease," 821–25.

31 Aurelius, "Manchukuo."

32 Young, "When Fascism Met Empire."

33 Minami Manshū tetsudō kabushiki gaisha, *Economic Construction Program*, 4.

시장의 보이지 않는 손이 아니라, 기술관료주의 국가의 보이는 손에 의해 움직이는 새로운 경제 질서를 구축하고자 했다. 특히 "국방, 공공의 편익 또는 이익과 관련한 주요 사업"을 공공의 통제 아래 두는 데 지대한 관심을 기울였다.[34] 석탄 산업은 이러한 "주요 사업" 가운데 하나였다.[35]

신생 만주국에서 구체화한 통제경제는 대공황 시기 일본의 사상가들과 정책 입안자들 사이에서 하나의 패러다임으로 떠올랐다. 이노우에 준노스케(井上準之助, 1869~1932) 재무상은 1차 세계대전으로 흔들리기 시작하고 1923년의 관동대지진으로 더욱 나빠진 재정과 통상 여건을 호전시키기 위해 디플레이션 정책을 추진하는 한편, 1930년에 금본위제를 부활시켰다. 이러한 조치는 그야말로 최악의 시기에 이루어진 결정이었다. 뉴욕 주식 시장의 붕괴와 전 세계적인 물가 하락과 맞물려, 일본은 역사학자 나카무라 다카후사(中村隆英)와 오다카 고노스케(尾高煌之助)가 "전례 없는 국가적 재난"이라고 표현한 경제 위기로 치달았다.[36] 통제경제를 지지하는 사람들이 보기에 이 위기는 자유방임적 시장 자유주의의 실패에 불과했다. 설상가상으로 관동군의 만주 점령—일부 지도자들은 위기에 처한 일본 경제의 돌파구로 간주했다—으로 일본이 다른 열강과 더 전면적으로 갈등을 겪게 될 가능성이 커졌다. 이러한 경향은 특히 일본이 국제연맹을 탈퇴한 후 더욱 뚜렷해졌다.

통제경제는 경제 부흥과 임박한 전쟁 대비를 위한 자본, 자원, 노동의 합리적 동원을 목표로 내세웠다. 대공황 이후 국가가 경제에 더 많이 개

34 Minami Manshū tetsudō kabushiki gaisha, 5.

35 군부 기술관료들과 이들의 만주국 국정 구상에 대해서는 다음을 보라. Mimura, *Planning for Empire*, 41-69. 군과 자본가 간의 갈등, 그리고 이 두 집단이 "불편한 협력" 관계를 맺는 과정에 관해서는 다음을 참고하라. Young, *Japan's Total Empire*, 183-240.

36 Makamura and Odaka, "The Inter-war Period," 39. 이노우에 준노스케와 일본의 금본위제 회귀 결정에 대해서는 다음을 볼 것. Metzler, *Lever of Empire*, 199-239.

입하는 것은 전 세계적인 현상이었다. 그러나 일본의 경제적 국가주의(economic statism)는 군사력 증강에 지나치게 경도되어 있었다는 점에서 아마도 나치 독일의 사례 정도를 제외하면 견줄 만한 대상이 없었다.[37] 일본에서 통제경제는 1931년에 주요산업통제법으로 본격화되었다. 이 법은 주요 산업 부문의 기업이 카르텔이나 트러스트를 형성하는 것을 합법화했다. 이로써 이러한 움직임이 실제로 장려되었다. 이 법은 가격과 유통량을 조율하고 생산을 조절하는 여러 조처를 함으로써, 시장을 해치고 가격을 교란하는 과도한 경쟁을 제거하기 위한 광범위한 노력의 하나였다.[38]

경제학자 고지마 세이이치(小島精一, 1895~1966)는 통제경제의 독실한 이데올로그 중 한 명이다. 그는 국가가 카르텔 형성을 장려한 덕분에 일본 석탄 산업이 일정한 성공을 거두었다고 평가했다. 1932년에 석탄광업연합회 소속의 일본 대형 탄광회사 대표들은 석탄의 생산과 매매를 관리하기 위해 쇼와석탄주식회사(昭和石炭株式會社)라는 합작회사를 설립한다. 개별 석탄 생산업체는 지금까지 경영상의 비밀로 간주하던 소비자 수요에 대한 데이터를 새 합작회사에 넘겼다. 쇼와석탄주식회사는 이 데이터를 이용해 예상 수요를 도출하고 생산 목표를 책정했다. 개별 석탄 생산업체들은 여전히 자사의 상품 판매를 전담했지만, 매매 조건은 쇼와석탄주식회사가 결정했다. 이러한 새로운 시스템은 과거 개별 업자들이 정책적으로 생산 목표를 준수하게 만들기 위해 시행했던 벌금이나 장려금 제도보다 더 효과적인 것으로 나타났다.[39] 쇼와석탄주식회사의 업계 지배력은 계속 커져 1937년에는 일본 전체 석탄 판매량의 거의 90퍼센트를 통제하기에 이르렀다. 더욱이 석탄광업연합회는 푸순 석탄 수입과 관련해

37 대공황 이후 세계 각지에서 경제 개입주의의 흥기에 대해서는 다음을 보라. Patel, *The New Deal*. 나치 치하 독일 경제에 대해서는 다음을 참고. Tooze, *The Wages of Destruction*.

38 Gao, *Economic Ideology*, 74.

39 Kojima, *Nenryō dōryoku keizai*, 21-23.

만철과 협력했으므로, 전체 석탄 공급량(국내 생산량과 수입량을 모두 합한 양)의 약 80퍼센트가 이러한 생산 협약에 따라 유통되었다. 카르텔은 업계 전반에 걸쳐 할당량 쿼터를 유지하는 데 특히 효과적이었다. 과거에는 생산업체가 할당 물량보다 더 많은 양의 석탄을 시장에 풀고 싶다면, 그저 특별 과징금을 지불하면 그만이었다. 반대로 할당량을 채우지 못한 업체에는 아무런 불이익도 돌아가지 않았다. 이제 카르텔은 개별 생산자가 할당량을 초과해 물량을 유통하는 것을 완전히 금지했다. 만약 특정한 탄광이 할당량을 채우지 못하면, 추가적인 생산 여력을 갖춘 다른 생산업체에 부족분을 재배정할 수 있었다.[40]

그러나 고지마에 따르면, 이러한 업계의 자체적인 석탄 통제 시스템에도 결코 단점이 없지 않았다. 우선, 그가 보기에 이 제도는 재벌의 손에 너무 많은 권한을 주었다. 대기업들은 자본 수요가 많은 오래된 광산을 보호하고 새로운 광산 개발을 가로막음으로써 자신들의 이해관계만을 지나치게 견고히 하려는 경향이 있었다. 예를 들어, 쇼와석탄주식회사는 오랜 역사를 자랑하는 조반(常磐) 탄광에 상당한 생산 할당량을 계속해서 배정했다. 이 탄광이 만성적으로 그 목표치를 달성하지 못했는데도 말이다. 대조적으로, 설립된 지 얼마 되지 않은 타이헤이요 태평양(太平洋) 탄광에는 그 생산 역량인 6만 톤 가운데 3분의 2 수준만 할당하는 데 그쳤다. 더 심각한 문제는 카르텔이 전체 생산 할당량을 결정할 때 석탄의 유형을 따로 고려하지 않았다는 것이다. 고지마가 지적했듯, 이는 예컨대 강철 증산 달성에 필수적인 충분한 양의 야금탄 공급이 보장되지 않을 수도 있다는 뜻이었다. 이러한 문제점들을 고려할 때, 고지마의 결론은 국가가 석탄업계를 더 강력하게 통제할 필요가 있다는 것이었다.[41] 1937년 중일전

40 Kojima, 81-85.

41 Kojima, 87-90.

쟁의 발발은 공업화의 가속화를 추동했을 뿐만 아니라, 고지마와 그를 따르는 "통제경제" 지지자들이 주창한 공업 부문 전반에 대한 국가 통제의 강화를 실현하는 즉각적인 구실을 제공했다. 쇼와석탄주식회사는 결국 1940년 10월에 해산했고, 그 자리를 대신해 설립된 국책 기업 일본석탄주식회사(日本石炭株式會社)가 중앙으로부터 석탄업계를 관리하기 시작했다.[42]

이로부터 몇 해 전 이미 만주에서는 석탄과 기타 산업 부문에 대한 국가 통제 실험이 진행되고 있었다. 만주국 초기 통제경제의 축은 "특수회사" 제도였다.[43] 관동군은 자본주의적 경쟁을 최소화하고 재벌의 영향력을 차단하기 위해 이 제도를 도입했다. 오랫동안 관동군 측은 국가 번영을 대가로 재벌이 사익을 도모해 왔다고 비난했다. "한 업종 한 기업(一業一社)"이라는 대전제 아래 군부 기술 관료들은 이러한 특수회사들을 설립해 각종 "주요 사업"에 정부의 독점을 실현했다. 이들은 종합적인 계획을 통해 각각의 업계를 관리함으로써, 이 특수회사들이 공업 발전 과정을 합리화하고 만주에서 군이 전략적 목표를 달성하는 데 이바지할 수 있다고 믿었다.[44] 군부의 기술 관료들은 바로 이러한 인식과 더불어 만주의 탄광산업을 장악하기 위한 특수회사를 조직했다.[45]

1934년 4월에 만주국 정부와 만철이 각각 800만 엔을 출자해 만주석탄주식회사(만탄(滿炭)으로 줄임)를 설립했다. 표면상 일본과 만주국의 합작

42 Samuels, *Business of the Japanese State*, 84–90. 리처드 새뮤얼스(Richard Samuels)가 지적했듯, 애초에 일본석탄주식회사가 행사할 수 있는 통제력에는 한계가 있었다. 이 기업은 주로 생산자와 소비자를 연결하는 "터널 회사" 역할을 했다. 그럼에도 이러한 국가 통제 모델이 실현되었고, 그 과정에서 주요 대기업들이 이익을 취할 수 있었다는 점에는 중요한 의의가 있다.

43 Minami Manshū tetsudō kabushiki gaisha, *Economic Construction Program*, 5.

44 Mimura, *Planning for Empire*, 59–60, 100.

45 만주국 시기 통제경제의 진화에 대한 더 자세한 논의로는 다음을 보라. Yamamoto, *"Manshūkoku" keizai shi*, 27–73.

회사인 이 신생 기업은 탄광을 정부 통제 아래 두어 "합리적 채굴, 저렴한 연료 공급, 생산적 산업 발전, 그리고 수출 증대를 보장"할 것으로 기대를 모았다.[46] 이러한 목표는 탄광 관련 지식과 실천을 계획적으로 표준화함으로써 실현될 수 있으며, 결과적으로 만탄이 여러 광산에서 효과적이고 가성비 높은 생산 방식을 적용할 수 있으리라는 것이 지도부의 생각이었다.[47] 기업 안내서에서 분명히 밝히고 있듯, 이러한 제국주의적 에너지 추출 방식 개선은 주로 일본 본국의 이익을 염두에 둔 것이었다. 즉 "값싸고 질 좋은 석탄을 일본 공업 부문에 풍부하게 공급"하기 위해서였다.[48] 만탄은 푸신(阜新), 시안(西安),[49] 허강(鶴崗)을 포함해 상당한 규모를 갖춘 탄광을 여럿 접수하는 것을 시작으로 점차 만주의 모든 탄광을 장악할 계획을 세웠다. 장쭤린을 암살한 장본인 고모토 다이사쿠가 제2대 총재로 재임하는 동안 만탄은 결국 만주 전역으로 세력을 확장했다. 고모토는 만주의 "석탄 왕"으로 불렸다.[50]

그러나 만탄은 최선의 노력을 기울였음에도 정작 가장 중요한 만철 산하 푸순 탄광을 인수하는 데 실패했다.[51] 만철은 철도 다음으로 가장 수익성이 높은 사업을 포기하는 것을 당연히 꺼렸다. 하지만 만철은 자사가 푸순 탄광을 계속 관리해야 하는 이유로 경제적 가치가 아닌 기술적인 명분을 내세웠다. 주도적인 목소리를 낸 것은 구보 도루였다. 구보는 전신, 전화, 철도 등 특정 산업 분야는 완전한 통합이 적합할 수 있지만, 석탄업은 그렇지 않다고 주장했다. 그 근본적인 이유는 탄전의 지질적·물리학

46 South Manchuria Railway Company, *Fifth Report*, 90.

47 South Manchuria Railway Company, 90; Kojima, *Nenryō dōryoku keizai*, 69-71.

48 Manshū tankō, *Manshū tankō*.

49 현재의 지린성 랴오위안(遼源)-옮긴이.

50 Hara, "Manshū ni okeru keizai tōsei," 257-64.

51 Mimura, *Planning for Empire*, 100-101.

적 차이 때문이었다.

> 석탄 채굴 작업은 석탄층을 대상으로 이루어진다. 그러나 석탄층은 무한할 정도로 다양하다. 땅속 깊이 묻혀 있거나 지표면 근처에 위치할 수 있고, 두껍거나 얇을 수 있으며, 경사각, 단층과 중첩, 석탄 내 불순물의 양, 석탄 자체의 품질, 석탄가스의 품질, 석탄 먼지, 자연 발화, 암석의 경도와 강도, 지하수의 존재, 지압(地壓) 등이 문제가 될 수 있다. 그러므로 이와 같은 석탄층을 채굴하기 위해서는 다양한 장비, 물자, 노동력, 경영 관리 제도 등이 필요하다. 바로 이러한 점 때문에 운영 전반에 걸친 일반적인 규정만으로는 부족한 것이다.[52]

유능한 기술 관료 구보가 보기에, 석탄 산업을 일원화 시스템 아래 국유화하자고 주장하는 사람들은 기본적인 기술 지식과 실제 현장 경험이 부족했다. 석탄의 특수성과 현장의 우연적인 요소들은 그만큼 표준화를 어렵게 만든다는 것이다. 즉, 구보는 석탄이라는 고대의 암석은 정권이 추진하길 바라는 단순화와 맞지 않는 여러 특성이 존재한다고 지적했다. 탄광 업계의 다른 지도자들도 구보의 반대 의견에 동조했다. 이들 역시 정부 관료와 군부 지도자는 업계가 직면한 실제 문제를 해결하는 데 필요한 지식과 경륜이 부족하다고 생각했다.[53] 바로 이 지점에서 탄소 기술관료주의에 내재한 긴장이 드러났다. 기술적 전문성과 과학적 합리화가 산업 통제의 명분이라면, 그 신조와 원칙이 중앙집권화에 반대하는 명분도 될 수 있었다.

그러나 완전한 표준화를 거부하면서도 구보는 여전히 국가가 강력한

52 Kubo, *Tōa no sekitan*, 11.

53 *CMWE*, 15.

기술관료주의적 역할을 해야 한다고 여겼다. 국가가 탄광 운영의 세부 사항에 직접적으로 관여하는 관리자로서라기보다는 "생산량, 품질, 가격을 통제하는" 감독자로서 기능하기를 구상했다.[54] 그렇게 함으로써 탄광업이 더 잘 관리될 수 있다고 보았다. 이는 궁극적으로 "이기적인 욕망과 방종" 혹은 "이윤 추구"를 위해서가 아니라, "광산에서 생산된 상품을 사회에 저렴하게 공급해야 하는 도덕적 의무"의 하나로 국가의 석탄 자원을 올바르게 관리하기 위해서였다.[55] 여기서 드러나듯, 구보는 만주국 기술관료주의자들이 가진 반자본주의적 성향과 에너지는 저렴하고 광범위하게 쓰여야 한다는 신념을 공유하고 있었다. 이때 탄소 기술관료주의 에너지 레짐 내부의 균열은 주로 과학기술적인 견해 차이에서 비롯되었다. 국가가 석탄 부문을 계획하고 관리하는 데 깊이 관여해야 한다는 인식 자체는 의문에 부쳐지지 않았다.

국방국가의 연료

1936년, 군사적 우려 속에서 만주국 지도자들은 다가오는 전쟁에 대비해 사회와 경제가 온전히 국방을 지향하는 국방국가를 만드는 데 몰두했다. 한 해 앞서 육군 전략가들은 〈만주개발방책강요(滿洲開發方策綱要)〉의 초안을 작성하며 만주국 경제 개발의 제2단계로 이행할 것을 촉구했다. 이시와라 간지와 다른 제국주의자들에 따르면, 이는 제1단계에서 구축한 공업의 토대 위에 국방국가를 건설하는 것이었다. 소련의 위협이라는 문제가 지속해서 떠올랐으며, 그에 따라 군사 및 전쟁 관련 산업을 더욱 집중적으로 발전시킬 필요가 있었다. 이러한 계획 초안에 뒤이어 각각 관동군, 만철 경제조사회, 만주국 정부가 내놓은 여러 가지 방침이 발표되었

54 Kubo, *TōA no sekitan*, 13-14.

55 Kubo, 7.

다. 전비 태세에 치중한 이러한 정책 조항 중에는 운송에서 농업에 이르는 보조 부문을 개혁할 것, 군수 산업 생산량의 구체적인 목표를 설정할 것, 그리고 일체 "현지 조달을 원칙(現地調弁主義)으로 해" 자급자족을 최우선시할 것 등과 같은 내용이 포함되었다.[56] 이러한 추세는 1936년 가을에 초안이 마련된 〈만주 산업 개발 5개년 계획(滿洲産業開發5ヶ年計劃)〉에 큰 영향을 미쳤다. 석탄 산업은 개발을 위한 주요 분야 중 하나로 지정되었다. 초안에 따르면 전체 예산 24억 엔 중 6퍼센트가 석탄 부문에 할당되었으며, 목표는 총생산량을 50퍼센트 이상 늘려 1,800만 톤을 달성하는 것이었다.[57]

5개년 계획이 성문화되자 만주국 정부는 계획의 집행을 염두에 두며 이른바 "혁신 관료" 집단—전시 기간에 통제경제의 원칙에 따라 일본과 제국의 식민지에서 여러 정책을 수립하고자 한 관료들—을 등용했다. 이들은 군부의 전략가들과 달리 자신들의 기술관료주의 비전을 실현할 수만 있다면 대기업의 자본과 전문성을 활용하는 데 별다른 거부감이 없었다. 그중 가장 큰 영향력을 발휘한 혁신 관료가 바로 기시 노부스케(岸信介, 1896~1987)다. 훗날 A급 전범으로 갇혔다가 전후 일본 총리직을 역임하는 기시는 만주국 경제계 내 최고 엔지니어의 한 명으로 손꼽혔다. 만주국 정부의 초청을 받은 기시는 1936년 가을, 만주에 도착했다. 당시 만주의 산업 발전은 일정 정도 자본 부족으로 정체 상태였다. 따라서 기시의 첫 번째 임무는 만주에 대한 투자를 유치하는 것이었다. 이를 위해 그는 이른바 신(新)재벌에게 접근했다. 기성 재벌들과 비교했을 때 이 신흥 재벌들은 과학기술적 성격이 강한 중화학 공업에 주력하면서 전간기에 두각을 나타내기 시작했고, 1930년대에 일본제국의 군사적 팽창의 그늘

56 Hara, "1930-nendai no Manshū keizai tōsei," 57–61.

57 Zhao, "Manchurian Atlas," 117.

에서 나날이 번창했다.[58]

이러한 신재벌 중 하나가 바로 기시와 가까운 친척이자 엔지니어 겸 사업가인 아유카와 요시스케(鮎川義介, 1880~1967)의 닛산(日産, Nissan)이었다. 기시의 권유로 아유카와는 닛산을 만주로 이전했다. 닛산은 그 뒤 만주 경제를 재편할 새로운 컨소시엄인 만주공업개발주식회사(滿洲工業開發株式會社, 줄여서 만업(滿業))의 중핵을 구성했다. 만주국 정부와 닛산은 만주 공업 전반에 지배력을 행사하려는 목적으로 각각 4억5,000만 엔씩을 출자해 만업을 설립한다. 아유카와는 "자동차는 자동차, 비행기는 비행기, 석탄은 석탄"이라는 말로 기존의 특수회사 시스템을 비판했다. 각각의 산업 부문이 고립된 상태로 발전하는 사태를 꼬집은 것이다. 그가 구상한 새로운 경제 구조는 일종의 피라미드 모델이었다. 중앙집권화된 지휘통제 아래 여러 산업을 통합함으로써 종합적인 대규모 계획에 따라 산업 전반을 운영한다는 생각이었다.[59] 만주국의 주요 기술 관료들은 만탄을 비롯한 여러 특수회사가 경영권을 만업에 이양하게 했다. 이들은 만철에도 압력을 가해 산하의 거의 모든 중공업 자회사를 매각하도록 했고(68개 회사를 5억5,000만 엔에 인수), 그 경영권 역시 만업이 행사하게 했다. 그러나 이전과 마찬가지로 만철은 결코 푸순 탄광을 포기하지 않았다. 푸순 탄광은 철도 외에 유일하게 만철이 수중에 사수한 기업으로 남을 수 있었다.[60]

이처럼 1930년대 말에 만주 석탄 산업은 만업과 만철에 의해 양분되었다. 만주국 관료들이 5개년 계획과 국방국가 건설에 필요한 연료 공급에

58 Johnson, *MITI and the Japanese Miracle*, 131; Mimura, *Planning for Empire*, 94. 혁신 관료 집단에 대해서는 다음을 보라. Moore, *Constructing East Asia*, 188-92. 신재벌의 약진에도 불구하고 루이스 영이 지적한 것처럼, 이 시기 만주에 대한 직접 투자를 주도한 것은 구(舊)재벌이었다. Young, *Japan's Total Empire*, 214-16.

59 Mimura, *Planning for Empire*, 103-4.

60 Mimura, 101, 105.

몰두하면서 두 회사 모두 야심 차게 증산을 약속했다. 5개년 계획 최종안이 1937년 1월에 발표되었다. 계획 5년 차 말까지 연간 석탄 생산량을 2,550만 톤까지 올린다는 목표가 제시되었다. 이는 1936년도 생산량의 두 배가 넘는 수치다. 2,550만 톤 중 1,500만 톤은 만업 산하의 만탄 탄광이, 약 1,000만 톤은 만철의 푸순 탄광이 담당하기로 기획했다.[61]

1930년대 내내 푸순 탄광은 그 운영 규모를 늘려 나갔다. 1934년 무렵에 노천광은 엄청난 규모로 성장했고 지하 광산 또한 훨씬 더 깊숙한 곳까지 확대되었다. 한 설명에 따르면 "가장 깊은 갱도는 워싱턴기념탑(Washington Monument) 세 개를 끝에서 끝까지 꽂아 넣을 수 있을 정도"였다고 한다.[62] 1933~1935년에 푸순의 연간 석탄 생산량은 약 700만~800만 톤에 육박할 정도로 늘어났다. 그 뒤 5개년 계획의 시작과 맞물리며 불과 1년 만에 생산량이 150만 톤 늘어나 전전(戰前) 푸순의 최고 생산 기록인 959만 톤에 도달했다.

이러한 생산량의 급증은 주로 룽펑 광산의 운영 확대 덕분이었다. 1917년에 문을 연 룽펑 광산은 1930년대 중반에 대대적인 개보수를 거쳤다. 경사 노면에서의 채굴 작업을 통해 상층부의 모든 석탄이 고갈되자 룽펑 광산은 지하 채굴장으로 변모했다. 이로써 광부가 더 깊은 곳에 묻힌 석탄에 접근할 수 있었다.[63] 푸순 탄광의 동쪽 가장자리에 있는 룽펑 광산은 약 20~30미터 두께의 석탄층 위로 형성되었으며, 석탄의 총 매장량은 25억 톤에 달했다. 한 평가 보고서에 따르면, 이곳의 석탄은 "꽤 접착성이 있어" 코크스를 제조하는 데 적합했다. 따라서 생산량 대부분은 인근 안산

61 Kojima, *Nenryō dōryoku keizai*, 72-73.

62 Scherer, "Manchoukuo Down to Date."

63 *FKZ*, 180.

에 있는 쇼와 제철소의 용광로에 불을 지피는 데 쓰였다.[64]

막 새롭게 단장한 탄광의 중심이자 기계화된 근대성의 상징과도 같은 시설은 서부 갱도 위에 세운 거대한 권양탑(卷揚塔)이었다. 이는 계속해서 팽창하는 탄소 기술관료주의 에너지 레짐의 청사진을 기리는 진정한 기념비였다. 경사면을 따라 운반 작업이 이루어지는 채굴 방식과 비교했을 때, 갱도 채굴은 석탄층에 이르기 위해 지하로 곧게 터널을 뚫어야 했으므로 내부에서 인부와 물자를 오르고 내리는 데 훨씬 더 많은 동력이 필요했다. 따라서 갱도 광산의 지상에 승강기, 모터, 여타 기계 장치로 구성된 권양탑을 설치해 인양과 하강 작업을 했다. 승강 설비, 석탄업 전반, 그리고 거의 모든 공업 부문에서 1930년대 일본 엔지니어들은 독일을 최고의 전범으로 삼았다. 만철의 어느 기록에 따르면, 61미터가 넘는 룽펑의 권양탑은 쾨닉스보른(Koenigsborn), 한니발(Hannibal), 미니스터 슈타인(Minister Stein)과 같은 독일 최대 규모 탄광의 권양탑과 견줄 만했다고 한다. 그러나 케이지 권양 시스템(cage winding system) 측면에서 룽펑탑은 타의 추종을 불허했다. 한 번에 12.2톤, 시간당 650톤을 들어 올릴 수 있어 각각 회당 11.7톤, 시간당 293톤, 회당 8.4톤, 시간당 420톤 용량의 쾨닉스보른과 미니스터 슈타인의 권양탑보다 성능이 월등히 뛰어났다. "크기나 용량 면에서 룽펑탑은 다른 어느 사례보다도 확실한 우위를 점하고 있다." 이 문헌의 작성자는 자랑스럽게 말했다.[65]

이 거대한 탑을 설계할 당시 만철의 엔지니어들은 여러 차례 논쟁을 벌였다. 두 가지 주요 쟁점은 석탄을 지표면 위로 끌어올리는 방식—스킵이냐 케이지냐—과 승강 시스템—드럼식이냐 마찰식이냐—에 관한 것이었다. (드럼 시스템은 화물을 운반하는 수송 줄을 드럼에 감는 방식이다. 반면, 마찰 시스

64 "The Ryuho Coal Mine," 56.

65 "The Ryuho Coal Mine," 59-60.

〈그림 4-1〉 룽펑 광산의 권양탑. 약 67미터 높이로 독일 쾨닉스보른 탄광 권양탑과 높이가 같았다. 두 탑은 세계에서 가장 높은 권양탑이었다. 노천광이 푸순 탄광 사업의 가장 대표적인 상징물이었다면, 이 탑은 그다음 가는 상징물이었다고 할 수 있다.

템은 수송 줄을 바퀴에 부착하지 않은 채로 이동하며, 대신 꼬리줄(tail ropes)과 평형추가 하중을 상쇄하는 방식이다.) 결과적으로, 만철은 케이지 방식과 마찰식 시스템을 사용하기로 했다. 스킵 방식은 도중에 파쇄되는 석탄의 비율이 높아 최종 생산량 감소로 이어지는 경향이 있었다. 드럼식은 제작하기 어려운 80톤급의 거대한 드럼을 여러 개 갖춰야 한다는 부담이 있었다. 이렇게 해서 한 번에 8대의 광차를 인양할 수 있는 "거대한 엘리베이터 갱도"가 탄생했다. 인력을 수송하는 데 쓴다면 회당 최대 120명의 광부를 끌어올릴 수 있었다.[66] "수많은 대형 유리창을 통해 햇빛이 잘 들어오는" 이 권양탑의 외벽은 만주의 긴 혹한기로부터 내부 인양 시설을 보호하며 "겨

66 "The Ryuho Coal Mine," 57.

울철에 케이블 선 위에 서리가 껴 미끄럼이 발생하는 것"을 방지했다.[67]

대규모 탄광과 집중적인 석탄 채굴의 일반적인 특징을 반영하듯, 룽펑 광산의 전체 설비도 에너지 생산을 위해 막대한 에너지를 소비했다. 룽펑 탑의 발전기 용량은 4,025킬로와트로 "세계 최대"였으며, 이는 독일 쾨닉스보른의 권양 설비를 구동하는 발전기의 거의 네배에 달했다. "이렇게 거대한 기계 장치가 원활하고 효율적으로 작동하려면" 상당량의 전력이 필요했다.[68] 한 기록에 따르면, 구보 도루는 이 강력하고 생산적인 새 갱도 광산을 매우 자랑스러워해 "갱 속에서 처음 끌어올린 검은 석탄 덩어리 하나를 자기 방의 금고에 보관"했다고 한다.[69] 룽펑의 개보수와 탄광 전반에 걸친 운영상의 개선에 힘입어 푸순 탄광은 이 기간에 가장 많은 양의 석탄을 국방국가에 납품하는 단일 공급업체의 지위를 유지했다.

한편, 일본 군국주의자들에게 푸순이 에너지원으로서 중요해진 배경에는 액체 연료 생산 능력도 빼놓을 수 없다. 1930~1935년에 셰일오일 산업은 꾸준히 성장했다. 이 기간에 원유 생산량은 두 배로 늘어나 6만 5,000톤을 초과했다. 이에 더해 푸순은 인공 합성 석유 제조 분야에 진출했다.[70] 1939년에 만철은 석탄 액화—석탄을 기름으로 전환하는 공정—를 통해 합성 석유를 만드는 공장을 푸순에 설립했다. 화학적으로 석탄과 석유의 가장 큰 차이는 수소 함량에 있는데, 석탄은 석유에 비해

67 "The Ryuho Coal Mine," 57.

68 "The Ryuho Coal Mine," 60, 63. 이 모든 상황 속에서 한 가지 작은 아이러니는 만철이 비록 푸순의 룽펑 광산이 여러 면에서 독일의 탄광들을 능가한다고 자부했음에도, 실제로 푸순에서 이용된 주요 기계 설비는 대부분 독일제였다는 사실이다. 권양 설비의 부품과 권양기 및 탄갱 케이지(coal pit cages)는 디메그(Demag), 전기 장비는 지멘스-슈케르트(Siemens-Schuckert)의 제품이었다. 그리고 탄차와 플랫폼 같은 물품들도 다른 독일 회사들이 만들어 수출한 것이었다.

69 "The Ryuho Coal Mine," 65.

70 "Mining Industry of Manchukuo."

평균적으로 절반 정도의 수소를 함유한다. 따라서 이론적으로 수소를 첨가해 석탄을 석유로 전환하는 것이 가능하다.[71] 전 세계의 수많은 과학자가 이를 가장 효과적으로 달성할 방법을 고안하기 위해 분투했다.

20세기 초에 등장한 석탄 액화 방법 가운데 상업적으로 수익성이 있다고 판단된 것은 크게 두 가지다. 첫째는 1925년 카이저빌헬름연구소의 독일 화학자 한스 피셔(Hans Fischer)와 한스 트로프슈(Hans Tropsch)가 개발한 피셔-트로프슈 공법이다. 이 방법은 석탄을 가스화해 일산화탄소와 수소를 만든 뒤 다시 액체 연료로 재구성한다. 둘째는 훗날 노벨화학상을 받는 독일 화학자 프리드리히 베르기우스(Friedrich Bergius)의 이름을 딴 베르기우스 공법이다. 이는 석탄을 미세한 분말로 분쇄한 다음, 이를 초기 반응 과정에서 재활용한 중유와 혼합해 일종의 반죽을 만든다. 그런 다음, 이 반죽을 유기 촉매와 함께 수소와 접촉하면 액체 형태로 바뀐다.[72] 1936년에 일본 정부는 합성 석유 공장 설립을 장려하기 위해 여러 법률적 지원, 보조금, 면세 등의 혜택을 제도화했다. 예를 들어 미쓰이는 이러한 혜택을 받아 독일로부터 피셔-트로프슈 공법의 사용권과 미이케 탄광에서 이를 도입하는 데 필요한 장비를 구입할 수 있었다.[73]

일본 과학자들의 합성 석유 실험은 이로부터 거의 20년 전에 시작되었다. 셰일오일에 관한 연구와 마찬가지로 1차 세계대전으로 석유가 필수불가결한 자원으로 떠오른 것이 계기였다. 핵심적인 난점은 화학 반응을 일으키는 것 자체가 아니라, 어떻게 그것을 산업적 규모로 실현할 수 있느냐였다. 도쿠야마 연료 저장고가 이러한 연구를 주도했다. 도쿠야마의

71 Speight, *Chemistry and Technology of Coal*, 435.

72 Department of Justice, *War Division, Economic Warfare Section*, "Report on Fushun, Part 3," 1-2. 프리드리히 베르기우스와 그가 개발한 석유 합성 공정에 대해서는 다음을 보라. Stranges, "Friedrich Bergius."

73 Schumpeter, "Japan, Korea, and Manchukuo," 436.

해군 소속 과학자들은 처음에 일본 석탄 표본을 독일의 여러 연구소로 보내 베르기우스 공법을 시험적으로 적용했다. 결과는 좋지 못했다. 석탄의 겨우 30~35퍼센트 정도만 액화에 성공했다. 이에 해군 과학자들은 푸순의 석탄을 활용해 자체적으로 실험을 이어 갔다. 1934년경에 도쿠야마의 연료 전문가들은 기존 설비를 개조해 탄진(炭塵)을 더 미세하게 만들고 배기 열을 더 잘 활용할 수 있는 실험용 반응로(reactors)를 개발했다. 그리고 이를 이용한 실험에서 투입 석탄의 최대 67퍼센트까지 액화할 수 있다는 결과를 얻었다.[74]

만철은 1928년에 다롄의 중앙연구소에서 관련 실험을 시작하며 합성 석유 부문에 발을 담갔다.[75] 셰일오일에 관한 연구와 마찬가지로 만철 소속 과학자들은 석탄 액화 연구를 진행하며 도쿠야마의 전문가들과 협력하는 한편, 트랜스내셔널한 과학기술의 최신 흐름에 올라탔다. 1932년, 만철은 연료 연구원 아베 료노스케(阿部良之助, 1898~1980)를 독일로 파견해 석탄 수소화 장비를 사들였다.[76] 아베는 장비를 가지고 돌아와 중앙연구소에 설치했다. 곧이어 도쿠야마에서 진행 중인 연구를 보완할 수 있는 여러 실험에 착수했다. 최우선 목표는 이전과 동일하게 실험실에서 공장으로 생산 규모를 확대하는 것이었다. 1935년에 아베는 두 명의 동료와 함께, 운영 중인 합성 석유 공장의 실태를 시찰하기 위해 다시 한번 독일로 떠났다. 1936년 8월, 마쓰오카 요스케(1880~1946) 총재 재임기에 만철은 일본 정부로부터 푸순에 석탄 액화 공장을 설립할 수 있는 인허가를

74 Department of Justice, War Division, Economic Warfare Section, "Report on Fushun, Part 3," 3.

75 일본제국 내에서 석탄 액화로 합성 석유 사업을 발전시키려 한 또 다른 주요한 시도는 식민지 조선의 질소 비료 생산 기업인 조선질소비료주식회사가 추동했다. Molony, *Technology and Investment*, 226-32.

76 아베 료노스케에 관해서는 다음을 참고하라. Katō, *Manekarezaru kokuhin*.

따내는 데 성공했다. 이듬해 6월에 해군과 만철은 도쿠야마에서 회의를 열었다. 만철 대표로 구보 도루가 참석했다. 이 자리에서 양측은 만철 중앙연구소의 실험을 푸순에 지어질 공장에서 재현해야 한다는 데 동의했다. 2년 후 건설 공사가 완료되었고, 곧 공장이 가동되어 생산을 시작했다.[77] 만철이 푸순 공장에서 채택한 공법은 다롄 실험실에서 베르기우스법을 변형해 더 발전시킨 직접 액화 공정이었다. 1939년 공장 가동 당시 만철은 "이 분야에서 비교적 높은 수준의 연구와 실험이 완료"되었을 뿐만 아니라, "석탄 공급이 풍부하고 광범위하게 분포"되었기 때문에 합성석유가 전도유망하다고 선언했다. 그러나 곧 보게 될 것처럼, 획기적인 연구 성과도 풍부한 석탄 공급도 모두 그저 주어진 것으로 간주해서는 안 되었다.[78]

석탄이라는 주요 연료뿐만 아니라 셰일오일과 합성 석유까지 생산한 푸순은 공업화된 만주와 일본 국방국가의 핵심 동력원이었다. 이러한 중요성은 도리어 일본의 적들의 관점에서 파고들기 쉬운 취약점으로 여겨지며 이목을 끌었다. 1943년에 작성된 미국 정부의 전시 경제에 관한 보고서는 다음과 같이 전망했다. "푸순의 노천광, 그리고 지하 광산의 승강기와 권양탑을 파괴하면 석탄 생산이 마비될 것이다." 또한 "푸순의 석탄 생산이 중단되면 푸순에서 선양, 다롄, 안둥에 이르는 약 643킬로미터 내의 모든 산업 부문이 타격을 받게 될 것"이라고 덧붙였다. 이러한 평가는 정확했다. 당시 만주에서 생산된 석탄의 70퍼센트가 여전히 푸순에서 나왔다. 만주 최대 규모의 쇼와 제철소는 석탄과 코크스 수요의 4분의 3가량을 푸순에 의존했다. 만철 관할의 철도 연료는 전적으로 푸순으로부터

77 Department of Justice, War Division, Economic Warfare Section, "Report on Fushun, Part 3," 4-5.

78 "Coal Liquefaction," 18.

공급받았다. 또한 인근 산업 기지의 주요 전력 공급원인 푸순의 중앙 발전소도 현지에서 채굴한 석탄으로 가동되었다. 탄소 기술관료주의의 기치 아래 구축되고 국방국가에 의해 대폭 강화된 이러한 에너지 의존의 네트워크는 놀라울 정도로 취약해 보였다. 위의 미국 보고서에 따르면, 푸순 발전소만 무력화하면 "탄광 경내의 모든 운송 및 채굴 장비가 완전히 전기화되어 있어서 탄광 자체의 가동을 중단시킬 수 있다. 이는 곧 쇼와 제철소와 번시후 제철소에서의 철강 생산 중단을 의미하며, 나아가 선양의 군수와 기계 생산의 중단을 의미"했다.[79] 전쟁이 지속되고 석탄 부족이 심해지면서 일본은 푸순 석탄에 대한 이러한 의존의 심각성을 절실히 체감했다.

에너지 제국

만주는 풍부한 자원에 관한 기대를 충족시키며 전쟁을 전후한 몇 년간 일본제국의 석탄 생산량을 좌우했다. 1938년에 일본 본토 바깥에서 생산된 3,200만 톤의 석탄 중 절반가량이 만주에서 생산되었다.[80] 만주 석탄 산업은 일본 식민지 전역에서의 석탄 채굴을 상징했으며, 그 개발 속도를 결정했다. 비록 생산되는 석탄의 양과 질은 차이가 있었지만, 만주 이외의 다른 식민지에서도 예외 없이 일본 국가권력이 주도하는 추출 사업이 전개되었다. 그리고 점령지의 지하로부터 퍼 올린 석탄은 현지 산업화를 위한 연료로 이용되거나 일본 본토 또는 제국 내 다른 지역의 용광로로 보내졌다. 이러한 여러 추출 장소 사이의 석탄 순환은 수년에 걸쳐 더욱 강화된 통제 아래 놓였다. 이는 특히 이러한 자원의 순환을 하나의 거대한

79 Department of Justice, War Division, Economic Warfare Section, "Report on Fushun, Part 1," n.p.

80 *CMWE*, 14.

제국 에너지 시스템의 일부로 간주하기 시작한 기술관료주의적 전략가들에 의해 주도되었다. 이처럼 상호 연결된 에너지 제국을 이해하기 위해 지금부터 일본의 식민지였던 타이완, 조선, 가라후토, 화베이에서의 석탄 채굴에 대해 간략하게 살펴보고자 한다.

1895년, 시모노세키 조약으로 청나라는 타이완을 일본에 할양했다. 그 뒤 수십 년 동안의 일본 식민 통치기에 타이완의 탄광이 개발되었다. 17세기에 네덜란드가 타이완을 점령했을 무렵, 이미 이 섬에 석탄이 존재한다는 사실을 파악하고 있었고, 네덜란드는 제철과 수출을 위해 석탄 자원을 채굴했다. 그 뒤 청은 오랜 기간 이러한 채굴 활동을 중단시켰다. 그러나 아편전쟁 후 새로이 연 조약항에 기항하는 선박들이 늘어나면서 벙커 연료(bunker fuel)의 수요가 증가했고, 이러한 수요를 충족시키기 위해 타이완에서의 석탄 채굴을 재개했다. 일본 치하의 첫 20년 동안 타이완의 탄광 산업은 대체로 소규모로 유지되었다. 자본과 전문 인력이 부족했으며, 더욱이 식민 당국이 타이완에서 가장 가치가 높은 지룽(基隆) 탄광을 해군에게 독점적으로 활용하게 한 탓에 다른 탄광 기업들이 수익성이 떨어지는 광산에서 사업할 수밖에 없었다. 경제지리적인 문제도 있었다. 타이완의 탄광은 섬의 북쪽에 있었지만, 석탄의 주요 소비처인 설탕 공장은 섬의 남부에 있었다. 이에 1908년 남북 종단 철도가 완공될 때까지 타이완 설탕업계는 필요한 석탄 대부분을 모두 수입해 조달해야 했다.[81]

그럼에도 타이완의 석탄 채굴 산업은 1차 세계대전을 거치며 규모를 늘려 나갔다. 동아시아 전반에 걸쳐 공업 활동이 늘어나면서 식민 당국은 타이완 석탄이 일본 열도, 화난(華南), 홍콩, 동남아시아 등지에서 충분히 시장 가치를 지닐 수 있다고 판단하고 더 큰 관심을 기울였다.[82] 그 뒤 타

81 Chen, "Development of the Coal Mining Industry," 182.

82 Chen, 183–87.

이완의 석탄 총생산량은 꾸준히 늘어나 1921년에 100만 톤, 1925년에 170만 톤, 1927년에 190만 톤을 달성했다.[83] 1920년대 말과 1930년대 초에 타이완의 탄광업은 침체에 빠진다. 부분적으로 세계 대공황 때문이었지만, 지난사건과 만주사변으로 촉발된 중국의 일본 제품 불매 운동의 영향이 상당했다.[84] 그럼에도 1950년대 중반에 이르러 회복세로 돌아섰고, 여러 정치적·경제적 풍파를 견뎌낸 광산들은 석탄 생산품의 양과 질을 제고하기 위해 더욱 기계화에 박차를 가했다.[85]

1905년에 일본의 보호국으로, 1910년에 공식적으로 식민지로 전락한 조선은 상당한 규모의 석탄 매장량을 보유하고 있었다. 조선 석탄의 절반가량은 고품질의 무연탄으로, 일반 가정용 난방과 해군 군함의 동력원으로 쓰였다.[86] 석탄 매장지는 한반도 북부에 집중되어 있었으며, 이 시기에 평양이 무연탄 추출의 중심지로 떠올랐다. 1921년에 조선은행이 작성한 보고서에 따르면, 그 "광맥의 길이는 약 51킬로미터, 폭은 약 12킬로미터이며 석탄 매장량은 2억 톤으로 추정"되었다. 통감부는 1907년 평양 일대에서 광산 개발을 시작했다. 10년 후 연간 생산량은 15만 톤을 초과했으며, 그중 90퍼센트는 일본 해군의 도쿠야마 연료 저장고로 옮겨져 "카디프(Cardiff) 석탄의 대체품으로 이용"되었다.[87] 이처럼 자급자족에 대한 우려가 고조되는 가운데 식민지의 자원에 대한 조달이 특히 활발해졌다. 1920년대에 다른 탄광들도 마찬가지로 총독부의 주도로 개발되었다. 1930년, 식민지 조선의 석탄 총생산량은 90만 톤에 육박했다. 조선의 석

83 Bradley and Smith, *Fuel and Power in Japan*, 24.

84 1928년 5월의 지난사건은 장제스 휘하의 국민혁명군과 산둥성 성도(省都) 지난에 주둔 중이던 일본군 사이의 무력 충돌 사건을 일컫는다.

85 Chen, "Development of the Coal Mining Industry," 188.

86 "Chōsen shi dai kōgyō"; Bradley and Smith, *Fuel and Power in Japan*, 24.

87 Bank of Chosen, *Economic History of Chosen*, 188.

탄 소비와 관련해 눈에 띄는 특징은 국내 생산량의 대부분이 무연탄이었으므로, 이러한 고급 석탄이 적합하지 않은 산업용·철도용 수요를 충당하기 위해 대량의 역청탄을 수입해야 했다는 점이다. 예를 들어 1930년에 조선에서 소비한 160만 톤의 석탄 가운데 64만 톤만 국내에서 생산했고, 51만 톤은 중국에서, 42만 톤은 일본에서 수입했다.[88]

일본은 홋카이도의 북쪽, 연해주의 동쪽에 있는 약 956킬로미터 길이의 섬인 사할린의 남부를 점령했는데, 가라후토는 이 영토를 가리킨다. 일본은 1905년 포츠머스 조약을 통해 러시아로부터 이 섬의 남쪽 절반을 획득해 1949년까지 지배했다. 사할린 전역에는 풍부한 양의 석탄이 매장되어 있었다. 한 평가 보고서에 따르면, 사할린 석탄의 품질은 "평균적인 일본 석탄보다는 낫고 최고급 석탄보다는 약간 떨어졌지만, 만주의 푸순 석탄에 비할 바는 아니었다."[89] 3만6,000제곱킬로미터에 달하는 가라후토 땅에서 일본 식민정부는 적극적으로 석탄 에너지원을 채굴했다. 석탄업은 1910년대 후반부터 1920년대까지 가파르게 성장했다. 연간 생산량은 1916년에 7,000톤, 1930년에 65만 톤을 기록했다.[90] 일본은 사할린 북반부에서도 산림이 우거진 해안 지대를 소련 정부로부터 조차 받아 여러 탄광을 운영했으며, 그 생산량의 5~8퍼센트를 수수료로 소련에 지급했다.[91] 일본제국주의자들은 일찍이 사할린이 일본과 조선을 위한 석탄 공급지가 되어 주기를 바랐다. 그러나 사할린의 바다는 11월부터 4월까지는 얼어붙었고, 이는 곧 석탄 공급이 계절에 따라 좌우될 수밖에 없음을 의미했다.[92] 그럼에도 1935년경 가라후토의 석탄은 연간 생산량 150만 톤

88 Bradley and Smith, *Fuel and Power in Japan*, 25.

89 Great Britain Foreign Office, Historical Section, *Sakhalin*, 33.

90 Bradley and Smith, *Fuel and Power in Japan*, 27.

91 "The Significance of Saghalien."

92 Bradley and Smith, *Fuel and Power in Japan*, 28.

중 최소 3분의 1 이상이 제국 내 다른 지역의 산업 발전을 위한 연료로 사용되었다.[93]

한편, 풍부한 석탄 매장량을 자랑하는 화베이 또한 수십 년 동안 일본의 자본가와 제국주의자의 관심을 끌었다. 19세기 말 이래로 일본 자본이 끊임없이 화베이 지역으로 유입되어 탄광 개발을 추동했다. 만주와 마찬가지로 이 지역에서 일본의 주안점은 본국의 야금용 코크스와 일반 가정 연료 수요를 충당할 수 있는 석탄 공급처를 확보하는 것이었다.[94] 이와 관련해 주목할 만한 기업은 산둥의 루다공사(魯大公司)인데, 이는 일본이 1차 세계대전 후 점령한 구 독일령 탄광들을 운영하기 위해 1923년 중일 합작 형태로 설립한 회사다.[95]

시간이 지날수록 화베이 지역의 자원에 대한 일본의 소유욕은 커져만 갔다. 만주국 건국 직후, 만철과 톈진(天津) 주둔 일본군은 화베이 곳곳에 연구 인력을 파견해 석탄과 기타 천연자원에 관한 광범위한 조사를 벌였다. 한 만철 보고서는 이러한 자원 조사의 주된 동기가 "제국의 경제 권력의 증진과 확장"이라고 노골적으로 주장했다.[96] 이 조사들은 그 뒤 일본이 화베이의 전략 자원을 개발하기 위해 수립한 다양한 계획의 기초가 되었다. 여러 자원 가운데 특히 코크스와 합성 석유 생산용 석탄이 유망한 것으로 평가되었다. 한 추정치에 따르면, 화베이는 만주보다도 더 많은 석탄을 보유하고 있으며 중국 전체 매장량의 약 55퍼센트를 차지했다.[97] 1935년, 허베이 동부에 괴뢰정권이 들어서면서 화베이에서 일본의 영향력은 더욱 뚜렷해졌다. 이제 더 많은 양의 화베이 석탄이 일본제국의 변

93 *CMWE*, 43.

94 Wright, *Coal Mining in China's Economy and Society*, 126.

95 루다공사의 역사에 대해서는 다음을 보라. Wright, "Sino-Japanese Business in China."

96 다음 문헌에서 재인용. Nakamura, "Japan's Economic Thrust into North China," 224.

97 Nakamura, 232-33; Paine, *The Wars for Asia*, 39.

덕과 필요에 따라 이용되었다.[98]

전간기 일본제국의 성장과 더불어 점점 더 탄소 기술관료주의는 제국을 구성하는 여러 지역의 개발과 상호의존을 규정했다. 1933년에 일본의 석탄 수입은 최고치를 경신했다. 철강 생산의 확대와 이에 따른 코크스용 석탄의 수요에 힘입은 덕분이었다. 이러한 수입 물량의 대부분은 대륙으로부터 들어왔다. 그해 일본의 여러 항구에서 하역된 350만 톤의 석탄 가운데 240만 톤이 푸순 탄광에서 생산한 것이었다.[99] 이후로도 수입은 증가 일변도였으며, 제국의 식민지들이 핵심 공급처 역할을 지속해서 수행했다. 그러나 이미 살펴봤듯이, 석탄의 물류가 반드시 일방적으로 식민지에서 본국으로 향한 것은 아니었다. 한 식민지로부터 다른 식민지로, 때로는 본국에서 식민지로의 석탄 이동도 있었다. 조선으로 수출된 규슈산 역청탄이 그 좋은 사례다.[100] 이러한 석탄의 교차 유통이 일본이라는 에너지 제국을 지탱했다. 그리고 1930년대 말에 일본군이 전선을 향해 진군하기 시작했을 때 그들은 바로 이러한 네트워크에 의존해 자국의 산업계에 연료를 공급할 수 있었고, 전쟁을 지속할 수 있었다.

심화의 전경

1937년 가을, 중일전쟁이 발발하자 제국의 국가권력은 일본 본토와 식민지 전역에서 석탄 채굴을 늘리라고 압박하기 시작했다. 대부분의 산업체가 해마다 생산량을 늘리기 위해 노력하는 것은 결코 드문 일이 아니었지만, 그럼에도 전시 일본의 증산 목표는 그 정도에서 괄목할 만했다. 전시 경제를 관리하기 위해 1937년 10월에 설립된, 막강한 중앙정부 기관인

98 Paine, *The Wars for Asia*, 39–40.

99 Bradley and Smith, *Fuel and Power in Japan*, 6.

100 *CMWE*, 14.

내각의 기획원(企劃院)은 대단히 높은 석탄 생산량 목표치를 설정했다. 예컨대 만주에서는 1936~1937년에 석탄 생산량이 1,360만 톤에서 1,430만 톤으로 늘어났다(5.1퍼센트 증가). 그러나 이듬해인 1938년의 목표치는 무려 22.4퍼센트 증산이 필요한 1,750만 톤이었다.[101] 석탄이 전쟁 수행에서 얼마나 중요했는지는 전반적인 석탄 소비가 지속해서 증가했을 뿐만 아니라, 전체 석탄 소비 가운데 군수 산업 부문이 차지하는 비율이 점점 더 높아졌음을 통해서도 여실히 드러난다. 예를 들어 군수품 제조의 근간이었던 철강 산업은 1933년에 국가 전체 석탄 소비량의 12.9퍼센트인 410만 톤을 사용했지만, 1940년에는 전체의 18퍼센트에 해당하는 1,140만 톤을 소비했다.[102] 한 통계에 따르면, 1943년 일본 전시 경제가 소모한 전체 에너지의 3분의 2 이상이 석탄이다. 두 번째로 중요한 에너지원인 수력 발전의 발전 용량이 앞선 20년 동안 여섯 배 이상 증가했는데도 여전히 석탄의 비중은 압도적이었다.[103] 일본이라는 거대한 전쟁 기계는 석탄에 굶주렸다. 전쟁이 장기화하면서 석탄을 향한 갈망은 더욱 커졌다. 그리고 끝내 그 수요를 결코 충족할 수 없을 지경까지 치달았다.

나는 이러한 상황을 '심화의 전경'이라고 지칭한다. 이는 에너지 역사 전문가 크리스토퍼 존스의 "심화의 풍경"에서 빌린 것이다. 19세기 말과 20세기 초에 미국 대서양 중부 지역에서 어떻게 에너지 운반 시스템이 확대되었는지를 분석한 존스는 운하, 파이프라인, 전선과 같은 사회기술적 인프라가 작동하는 방식을 포착하기 위해 이 개념을 고안했다. 그에 따르면, 이러한 인프라는 "석탄, 석유, 전기의 소비를 계속해서 증가시키도록 추동하고, 또 그렇게 늘어난 소비 규모를 유지하도록" 만드는 일련

101 "Survey of the Coal Mining Industry," 69; *CMWE*, 46.

102 *CMWE*, 14.

103 *CMWE*, 9.

의 "시너지 효과를 일으키는 피드백의 고리"를 핵심으로 해서 작동한다.[104] 이와 비슷하게 심화의 전경 또한 에너지 수요를 끊임없이 증가시키는 인과의 연결고리들(cycles of cause and effect)을 그 특징으로 한다. 전쟁은 대단히 에너지 집약적인 행위다.[105] 이는 일본이 동아시아와 동남아시아에서 침략을 감행한 이유 중 하나가 현지의 에너지 자원을 확보하기 위함이었다는 점으로부터 분명하게 드러난다. 팽창주의자와 호전주의자가 그토록 탐하던 해외의 자원을 장악하는 데 성공했을지라도, 이는 거의 언제나 더 많은 에너지를 소모해야만 하는 새로운 상황으로 귀결되었다. 추출의 장소들을 유지·발전시키는 데는, 또 지하로부터 그 자원을 퍼 올려 소비의 장소까지 운반하는 데는 막대한 양의 에너지가 필요했기 때문이다. 이러한 역학 관계가 심화의 전경을 현실화했다. 이 과정에서 침략국은 더 많은 자원에 접근하기 위해 더 멀리 팽창했고, 기존의 자원 매장지를 더 맹렬하게 파 내려갔다. 결과적으로 볼 때 이렇게 탄생한 제국의 지리적 범위는 자못 인상적일 수 있다. 전시 일본의 제국이 그러했듯 말이다. 그러나 심화의 전경이 낳은 이러한 에너지의 흐름—해로와 육로를 통해 점점 더 많은 양을 에너지를 더 멀리 운반하며 제국을 하나로 묶은—은 언제든 교란될 수 있었다는 점에서 취약한 것이기도 하다. 더욱이 에너지 추출의 심화는 비록 처음에는 성공적일지라도 지속 가능한 경우는 거의 없었다. 심화의 전경은 대개 쇠퇴의 소용돌이 속으로 빠져들었다.

만주에서는 석탄 생산량을 대폭 늘려야 한다는 요구가 앞서 언급한 5개년 계획에 반영되었다. 일본 지도자들은 전쟁 발발 후 다른 자원과 마찬가지로 석탄 생산량 목표를 더욱 상향 조정했다. 원래 계획은 1941년

104 Jones, *Routes of Power*, 2, 6-10, 189.

105 전쟁과 에너지 자원의 관계에 대한 고찰로는 다음을 보라. Smil, "War and Energy." 가장 폭넓은 각도에서 전쟁이 환경을 군사화하는 과정을 살핀 연구로는 다음을 참고하라. Muscolino, *Ecology of War*.

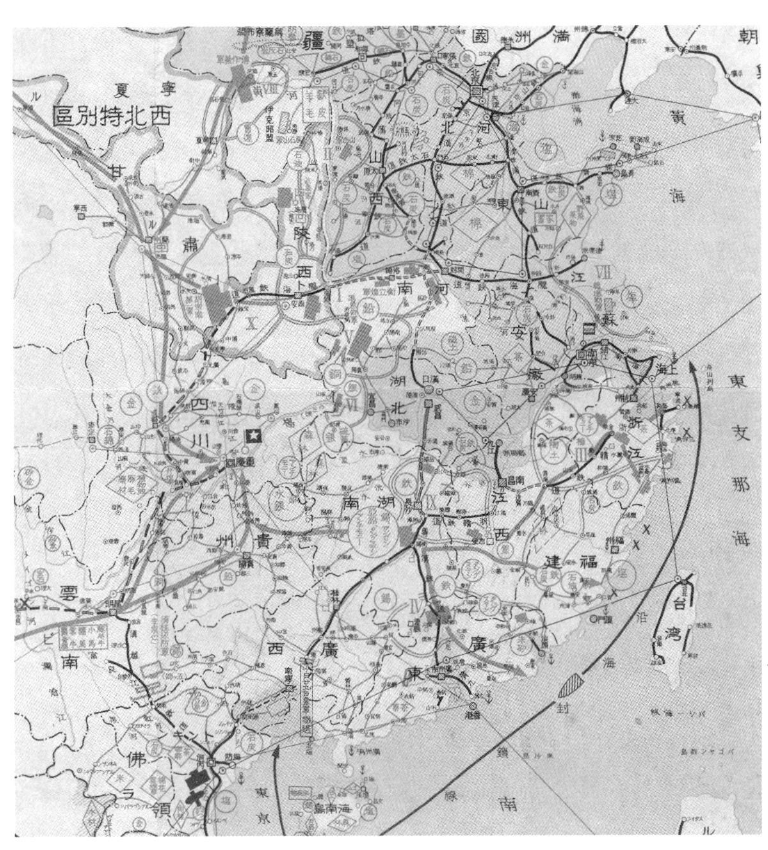

〈그림 4-2〉 1941년에 제작된 한 일본 지도의 일부. 제목은 〈지나 항일 전구 및 자원 교통망 요도(支那抗日戰區及資源交通網要圖)〉다. 지도의 전체 범위는 중국 전역과 국경을 맞댄 인접 국가를 거의 모두 포괄하지만, 자원 및 교통망 관련 정보는 오직 화베이, 화둥, 화중, 그리고 흥미롭게도 프랑스령 인도차이나 지역에만 표기되어 있다. 이 발췌 지도는 전체 지도 가운데 중국 대륙에 해당하는 부분이다. 국민당 정부의 전시 수도 충칭(重慶)은 지도 좌중간에 별이 있는 깃발로 표시되어 있다. 석탄 자원이 확인된 장소에는 "石炭"이라는 글자가 쓰여 있는데, 주로 화둥에 집중되어 있다. 그 밖에도 안티몬(antimony), 금, 철, 납, 은, 주석, 면화, 고령토, 소금, 차, 목재, 삼림 등의 자원이 별도로 표시되어 있다. (Image courtesy of the Harvard-Yenching Library, Harvard University.)

까지 석탄 생산량을 2,710만 톤으로 올린다는 것이었다. 그러나 1938년에 수정된 5개년 계획은 이를 3,490만 톤으로 올려 잡았다.[106] 앞선 시기에 만주국의 경제 기획자들이 염두에 둔 최우선 과제가 만주 차원의 자급자족 달성이었다면, 개전 이후에는 일본 본토에 대한 물자 공급으로 만주 경제의 방향성이 크게 바뀌었다. 이제 만주 경제는 본토의 수요와 소구에 더 노골적으로 종속될 수밖에 없었다.[107] 석탄의 경우, 이 탄소 자원을 추출해 일본으로 바로 운반하는 임무뿐만 아니라, 강철 등 본토가 필요로 하는 물자를 생산하는 만주 현지의 여러 산업을 떠받치는 역할도 해야 했다. 만철의 한 보고서는 "석탄 생산량 증대 계획이 바로 산업 개발 5개년 계획의 토대 또는 중핵"이라고 썼다.[108] 푸순은 이와 같은 집중적인 산업화 구상의 중심에 있었다. 1937년의 또 다른 만철 보고서는 다음과 같이 자평했다. "푸순 탄광은 (…) 현재의 정치 상황과 요구에 잘 부응해 왔다. '석탄 채굴을 통해 국가를 섬긴다'는 사명감에 따라 최대한의 석탄 생산 계획을 수립했고, 채굴량을 늘리는 데 갖은 노력을 기울였다."[109] 그러나 사실 푸순의 석탄 생산량은 전년도에 전전 최고치를 기록한 후 서서히 내림세로 돌아서고 있었다. 그리고 곧 더 급격하게 감소할 터였다.

제국 내 다른 지역의 탄광들도 더 맹렬하게 석탄을 채굴했다. 타이완에서는 총독부가 국영기업을 설립해 가격과 유통을 통제한 채 석탄 채굴의 확대를 밀어붙였다.[110] 이러한 시도는 초기에 어느 정도 성공을 거두었다. 1939년에 타이완의 실제 석탄 생산량은 계획 목표치 240만 톤을 넘어

106 Nakagane, "Manchukuo and Economic Development," 145.

107 Beasley, *Japanese Imperialism*, 216.

108 "Survey of the Coal Mining Industry," 74.

109 Mantetsu, "Tōkei nenpō," 398.

110 Chen, "Development of the Coal Mining Industry," 159.

260만 톤에 달했다.[111] 조선의 탄광업도 이 무렵 성장세를 보였다. 만주국의 5개년 계획을 모델로 한 한반도의 5개년 계획이 1939년에 집행되었고, 그 핵심은 바로 탄광 개발이었다. 예를 들어 평안남도 북부에 새로운 철도 노선이 부설되어 무연탄이 풍부한 강동, 삼등, 대성 등 탄광으로의 교통이 개선되었다.[112] 조선의 석탄 생산량은 1938년에 340만 톤에서 1940년에 610만 톤으로 2년 만에 80퍼센트 가까이 늘어났다.[113] 마찬가지로 1939년에 가라후토에서도 일본은 석탄 증산을 추진하기 위해 새로운 관영 위원회를 구성했고, 1940년에는 신규 광산 개발 금지령을 해제했다. 1941년에는 대형 국영 광업회사를 차렸다. 이러한 일련의 조치들이 한데 모여 석탄 증산에 박차를 가했다. 1935년에 가라후토의 석탄 생산량은 150만 톤이었는 데 반해, 1941년에는 650만 톤으로 사상 최고치를 기록했다.[114] 중일전쟁 초기, 일본에 의해 공식적으로 점령된 화베이 지역 역시 집중적인 석탄 채굴의 광풍을 피해 갈 수 없었다. 이 지역의 석탄 생산량은 1938년에 1,000만 톤을 밑돌았는데, 1942년에는 무려 2,490만 톤으로 두 배 이상 급증했다.[115] 마지막으로 1941년 12월의 진주만 공습 후 일본은 동남아시아로도 전선을 확대했다. 이 과정에서 프랑스령 인도차이나의 혼가이(Hongay) 탄광부터 네덜란드령 동인도제도의 부킷아삼(Bukit Assam) 탄광에 이르기까지 역내 주요 탄광에서 추출에 착수했다.[116] 이러한 행보는 부분적으로 일본이 확보한 대동아공영권에 해당하는 지역 전반에 걸쳐 그 지표면 아래 석탄이 편재했기에 가능했다. 채굴 행위

111 *CMWE*, 47.

112 Park, *Colonial Industrialization*, 153; "Korea Starts Industry."

113 *CMWE*, 14.

114 *CMWE*, 43.

115 *CMWE*, 48.

116 "More Driving Power."

와 제국은 서로를 끊임없이 강화하면서 심화의 전경을 구현해 나갔다.[117]

1940년에 이르러 식민지산 석탄에 대한 일본 본토의 의존도는 더 깊어졌다. 이 무렵 일본 국내 석탄 생산량은 증가 일변도의 산업 수요를 따라갈 수 없었다. 한 논자는 다음과 같이 썼다. "현대 산업의 생명수인 석탄이 일본 경제의 혈관을 타고 흐르는 속도가 점점 더뎌지고 있다."[118] 한 해 전인 1939년 여름에는 "지난 170년의 역사상 전례가 없을 정도로" 심각한 가뭄이 일본 전역을 강타했다.[119] 결과적으로 수력 발전량의 감소분을 메우기 위해 더 많은 석탄을 태워 화력 발전소를 가동해야 했다. 늘어난 석탄 수요를 맞추지 못하자 곧바로 에너지 부족 현상이 발생했다.[120] 1939~1940년에 석탄 부족 문제는 이미 널리 인식되고 있었다. 예컨대 도쿄에서는 석탄 절약을 위해 오전 목욕 금지령이 떨어졌다. 대중목욕탕도 정오가 되어야 문을 열 수 있었다.[121] 1938년 4월, 일찍이 구보 도루는 오사카공업협회(Osaka Industrial Association) 강연에서 일본 국내 석탄 생산량을 벌충하기 위해 화베이를 비롯한 대륙의 석탄 자원을 추가로 채굴해야 한다고 주장했다.[122] 그러나 1939년의 경제 침체와 더불어 문제가 심각해졌다. 설상가상으로 기업들의 카르텔인 쇼와석탄주식회사가 화력 발전소에 형편없는 품질의 석탄을 납품하면서 상황은 더 나빠졌다. 이러한 저품질 석탄 공급으로 같은 양의 전력을 생산하는 데 평소보다 더 많

117 대동아공영권에 대해서는 다음을 보라. Yellen, *Greater East Asia Co-Prosperity Sphere.*

118 Bloch, "Coal and Power Shortage," 39.

119 Bloch, 43.

120 Bloch, 12; Barnhart, *Japan Prepares for Total War,* 143-44.

121 "Public Bath Rate-Cutting."

122 "Meeting Discusses Shortage of Coal."

은 석탄을 태워야 했고, 화력 발전소의 경영은 나빠질 수밖에 없었다.[123] 이 문제와 에너지 부족과 관련한 다른 여러 문제를 해결하기 위해 국가는 석탄업계에 대한 통제를 강화했다. 이러한 흐름을 반영하듯, 쇼와석탄주식회사는 사실상 국영기업인 일본석탄주식회사로 재편되었다. 일본석탄주식회사는 석탄의 판매와 유통을 완전히 독점하기에 이른다. 결과적으로 일본제국주의 국가권력 내부에서 탄소 기술관료주의의 위상은 더욱 공고해졌다.[124]

그러나 많은 업계 내 관계자들은 일본의 석탄업이 타성에 빠졌다는 사실을 분명히 인식하고 있었다. 전후의 한 평가에 따르면, 이는 부분적으로 "어떤 대가를 치러서라도 생산량을 늘려야 한다는 압박"이 빚어낸 결과였다. 점점 더 비이성적으로 보이는 심화의 전경이라는 구도가 그려졌다. "매년 제대로 설비를 갖추지 않은 수준 낮은 탄광이 점점 더 많이 생산에 투입되고 있다. 제대로 된 광산 또한 매년 갈수록 더 깊이 갱도를 파 내려가야 한다는 압력에 시달렸다." 양 앞에서 질이 희생되었고, 속도 앞에서 지속 가능성이 포기되었다. "시시각각 가해지는 생산 압력이 이용할 수 있는 자원을 중장기적으로 건전하게 개발해야 한다는 생각을 압도했다." 더욱 심각한 문제는 탄광을 계속 가동하는 데 필수적인 유지보수를 소홀히 했다는 점이다. 평가자는 다음과 같이 결론 내렸다. "이러한 기초 작업 없는 발전 양상은 (…) 전쟁 시기 더 많은 생산을 달성하지 못하게 만든 장애물 중 하나였음이 입증되었다."[125] 지나친 팽창이 결국 파국을 불러일으킬 것임은 명백해 보였다.

이러한 증산 압박 속에서 일본의 탄광들은 숙련 노동자와 광업 물자의

123 Hein, *Fueling Growth*, 39.

124 *CMWE*, 13. 일본석탄주식회사는 정부와 민간 석탄 기업들이 절반씩 출자했다.

125 *CMWE*, 12.

부족을 겪었다. 노동 수급의 측면에서 볼 때 탄광업은 작업의 위험도와 난이도, 상대적으로 낮은 임금 등의 요인 때문에 대체로 이직 빈도가 높았다. 광부가 채굴 기계 사용에 능숙해지는 데 일반적으로 6개월에서 2년 정도 걸린다는 점을 고려할 때, 높은 이직률은 특히 골치 아픈 문제였다. 전쟁 발발 이후 숙련 광부들이 징병되면서 문제는 더욱 악화했다. 광업 자재의 경우, 강철(케이블, 갱도의 지주, 기계 설비에 사용됨), 시멘트(건축용), 고무(컨베이어 벨트 제작용)의 공급에 차질이 빚어졌고, 전쟁이 장기화하면서 이 물자들은 더욱 부족해졌다.[126]

이러한 문제는 복합적으로 일본 전략가들의 석탄 채굴 확대라는 기획에 제동을 걸었고, 결국 심화의 전경은 한계점에 다다랐다. 일본의 석탄 생산량은 1940년에 5,730만 톤으로 정점을 찍는다. 그러나 이 시점에도 탄광업계는 이미 큰 어려움에 봉착해 있었다. 틀림없이 채굴 효율성이 떨어지고 있었다. 채굴 효율성은 광부 1인당 연평균 생산량으로 정의할 수 있는데, 1940년에 173톤이었다(1933년에는 227톤). 그 뒤로도 해마다 이 수치는 줄어들었다. 이 기간에 이처럼 일본 석탄업의 채굴 효율성이 계속해서 하락하는데도, 절대 생산량은 증가했다. 이는 곧 한계 수익이 감소하는 상황에서 가능한 한 많은 양의 노동, 자본, 자원을 투입해 어떻게든 이익을 창출하려 했음을 뜻한다.[127] 나빠진 일본 본토의 상황에서 일본의 기술관료들은 제국의 전시 산업을 유지하는 데 필요한 석탄을 식민지에서, 특히 만주국, 화베이, 가라후토에서 더 많이 확보하기 위해 혈안이 되었다.

그러나 일본의 전략가들에 의해 일본 경제의 주요 에너지원으로서 크게 강조되었지만, 만주의 석탄 산업도 나름의 문제가 있었다. 개전 초기

126 *CMWE*, 12.

127 *CMWE*, 111-12, 26.

만주의 석탄 생산량은 확실히 증가했다. 그러나 그 증산의 속도는 전략가들의 기대보다 훨씬 더뎠다. 1938년도 생산량은 1,500만 톤으로, 전년도보다 거의 100만 톤이 늘어났다. 하지만 이러한 수치도 원래의 5개년 계획의 목표치인 1,800만 톤—이보다 더 높은 목표치를 잡은 수정 계획은 말할 것도 없다—에 한참 못 미쳤다. 5개년 계획에 따르면 만탄 아래의 광산들이 석탄 증산분의 대부분을 담당할 것으로 예상되었고, 오래전부터 이 지역을 지키는 푸순 탄광은 다소 완만하게 증산을 이룩할 것으로 기대되었다.[128] 정작 1938년에 푸순은 목표 생산량의 95퍼센트를 달성했지만, 만탄은 목표치의 68퍼센트밖에 채우지 못했다.[129] 그 뒤로도 계획 생산량과 실제 생산량 간의 격차가 계속 벌어졌고, 업계 관계자들은 만주 석탄의 생산량이 너무 부족하다는 견해를 계속해서 피력했다.[130]

만주의 석탄이 부족해질 것이라는 전망은 거대한 산업 시설을 넘어 필부필부의 캉과 난로에까지 영향을 미쳤다. 어쨌거나 석탄은 산업용 연료일 뿐만 아니라 가정용 연료였다. 그러나 일본제국 전체의 전쟁 동원에 발맞추어 일반 가정 또한 희생을 감내해야 하는 장소로 이해되었다. 최전선의 수요를 최우선으로 고려해야 했다. 일부 기술관료들은 이러한 논리(그리고 산업계의 석탄 수요가 늘어나고 있으며, 그에 따라 공급은 부족해지고 있다는 인식)에 따라 가정용 연료를 더 철저히 절약해야 한다고 주장했다. 1930년대 말에 만철은 가정에서 석탄을 경제적으로 사용하는 방법에 대한 지침서를 발간했다. 이 책자의 도입부는 다음과 같다. "만주에서 석탄 소비가 꾸준히 늘어나고 있으며, 급기야 올해 석탄 부족 사태가 발생함에 따라 (…) 난방 가동 기간을 단축하고 '저온 생활'을 시행해야 한다는 요구가 제

128 Mitchell, *Industrialization of the Western Pacific*, 85-86.

129 Iguchi, *Unfinished Business*, 183.

130 "Transfer of Mining Equipment."

기되고 있다. (…) 국가 보위와 생산의 원동력인 석탄의 사용과 절약에 유의하는 것은 후방을 지키는 모든 국민의 당연한 의무다."[131] 전시 산림 자원 보존 정책의 하나로 '저온 생활'을 장려한 조선총독부의 관료들과 마찬가지로, 만주국 관료들도 국가를 위해 일반 국민이 추위를 받아들여야 한다는 취지의 캠페인을 시작했다.[132] 만주의 저온 생활 운동은 만주국협화회(滿洲國協和會)—대중 동원을 목적으로 하는 만주국의 관변 단체—의 강력한 후원 아래 진행되었다.[133] 저온 생활 옹호론자들은 너무 더운 실내 환경이 각종 질병의 발병률 증가와 관련 있다는 국내외의 의학 담론을 거론하며, 석탄 사용을 줄이는 것이 개인의 건강에 도움이 된다고 주장했다. 대신 이들은 만주의 악명 높은 겨울 추위를 더 잘 견디기 위해 개개인이 더 운동을 많이 해야 한다든지, 두꺼운 옷을 잘 입고 다녀야 한다든지, 찬물 마사지를 통해 신체를 단련해야 한다는 등의 권고사항을 내놓았다.[134]

동시에, 석탄 부족 문제를 해결하기 위해 가정용 연료 소비량까지 손을 댄 것은 국가 통제의 의도치 않은 결과를 드러냈다. 우선, 만주의 일반 가정에서 석탄을 광범위하게 사용하게 된 것은 관료의 계획이 아니었다. 주민들은 과거에 난방과 취사를 위해 수수 줄기를 연료로 사용하는 것이 일반적이었다. 그러나 대부분 수수밭은 점차 콩밭으로 바뀌었다. "수수(高粱) 이삭으로 가득했던 광활한 만주 벌판과 창춘에는 이제 콩 껍질이 지천으로 널려 있다." 그러나 이러한 전환과 더불어 농민을 비롯한 수많은 농촌 인구는 기존의 연료 대신에 석탄을 사서 태워야 하는 처지에 놓였

131 Minami Manshū tetsudō kabushiki gaisha, *Katei ni okeru sekitan*, 1.

132 식민지 조선에서의 "저온 생활"에 대해서는 다음을 참고하라. Fedman, "Wartime Forestry."

133 만주국협화회에 관해서는 다음을 보라. Duara, *Sovereignty and Authenticity*, 73-76.

134 Smith, "Hibernate No More!", 138-41.

다.[135] 석탄 가격은 줄곧 상대적으로 낮게 유지되었다. 이는 기술관료들이 필수 산업용 핵심 에너지원인 석탄의 안정적인 공급을 보장하고자 했기 때문이다. 결과적으로 석탄은 곧 가장 저렴한 연료가 되었고, 만주 전역의 일반 가정은 난방과 취사에 필요한 연료로 장작, 숯, 수수 줄기가 아닌 석탄을 찾게 되었다. 이는 다시 석탄 수요를 늘렸고, 산업계의 석탄 이용에 차질을 불러일으켰으며, 석탄 수급에 문제가 있다는 인식을 심화시켰다.[136] 이러한 역학 관계를 고려할 때 탄소 기술관료주의가 궁극적으로 자원의 고갈로 치닫는 경향을 보인다는 점은 그리 놀랍지 않다.

공급 측면을 살펴보자면, 만주의 여러 탄광—특히 만탄—이 수요 증가와 상향 조정된 생산 목표치를 충족시키지 못한 데는 여러 가지 이유가 있었다. 그러나 결코 자본이 부족한 것은 아니었다. 만탄은 정부와 만철로부터 8,000만 엔이라는 막대한 자본금을 받았다. 더욱이 양측은 5개년 계획 수정안에 따른 생산 목표량을 맞추기 위해 애초 예산보다 다섯 배나 많은 자금을 쏟아부었다. 그러나 만탄은 이 막대한 재원의 대부분을 생산 능력 확대를 위해 쓰기보다 새로운 채굴지를 확보하고 기존 설비를 증설하는 데 썼다.[137] 본토의 사정과 마찬가지로 만주에서도 이런저런 물자가 부족해 탄광업의 성장을 가로막았다.

1938년 봄, 만주국의 수도 신징(新京, 오늘날의 창춘)에 있는 야마토호텔에서 만주의 경제 발전에 관한 좌담회가 열렸다. 이 자리에서 만탄 총재 고모토 다이사쿠는 노동력 부족, 기술적 전문성 부족, 기계 설비의 부족이 탄광 사업의 발목을 잡고 있다고 말했다. 전쟁 발발 이후 노동력 부족 문제가 특히 심각해졌다. 노동력 대부분을 차지하던 중국인 이주 노동자

135 Minami Manshū tetsudō kabushiki gaisha, *Report on Progress*, 116-17; "Trade with Manchuria."

136 Kubo, *Tōa no sekitan*, 103.

137 Mitchell, *Industrialization of the Western Pacific*, 86.

들이 만주로 건너오는 데 여러 난관이 발생했다. 하지만 고모토는 노동 부족 문제가 이미 상당 부분 해결되었다고 주장했다. 기술 전문성("만몽 개발이라는 대업에 뛰어든 엔지니어들")과 관련해서도 고모토는 낙관적이었다. 만탄에 기술 전문가가 부족하다면, 푸순과 다른 기존 광산들로부터 숙련된 엔지니어를 파견받거나 아직 경험이 부족한 만탄의 자체 기술 인력을 회사 차원에서 신속히 재교육함으로써 충분히 보완할 수 있다고 생각했다. 고모토의 판단에 따르면, 당장 해결책이 없는 가장 심각한 문제는 바로 기계 설비(더 정확하게는 기계 제작에 들어가는 고무와 구리)의 부족이었다.[138]

결과적으로 전쟁이 진행되는 동안 이상의 세 가지 문제 모두 나빠졌다. 노동력 부족이 심각해지자 일본제국주의자들은 "특수공인"을 통해 이를 해결하고자 했다. 이에 대해서는 다음 절에서 설명할 것이다. 기술 인력의 부족 또한 심해졌다. 1941년에 쓴 글에서 구보는 일본 고등 교육 기관에서 광업공학을 전공으로 선택하는 학생의 수가 감소하고 있다고 지적했다. 이 분야에서 특히 강세를 보이는 규슈제국대학 같은 기관도 예외가 아니었다. 구보의 진단에 따르면, 이는 광업 엔지니어 일의 "위험성, 더러움, 노동의 고됨"에 비해 보수가 너무 낮기 때문이었다.[139] 기계 설비의 경우, 이전에 존재하던 각양각색의 결함이 더욱 두드러지고 있었다. 한편으로, 전쟁이 계속되면서 기계 설비가 점점 닳고 있었다. 다른 한편으로는 본국의 기계 제작 업체들의 생산 속도가 느려지거나 심지어 완전히 중단되는 일이 빈번했다. 식민지의 공업 분야는 필요한 기계 장비의 공급을 상당 부분 이러한 본국의 업체에 의존하고 있었기 때문에 타격은 불가피했다. 예를 들어 광업 기계 장비 분야의 3대 생산업체인 히타치, 미쓰비시

138 "Kensetsu tojō no Manshū keizai."

139 Kubo, *TōA no sekitan*, 58, 61. 전시 엔지니어 부족과, 교육을 확대함으로써 이 문제를 해결하려 한 시도에 대해서는 다음을 참고하라. Nishiyama, *Engineering War and Peace*, 17-23.

전기, 야스카와 전기는 1942년 이후 들어온 주문에 대해 전혀 납품하지 못했다고 알려져 있다.[140] 게다가 1941년 연합군의 봉쇄가 시작된 이후에는 운송 문제까지 더해졌다. 설령 물자를 어렵게 구했더라도 이를 만주로 운반할 길이 없을 때가 많았다.

푸순은 이러한 난관을 체감하지 않을 수 없었다. 1940년에 푸순 탄광은 5개년 계획의 3년 차 종합 보고서를 발표했다. 여기에는 자신들이 왜 계획한 목표 생산량을 달성하지 못했는지 해명하는 내용이 포함되었다. 이에 따르면, 그 주요 원인 중 하나는 장비 수입 문제였다. 이 보고서는 탄광이 "대대적으로 기계화"되어서 외부로부터—특히 일본 열도로부터—정기적으로 각종 기계 장치들이 유입되어야 제대로 조업이 이루어질 수 있다고 밝혔다. 이러한 기계 부품에 대한 수요가 너무 가파르게 늘어났기 때문에 푸순 탄광 내 자체 기계 제작 공장의 생산 능력만으로는 충분한 공급량 확보가 요원하다는 지적도 덧붙였다. 기계화는 탄소 기술관료주의의 "합리화"라는 원칙과 부합하며, 그 원래의 목표는 인간 노동에 대한 의존도를 줄이는 것이었다(2장에서 살펴본 것처럼, 이러한 목표는 절대 실현되지 않았다). 그러나 결과적으로 이러한 노력은 새로운 종류의 의존성과 취약성을 초래했다. "기계의 재고 확보가 지연되거나 서비스 부품이 부족하면 석탄 채굴과 기타 예비 작업은 직접적인 타격을 받는다." 보고서가 지적한 그대로였다. 또한 푸순에서는 "당장 생산량 감소와 직결되는" 각종 물자뿐만 아니라, "미래의 생산 역량에 더 큰 (부정적) 영향을 미칠 수 있는" 다양한 자재의 품귀 현상 또한 발생했다. 예를 들어 1940년에는 푸순 탄광 전체를 운영하는 데 필요한 65만5,000톤의 일반 압연강(rolled steel) 중 63퍼센트만이 확보되었고, 전선 제작에 필요한 구리나 건축용 시멘트와 같은 다른 주요 자원의 수급 상황도 크게 다르지 않았다. 더욱이 일본

140 *CMWE*, 17.

본국과 만주의 전반적인 추세와 마찬가지로 푸순에서도 빈번하게 충분한 수의 광부 모집에 실패하곤 했다. 보고서는 푸순 탄광 전체에서 매달 약 6,000~1만 명의 인력이 더 필요하다는 추정치를 내놓았다.[141]

물자와 인력이 구조적으로 부족한 상황은 크고 작은 재난과 맞물리며 더욱 생산에 차질을 빚었다. 과거와 마찬가지로 지하의 채굴 공간에는 재앙이 도사리고 있었다. 일본 본국의 탄광에서도, 푸순 탄광에서도 생산량을 늘리기 위해 "점점 더 많은 노동자가 유지보수 작업에서 차출되고 더 많은 물자와 함께 채굴 작업에 투입"되었다. 관리자는 이미 느슨해진 안전 관련 규정을 집행하면서 종종 타협적인 선택을 했다.[142] 1940년도 보고서는 푸순의 저조한 실적의 또 다른 원인으로 룽펑 광산에서의 가스 폭발 사고를 꼽았다.[143] 이 보고서가 나온 지 두 달 뒤 완다우(萬達屋) 광산에서 또 다른 가스 폭발이 발생해 광부 13명이 사망했다.[144] 그해 말에 만철 조사부에서 실시한 평가는 이 두 사고를 근거로 푸순 탄광 내 작업 환경의 위험도가 높아졌다고 지적했다. 탄광에서의 끊임없는 작업장 확장은 대부분 점점 더 지하 깊숙한 곳까지 파고 들어가는 것을 의미했다. 따라서 기존 시설이 이를 감당할 수 없을 때 발생하는 가스 관련 위험에 노출될 수밖에 없었다. "현재 환풍 장비의 상태로 볼 때 위험 구역은 수도 없이 많다." 평가 보고서의 진단이었다. 그리고 다음과 같이 권고했다. "공기 순환을 개선하기 위해 대형 송풍기를 도입해야 할 때다."[145]

패턴은 불 보듯 뻔했다. 지나치게 생산주의적인 압력이 새로운 위협을 만들었고, 이에 대한 해결책은 주로 기술적인 차원에서 상상되었다. 결국

141 "Sangyō kaihatsu gonen," 401-3.

142 *CMWE*, 18.

143 "Sangyō kaihatsu gonen," 403.

144 "Bujun tankō bakuhatsu."

145 "Mantetsu chōsa bu," 404-6.

이 평가 보고서조차도 비관적인 의견을 내놓았다. 자재 부족, 인력의 질적 미숙과 양적 부족, 그리고 작업 환경의 악화로 푸순에서 더 이상 생산량을 늘리는 것은 "어려운 일"이었다. 문제를 해결하지 않고 방치할 경우, "생산량은 계속해서 더 감소할 것으로 예상된다."[146] 평가 보고서의 결론이었다. 그러나 일본의 전시 경제를 총괄하는 고관대작들은 이와 같은 신중한 전망을 무시했다. 오히려 이들은 일본의 에너지 레짐을 떠받치기 위해 제국 전역에서 '심화의 전경' 중심에 놓인 푸순과 여러 다른 탄광들—이미 혹사 상태에 처해 있는데도—을 더 쥐어짜 추출 작업을 강화할 작정이었다.

쥐어짜기

1942년에 만주국 정부는 제2차 5개년 계획에 착수했다. 제1차 계획과 마찬가지로 제2차 계획 또한 다양한 공업 상품의 생산량을 획기적으로 늘리겠다는 야심을 반영하고 있었다. 그러나 전자와 달리 후자는 전적으로 경제 자립이라는 목표에 치중했다. 물론 이전 시기에도 자급자족을 향한 열망이 없지 않았지만, 이는 이제 반드시 달성해야 할 이상이 되었다. 당시 연합국 측은 석유와 기타 전략 자원의 대일 수출을 제한했다가, 급기야 완전히 중단했다. 이것이 계기가 되어 일본은 결국 1941년 12월, 진주만 폭격을 시작으로 태평양전쟁에 뛰어들었다. 그러므로 제2차 5개년 계획은 일본, 만주국, 중국의 일부로 구성된 경제권 외부로부터의 기술, 물자, 자본 유입이 없을 것이라는 전제를 명확히 했다.[147] 이러한 정황 속에서 이 계획은 석탄을 최우선 순위 자원으로 간주했고, 1946년까지 생산량을 80퍼센트가량 늘리겠다는 목표를 세웠다. 이러한 증산의 대부분은

146 "Mantetsu chōsa bu," 404–6.

147 Zhao, "Manchurian Atlas," 129.

만탄이 담당할 것으로 예상되었고, 따라서 이 기업에 걸린 부하는 제1차 계획보다도 더 컸다. 만탄 아래의 가장 큰 세 광산인 푸신, 허강, 미산(密山) 탄광이 각각 1.7배, 3배, 2.5배의 증산 임무를 부여받았다.[148] 제2차 5개년 계획도 다시 한번 푸순의 성장 폭을 완만하게 상정했다. 만탄에 비해 이미 개발이 많이 진행된 탄광으로 여겼기 때문이다. 푸순의 1942년도 생산 목표는 720만 톤으로, 전년도보다 50만 톤 정도 늘어났다. 그 뒤로는 점진적으로 생산량이 늘어 1945년까지 약 800만 톤을 더 생산할 수 있을 것으로 예상했다.[149] 그러나 정작 1937년 이후 실제 생산량은 꾸준히 감소하고 있었으므로 가야 할 길이 멀었다.

그 뒤 몇 년간 탄소 기술관료주의의 한계가 과잉 개발과 자원 고갈의 악순환이라는 형태로 드러나면서, 일본제국은 추출의 장소를 쥐어짜며 광부와 환경에 폭력을 가했다. 일본 당국은 전쟁 수요를 맞출 정도로 증산을 달성하기 위해서는 더 많은 노동자가 필요하다고 여겼고, 제국의 다른 지역들과 마찬가지로 푸순에서도 강제노역을 통해 노동력을 확보하려 했다.[150] "특수공인" 또는 "보도공인(輔導工人)"이라고 불린 이 노동력은 대부분 화베이에서 잡혀 온 전쟁 포로로서, 광산 작업에 투입시킬 목적으로 동원된 남성들이었다.[151] 1940년에 최초의 특수공인들이 강제로 푸순에 끌려왔다. 1941년 6월, 푸순 탄광장에게 전송한 문건에서 푸순 탄광 총무부는 1940년 11월 이후 지난 반년 동안 "노동 자원을 확보하기 위해" 564명의 특수공인이 광산 현장에 도착했다고 보고했다. 동시에 총무부는 방첩 활동을 시급히 전개할 필요성에 대해 언급했다. 특수공인들 중

148 Zhao, "Manchurian Atlas," 130; "Manshū sekitan zōsan."

149 *MSZ*, vol. 4, no. 2, 410, 412-13.

150 Kratoska, "Labor Mobilization."

151 Wang, "Manshūkoku" rōkō, 286.

상당수가 전직 홍군 병사이거나 공산당 간부 출신으로서 내부에서의 "첩보, 전략, 선전 선동"을 통해 "은밀한 전쟁"을 벌일 수도 있는 자들이라는 것이다. 이러한 우려에 더해 이 보고서는 곧 이러한 노동자의 수가 "수천 명에 달할 것"이라고 강조했다.[152] 한 통계에 따르면 전쟁이 끝날 때까지 푸순에서 일한 특수공인은 약 4만 명이었고, 이들 중 다수는 목숨을 잃었다.[153]

만주에서 강제 노동력을 동원한 곳은 비단 푸순만이 아니었다. 푸신, 베이퍄오(北漂), 시안, 번시후의 탄광들, 안산의 쇼와 제철소, 펑톈의 군수 공장들, 펑만(豊滿) 수력 발전용 댐을 위시한 주요 산업 시설들도 모두 특수공인을 고용했다. 일본제국주의자들은 이처럼 만주의 전시 공업을 지탱하기 위해 매년 약 10만 명의 특수공인을 이 지역으로 보냈다.[154] 푸순과 만주 바깥에서도 강제노역은 공업 생산에서 기반 시설 건설에 이르기까지 전시 제국 운영을 위해 필요한 대부분 에너지를 감당했다. 이러한 전시 프로젝트 가운데 가장 악명 높은 것은 일본이 태국과 버마(현재의 미얀마) 사이에 건설한 "죽음의 철도"로, 건설 과정에서 10만 명 이상의 민간인과 전쟁 포로가 목숨을 잃었다.[155] 일본의 석탄업계는 또한 전후 한 보고서의 표현 그대로 "'강제 집단 이주'시킨 조선인 계약직 노동자들"에게 의존했다. 이는 "광산에서 일할 수 있는 건장한 일본인이 부족"하다는 문제를 해결하기 위해서였다. 1941년에 일본 내 전체 탄광 노동자의 17.7퍼센트가 조선인이었고, 그보다 적은 비율의 비일본계 광부들이 존재했다. 1945년에 이 비율은 36.4퍼센트까지 늘어났다.[156]

152 "Bujun tankō sōmukyoku," 593.

153 Fu, "Zaixian de lishi," 7.

154 Wang, "Manshūkoku" rōkō, 290–92.

155 Rivett, *Behind Bamboo*.

156 *CMWE*, 12, 30. 일본제국의 조선인 강제노역에 대해서는 다음을 보라. Naitou, "Korean

일찍이 일반 노동자를 관리하기 위해 마련한 각종 규제 정책은 전시의 한층 더 무자비해진 통제 분위기와도 잘 맞아떨어졌다. 특수공인들은 푸순에 도착하자마자 지문을 등록하고 신분증을 만드는 등 일반 노동자와 같은 절차를 밟아야 했다. 과거 이러한 절차의 목적이 노동자의 이동을 감시하는 데 있었다면, 이제 당국은 이를 통해 이동 자체를 원천 봉쇄해 특수공인이 도망가지 못하도록 만들고자 했다. 여기에 더해 추가적인 조치들이 취해졌다. 특수공인들은 전류가 흐르는 철조망과 감시탑으로 둘러싸인 별도의 큰 건물에 집단 수용되었다. 또한 옛 군복을 입히거나 상의 뒷면에 "특(特)"이라는 글자를 새겨 넣고 작업모에 빨간 원을 그리는 등 복장만 봐도 이들을 다른 일반 노동자와 구별할 수 있게 했다. 특수공인이 광산에 들어가거나 나올 때는 반드시 군인이 동행해야 했다.[157]

하지만 이러한 조치에도 불구하고 상당수의 특수공인이 탈출에 성공했다. 1943년도의 한 보고서에 따르면, 그해 상반기에만 무려 1만5,000명이 넘는 광부가 푸순을 몰래 빠져나갔다.[158] 운이 좋으면 누군가의 도움을 받을 수도 있었다. 특수공인인 왕지저우(王繼洲)는 다행히 전기공 옌슈팅(閻樹亭)과 친구가 될 수 있었다. 푸순 탄광 곳곳의 전기 시스템을 돌며 유지보수 작업을 해야 하는 옌슈팅의 직무 특성상 그는 다른 사람들과 달리 탄광 경내에서 자유롭게 통행할 수 있었다. 왕지저우는 어찌어찌 옌슈팅에게 깊은 인상을 남겼다. 옌슈팅은 왕지저우를 "교양 있고 선견지명이 있는 사람"으로 여겼다. 왕지저우는 이러한 관계를 바탕으로 옌슈팅에게 탈옥을 도와 달라고 설득하는 데 성공했다. 옌슈팅과 그의 동료 한 명은 왕지저우가 일하는 공장의 전화선을 일부러 교란했다. 이들은 회선

Forced Labor."

157 Fu, "Zaixian de lishi," 9.

158 Wang, "Manshūkoku" rōkō, 291.

을 수리해야 한다며 경비가 삼엄한 공장 내부로 접근해 들어갔다. 그 뒤 두 전기공은 왕지저우와 접선해 자기들 것과 비슷한 작업복을 건넸다. 곧 세 사람은 현장을 몰래 빠져나왔고, 얼마 뒤 푸순을 벗어났다.[159]

특수공인들이 위험을 무릅쓰고 탈출을 시도하는 것은 어쩌면 당연한 일이었다. 이들은 대개 도토리 가루로 만든 형편없는 음식을 먹으며 하루 10시간 이상 강제 노동에 시달려야 했다. 이들 대부분의 몸 상태는 쇠약해질 대로 쇠약해졌다.[160] 질병이 만연했고, 일본인 관리자들은 종종 가혹하고 잔인한 수단을 동원해서라도 병의 확산을 억제하려 했다. 병의 확산은 무엇보다도 그들이 금과옥조로 여기는 생산성에 잠재적 타격을 줄 수 있었다. 푸순의 특수공인이었던 왕커밍(王克明)은 자신이 1941년 늦여름, 탄광에 막 도착했을 때 제일 먼저 "소독"을 받으러 갔다고 회상했다. 그는 "소독이란 단지 샤워를 받는 것이 아니었다"라고 부연했다. "모종의 산성 물질을 가스와 함께 온몸에 마구 뿌려 댔다. 이를 들이마시면 숨이 턱 막히고 눈물이 났다." 왕커밍에 따르면, 일본 당국은 감염병 확산 가능성을 차단하기 위해 가장 극단적인 조치를 했다. "전염병에 걸린 사람이 적발되기라도 하면 일본인들은 환자에게 기름을 부어 산 채로 불태워 버렸다."[161] 당시 푸순 경찰의 총책임자였던 가시와바 유이치(栢葉勇一)는 전후 자필 자백서에서 자신이 1942년 푸순 방역 정책의 수립 과정을 총괄했다고 시인했다. 그러면서 용안타이 광산 검역소에서의 사례 하나를 언급했다. 그곳의 일본인 관리자들은 현장의 "보급품은 불충분"하고 소속 인원 가운데 일부의 "신체 상태가 극도로 병약"하다는 점을 파악했다. 결국 관리자들은 이 사람들을 기계 수리 공장으로 옮겨 용광로에 던져 넣기로 했

159 "Yan Shuting huiyi."

160 Fu, "Zaixian de lishi," 8-9.

161 "Wang Keming huiyi."

다.[162] 설사는 감염병의 징후로 여겨졌다. 왕커밍과 그의 중국인 동포들은 행여라도 묽은 변을 보면 그 즉시 배설물을 흙으로 덮었다. 발각되면 죽임을 당할 것이 뻔했다. 의학사학자 워릭 앤더슨(Warwick Anderson)은 식민지 공중보건 체제가 배설물 관리—이는[163] 궁극적으로 식민자와 피식민인을 구별 짓는 표지로 작용했다—에 집착한 현상을 "배설 식민주의(excremental colonialism)"라고 일컬었다.[164] 이곳 푸순에서 왕커밍과 다른 특수공인들은 가장 악의적이고 극단적으로 치닫는 배설 식민주의를 어떻게든 견뎌내야 한다는 점을 잘 알고 있었다. 그 뒤 푸순 탄광의 상황을 조사하기 위해 신징에서 파견한 의사는 널리 퍼진 설사병이 감염병 때문이 아니라, 심각한 영양실조 탓이라고 진단했다.[165]

푸순과 만주 안팎의 다른 탄광에서 특수공인과 정규 노동자의 노동력을 쥐어짜는 행태가 얼마나 생산성을 높이는 데 이바지했는지 정확히 정량화하기란 아마도 불가능할 것이다. 그러나 혹 기여가 없지 않았다고 하더라도 이러한 조치들은 매우 부적절했다. 일본제국의 다른 지역과 마찬가지로 만주에서도 석탄 생산량은 계속해서 감소했다. 전쟁이 장기화하며 기존의 문제들은 더욱 나빠졌고, 강제노역에도 불구하고 노동력은 언제나 부족했다. 그 한 가지 이유로 농업 노동자들을 탄광 노동에 동원할 수 없게 된 사정을 거론할 수 있다. 식량이 부족했기 때문에 농민은 탄광이 아닌 논밭을 지켜야 했다. 일본 당국은 탄광 노동력 부족을 해결하기 위해 다른 방법을 찾았다. 한편으로, 탄광 노동자의 근무지를 고정하는 법안을 도입해 노동력의 유출을 제한하고자 했다. 1944년에 제정된 이

162 "Kashiwaba Yuichi."

163 자기 배설물을 "위생적"으로 관리할 수 있는 능력의 유무–옮긴이.

164 Anderson, *Colonial Pathologies*, 104–29.

165 "Wang Keming huiyi," 22.

법으로 광부들이 더 수익성 좋고 덜 위험한 일자리를 찾아 떠날 수 있는 길이 막혀 버렸다. 그러나 이러한 조치도 집행 차원에서 여러 문제에 봉착했다. 특히 군부와 같은 강력한 세력이 비행장 같은 기반 시설을 건설하기 위해 탄광 노동자를 징발하려 할 때, 이 법안은 종종 뒷전으로 밀릴 수밖에 없었다. 다른 한편, 일본 당국은 애국주의 캠페인을 벌여 탄광 노동력을 모집함으로써 새로운 노동력의 유입을 촉진코자 했다. 이 과정에서 "탄광도 최전선이다" 따위의 구호가 내걸렸다. 이러한 운동의 하나로 수천 명의 학생이 시간제 노동자로 이름을 올렸다. 그러나 인력 부족 문제 이면에는 노동 효율성이라는 문제가 얽혀 있었다. 이는 경험과 기술이라는 측면과도 결부되었다. 이 수년 동안 노동력은 꾸준히 증가했다. 일본 본국 내의 광부 수는 1941년에 33만8,000명에서 1944년에 41만6,000명으로 늘어났다. 그러나 경험이 부족하고 숙련되지 않은 노동자들이 점점 더 많이 투입되면서 효율성은 계속 하락했다. 1941년에 164톤이었던 광부 1인당 연간 생산량은 1944년에 119톤으로 추락했다.[166]

인력과 마찬가지로 부족 현상이 끊임없이 이어진 장비와 물자 부문에서도 문제는 점점 더 심각해졌다. 기계 장비는 마모되고 노후화되었다. 주요 광업 장비 제작사들의 생산 활동도 중단되었다. 그뿐만 아니라 수많은 탄광이 자체 기계 수리소를 무기 제조에 동원하면서 유지보수라는 가장 중요한 기능이 마비되었다. 이에 수리와 정비가 시급히 필요할 때조차도 제대로 된 조처가 이루어지지 않았다. 생산 시설 가동에 필수적인 자재도 여느 때처럼 모자랐다. 한 전후 평가 보고서에 따르면, "일반적으로 (…) 물자 분배는 업계 현장의 요구에 한참 못 미쳤으며, 특히 강철 제품과 시멘트는 실제 지급량과 분배 계획량이 일치하는 경우가 거의 없었다." 게다가 군부에서 종종 "어렵게 확보한 몇 안 되는 물자마저도 가로채 갔

166 *CMWE*, 17.

기 때문에" 탄광 운영자는 암시장에 의존해 숱한 필수 자재를 구할 수밖에 없었다.[167]

전시 석탄 수급이라는 난제는 채굴 문제뿐만 아니라 운송 문제와도 복잡하게 얽혀 있었다. 이 점은 특히 연합군의 봉쇄가 본격화하면서 고통스럽게 분명해졌다. 진주만 공습 후 식민지와 새로이 점령한 지역으로부터 일본 본국으로 석탄과 여타 자원을 실어 나르던 항로가 미군 잠수함의 공격을 받았다. 태평양전쟁 초기에 정식으로 등록된 일본 상선의 총규모는 약 650만 톤이었으나, 전쟁이 끝날 무렵에는 150만 톤으로 급감했다. 수많은 선박이 바다 밑으로 사라졌기 때문이다.[168] 1943년, 본국의 산업 자원 수급 계획은 동남아시아를 비롯해 팽창한 제국의 최전방에서 자원을 추출하는 것보다는 인접한 지역에서 물자를 총동원하는 데 초점을 맞췄다. 또한 해상에서 연합군의 공격에 노출되는 것을 최소화하기 위해 육상 운송에 더 많이 의존하기 시작했다. 일본으로 향하는 만주 석탄은 과거 다롄항을 거쳐 서해를 횡단하는 선박에 실렸다. 이제는 철도로 조선의 항구들로 이송된 다음, 배로 옮겨져 육지에 둘러싸인 동해를 통해 일본 열도로 들어왔다. 1944년까지 일본으로 옮겨진 만주 석탄의 4분의 3이 이 "조선 루트"를 경유했다. 그럼에도 일본의 식민지산 석탄 수입은 꾸준히 감소했다. 1939~1944년에 만주산 석탄 수입량은 84만8,000톤에서 56만1,000톤으로 줄어들었다. 화베이산 석탄 수입의 비중은 점차 늘어 전체 수입량의 절반가량을 차지했지만, 마찬가지로 같은 기간 304만 톤에서 152만 톤으로 줄어들었다.[169] 더욱이 봉쇄는 일본 열도 간 석탄 운송에도 영향을 미쳤다. 홋카이도와 규슈의 탄광에서 혼슈의 산업 중심지로의

167 *CMWE*, 17.

168 Milward, *War, Economy, and Society*, 317.

169 *CMWE*, 35, 46.

석탄 수송량은 1941년에 2,070만 톤에서 1944년에 1,110만 톤으로 급감했다.[170] 1945년 7월경, 이용할 수 있는 석탄 물량은 전쟁 시기 최고점의 절반 수준으로 떨어졌다.[171]

전쟁의 마지막 몇 해 동안 석탄 공급이 줄어들자, 소비 패턴에도 변화가 일어났다. 이는 전쟁의 참화 속에서 제국이 우선순위를 어디에 두었는지 드러낸다. 철강, 화학, 전력 생산을 비롯한 주요 석탄 소비 부문은 1941~1944년에 석탄 사용량을 줄여야 했다. 이 기간에 철도, 기계 제작, 액체 연료 부문만 석탄 소비를 늘릴 수 있었다.[172] 특히 전쟁이 진행될수록 액체 연료가 더욱 귀해졌고, 합성 석유 생산에 지속해서 석탄이 투입되었다. 그러나 이러한 작업의 효과는 의심스러웠다. 일본 엔지니어들은 수소 첨가를 통한 석유화 공정을 완벽하게 업그레이드했다고 자부했으며, 푸순 등지에서 고품질 액화석탄을 생산할 수 있다고 과시했다. 그러나 연합군 측 석유화학자들은 이러한 주장을 곧이곧대로 받아들이지 않았다. 일본이 업그레이드했다는 공정은 더 낮은 온도를 적용함으로써 "역청탄 단위당 더 품질이 좋고 더 많은 양의 석유"를 생산할 수 있지만, 단위당 생산 속도가 더 느릴 것으로 추측했다. 이 과학자들은 "또 하나의 근거 없는 일본 산업계의 과장일 뿐"이라고 결론지었다.[173] 공급 감소를 합성 연료와 셰일오일로 보충하려는 노력에도 불구하고 일본의 석유 부족은 계속되었다.[174] 설상가상으로 석탄의 양만 줄어든 것이 아니라 질까

170 *CMWE*, 21.

171 *CMWE*, 3.

172 *CMWE*, 24.

173 Department of Justice, War Division, Economic Warfare Section, "Report on Fushun, Part 3," 11.

174 전시 일본의 석탄 액화 산업이 제한적인 성공을 거둔 데 그친 것은 조직 간의 조율이 미흡—월터 그룬덴(Walter Grunden)은 이를 핵폭탄부터 항공 무기 개발에 이르는 "거대 과학(Big Science)" 프로젝트의 진전을 가로막은 주요 원인으로 지적했다—했기 때문만은 아니었던 것

지도 떨어졌다. 태평양전쟁 발발 초기에는 석탄 가격이 등급에 따라 책정되었다. 1941년 11월에 일본 정부가 석탄 산업 확장을 감독하기 위해 설립한 석탄통제회(石炭統制會)가 이러한 결정 과정을 총괄했다. 그러나 1943년 10월에 통제회는 품질 등급과 무관하게 가격을 일괄적으로 표준화하기로 했다. 이에 생산업체들은 쉽게 채굴 가능한 저급 석탄을 선호하기 시작했고, 유통 석탄의 품질이 급격히 나빠졌다.[175]

푸순은 전시 일본의 압도적인 국가권력의 폭압에 허덕였다. 푸순 탄광은 제2차 5개년 계획에 명시된 목표를 달성하는 데 계속해서 실패했다. 예를 들어, 계획 3년 차인 1943년에 석탄 생산 목표는 745만 톤이었다. 실제 생산량은 513만 톤으로 계획에 크게 못 미쳤을 뿐만 아니라, 전년도 생산량 636만 톤보다도 적었다. 이러한 저조한 실적을 해명하는 푸순 탄광 측의 한 보고서는 물자, 장비, 노동력 부족 등 여러 "불리한 여건"에 따른 "고충"을 토로했다. 그러나 정작 생산에 진정한 치명타를 입힌 것은 콜레라의 발병이었다. 이에 따라 룽펑 광산의 조업이 멈췄다. 오야마와 라오후타이에서도 의심 환자가 나타나기 시작하자, 이 광산의 노동자들을 전격적으로 격리 조치했다.[176] 만철은 광부에게 독한 화학 소독약을 곧바로 살포하거나 감염이 의심되는 노동자를 살처분하는 등 온갖 참혹한 방법으로 추출의 현장에서 질병을 몰아내고자 했다. 그러나 노동자들을 협소한 공간에 밀집 수용하는 유구한 관행과 심화의 전경 한가운데서 뒷전으로 밀려 버린 열악한 위생 관리 시스템이 맞물리며, 쉼표 모양의 미세

같다. 연료 연구의 두 핵심 주체인 만철과 해군 간의 오랜 협력 덕분에 석탄 액화 부문은 필요한 전문지식과 자원을 동원할 수 있는 확고한 기반이 마련되어 있었다. 오히려 앤서니 스트레인지스(Anthony Stranges)가 주장하듯, 전쟁의 긴박성에 매몰된 나머지 실험실 단계에서 공장 대량 생산 단계로 조급하게 확장하려 했던 일본의 초조함이 주된 문제였을 수 있다. See Grunden, *Secret Weapons*; Stranges, "Synthetic Fuel Production."

175 *CMWE*, 15-16.

176 "1943-nen gensan," 419.

한 박테리아가 번성할 수 있는 최적의 환경이 만들어졌다. 오로지 번식만을 추구하는 이 콜레라균은 결국 감당할 수 없을 정도로 팽창한 탄소 기술관료주의의 거창한 계획들을 전복했다.[177]

노천광의 구성원도 제국의 전시 군부 정권의 끝없는 과도함에 짓눌렸다. 위에서 언급한 보고서에 따르면 당국은 일찍부터 노천광을 "석탄의 천연 저장고"처럼 취급하는 경향이 있었으며, "무슨 문제가 발생하면 언제든 노천광을 강제로 활용"할 수 있을 것처럼 간주했다. 이러한 인식 때문에 만주사변 후 석탄 수요가 갑자기 늘어났을 때 푸순은 "과중한 석탄 생산 작업을 강제로라도 완료해야만 했다." 노천광에서 이는 종종 제거해야 하는 상부 지층 대 채굴할 석탄 간의 적정 굴삭 비율—지속 가능한 생산을 위해 반드시 지켜져야 했다—을 초과해야 함을 의미했다. 보고서는 다음과 같이 덧붙였다. "기계 장비와 수리 부품을 반입하는 과정에서 어려움이 있었고, 인력은 늘 부족했으며, (잔해물 등을) 철도로 폐기장까지 운반하는 데 걸리는 시간이 더 늘어났다. 이러한 요인 때문에 계획보다 더 자주 적정 굴삭 비율을 초과하는 채굴 작업이 이루어졌다." 보고서는 이 같은 상황이 "비합리적"일 뿐만 아니라, 궁극적으로 "석탄 생산 역량의 감퇴"를 가져올 것이라고 결론지었다.[178] 푸순의 석탄 생산량은 그 뒤 몇 년 동안 계속 급감해 1945년에는 전시 최고치의 불과 4분의 1 수준인 250만 톤으로 떨어졌다. 전쟁이 끝난 뒤 남겨진 탄도 푸순의 모습은 전시 동원의 압력과 탄소 기술관료주의의 한계에 고갈된 폐허와 같았다.

177 콜레라의 역사에 대해서는 다음을 보라. Hamlin, *Cholera*. 제국이 만들어 낸 특정한 환경 속에서 삶과 일의 패턴이 병든 신체와 식민화된 주체를 생산하는 방식에 대한 또 다른 설명으로 다음을 참고할 수 있다. Derr, *The Lived Nile*, 99-126.

178 "1943-nen gensan," 419-22.

결론

1945년 8월 15일, 일본이 항복했다. 전쟁은 종식되었고, 제국은 붕괴했다. 이로부터 약 일주일 전에 미국은 항구 도시 나가사키에 핵폭탄을 투하했다. 폭탄이 폭발하면서 그 중심에 압축되어 있던 플루토늄이 핵분열 연쇄 반응을 일으켰다. 그리고 어린아이의 주먹만 한 물질로부터 약 4,000톤의 석탄에 해당하는 에너지가 순식간에 방출되었다.[179] 반지름 800미터 이내의 거의 모든 게 사라졌고, 그 너머로까지 죽음과 파괴가 뻗어 나갔다. 한 보고서에 따르면, 나가사키 인근의 언덕들이 "방사선 섬광에 의해 그을려 (…) 때 이른 가을의 모습"을 하고 있었다.[180] 그로부터 불과 며칠 전, 미군은 나가사키로부터 약 418킬로미터 떨어진 히로시마에 사상 최초로 핵폭탄을 투하했다. 이 폭탄은 플루토늄이 아닌 우라늄으로 만들어졌지만, 마찬가지로 파괴적이었다. 인간의 비인간성이 의인화되어 나가사키와 히로시마에 떨어진 핵폭탄에 각각 "팻맨(Fat Man)"과 "리틀보이(Little Boy)"라는 별명이 붙었다. 이 두 차례의 핵폭탄 투하와 오랜 세월에 걸친 후폭풍으로 약 25만 명이 사망한 것으로 추산된다.[181]

전쟁이 끝난 뒤 미국 전략폭격조사단(the US Strategic Bombing Survey)은 석탄과 금속이 일본 전시 경제에서 어떤 역할을 했는지에 관해 연구했다. 이 조사단은 1944년, 미국의 독일 공습에 대한 전략 효과를 조사함으로써 공군력을 평가하고 향후 발전 계획을 세우는 데 필요한 근거를 확보하기 위해 만들어졌다. 전쟁이 완전히 마무리된 뒤 조사단은 연구 범위를 일본과 태평양 지역까지 확대했다. 조사단 소속 연구진은 석탄이 이전에

179 여기서 나의 추산은 "팻맨"이 방출한 에너지를 88테라줄(terajoules), 석탄 1톤에 포함된 에너지를 평균 22기가줄(gigajoules)로 잡고 계산한 것이다(단, 그 수치는 석탄의 종류에 따라 크게 달라질 수 있다는 점을 유의해야 한다).

180 Manhattan Engineer District, "Atomic Bombings of Hiroshima and Nagasaki."

181 Barnaby, "Effects of the Atomic Bombings," 2.

알려진 것보다 일본 전시 경제에서 더 중요한 비중을 차지했다고 결론 내렸다. 그러나 주요 석탄 생산지가 여기저기에 산재해 있었기 때문에 이를 직접 타격하는 것은 실용적이지 않았으리라 판단했다. 오히려 일본의 큰 약점은 석탄이 운반되는 수송로였다. 따라서 연구진은 물론 경제 봉쇄도 유효했지만 해로와 철로를 집중적으로 폭격한 것이 일본의 석탄 수급에 더 큰 타격을 입혔으며, 따라서 일본의 산업 활동을 마비시키는 데 더 크게 일조했다고 분석했다.[182]

미국 연구진은 일본제국 전역에서의 석탄 채굴 실태를 분석하면서, 서로 복잡하게 얽힌 채 채굴 사업 전체를 무너뜨린 갖가지 어려움을 자세히 설명했다. 그러나 이들은 그러한 사태가 발생한 근본 논리에 너무도 공감하고 있는 것처럼 보였다.

> 가라후토, 조선, 만주국, 화베이의 석탄 자원은 막대했으며, 각 지역의 전전 생산량은 크게 확장될 수 있었다. 만약 적대적인 간섭과 방해 행위로부터 자유로웠다면, 노동력과 필수 장비 및 물자가 부족하지 않았다면, 그리고 탄광에서 항만까지, 궁극적으로 일본 본토 내 소비자에게까지 석탄이 충분히 운반될 수만 있었다면, 일본은 거의 무제한의 석탄 공급을 누릴 수 있었을 것이다. 특히 코크스용 석탄의 경우, 식민지산을 수입해 쓰는 것 이외에 다른 방도가 없었다. 이러한 점을 고려할 때, 굳이 본토 내 석탄 자원만을 가지고 최대한의 생산량을 끌어내기 위해 가혹하고 인기 없는 조치를 할 필요가 없었다. 해외의 풍부한 자원을 활용한다는 매력적인 대안이 갖는 유혹에 일본이 넘어간 것은 어쩌면 당연한 일이었다.[183]

182 *CMWE*, 9-10.

183 *CMWE*, 13.

이 미국 연구진도 "거의 무제한의 석탄 공급"이라는 "유혹"을 당연시했다는 점은 무한한 에너지를 이상화하는 탄소 기술관료주의가 그만큼 광범위하게 퍼져 있었음을 시사한다. 세계 곳곳의 산업 사회 전반에 걸쳐 개발주의적 진보 개념 안에 석탄의 대량 소비가 뿌리 깊게 자리 잡고 있었다는 점을 고려한다면, 이는 그리 놀랄 일도 아닐 것이다. 여기서 다소 의아한 점은 전시의 혼란상에서 벗어나는 것을 포함해 여러 조건이 충족되기만 했다면, 이러한 무제한의 공급이 가능했을 것이라고 본 연구자들의 판단이다. 이러한 가정은 "적대적인 간섭과 방해 행위"가 일본의 수탈과 추출 시도에 대한 반작용이었다는 사실을 간과한다. 일본은 에너지를 확보하기 위해 제국을 건설해야 했고, 다시 이렇게 팽창한 제국을 떠받치기 위해 도리어 더 많은 에너지가 필요했다. 이 과정에서 수탈과 추출은 불가피했다. 일본제국의 대두와 더불어 만들어진 이러한 심화의 전경은 여러 가지 면에서 탄소 기술관료주의의 취약성을 드러냈다. 탄소 기술관료주의 에너지 레짐에서 소비는 언제나 생산을 앞질렀고, 자기 기반—탄소 자원과 인력—을 스스로 무너뜨렸다. 더욱이 만주와 다른 식민지에서 채굴된 석탄은 미국 연구진의 주장처럼 공짜로 "누릴 수" 있는 것이 절대 아니었다. 모든 식민지산 석탄은 본질적으로 중국인, 조선인, 그리고 여타 비일본계 노동자를 무자비하게 착취함으로써 손에 쥔 자원이었다. 일본 내지인 광부들에게 적용하기에는 지나치게 "가혹하고 인기 없는" 조치들도 식민지의 노동자들에게는 언제나 손쉽게 가해질 수 있었다.

1948년의 어느 봄날 아침, 구보 도루는 마지막 담배 연기를 들이마셨다. 중국국민당이 만주로 진입하고 얼마 지나지 않아 구보는 체포되었다. 그리고 곧 10명의 다른 피고인과 함께 핑딩산 학살 사건과 관련해 재판받았다. 학살 당시 구보는 푸순 탄광 부소장으로 재임 중이었다. 그러나 기소 내용에 따르면, 소장 고도 다쿠오(伍堂卓雄)는 안산 제철소를 비롯한 여러 다른 직책을 겸임하고 있었으므로 구보를 푸순의 실질적 운영 책임자로 볼 수 있었다. 수개월에 걸친 재판 끝에 피고인 가운데 총 7명이 유죄 판결을 받고 사형을 선고받았다. 구보도 그 사형수 가운데 한 명이었다. 형장으로 끌려가기 전, 구보는 운명을 받아들이고 체념한 듯 담배 한 대를 부탁했다. 그는 마침내 사형대 위에 올라섰다. 그러고는 자기 뒤통수 정중앙을 가리키며 이렇게 말했다고 한다. "여기입니다. 잘 부탁합니다." 두 발의 총성이 울렸다. 구보가 쓰러졌다.[184]

구보의 처형은 다른 전범 용의자들에 대한 재판 및 처벌과 마찬가지로 일본제국주의 시대라는 역사의 한 단락을 끝내기 위한 것이었다. 폭력으로 특징지어지는 탄소 기술관료주의의 한 시대를 폭력으로 끝내려 한 것이다.[185] 중국국민당은 핑딩산 학살과 같은 천인공노할 잔학 행위들을 단죄함으로써 정의를 바로 세우고자 했다. 하지만 이때 과연 구보 같은 인물이 반드시 희생양이 되어야 했는가에 대해서는 여전히 의문의 여지가 있다(정작 관동군 부대원 가운데 핑딩산 학살로 처벌 받은 사람은 아무도 없었다). 그러나 만약 국민당의 목표가 푸순에서 일본제국주의의 수탈과 추출을 끝장내는 데 있었다면, 구보만한 인물이 없었을 것이다. 그는 생애 대부분을 푸순에서 보냈다. 학생 신분으로 처음 푸순 탄광촌에 발을 디뎠을 때 구보는 "지하의 광대하고 무궁무진한 석탄층"과 "지상의 새롭고 거대한 시설들"을 보고 깊은 감명을 받았고, 다시 돌아와 머물렀다.[186] 그러나 일본제국주의자들의 무자비한 석탄 채굴의 역사는 완전히 사라지지 않은 채 후대에 유산을 남겼다. 그 뒤 10년 동안 중국국민당은 바로 이 탄광을 되살리려 했다. 그리고 마침내 중국공산당 치하에서 푸순은 부활했다.

184 Kume, "Heichōzan jiken," 81.

185 전후 중국에서의 일본 전범 재판에 대해서는 다음을 보라. Kushner, *Men to Devils*.

186 Kubo, *Bujun tankō*, 1.

5

재건의 민국

Nationalist Reconstruction

셰수잉(謝樹英, 1900~1988)은 실의에 빠졌다. 1947년 10월 1일이었다. 중국국민당 정부가 국가자원위원회에 푸순 탄광 운영을 맡긴 지 정확히 1년이 되는 날이었다. 현장 상황은 그다지 희망적이지 않았다. 하나의 전쟁이 끝나고, 또 하나의 전쟁이 시작되었다. 그 와중에 생산을 회복시킨다는 것은 쉽지 않은 과제였다. 셰수잉은 베를린공과대학(Technische Hochschule of Berlin)에서 광업공학 학위를 받은 연료 전문가였다. 그는 갑작스럽게 푸순 탄광을 총괄하는 역할[1]을 떠맡았다. 전임자는 부임한 지 한 달 만에 사임했다. 이 사실은 앞으로 그에게 닥칠 시련을 예고하는 징조였을지 모른다. 셰수잉은 국민당의 푸순 탄광 접수 1주년을 맞이해 전 직원에게 축사를 발송했다. 주된 메시지는 "역경 가운데서도 분투하자(從艱苦中奮鬥)"였다. 과거의 지나친 석탄 채굴 관행—먼저 전시 일본 국가권력 아래서, 다음으로 만주국의 붕괴 후부터 국민당의 접수 전까지 푸순을 차지한 소련군의 점령 아래서—은 필수적인 유지보수 작업을 경시하거나 완전히 무시했다. 이는 현재와 미래에 석탄이라는 필수 에너지 자원을 계속 활용할 수 있는 기반을 허물었다. 원자재 부족, 살인적인 인플레이션, 만주 일대에서 중국공산당과의 고조되는 갈등이 모두 상황을 악화시키는 데 일조했다. 그럼에도 푸순 탄광은 "석탄과 전력의 중심지"였다. 아무 노력도 기울이지 않고 방치하기에는 너무 중요한 곳

1 푸순광무국 국장-옮긴이.

이었다. 그렇기에 셰수잉은 사기를 끌어올리고자 했다. 그는 "피와 땀과 열정으로 국가를 위해 봉사하자"라고 푸순의 노동자들을 격려하면서, 자칫 한탄만이 가득할 수도 있었을 축사를 갈무리했다.[2]

셰수잉이 몸담은 국가자원위원회는 국민당 정권 아래서 탄소 기술관료주의를 대표하는 최고위 관료 기구였다. 이 기관은 1932년에 국방설계위원회(國防設計委員會)라는 이름으로 설립되었다. 주로 과학자와 엔지니어로 구성된 이 조직은 다가올 일본과의 전쟁에 대비해 인적·물적 자원을 개발하기 위한 각종 연구를 수행하고 계획을 입안했다. 1935년에 국가자원위원회로 개칭된 후, 기초한 계획을 구체적으로 집행할 수 있는 권한까지 이 위원회에 주어졌다. 이로써 국가자원위원회는 건설위원회(建設委員會)와 전국경제위원회(全國經濟委員會)처럼 자체적으로 공업화 계획을 추진 중이던 다른 정부 기구와 어깨를 나란히 하게 되었다(이 조직들의 계획은 때때로 상충하기도 했다).[3] 1937년, 중일전쟁 발발 후 국가자원위원회는 급기야 이러한 다른 기구들의 기능까지 흡수해 국가 주도의 공업화를 총괄하는 주무 기관으로 거듭났다. 1945년에 전쟁이 끝나자 국가자원위원회는 중국 내 일본 자산을 접수하는 임무를 맡았다. 국가자원위원회가 푸순 탄광을 운영하게 된 것은 바로 이러한 맥락에서였다. 탄탄한 군수산업의 건설과 강화라는 국가자원위원회의 목표를 실현하는 데 관건은 화석 연료였다. 따라서 국가자원위원회는 지속해서 탄광업 확장에 관심을 기울였다. 지질학자이자 오랫동안 국가자원위원회의 위원장을 역임한

2 Xie, "Cong jianku zhong fendou."

3 국가자원위원회의 기원에 대해서는 다음을 보라. Kirby, *Germany and Republican China*, 91-95. 국민당 정부 내부의 경제 관련 파벌들의 경쟁 관계에 대해서는 다음을 참고할 것. Coble, *Shanghai Capitalists*, 208-60.

웡원하오(翁文灝, 1889~1971)는 1932년 석탄 채굴과 중국 산업의 미래를 논하면서 석탄이 풍부한 지역에 더 많은 공장을 세워야 한다고 주장했다. "공업에 가장 필요한 것은 (…) 원료와 동력(原料與動力)"이라는 것이 그의 생각이었다.[4] 그리고 푸순 같은 추출의 장소들은 이러한 필수품을 충분히 공급해 주리라 기대되었다.

국민당 정권은 결국 2년 반밖에 푸순을 경영하지 못했다. 시간이 지날수록 셰수잉이 지적한 문제들이 더욱 극명해졌다. 하지만 국가자원위원회의 푸순 경험은 극복할 수 없었던 역경의 이야기로 단순히 환원될 수 없다. 이는 국민당 정부가 "재건"을 추진하는 와중에 중국 탄광업에 대한 통제권을 확대하려 한 더 거시적인 서사의 일부였다. 중국어로 "建設"은 더 직접적으로 영어 "construction"으로 번역될 수 있지만, 이러한 역사적 맥락 속에서는 언제나 "reconstruction"으로 풀이된다(예를 들어, 建設委員會의 공식 영어 명칭도 the National Reconstruction Commission이었다). 물론 역사적으로 우연히 그렇게 되었을 수도 있다. 그럼에도 이러한 번역은 경제를 부흥시키는 것에 그치지 않고, 이를 통해 중국을 과거의 영광에 걸맞은 부강하고 근대적인 국가로 재탄생시키려는 국민당 정권의 야망과 맞아떨어졌다.[5] 이를 실현하는 데 계획이 핵심적인 요소로 떠올랐다. 1931년 재무장관 쑹쯔원(宋子文, 1894-1971)은 "국가의 생산력을 지도하고 (…) 주어진 기간에 각 부문이 추구해야 할 최우선 목표를 철저하게 기획할 수 있는 (…) 진정으로 효율적인 계획 기구의 창설"을 구상했다.[6]

"중화민족의 아버지" 쑨원(孫文 또는 孫中山, 1866~1925)은 국민당의 계획에 대한 적극적 태도를 설명할 때 빼놓을 수 없는 인물이다. 1920년에 그

4 Weng, "Zhongguo meikuangye de eyun," 6.

5 농촌 재건의 맥락에서 '建設'을 '재건'으로 번역하는 문제에 대한 설명으로는 다음을 볼 것. Merkel-Hess, *The Rural Modern*, 15.

6 다음에서 재인용. Young, *China's Nation Building Effort*, 293.

는 중국의 산업화를 위한 광범위한 제안인《실업계획(實業計劃)》을 공표했다. 이 계획의 대전제는 국가가 주도적으로 과학과 기술을 동원한다는 것이다.[7] 이 계획은 쑨원의 개발주의적 비전을 가장 분명하게 드러낸 문건이었으며, 그의 뒤를 이은 중국의 지도자들 또한 바로 이 청사진에 따라 자신들의 경제 정책을 세웠다. 쑨원의 계획에서 석탄은 개발해야 할 하나의 산업이자, 동시에 다른 산업을 발전시키는 데 필수 자원으로서 매우 중요한 위상을 차지했다. 쑨원은 석탄이 광범위하게 채굴되어야 하며, 저렴한 가격으로 공급되어야 한다고 주장했다. 그렇게 함으로써 석탄을 산업 분야에서 즉시 활용할 수 있어야 한다고 보았다. 그러면서 이처럼 풍부하고 값싼 석탄이 일반 대중의 생활 수요를 충족시키는 데 이바지할 수 있으며, 채굴 노동에 참여하는 광부들은 "고임금"을 받아야 한다고 제안한다. "민생(民生)"에 주목하면서 사회주의적 흐름까지도 아우르는 쑨원의 폭넓은 정치사상이 엿보이는 대목이다.[8] 그의 후계자들은 일반적으로 이러한 부차적인 이상에 대해서는 크게 관심을 기울이지 않았다. 이들은 주로 탄소 기술관료주의의 논리에 따라 석탄 부문을 관장했다. 이 과정에서 평범한 개인의 이익은 산업과 국가의 요구에 비해 뒷전으로 밀려나는 경우가 많았다.

이 장에서는 1920~1940년대에 중화민국이 처한 위기 속에서 탄소 기술관료주의가 어떻게 등장해 구체화했는지 추적한다. 우선 1930년대 초에 발생한 "석탄 기근(煤荒)" 현상을 살펴볼 것이다. 이 사태를 해결하는 과정에서 중국 산업계는 푸순과 다른 해외 석탄에 의존하게 되었고, 결과

7 Sun, *Shiye jihua*. 처음으로 간행된 영어판 《실업계획》의 서지사항은 다음과 같다. Sun, *International Development of China*. 이 책에서는 이 초기 판본을 이용했음을 밝혀둔다.

8 Sun, *International Development of China*, 156. '민생'과 관련해서는 다음을 보라. Zanasi, *Saving the Nation*, 33-38. 장제스 치하의 국민당 정부가 쑨원이 주장한 '민생'을 원용하고 재해석해 근검절약을 강조하는 담론을 구성한 과정에 대해서는 다음을 참고하라. Zanasi, *Economic Thought in Modern China*, 183-89.

적으로 중국 국내 석탄 자원을 상대적으로 덜 개발하게 되었다. 또한 이러한 도전에 대응해 국민당 정권은 경쟁을 규제하거나 자체적으로 탄광 운영에 뛰어드는 등 다양한 조처를 했으며, 이는 탄광업이라는 핵심 산업에서 기술관료주의적 국가의 존재감이 뚜렷해지는 계기가 되었다. 이어서 이 장은 항일전쟁기(1937~1945)에 내륙 탄광 개발을 주관한 국가자원위원회 소속 엔지니어들의 활동과 전후 푸순 탄광 및 둥베이[9] 지역의 각종 산업 시설을 인수하고 관리하는 과정을 검토할 것이다. 이 이야기를 통해 나는 전쟁이라는 조건이 어떻게 국가자원위원회라는 제도적 틀 속에서 탄소 기술관료주의의 이상을 공고화했는지, 더 나아가 역으로 이 에너지 레짐의 실제 작동을 저해하기에 이르렀는지 보여줄 것이다.

중국 석탄 산업의 위기

1931년, 상하이를 강타한 석탄 부족 사태는 마침 그해 겨울이 시작될 때쯤 터졌다. 10월 말 북방으로부터 쌀쌀한 바람이 불어오기 시작하자 석탄 공급이 줄어들고 있으며, 곧 "석탄 기근"이 닥칠 것이라는 소문이 거리를 메웠다.[10] 전쟁 발발 전 중국 공업의 중심지였던 상하이는 막대한 석탄을 소비했다. 그리고 이 조약항은 석탄 공급의 대부분을 선박으로 받았다. 당시 한 관찰자는 다음과 같이 기록했다. "여행자가 황푸강(黃浦江)을 따라 상하이에 다다르면 (…) 십여 개의 석탄 하역 부두, 그리고 그 뒤편에 석탄으로 높이 쌓은 석탄 야적장이 눈에 들어올 것이다."[11] 상하이는 그해 가을 석탄을 어느 정도 비축하고 있었다. 한 통계에 따르면, 최소 한 달 정도 버틸 분량은 되었다. 문제는 그 석탄 비축량의 절반이 푸순을 포함한

9 만주-옮긴이.

10 Zhong, "Da ke zhuyi zhi meihuang"; "Shanghai Faces Coal Shortage."

11 Bacon, "Coal Supplies of Shanghai," 196.

〈그림 5-1〉 상하이 황푸강을 따라 들어선 영국담배회사(the British Cigarette Company) 소유의 석탄 야적장 건물들이다. 이 사진은 만주사변 이후 "석탄 기근"이 발생한 1931년도에 잭 에프그레이브(Jack Ephgrave)가 찍은 것이다. (Image courtesy of Adrienne Livesey, Elaine Ryder, Irene Brien, and Historical Photographs of China, University of Bristol, https://www.hpcbristol.net.)

일본 소유 탄광으로부터 나왔다는 것이다.[12]

일본 석탄에 대한 의존에서 벗어나는 데 따른 어려움은 그동안 중국의 공업이 얼마나 외국의 연료에 의존하고 있었는가를 여실히 드러냈다. 약 한 달 전 만주사변과 더불어 개시된 일본의 만주 침략 이후 중국인의 반일 감정은 사상 최고치를 기록했다. 중국 전역에서 자본가와 소비자가 합심해 일본 제품 불매 운동을 촉구했다. 과거 여러 차례 그랬던 것처럼, 이는 일본의 중국 주권 침해 행위에 대한 대응책이었다.[13] 이때의 반일 불매

12 "Shanghai Faces Coal Shortage." 당시 가용 석탄량으로 제시된 수치는 24만 톤이었다. 상하이의 하루 평균 석탄 소비량이 8,000톤인 점을 고려하면, 이는 정확히 한 달을 버틸 수 있는 양이었다.

13 만주사변 직후의 반일 불매 운동은 20세기가 시작된 이래 아홉 번째의 반일 불매 운동이었다. 이 사건이 중국 내 일본 사업가들에게 미친 거시적인 영향에 대해서는 다음을 보라. Wilson, *Manchurian Crisis*, 173-75. 그러나 일본만이 중국의 소비자 민족주의의 표적이 되었던 것은 아니다. 중화민국 시기 반외세 불매 운동 전반에 대해서는 다음을 참고하라. Gerth, *China*

운동은 전례 없이 성공적이었으며, 세계 대공황이 그 효과를 극대화했다. 결과적으로 1931년에 중국의 대일 수입은 3분의 2 수준으로 급감했다.[14] 중국 시장에서 외면받은 일본 제품 중에는 단연 석탄이 포함되었다. 푸순산 석탄도 예외는 아니었다. 상하이 현지의 석탄사업자협회는 더 이상 일본산 석탄을 수입할 수 없다며 단호하게 저항했다. 또한 모든 석탄업자에게 보유 중인 일본산 석탄의 재고를 신고하도록 요구했으며, 이를 판매하거나 사용하지 않고 따로 압류해 보관하게 했다.[15] 대체로 상하이 석탄 비축량의 3분의 1 이상을 차지한 일본산 석탄에 대한 이러한 금수 및 동결 조치는 상응하는 정도로 중국 국내산 석탄의 공급 증가가 뒷받침되어야 하는 문제였다. 그러나 국내 공급량으로는 부족분을 메울 수 없었다. 별안간 석탄 기근이 임박한 것처럼 보였다.[16]

사실 국민당 정권은 이러한 문제를 예견하고 있었다. 만주사변 발발 직후, 쿵샹시(孔祥熙, 1881~1967)—은행가이자 기업인이며 장제스의 동서로, 당시 실업부(實業部) 장관을 맡고 있었다—는 국민당 정부의 최고 행정 기구인 행정원(行政院)에 제안서를 제출했다. 그의 제안은 석탄 기근 예방에 초점을 맞추고 있었으며, 중국산 석탄을 운반하는 과정에서 발생하는 어려움 때문에 중국 주요 도시들이 일본산 석탄에 의존하게 되었다는 전제로부터 출발했다. 쿵샹시는 말했다. "일본산 석탄 공급이 중단된다면 (…) 각지의 공장은 문을 닫아야 할 것이며, 치안 유지에 지장을 초래할 것이다. 가히 상상할 수 없는 후폭풍이 뒤따를 것이다." 그는 이러한 사태를 막

Made.

14 Zhang, Zhao, and Luo, *Jingji yu zhengzhi*, 227.

15 "Shanghai shi meiye." 금수 및 동결 조치를 위반한 중국인 상인은 수백 위안의 과태료를 부과받거나 며칠 동안 영업 정지 처분을 받을 수 있었다. 예를 들어 다음을 보라. "Guomei jiuji jian you banfa."

16 Bacon, "Coal Supplies of Shanghai," 209; "Shi shanghui jiuji meihuang."

기 위해 중국 국내 석탄 산업을 지원하는 다음 네 가지 대책을 제시했다. 첫째, 석탄 수송용 철도 차량을 할당할 것. 둘째, 국영 은행을 통해 광업계에 자본 대출을 확대할 것. 셋째, 지방정부 관할 아래 광산 현장을 호위하는 민병대를 배치할 것. 넷째, 모든 종류의 석탄을 증산하라는 명령을 하달할 것.[17] 이 조항들은 자본, 보안, 수송 등 중국 석탄 산업의 발전을 가로막는 주요 문제들을 꼬집었다. 또한 이는 석탄업에 대해 국민당 정부가 더욱 개입주의적 태도를 보일 것임을 상징하는 문건이기도 했다.

어쨌든 1931년의 금수 조치가 상하이에서 석탄 부족 사태를 일으켰듯, 중국은 일본산 석탄에 의존하고 있었다. 그러나 이는 결코 중국산 석탄 매장량이 부족해서가 아니었다. 당시의 한 통계에 따르면, 중국의 석탄 매장량은 전 세계 3위 규모였다.[18] 중국에 대량의 석탄이 매장되어 있다는 사실은 19세기 이래 지질 조사를 통해 여러 차례 밝혀졌다. 특히 독일 지질학자 페르디난트 폰 리히트호펜(Ferdinand von Richthofen)의 연구가 가장 큰 주목을 받았다. 그는 1870년 "현재의 석탄 소비 수준에 비추어 볼 때, 산시성(山西省) 홀로 전 세계에 수천 년 동안 석탄을 공급하고도 남는다"라고 주장했다. 이 유명한 언설은 그 뒤 수십 년 동안 중국 초등학교와 중학교 교과서에서 되풀이되었다.[19] 리히트호펜 뒤에 활약한 지질학자들은 그의 추산이 "과장"되었다고 여겼지만, 그럼에도 중국의 석탄 부존량이 사실상 무한하다고 간주할 수 있을 정도로 많다는 데 거의 이견이 없었다.[20] 중국지질조사소(中國地質調査所)—1921년 웡원하오가 설립에 관여했

17 "Shiye bu guanyu yufang meihuang."

18 Hou, *Zhongguo kuangye jiyao, di si ci*, 96.

19 페르디난트 폰 리히트호펜이 중국에서 실시한 조사연구에 대해서는 다음을 참고하라. Shen, *Unearthing the Nation*, 29-35; Wu, *Empires of Coal*, 33-65. 위 인용의 원출처는 다음과 같다. Richthofen, *Baron Richthofen's Letters*, 29 (Shen, 31에서 재인용). 리히트호펜의 주장은 중국어 교과서에서 되풀이되었다. 다음을 보라. Weng, "Zhongguo dixia fuyuan," 7.

20 "Early Estimates."

다—는 중국 석탄 매장량이 약 2,000억 톤 이상이라는 통계를 내놓았다. 이 추정치는 전쟁 발발 이전 시점에서 가장 신뢰할 만한 정보였다.[21]

문제는 이 풍부한 땅 밑 자원에 어떻게 접근할 수 있느냐였다. 더 구체적으로 말하자면, 중국인이 소유한 국내 광산을 어떻게 개발할 것인가의 문제였다. 중국 석탄업은 19세기 말 이래로 꾸준히 확대되었지만, 초창기와 마찬가지로 그 주도권을 쥔 건 여전히 외국계 기업이나 중외 합작 회사였다. 대표적으로 푸순 탄광과 카이롼 탄광 두 곳이 중국 국내 석탄 총생산량의 절반가량을 책임지고 있었다. 1896~1936년에 푸순과 카이롼을 포함한 외국계 및 중외 합작 기업들은 평균적으로 중국 주요 광산에서 생산된 석탄의 약 4분의 3가량을 점유했다.[22] 중국 국내 탄광 회사들이 직면한 주된 과제는 자본 확충이었다. 근대 석탄 채굴에는 막대한 자본이 필요했다. 자본의 대부분은 더 깊은 곳에서 더 광범위하게 석탄을 채굴할 수 있도록 하는 기계 설비 확보에 투입되어야 했다.[23] 대체로 외국계 탄광 회사가 소수의 중국 광산을 제외한 모든 광산보다 더 잘 자본을 조달하는 경향이 있었다.[24]

1928년, 장제스의 난징국민정부가 수립되기 전 10여 년간 중국 탄광업

21 Weng, "Zhongguo dixia fuyuan," 9.

22 Wright, *Coal Mining in China's Economy and Society*, 118.

23 그 자본 조달의 어려움을 고려할 때, 기계화가 언제나 산업의 급속한 성장을 견인할 것이라는 인식이 결코 일반적으로 수용된 원칙은 아니었음을 언급할 필요가 있다. Mokyr, "Editor's Introduction," 14-15.

24 근대적 탄광 하나를 새로 개발하는 데 필요한 자본의 양은 매장 자원의 규모와 형태, 채굴 작업상 요구되는 깊이, 목표 일일 생산량의 수준 등 다양한 요인에 따라 결정되었다. 예컨대, 1931년에 실업부는 안후이성(安徽省)에 무연탄 광산 한 곳을 개창할 계획을 세웠다. 이때 하루 2천 톤을 생산할 수 있는 조업 규모를 갖추기 위해 필요한 초기 비용은 327만3,000위안으로 추산되었다. 다음을 보라. "Text of Kung Memorandum." 중국 농촌의 소형 탄광 또한 1920~1930년대 석탄 산업 전반의 추세를 반영해 자본 집약적으로 운영되었다. 소형 탄광 사업에 참여한 어느 현지 사대부 엘리트의 흥미로운 사례에 대해서는 다음을 보라. Harrison, *Man Awakened from Dreams*, 113-35.

계는 사실 꽤 호황을 누렸다. 이는 중국 산업계 전반에 유리하게 작용한 두 가지 요인 때문이었다. 첫째는 1차 세계대전 중 유럽 제품의 수입과 유럽인의 경제 활동이 감소했다는 점이다. 일본의 사례와 마찬가지로, 그때까지 외국 자본의 지배 아래 놓여 있던 자국 시장에서 중국 기업들은 새로운 기회를 포착할 수 있었다. 다음으로 중국 철도 시스템이 지속해서 확대되었다는 점이다. 더 많은 기차와 선로를 만들기 위해 더 많은 철과 강철이 필요했고, 철과 강철을 더 많이 제련하는 데 더 많은 석탄이 필요했다. 이러한 과정을 뒷받침하기 위해 석탄과 여타의 상품들이 더 잘 운반될 수 있도록 다시 열차와 선로를 생산해야 했다. 이러한 일종의 선순환 과정과 더불어 기차 연료로 쓰일 석탄의 수요도 덩달아 증가했음은 물론이다.[25] 그 결과 많은 중국 탄광회사가 상당한 수익을 올렸고, 이들 중 상당수는 경영 규모를 확장해 수익을 재투자하거나 은행에서 대출받아 상당한 자본을 마련하는 데 성공했다.[26] 이러한 호황의 한복판에서 중국 석탄업계는 2차 세계대전 이전의 최전성기를 누렸다.

그러나 석탄업계의 이러한 발전은 국민당이 권력을 장악하는 과정에서 생긴 혼란으로 제동이 걸렸다. 1926년 6월 6일, 장제스는 베이양정부(北洋政府)와 여러 군벌을 토벌하고 국민당의 깃발 아래 중국을 통일하기 위해 북벌을 개시했다. 이어진 크고 작은 전투들과 더불어 여러 철도 노선이 마비되면서 도시 시장으로의 석탄 공급이 줄어들거나 완전히 차단

25 이와 비슷한 사례로 크리스토퍼 존스가 주장하는 "시너지를 일으키는 피드백 고리(synergistic feedback loops)"를 들 수 있을 것이다. 존스는 지속적인 성장 패턴을 유지하기 위해 에너지와 교통 사이에 이처럼 시너지 효과를 일으키는 되먹임의 역학관계가 존재한다고 분석한다. Jones, *Routes of Power*.

26 Wright, *Coal Mining in China's Economy and Society*, 22-23, 97-102. 1차 세계대전 전후 중국 공업의 붐에 대해서는 다음을 보라. Bergère, *Golden Age of the Chinese Bourgeoisie*.

되었다.[27] 화중의 주요 도시 한커우(漢口)에 석탄을 공급하던 허난성의 류허거우(六河溝) 탄광을 예로 들어보자. 이곳의 석탄은 대부분 핑한철로(平漢鐵路)[28]를 따라 운반되었다. 그 노선 가운데 황허를 횡단하는 주요 부분이 북벌 과정에서 손상을 입어 1926~1927년의 대부분 동안 운행이 중단되었고, 탄광은 큰 타격을 입었다. 주철 공장과 시멘트 공장을 자체 부설해 운영할 정도로 한때 번창했던 류허거우 탄광은 결국 석탄의 판로가 막혀, 1920년대 말에 300만 위안에 가까운 부채를 떠안았다.[29] 여기에 더해 여러 교전 세력이 사방에서 군용 열차를 빈번하게 징발하는 바람에 석탄 유통은 더욱 어려워졌다. 여러 중국 탄광은 전쟁의 무게에 짓눌렸다. 설상가상으로 서로 경쟁하는 정치 세력들이 번갈아 여러 부가세를 징수하고 이런저런 유형의 "압력"을 행사했다. 많은 탄광이 결국 폐업하거나 조업을 중단하기에 이르렀다.[30]

전쟁은 석탄 산업에서 운송 문제가 얼마나 중요한지를 다시 한번 드러냈다. 이전과 마찬가지로 당대의 여러 논자는 탄광에서 시장까지 석탄을 운송하는 데 따르는 어려움을 지적했다. 북방의 대형 탄광들과 남방의 공업 중심지 사이의 지리적 분할은 후자가 팽창하며 석탄 수요가 증가하면서 더욱 두드러졌다.[31] 철도가 주를 이루었지만, 20세기 초 중국의 석탄 수송에는 여러 방법이 동원되었으며 운반 도중에 하나의 교통수단에서

27 Zhang, Zhao, and Luo, *Jingji yu zhengzhi*, 221-22.

28 베이징(당시 北平)과 한커우를 잇는 철로 —옮긴이.

29 Wright, *Coal Mining in China's Economy and Society*, 151; "How the Chinese Coal-Mining Industry"; Gao, "Ping-Han yanxian," 7-9. 관련한 수치를 제시하자면, 1926년에 핑한철로가 수송한 류허거우 석탄은 14만 6천 톤인 데 반해, 1927년에는 겨우 4만 톤을 운반했다.

30 "How the Chinese Coal-Mining Industry"; "Chinese Civil War Deals Blow." "압력"의 한 사례를 들자면, 1928년에 류허거우 광산은 매달 1만 톤의 석탄을 강제로 군에 조달해야 했다. 다음을 보라. Shanghai shangye chuxu yinhang diaocha bu, *Mei yu meiye*, 187.

31 Weng, "Zhongguo meikuangye de eyun," 6.

다른 교통수단으로 전환하는 예도 빈번했다. 단거리 운반의 경우, 인력과 축력에 의존하는 일은 드물지 않았다. 1930년대까지만 해도 겨울철 혹한기에는 낙타 대상(隊商)이 먼터우거우(門頭溝) 광산에서 베이핑까지 석탄을 실어 날랐다.[32] 강, 운하, 또는 해안을 이용할 수 있는 곳에서는 수상 운송이 또 다른 선택지가 되었다. 해상 운송이 내륙 수로보다 더 안정적인 경향이 있었다. 강우 패턴의 차이와 치수에 따른 물의 방향 전환으로 내륙의 강이나 운하에는 수심 변동이 있었다. 이는 수로 운송에서 예측하기 어려운 변수를 만들었다. 또한 내륙 수로는 도적과 비적의 습격에 취약했다. 이에 대비하기 위해 추가적인 경비 비용이 발생했다.[33] 이러한 여러 대안에도 불구하고, 1910년대 중반부터 1920년대 중반까지 중국에서 생산된 석탄의 3분의 2에서 4분의 3가량은 철도를 통해 운반되었다.[34] 선로가 파손되거나 열차가 징발되어 운행이 중단되면, 이처럼 철도에 대한 의존도가 높은 석탄 산업과 이에 의존하는 여러 다른 산업들이 특히 큰 타격을 입을 수밖에 없었다.

북벌에 따른 혼란으로 중국 광산이 폐쇄되거나 조업이 중단되고, 그에 따라 중국산 석탄의 생산량이 줄어들자 다시금 외국계 석탄 회사들이 중국 시장에서 기회를 잡았다. 일본 열도와 인도차이나반도로부터 수입 물량이 증가했으며, 그 외에도 중일 합작 기업인 카이롼 탄광과 일본 기업인 푸순 탄광이 다시 약진했다. 카이롼과 푸순은 철도를 통해 각각 친황다오(秦皇島)와 다롄이라는 인접 항구와 연결되어 있었다. 그리고 이 항만들로부터 해로로 상하이를 비롯한 양쯔강 삼각주 지역까지 석탄을 운송할 수 있었다. 이렇게 카이롼 탄광과 푸순 탄광은 중원에서의 내전이 일

32 "Beiping luotuo." 낙타 한 마리는 약 600근의 석탄을 운반할 수 있었다(한 근은 대략 600그램이다).

33 Ting, *Coal Industry in China*, 72-74.

34 Wright, *Coal Mining in China's Economy and Society*, 84-85.

으킨 수송난을 피해 갈 수 있었다.[35]

실제로 푸순 탄광은 화난에서 판매량을 늘릴 가능성을 검토하고 있었다. 1925년도의 한 보고서에 따르면, 푸순 탄광 총무국은 "석탄 시장으로서 양쯔강 연안 공업지구의 장래는 대단히 밝지만" 상하이 안팎에서 카이롼 탄광이 "충격적일 정도로 강세"를 보인다는 점을 의식하고 있었다. 이에 당장 푸순이 시장 점유율을 키울 여지는 크지 않아 보인다고 판단했다.[36] 그러나 북벌이 중국 내부 경쟁사의 영향력을 차단함으로써 푸순의 전망도 밝아졌다. 그뿐만 아니라 한동안 푸순 탄광은 카이롼 탄광이 운송 문제를 겪은 덕을 톡톡히 보기도 했다. 당시 카이롼 탄광은 베이닝철로(北寧鐵路)[37] 측으로부터 임대한 열차에 대한 유치료(留置料) 지급을 거부하기로 하면서 마찰을 빚었다. 이에 대한 대응으로 베이닝철로는 "정비를 핑계로 (카이롼 탄광)이 운영하던 모든 열차를 철수"시켰다. 이는 중영 합작 기업 카이롼 탄광의 매출에 심대한 손해를 끼쳤다.[38] 예를 들어 상하이의 최대 석탄 소비 업체인 상하이전력은 원래 카이롼과 거래 계약을 맺고 있었다. 그러나 카이롼 탄광이 석탄을 제때 납품할 수 없게 되자 상하이전력은 대신 푸순 탄광으로 눈을 돌렸다.[39] 양쯔강 삼각주 지역에 대한 푸순 탄광의 수출량은 1921년에 10만3,000톤에서 1930년에 99만3,000톤으로 거의 10배 가까이 늘어났다.[40] 만주사변이 발발할 즈음, 이처럼 푸순산 석탄은 중국 남방 시장에서 대단히 핵심적인 위치를 차지했다. 푸순산 석탄의 공급 감소가 곧 석탄 기근에 대한 두려움을 불러일으킨 것도 충분히

35 Wright, 53-54.

36 Abe, *Bujun tan no hanro*, 17-20.

37 베이징과 랴오닝성의 선양을 잇는 철도 -옮긴이.

38 "Coal Shortage Threat"; "Local Industrialists Are Alarmed."

39 Leiyu, "Minguo 19 niandu Dongbei meikuangye," 12.

40 *Bujun tankō tōkei nenpō*.

이해할 만했다.

국민당 정부는 신속하게 위기에 대응하기 위한 방책 마련에 나섰다. 석탄 부족이 현실이 된 지 얼마 지나지 않은 1931년 11월 17일에 쿵샹시는 철도부, 체신부, 국방부, 재정부, 은행 금융권, 석탄업계의 대표를 불러 모아 위기관리 대책을 논의했다.[41] 이 회의의 결과로 국가석탄구제위원회(國煤救濟委員會)가 발족했다. 대책 회의에 참석한 각 대표가 이 위원회의 위원을 맡아 상호 논의를 통해 결정된 사안들을 이행하는 임무를 맡았다.[42] 석탄업계에도 다른 업종과 마찬가지로 수많은 사업자 단체와 협회가 존재했지만, 국가석탄구제위원회는 정부 주도로 설립되고 기업인 외에 관료도 참여한다는 점에서 차별적이었다.[43]

석탄 기근 대책 회의에서 제기된 안건 중 가장 시급한 문제는 더 많은 열차를 확보하는 것이었다. 북벌을 둘러싼 혼란이 진정된 후에도 중국 탄광회사들은 여전히 운송 문제로 골머리를 앓고 있었다. 철도부가 주최한 상업 철도 운행에 관한 회의에서 석탄업계의 주요 인사들은 철도 시스템이 너무 "예측하기 어렵게 운영"되고 있다고 불만을 토로했다. "오랫동안 열차 한 대도 이용할 수 없는 광산들"이 수두룩하며, 그 결과 "공급 쪽에서는 석탄이 산처럼 쌓이는 데 반해 (…) 수요 쪽에서는 물량 부족에 직면"했다. 이들의 주장에 따르면, 이러한 문제는 석탄 생산자와 소비자 모두에게 큰 손실이었다. 생산자의 경우 "광부들은 생계를 걱정"해야 했고, "광산 소유주들은 자신들의 자본이 낭비되고 사업이 실패하는 것을 눈뜨고 지켜볼 수밖에 없었다." 소비자의 경우 "기회주의적인 가격 인상"이

41 "Shi bu zhaoji jiuji meihuang"; "Jiuji meihuang."

42 "Guomei jiuji weiyuanhui."

43 이러한 기존 단체들은 거의 예외 없이 공업계 인사들로 조직되었다. 하나의 사례로 1928년에 설립된 국가석탄발전위원회(國煤發展委員會)를 들 수 있다. 다음을 보라. "Meitan ye shangxie fenhui."

자주 일어나는 외국 석탄에 억지로 의존해야만 했다.[44]

석탄 위기 대책 회의 후 철도부는 석탄 부족으로 위협받는 상하이와 주변 지역에 석탄이 안정적으로 공급될 수 있도록 핑한선과 진푸선(津浦鐵路)[45] 철로—남북을 잇는 두 주요 노선이었다—에 석탄 수송 전용 열차를 더 배정하기로 했다.[46] 석탄 기근 구제라는 명목으로 철도부는 또한 석탄 수송을 관리·감독하는 별도의 위원회를 설립했다. 한 관료의 설명에 따르면, 석탄 운송비는 무게에 비해 "너무 저렴"해서 "경영 논리"에 비추어 볼 때 석탄 대신 다른 화물을 운송하는 것이 더 수익성이 높았다. 따라서 정부의 개입이 필요하다는 논리였다. 즉, 이 새로운 위원회의 목표는 석탄 부족 문제를 완화할 만한 양의 석탄이 원활하게 수송될 수 있도록 각 노선의 모든 열차 배차를 일일이 직접 통제하는 것이었다.[47] 운송 방면을 강화해 석탄 기근을 해결하겠다는 국가의 이러한 노력은 한동안 소기의 성과를 거두는 것처럼 보였다. 적어도 중국의 대형 광산들이 양쯔강 삼각주 지역으로 훨씬 더 많은 석탄을 보낼 수 있게 되었다. 예를 들어, 핑한선을 이용해 석탄을 유통하던 산둥성 중싱(中興) 탄광은 1931~1932년에 상하이로의 수출량이 2만9,700톤에서 9만8,500톤으로 세 배 이상 급증했다.[48]

그러나 실제로 위기를 끝낸 것은 군사적 충돌 사태였다. 이른바 1.28 상하이사변은 만주사변 이후 지속해서 고조되던 중일 간 갈등이 절정에 달한 사건이었다. 당시 일본 측 인사들 사이에서는 일본 제품 불매와 압수, 일본인과 일본 재산에 대한 테러 등의 대중적인 반일 운동에 대해 중

44 Tiedao bu quanguo tielu shangyun huiyi banshichu, *Quanguo tielu shangyun huiyi*, 153.

45 톈진과 난징 교외의 푸커우(浦口) 지구를 잇는 노선 —옮긴이.

46 "1,000 Cars Will Transport Coal."

47 "Tiedao bu jiuji meihuang."

48 Hou, *Zhongguo kuangye jiyao, di wu ci*, 120.

국 당국이 이해할 만한 보상을 제때 제공하지 않았다는 인식이 팽배했다. 결국 1932년 초에 상하이 주둔 일본 해군이 "개입"을 감행했고, 사태가 격화되어 그 뒤 한 달이 넘는 기간 동안 치열한 교전이 벌어졌다.[49] 이 짧은 전쟁은 상하이의 공업 생산 역량에 상당한 타격을 입혔다. 6,800만 위안의 가치를 지닌 896개의 신설 공장이 파괴되었고, 그 밖의 수많은 생산 시설도 총 10억 위안에 달하는 피해를 보았다. 그 결과 석탄 수요가 급감했다.[50] 중국 산업계가 바란 방식은 절대 아니었지만, 어쨌든 석탄 부족을 둘러싼 공포는 해소되었다.

만주사변 이후 석탄 기근의 공포는 중국 산업 전반이 해외 연료에 얼마나 의존하고 있는지를 절실히 드러냈다. 국내 석탄 생산 역량이 산업 수요에 비해 크게 뒤처져 있다는 점 또한 밝혀졌다. 푸순 석탄의 중국 내 성공은 중국 석탄업계가 처한 어려움의 결과인 동시에 원인이었다. 따라서 정관계와 산업계의 주요 인사들은 특히 운송 분야를 중심으로 석탄업의 발전을 가로막는 구조적인 문제들을 해결해야 할 필요성을 느꼈다. 국민당 정부가 석탄 문제에 관여한 전례는 이전에도 없지 않았지만, 이 시점부터 난징의 중앙정부가 본격적으로 석탄 산업에 개입하기 시작했다.

개발주의적 비전

국민당 정부가 석탄 문제에 쏟은 관심은 더욱 거시적인 산업화 추구의 일환이었다.[51] 역사학자 윌리엄 커비가 주장했듯, 난징은 "중앙집권화를 추구하는 중앙정부의 계획 아래 **국민 전체**의 생활 전반을 산업적으로 변모

49 Jordan, *China's Trial by Fire*, 10-43.

50 Jordan, 197-98.

51 일부 민간 행위자들은 개발주의 국가가 추구한 것과는 다른 형태의 공업화를 도모했다는 점을 언급할 필요가 있다. 한 가지 사례는 완고한 사업가 천데셴(陳蝶仙)으로 대표되는 "토착 공업주의(vernacular industrialism)"가 있다. Lean, *Vernacular Industrialism in China*.

시키는 데 몰두했다."[52] 그 이데올로기적 토대는 쑨원이 1920년에 발표한 《실업계획》에서 찾아볼 수 있다. 물론 쑨원이 중국이라는 국가의 운명이 산업화에 달렸다고 본 최초의 인물은 아니다. 적어도 청말 양무운동 이후 숱한 중국 사상가들은 공업을 국가의 부와 힘의 원천이라고 간주했다.[53] 그럼에도 쑨원의 산업화 비전은 그 거대한 규모와 이를 실현하는 데 국가의 역할을 대대적으로 강조했다는 점에서 차이를 보였다. 그는 중국에서 "인간의 생산력을 1차 산업혁명보다 몇 배 이상 증가"시킬 수 있는 "2차 산업혁명"을 일으키고자 했다.[54] 구체적으로 그의 계획에는 도로와 철도 건설, 댐 건설, 전기화, 도시 재설계, 경제 활동의 기계화라는 야심만만한 의제들이 포함되었다. 이에 필요한 자금은 대부분 외국 자본(쑨원이 유치하기를 열망한)을 조달함으로써 해결하고, 다수의 엔지니어와 여타 전문가 집단을 정부 기구 내에 끌어들임으로써 계획을 실현케 한다는 구상이었다.[55] 쑨원의 계획에서 석탄은 이러한 과정에 동원될 여러 기계를 움직일 자원으로서 결정적인 역할을 부여받았다.[56]

쑨원은 석탄을 "근대 산업의 힘줄"이라고 묘사했다. 아마도 그가 받은 의학 교육의 영향력을 보여주는 생물학적 비유일 것이다(쑨원은 의사 훈련을 받았다). 이 비유는 화석 연료가 산업 시스템을 하나로 묶어 발전할 수 있게 하는 원동력임을 잘 드러냈다. 그의 계획은 "근대 산업주의의 두 필수요소"인 석탄과 철을 대량으로 확보하고, 이 두 자원을 자급자족할 수 있는 능력을 배양할 것을 요구했다. 쑨원은 이 자원들을 수입에만 의존해서는 곤란하다고 주장했다. 그의 분석에 따르면, 현재 석탄과 철을 생산

52 Kirby, "Engineering China," 137(강조는 원저자).

53 Schwartz, *In Search of Wealth and Power*, 16-17.

54 Sun, *International Development of China*, ii.

55 Kirby, "Engineering China," 137-39.

56 Sun, *International Development of China*, ii-iii.

하는 국가들에 중국의 산업 개발에 필요한 물량까지 공급할 여력은 없다고 봐야 했다. 우선, 이 국가들의 물자는 모두 1차 세계대전 이후 유럽 재건에 투입되고 있었다. 게다가 석탄과 철 등의 자원이 급속도로 고갈되고 있었다. 따라서 이 국가들은 자국의 미래를 위해 자원을 보존해야 한다는 생각을 갖기 시작했다. 그렇다면 중국의 산업 개발에 필요한 막대한 물적 수요에 맞춰 공급을 맞출 능력이 있을 때조차도 해외 국가들은 그렇게 하지 않을 공산이 컸다. 그러므로 중국에 필요한 석탄은 중국이 스스로 생산해야 했다. 여타의 중국 석탄 옹호론자들과 마찬가지로 쑨원 또한 중국의 풍부한 석탄 매장량("중국은 석탄 매장량이 가장 풍부한 나라로 알려져 있다")을 칭송하면서, 동시에 그 저개발 상태("아직 중국의 탄전은 거의 개발되지 않았다")를 한탄했다. 그는《실업계획》제1의 과업(총 6개의 프로젝트 가운데 첫 번째)의 하나로 "산시성과 즈리성(直隸省)의 무한한 철광산과 탄광"을 대대적으로 개발할 필요가 있다고 강조했다. 그리고 역시나 대부분의 다른 중국 석탄 옹호론자들과 마찬가지로, 그 엄청난 부존량 앞에서 쑨원은 석탄 자원이 무궁무진하다는 인식, 그리고 이를 광범위하게 채굴해야 한다는 인식을 갖게 되었다. 이는 탄소 기술관료주의의 개발주의적 기조와 완벽하게 부합한다.[57]

쑨원이 보기에 석탄은 산업화에 없어서는 안 될 필수요소다. 다시 말해 석탄은 "문명화된 공동체의 필수품"이다. 동시대 일본인들과 마찬가지로 쑨원과 그의 뒤를 이은 여러 중국 지도자는 석탄 생산량과 소비량이 국가의 발전 수준을 나타내는 하나의 지표라고 생각했다. 중국의 1인당 석탄 생산량과 소비량을 계산해 다른 나라들과 나란히 비교하면, 후자의 수치가 거의 언제나 월등히 높았다. 이러한 면에서 이 수치는 중국의 후진성을 증명하는 또 하나의 통계인 것처럼 보였다. 쑨원은 중국이 미국과 "동

57 Sun, 13–14, 15–56, and app. 2, xi.

등한 정도로 발전"했더라면, 중국의 석탄 생산량은 "인구 규모에 비례해" 미국의 네 배가 되어야 했다고 지적했다.[58] 《화베이 공업 계간(North China Industry Quarterly)》에 실린 1930년도의 한 기사에 따르면 중국의 1인당 연간 석탄 소비량은 겨우 0.06톤이었는데, 이는 미국의 1인당 연간 석탄 사용량의 76분의 1, 일본의 8분의 1, 영국의 65분의 1에 불과했다. 이러한 통계는 중국의 공업 부문이 다른 나라에 비해 얼마나 뒤처졌는지를 잘 보여주는 지표라고 글쓴이는 결론지었다.[59] 대부분의 다른 경제 지표와 마찬가지로, 이러한 석탄 관련 통계가 반드시 현실의 진전을 정확하게 포착했다고 보기에는 어려운 측면이 있다. 그럼에도 정책 결정자들은 이러한 수치가 국가 발전의 가시적인 척도일 수 있다는 생각을 떨쳐 내지 못했다.[60] 이 화석 연료 시대에 석탄 소비는 구체적인 숫자로 정량화될 수 있는 것처럼 보였다. 그리고 그 자체로 이 수치는 바람직한 것으로 이해되었으며, 쑨원은 이를 늘리기 위해 분투했다.

쑨원은 석탄이 평범한 중국인의 삶을 개선하는 데 어떻게 도움이 될 수 있을지에 관해서도 고민했다. 쑨원은 탄광 개발을 촉구함과 동시에 석탄 가격을 "가능한 한 낮게" 낮추어야 한다고 주장했다. "다양한 산업의 발전을 촉진"할 뿐만 아니라 "인민대중의 필요를 충족"하기 위해서도 석탄 공급은 저렴하게 이루어져야 한다고 생각했다.[61] 그의 대략적인 추산에 따르면, 농촌 주민 전체 노동 시간의 약 10퍼센트가 땔감을 수집하는 데 할애되었고 도회지에 사는 사람들은 전체 생활비의 약 20퍼센트를 마찬가지로 땔감 구매에 썼다. 그는 실제로 석탄을 저렴하게 공급할 수만 있

58 Sun, 155-56.

59 Wang, "Mei zhi yongtu," 12.

60 근대 경제학적 지표의 도입이 진보에 관한 환원주의적 비전을 만들어 내는 과정에 대해서는 다음을 보라. Cook, *The Pricing of Progress*.

61 Sun, *International Development of China*, 156.

다면 농촌에는 석탄을, 도회지에는 전기와 가스—이 또한 석탄을 태움으로써 생산된다—를 땔감 대신 보급함으로써 인민의 시간과 비용을 절약할 수 있으리라는 구상을 개진했다.[62] 전간기의 대부분 기간에 전체 석탄 소비 가운데 가정이 차지하는 비중이 상당히 컸다. 중국지질조사소의 1926년도 보고서에 따르면, 전체 석탄의 43.3퍼센트가 가정용으로 소비되었고, 32.6퍼센트는 산업용, 8.4퍼센트는 수송용 연료, 8퍼센트는 탄광 운영용으로 이용되었으며, 7.7퍼센트는 수출되었다.[63] 그러나 공업화를 촉진하는 사람들이 보기에, 이러한 석탄 소비 분포는 (낮은 1인당 석탄 소비량과 마찬가지로) "(중국의) 산업이 얼마나 저개발되어 있는지" 보여주는 지표에 불과했다.[64] 탄소 기술관료주의 이데올로기는 석탄 소비의 증가를 중시했지만, 무엇보다도 공업용 소비가 최우선시되어야 했다.

웡원하오는 중국 석탄 자원 개발의 중요성에 대한 쑨원의 의견에 동의해 마지않았다. 벨기에 루뱅대학(University of Louvain)에서 박사학위를 받은 중국 지질학의 선구자 웡원하오는 1932년, 국방설계위원회 창립 당시 장제스에 의해 위원장으로 임명되었다. 그가 보기에 "중국 탄광업의 전망과 관련해서 가장 근본적으로 고려해야 할 사실"은 이미 여러 차례 지적된 남북 분할 문제였다. "북방에 매장된 석탄은 지나치게 풍족하지만, 남방의 석탄 공급은 지나치게 부족"했다. 웡원하오는 운송 문제를 개선해 "북방 석탄의 남방 이송"을 촉진하는 것과 더불어, 화베이에도 기존의 탄광이나 잠재적 채탄지와 인접한 곳을 중심으로 공업지구를 개발하는 방안을 제시했다.[65] 국민당 정부는 이처럼 전략적인 국토 개발을 시도했지

62 Sun, 150-51.

63 Xie, *Zhongguo kuangye jiyao, di er ci*, 99-100.

64 Wang, "Mei zhi yongtu," 12-14. 이 연구에 따르면, 당시 독일에서는 겨우 6.1퍼센트의 석탄만이 가정용으로 쓰였다고 한다.

65 Weng, "Zhongguo meikuangye de eyun," 6.

만, 그때까지 주로 정권의 입지가 더 강했던 화중 및 화둥 지역에 집중하고 있었다. 악명 높은 사례 중 하나는 실업부가 독일 측 파트너들과 함께 추진한 대규모 석탄 및 철강 산업 단지 건설 프로젝트였다. 독일로부터 차관, 기계 설비, 노하우를 받아 진행된 이 프로젝트는 안후이성과 허베이성의 철광석을, 안후이성의 석탄을 주원료로 사용하고자 했다. 그러나 계약이 체결되기 직전에 프로젝트 관계자들은 안후이산 석탄이 코크스 제작에 적합하지 않다는 사실을 알게 되었다.[66] 웡원하오는 1920년대 말과 1930년대 초에 이와 같은 계획이 무분별하게 추진되는 것을 비판한 사람 중 한 명이었다. "매일 매일 수많은 계획이 논의되지만, 그 내용은 현실과 거리가 멀어도 너무 멀다. (…) 이러한 계획들은 중국의 실제 사정을 제대로 반영하지 못하고 있다"라고 그는 불만을 토로했다.[67] 그렇다고 웡원하오가 모든 종류의 계획을 반대한 것은 아니다. 다른 산업 부문과 마찬가지로 석탄 생산에 대해서도, 기술적 전문성과 중앙정부의 조율에 따라 입안된 계획들은 반드시 소기의 성과를 낼 수 있으리라 믿었다.[68]

중국의 여론 또한 쑨원과 다른 사람들이 옹호한 석탄 중심의 개발이라는 비전을 받아들였다. 그러나 그러한 개발주의적 이상을 상징하는 푸순 탄광에 대해서는 상반된 평가가 내려졌다. 한편으로 푸순 탄광은 일본의 기업으로서 깊은 반감을 불러일으켰다. 다수의 중국인 논자는 푸순 탄광에서 온갖 악행이 벌어지고 있으며, 무엇보다도 탄광에서 일하는 수많은 중국인 노동자에게 가해진 학대를 문제 삼았다. 예를 들어, 중국 광업 분야의 주요 정기 간행물인 《광업주보(鑛業周報)》에는 심심찮게 푸순에서의 사건 사고나 의도적인 부당 행위에 관한 기사가 실렸다. 주로 이러한 글

66 Kirby, *Germany and Republican China*, 83-85.

67 Kirby, 84-85.

68 Kirby, 85, 97, 206-7.

들에는 "푸순 탄광에는 최소한의 선이라는 것이 없다"라거나 "푸순 탄광은 중국인의 생명과 재산을 거들떠보지도 않는다" 따위의 제목이 달렸다.[69] 다른 한편 푸순 탄광은 주로 엄청난 규모의 근대적 운영 방식과 노천광의 웅장함으로 크게 찬사받았다. 중국지질조사소의 저명한 지질학자 허우더펑(候德封, 1900~1980)은 1932년에 다음과 같이 썼다. "푸순 탄광은 그 막대한 생산량을 앞세워 오랫동안 중국 제일의 탄광이라는 지위를 유지했다."[70] 그 도덕적 결함에도 불구하고(혹은 바로 이러한 문제 때문에), 푸순은 재건을 기치로 내세운 국민당 정권이 그토록 간절히 열망한 탄소 기술 관료주의의 본보기이자 산업적 근대라는 이상을 상징하는 공간이었다.

석탄 사업과 국민정부의 국가권력

만주사변부터 중일전쟁 발발까지의 몇 해 동안 국민당 정부는 석탄 사업에 지속해서 관여했고, 그 과정에서 여러 위기를 겪으며 업계 내 존재감을 강화했다. 앞서 살펴본 것처럼 국가석탄구제위원회는 1931년, 석탄 기근 사태에 대응하기 위해 설립되었다. 그러나 1932년 말에 다시 소집되었을 때 위원회는 정반대의 딜레마를 해결해야 했다. 바로 푸순과 일본산 석탄이 싼값에 대량으로 유입되는 문제였다.[71]

상하이사변이 종결된 후 반일 불매 운동이 시들해지자, 일본 제품이 다시금 중국으로 꾸준히 수입되기 시작했다. 푸순과 일본산 석탄 또한 중국 시장으로 밀려 들어왔다. 푸순 탄광에는 얼마 전부터 가시화된 일본 본토 내 판매 제한(3장)과 지난 몇 년 동안의 전반적인 과잉 생산으로 상당한 물량이 비축되어 있었다. 이 재고를 소진하기 위해 만철은 중국 경쟁업체에

69 "Wu er bu zuo"; "Fushun meikuang wanhu."

70 Hou, *Zhongguo kuangye jiyao, di si ci*, 228.

71 Li, "Wai mei qingqiao," 45-47.

비해 터무니없이 싼 가격으로 석탄을 푸는 전략을 택했다. 1932년에 푸순산 석탄은 푸순으로부터 서쪽으로 불과 약 64킬로미터 떨어진 선양에서 톤당 7.7엔에 판매되었다. 반면, 직선거리로 약 1,207킬로미터 이상 떨어진 상하이에서는 톤당 7.5엔에 거래되었다. 만철은 추가 철도 이용료, 항만 이용료, 선적비를 비롯한 운송 비용 일체를 자체 부담했다.[72] 전체적으로 일본 석탄업계는 금본위제 아래서 엔화의 가치 상승을 상쇄하기 위해 1930년부터 대중국 수출가를 인하해 왔다. 이러한 조치만으로 일본 석탄의 가격 경쟁력을 유지하기에는 역부족이었다. 그러나 1931년 말에 일본 정부가 금본위제를 포기한 후 엔화가 평가절하되면서 석탄 가격도 동반 하락했고, 결과적으로 일본 석탄의 상하이 시장 점유율은 대폭 증가했다.[73] 중국 석탄 생산업체들은 엄청난 타격을 입을 수밖에 없었다. 국가석탄구제위원회는 실업부에 절박한 서신을 보냈다. "현재 일본 석탄업계가 채택한 덤핑 전략은 이미 판매자(즉, 중국 석탄 중개상)의 마음을 사로잡았고 소비자들에게도 환영받고 있다. 국산 석탄의 미래가 실로 암울하다!"[74]

다시 한번 국민당 정부가 사태에 개입했고, 규제 완화를 바란 석탄업계 관계자들은 이를 환영했다. 국가석탄구제위원회와 실업부는 우선, 중국 국내 탄광의 생산을 늘려 경쟁력을 강화함으로써 이 문제를 해결한다는 방향을 제시했다. 더불어 운송 개혁을 촉구함과 동시에 기술 인력을 투입해 기계 설비를 신규 설치하거나 업그레이드하고, 업무 전반을 재편해 생산 비용을 절감하고 생산량을 늘리자고 제안했다.[75] 그러나 추가 검토 결과, 이러한 조치를 단기간에 실현하기에는 어려움이 큰 것으로 판명되었

72 Li, 45–47; *Zhang, Shiye jihua yu guomin zhengfu*, 150.

73 Wright, "Nationalist State and the Regulation," 134–35.

74 "Guomei jiuji weiyuanhui cheng."

75 "Guomei jiuji weiyuanhui cheng," 486.

다. 곧이어 국가석탄구제위원회와 실업부는 더 즉각적인 해결책을 채택했다. 즉, 국내 화물 운임을 인하하고 외국 수입 물량에 대한 관세를 인상하기로 했다.[76] 관세 주권의 회복은 국민당 정부가 이루어 낸 초기 주요 업적 중 하나라 할 만했다. 정부는 더 많은 세수를 확보하고 자국 산업을 보호하기 위해 적극적으로 높은 관세를 운용했다. 1933년 5월에 시행된 과세 규정에 따라 석탄에 대한 관세가 톤당 약 1.6위안에서 3.5위안으로 올랐다.[77] 이는 소기의 효과를 거둔 것처럼 보였다. 일본산 석탄 수입량이 감소했기 때문이다. 1932년 2월에 수립된 만주국을 정식 국가로 인정할 것인가 하는 문제는 짧았던 이 종속국의 존속 기간 내내 중국에서 논쟁거리였다. 그럼에도 중국 관료들은 무역에 관해서는 거의 즉각적으로 만주국을 하나의 해외 국가로 취급했고, 따라서 새로운 관세를 푸순산 석탄에도 적용했다. 그러자 푸순산 석탄의 수입량 또한 감소했다.[78]

그러나 일본 석탄 덤핑 위기가 해소된 것처럼 보인 순간, 국민당 정권이 나서서 해결해야 할 또 다른 문제가 발생했다. 이제 외국 기업과의 경쟁보다는 중국 석탄 생산업체 간의 경쟁이 지나치게 과열되기 시작했다. 이에 따라 석탄 가격과 탄광회사들의 수익이 극도로 낮아졌으며, 마침 1930년대 중엽 산업 전반의 침체에 따른 석탄 수요 감소라는 변수까지 겹치자 정부는 이러한 석탄업계의 현 상황에 대해 우려를 표명했다.[79] 동시에 난징의 중앙정부가 경제와 관련해 취한 개입주의적 입장은 특히 1932~1935년에 실업부 장관을 지낸 천궁보(陳公博, 1892~1946)의 재임 기

76 Zhang, Zhao, and Luo, *Jingji yu zhengzhi*, 263-65; "Caizheng, shiye, waijiao."

77 Wright, "Nationalist State and the Regulation," 135.

78 Zhang, Zhao, and Luo, *Jingji yu zhengzhi*, 265. 민국 시기 중국의 관세에 대해서는 다음을 보라. Boecking, *No Great Wall*.

79 Zhang, Zhao, and Luo, *Jingji yu zhengzhi*, 265. 1930년대 중기 중국 은(silver)의 위기와 경제 공황에 대해서는 다음을 참고하라. Coble, *The Shanghai Capitalists*, 140-60; Shiroyama, *China during the Great Depression*.

간에 더욱 두드러졌다.[80] 천궁보는 거의 모든 경제 분야에서 그런 것처럼 채탄 부문에 대해서도 더 높은 수준에서 국가의 "통치"가 이루어져야 한다고 역설했다. 그의 평가에 따르면, 중국 석탄 부문에는 반드시 해결해야 하는 몇 가지 쟁점이 있었다. 생산량에 관계 없이 높은 비용을 낳는 "비합리적인" 관리, 실제 채굴 조건을 잘 알지 못하는 엔지니어들의 "비과학적인" 기술 전문성, 자본 조달 및 운송과 관련한 고질적인 문제 등이다.[81] 그는 국가의 통제를 통해 업계 내 자원을 잘 조율함으로써 이러한 문제들을 해결할 수 있으리라 기대했다. 과거에도 없지 않았던 정부와 업계 이해관계자 간의 협의들도 이러한 조정의 사례라 할 수 있을 것이다. 그러나 이 시기 중앙정부가 하향식으로 산업계 내부의 일을 조율하려 한 가장 극단적인 시도는 석탄 카르텔을 만들자는 제안이었다(비록 실현되지는 않았지만 말이다).

1936년, 실업부는 석탄 산업의 발전을 저해하는 내부 경쟁을 억제하기 위해 하나의 전국 단위 석탄 카르텔을 출범시키고자 했다. 그해 여름 천궁보의 후임자인 우딩창(吳鼎昌, 1884~1950)은 회의를 소집해 주요 중국 탄광 기업, 중외 합작 탄광사, 재정부, 실업부, 철도부, 건설위원회, 국가자원위원회의 대표자들에게 이러한 카르텔의 구성을 제안했다.[82] 참가자들은 이 계획을 승인하고 관련 규정의 초안을 작성할 위원회를 선출했다. 그러나 곧 일본 통제 아래의 산둥성 탄광들, 카이롼 탄광 광무국, 건설위원회가 경영하는 화이난(淮南) 탄광 등 몇몇 주요 주체들이 어떠한 담합에도

80 국민당 좌파 천궁보와 그의 민족경제 구상에 대해서는 다음을 보라. Zanasi, *Saving the Nation*. 규제국가(regulatory state)의 부상을 뒷받침한 새로운 경제 이론들이 어떻게 상업 학교를 통해 전파되었는지에 관해서는 다음을 참고하라. Yeh, *Shanghai Splendor*, 30-50.

81 Chen, *Si nian congzheng*, 52-53.

82 실현되지 못한 이 카르텔은 다음 연구에서 중점적으로 다루어지고 있다. Wright, "Nationalist State and the Regulation." 나의 서술은 이 연구에 기대고 있다. 특히 139-46쪽을 참고.

동참하지 않겠다는 뜻을 밝혔다. 제안된 카르텔 논의에는 기존의 시장 점유율을 고정한다는 규제 규정이 담겨 있었다. 현지 시장에서 좋은 실적을 거두고 있던 이 기업들로서는 굳이 이러한 규제에 묶일 필요가 없었고, 오히려 현재와 미래의 성장에 장애가 된다고 판단했다. 결과적으로 카르텔은 무산되었다. 여기서 흥미로운 점은 공업부의 이 야심 찬 계획을 좌절시킨 주요 당사자 중 하나가 국가의 또 다른 주요 경제 기구가 운용하는 탄광이었다는 사실이다.[83]

국민당 정부 최초의 국영 탄광은 사실 건설위원회와 함께 탄생했다. 건설위원회는 1928년에 기업인 장런제(張人傑, 1877~1950)를 위원장으로 해서 발족한 국가 기구였다. 초창기부터 쑨원을 지지한 인사이며 국민당의 "4대 원로 정치인" 중 한 명으로 꼽히는 장런제는 건설위원회의 "유일한 목표"가 "쑨원 총리의 유지를 받들어 그가 주창한 여러 재건 사업을 실현"하는 것이라고 설명했다. 이를 위한 "다양한 업무를 처리하는 데 과학적 방법을 채택할 것"이라고 선언했다.[84] 그러한 업무 중 첫 번째는 남방의 탄광 개발이었다. 이는 남북 불균형이라는 고질적인 문제를 해결할 뿐만 아니라 건설위원회가 소유한 두 기의 발전소에 연료를 공급하는 역할 또한 할 수 있다고 장런제는 주장했다.[85] 건설위원회는 저장성(浙江省)의 창싱(長興) 탄광을 신속히 인수하고 안후이성의 화이난 탄광을 개발하기 시작했다. 건설위원회의 관할 아래 화이난 탄광은 막강한 기업이 되어 화둥의 최대 탄광으로 빠르게 성장했다. 1931년, 화이난의 생산량은 3만 1,000톤이었다. 1936년에는 이 수치가 58만4,000톤으로 거의 20배 증가했다. 이러한 급격한 증산을 설명할 수 있는 몇 가지 요인은 다음과 같

83 Wright, "Nationalist State and the Regulation," 142.

84 Chang, "Reconstruction Program for 1930."

85 Zhongguo Guomindang zhongyang weiyuanhui dangshi weiyuanhui, *Zhang Jingjiang xiansheng wenji*, 120; Tan, "Nanjing Guomin zhengfu shiqi," 107.

다. 기술적으로 숙련된 작업 감독관 고용, 일부 지방세 면세, 화이난과 양쯔강의 포구 위시커우(裕溪口)를 잇는 화이난철로(淮南鐵路) 부설—석탄이 위시커우까지 운반되면 그곳으로부터 수로를 통해 상하이와 인근 지역으로 수송할 수 있다—등이었다.[86] 화이난 탄광의 성공을 고려할 때, 다른 광산들이 성장할 수 있도록 화이난의 생산량을 제한하는 카르텔 구상에 참여할 유인책은 거의 없다고 봐도 무방했다. 역사학자 팀 라이트는 이처럼 실패로 끝난 카르텔 사례가 경제적 사안에 국가권력의 의지를 관철하는 데 실패한 국민당 정부의 취약성을 잘 보여준다고 평가한다.[87] 어떤 이는 쑨원의 개발주의 비전을 공유하는 정부 내 여러 경제 기구들이 구체적으로 어떠한 방법을 통해 그러한 비전을 실현할 것이며, 그 과정에서 각자의 제도적 이해관계를 어떻게 보호할 것인가를 놓고 상호 경쟁, 분열한 사례로 이 에피소드를 읽을 수도 있을 것이다.

국가자원위원회도 전전(戰前) 국민당 정부 산하의 경제 전문 기구 중 하나로서 석탄 산업을 거시적인 산업화 계획—위원회의 지도부가 헌신해 마지않은—의 핵심적인 일부로 간주했다. 당시 국가자원위원회는 일개 연구 기관에서 관리·감독 부서로 변모하고 있었다. 조직의 이러한 전반적인 성격 변화와 맞물려 국가자원위원회는 탄광업계를 지원하기 위해 무엇을 할 수 있을지 초동 조사에 나섰고, 머지않아 직접 탄광 운영에 뛰어들었다. 이러한 행보의 중심에는 쑨위에치(孫越崎, 1893~1995)라는 엔지니어가 있었다.

쑨위에치는 저장성 출신으로 베이징대학에서 광업과 야금학을 전공했다. 그의 전공 선택은 부친의 영향을 받은 것이었다. 쑨위에치의 아버지는 중국 최북단 헤이룽장성(黑龍江省)에서 금광을 개발해 운영하는 인사

86 Tan, "Nanjing Guomin zhengfu shiqi," 108, 110-12.

87 Wright, "Nationalist State and the Regulation," 146-48.

였다. 아버지는 아들에게 관료(그의 표현으로는 "탐관오리")가 되지 말고 (아마도 아들이 가업에 손을 보탰으면 하는 마음에) 광업공학 전문가가 되면 어떻겠냐고 조언했다. 졸업 후 얼마 지나지 않아 쑨위에치는 둥베이 지역으로 향했다. 그곳에서 실제로 아버지의 도움을 받아 푸순 탄광을 비롯한 여러 산업 현장의 운영 실태를 직접 참관할 기회를 얻었다. 그러나 결국 그는 자신만의 길을 찾기로 결심했다. 1923년 쑨위에치는 어느 중러 합작 기업에 취직해 하얼빈에서 동쪽으로 멀리 떨어진 무링(穆棱)이라는 곳에서 탄광을 개발하는 일을 맡았다.[88] 그는 "눈썰매를 타고 외진 산과 울창한 숲을 지나" 탄광이라는 추출의 장소가 들어서게 될 "황량한 곳"에 도달한 기억을 떠올렸다.[89] 몇 년 후 쑨위에치는 중국지질조사소 공무차 무링 탄광을 방문한 웡원하오의 눈에 띈다. 웡원하오는 "(쑨위에치의) 직업윤리와 업적에 감탄"했다고 한다. 웡원하오는 쑨위에치를 허베이성 소재 한 탄광의 수석엔지니어로 추천한다. 당시 쑨위에치는 미국으로 막 유학을 떠나려던 참이어서 웡원하오의 제안을 "정중히 고사했다."[90] 1929~1932년에 쑨위에치는 스탠퍼드대학과 컬럼비아대학에서 광업공학 대학원 과정을 졸업하고, 영국, 프랑스, 독일의 여러 탄광에서 실습을 무사히 마쳤다. 쑨위에치는 이처럼 트랜스내셔널한 교류와 경험 속에서 전문지식을 연마하고 학위를 취득했다. 이를 바탕으로 그는 자원위원회—국민당 정부의 신생 기구이자 의심의 여지 없이 가장 기술관료주의적인 경제 전문 기구인—에서 지도자적 위치를 점할 수 있었다.[91]

1932년 11월, 중국으로 귀국할 무렵에 쑨위에치는 웡원하오로부터 국

88 Sun Yueqi keji jiaoyu jijin, *Sun Yueqi zhuan*, 4-7, 24-25, 34, 38-39.

89 Xue, "Sun Yueqi yu 20 shiji," 103.

90 Sun, "Wo he Ziyuan weiyuahui," 14.

91 Sun Yueqi keji jiaoyu jijin, *Sun Yueqi zhuan*, 58-74.

방설계위원회에 합류해 달라는 초청을 받았다.[92] 1933년에 쑨위에치는 위원회의 지시에 따라 중요한 철도인 진푸선 구간의 주변 탄광들을 조사했다. 얼마 뒤 웡원하오는 쑨위에치를 파산 직전의 허난성 중푸(中福) 탄광으로 파견해 구조조정을 지원토록 했다.[93] 정부 대표, 수석엔지니어, 총괄 경영인 등 여러 직책을 연이어 맡은 쑨위에치는 중푸 탄광이라는 부실기업을 회생시키는 데 탁월한 역량을 발휘했다. 예를 들어 그는 권장 회수율을 초과하는 과도한 채굴을 감행하는 관행을 바로잡았다. 이러한 공학적 과실은 탄광의 안전성을 저해하고 생산에 차질을 빚었다. 1934년에 중푸 탄광은 95만 위안 이상의 손실을 기록했다. 그러나 1936년에는 150만 위안 이상의 흑자를 내며 중화민국 전체에서 카이롼 탄광과 중싱 탄광에 이어 세 번째로 큰 석탄 생산 기업으로 자리매김했다.[94] 중푸 탄광 등지에서의 경험과 성과를 바탕으로 쑨위에치는 중일전쟁 발발 후에도 주요한 역할을 했다. 그는 중국 내륙에서 탄광업을 발전시키고 국가자원위원회를 비롯한 탄소 기술관료주의적 조직들을 강화하려는 국가권력의 분투의 최전선에 섰다.

항일전쟁을 위한 에너지

1937년 7월 7일, 중국군과 일본군은 베이핑 남서쪽 외곽에 있는 루거우차오(盧溝橋, the Marco Polo Bridge)에서 총격을 주고받았다. 1932년 만주국 수립 이후 몇 년 동안 벌어진 수많은 중일 간의 충돌과 마찬가지로, 이 사건 또한 처음에는 머지않아 사그라질 불씨처럼 보였다. 그러나 휴전이 깨지고 양측은 병력을 늘렸다. 도쿄로부터도 공세를 유지하라는 지시가

92 Sun, "Wo he Ziyuan weiyuanhui," 14.

93 중영 합작 기업인 중푸 탄광의 회생에는 장제스도 각별한 관심을 쏟았다. 다음을 보라. "Oong Ordered to Reorganize."

94 Xue, "Sun Yueqi yu 20 shiji," 104-5.

떨어졌다. 분쟁의 수위는 급격히 상승해 소규모 교전에서 전면전으로 확대되었다. 이렇게 중일전쟁이 시작되었다. 전투가 이어졌다. 일본제국 육군은 상하이를 점령했고, 곧 중국의 수도 난징으로 진격을 시작했다. 국민당 정부는 서둘러 우한(武漢)으로 퇴각했다. 얼마 뒤 우한 또한 풍전등화의 위기에 놓이자 충칭(重慶)으로 후퇴를 단행했다. 그리고 장제스는 충칭을 전시 수도로 삼아 중국의 시베이(西北)와 시난(西南)을 사수했다.[95]

국민당 정부는 내륙 천도의 과정에서 행정 기관뿐만 아니라 수많은 공장과 탄광의 기계 설비와 노동자도 함께 이동시켰다. 정부는 이러한 산업 자원의 이전을 원활하게 하려고 공광조정처(工鑛調整處)를 설립했다. 공광조정처는 국가자원위원회와 협력해 수십만 톤의 공업 기자재와 노동자 수만 명의 재배치를 관리·감독했다.[96] 탄광도 이러한 이전 계획 안에 포함되었다. 광맥 자체를 옮길 수는 없지만, 그 석탄층 위에서 가동되던 기계 장비는 분해·포장되어 트럭, 기차, 선박에 실려 내륙으로 옮겨졌다. 하나의 광산이란 분명 매장된 자원 그 이상의 무엇이었다. 노동력과 장비라는 구성요소가 반드시 존재해야 했다. 전화(戰火)가 화베이와 화중 전역으로 퍼지면서 이 지역에 있는 탄광들은 적군의 손에 함락될 위기에 처했다. 실제로도 많은 탄광이 일본에 장악되었다. 전황이 불리해지자 쑨위에치는 중푸 탄광의 운영을 중단하고 채굴 기자재를 철수시킬 준비에 들어갔다. 갱도 승강기, 원심 송풍기, 전기 펌프, 증기 기관 열차, 교류 발전기, 보일러 등 중푸 탄광의 기술 자산은 그 뒤 내륙의 탄광들, 특히 충칭의 톈푸(天府) 탄광에 재설치되었다.[97]

95 중일전쟁 초기 상황에 대한 개괄로는 다음을 참고하라. Mitter, *China's War with Japan*, 73-167.

96 Eastman, "Nationalist China during the Sino-Japanese War," 562-63; He, "Kangzhan shiqi guoying meikuangye," 31-35.

97 Xue, "Sun Yueqi yu 20 shiji," 106; Zhongguo jindai meikuang shi bianxiezu,

이러한 산업 전반의 이동 덕분에 중국 내륙의 탄소 자원이 전례 없는 규모로 개발될 가능성이 열렸다. 이 시기에 다수의 탄광이 새로이 설립되거나 확장되었다.[98] 과거 톈푸 탄광의 대단치 않은 규모의 조업은 거의 전적으로 수작업으로 이루어졌다. 이제 이 탄광은 기계 설비의 도입과 총경리(總經理) 쑨위에치의 진두지휘로 국통구(國統區)[99]에서 가장 규모가 크고 가장 생산성이 높은 탄광으로 거듭났다. 이전까지는 노동자가 대나무 바구니를 짊어지고 지하로부터 석탄을 옮겼으며, 양수 작업도 전적으로 인력으로 진행했다. 환기 또한 제대로 이루어지지 않았다. 공기가 충분히 순환되지 못한 지하 막장은 너무 덥고 습했다. 광부들은 알몸으로 작업을 하지 않으면 버틸 수 없을 지경이었다. 이러한 열악한 조건에서 노동자들은 여러 어려움을 겪었고, 심지어 사망에 이르기까지 했다. 실제로 톈푸의 사망률은 매우 높았다. 쑨위에치는 기계화의 속도를 올리기 위해 재조립된 장비에 전기를 공급할 발전소 한 기를 건설했다. 이로써 현장의 조업 방식을 혁신하는 데 탄력이 붙기 시작했다. 1938년에 톈푸 탄광의 생산량은 5만5,000톤이었다. 그러나 1945년에는 45만 톤 이상이었다.[100] 물론 기계화는 현장에 새로운 종류의 위협을 초래하기도 했지만, 이처럼 일상적인 작업 환경을 개선하기도 했다.

내륙으로 후퇴한 후 국민당은 국가자원위원회의 기술관료주의적 지휘 아래 국가 경제 계획 일체를 통합한다. 1938년 1월에 실업부와 건설위원회, 여타 정부의 경제 분야 부처가 경제부로 통폐합되었다. 국가자원위원회—이때까지는 군무위원회 예하 조직이었다—가 신생 경제부의 중핵

Zhongguo jindai meikuang shi, 431.

98 Sun, "Chuanmei chanxiao," 42.

99 국민당이 통치하는 지역. 이와 대조적으로 일본군에 의해 함락된 지역을 일컫는 윤함구(淪陷區)라는 개념이 있다-옮긴이.

100 Xue, "Sun Yueqi yu 20 shiji," 106.

〈그림 5-2〉 국민당 정부의 전시 수도 충칭 인근에 있는 톈푸 탄광. 국가자원위원회라는 기술관료주의적 조직의 관리 아래 톈푸 탄광은 국통구 최대 탄광으로 거듭났다. 이 사진은 조셉 니덤이 중국에 체류하며 중영과학합작관(中英科學合作館)에서 근무할 때 직접 찍은 것이다. (Image courtesy of the Needham Research Institute.)

을 이루었고, 웡원하오가 초대 장관 자리에 올랐다.[101] 이제 "기초 산업," "필수 광업 기업," "전력 시설," "기타 정부가 지정한 사업" 방면의 "중요 자원을 개발하고 관리"한다는 광범위한 권한을 부여받은 국가자원위원회는 중국 내 중공업 역량을 강화하기 위한 계획 입안에 착수했다.[102] 국가자원위원회는 1939년, 3년에 걸쳐 석탄과 같은 주요 자원의 증산을 목표로 하는 국영 기업들을 설립한다는 계획을 제시했다. 이는 "내륙 경제를 성장시켜 군사 문제와 산업 발전상의 요구를 모두 충족"시키기 위한 노력의 일환이었다.[103] 장제스는 제안된 예산의 절반도 채 승인하지 않았

101 Kirby, "Technocratic Organization and Technological Development," 29-30.

102 "Jingji bu Zhiyuan weiyuanhui," 96.

103 Zheng, Cheng, and Zhang, *Jiu Zhongguo de Ziyuan weiyuanhui*, 50. 여기서 1942년까지 석탄 생산량 6만4,000톤을 목표로 한다고 제시되어 있다. 그러나 1939년에 이미 550만 톤을 생산했음을 고려할 때 이 목표치는 지나치게 낮다. 실제 목표는 640만 톤으로 설정되었을

지만, 그럼에도 국가자원위원회는 주어진 예산 한도 내에서 공업 부문을 성장시키고 그 속에서 조직의 입지를 다지기 위해 분투했다.[104] 위원회의 활동 범위는 그 뒤 몇 년 동안 계속 커졌다. 1937년에 위원회는 2,000명 미만의 직원을 거느리고 있었지만, 1945년에는 약 6만3,000명 이상을 고용하고 있었다.[105] 역사학자 청린순(Cheng Linsun)이 지적했듯, 국가자원위원회는 "군을 제외하고 가장 많은 인력을 거느린 정부 조직이 되었다."[106] 국가자원위원회 산하의 공업 기업은 중일전쟁 개전 초기 24개에서 전쟁이 끝날 무렵 115개로 거의 다섯 배나 증가했다. 이 가운데 20개가 탄광 기업이었다.[107] 쑨위에치는 톈푸 탄광 이외에 3곳 광산의 총경리직을 겸임하며 홀로 4개의 탄광을 관할했다.[108]

국가의 주도적인 개입으로 중국 내륙의 석탄 산업은 꾸준히 성장했다.[109] 국가자원위원회가 전적으로 또는 합작의 형식으로 운영하는 광산은 전체 석탄 생산량의 평균 10퍼센트 정도를 점유하는 데 그쳤지만, 이 탄광들은 가장 규모가 크고 기계화된 시설을 갖추고 있었다. 이를 바탕으로 국가자원위원회의 광산들은 다른 수많은 소형 민간 탄광에 기술적 지

가능성이 더 커 보인다.

104 Zheng, Cheng, and Zhang, 50-51. 이 계획에 앞서 국가자원위원회가 1936년도에 착수한 중요 선행 계획이 존재했다. 그러나 1936년도 계획은 전쟁으로 조기 종료되었다. 이에 대해서는 다음을 보라. Kirby, "Kuomintang China's 'Great Leap Outward'."

105 Zheng, Cheng, and Zhang, *Jiu Zhongguo de Ziyuan weiyuanhui*, 112.

106 Cheng, "Industiral Activities," 55.

107 Zheng, Cheng, and Zhang, *Jiu Zhongguo de Ziyuan weiyuanhui*, 107, 109-10. 총 115개의 공업 기업 가운데 57개는 국가자원위원회가 단독으로 소유한 기업이었고, 41개는 다른 민영 혹은 공영 기관을 낀 합자 기업이었다. 나머지 17곳은 자원위원회가 투자했지만, 운영에는 관여하지 않는 기업이었다.

108 Xue, "Sun Yueqi yu 20 shiji," 106.

109 국민당 정부가 내륙으로 후퇴하기 수십 년 전부터 국가 주도로 시난 지역 광업을 발전시켜야 한다고 촉구한 현장의 기술관료들에 대해서는 다음을 보라. Giersch, *Corporate Conquests*, 123-70.

원을 제공하고 각종 생산 혁신 방안을 제안했다.[110] 또한 경제부는 1938년, "이 비상시국에 맞춰 연료의 생산, 운송, 분배, 저장에 대한 계획과 준비"를 총괄하는 연료관리처(燃料管理處)를 신설해 공업 전반을 강화하기 위한 몇 가지 광범위한 조치를 했다.[111] 이러한 조치에는 신규 탄광의 출범을 가속하기 위한 전시 규정을 별도로 마련하는 것, 탄광의 설립과 후속 운영을 뒷받침하기 위해 신용 대출 한도를 대대적으로 확대하는 것, 광산에 필요한 기자재를 국내외 공급업체로부터 선매하거나 정기 배급받는 방식으로 확보하는 것 등이 포함되었다. 더 나아가 경제부는 석탄 생산에 필요한 충분한 노동자와 전문가를 확보하기 위해 광부와 기술자가 병역을 연기할 수 있도록 했다(당시 남성에 대한 징집이 갈수록 늘어나고 있었는데도 말이다).[112] 이들의 전쟁터는 최전선이 아닌 탄광 안 깊은 막장이었다. 그런데 갱도 안에도 최전선만큼이나 위험과 죽음이 도사리고 있었다. 1939년에 톈푸 탄광의 한 갱도에서 전기 케이블에 불꽃이 튀면서 불이 붙었다. 결국 큰 폭발로 이어져 광부 102명의 목숨을 앗아갔다.[113] 1938년, 국통구의 석탄 생산량은 470만 톤이었다. 이 수치는 1943년에 660만 톤으로 정점을 찍은 뒤, 계속되는 전쟁과 그에 따른 인플레이션 압력 아래 산업 활동이 전반적으로 둔화하자 감소세로 돌아섰다.[114]

이 기간에 중국 내륙에서 채굴된 석탄은 전쟁을 치르는 국가와 사회의

110 He, "Kangzhan shiqi guoying meikuangye," 96.

111 "Jingji bu Ranliao guanlichu," 65.

112 Li, "Shi nian lai," I.11-I.13. 중일전쟁 시기 국민당 정권의 징병제에 대해서는 다음을 참고하라. van de Ven, *War and Nationalism in China*, 255-58; Xu, *Soldier Image and State-Building*, 59-63, 68-70.

113 Zhongguo jindai meikuang shi bianxiezu, *Zhongguo jindai meikuang shi*, 432.

114 민국 시기 전시 인플레이션에 대해서는 다음을 보라. Young, *China's Wartime Finance and Inflation*.

에너지 수요를 책임졌다.[115] 국영 탄광에서 채굴된 석탄은 주로 산업용으로 이용되었다. 국가자원위원회가 1945년도에 발간한 한 보고서에 따르면, 국영 탄광산 석탄의 39퍼센트를 군수 산업이, 28퍼센트를 일반 공업 시설과 발전소가 소비했고, 19퍼센트가 운송용으로, 14퍼센트가 가정용으로 사용되었다.[116] 1940년에 쑨위에치는 "동력의 원천인 석탄이야말로 모든 산업의 어머니"라고 선언했다.[117] 국가자원위원회는 시난 지역의 고산지대에서 수력 발전 시설을 개발하기도 했다. 그러나 여전히 전력 생산의 대부분은 석탄 화력 발전을 통해서였는데, 그 이유 중 하나는 댐 건설에 드는 막대한 비용 때문이었다.[118] 국영 탄광뿐만 아니라 민간 탄광까지 살펴본다면, 석탄의 최대 소비처는 전전과 마찬가지로 가정이었다. 이 당시 일본군을 피해 내륙으로 몰려든 피난민들로 국통구의 인구는 급증한 상태였다. 석탄은 목재 땔감과 더불어 이들이 먹고 마실 음식과 물을 데우는 데 쓰였다. 또 이들이 살아갈 가정 공간에 난방을 제공했다.[119] 1941년에 중국지질조사소는 그해 시난 지역에서 소비된 석탄 총량의 절반 이상이 가정용으로 사용되었다고 추산했다.[120] 탄광은 인근에 거주하는 사람들에게 때때로 대피소가 되어 주기도 했다. 당시 시도 때도 없이 전시 수도에 대한 일본의 폭격이 떨어졌을 때마다 충칭 교외에 거주하는 주부 쩡용칭(曾永清)은 근처에 있는 폐탄광으로 피신한 기억을 회상했다. 공습

115 중일전쟁 시기 중국의 에너지 문제에 대한 더욱 포괄적인 논의로는 다음을 보라. Muscolino, *The Ecology of War.*

116 Wu, "Kangzhan qijian guoying meikuang," 149.

117 Sun, "Chuanmei chanxiao," 43.

118 Zhu, "Shi nian lai zhi dianli shiye," J.23-J.24. 중일전쟁 시기 국통구에서의 전력 생산에 대한 더 자세한 논의로는 다음을 보라. Tan, "Revolutionary Current," 64-112.

119 중일전쟁 시기 시난 지역으로 피난 간 인구에 대한 정확한 통계는 존재하지 않는다. 그러나 수백만 단위였을 것으로 추정한다. Eastman, "Nationalist China during the Sino-Japanese War," 565.

120 Jin, *Zhongguo kuangye jiyao, di liu ci*, 21.

이 상공에서 계속되는 동안 "그나마 약 30센티미터는 되는 더러운 검은 물"에 발을 담그고 서서 상황이 종료되기만을 기다린 "끔찍한 경험"이었다.[121]

국가자원위원회는 생산량 확대를 위한 노력과 더불어 소비를 효율화하는 방안을 모색했다. 이를 위해 과학기술적 방법을 동원해 채굴된 석탄의 품질과 석탄이 이용되는 방식을 개선하고자 했다. 전쟁 이전까지 중국 내륙에 과학기술 인프라가 상대적으로 부족했는데, 국민당 정권은 함께 내륙으로 후퇴한 전문가들과 그들이 가져온 기자재, 해외로부터의 과학기술 지원, 전시 상황의 여러 절박한 조건들을 적절히 활용해 과학과 기술의 발전을 끌어낼 수 있었다.[122] 이러한 점에서 조셉 니덤(Joseph Needham)—영국 출신 생화학자이자 이후 과학사학자로도 활동한 인물로 중영 과학 협력 사업의 일환으로 중일전쟁 시기에 중국에서 4년 동안 체류했다—은 "중국에서 가장 뛰어난 응용과학 관련 조직" 두 곳 중 하나로 국가자원위원회를 꼽았다(다른 하나는 중화민국 군정부(軍政部) 산하 병공서(兵工署)다).[123]

1938년에 웡원하오는 광야연구소(鑛冶硏究所)를 설립한다. 이 연구소는 톈푸 탄광 인근의 한 시설에 자리 잡았고, 거의 전적으로 국가자원위원회 소속 전문가들로 구성되었다.[124] 광야연구소는 내륙 지역의 석탄과 기타

121 "An Abandoned Housewife: Zeng Yongqing, born in 1916 in Chengdu, Sichuan Province," in Li, *Echoes of Chongqing*, 111.

122 Needham, "Chinese Scientists Go to War." 전시 상황이 과학에 미친 영향, 과학자들이 내륙 지역에서 수행한 연구에 대해서는 다음을 보라. Reardon-Anderson, *The Study of Change*, 293-318; Schneider, *Biology and Revolution*, 94-104; Greene, "Looking toward the Future"; Barnes, *Intimate Communities*, 21-51, 120-58; Brazelton, *Mass Vaccination*, 55-100.

123 Needham, "Chinese Scientists Go to War," 57. 전시 중국에서의 조셉 니덤의 경험에 대해서는 다음을 보라. Mougey, "Needham at the Crossroads."

124 광야연구소에 대해서는 다음을 참고하라. Lei, Fang, and Qian, "Kangzhan shiqi houfang

광물 자원에 대한 수십 건의 조사 연구를 수행했다. 그러나 연구소의 핵심 업무는 석탄 연구였으며, 특히 기존의 선탄 및 코크스 제작 공정을 쓰촨산 석탄의 속성에 더 적합하게 개선하는 데 역점을 두었다.[125] 쓰촨(四川) 석탄은 대체로 더 두꺼운 석탄층에 매장되어 있었다. 따라서 대량으로 채굴하기가 더 쉬웠다. 그러나 석회와 유황 함량이 높았다. 그래서 야금용 코크스 제조에 적합하지 않았다.[126] 야금연구소의 연료 전문가들은 일련의 실험 끝에 석회와 유황을 더 많이 제거하고 더 순도 높은 석탄을 회수할 수 있도록 홈통(troughs)과 기타 선탄 장치를 재설계했다(이는 기계 장치에 흐르는 물의 양과 속도를 조절하는 방식을 더 잘 바로잡은 결과이기도 했다). 전문가들은 또한 코크스 오븐 설계를 개선함으로써 투입한 석탄 원료가 성공적으로 코크스로 변환될 확률을 높이고 전체 공정 시간을 줄였다.[127] 그 뒤 야금연구소는 이러한 기법과 기술 공정을 톈푸 탄광에서 시범적으로 운용한 후 내륙의 탄광과 코크스를 이용하는 공장에 도입하기 시작했다. 1942년에 국통구의 코크스 생산량은 30만 톤에 육박했으며, 이는 1930년대 연평균 생산량의 세 배에 달했다. 이렇게 대량으로 제조된 연료는 국민당 전시 산업화의 중추인 여러 야금 공정의 동력이 되었다.[128]

한편, 심각한 석유 부족에 시달리는 중국 과학자들은 푸순과 도쿠야마의 일본 과학자들이 그랬던 것처럼 석탄을 이용해 합성 연료를 개발하는 방안을 모색했다. 20세기 전환기 이래로 외국과 중국의 지질학자들은 중

yejin ranliao."

125 He, "Kangzhan shiqi guoying meikuangye," 106–9.

126 Yu, "Bensuo liang nian lai ximei lianjiao," 8.

127 이러한 혁신에 대한 더욱 자세한 내용으로는 다음을 보라. Lei, Fang, and Qian, "Kangzhan shiqi houfang yejin ranliao," 276–79.

128 Lei, Fang, and Qian, 279–80. 웡원하오는 제련을 "기초 중공업"이라고 불렀다. 제련은 중국 전시 공업화 발전을 위한 여러 목표 가운데 가장 첫 번째에 위치했다. Wong, "China's Economic Reconstruction."

국 전역에서 여러 차례 석유 자원을 탐사해 크고 작은 유전을 발견했다. 그중 몇몇은 상업적 잠재력이 있다고 인정되었다.[129] 산시성(陝西省)과 쓰촨성에서는 1930년대에 일부 석유 생산이 이루어지기도 했지만, 극히 미미한 규모였다. 중국은 대부분의 석유 제품—휘발유, 등유, 연료유, 윤활유—을 미국과 네덜란드령 동인도제도로부터 수입했다.[130] 개전 이후 일본이 해안 지역을 점령하고 버마 로드(the Burma Road)—중국 내륙 지역을 영국령 버마와 육로로 연결하는 교통로—를 차단했다. 이는 곧 국민당 정부가 석유를 포함한 수많은 전략 수입 물자 확보에 심각한 곤란을 겪게 된다는 것을 의미했다.[131] 연합군이 "더 험프(the hump)"라 불리던 히말라야산맥 지대를 넘어 인도에서 중국으로 일부 물자를 공수할 수 있었지만, 국가자원위원회는 석유 문제에 대한 더욱 자급자족적인 해결책을 모색하는 데 앞장섰다.[132]

이를 위해 국가자원위원회는 유전을 개발하고 여러 대체 액체 연료를 실험적으로 연구했다. 웡원하오가 파견한 지질학자들이 간쑤성(甘肅省) 위먼(玉門)에서 유망해 보이는 석유 매장지를 발견했다. 그 뒤 쑨위에치는 네 곳의 탄광을 관리하는 일과 병행하면서 이 구역을 상당한 규모의 석유 추출지로 개발하는 과정을 감독했다.[133] 10여 년이 지난 뒤 쑨위에치는 중일전쟁기 위먼의 공헌을 자랑스럽게 회상했다. "1944년 미 공군이 청두

129 20세기 전반 중국에서의 석유 탐사에 대해서는 다음을 보라. Shen, *Unearthing the Nation*, 166-73.

130 Heroy, "Petroleum," 123-33.

131 Smyth, "China's Petroleum Industry," 189.

132 Mitter, *China's War with Japan*, 181.

133 Ministry of Information of the Republic of China, *China after Five Years of War*, 96. 위먼 유전의 개발에 대해서는 다음을 보라. Bian, *Making of the State Enterprise System*, 61-63. 중일전쟁기 국민당 정부는 또한 신장(新疆)에서 또 한 차례 주요 석유 탐사 및 개발 사업을 진행했다. 다음을 참고하라. Kinzley, *Natural Resources and the New Frontier*, 124-27.

(成都)에서 출격해 도쿄, 그리고 일본이 점령한 카이롼 탄광 산하 탕산(唐山) 광산과 린시(林西) 발전소 등을 폭격했을 때 비행장에서 이용된 연료는 위먼 유전에서 나온 것이었다."[134] 대체 액체 연료로는 당밀이나 곡물을 발효시켜 만든 파워 알콜, 동유(桐油) 및 기타 식물성 기름으로부터 추출한 휘발유, 석탄을 증류해 제조한 액체 연료가 포함되었다.[135] 석탄을 액체 연료로 전환하기 위해 국가자원위원회는 쓰촨성 서부 첸웨이(犍爲)에 공장을 세웠다. 이 일대는 고급 석탄이 풍부하게 생산되는 곳이었다. 첸웨이 공장은 이 석탄을 저온 증류 처리해 고옥탄 항공 연료(high-octane aviation fuel)를 비롯한 다양한 석유 제품을 생산했다.[136]

국가자원위원회는 석탄과 기타 산업 부문의 기술 역량을 강화하기 위해 미국에 의지했다. 이는 국가자원위원회가 독일과의 긴밀한 협력 아래 중국 산업화를 계획하고 추진하려 한 전전의 추세와는 크게 다른 방향성이었다.[137] 미국 정부는 중국을 비롯한 연합국 국가들을 지원하기 위해 무기 대여 협정을 체결했다. 이 협정의 하나로 국가자원위원회는 기술자와 엔지니어를 태평양 너머로 파견해 미국에서 연수받도록 했다.[138] 1942년에 미국을 찾은 최초의 파견자 중에는 연료 전문가 위자이린(俞再麟, 1908~1947)도 포함되었다. 그는 당시 광야연구소에서 진행하는 선탄 및 코크스 관련 연구의 핵심 인사였다.[139] 위자이린은 그 뒤 총 2년 동안 미국에서 체류했다. 피츠버그의 카네기공과대학 석탄연구실험실에서 3개월

134 Sun, "Wo he Ziyuan weiyuanhui," 25.

135 "Science and Life in War-Time China," 51-52. 전시 중국의 대체 액체 연료에 대해서는 다음을 보라. Reardon-Anderson, *The Study of Change*, 297-300.

136 Chinese Ministry of Information, *The China Handbook*, 484.

137 Kirby, *Germany and Republican China*.

138 Kirby, "Planning Postwar China," 226-27.

139 이 외에도 전쟁 기간에 다른 두 차례 주요 연수 파견 사례가 존재한다. 각각 1943년과 1944년에 이루어졌다. He, "Kangzhan shiqi guoying meikuangye," 110-11.

간 이수한 연수를 시작으로, 펜실베이니아의 한 석탄-코크스 회사와 일리노이의 한 제철소에서 실습을 수료했다. 그 뒤 펜실베이니아, 메릴랜드, 앨라배마, 일리노이, 오하이오를 돌며 석탄, 코크스, 제철, 철강, 기계 제작 관련 시설의 운영 상황을 직접 관찰했다.[140]

미국 연수에 참가한 민국 시기 전문가들은 이를 계기로 한층 더 확신에 찬 기술관료로서 거듭났다. 산업과 경제의 문제 전반을 다른 무엇보다도 과학기술적 해법을 통해 풀 수 있다는 자신감이 한결 더 강해졌다. 연수를 마친 뒤 작성한 보고서에서 위자이린은 지난 10년간 미국 산업계에서 선탄 작업의 중요성이 어떻게 확대되었는지 설명했다. 선탄은 기계화를 통한 석탄 생산량 증가와 그에 따른 석탄의 품질 저하가 초래하는 여러 문제를 해결하는 방법으로서 주목받았다. 그는 다음과 같이 썼다. "최근 미국의 모든 탄광은 생산량을 늘리기 위해 채굴, 하역, 운송 등 단계를 불문하고 기계 사용이 늘어나고 있으며, 그 결과 많은 자갈이 석탄에 섞여 들어가고 있다." 위자이린이 보기에 선탄은 품질 문제—석탄 자체의 특성 때문이든, 생산과 가공 수단의 결함 때문이든—를 효과적으로 해결할 수 있는 열쇠였다. 그에게 이 기술의 장점은 자연의 모든 불완전성과 추출의 기계화가 초래한 여러 부정적 효과를 극복하게 해 준다는 데 있었다. "석탄의 품질이 어떻든 선탄 공정만 거친다면 코크스로 만들어 제철에 활용할 수 있다." 위자이린은 중국이 미국의 모범을 따라 선탄 공정을 더욱 광범위하게 수용하는 것이 더 바람직하다고 권고했다. 특히 전후 산업화가 가속화될 것으로 전망되는 가운데, 제철 부문은 "필수적으로 발전"해야 하는 분야가 될 것이었다. 이를 뒷받침하기 위해서는 더더욱 선

140 National Resources Commission correspondence (April 23 and 24, 1942), in Cheng and Cheng, *Ziyuan weiyuanhui jishu renyuan*, 187–90.

탄이 유효하리라는 것이 그의 생각이었다.[141]

전쟁 후에 찾아올 평화와 여러 가능성을 미리 전망하기 시작한 것은 비단 웡자오이린 한 사람만이 아니었다. 국민당계 기술관료들은 적어도 1940년부터 종전을 예상하며 전후 중국의 재건을 준비하고 있었다. 그들이 구상한 전후 경제 구조는 국가 중심의 관리와 통제로 특징지을 수 있는데, 이는 사실 항전기 동안 시난 내륙에서 구축한 시스템의 연장선에 있었다. 중일전쟁기에 중국의 가장 가까운 동맹국이었던 미국 측 인사들은 이러한 발전 방향을 탐탁지 않게 여겼다. 미국 외교관들은 중국에 진출한 미국 기업들의 이익을 중국 정부의 규제로부터 보호하기 위해 최선을 다했다. 과거에는 치외법권 조항에 따라 규제를 피해 갈 수 있었지만, 1943년에 미국이 치외법권을 포기하기로 합의한 후에는 더 이상 중국 측의 규제 압력을 무시할 수 없었다.[142] 그럼에도 국민당 정부는 국가 주도의 경제 노선을 고수했다. 계획의 중추에는 만주를 중국 영토 내로 다시 통합하는 작업이 있었다. 수십 년 동안의 일본제국 통치 아래 성장한 만주 지역의 산업 역량은 전후 중국 경제의 회복을 위한 필수적인 토대로 여겨졌다. 국민당의 개발주의 담론 내에서 푸순 탄광과 안산 제철소로 대표되는 만주라는 산업 기지는 미래 중국의 산업화를 위한 핵심 기반이었다. 예컨대 웡원하오는 이러한 주요 산업 시설을 일본으로부터 "탈환"하지 못한다는 것은 곧 "중국을 완전히 산업화시킬 기회를 상실하는 것과 같다"라고 말했다.[143] 그러나 곧 살펴볼 것처럼, 일본의 항복과 제국의 붕괴 이후 국민당이 푸순과 안산 등의 공간을 접수하는 문제는 결코 간단하지 않았다.

141 Yu, "Ximei gongye."

142 Kirby, "Planning Postwar China," 222-26, 229-31.

143 Weng, "Zhanhou Zhongguo gongyehua," 6.

산업화된 둥베이로

소련은 일본이 항복하기 직전에 만주를 침공했다. 1945년 8월 9일 이른 아침, 미국이 히로시마에 첫 번째 핵폭탄을 투하한 지 3일 후이자 나가사키에 두 번째 핵폭탄을 투하하기 불과 몇 시간 전, 소련은 일본에 선전포고하고 종속국 만주국을 향한 진격을 시작했다. 8월 15일에 일본이 항복함으로써 아시아에서의 2차 세계대전도 종결되었다. 바로 하루 앞, 국민당 정부와 소련 정부는 중소우호조약을 체결했다. 이 조약에서 소련은 "일본이라는 공동의 적과의 전쟁"을 치르는 데 "중국에 도덕적 지원과 군수 및 기타 물자의 원조를 제공하며, 이러한 지원과 원조는 전적으로 중국의 중앙정부인 국민정부에 공여"한다고 합의했다.[144] 그 대가로 국민당 정부는 명목상 중국 종주권 아래 있었지만, 스탈린이 소련을 위해 전략적으로 중요하다고 판단한 외몽골의 독립 승인 문제를 전후 국민투표에 부치기로 동의했다.[145] 이 조약의 세부 조항을 협상하는 과정에서 불거진 또 하나의 쟁점은 대일 선전포고에 따라 소련의 붉은 군대가 만주를 침공할 경우, 추후 소련군 철수 문제를 어떻게 처리할 것이냐였다. 협상에 나선 국민당 대표 쑹쯔원이 이 문제에 관해 압박하자 스탈린은 "철수를 완료하는 데 최대 3개월이면 충분할 것"이라고 단언했다.[146] 그러나 실제로는 두 배 이상의 시간이 걸렸다. 일본 패망 이후 2주 만에 소련군은 만주 전역의 주요 도시와 통신선을 모두 점령했다. 그 뒤 몇 달 동안 국민당과 소련의 인사들은 만주를 어떻게 중국에 이관할 것인지 논의를 거듭했다. 그런데 같은 기간에 중국공산당이 만주 지역으로 진출해 농촌에서 기반을

144 "China, Soviet Union," 53.

145 외몽골에 대한 소련의 해묵은 이해관계에 대해서는 다음을 보라. Elleman, "Soviet Policy on Outer Mongolia."

146 "Record of a Meeting between T. V. Soong and Stalin."

닦아 나가고 있었다.[147] 만주는 다시 한번 치열한 격전지로 떠올랐으며, 역사학자 스티븐 레빈(Steven Levine)의 표현을 빌리자면 공산당의 성공이 벼려질 "승리의 모루"로 거듭날 터였다.[148]

소련 점령은 만주 경제에 치명적인 피해를 남겼다. 언제까지고 만주를 다스릴 줄 알았던 일본은 이 지역에 투자를 아끼지 않았다. 만주를 곧 떠나게 될 것을 알고 있던 소련은 이 지역으로부터 무자비한 약탈을 감행했다. 소련군은 만주에 도착하자마자 일본이 구축해 놓은 대규모 산업 시설을 체계적으로 해체하기 시작했다. 그들은 공장과 발전소를 철거해 기계 장비—특히 발전기와 변압기 등—를 수거했다. 이를 트럭과 기차에 싣고 소련으로 옮겼다. 만주의 기계들은 "전리품"이었다. 중국에서 소련의 활동 목적에 관한 미국의 1947년도 첩보 보고서에 따르면, 이러한 공업 설비 약탈 행위는 만주 지역을 탈산업화함으로써 "소련에 대한 군사적 위협을 최소화하려는" 의도된 움직임이었다.[149] 어떤 이는 이러한 행동이 독일 침략군과의 전투 이후 파괴된 소련 서부 지역의 산업을 재건하는 데 필요한 기자재를 확보하려는 목적에 따른 것이었다고 주장하기도 한다.[150] 어느 쪽이든 미 첩보 보고서가 적나라하게 묘사한 것처럼, 기계 장비의 철거는 "고도로 발전된 만주 산업 체계의 심장을 도려낸 것"이나 다름없었다.[151] 1946년 6월과 7월, 에드윈 폴리(Edwin Pauley)—미국의 석유 사업가 출신으로 대사급 외교관이 된 인물—는 만주에 남아 있는 일본의 공업 자산을 파악하기 위해 조사단을 이끌고 현장을 찾았다. 이러한 조사는 연합국이 패전국 일본에 어느 정도의 배상금을 요구할 수 있는지 가늠

147 이 논의 과정에 대해서는 다음을 참고하라. Gillin and Myers, "Introduction," 7-8, 30-39.

148 Levine, *Anvil of Victory*.

149 "Implementation of Soviet Objectives ini China."

150 Levine, *Anvil of Victory*, 68-69.

151 "Implementation of Soviet Objectives ini China."

〈그림 5-3〉 에드윈 폴리와 다른 미국인 조사단원들이 1947년 7월에 푸순을 방문했을 때 이들을 위해 국민당 정부의 관료들이 마련한 만찬. "중화민족의 국부" 쑨원의 초상화 바로 밑에 앉아 있는 인물이 폴리다. 그의 좌측에 착석한 인물은 장자아오다. 은행가 출신 관료인 그는 국민당 정부를 대표해 중국의 만주 접수 문제를 놓고 소련과의 협상을 이끌었다. (Image courtesy of the Harry S. Truman Library and Museum.)

하는 데 필요한 작업이었다. 얼마 뒤 해리 트루먼 미 대통령에게 제출한 보고서에서 폴리는 소련의 약탈에 따른 물질적 손실이 8억9,500만 달러에 달한다고 추산했다.[152] 이로부터 수십 년 후 폴리는 한 구술 인터뷰를 통해, 당시 스탈린이 "만주에서 조금이라도 가치가 있는 것이라면 모조리 다 챙겨 갔다"라고 증언했다.[153]

푸순도 예외가 아니었다. 소련군은 지하 광산의 장비 대부분을 "사실상 그대로" 남겨 두었지만, 노천광을 가동하는 데 "꼭 필요한 동력삽, 기

152 Pauley, *Report on Japanese Assets*, 37.

153 Fuchs, "*Oral History Interview*," 61.

관차, 광산용 차량, 대량의 유지보수용 자재 및 보급품"을 탈취했다.[154] 그러나 가장 큰 피해를 당한 곳은 탄광 자체가 아니라 탄광에 전기를 공급하는 발전소였다. 소련군은 주력 발전소의 최상급 발전기 6대를 분해해 가져갔고, 4대는 남겨 두었다. 그중 2대는 이미 쓸 수 없는 상태였다. 석탄 생산에도 피해가 뒤따랐다. 폴리 조사단의 평가에 따르면, 여전히 매일 8,000톤의 석탄을 생산할 수 있을 만큼 충분한 광업 설비가 남아 있었지만, 전력 부족으로 실제 생산량은 하루 2,500톤 수준에 머물렀다.[155] 더 큰 문제는 양수였다. 푸순 탄광은 이미 고도로 전기화·기계화되어 있었다. 따라서 다수의 발전기가 철거된 상황에서 "정상적인 채탄 작업은커녕 양수 펌프를 작동시킬 전력도 부족"했다.[156] 결과적으로 탄광은 홍수의 위협에 더 많이 노출되었다. 그 뒤 실제로 여러 광산이 침수되었고, 관련 장비들은 심각하게 파손되었다. 폴리 조사단은 푸순의 상황을 다음과 같이 요약하며 결론 내렸다. "푸순 탄광이 입은 전체 피해는 해체된 기계 장비의 가치를 훨씬 웃돈다."[157] 푸순은 에너지로 유지되는 하나의 기술 시스템이었다. 기본 기능이 작동하는 데 충분한 에너지가 없다면, 전체 시스템의 가동 속도가 단순히 느려지는 차원에 그치지 않고 서서히 붕괴할 수밖에 없었다.

국가자원위원회는 적어도 1942년부터 일본의 공업 시설을 인계받기 위한 준비에 나섰다. 전후 둥베이 지역을 관리할 국가자원위원회 인사들은 이 혼란기에 다른 지역으로 파견된 동료들과 마찬가지로 이러한 준비 작업의 최전선에 서 있었다.[158] 중국과 소련은 소련의 만주 철수와 만주 공업

154 Pauley, *Report on Japanese Assets*, 78.

155 Pauley, app. 3, Plant Inspection Report 1-L-2, 4.

156 Pauley, 78.

157 Pauley, 78.

158 Zheng, Cheng, and Zhang, *Jiu Zhongguo de Ziyuan weiyuanhui*, 133.

〈그림 5-4〉 소련군이 발전기를 철거한 후 방치된 푸순 중앙 발전소의 모습. 20만 킬로와트급 발전기 두 대가 없는 상황에서 푸순 탄광의 운영은 큰 곤란을 겪었다. 양수 펌프에 사용할 전력이 부족해 광산이 침수되는 상황이 초래될 수 있다는 점이 특히 심각했다. 또한 이 발전소에 크게 의존하는 인근의 도심지역들, 특히 선양의 전력 공급이 차단되기도 했다. 이 사진은 에드윈 폴리가 이끄는 미국의 일제자산조사단이 푸순을 방문했을 때 미육군통신대(US Army Signal Corps) 소속 말린 페니컬(Marlin E. Fenical)이 찍은 것이다. (Image courtesy of the Harry S. Truman Library and Museum.)

자산을 중국의 소유로 이관하는 문제를 둘러싸고 회담에 돌입했다. 협상장에서 국민당 정부를 대표한 인물들은 영향력 있는 은행가이자 관료인 장자아오(張嘉璈, 1889~1979)와 장제스의 아들 장징궈(蔣經國, 1910~1988) 등이었다. 청년 장징궈는 특히 이 임무의 적임자로 보였다. 과거 트로츠키주의자였고 러시아어에 능통한 그는 소련에서 10년 이상의 세월을 보냈고, 그만큼 소련을 잘 알았다. 또한 그는 우랄산맥에 있는 굴지의 중장비 제작사이자 "공장 중의 공장"이라는 별명을 자랑하는 우랄마시(Uralmsh)에서 몇 년 동안 근무하기도 했다.[159] 현장에서의 이관 실무는 국

159 Taylor, *The Generalissimo's Son*, 61-62. 이때 파견된 인물들 가운데 제3의 핵심 인물로는 슝스후이(熊式輝, 1907~1974)를 들 수 있다. 슝스후이는 협상단 단장이었고, 군사위원회 동베

가자원위원회 소속 인사들이 담당하기로 되어 있었다.

경제부로부터 둥베이구특파원(東北區特派員)으로 임명된 쑨위에치가 이관 절차 조정의 책임을 맡았다. 1945년 9월, 막 위촉장을 받았을 때 쑨위에치는 위먼 유전에 있었다. 그는 곧 신문에 공고를 내고 여기저기에 공문을 보내 만주에서 일할 기술직 및 관리직 인원을 모집하기 시작했다. 얼마 지나지 않아 국가자원위원회 산하의 여러 공장과 광산으로부터 츠출된 약 1,200명의 인력이 둥베이행 채비를 마쳤다. 그러나 소련 당국이 이들의 만주 진출을 막아섰다. 소련은 마찬가지로 국민당군의 만주 입경을 지연시키거나 제한했다. 국가자원위원회는 소련군이 철수를 시작한 1946년 3월에야 비로소 만주의 공업 설비를 장악하기 위해 대규모 인력을 파견하는 데 성공했다. 쑨위에치의 표현을 따르면, 이로써 마침내 "작금의 중국을 재건하기 위한 교두보"를 확보할 수 있었다.[160]

만주에서, 특히 푸순 탄광에서 국민당이 추진한 초기 산업 복구 정책은 비극으로 끝났다. 1945년 12월 말에 장자아오는 중국창춘철로공사(中國長春鐵路公司)—전후에 만철과 동청철도를 행정적으로 합병해 탄생한 조직이다. 참고로 동청철도는 1935년에 만주국이 소련으로부터 매입했다—소속 소련 관료들과 회담에 나섰다. 그는 국민당군이 만주로 진입하고 소련군은 만주 밖으로 철수하는 과정에서 철도를 통한 병력 수송이 늘어날 것이며, 그에 따라 연료로 사용할 석탄의 수요도 늘어날 것으로 전망했다.[161] 이러한 맥락에서 장자아오는 국민당이 반드시 푸순 탄광을 차지해야 한다고 생각했다. 장자아오는 이 일을 국가자원위원회 소속 엔지

이행영(東北行營) 주임이었다. Gillin and Myers, "Introduction," 8.

160 Zheng, Cheng, and Zhang, *Jiu Zhongguo de Ziyuan weiyuanhui*, 152; Sun Yueqi keji jiaoyu jijin, *Sun Yueqi zhuan*, 177-78; Sun, "Zhongguo gongye de qiantu," 43.

161 Shen, *Mao, Stalin, and the Korean War*, 213n54.

니어 장선푸(張莘夫, 1898~1946)에게 맡겼다.[162]

장선푸의 생애는 만주에서 시작해 만주에서 끝난다. 지린성의 한 촌락에서 태어난 그는 대의를 찾아 먼 길을 떠났다. 젊은 시절에 베이징대학에 합격했고, 곧 장학금을 받아 미국 유학길에 올랐다. 뒤이어 미시간광업학원(the Michigan School of Mines)에서 광업공학을 전공했다. 그의 전공 선택은 부분적으로는 순수한 흥미로부터 비롯된 것으로 보인다(그는 어느 날 다음과 같은 일기를 썼다. "오늘 탄절기(coal-cutting machine)를 손질하고 분해해 봤다. 무척 흥미로웠다"). 그러나 무엇보다도 장선푸는 광업공학을 전공함으로써 조국을 위해 가장 잘 봉사할 수 있으리라는 믿음을 품었던 것 같다("중국이 부강한 나라가 되려면 철강 산업을 발전시켜야 한다. 그렇지 않고는 결코 외세의 침략에 저항할 수 없으리라").[163] 그 시대의 수많은 엘리트 중국 청년과 마찬가지로 장선푸 또한 과학과 기술을 통해 민족과 국가를 구원할 수 있다는 신념을 갖고 있었다.[164]

장선푸가 중국으로 돌아온 뒤 처음 맡은 일은 무링 탄광 엔지니어로서의 업무였다. 그는 교육받은 기술을 활용해 훌륭하게 일을 해냈다. 당시 절친한 친구이자 동료는 "공학적 개선에 대해 논의"할 때마다 "기발한 아이디어로 가득 차 있었고," "영하 30도의 혹독한 추위에도 결코 업무에

162 Gillin and Meyers, *Last Chance in Manchuria*, 197. 장선푸의 손녀는 언론인 겸 작가 레슬리 창(Leslie Chang)(중국명 張彤禾 —옮긴이)이다. 레슬리 창은 현대 중국의 도농 이주에 관한 자신의 책에서 조부의 삶과 죽음에 관해 썼다. Chang, *Factory Girls*, 120-48. 장선푸의 이름 가운데 신(莘)이라는 글자는 중국어로 "xin"으로 발음할 수도 있다. 따라서 영어권 문헌에서 장선푸를 언급할 때 "Zhang Xinfu"로 표기하는 경우가 많다. 그러나 레슬리 창은 이 글자가 "Shen"으로 발음되어야 한다는 점을 명확하게 설명한다. 장선푸라는 이름은 그가 미국에 체류할 때 스스로 지은 것으로, 중국 고대 고전《국어(國語)》에 나오는 "신신정부(莘莘征夫)"라는 구절에서 따온 것이다. 레슬리 창은 이 표현을 "임무를 부여받아 나아가는 수많은 성실한 사람들"이라고 번역한다. Chang, 138.

163 Chang, *Factory Girls*, 135.

164 이 세대에 속하는 과학 엘리트들은 주로 해외에서 교육받았다. 이들의 과학 민족주의(scientific nationalism)에 대해서는 다음을 보라. Wang, "Saving China through Science."

소홀하지 않았"던 인물로 장선푸를 기억했다.[165] 무링에서 장선푸는 쑨위에치를 처음 만나 교우했다. 쑨위에치가 유학을 떠났을 때 장선푸가 그의 후임으로서 탄광 기술부를 이끌었다. 몇 년 후에 두 사람은 중푸 탄광에서 다시 함께 일하게 되었다. 중일전쟁 개전 초기에 장선푸는 쑨위에치를 도와 탄광 기자재를 내륙으로 이송하는 막중한 임무를 수행했다. 장선푸 또한 중푸 탄광의 설비 대부분을 따라 톈푸 탄광으로 가 그곳에서 쑨위에치 사단에 합류했다. 톈푸의 탄광장이 되어 이 거대한 탄광회사가 원활하게 운영될 수 있도록 힘을 보태 달라는 오랜 친구의 부탁을 거절할 수 없었다. 전쟁이 끝난 뒤 쑨위에치가 둥베이구특파원으로 임명되었을 때, 그는 다시 한번 자신을 도와 만주에서 함께 일해 줄 것을 장선푸에게 제안했다. 하지만 소련이 이렇게 소집된 국민당계 산업 인수 인력들의 만주 진입을 불허할 것이 분명해지자, 대신 쑨위에치는 화베이의 적산을 몰수하는 작업을 진두지휘해 달라는 쑹쯔원의 요청을 수락했다. 한편, 장선푸는 유력한 선양시장 후보인 친구 둥원치(董文琦)와 함께 예정대로 둥베이로 향했다. 장선푸가 만주에 도착한 지 얼마 지나지 않았을 때 장자아오로부터 푸순 탄광을 접수하라는 명령이 떨어졌다.[166]

165 Chen, "Zhang Shenfu xunguo," 40.

166 Xue, *Gongkuang taidou Sun Yueqi*, 120-22; Sun Yueqi keji jiaoyu jijin, *Sun Yueqi zhuan*, 177-78, 196; Dong, "Wangyou Zhang Shenfu"; Chang, *Factory Girls*, 142-43, 146; Gillin and Meyers, *Last Chance in Manchuria*, 182, 195; Sun, "Wo he Ziyuan weiyuanhui," 33-34. 장선푸를 푸순으로 파견해 의도치 않게 그를 죽게 만든 책임이 과연 누구에게 있는가에 대해서는 약간의 논란이 있다. 둥원치에 따르면, 푸순으로 가야 했던 사람은 쑨위에치다. 그러나 쑨위에치는 푸순행을 두려워해 자기 대신 장선푸를 보냈다는 것이다. 레슬리 창의 책은 이 설명을 따르고 있다. 소련이 국민당계 산업 인수 인력들의 만주 진입을 거부한 이후, 쑨웨이치가 화베이의 적산 몰수 작업을 맡으라는 쑹쯔원의 지시를 받은 것은 적어도 사실이다. 쑨위에치가 둥베이행을 회피하기 위해 이 임무나 혹은 다른 일을 핑계로 삼았는지에 대한 부분은 다소 불명확하다. 장자아오는 자신의 일기에서 장선푸를 푸순으로 파견하기로 결정했고, 장선푸 본인에게 그러한 요청을 전달했음을 밝히고 있다. 그러나 장자아오는 쑨위에치를 대신해 장선푸에게 이 일을 맡긴 것인지에 대해서는 아무런 언급도 하지 않았다. 쑨위에치는 장선푸 살해에 대해 방어적인 기록을 남겼다. 쑨위에치는 소련이 산업 인수단을 둥베이 지역으로 들이지 않을 것이라는 점을 깨닫

장선푸는 이 임무를 부여받고 크게 기뻐했던 것 같다. 그로부터 10여 년 전 일본이 만주를 점령했을 즈음 그는 중국의 국방이 중공업, 특히 금속·연료·기계 공업의 "상호 연동"에 달렸다는 취지의 논문을 썼다. 그는 다음과 같이 썼다. "철을 만들려면 코크스가 필요하고, 코크스를 만들려면 석탄이 필요하다. 또한 기계는 금속으로 만들어지고 연료에 의해 구동된다." 이 글에서 그는 푸순 탄광을 제철과 석탄 생산의 "독보적인" 연결고리의 일부로 언급했으며, 이 탄광이 적의 손에 넘어간 것은 "불행"한 일이라고 덧붙였다. "어떻게 비분강개하며 한탄하지 않을 수 있겠는가?"[167] 이제 바로 그 요충지를 되찾을 기회가 왔다. 주변 사람들은 위험하지 않겠냐고 이야기하기도 했다. 그러나 그의 아내에 따르면 "'장비'(용맹무쌍함으로 유명한 삼국 시대의 장수)라는 별명으로 불리곤 했던" 장선푸는 절대 흔들리지 않았다.[168]

1946년 1월 14일 아침, 장선푸는 푸순행 기차에 올랐다. 일군의 엔지니어들과 무장한 경찰 몇 명이 동행했다. 푸순에 도착하자마자 일행은 소련군의 안내를 받아 용안타이에 있는 옛 만철 탄광클럽 건물로 이동했다. 건물에 도착하자 소련군이 장선푸 측 수행원들이 소지한 총기를 즉각 압수했다. 일행은 이틀 동안 꼼짝 없이 그 건물에 갇혀 지냈다. 1월 16일 저녁, 소련 측 인솔자는 장선푸에게 푸순 인수를 허가할 수 없으며 당장 떠나라고 노골적으로 통보했다. 그 뒤 일행은 기차역으로 인도되었고, 선양행 기차에 탑승했다. 기차가 푸순 서쪽에 있는 작고 으쓱한 정차역인 리스자이(李石寨)역에 멈췄다. 그때 갑자기 한 무리의 괴한들이 장선푸와 동

고 직접 이 조직을 해산시켰으며, 그 뒤 장선푸가 둥원치와 함께 자진해 둥베이로 향한 것이라고 주장했다. 그러나 레슬리 창이 그랬듯, 어떤 이는 여전히 쑨위에치가 20년 지기이자 동료의 죽음에 대해 일말의 책임감이라도 느꼈을지 궁금해할 것이다.

167 Zhang, "Woguo de guofang," 158, 161.

168 Pan, "Zhang Shenfu furen."

료 엔지니어들이 탄 객차로 진입해 강제로 하차하게 했다. 장선푸 일행은 칠흑같이 어둡고 무자비하도록 추운 그날 밤, 총검에 찔려 무참히 살해당했다.[169]

장선푸의 죽음은 중국을 뒤흔들었다. 한 신문에는 다음과 같은 부고가 실렸다. "중국의 몇 안 되는 광업 및 야금 전문가 중 한 명인 장선푸 선생이 (…) 냉혹하게 살해된 것은 우리나라와 우리 인민들에게 크나큰 손실이다."[170] 그 뒤 몇 달 동안 중국의 주요 도시에서 정부 관료들과 공학계 단체들이 연이어 추도식을 열었고, 수만 명의 인파가 몰렸다. 선양에서 열린 한 추모회에서는 장선푸의 피 묻은 옷가지와 총검 자국이 선명한 시신의 사진이 전시되기도 했다.[171] 육군 군악대는 장선푸의 죽음이 "마땅히 노래로 기억되어야 하며, 통곡할 만한" 비극이라는 전제 아래 이 사건을 바탕으로 〈개선의 한(凱旋恨)〉이라는 경극을 창작·상연했다. 이 무대가 군인 관객들에게 전하고자 한 뜻은 "미완의 임무를 완수하기 위해 순교자 장선푸의 혈흔을 밟고 앞으로 전진"하자는 것이었다.[172] 애국자의 죽음을 애도하는 이러한 노력은 동시에 책임자에 대한 보복을 촉구하는 여론을 불러일으키려는 시도이기도 했다.

과연 누가 장선푸와 그의 동료들을 죽였는가에 대해서 논란이 불거졌다. 소련 당국은 "현지 마적들"을 지목했다.[173] 국민당 정부와 중국 언론은 대체로 중국공산당을 비난했다.[174] 반년 후인 8월, 국민당은 공산당군 연대장(連長) 모광청(莫廣成)을 체포해 장선푸 살해에 가담했다는 자백을 받

169 Gillin and Meyers, *Last Chance in Manchuria*, 223.

170 "Canzao shahai de Zhang Shenfu."

171 "Shenyang gejie zhuidao Zhang."

172 "Zhang Shenfu gushi pingju."

173 Gillin and Myers, *Last Chance in Manchuria*, 261–62.

174 Cao, "Guanyu Zhang Shenfu zhongzhong."

아 냈다. 모광청은 곧 처형되었다.[175] 장선푸 참살 소식이 널리 알려진 것은 다소 늦은 2월이었다. 이때 중국의 여론은 여전히 만주를 점령하고 있는 소련에 대해 더 큰 반감을 드러내고 있었다. 어쨌든 소련이 관리하는 지역에서 범행이 일어났으며, 더욱이 소련은 중국공산당을 지원하고 있었다. 이에 장선푸 살해에 소련도 책임이 있다는 의혹이 퍼지며 더욱 반소 감정이 고조되었고, 주요 도심 곳곳에서 시위가 발생했다.[176] 물론 이러한 시위가 소련군을 만주로부터 철수하게 만든 유일한 계기는 아니었을 것이다. 그럼에도 이러한 대중적 반소 여론에 힘입어 국민당 정부는 모스크바에 대해 어떠한 경제적 양보도 하지 않겠다는 강경한 태도를 고수할 수 있었다. 이는 소련이 둥베이 지역에 군을 주둔시키면서까지 달성하려 한 목표와 정반대의 결과를 낳았다. 3월 11일, 소련 당국은 갑작스럽게 병력을 철수시키겠다고 발표했다.[177]

3월 15일, 소련군이 푸순을 떠났다. 이보다 두 달 전쯤, 즉 장선푸가 되돌아오지 못한 푸순 방문길에 오르기 며칠 전에 푸순 출신이자 옌안(延安)의 항일군정대학(抗日軍政大學)을 졸업한 왕신산(王新三, 1914~1990)이 이끄는 중국공산당 요원들이 국민당보다 앞서 탄광을 차지하기 위해 도시 경내에 잠입했다. 왕신산과 그의 동지들은 소련군이 철수하고 얼마 뒤인 3월 21일에 푸순을 탈출했다. 그러나 그는 1948년 10월에 공산당이 만주 일대를 장악한 후 다시 푸순으로 돌아와 푸순 탄광을 관리하게 될 터였다.[178] 어쨌든 1946년 3월 현재, 국민당은 마침내 푸순을 접수하는 데 성

175 "Zhang Shenfu an xiongfan."

176 "Chungking Students Strike"; "Aiguo hu quan"; Wasserstrom, *Student Protests*, 247-48.

177 "Chiang Assures Nation." 소련이 왜 하필 이 시기에 만주로부터 철수했는지에 대한 가능성 있는 몇 가지 이유에 대해서는 다음을 참고하라. Levine, *Anvil of Victory*, 78-79.

178 *FMBN*, 331-32.

공했다.

장선푸는 직접 푸순 탄광을 인수하지는 못했다. 그러나 그는 죽음으로써 간접적인 방식으로 소련의 철수를 앞당기는 데 일조했고, 국민당이 더 빨리 푸순 통치에 나설 수 있도록 했다. 이와 비슷하게 다른 몇몇 인물도 공업을 재건하기 위한 노력 가운데 목숨을 잃었다. 국가자원위원회의 첫 번째 미국 연수 프로그램에 참여한 선탄 전문가 위자이린은 역시나 만주 땅에 있는 베이퍄오(北漂) 탄광을 접수하러 가던 중 총에 맞아 사망했다. 일각에서는 그를 "제2의 장선푸"라고 불렀다.[179] 기술적 전문성을 인정받아 선발된 이 엔지니어들은 이처럼 극도로 위태로운 현장으로 투입되었다. 사전에 그 위험에 대비하기란 거의 불가능했다. 다가올 국공내전의 먹구름이 조금씩 몰려오는 가운데, 국민당은 그 뒤로도 계속 둥베이 현장에서 갖가지 어려움을 겪게 될 터였다. 이 엔지니어들의 죽음은 마치 그 예고편과도 같았다.

푸순에서의 국가자원위원회

국민당이 푸순을 통치하기 시작할 무렵, 상황은 어수선했다. 소련군이 철수한 후 국민혁명군 제52군이 진군해 푸순을 확보했다. 곧이어 국가자원위원회 소속 엔지니어 청종양(程宗陽, 1892~1977)이 이끄는 경제부 관료들이 도착해 생산을 복구하기 시작했다. 소련의 기자재 약탈로 생산 역량이 크게 낮아진 푸순 탄광은 설상가상으로 소련의 채굴 방식 때문에 더 큰 피해를 봤다. 한 기록에 따르면, 소련은 푸순 노천광에서 "상부 지층을 제거하는" 필수 작업은 "완전히 중단한 채 (…) 오로지 석탄을 파내는 데만 전념"했다. 지하 광산에서도 마찬가지로 "일체의 공학적 고려 없이 석탄 채굴에만 관심을 보였다. 심지어 경사진 갱도와 운반로를 지탱하는 탄주

179 "Zhang Shenfu di er."

(炭柱)까지도 남김없이 채굴했다. 그 결과 탄갱이 연이어 붕괴하고 통풍이 차단되어 석탄층에 불이 났다. 이로써 정상적인 방식이었다면 채굴 가능했을 수많은 구역이 폐쇄되고 말았다."[180]

매사추세츠공과대학과 컬럼비아대학에서 유학을 마치고 돌아온 광업 전문가 청종양은 과거에 장선푸의 후임으로 톈푸 탄광장을 역임했다. 푸순에서도 그는 다시금 과중한 책임감에 짓눌렸다.[181] 푸순 탄광 복구 작업이 개시되면서 국민당 측의 새로운 경영진이 가장 먼저 한 일 가운데 하나는 오야마 광산의 이름을 선푸 광산으로 바꾸는 것이었다. 이는 푸순의 지도자들이 계속된 어려움에도 순교한 엔지니어 장선푸를 인내의 상징("죽음에도 굴하지 않는")으로 기리며 버티겠다는 일종의 기념 행위였다.[182] 반년 후 국가자원위원회는 청종양을 탄광장으로 임명해 공식적으로 탄광 관리에 착수했다. 그러나 그는 불과 한 달 만에 사임하고 말았다. 그 뒤 1년여 동안 후임자인 셰수잉은 푸순의 생산성을 회복시키기 위해 등골이 휘도록 분투했다.

최우선 과제는 기술적 전문성 확보였다. 국가자원위원회는 중국 각지에서 중국인 엔지니어와 기술자를 푸순으로 불러들였다. 그뿐만 아니라 푸순에 잔류 중인 일본인 전문가들의 지식과 기술을 활용하고자 했다.[183] 푸순의 일본인 전문가를 이용한다는 발상은 당시 국가의 전국적인 방침과도 부합했다. 국민당 정부는 막 경영을 시작한 수많은 공장과 광산에서

180 Xie, "Cong jianku zhong fendou," 230.

181 Wang, "Kuangye zhuanjia Cheng Zongyang."

182 "Jinian Zhang Shenfu xiansheng," 361.

183 이 시기 푸순 탄광에 고용된 몇몇 다른 외국인도 존재했다. 독일인 전기공학자 빌헬름 바이어(Wilhelm Beyer)는 1939년부터 번시후 탄광에서 근무했다. 그는 전쟁 후 만주에 발이 묶였는데, 자원위원회가 바이어를 고용해 심각하게 파손된 푸순 발전소 복구 작업에 투입했다. 바이어는 이때의 경험을 다음과 같이 묘사했다. "수많은 중국인 동료와 함께한 기술적으로 유익한 협업이었다. 나는 진정한 동지애 속에서 그들과 함께 일했다." Wilhelm Beyer and Chen Zhongxi (n.d.), file no. 003-010102-0058, Academia Historica, Taipei.

일본의 전문지식이 계속해서 발휘되도록 하는 것이 유리하다는 점을 인식하고, 1945년 말에 일본인 잔류 인력의 유지와 활용에 관한 규정을 도입했다.[184] 1946년 12월의 한 근무표에 따르면, 전후 중국에 고용된 일본인 기술 전문가는 약 1만4,000명에 달했으며, 그중 1만 명 이상이 만주에서 근무했다.[185] 현장을 시찰한 야마자키 모토키(山崎元幹, 1889~1971)는 푸순의 일본인 전문가들이 처음에는 "단순 수작업이나 자질구레한 일에 투입되었다"라고 증언했다. 만철의 마지막 총재였던 야마자키는 처음에는 소련에 의해, 그다음에는 국민당에 의해 산업 고문으로 채용되었다. 그는 푸순의 일본인 엔지니어와 기술자가 "원래의 목적"에 맞게끔 계속해서 봉사하게 하는 것이 더 나을 수 있다고 조심스러운 자문을 내놓았다.[186] 한편, 만주에서의 갈등이 격화되고 이 지역에서 일자리를 구하려는 중국인이 줄어들면서, 일본인 전문가를 기용하는 일이 더 매력적인 대안이 되기도 했다.[187] 이유야 어찌 되었든, 기술적 지침과 지원이 필요하다는 탄소 기술관료주의적 당면 과제가 패전국 일본을 응징해야 한다는 민족주의적 요구보다 우선시되었던 것으로 보인다. 국가자원위원회는 많은 일본인 전문가가 이전에 하던 업무로 복귀할 수 있도록 안배했다. 일본인 전문가들은 중국인 자체 인력이 이들을 대체할 수 있을 것으로 예상되는 기간을 기준으로 6개월반, 1년반, 2년반 등 세 그룹으로 나뉘었다. 그러나

184 Yang, "Resurrecting the Empire," 190-91.

185 Yang, 205.

186 Yamazaki, *Bujun tankō shucchō*, 25.

187 예를 들어 1948년 푸순의 수석엔지니어 왕루린은 푸순광무국 부국장으로 승진했으나, 수석엔지니어로서의 업무도 병행해야 했다. 이때 인상된 그의 임금은 수석엔지니어직과 부국장직 각각의 임금을 합한 것보다 적었다는 점을 고려하면, 비용을 절감하기 위해 이러한 조치를 했던 것으로 보인다. 그러나 다른 한편으로 그만큼 자격을 갖춘 인력이 당시 푸순 탄광에 충분치 않았다는 점을 방증하는 것일 수도 있다. 다음을 보라. Wei Huakun to Sun Yueqi (n.d.), file no. 003-010102-2208, Academia Historica, Taipei.

대부분 일본으로의 송환 기회가 주어지기만 하면, 기한에 관계 없이 즉시 만주를 떠났다.[188] (일본인 전문가들이 푸순의 재건에 크게 이바지한 시기는 오히려 공산당 집권 후다. 이때까지 잔류한 몇몇 전문가가 사회주의 정부의 공업화 드라이브를 지원했다. 이에 대해서는 다음 장에서 자세히 다룰 것이다.)

물론 중요한 요소였지만, 기술적 전문성만으로 푸순을 앞으로 나아가게 할 수는 없었다. 장비, 전력, 식량, 자본 등이 끊임없이 부족했고 전진을 가로막았다. 한 논자는 관리자로서 셰수잉이 처한 난감한 상황을 두고 "아무리 뛰어난 주부라도 쌀 없이 한 끼 식사를 마련하기란 어려울 것"이라고 에둘러 평했다.[189] 장비의 경우, 소련군이 탈취한 "전리품" 외에도 "중국공산당군이 철수하면서 파괴하거나 압류"했다는 기계들이 더러 있었다.[190] 정권 교체의 혼란 속에서 노동자와 지역 주민 또한 수없이 많은 도구와 물자를 챙겼다.[191] 노천광에서는 낙석이 빈번하게 발생함에 따라 귀중한 기계들이 돌무더기 아래에 묻히기도 했다. 아이러니하게도 이 기계 장비들은 상부 지층을 제거하는 데 사용되는 것들이었고, 이러한 작업이 정상적으로 이루어졌다면 낙석을 방지할 수도 있었을 것이다.[192] 더욱이 만철은 연합군의 봉쇄가 시작된 후 최신 장비를 수입하는 데 어려움을 겪었기 때문에, 현장에 남아 있는 장비 중 상당수는 오래된 구식이거나 낡아서 사용할 수 없는 것들이었다. 국가자원위원회의 한 보고서에 따르면, 그중에서도 기폭장치 캡, 전동 드릴, 각종 발전 장치, 철도 차량, 각종

188 Pauley, *Report on Japanese Assets*, app. 4, Plant Inspection Report 2-B-1, 4; Fushun kuangwu ju meitan zhi bianzuan weiyuanhui, *Fushun kuangqu dashiji*, 83. 전후 일본인의 본국 송환에 대해서는 다음을 보라. Watt, *When Empire Comes Home*, 1-137.

189 Gong, "Fushun meikuang zhi yan'ge," 31.

190 Gong, 26.

191 Meidu Fushun bianxie xiaozu, *Meidu Fushun*, 55.

192 Cui, "Lutiankuang chang xianzai yu jianglai," 205.

기계의 예비 부품 등이 가장 부족했다.[193] 이러한 자재 부족 문제는 탄광 전반에 걸쳐 있었다. 푸순은 국가자원위원회 산하의 다른 탄광들로부터 특정한 장비를 지원해 달라는 문의를 여러 차례 받았다. 그러나 자체 수요도 감당할 수 없었던 푸순은 어쩔 수 없이 이러한 요청을 번번이 거절해야 했다.[194] 푸순도 자체적으로 장비를 조달하기 위해 적극적으로 노력했다. 가장 흥미로운 점은 가요성 갱축(flexible shafts) 같은 몇몇 핵심 장비가 옛 식민 제국 일본으로부터 조달되었다는 것이다. 일본 열도는 현재 연합국의 점령 아래 놓여 있었으며, 중국은 연합국과의 협의를 통해 일본산 기자재를 구매할 수 있었다.[195] 푸순 탄광은 필요한 물품을 가능한 한 자급자족하려 했다. 푸순은 기계 제조와 유지보수 작업을 재개해 1년 만에 서류철, 밀링 커터(milling cutter)부터 전동 권양기(electric winding machines)에 이르는 여러 장비를 자체 생산할 수 있게 되었다.[196] 갱도 버팀목으로 사용될 목재 공급이 감소하자 푸순 탄광은 아카시아 중심의 조림 사업을 검토하기 시작했다. 아카시아는 버팀목으로 쓰기에는 더 통상적인 재료인 낙엽송에 비해 적합하지 않았지만, 종자를 더 쉽게 구할 수 있다는 장점이 있었다.[197] 이러한 노력에도 불구하고 여전히 충분한 기자재를 확보하는 일은 매우 어려웠다.

앞서 언급했듯, 소련이 푸순에 가한 가장 치명적인 타격은 발전 시설 철거였다. 이로써 푸순의 석탄 생산량은 심하게 줄어들었고, 탄광 전체가

193 Ziyuan weiyuanhui Fushun kuangwu ju, *Gongzuo shuyao* (May 16, 1947), 8-9, file no. 003-0101301-0235, Academia Historica, Taipei.

194 Bo Zuoyi and Wei Huakun (March 17 and Apirl 13, 1948), file no. 24-12-05-01-01, Institute of Modern History, Academia Sinica, Taipei.

195 Fushun colliery manager and National Resources Commission (n.d.), file no. 24-12-05-01-01, Institute of Modern History, Academia Sinica, Taipei.

196 Xian, "Benju jiwu chu gaikuang," 290.

197 Tsuboguchi, "Tan yanghuai zaolin."

전반적으로 침체에 빠졌다. 한 통계에 따르면, 소련의 약탈로 푸순의 전력 생산 능력은 과거의 약 4분의 3 수준으로 떨어졌다.[198] 국민당은 처음부터 전력 생산 능력을 회복하는 데 우선순위를 두었다. 그럼에도 이 시기에 전력은 언제나 부족했다. 1946년 말, 당시 국가자원위원회 부위원장이었던 쑨위에치가 푸순과 만주의 여타 공업 지역을 방문했을 때 주목할 만한 사건이 발생했다. 많은 사람이 여전히 푸순을 "중국 둥베이 지역 부흥의 요람일 뿐만 아니라 전국 공업 중흥의 핵심 요지"로 여기고 있었다. 이 에너지 추출지의 중요성을 증명이라도 하듯, 쑨위에치를 비롯해 국민당 정부의 고위 지도자들이 대거 푸순을 방문했다. 그중에는 국가자원위원회 위원장 첸창자오(錢昌照)와 행정원 원장 장췬(張羣)도 포함되었다.[199] 쑨위에치가 푸순을 방문했을 무렵, 탄광 주력 발전소의 보일러와 각종 기계 설비에 "심각한 결함"이 발생해 전력 생산에 차질을 빚었다. 그 결과 푸순 탄광 전체의 조업 전반이 "중단되기에 이르렀다." "군과 민간에 대한 석탄 공급은 보장"되어야 했다. 이를 위해 쑨위에치는 "전력이 충분하지 않은 상황이므로 인력을 최대한 집중해 석탄을 채굴"하라는 명령을 내렸다.[200]

국가자원위원회의 푸순 탄광 경영에서 광부들의 노동은 언제나 필수 불가결한 요소였다. 이는 인간의 에너지를 탄소 에너지로 대체하려는 지향에도 불구하고 끊임없이 인간의 에너지에 의존해야 하는 탄소 기술관료주의의 모순을 다시금 드러냈다. 푸순의 한 지방 정기간행물도 같은 견해를 밝혔다. "근대에 이르러 기계의 발명은 인간의 힘을 덜 낭비하게 해

198 Yamazaki, Bujun tankō shucchō, 34.

199 Bao, "Fushun de shiming"; Fushun kuangwu ju meitan zhi bianzuan weiyuanhui, *Fushun kuangqu dashiji*, 84-88.

200 "Fushun kuangwu ju dashiji," 326.

주었을 뿐, 모든 걸 근본적으로 '자동화'할 수는 없었다."[201] 1946년 4월, 국민당이 푸순을 장악했을 때 탄광에는 6만5,000명의 노동자가 있었다. 일본 항복 직전의 9만5,000명에 비해 크게 줄었지만, 그럼에도 상당한 숫자였다.[202] 전쟁 말기의 쥐어짜는 듯한 수탈에 해당하는 직접적인 학대를 받지는 않았지만, 이 노동자들은 여전히 열악한 환경이 일으키는 여러 위험에 노출되어 있었다. 한 보고서에 따르면, 푸순의 지하 작업장에서 발생한 주요 사고의 통계는 1944년에 29회, 1945년에 50회였다. 반면, 1946년 들어 국민당 점령 후 불과 5개월 만에 30회의 주요 사고가 발생했다. 광산의 양수와 통풍 역량이 떨어지면서 침수와 화재 발생 빈도가 늘어난 탓이다.[203]

푸순 탄광 재건기에 노동자들은 더욱 빈번해진 사고 위험 외에도 일상적인 어려움에 직면해야 했다. 셰수잉이 탄광 임직원을 대상으로 한 1주년 연설에서 당부했듯, "역경 가운데서도 분투하자"라는 요청은 짧고 문제 많았던 국민당의 푸순 통치 시기에 다른 지도자들도 수 차례 반복한 말이었다. 구체적으로, 이러한 어려움은 주로 노동자들이 탄광 측으로부터 임금을 제때 받지 못하거나 아예 받지 못하는 데서 비롯되었다. 푸순 탄광을 실사하던 중 폴리 조사단은 노천광 옆에서 "대형 칠판에 공시된 안내문 주위에 몰려 있는 한 무리의 남자들"을 발견했다. 조사단이 무슨 일이냐고 묻자, 노동자들은 "소련이 관리하던 시절에 받지 못한 월급을 지급하고자 재원을 마련하기 위해 노력하고 있다"라는 탄광의 통지를 보고 있다고 대답했다.[204] 푸순의 국민당 측 경영진은 노동자들에게 소련의

201 "Fukuang yijia."

202 Yamazaki, *Bujun tankō shucchō*, 30.

203 Yamazaki, 15-16, 36.

204 Pauley, *Report on Japanese Assets*, app. 4, Plant Inspection Report 1-B-4, 6.

전임자들이 제대로 지급하지 못한 임금을 대신 보상하기 위해 자금원을 찾고 있었다. 그러나 임금 지급 문제는 쉽게 해결되지 않았다. 임금은 현금과 곡물을 혼합해 계산되었기 때문에, 그 지급이 지연된다는 것은 곧 노동자의 생계에 직접적인 문제가 발생할 수 있음을 의미했다.

국가자원위원회가 푸순의 노동자들에게 제때 충분한 임금을 지급하지 못한 배경에는 더 큰 자본상의 위기가 있었다. 문제는 두 가지였다. 첫째로, 정부가 정부의 수입과 지출의 격차를 좁히기 위해 끊임없이 돈을 찍어 내면서 인플레이션이 촉발되었고, 국가 경제는 계속해서 나빠졌다.[205] 먹을거리 물가는 이러한 문제를 나타내는 지표이며 그 자체로도 걱정거리였다. 예컨대 1946년 11월 초에는 수수 가격이 600그램에 700~750위안이었다. 값이 11월 말에는 1,000위안, 12월 중순에는 1,500위안으로 뛰더니, 급기야 1월에는 3,500~3,600위안을 기록했다.[206] 국가자원위원회는 이러한 물가 인상에 발맞춰 임금의 현금 분을 올려야 한다는 문제에 봉착함과 동시에, 임금의 곡물 분을 확보하기 위해 더 많은 자본을 지출해야 했다. 이는 두 번째 문제와 연결되었다.

국민당 정권은 에너지가 싸고 풍부하게 모든 산업 분야에 공급되어야 한다는 탄소 기술관료주의의 이상에 따라 석탄 가격을 엄격하게 통제했다. 석탄값은 시종일관 낮게 유지되었다. 결과적으로 푸순과 같은 추출 현장은 석탄 판매를 통해 현금 인건비와 곡식 수매비를 포함한 운영비를 부담할 수 있을 만큼 충분한 수입을 올릴 수 없었다. 1946년 12월, 푸순에서 석탄 1톤을 생산하는 데 드는 비용은 28만530위안이었다. 같은 시기 1톤의 석탄은 이보다 훨씬 저렴한 8만6,000~8만8,000위안 선에서 판매

205 국공내전기의 인플레이션에 대해서는 다음을 보라. Pepper, "KMT-CCP Conflict," 741-46.

206 Xie Shuying to Weng Wenhao (January 20, 1947), file no. 24-12-05-04-01, Institute of Modern History, Academia Sinica, Taipei.

되었다. 1947년 초에 세수잉은 웡원하오 국가자원위원회 위원장에게 편지를 보냈다. 셰수잉은 탄광이 애초 "비축된 자재를 사용하거나 은행에 대출을 요청"할 수 있었지만, 현재는 이러한 선택지가 모두 "소진"되었으며 "생산량은 나날이 감소하는 반면 원자잿값은 나날이 상승"하고 있다고 썼다. 전방위적인 인플레이션을 고려할 때 석탄의 가격은 놀라울 정도로 변화가 크지 않았다. "식료품과 소비재의 가격은 하루에도 몇 번씩 바뀌는 데 반해, 석탄 가격은 기껏해야 한 달에 한 번 재조정될 따름입니다." 격앙된 셰수잉은 "석탄 가격이 생산 비용을 상쇄하지 못하는 이유는 너무도 명백합니다"라며 글을 끝맺었다.[207] 국가는 전국의 대규모 산업 시설에 더 원활하게 연료를 공급하기 위해 석탄이라는 에너지원의 가격을 강박적으로 억제했다. 그러나 이는 현장에서 석탄 채굴을 담당하는 사람들이 보기에 결코 지속 가능한 요구가 아니었다.

국민당은 푸순을 통치하는 내내 이 문제와 씨름했다. 식량의 경우, 셰수잉은 곡물 가격 상승률이 석탄 가격 상승률을 웃돌더라도 식량을 안정적으로 공급할 수 있도록 국가자원위원회가 석탄과 곡물의 교환 비율(以煤易糧)을 고정해야 한다고 웡원하오에게 제안했다.[208] 자원위원회는 그 뒤 몇 달 동안 이 조치를 시행했다. 그러나 1946년 봄부터 만주에서 국민당군과 공산당군 사이의 전투가 본격화하자, 교통 운수에 차질이 생겼다. 외부 식량의 푸순 유입도 더욱 뜸해질 수밖에 없었다.[209] 1947년 9월, 푸순 탄광은 상하이산 밀가루 2만 포대를 사서 광부들에게 나눠 주었다. 그런데 배분 과정이 불공정하다는 비판이 룽펑 광산 노동자들 사이에서 터져 나왔다. 얼마 뒤 300명이 넘는 광부들이 무장 폭동을 일으켜 전선을

207 ibid.

208 ibid.

209 "Fushun meikuang muqian kunnan," 366. 만주에서의 전황과 그것이 국공내전 전체에 끼친 중요성에 대해서는 다음을 보라. Tanner, *Battle for Manchuria*.

차단하고 관리자들을 폭행했다. 굶주림을 견뎌 온 노동자들이 더 이상의 불평등을 참지 못하고 폭발해 버리고 말았다. 결국 셰수잉이 직접 나선 뒤에야 사태가 수습되었다.[210] 어려움이 계속되자 수많은 노동자가 지급되리라는 보장도 없는 임금 인상을 기다리기보다 차라리 탄광을 떠나는 선택을 했다. 이렇게 광부의 수는 더 줄고, 생산은 더 어려워졌다.[211] 푸순이 직면한 식량 문제는 탄광 운영에 필수적인 다른 물자로도 확대되어 기자재 부족 현상을 더욱 악화시켰다.[212] 국가자원위원회는 푸순 탄광의 운영을 지속하기 위해 중앙정부로부터 막대한 예산을 지원받아야 했다. 1947년 10월 무렵에 쑨위에치는 푸순의 부채가 200억 위안에 달한다고 보고했다.[213]

국공내전—만주가 그 주무대였다—의 무게 아래 푸순은 끝끝내 활로를 찾는 데 실패하고 말았다. 탄광을 복구하는 과정에서 다소간의 진전이 없지 않았지만, 인근 지역에서 벌어진 전투로 얼마 못 가 타격 입기를 반복했다.[214] 셰수잉은 1947년 7월에 "심신이 극도로 피폐해졌다"라며 사표를 제출했다.[215] 6개월이 지나서야 사표가 수리되었다. 후임 푸순광무국장 자리는 만주 서부에 있는 베이퍄오 탄광을 총괄하던 웨이화쿤(魏華鵾)에게 돌아갔다.[216] 1948년 2월에 취임한 웨이화쿤은 "깊은 고민" 끝에 직을 맡으라는 쑨위에치의 제안을 수락했다. 그는 푸순에 부임한다는 것은

210 Xie Shuying to Weng Wenhao (October 13, 1947), file no. 003-010309-0550, Academia Historica, Taipei.

211 *FKZ*, 54.

212 "Fushun meikuang muqian kunnan," 367.

213 Sun Yueqi keji jiaoyu jijin, *Sun Yueqi zhuan*, 197-98.

214 Gong, "Fushun meikuang zhi yan'ge," 26.

215 Xie Shuying to Weng Wenhao and Sun Yueqi (July 22, 1947), file no. 24-12-05-04-1, Institute of Modern History, Academia Sinica, Taipei.

216 "Wei Huakun jizhang Fukuang."

"병든 사람을 살리는 일과 비슷하며 (…) 무슨 일이 있어도 그냥 죽게 내버려 두지는 않겠노라 결심했다"라고 했다.[217] 어떻게든 탄광의 운영을 이어가고자 웨이화쿤은 자금 조달과 식량 구매를 위해 푸순, 선양, 그리고 더 먼 곳을 동분서주하며 대부분의 시간을 보냈다.[218] 웨이화쿤은 이 탄광을 경영한 최후의 국가자원위원회 인사로 기록되었다. 그가 부임한 지 반 년 만에 중국공산당이 이곳 탄도를 점령하는 데 성공했다. 이렇게 푸순 탄광이라는 에너지 기업의 역사 속 국민당의 시대는 막을 내렸다.

결론

1920~1940년대 중국의 석탄과 탄소 기술관료주의에 관한 이야기는 민국 시대사의 핵심적인 모순을 드러낸다. 국민당 정권은 국가 건설을 위해 분투했지만, 궁극적으로 붕괴하고 말았다. 장제스의 "중국 상실"—미국 반공주의자들의 레토릭이다—은 국민당의 패배 직후부터 초미의 관심사가 되었다. 만주에서 소련의 중국공산당 지원 등 외재적 요인이 거론되기도 하지만, 대체로 국민당 국가권력의 실패에 초점을 맞춘 설명이 많았다. 주류 서사에 따르면, 1920년대에 장제스 정권을 탄생시킨 국민혁명은 부패와 무능 탓에 "유산된 혁명(abortive revolution)"으로 전락하고 말았으며, 1930년대와 1940년대의 전쟁을 거치며 예정된 종말을 맞았다고 한다.[219] 최근 수십 년간의 연구는 실패의 문제에서 벗어나, 국민당 정부가 어떻게 작동했으며 성공적인 부분은 없었는지 분석한다. 특히 국민당 정부가 징세, 행정 합리화, 밀수 단속, 그리고 여타 국가의 기능을 수행하기 위해 설립한 여러 기관을 중심으로 연구가 진척되었다. 이러한 기관

217 "Juzhang xunci," 433.

218 *FKZ*, 54.

219 Eastman, *The Abortive Revolution; Eastman, Seeds of Destruction.*

중 여럿은 국민당 정부가 패망한 후에도 대륙에서 명맥을 이어가거나 타이완으로 이식되어 살아남았다.[220]

석탄의 경우, 국민당 정부는 국가자원위원회를 앞세워 중일전쟁 기간, 석탄 산업에 대한 통제를 강화하고 중국 내륙에서의 사업 확장을 독려했다. 이러한 목표를 달성하기 위해 국가는 광업 기자재를 내륙으로 이전했으며, 탄광을 신설하거나 확대하고 선탄과 코크스 제조 기술에 관한 연구를 수행했다. 그리고 기계화된 대형 국영 탄광으로부터 소규모 민영 광산으로의 기술 지원을 장려하고 석탄 산업 전반에 걸쳐 자본, 장비, 노동력을 확보하려는 조치를 시행했다. 이렇게 함으로써 국민당 정부는 전시 공업화를 추진하는 데 필요한 석탄을 확보할 수 있었고, 바로 그 석탄에 힘입어 내륙 지역에서 오랫동안 꿈꾼 국가 재건이라는 비전을 실현할 수 있었다. 비록 그 규모는 애초 계획보다 현저히 축소되었지만 말이다.

이와 동시에 국가자원위원회가 전후 푸순의 생산을 회복시키는 과정에서 당면한 어려움은 국가 주도의 통제라는 접근법이 갖는 한계를 보여준다. 물론 국가자원위원회는 소련의 기자재 탈취와 국공내전의 격화를 비롯한 여러 악조건에 처해 있었다. 인플레이션의 소용돌이 속에서 석탄 가격을 동결하기로 한 결정 또한 종전 직후부터 푸순 탄광에 심각한 타격을 입혔다. 운영 비용조차 회수할 수 없는 탄광에는 언제나 현금이 부족했다. 생필품 조달도, 노동자의 임금 지급도 제대로 이루어지지 못했다. 그러나 국가자원위원회가 푸순의 광부들을 고통 속으로 몰아넣었던 것은 그저 전시 상황의 여러 특수한 제약이 우발적으로 더 나빠진 결과라고만 볼 수는 없다. 오히려 그것은 (적어도 민생에 대한 최소한의 관심이라도 내비쳤

220 예를 들어 다음을 보라. Kirby, *Germany and Republican China*; Strauss, *Strong Institutions in Weak Polities*; Bian, "Building State Structure"; Thai, *China's War on Smuggling*.

던 쑨원의 청사진과는 달리) 단기적 공업 생산을 인간 존재 그 자체보다 우선시한 기술관료주의적 비전의 자연스러운 귀결이었다. 결국 정권의 장기적 정당성을 궁극적으로 결정짓는 요소는 인간이었다. 푸순 탄광의 경영진이 노동자들에게 요구한 희생은 고난의 시대에 흔히 볼 수 있는 국가적 동원의 한 사례에 불과했을지 모른다. 그럼에도 산업 경제와 전쟁 수행에 필요한 열량을 추출하는 노동자들에게조차 충분한 열량을 공급하려 하지 않았다는 점에서 이 사례가 갖는 특수한 잔혹함이 있다.

"엔지니어들의 통치"라는 "기술관료주의"의 교과서적 정의를 염두에 두면서, 민국 시대의 탄소 기술관료주의와 1930~1940년대 일본의 탄소 기술관료주의를 비교해 보자. 놀랍게도 중국의 국가권력이 일본보다 더 기술관료주의의 이상에 근접했던 것으로 보인다. 전시 일본에도 중국의 국가자원위원회처럼 정부의 최고위급 경제 기획 기구인 기획원이 존재했다. 그러나 웡원하오나 쑨위에치처럼 공식적으로 과학기술 전문가로서 훈련받은 인물들이 권력의 정점에 오른 사례는 찾기 힘들다(심지어 웡원하오는 1948년에 반년 동안이지만 행정원 원장직을 맡기도 했다).[221] 그런데도 두 에너지 레짐 사이에는 차이점보다 공통점이 더 컸다.

석탄 등의 화석 연료 자원을 중심으로 한 국가 주도의 개발 계획으로서 탄소 기술관료주의는 중국에서도 일본에서도 위기의 한가운데서 등장했다. 그리고 탄소 기술관료주의는 지도자들이 에너지 자급자족과 광범위한 에너지 추출을 추구하도록 만들었다. 이러한 노력을 기울이는 가운데 두 나라 모두 과학과 기술의 권위에 의지하고 엔지니어를 동원했다. 또한

221 역사학자 히로미 미즈노(Hiromi Mizuno), 야니스 미무라(Janis Mimura), 아론 무어는 1930년대에 일본인 엔지니어들이 정부 내에서 목소리를 키워 가고 있었음을 보여주었다. 중요한 사례로 미야모토 다케노스케(宮本武之輔)와 그가 설립에 관여한 흥아원(興亞院) 기술부가 있다. 그러나 위의 역사학자들이 지적했듯, 이 기관은 기껏해야 기획원의 자문 역할을 수행하는 데 그쳤으며 정책 결정 과정에서 실권을 발휘하지는 못했다. Moore, *Constructing East Asia*, 90-91.

두 나라 모두 전시에 석탄 부문의 관리를 둘러싸고 기술관료주의적 접근법이 공고화되었고, 결과적으로 바로 그 탄소 기술관료주의 에너지 레짐은 붕괴하고 말았다. 비록 감투를 쓴 엔지니어가 중국에 더 많았다는 차이가 있지만, 그럼에도 중국의 사례와 일본의 사례는 매우 비슷해 보인다. 그렇다면 아마도 기술관료주의를 사유하는 데 관건은 정부 고위직을 차지한 공학 전문가의 숫자 자체가 아닐지도 모르겠다. 오히려 정부 고위층을 어떤 사람들이 구성하고 있는지와 무관하게, 좁게 정의된 과학기술적 합리성이 계획에 대한 집착과 더불어 국가 운영의 현실을 얼마나 좌지우지하는가를 고민하는 편이 더 도움이 될 수도 있을 것이다. 뒤이어 정권을 잡은 중국공산당은 자신들이 패퇴시킨 국민당과 일본을 함께 묶어 폭압과 수탈을 일삼은 정권으로 비판하기를 선호했다. 그러나 공산당도 마찬가지로 화석 연료를 이용한 개발을 추구해 마지않았다. 그 과정에서 그들은 전임 정권들을 따라 가장 험난하고 비틀린 전철을 밟게 될 터였다. 이제 바로 이 문제를 살펴보기 위해 마지막 장으로 넘어가 보도록 하자.

6

혁명의 공업

Socialist Industrialization

1954년, 반골 기질이 다분한 프롤레타리아 문학가 샤오쥔(蕭軍, 1907~1988)이 사회주의 리얼리즘 소설《5월의 광산(五月的鑛山)》을 발표했다. 우진(烏金, 문자 그대로 "검은 금"이라는 뜻)이라는 가상의 탄광촌을 배경으로 한 이 소설은 "붉은 달" 5월에 펼쳐진 생산 경쟁을 중심으로 전개된다. 때는 1949년이었다. 그해의 5월은 우진이 "해방"—특정 지역을 자신들의 통제 아래 장악했음을 지칭하는 중국공산당의 용어—된 후 맞이한 첫 번째 노동절과 더불어 시작되었다. 공산당이 전국적인 승리를 이루기까지는 아직 몇 달이 더 걸릴 터였지만, 이미 둥베이—우진은 이 지역에 있는 것으로 추정된다—는 인민해방군의 손아귀에 들어왔고, 공산당군의 남진은 신속하게 그리고 상당히 성공적으로 진행되고 있었다. 우진의 광부들은 "최전선에서 싸우는 장병 동지들에게 감사"를 표하고 "그들의 열정을 찬양"하기 위해, 탄광 내 여러 단위 가운데 어느 곳이 가장 많은 석탄을 생산하는지 경쟁을 벌임으로써 자신들의 "노동을 헌납"하기로 결심했다.[1]

그러나 생산 경쟁이 개시되기 전날 밤, 노천광의 폭발물 저장고에서 갑작스러운 폭발이 일어났다. 소문에 따르면, 이는 노천광을 파괴해 생산 경쟁에 훼방을 놓으려는 "반동 국민당 특무 공작원"의 소행이었으며, "(인민의) 밥그릇에 모래를 뿌릴 뿐만 아니라, 그 밥그릇을 산산조각 내려는"

1 Xiao, *Wuyue de Kuangshan*, 26–27.

행위나 다름없었다. 이 사건으로 우진 탄광 전체에 의심의 기운이 감돌았지만, 생산 경쟁은 예정대로 진행되었다. 다행히도 폭약과 기폭장치 캡 등 필수 자재가 며칠 전에 작업 인원들에게 이미 배포된 후였다. 따라서 폭발 사건으로 조업이 중단되는 일은 발생하지 않았다. 오히려 광부들 사이에 분노를 불러일으켜 그들의 사기를 "끓는 점까지" 끌어올렸을 따름이다.[2]

우진은 푸순의 판박이였다. 무엇보다도 그 배경 이야기가 탄도 푸순과 정확히 일치했다. 즉, 약 1,000년 전 고려 시대 한반도 출신 사람들에 의해 채굴되기 시작했고, 청대 만주족 통치자들이 시조의 황릉과 연결된 "용맥"을 훼손하기를 꺼려 폐쇄되었으며, 20세기에 접어들면서 중국과 러시아의 기업가들에 의해 채굴이 재개되었고, 러일전쟁 중에 점령당한 후 약 40년간 일본의 지배 아래 놓여 있었다는 것이다.[3] 이러한 유사성은 우연이 아니었다. 샤오쥔은 1949~1951년 푸순에 체류했으며, 바로 이곳에서의 경험을 바탕으로 소설을 썼다.

만주 태생인 샤오쥔은 어릴 적부터 안장 위에서의 삶을 꿈꿨다. 여기저기로 말을 타고 모험을 떠나고 싶었다. "영웅적인 마적"이 되는 꿈을 좇아 실제로 만주의 어느 부대에 입대했다. 몇 년 후, 그의 반골 성향과 마냥 낭만적이지만은 않았던 군 생활의 불쾌함은 그에게 다른 진로를 고민하게 했다. 샤오쥔은 글을 쓰는 데 열과 성을 다했고, 마침내 1935년에 항일 유격대의 투쟁을 흥미진진하게 그린 데뷔작《8월의 향촌(八月的鄉村)》을 완성해 이름을 알렸다.[4] 머지않아 그는 중국공산당에 가입해 옌안에서 혁명에 투신했으며, 중일전쟁기 내내 그곳에 머물렀다. 1946년에 인민해방군

2 Xiao, 167-68.

3 Xiao, 4.

4《8월의 향촌》은 중국 현대 소설 가운데 최초로 영어 번역된 작품이다.

과 함께 만주로 귀환한 샤오쥔은 당으로부터 문학과 문화 전반을 폭넓게 다루는 주간지《문화보(文化報)》의 주간을 맡으라는 임무를 부여받았다. 그러나 그는 당의 노선을 아무 의심 없이 맹종할 수 있는 인사가 아니었다. 샤오쥔은《문화보》에 공산당을 비판하는 여러 편의 글을 실었다. 그는 소련과의 동맹은 러시아 제국주의자를 감싸는 행위로, 토지개혁은 "전례 없는 강도 행위"로 표현했다. 당은 그를 "능력은 있지만 일개 불한당"이라며 비난했고, 고된 노동을 통해 교화될 필요가 있다는 명목으로 그를 푸순으로 좌천시켰다. 샤오쥔은 푸순 탄광의 문서고에서 근무하게 되었다.[5] 그는 자신이 목격한 탄광 현장에 매료되었고, 푸순에 온 지 얼마 안 되었을 때부터 이곳—특히 노천광—이 작품을 쓰기에 좋은 "문학적 배경"이 되리라 확신했다.[6]

1951년, 푸순을 떠나 베이징으로 이주한 지 얼마 지나지 않아 샤오쥔은《5월의 광산》을 쓰기 시작했다.[7] 이 소설을 푸순 체류 기간에 남긴 일기와 함께 읽어 본다면, 이 소설이 대부분 사실에 기반하고 있다는 점을 금방 알아챌 수 있다. 소설의 핵심 에피소드는 인민공화국 초기라는 과도기—신생 사회주의 국가가 전쟁으로 황폐해진 푸순이라는 에너지 추출의 장소를 복구시키고 생산을 늘리기 위해 주력한 시기—에 작가 자신이 푸순에 머물며 경험했던 주요 사건들과 거의 일치한다. 샤오쥔이 그 사심 없는 근면 성실함을 묘사하기 위해 많은 공을 들인 소설의 등장인물들은 노동 군중과 "노동 모범(勞模)"—사회주의 프롤레타리아트의 귀감이 되

5 Lee, *Romantic Generation*, 222-28, 240-44; Goldman, *Literary Dissent*, 70-86. 토지개혁 정책에 관한 인용문은 다음에서 발췌. Lee, *Romantic Generation*, 241. "능력은 있지만 일개 불한당"이라는 샤오쥔에 대한 평가는 다음 문헌으로부터 재인용. Xiao, *Dongbei riji*, 619 (April 2, 1949).

6 Xiao, *Dongbei riji*, 662 (May 17, 1949).

7 Xiao, *Wuyue de Kuangshan*, 458.

는 개인으로, 당의 인정을 받아 선출되었다—이었다. 실제로, 그리고 1950년대에 걸쳐 이 노동자들은 끊임없이 늘어나는 생산 목표를 달성하고, 탄소 자원에 굶주린 채 공업화에 목매는 국가를 먹여 살리기 위해 자신의 많은 것을 내놓아야만 했다. 이 과정에서 노동자들은 종종 엄청난 대가를 치르기도 했다.

이 장은 푸순의 바로 이러한 역사를, 더 나아가 1948년 푸순 탄광의 해방 시점부터 1950년대 말까지 중국 탄광 산업의 역사 전반을 다룰 것이다. 우선, 우리는 공산당이 푸순 탄광을 관리하기 시작한 후 몇 년간 그 조업이 복구되는 과정을 살펴본다. 이 기간에는 소련의 지원뿐만 아니라 잔류한 일본인 기술 전문 인력의 역할이 중요했다. 중국공산당 또한 전임자들과 마찬가지로 탄소 기술관료주의를 주축으로 삼아 자신들의 진보에 대한 비전을 실현하고자 했다. 따라서 공산당이 탄소 기술관료주의라는 틀을 뒷받침하기 위한 여러 기예와 기술을 확보하는 과정에서 제국 일본의 유산은 대단히 중요한 요소였다고 할 수 있다.

석탄은 사회주의 국가가 산업화를 추진하는 데 핵심적인 위상을 차지했다. 이는 "석탄은 공업의 식량이다(煤是工業的食糧)"라는 널리 알려진 구호를 통해서도 잘 드러난다. 국가권력은 푸순과 다른 여러 곳에서 갖가지 방법을 동원해 이 화석 연료를 더 집중적으로 채굴하고자 했다. 이러한 조치로는 소설 속 우진의 생산 경쟁과 비슷한 노동자 동원 운동에서부터 새로운 추출 기술 도입에 이르기까지 다양했다. 생산량 자체는 늘어났다. 그러나 그 속도와 규모는 결국 양을 위해 질을 희생함으로써, 그리고 무엇보다도 지속 가능성과 안전성을 희생함으로써 비로소 달성할 수 있었다. 이 지점에서 사회주의 국가의 주된 역설 가운데 하나가 드러난다. 다른 분야와 마찬가지로 탄광업 분야에서도 공산당은 자신들이 반복적으로 비난해 마지않았던 국민당 및 일본 통치기의 과거와 결연히 단절할 것임을 선언했다. 그러나 결과적으로 공산당은 그러한 과거 몇몇 최악의 측면을 도리어 영속화했다. 자원의 낭비적인 추출, 자연경관의 파괴, 탄소 기술관료주의 체제를 지탱하는 노동자에 대한 착취 등이 바로 그것이다.

"해방"과 복구

푸순 해방은 지난한 싸움이었다. 공산당은 1946년 3월, 국민당이 푸순을 점령한 직후부터 공세를 펼치기 시작했다. 탄광촌 내부에서 공산당 비밀요원들은 노동자를 조직해 국가자원위원회의 관리 아래 발생한 식량 부족 사태와 해고에 반대하는 파업을 일으켰다. 푸순 교외에서는 공산당군 게릴라 부대가 국민당군에 대해 반복적으로 기습을 감행해 어느 정도 성공을 거두었다. 예를 들어 1946년 11월, 북서쪽 외곽 지우빙타이(救兵臺) 인근에서 공산당군의 습격을 받아 푸순 주둔 국민당 부대의 절반가량이 희생되었다. 이러한 공세에 대응해 국민당은 전시 일본의 전술—공산당을 지원했다고 의심되는 촌락 전체를 불태우는—을 본뜬 일련의 초토화 작전을 펼쳤다. 그 뒤 공산당은 푸순 남동부 산악 지대인 산콰이스(三塊石) 일대로 퇴각해, 험준하지만 방어하기 쉬운 지형을 활용하면서 특정 목표에 대한 집중 타격 작전을 지속했다.[8]

1948년 9월, 중국인민해방군 둥베이야전군은 거물 린뱌오(林彪, 1907~1971)의 지휘 아래 랴오선전역(遼瀋戰役)을 개시했다. 공산당군은 이미 남만주 농촌 일대에서 확고한 발판을 마련한 뒤였으며, 농촌으로부터 푸순을 포함한 만주의 주요 도시들을 포위하고 장악해 들어갔다.[9] 1948년 10월 31일 자정을 기해 공산당군 제10독립사단(獨立第10師)이 푸순으로 진격해 들어왔다. 동틀 무렵이 되자 훈허강 양안이 "불바다"로 변했고,

8 Meidu Fushun bianxie xiaozu, *Meidu Fushun*, 50-51.

9 Tanner, *Where Chiang Kai-shek Lost China*.

강을 가로지르는 용안교(永安橋)를 두고 "기관총 사격이 난무"했다. 몇 시간의 치열한 전투 끝에 공산당군은 국민당군을 제압하고 푸순의 "해방"을 선언했다.[10] 공산당은 승리를 기념하기 위해 선푸 광산의 이름을 바꾸기로 했다. 이제 이 광산은 순교한 국가자원위원회 엔지니어 장선푸의 이름 대신 "승리"라는 새 이름을 갖게 되었다.

수년간의 혼란과 전쟁은 푸순 탄광 운영에 전혀 바람직하지 않았다. 초창기 공산당의 푸순 점령을 주도하고, 그 뒤 푸순광무국을 이끌게 되는 왕신산은 당시 상황을 다음과 같이 설명했다. "광산 갱 가운데 3개는 완전히 침수되었고, 나머지 갱은 굴착 작업을 할 수 없어 조업이 사실상 중단된 상태였다. 겨우 표면 쪽에서 석탄 조각을 캐거나 모을 수 있을 뿐이었다."[11] 한 집계에 따르면, 무너진 갱도만 약 643킬로미터에 육박했고, 약 1억9,000만 세제곱미터의 작업장에 물이 찼으며, 500개 이상의 채굴장이 화재로 폐쇄되었고, 파괴된 철로 구간이 약 59킬로미터에 달했으며, 약 2억1,3000만 세제곱미터의 잔해가 노천광에 방치되어 있었다고 한다. 연간 생산량은 전전(戰前) 최고치였던 1936년, 959만 톤의 약 10분의 1 수준인 107만 톤으로 떨어졌다.[12]

공산당은 공식 성명을 통해 "물고기를 잡기 위해 온 연못을 파헤쳤다(竭澤而漁)"라거나 "알을 얻기 위해 암탉을 죽였다(殺雞取卵)"라며 국민당의 무분별하고 낭비적인 추출을 비난하고 나섰다. 예컨대 노천광의 이상적인 채탄 비율은 3:1이었다. 즉, 1톤의 석탄을 채굴하기 위해 3톤의 상부 지층을 걷어내야 했다. 이 균형을 지키지 않으면 노천광의 비스듬한 노면이 그대로 무너져 내릴 위험이 있었다. 국민당 "악패(惡覇)"들은 1대 0.8의

10 Fu, "Duli shi shi," 251.

11 Wang, "Di er ci lai Fushun," 280.

12 Fushun shi sheshui kexueyuan, *Zhonggong Fushun difang shi*, 228.

비율로 노천광에서 석탄을 채굴했다. 그래서 낙석이 유발되었고 생산을 재개하기 전에 수습해야 할 상층 잔해가 산더미처럼 쌓였다는 것이다.[13] 2차 세계대전 말기의 일본과 그 직후의 소련 또한 앞서 살펴본 것처럼 지속 불가능한 채굴에 책임이 있어서, 이러한 잔해가 실제로 국민당만의 잘못인지에 관해서는 판단하기 어려운 측면이 있다. 어쨌든 노천광 위로 남겨진 잔해의 양은 놀라울 정도로 많았다. 설상가상으로, 앞서 샤오쥔이 관찰한 것처럼 현장에 그대로 방치하면 화재가 발생할 수 있는 셰일 암석 더미가 많아서 조업 재개에 더욱 지장을 주었다.[14]

해방 당시 푸순의 기능 불능 상태는 결코 이례적이라고 할 수 없었다. 신생 공산당 정부는 빈곤과 인플레이션에 시달리고 전쟁으로 황폐해진 나라를 앞으로 통치해야 한다는 사실을 깨달았다. 도시와 농촌에 걸쳐 정부는 엄격한 국가자본주의적 조치를 도입하고 토지개혁을 시행했다. 이로써 사회 질서를 회복하고, 선별적으로 과거의 정치적 공약 가운데 일부를 이행하며, 경제 생산 활동을 재개하고자 했다.[15] 푸순에서는 탄광 운영을 총괄하기 위해 설립한 광무국이 폐쇄된 광산을 재개장했고, 침수된 갱도에서 물을 퍼냈으며, 크고 작은 화재를 진압하는 과정을 진두지휘했다.

탄광의 복구는 장비 부족 문제를 해결할 수 있느냐에 달려 있었다. 전쟁과 정권 교체의 혼란 속에서 푸순의 여러 생산 현장에는 미처 소련이 철거하지 못한 수많은 기자재가 남아 있었다. 그러나 그 가운데 상당량을 지역 주민들에게 약탈당했다. 10년 전 상황을 묘사한 1959년의 한 공식 기록에 따르면, 이는 "(일본과 국민당) 압제자들에게 반대한 노동자들"의 저항 행위였다. 이 기록은 다음과 같이 이어진다. 이 노동자들은 "대량의 장

13 Fushun kuangwu ju, *Canguan shouce*, 37-39.

14 Xiao, *Dongbei riji*, 628 (April 15, 1949).

15 Meisner, *Mao's China and After*, 75-102.

비를 집에 숨겨 두었다. 그러나 생산 복구 과정에서 장비가 부족하다는 사실을 알게 되자, 당과 정부의 요청에 적극 호응해 감춰 둔 장비를 자발적으로 가져와 국가에 기증했다."[16] 불확실하고 무질서한 시기에 노동자들이 가치 있다고 판단한 도구들과 기술들을 일단 확보해 두려 했다는 것이 아마도 더 그럴듯한 설명일 것이다. 그리고 노동자들의 판단은 틀리지 않았다. 푸순광무국은 1948년 12월 17일과 1949년 3월 7일, 두 차례에 걸쳐 "기자재 헌납 운동(獻納器材運動)"을 벌여 장비를 반납하는 사람들에게 현금으로 보상금을 지급했다. 1949년에 두 번째 운동이 진행되는 동안 3만 명이 넘는 노동자와 지역 주민이 무려 9만 개가 넘는 장비를 반납했다.[17] 여기에는 핵심 부품인 모터와 마이크로미터(micrometers), 경합금 절단기(hard alloy cutters) 등이 포함되어 있었다.[18] 이 모든 "헌납품"에 대해 광무국은 총 4억7,000만 위안 상당의 보상금을 지급했다.[19] 현지에서 탈취된 장비들을 되찾고 여러 핵심 기계 장비가 새로이 조달됨으로써 탄광은 활기를 되찾았다. 왕신산은 훗날 "발전소가 다시 가동되고 죽은 기계들이 다시 살아나 공장과 광산의 생산이 회복"되었다고 회상했다.[20]

그러나 기계와 전력만으로 푸순을 온전히 복구할 수는 없었다. 바로, 노동력과 전문지식이 필요했다. 처음부터 광무국이 직면한 가장 큰 난관은 노동력 부족 문제였다. 둥베이인민정부 산하 공업부에 따르면, 1948년 푸순 탄광에는 약 3만7,000명의 노동자가 일하고 있었는데 이는 태평

16 Meidu Fushun bianxie xiaozu, *Meidu Fushun*, 55.

17 *FKZ*, 134.

18 Meidu Fushun bianxie xiaozu, *Meidu Fushun*, 55.

19 Fushun shi renmin zhengfu difang zhi bangongshi and Fushun shi shehui kexue yanjiusuo, *Fushun dashiji*, 14. 이 자료에서 언급된 화폐 단위는 둥베이폐(東北幣)다. 둥베이폐는 둥베이 내 공산당이 장악한 지역에서 발행된 일종의 지역화폐로, 1951년에 대략 인민폐의 10분1 정도의 가치를 지녔다.

20 Wang, "Di er ci lai Fushun," 281.

양전쟁이 끝날 무렵 9만5,000명의 노동자를 고용한 사실을 고려할 때 대단히 작은 규모였다. 푸순은 향후 복구 작업에 더 많은 일손이 필요했다. 이에 현지의 여러 단체와 협력해 외부로부터 인력을 모집하기 위해 세 개의 파견조를 구성했다. 이 인원들은 인근의 랴오시(遼西), 신민(新民), 판산(盤山)뿐만 아니라, 이전 시기의 인력 모집 도급업자들처럼 베이징, 톈진, 탕산, 지난, 상하이 같은 "관내" 도시로도 파견되었다. 이들은 첫 두 달 동안에만 5,714명의 노동자와 2,637명의 수습생을 푸순으로 데려와 생산을 재개하는 데 일조했다.[21]

트랜스내셔널한 기술 전문지식은 푸순에서 탄소 기술관료주의 인프라를 구축할 때도, 또 이제는 폐허가 되어 버린 그 집합체를 복구하는 데도 필수불가결한 요소였다. 현지 언론 매체들은 이 시기 푸순을 비롯한 둥베이 지역에 파견된 소련 기술자와 엔지니어의 공을 자주 언급했다. 중화인민공화국 건국 직후 마오쩌둥은 모스크바로 향했다. 소련으로부터 군사지원과 경제 원조를 얻어 내기 위해서였다. 1950년 2월 14일, 마오쩌둥과 이오시프 스탈린이 중소우호동맹 상호원조조약에 서명했다. 이 조약과 후속으로 체결된 양국 간의 협정을 통해, 소련은 중국의 공업 재건을 위해 자금과 기계 설비뿐만 아니라 기술 고문을 중국에 파견해 모든 업무에 자문을 제공하기로 약속했다.[22]

푸순에 파견된 소련 전문가들은 탄광의 복구를 가속한 공로를 인정받았다. 예를 들어 푸순광무국은 승리 광산의 침수 상태가 너무 심각해 완전히 배수하는 데 2년은 족히 걸릴 것으로 예상했다. 그러나 소련 엔지니어들은 기존 계획 예산에서 두 대의 펌프만 더 설치하면 되는 수정안을

21 Fushun shi shehui kexueyuan and Fushun shi renmin zhengfu difang zhi bangongshi, *Fushun shi zhi, gongye juan*, 71.

22 Peng, "Zhong-Su youhao tongmeng huzhu."

마련했다. 그 덕분에 불과 반년 만에 배수를 끝내고 석탄 생산을 재개할 수 있었다. 또한 소련 전문가들은 새로운 기계 장비와 다채로운 방식을 도입함으로써 채굴 작업의 효율성을 높였다는 찬사를 받았다. 한 가지 주목할 만한 사례는 라오후타이 광산 제36호 작업장이었다. 이곳에서 소련 기술 고문들은 석탄층을 세차게 파헤칠 수 있는 유압 절단기와 석탄 운송 능력을 두 배로 올릴 수 있는 더 나은 기계화 운반 방식을 "과학적으로 시범 운용"했다. 라오후타이 제36호 작업장의 성공에 힘입어 이러한 조치들이 푸순 탄광 내 다른 광산에도 확대 적용되었다.[23] 1954년 《푸순일보》의 한 기사는 과거 몇 년간 푸순 탄광업에 이바지한 소련의 공로를 소개하면서 소련 전문가들이 "석탄 채굴법, 기계 및 전기 설비, 운송 안전, 선탄, 갱도 건설" 등 여러 문제에 대해 무려 295건이나 "귀중한 제안"을 내놓았다고 밝혔다.[24]

지역 언론에는 소련 출신의 "성실하고 이타적인 친구들"의 "세심한 도움"에 대한 사의가 쏟아졌다.[25] 여러 일화 가운데 종종 개인적인 소회를 담고 있는 것도 있었다. 라오후타이 광산 노동자 안치푸(安其富)는 "소련 형님들"의 "보살핌과 관심"에 대해 깊은 애정을 담아 이야기를 풀어냈다. 그에게 가장 큰 인상을 남긴 것은 지하 작업장의 답답한 열기를 해소하기 위해 환풍 체계를 재설계하는 과정에서 큰 도움을 준 소련인들이었다. "그들의 방법이 가장 효과적이었습니다. 공기가 충분히 들어오고 온도가 떨어져 더 이상 작업할 때 옷을 벗을 필요가 없었습니다."[26] 다른 지역 언론에서도 감사함으로 가득한 비슷한 이야기들을 소개했다. 이는 중소 협

23 Lü, "Sulian zhuanjia gei Fushun meikuang."

24 "Sulian zhuanjia zai wu nian lai."

25 "Sulian zhuanjia zai wu nian lai."

26 An, "Sulian zhuanjia bangzhu zanmen."

력의 분위기가 뜨거웠던 당시 시점의 주류 담론과 궤를 함께했다.[27]

물론 소련의 기술 지원에 대한 이러한 찬사에는 아이러니가 있다. 애초 소련군이 푸순의 기자재를 대량으로 챙겨 떠나지 않았다면, 탄광이 이토록 기능 불능 상태에 빠지지 않았을지 모른다. 특히 몇몇 현장은 오래도록 폐허로 남아 있었다. 샤오쥔은 소련군이 완전히 약탈한 석탄 수소화 공장의 터를 둘러보면서 다음과 같은 기록을 남겼다. "레토르트와 믹서 같은 장비 사이로 무성하게 자라난 키 작은 버드나무, 회양목, 갈대, 그리고 숱한 잡초들은 이 공장이 얼마나 황폐해졌는지 보여주었다. 그나마 얼마 남지 않은 기계 부품들과 금속 물체들도 짙은 녹으로 붉게 뒤덮였다."[28] 그러나 소련의 약탈과 지원 사이에서 모순이 느껴졌더라도(이러한 인식이 전혀 없었으리라 상상하기는 어렵다), 이러한 내용이 당시 푸순 지역의 문헌 자료에 표현되지는 않았다.

1952년에 이르자 푸순 탄광의 회복세가 두드러지기 시작했다. 그해 석탄 생산량은 530만 톤으로, 공산당이 푸순을 장악한 1948년에 비해 거의 다섯 배가 늘었다. 낡은 갱도가 복구되었고 새로운 갱도가 만들어졌다. 정비소부터 기숙사에 이르기까지 다양한 시설들이 개보수 및 확장되었다.[29] 석탄 수소화 공장은 여전히 방치 상태였지만, 셰일오일 공장은 새로이 재탄생해 1952년에 22만5,000톤의 셰일오일을 생산했다. 이는 그해 전국 원유 생산량의 절반이 넘는 수치다.[30]

탄광의 복구는 매우 성공적으로 보였다. 공산당 지도자들이 그해 5월에 중국을 방문한 국제 노동조합 사절단에 푸순을 선보일 정도였다. 내부

27 우호와 연대라는 공식 담론 너머에서 펼쳐진 중소 간 갈등에 대해서는 다음을 보라. Hess, "Big Brother Is Watching."

28 Xiao, *Dongbei riji*, 741 (July 18, 1949).

29 *FKZ*, 63-64.

30 *FGY*, 108.

적으로 회람된 당 보고서는 사절단의 푸순 방문을 가감 없이 묘사했다. 현장을 둘러본 독일 대표들은 중국 둥베이 지역을 독일 산업 근대성의 요충지인 루르(Ruhr) 지방에 빗대며, "여기에 진정한 공업의 미래가 있다"라고 공언했다. 대부분 광부 출신으로 구성된 영국 대표들은 갱 내부의 상황을 살펴보기 위해 지하로 몸소 내려갔다. 현장을 둘러본 뒤 이들은 청결과 안전 측면에서 깊은 인상을 받았다. 한 대표는 "중국 광산이 영국보다 낫다"라고 소리 높였다. 영국공산당 당원처럼 보이는 다른 대표는 주먹을 불끈 쥐고 외쳤다. "돌아가면 반드시 이 사실을 널리 알리기 위해 노력하겠습니다. 우리는 기필코 사회주의로 나아가야 합니다." 사절단이 푸순을 떠날 무렵, 영국 대표들은 "열성적으로 〈인터내셔널가〉를 제창했다."[31] 지나치게 과장되어 보일지 모르지만, 이 기록은 그 출처를 고려할 때 비교적 신뢰할 만하다.[32] 부활한 푸순 탄광의 조업 규모는 실로 찬가를 부르게 할 만큼 인상적이었다. 그러나 이 방문자들이 미처 알지 못한 것은 이 엄청난 규모의 근대적 탄광—과거에는 제국주의의, 이제는 사회주의의 위대함을 상징하는—이 그 내부 깊숙한 곳에서 일한 노동자들의 수많은 목숨을 희생시켰다는 사실이다.

붉은 중국의 일본인 엔지니어들

광무국은 푸순에서 탄소 기술관료주의의 물질적 토대를 재건하고 이 에너지 레짐을 지속시키고자 했다. 이 과정에서 푸순광무국은 해방 후에도 잔류하던 일본인 엔지니어들의 전문성에 크게 의지했다. 소련 고문들이

31 "Ge guo gonghui daibiao tuan."

32 자료의 출처는 《내부참고(內部參考)》라고 불리는 회보이다. 이 문건들은 부장급 이상의 고위 당간부 사이에서 회람된 조사 보고서다. 이 기록물은 정책결정자를 독자로 상정한 것으로서 널리 배포되지 않았다. 따라서 마오쩌둥 시대, 중앙에서 출간한 다른 문헌들에 비해 더 신뢰할 만한 자료로 인정할 수 있다. 다음을 보라. Schoenhals, "Elite Information in China."

널리 알려지긴 했지만, 그들이 푸순의 복구를 지원한 외국 전문가의 전부는 아니었다. 이 점에선 푸순도 예외가 아니었다. 1949~1953년에 공산당은 국민당 전임자들과 마찬가지로 둥베이의 황폐해진 공업 생태계를 복구하는 데 일본인 기술 전문가들의 도움을 구했다.[33] 1948년 10월에 조직된 당의 둥베이일본인관리위원회는 잔류 일본인 중 상당수가 둥베이 지역에서 과거 20년 또는 30년 동안 일한 경험이 있다는 사실에 호소하며, 일찍부터 "오늘날 둥베이의 경제 회복을 위해 일본인 기술자들의 도움이 절실히 필요하다"라고 주장했다.[34] 한 통계에 따르면 1949년 9월 둥베이 지역 전체에 약 1만8,000명의 일본인이 있었고, 그 가운데 9,900명이 푸순에 거주하고 있었다.[35] 일본 각지로부터 건너온 이들 중에는 본토와 만주의 최고 명문 기관에서 교육받고 만주국 광업계에서 경력을 쌓은 엔지니어와 기술자도 있었다.[36] 이들은 푸순 탄광을 재건하고 그 규모를 확대하는 데 자신의 기술적 지식을 제공했다.

일본인 엔지니어의 기용은 중앙의 지시에 따른 것이기도 했지만, 푸순에서는 광무국 최고 지도자 왕신산이 개인적으로 특히 관심을 기울인 사안이었다. 왕신산은 푸순에서의 두 차례 임기 사이에 북만주에서 활동한 때가 있었는데, 이때 중소 국경 부근의 탄광 도시 허강에서 당 서기 겸 광무과장을 역임했다. 그곳에서 그는 기타무라 요시오(北村義夫, 1907~1961)라는 일본인 탄광 엔지니어를 만났다. 교토제국대학을 졸업한 기타무라는 1933년부터 만주의 여러 광산에서 근무했으며, 심지어 푸순에 체류한 적도 있었다. 왕신산이 허강에 처음 도착했을 때, 그는 기타무라와 같은

33 인민공화국 초기 일본인 기술 전문가에 대해서는 다음을 참고하라. King, "Reconstructing China."

34 King, 150.

35 King, 149.

36 Nishikawa, "Bujun tankō no genjō," 701.

일본 전문가들이 현지 당국에 의해 철저히 소외당한 채 "재교육 강의"을 들으며 허송세월하고 있다는 사실에 적잖은 충격을 받았다. 그는 즉시 반대 의견을 표명했다. "일본인 엔지니어와 기술자가 일제 침략기에 중국으로 건너온 건 사실이지만, 그들 중 일부는 일본군에 의해 강제로 끌려왔고 다른 일부는 고국에서의 사정이 어려워 어쩔 수 없이 왔습니다. 중국인들이 전쟁에서 겪은 고통은 일본 군국주의자들의 잘못 때문이지 일본 인민 때문이 아닙니다. 우리는 양자를 구분해야 합니다." 왕신산은 계속해서 주장했다. "일본 기술 인력이 잔류해 있다는 것은 그 자체로 중국의 혁명 사업에 유익하고 도움이 되는 일입니다. (…) 우리는 그들을 우리의 선생이자 친구로 여기며, 그들이 해방된 땅에서 생산을 확대하고 재건을 이룩하는 데 이바지할 수 있도록 해야 합니다!"[37]

비록 모국어는 달랐지만, 왕신산과 기타무라 사이에는 탄소 기술관료주의라는 공통의 언어가 있었다. 왕신산은 무엇보다도 생산주의를 추구하는 과정에서 활용할 수 있는 지식과 경륜을 갖춘 기술 전문가로서 기타무라를 대했다. 기타무라는 자신에게 주어진 기술적 업무에 전념했고, 그 뒤로는 사회주의 중국의 산업화에 동참할 다른 일본 전문가들을 영입하기까지 했다. 왕신산은 기타무라를 허강 탄광의 수석엔지니어로 임명해 석탄 생산량 증가를 감독하게 했다. 푸순이 해방되자 공산당 지도부는 왕신산에게 허강을 떠나 푸순으로 부임하라는 명령을 내렸다. 이때 왕신산은 기타무라를 데려갔다. "옛집"의 "폐허"를 바라보며 기타무라는 큰 충격에 빠졌다. 국민당 군대가 용안타이 지구—만철이 세운 "화려한" 탄광 클럽이 있고 최고위 임직원들이 거주하던—를 말 사육지로 바꿔 버렸다.[38] 한편 왕신산에게는 1946년에 처음 푸순을 점령하러 왔을 때만 해도

37 Ji, "Zhongguo kuangzhang he Riben gongchengshi," 39.

38 Kitamura, "Bujun tankō kara kaette," 1.

푸순 여기저기에 일본인들이 있었지만, 이번에는 한 명도 보이지 않았다는 사실이 놀랍게 느껴졌다.[39]

공산당군이 푸순을 점령하기 직전에 남아 있던 일본인 광산 엔지니어와 기술자는 불과 8명이었다. 나머지는 모두 국공내전 중에 송환되었다. 공산당군이 근접해 오자 이들 8인은 인근 선양으로 피신했다. 선양에서 비행기를 타고 톈진으로 간 다음, 그곳에서 일본행 배편을 알아보려 했다.[40] 그러나 선양 또한 너무 빨리 공산당군에 함락되었다. 일본인 엔지니어들의 발이 묶여 버렸다. 며칠 뒤 기타무라가 이들을 찾아왔다. 8인 중 한 명으로 과거 푸순 기계 공장에서 기계공으로 일했던 호키모토 히로미는 기타무라를 만났을 때, 특히 기타무라도 푸순에서 근무한 적이 있다는 사실을 알았을 때 얼마나 "반갑고 놀라웠던지" 회고했다. 기타무라는 자신과 함께 다시 푸순으로 돌아가자고 엔지니어들을 설득했다. 일행이 푸순에 도착하자마자 왕신산이 몸소 "환한 미소로 이들을 맞이"했고, 곧이어 "성대한 잔치"를 열어 주었다. 이는 푸순의 복구와 재건을 위해 일본인 엔지니어들이 힘을 보태게 될 것임을 알리는 행복한 신호탄처럼 보였다.[41]

만철 시대에 푸순 탄광의 기획 부문에서 주도적인 역할을 한 잔류 엔지니어 니시카와 타다시의 기록을 보면, 일본인들이 실제 어떠한 목적으로 만주에 남아 일했는지 파악하기 쉽지 않다는 점을 알 수 있다. 그들은 종종 다른 사람들 앞에서 일본인으로서, 그리고 엔지니어이자 기술자로서 자신의 정체성을 드러내며, "일본 기술의 완전성을 유지하고, 일본의 전쟁 피해 배상금을 줄이며, 자신들의 기술력을 향상"시키고 있다고 말했다. 또 다른 몇몇은 "자신들의 사상이 개조되었다"라고 주장했다. 적어도

39 Ji, "Zhongguo kuangzhang he Riben gongchengshi," 39.

40 1949년 이후에는 선양을 영어권 문헌에서 "묵던"이라고 지칭하는 빈도가 현저하게 낮아졌다.

41 Hokimoto, "Bujun saishū zanryū ki," 675-77.

한 명은 공산주의의 대의에 매료된 것처럼 보였다. 한 일본인 회계원은 기타무라가 몇 잔의 술을 마신 뒤 눈물을 흘리며 "일본에서도 혁명이 일어날 수 있도록 중국이 일본을 돕기를" 바란다고 말한 적이 있다고 샤오쥔에게 귀띔했다.[42] 반면 니시카와는 대부분의 일본인 잔류 엔지니어가 "그저 살아남아 가능한 한 빨리 일본으로 돌아가려" 했을 뿐이라고 판단했다.[43]

공산당을 위해 일한 진짜 이유가 무엇이든, 일본인 잔류 엔지니어들은 푸순 탄광 경영진으로부터 특히 좋은 대우를 받았다. 이는 보수 측면에서 가장 분명하게 드러났다. 공산당은 계속되는 인플레이션과 여러 불안정한 상황 속에서 인민이 생필품을 구할 수 있도록 "임금 점수(工薪分)" 제도를 둥베이 지역에 도입했다. 이 점수로 곡물, 소금, 옷감, 석탄 같은 상품을 교환할 수 있었는데, 상품별 점수의 값은 매달 다르게 책정되었다.[44] 과거 노천광에서 굴착 작업을 지휘했던 쓰보타 유이치로와 같은 고급 엔지니어는 한 달에 1,200점을 받았다. 호키모토는 전문성에서 한참 아래에 있는 기술자로서 850점을 받았다. 호키모토는 숙련된 중국인 기계 작업자들이 400~600점밖에 받지 못했다는 점을 고려하면, 자신이 받은 임금 점수는 "대단히 높은 수준"이었음을 인정했다.[45] 원칙상 혁명은 모든 불공정한 대우를 없애야 한다. 그럼에도 이처럼 비대칭적인 임금 점수 배당을 지속했다는 사실은 신생 사회주의 정권이 공업화의 열망을 실현하기 위해 일본인 전문가들에게 의존할 수밖에 없었으며, 이들을 대단히 각별하게 여겼음을 방증한다.

42 Xiao, *Dongbei riji*, 703 (June 25, 1949).

43 Nishikawa, "Bujun tankō no genjō," 700.

44 Xiao, *Wuyue de kuangshan*, 23.

45 Hokimoto, "Bujun saishū zanryū ki," 679.

일본인 엔지니어들이 공산당을 위해 일하는 것에 대해 어떻게 생각했느냐와 별개로, 푸순 탄광을 복구하고 유지하는 데 이들이 크게 이바지했다는 점에 대해서는 이론의 여지가 없다. 일본인 엔지니어들의 첫 번째 임무는 탄광 복구의 전체적인 노선을 결정하는 것이었다. 푸순으로 돌아온 바로 다음 날, 이들은 지프차를 타고 익숙한 옛 근무지—노천광, 폭발물 공장, 셰일오일 공장, 제철 작업장, 기계 작업장—로 향했고, 현장의 실태를 조사했다. 일주일 후 그들은 왕신산에게 인력부터 기자재 문제까지 다양한 사안에 대해 권고 사항을 전달했고, 왕신산은 이를 자신이 입안한 복구 계획에 반영했다.[46] 그 뒤 몇 년간 이 일본인 전문가들은 푸순광무국에서 계속해서 일하며 탄광의 생산 역량을 확대하고 유지하는 데 기여했다. 한국전쟁(1950~1953)이 발발했을 때 한반도와 국경을 접한 둥베이 지역도 불안정한 위치에 놓였다. 무엇보다도 공습으로 발전소가 훼손되거나 파괴되면 전력 손실이 발생할 위험이 있다는 우려가 컸다. 이는 과거에도 그러했듯, 푸순 탄광 전체에 심대한 타격을 입힐 수 있는 문제였다.[47] 가용할 만한 대안으로 디젤 발전기가 떠올랐다. 호키모토, 일본인 전문가 가토 사쿠사부로, 그리고 중국인 동료 두 명이 상하이로 넘어가 한 섬유 공장에서 2,000마력급 발전기 한 대를 샀다. 이들은 발전기를 푸순으로 가져와 설치하고 정상적으로 작동될 때까지 시범운행을 거쳤다.[48]

기타무라가 심혈을 기울인 한 프로젝트는 일본인 엔지니어들의 가장 결정적인 공헌으로서 푸순 사람들의 기억에 각인되었다. 바로 광산에서

46 Hokimoto, 678.

47 공중 폭격에 대한 공포는 근거 없지 않았다. 미국의 폭격기들이 중국과 북한의 국경을 넘어 일부 둥베이 지역까지 비행해 들어왔기 때문이다. 한 보고서는 미 공군기들이 푸순 남쪽 약 19킬로미터까지 접근한 사례도 있다고 주장했다. 예를 들어 다음을 보라. "US Planes over New China."

48 Hokimoto, "Bujun saishū zanryū ki," 680.

치명적인 메탄가스의 위협을 완화하는 작업이었다. 채굴 과정에서 석탄층과 주변 암석에서 누출되는 메탄은 특정 농도에서 인화성을 갖는다. 따라서 보통은 환풍 시스템을 가동해 메탄가스를 공기로 희석하거나 광산 밖으로 배출하는 방식으로 이 문제를 제어했다. 그러나 이러한 시스템이 항상 원활하게 작동한 것은 아니었다. 종종 메탄 폭발 사고가 발생했고, 단 한 번의 폭발로도 여러 명이 목숨을 잃었다. 1950년 3월에 룽펑 광산에서 발생한 폭발 사고도 그러한 사례 중 하나다. 보수 작업을 하기 위해 환풍 갱도에 내려가 일하던 한 신입 노동자가 담배를 한 대 태우며 잠시 쉬기로 마음먹었다. 불을 붙였다. 순간 폭발이 일었고, 11명이 목숨을 잃었다.[49] 이 사고를 계기로 기타무라는 가스를 처리하는 방법을 연구하기 시작했다. 그는 푸순의 지하 작업장에 상당한 농도의 메탄이 있는데, 이는 주로 탄광의 연식에 기인한다고 지적했다. 반 세기가량 채굴이 이루어진 푸순이라는 "오래된" 탄광에서 이제 "채굴하기 쉬운 지역은 모두 작업이 완료되었고, 가스가 많고 폭발의 위험이 크며 기압이 높은 깊고 작업하기 어려운 지역만 남았다"라는 것이 그의 견해였다.[50]

기타무라는 룽펑 탄광의 부탄광장인 중국인 엔지니어 페이광타이(費廣泰)와 협력하면서 트랜스내셔널한 과학과 현지의 지식을 종합해 해결책을 찾고자 했다. 이들은 손에 넣을 수 있는 국제 과학기술 학술지 논문을 참고하는 한편, 푸순 작업장 가스의 구체적인 특성을 더 잘 이해하기 위해 경험 많은 "노련한 광부"들과 인터뷰했다. 그 뒤 두 엔지니어는 다음과 같은 공법을 설계했다. 광부들은 채굴에 들어가기 전, 먼저 작업할 석탄층 근처에 구멍을 뚫어 파이프를 설치한다. 이 파이프를 통해 메탄을 지

49 Ji, "Zhongguo kuangzhang he Riben gongchengshi," 41.

50 Kitamura, "Bujun tankō kara kaette," 6.

표 밖으로 배출하는 것이다.[51] 이들은 메탄 농도가 특히 높은 룽펑 광산의 특정 지점에서 이 공법을 시범 설치해 소기의 성과를 거두었다. 이는 중국 탄광업의 역사에서 최초로 메탄을 성공적으로 배기한 사례로 기록되었다.[52]

그 뒤 기타무라와 페이광타이는 이 기술을 푸순 탄광 전체에 도입했다. 더불어 이 성과를 바탕으로 배출된 메탄을 어떻게 활용할 것인가에 대해 추가로 연구했다. 우선 탄광구 내 일반 가정으로 배관을 연결해 가스를 사용할 수 있도록 했다. 추후 이 시설은 탄광촌 너머로까지 확장되었다. 두 엔지니어는 또한 메탄을 이용해 카본블랙(carbon black)—일반적으로 보강용 충전제(充塡劑)나 색소로 쓰였다—을 만드는 데 성공했다. 이제 메탄가스의 일부는 카본블랙 생산 공장으로 향했다. 이러한 업적으로 기타무라와 페이광타이는 1952년에 둥베이인민정부로부터 표창을, 1953년에는 연료공업부로부터 공로상을 받았다.[53] 기타무라는 다른 일본인 전문가들이 모두 송환된 후에도 1년 넘게 잔류했고, 1954년 가을에야 비로소 푸순을 떠나 일본으로 돌아갔다.[54] 그는 푸순에 오래 기억될 유산을 남겼고, 그의 동료 일본인 엔지니어들보다 더 크게 인정받았다. 판촨신(范傳信)은 기타무라의 조수였다. 반세기가 흐른 뒤, 그는 현재 푸순 탄광의 선임 보좌 엔지니어가 되었다. 판촨신은 기타무라를 "신중국을 건설하는 데 모든 에너지를 바친 현대적 사유를 지닌 일본인"으로 기억했다.[55]

기타무라 같은 일본인 엔지니어들은 중국인 동료들과 더불어 자신들의 전문지식으로 다양한 프로젝트에 기여하는 것 외에도 중국인 기술자

51 이 공법에 대한 더 자세한 설명으로는 다음을 참고하라. Miao, "Woguo meikuang he wasi."

52 Ji, "Zhongguo kuangzhang he Riben gongchengshi," 41–42.

53 ibid.

54 Hokimoto, "Bujun saishū zanryū ki," 681; Kitamura, "Bujun tankō kara kaette," 1.

55 Ji, "Zhongguo kuangzhang he Riben gongchengshi," 42.

들에게 기술을 전수함으로써 탄소 기술관료주의의 토대를 다지는 데 일조했다. 실제로 중국 전역의 수많은 기술자가 이들 일본인 전문가에게 가르침을 받기 위해 푸순을 찾았다. 교육은 대부분 작업 현장에서 이루어졌으며, 호키모토는 중국인 기술자들이 "매우 열과 성을 다해 자신들의 일에 몰두했다"라고 기억했다. 호키모토와 다른 동료들이 일본으로 귀국할 무렵, 이들로부터 기술을 전수한 중국인 전문가들은 푸순을 떠나 "전국 각지에 배치되었다."[56] 푸순은 근대적 채굴 기술의 모델이었다. 그리고 위와 같은 방식의 인력 양성을 통해 푸순의 기술이 푸순 너머의 여러 추출 현장으로 쉽게 이전될 수 있었다. 다시 말해 사회주의 중국의 에너지 레짐을 구축하고 유지하는 데 푸순이 허브 역할을 했다.

일본인 기술자들이 전수한 광업 관련 전문지식은 인쇄물의 형태로 더욱 널리 퍼졌다. 1949년부터 푸순광무국은 탄광 노동, 탄광 안전, 탄광 관련 기술에 관한 일본어 교본을 선별적으로 번역하기 시작했다. "우리 노동자 동지들에게 제공하기 위해" 제작된 이 책자들에는 문해력이 부족한 독자도 내용을 잘 이해할 수 있도록 다양한 공정을 표현한 삽화가 실렸다. 이러한 책자 중 하나인 《채탄기술입문(採煤技術入門)》의 첫 부분에는 곡괭이를 잡는 올바른 자세가 나온다. 곡괭이부터 제대로 잡아야 "석탄 채굴 과정에서 (자신의) 힘을 충분히 발휘"해 "탁월한 노동 영웅이 될 수 있다"라는 취지다. 책자의 마지막 부분은 갱도 버팀목, 환풍 등의 주제를 거쳐 채굴 작업장에서 가스가 일으키는 위험에 대해서도 다룬다.[57] 책의 세부적인 내용들—고도의 기계화와 모래주입식채탄법의 도입을 전제로

56 Hokimoto, "Bujun saishū zanryū ki," 263–64.

57 Itō, *Caitan jishu rumen*, 6. 나는 이 책자 내용의 근간이 되는 원문 텍스트를 찾지 못했다. 또한 저자인 이토 고분이라는 인물에 대한 어떠한 정보도 찾을 수 없었다. 따라서 이 저자가 가상의 인물이거나 책자의 내용이 이런저런 자료들을 짜깁기한 것일 가능성이 있다. 만약 그렇다면, 이 책자를 마련한 사람들이 책자에 권위를 부여하기 위해 외국인(그것도 일본인)을 저자로 상정했다는 점은 특기할 만하다.

한다—은 주로 푸순 탄광을 염두에 두고 작성된 것으로 보인다. 그러나 이 책자의 목적은 전국의 모든 광부에게 일반적인 원칙을 전하는 데 있었다. 광부들은 "생산 경쟁을 통해 혁명을 맞이할 준비"를 해야 하며, "기술 지식을 절실히 습득할 필요"가 있었다.[58] 공산주의 혁명은 동시에 기술 혁명이어야 했다.

그러나 푸순의 특수한 경험에 기반을 두고 일반적으로 널리 적용할 수 있는 지식을 창출하기란 그리 간단치 않았다. 이 책자를 번역한 장더우난(張斗南)은 작업 과정에서 하나의 고질적인 문제에 시달렸다. 푸순을 비롯한 둥베이 지역에는 일본 식민주의의 유산이 탄광 작업 관련 용어와 기계 장비의 이름에 그대로 남아 있었다. 예를 들어, 중국어로 "광산 차량"을 지칭할 때 일본어 "구루마(車)"를 소리 나는 대로 음역해 "구루마(谷爐馬)"라고 했다. "순수한 중국어 탄광 용어"를 마련하는 일은 "근본적인 과제"라고 장더우난은 주장했다.[59] 탄소 기술관료주의의 인프라가 과거 일본의 기술과 관련성이 깊은 만큼, 신중국의 많은 중국인은 이 연결고리를 청산하는 데 애를 써야 했다.

"석탄은 공업의 양식"

신생 사회주의 국가는 앞선 정권들과 마찬가지로 석탄을 가장 중요한 산업 자원으로 간주했다. 당시에 국가가 선전한 유명한 구호는 석탄이라는 검은 암석의 중요성을 간결하게 요약한다. "석탄은 공업의 양식이다." 이는 블라디미르 레닌이 여러 해 전에 했던 말을 "중국식"으로 변형한 것이다. 1920년 러시아 전국광산노동자대회장에서 레닌은 다음과 같이 석탄의 중요성을 강조하는 연설을 했다. "석탄은 공업의 진정한 빵이다. 석탄

58 Itō, 3.

59 Itō, 95.

이 없으면 공업이 멈춰 설 것이다. 석탄이 없으면 철도는 형편없는 상태에 처하게 되어 복구 불가능할 것이다. 석탄이 없으면 모든 나라의 대규모 산업은 붕괴하고 산산조각이 나 원시적 야만 상태로 돌아가게 될 것이다."[60] 중국이 이 비유를 변형해 사용했다는 것은 공산당 정권이 그토록 집착한 사회주의 산업화라는 목표를 실현하는 데 석탄이라는 에너지원이 대단히 중요했다는 점을 시사한다. 샤오쥔은 현장 당 서기에게 다음과 같이 말했다. "석탄은 생산 발전에서 가장 중요한 동력원이다." 더 나아가 그는 주요 석탄 추출지 푸순은 바로 이러한 이유로 "전 중국 공업화를 위한 깃발(全中國工業化的旗幟)로 거듭"날 수 있다고 말했다.[61]

공산당 정권이 석탄에 기반한 공업화에 집착한 이유는 그들의 미래 비전이 앞선 시기에 등장한 탄소 기술관료주의와 일치했기 때문이다. 이와 동시에 당과 국가는 탄소 기술관료주의 체제를 사회주의 실현의 수단으로 여겼다는 점을 주목해야 한다. 역사학자 모리스 메이스너(Maurice Meisner)는 다음과 같이 주장했다. "공산당과 국민당은 근대 세계에서 '부와 힘'을 쟁취하겠다는 지극히 민족주의적인 목표를 공유했다. (…) 그러나 공산당은 국가의 부와 힘을 그 자체로 궁극적인 목적이 아니라, 마르크스주의에 입각한 사회주의의 도래라는 최종 목적을 위한 수단으로 간주했다는 점에서 패퇴한 국민당 전임자들과 달랐다."[62] 마르크스주의의 원칙에 대한 중국공산당의 해석에 따르면, 사회주의는 근대 자본주의적 발전을 통해 구축된 물질적 풍요라는 토대 위에 건설되어야 했다. 중국의

60 Lenin, *Collected Works*, 495. 무생물 에너지(inanimate energy) 활용은 소련의 국가 프로젝트에서 핵심적이었다. 이와 관련해 레닌이 제시했다는 유명한 슬로건이 있다. "공산주의란 소비에트의 권력과 전국의 전기화를 더한 것이다." 석탄과 석유에 크게 의존했던 소련의 전기화에 대해서는 다음을 참고하라. Coopersmith, *The Electrification of Russia*, 151-257.

61 Xiao, *Dongbei riji*, 802 (October 29, 1949).

62 Meisner, *Mao's China and After*, 103-4.

문제는 바로 그러한 토대가 결핍되었다는 점이었다. 그러나 이러한 선제 요건을 충족시키지 못한 채 혁명을 이끈 정권은 과거에도 존재했다. 바로 소련이 한때 그러한 어려움에 부닥쳤다. 혁명이 일어난 시점에서 경제적으로 낙후되었던 소련은 그럼에도 자본주의 시장의 메커니즘(mechanisms)이 아니라 사회주의 국가권력의 수완(machinations)을 통해 산업화에 성공했다.[63] 중국 지도자들에게 이는 고무적인 선례였다. 대체로 소련이 택한 "사회주의를 향한 비자본주의적 발전 노선"이란 "급속한 경제 발전, 사회주의 정당의 국가권력 정악, 주요 생산수단의 국유화 등의 요소를 결합한 것"이었다.[64] 더욱이 소련 모델은 전후 재건 과정에서 소련이 거둔 성공 때문에 특히 매력적으로 보였다. 2차 세계대전으로 막대한 타격을 입은 소련 경제는 놀라운 속도로 회복되었는데, 보통 이는 제4차 5개년 계획에 따라 사회의 전방위적 동원을 통해 가능했다고 설명된다.[65] 중국의 정책결정자들에게는 꽤 성공적인 것으로 보이는 선례가 존재했다. 그렇기에 이들은 거침없이 소련의 경험을 바탕으로 중국의 개발주의적 미래 방향성을 설계해 나갔다.

여러 다른 곳과 마찬가지로 푸순에서도 "소련의 오늘이 우리의 내일이다(蘇聯的今天就是我們的明天)"라는 구호가 많이 반복되었다. 이러한 개발에 대한 인식은 시간적 선후관계에 관한 것일 뿐만 아니라 일종의 목적론(teleological)을 반영한 것이기도 했다. 1950년대 초《푸순일보》는 중국이 지향해야 할 소련식 사회주의 유토피아를 생생하게 묘사한 여러 기사를 실었다. 기사들이 만들어 낸 이미지에는 최신 과학기술을 적용해 생산 공

63 2차 세계대전 이전 소련의 공업화에 대한 유용한 총론으로는 다음을 보라. Freeman, *Behemoth*, 169-225. 여기에는 공업 경제를 실현할 여러 수단을 둘러싼 주요 논쟁과 갈등도 잘 소개되어 있다.

64 Meisner, *Mao's China and After*, 104-6.

65 Kaple, *Dream of a Red Factory*, 9-10.

〈그림 6-1〉〈석탄은 공업의 양식이다〉 포스터. 1956년에 제작된 이 포스터에는 제1차 5개년 계획의 석탄 증산 목표가 명시되어 있다. 석탄 생산량은 1952년에 6억3,500만 톤에서 1957년에 11억 톤으로 늘어나야 한다. 광부가 나오는 이미지가 그려진 원 위로 "석탄 채굴 기계화를 실행하자(實行採煤機械化)"라는 문구가 적혀 있으며, 이는 기계에 대한 탄소 기술관료주의의 집착과 일맥상통한다. 그 양옆으로는 기계화된 지하 갱도와 노천광의 이미지가 배치되어 있다. 포스터 중앙에는 "석탄의 용도(煤的用途)"라는 문구가 적혀 있다. 여기서 뻗어나가는 화살표들은 석탄 자원의 광범위한 쓸모를 나타낸다. 그 구체적인 쓸모는 왼쪽에서 오른쪽으로 (엔진) 연료 공급, 전기 생산, 제철, 합성 석유 생산, 염료 및 폭약 제조, 비료 및 살충제 제조, 가정용 연료 사용이다. (Image courtesy of Stefan R. Landsberger Collection, International Institute of Social History, chineseposters.net.)

정을 끝없이 확장하는 산업 근대의 이상이 담겨 있었다.[66] 중국의 지도자들은 이러한 이상을 실현하기 위해 중공업 발전을 우선시하는 것이 불가피하다고 주장했다. 즉 제철, 기계, 화학, 석유, 전기, 그리고 무엇보다도 이 모든 것의 운동력인 석탄 분야를 강화해야 했다.[67] 이를 잘 보여주는 1950년의 유명한 일화가 하나 있다. 톈안먼 정상에 오른 마오쩌둥이 언젠가 그 자리에서 사방팔방에 솟아오른 수백 개의 공장 굴뚝을 내려다볼 날을 갈망한다고 연설했다.[68] 탄소 기술관료주의는 다른 대안적인 개발 모델을 참고할 가능성을 차단했다. 인도에서 마하트마 간디는 극소수의 거대 산업체가 아닌, 근면 성실한 수많은 보통의 인도인이 만들어 가는 공업화의 비전을 제시했다. 이는 결국 실현되지 못했지만, 중국에서는 아예 이와 비슷한 비전이 구상된 적조차 없었던 것 같다.[69] 중국 사회주의 국가권력이 개개인의 근면 성실에 관심을 기울이지 않았던 것은 아니다. 그러나 대체로 국가의 의도는 석탄에 의존적인 대규모 공업화의 미래에 그러한 개인을 동원하는 데 있었다.

이처럼 석탄과 여타 공업 생산물은 중국이 상상하는 미래의 물질적 풍요의 핵심 구성요소였다. 이와 동시에, 실물과 별개로 지면상에 수치로 표현된 생산량은 개발의 현 상태를 나타내는 추상적인 척도로 여겨졌다. 중국의 생산 수치가 다른 나라의 비슷한 수치와 나란히 비교될 때 특히 그러했다. 이처럼 공산당의 정책결정자들은 일제와 국민당의 기술관료들과 다를 바 없이 석탄과 개발 사이에 정량화할 수 있는 상관관계가 존재한다고 여겼다. 공산당이 전임자들과 구별되는 지점은 생산에 거의 전

66 예컨대 다음을 보라. "Xuexi Sulian xianjin Jingyan."

67 Li, "Guanyu fazhan guomin jingji."

68 Wu, "Tiananmen Square," 98.

69 간디의 공업화 비전에 대해서는 다음을 보라. Bassett, *The Technological Indian*, 79-105.

적으로 몰두했다는 것이다. 일제와 국민당은 석탄의 1인당 총생산량과 총소비량 둘 다에 집착했다. 반면, 공산당은 석탄의 생산량만 따졌다.[70] 이러한 정량화에 기반을 둔 외국과의 비교는 필연적으로 경쟁이라는 논리로 귀결될 수밖에 없었다. 1955년에 마오쩌둥은 "우리는 대략 수십 년 안에 세계 최대 자본주의 국가들을 추월하거나 따라잡아야 한다"라고 선언했다. 그 뒤 몇 년간 이러한 주장이 더욱 강화되는 가운데 "영국을 추월하고 미국을 따라잡는다(超英趕美)"라는 개념이 등장했다. 1957년에는 15년 안에 철강 생산량에서 영국을 앞지른다는 더욱 구체적인 목표가 제시되었다.[71]

마오쩌둥 시대의 중국에서 탄소 기술관료주의는 전례 없이 높은 생산성을 달성했다. 중국 국가통계국에 따르면, 1950~1958년에 중국 석탄 생산량의 평균 증가율은 26.6퍼센트였지만 영국은 0.03퍼센트에 불과했다. 미국은 오히려 감소했다. 절대적 생산 증가량이 아닌 상대적 성장률에 초점을 맞춘 것은 의도였다. 중국은 영국과 미국에 비해 출발점 자체가 매우 낮았기 때문에 생산 증가율이 더 커 보일 수 있었다. 이러한 통계는 중국에 유리했다. 그렇다고 해서 성장 자체가 거짓은 아니었다. 1949년에 중국은 세계 석탄 생산 규모 9위였지만, 10년 후 3위로 올라섰다.[72] 중국의 지도자들은 중국이 당시 "세계 최대의 자본주의 국가들"뿐만 아니라 과거의 중국 정권과도 경쟁 관계에 있다고 생각했다. 공산당 정권은

70 칼 거스(Karl Gerth)는 소비주의와 소비에 관한 관심이 마오쩌둥 시기 중국에 만연했다는 점을 강조한다. Gerth, *Unending Capitalism*. 그는 주로 일상적인 상품에 대한 꾸준한 욕망과 사용에 초점을 맞춤으로써 절제를 강조하던 당시의 공식 서사에 묻힌 역사를 재구성한다. 한편, 공산품과 관련한 공식 통계자료에서도 생산에 비해 소비가 훨씬 덜 조명되고 있다는 점은 흥미롭다. 예를 들어 다음을 보라. Zhonghua renmin gongheguo Guojia tongji ju gongye tongji si, *Woguo gangtie, dianli, meitan, jiqi*.

71 Qi and Wang, "Guanyu Mao Zedong 'chao Ying gan Mei'," 66-67.

72 Guojia tongji ju, *Weida de shi nian*, 95-96.

전 정권의 폐해를 비판하는 한편, 전임자들의 업적을 뛰어넘기 위해 노력했다. 국가통계국은 중국의 주요 공업 생산품 생산량을 해방 전 최고치와 비교하는 통계를 계속해서 발표했다. 석탄의 경우, 해방 전 최고 생산 기록인 6,200만 톤 수준을 1952년에 초과했다. 1957년의 석탄 생산량은 1949년 이전 최고치에 비해 210.1퍼센트 증가했다. 불과 1년 후인 1958년에는 이 수치가 436.3퍼센트로 두 배 이상 뛰었다.[73] 앞서 살펴봤듯, 정량적 비교 자체는 결코 새로운 것이 아니었다. 그러나 사회주의 정부의 중앙집권적 계획에 따라 생산 목표가 상향 조정되는 속도, 또 그러한 목표가 달성되는 것처럼 보이는 속도만큼은 전례 없이 빨랐다.

적어도 석탄의 성장 잠재력만큼은 처음부터 충분해 보였다. 중국의 석탄 매장량이 풍부하다는 인식은 해방 이후로도 지속되었다. 중국공산당 기관지《인민일보》에 실린 1949년도 기사는 석탄의 풍부함에 대해 다음과 같이 찬양했다. "굽이치는 아무르강에서 헝돤산맥(横斷山脈)의 첩첩산중까지, 광활한 산둥 평야에서 저 멀리 신장의 너른 대지에 이르기까지, 우리 위대한 조국의 아름다움과 광활함 아래로 아직 개발되지 못한 무궁무진한 천연자원이 존재한다. 검은 황금 또는 먹빛 옥이라 불려 온 석탄의 매장량이 특히 풍부하다."[74] 1950년대 내내 국가의 지원 아래 여러 차례 광물 탐사가 이뤄졌다. 그 덕택에 기존의 수많은 탄광구 안에서 더 많은 석탄 매장지를 확인할 수 있었고, 또 상당수의 새로운 탄전을 발견할 수 있었다.[75] 푸순에서는 광무국 소속 엔지니어와 기술자가 소련 지질학 전문가들의 도움을 받아 기존에 채탄이 이루어지고 있는 지역의 북쪽 일대에서 더 많은 석탄 매장지를 찾아냈다. 이로써 푸순에 매장된 석탄의

73 Guojia tongji ju, 92.

74 Gao, "Woguo meikuang gongye."

75 Dangdai Zhongguo congshu bianji bu, *Dangdai Zhongguo de meitan gongye*, 257-58.

총량은 15억 톤으로 상향 추산되었다.[76] 이 시기 중국 전체의 석탄 매장량 예상치는 1조5,000억 톤에 달했다. 이는 소련과 미국에 이어 세계 3위의 규모였다.[77] 결국 공산당 정부가 직면한 문제는 이전 정권들과 마찬가지로 이 막대한 석탄 자원에 어떻게 접근할 수 있느냐였다.

공산당 정부는 1950년대 내내 석탄 채굴을 관리했다. 정부의 이러한 통제는 처음에는 연료공업부를 통해, 1955년에 연료공업부가 해체된 후로는 새로이 설립된 석탄공업부(煤炭工業部)를 통해 이루어졌다. 광산의 소유와 운영은 다음 네 가지 범주로 구분되었다. 첫째 범주는 국영 기업이다. 이는 다시 중앙정부의 연료공업부 또는 석탄공업부가 운영하는 대형 기업, 성정부가 운영하는 중형 기업, 성급 예하 지방정부가 운영하는 소형 기업으로 나뉘었다. 둘째, 농업 및 수공예 합작사(이후에는 인민공사)에 의해 운영되는 집체 기업이다. 셋째, 공사합영(公私合營) 기업이다. 다수의 민간 기업이 1950년대 중기 "사회주의 개조" 과정에서 공사합영 기업으로 전환되었다. 마지막 넷째 범주는 민간 사기업이다. 여타의 공업 부문과 마찬가지로 탄광업도 1950년대에 주요 추세는 국영 부문의 확대라고 규정할 수 있다. 1950년에는 국영 기업이 석탄 생산량의 66퍼센트, 민간 기업이 32퍼센트를 차지했다. 1956년에 이르러 이 수치는 각각 90퍼센트와 2.5퍼센트를 기록한다.[78] 1957년, 중국 전국 석탄 생산량의 약 4분의 3이 석탄공업부가 관할하는 탄광으로부터 생산되었다. 푸순은 이른바 5대 국영 탄광 중 하나였다(나머지 네 탄광은 다퉁(大同), 푸신, 화이난, 카이롼이었다). 석탄공업부는 전반적인 탄광 관리 외에도 석탄 생산 계획, 자본 투자 및 기자재 배분 계획, 석탄 유통 및 소비 계획의 초안을 작성하는 일도

76 *FKZ*, 65.

77 State Statistical Bureau, *Major Aspects of the Chinese Economy*, 130; Guojia tongji ju, *Weida de shi nian*, 12.

78 Ikonnikov, *Coal Industry of China*, 30–34.

담당했다. 석탄공업부는 이러한 초안을 국가계획위원회—중국의 경제와 사회 개발을 총괄하는 최고위 기관—에 제출해 승인받았다.[79]

1950년대 중국의 석탄 생산량 증가는 제1차 5개년 계획—1950년대 중기를 풍미한 국가 주도의 대규모 공업화 프로젝트였다—의 맥락 속에서 이루어졌다. 1955년 7월, 사회주의 중국의 입법부라고 할 수 있는 제1기 전국인민대표대회 제2차 전체회의가 열렸다. 이 자리에서 국가계획위원회 위원장이자 해방 후 둥베이 지역의 공업 경제를 설계한 장본인인 리푸춘(李富春, 1900~1975)이 공식적으로 제1차 5개년 계획을 공표했다. 사실 이 계획은 이미 1953년부터 시행되고 있었다. 국가의 최우선 과제로서 중공업 발전을 촉진한다는 것이 계획의 골자였다. "사회주의 사회는 대형 산업의 물질적 토대 위에서 건설될 수 있습니다. 거대하고 막강한 중공업 부문을 건설해야만 (…) 비로소 각양각색의 현대식 산업 장비를 생산할 수 있으며, 이로써 중공업 그 자체와 경공업 부문이 기술 변혁을 이루어 나갈 수 있을 것입니다." 리푸춘은 단언했다. "또한 그래야만 비로소 농업 부문에 트랙터와 여타 현대식 농기계, 그리고 충분한 비료를 공급할 수 있으며, 이로써 농업 부문이 기술 변혁을 이루어 나갈 수 있을 것입니다. 또한 그래야만 비로소 기관차, 자동차, 증기선, 비행기 등 현대식 운송 수단을 생산할 수 있으며, 이로써 교통 부문이 기술 변혁을 이루어 나갈 수 있을 것입니다. 그래야만 비로소 현대식 무기를 생산해 나라를 지키는 군인들에게 지급할 수 있으며, 이로써 국방을 더욱 굳건히 할 수 있을 것입니다."[80] 리푸춘 및 그와 뜻을 같이하는 지도자들은 사회주의적 근대국가의 요체가 곧 기계화라고 상상했다. 그러한 국가가 사회주의적 주체로

79 Bazhenov, Leonenko, and Kharohenko, "Organization of Production, Labor Productivity and Costs," 1-2.

80 Li, "Guanyu fazhan guomin jingji," 163-64.

서 개개인에게 제공할 혜택은 무엇인지도 암시되어 있었다. 농업과 교통 부문에서의 "기술 변혁"은 더 많은 먹거리를, 더 광범위한 개인형 이동 수단을 사람들에게 제공할 터였다. 그러나 이러한 혜택이 그 자체로 계획의 핵심이라고 볼 수는 없었다. 공산당 지도자들의 관심사는 무엇보다도 국방력 강화에 있었다.

석탄은 제1차 5개년 계획이 목표로 하는 모든 개발 항목의 핵심 연료였다. 5개년 계획은 1957년까지 전국적으로 1억1,300만 톤의 석탄을 생산하고, 동시에 철강업계의 수요를 맞추기에 충분한 양의 코크스를 공급한다는 목표를 세웠다. 또한 대개 중국의 석탄 생산지와 소비지는 서로 멀리 떨어져 있는데, 이러한 지리적 비효율성을 "합리화"하기 위한 방안이 모색되었다. 이에 정부는 한편으로 기존 탄광을 확장하면서, 다른 한편으로 석탄을 공급받는 여타의 공업 현장과 더 가까운 곳에 새로운 광산을 열었다. 5개년 계획은 규모를 특히 중시했다. 마지막 5년 차가 끝날 때까지 100만 톤 이상의 생산 역량을 갖춘 채탄 기업을 31개나 만들겠다는 목표를 세웠다.[81] 전체적으로 제1차 5개년 계획의 핵심 대형 공업 프로젝트 156개—이러한 프로젝트는 소련의 막대한 원조 아래 진행되었다—가운데 무려 24개가 석탄 관련 사업이었다. 그중 4개가 푸순에 있었다.[82] 기계화의 고도화 역시 필수적인 요소로 여겨졌다. 장린즈(張霖之) 석탄공업부 장관은 제1차 5개년 계획 수립 직후의 시점을 회고하며, "기존의 탄광들을 극도의 기술적 낙후 상태로부터 탈피시키고 기술 현대화의 올바른 길로 올려놓기 위해 체계적인 노력"이 전개되었다는 점을 강조했다.[83] 이러한 행보는 다양한 측면에서 소기의 성과를 거두는 것처럼 보였다. 제

81 Li, 173; Dangdai Zhongguo congshu bianji bu, *Dangdai Zhongguo de meitan gongye*, 24.

82 Thomson, *The Chinese Coal Industry*, 36.

83 Zhang, "Wei gao sudu fazhan," 5.

1차 5개년 계획 기간에 중국의 석탄 생산량은 6,700만 톤에서 1억3,000만 톤으로 거의 두 배가량 늘어났다. 이는 증산 목표를 10퍼센트 이상 초과 달성한 것이었다.[84]

푸순 탄광은 제1차 5개년 계획에 따라 석탄 생산량을 대폭 늘려야 했다. 국가계획위원회의 지시에 따르면, 1957년까지 생산량을 약 930만 톤까지 끌어올려야 했다. 이는 1952년도 생산량의 두 배에 육박하는 수치다. 계획위원회는 이러한 목표를 달성하기 위해, 더 나아가 생산성을 저해하는 "지하 갱과 노천광의 장기 개발과 건설상의 모든 문제"와 "전체 탄전의 장기 계획상의 문제들"을 해결하기 위해 푸순 탄광이 "총체적인 개조(總體改造)"에 착수해야 한다고 지시했다.[85] 이러한 지시에 따라 푸순 탄광은 기존 광산의 작업 범위를 확대하고 세 개의 새로운 광산—동부 노천광, 라오후타이 북부의 수갱, 룽펑 북부의 수갱—을 새로 열었다. 이처럼 국가는 푸순 탄광의 확장을 위해 많은 자본을 쏟아부었다. 더 많은 기계와 보조 설비를 갖추는 데, 1958년 말까지 서부 노천광에서만 8억 7,000만 위안의 중앙정부 자금이 지출되었다. 그러나 모든 일이 계획대로 순조롭게 진행된 것은 아니었다. 동부 노천광 개발 공사는 기자재와 인력의 부족으로 계획보다 지연되었다. 그 결과 약 800만 위안의 손실이 발생했다. 그럼에도 1956년, 푸순 탄광의 전체 생산량은 이미 9.04톤을 달성해 목표 범위 내에 안착했다.[86]

푸순의 생산량 증가에 일조한 이 시기의 특별한 조치 중 하나는 이른바 팡저우채탄법(龐周採煤法)의 채택이었다. 라오후타이 광산에서 일하는 노동자 팡관상(龐觀祥)과 기술자 저우광루이(周廣瑞)가 제안한 이 공법은 크

84 Kharohenko, "Development of the Coal Industry," 4.

85 *FKZ*, 65.

86 *FKZ*, 65-67.

게 세 가지로 구성되었다. 첫째, 여러 사람의 경험으로부터 파생된 다양한 고급 기술을 종합하는 것이었다. 한 가지 예를 들자면, 폭약을 넣는 구멍을 더 깊이 뚫기 위해 교체할 수 있는 두부(interchangeable heads) 부품이 장착된 대형 드릴을 사용하는 것이었다. 둘째, 채굴 작업의 기본 단위를 변경했다. 즉, 한 작업조가 별도의 분업 없이 80미터의 면적을 작업하는 방식에서 한 작업조가 160미터의 면적을 조립 라인처럼 분업해 작업하는 방식으로 바뀌었다. 그리고 무엇보다도 중요한 것은 세 번째 요소다. 갱도의 높이와 폭, 폭약 투입용 구멍의 깊이, 폭약의 양, 작업 면적의 길이 등에서 과거의 한계치를 초과해 작업하기로 했다. 그 결과 더 빠르게 더 많이 생산할 수 있었다.[87] 한 명의 노동자가 부분적으로 고안한 이러한 공법이 실용화되고 그 성공이 상찬받았다는 사실은 보통의 노동자 또한 지식과 기술을 응당 소유할 수 있는 존재라는 공산당 정부의 공식적인 인식과 일맥상통했다. 이러한 현상에 대해서는 다음 절에서 더 상세히 논의할 것이다. 여기서는 인민공화국 시기 탄소 기술관료주의가 적어도 국가의 생산주의적 지향—사회주의 공업화를 추동하고 규정한—에 기여하는 한, 위와 같은 형태의 군중 주도의 전문성을 긍정할 수 있었다는 점을 확인하는 것만으로 충분하다.

노동자를 위한 나라의 노동자들

여러 새로운 공법과 기계 외에도, 1950년대 푸순 탄광의 생산량 증가는 노동자들에게 크게 의존했기 때문에 가능했다. 앞서 언급했듯, 푸순 탄광은 더 많은 노동자를 적극적으로 모집함과 동시에 생산 경쟁 운동을 통해 노동력을 동원함으로써 증산을 도모했다. 생산 경쟁 운동은 중국공산당이 소련으로부터 도입한 경영관리 관행으로, 일찍이 옌안 시기부터 시행

87 Liu, "Fushun meikuang kaicai fangfa," 71-72.

되었다.[88] 푸순에서 이러한 운동은 인간의 에너지를 탄소 에너지 추출에 집중시키는 데 긴요했다. 샤오쥔이 《5월의 광산》에서 묘사한 생산 경쟁 대회도 1949년 5월에 푸순에서 실제로 열린 생산 운동 가운데 하나를 모티브로 했다. 생산 대회 당일 아침, 그는 라오후타이의 한 갱도 아래로 내려가 여러 작업장에서 "묵묵히 일하고 (…) 신나게 일해 (…) 다른 작업조를 능가하려 혈안이 된" 노동자들을 관찰했다.[89] 그 뒤로도 몇 년 동안 푸순 전역에서 이와 비슷한 생산 경쟁 대회가 반복해서 열렸다.

생산 경쟁 운동의 기본 전제는 단순명료했다. 탄광 내 여러 단위가 서로 경쟁해 누가 먼저 목표를 달성하는지, 또는 정해진 시간 안에 누가 가장 많은 작업량을 완수하는지 경쟁하는 것이었다. 일반적으로 노동자들은 누가 더 많은 석탄을 채굴하는지를 놓고 경쟁했다. 그러나 생산 경쟁 운동 중에는 갱도 청소나 기자재 보수 등 채탄 외 작업에 대해서도 경쟁이 벌어졌다. 이 모든 과정에서 "신기록 세우기," "주어진 조건을 돌파하기," "계획을 초과 달성하기"가 장려되었으며, 작업 경과가 기술적으로 정밀하게 기록되었다.[90] 예컨대 1950년 11월에 노천광 암석제거반 소속 노동자들은 한 달 동안 일할 분량을 불과 보름 만에 완료했다. 이로써 이 광부들은 당시 진행 중이던 생산 경쟁 운동의 모범 사례로 뽑혔다. 지역 언론은 이 성과가 일일 표면 암석 제거량을 1,500세제곱미터에서 1,900세제곱미터로 늘렸기 때문에 가능한 결과였다고 보도한다. 특히 어느 한 작업조의 공로가 두드러졌는데, 소속 노동자들의 작업 출석률이 100퍼센트에 달했고 노동자 개개인의 일일 평균 제거량을 4.4세제곱미터에서 6세제곱미터

88 Kelkar, "Chinese Experience of Political Campaigns," 50–51; Kaple, *Dream of a Red Factory*, 8.

89 Xiao, *Dongbei riji*, 649 (May 7, 1949).

90 중화인민공화국 초기 수치화의 중요성에 대해서는 다음을 보라. Ghosh, *Making It Count.*

이상으로 높인 것이 주효했다고 한다.[91] 우수한 성과를 낸 단위에는 간혹 금전적 보상이 주어지기도 했다. 그러나 여타 지역과 마찬가지로 푸순에서도 대부분의 보상은 공개적인 찬사가 전부였다.[92] 종종 노동절이나 다른 전국 단위의 운동—예를 들면 한국전쟁기 항미원조운동(抗美援朝運動)—과 맞물려 생산 경쟁 운동이 벌어질 경우, 노동자들은 자신들의 공업 생산 성과와 혁명적 열정 및 애국심을 정량적으로 연결해야 했으며 바로 그러한 수치를 늘려야 한다는 요구에 부응해야 했다.[93]

공산당이 초기 단계에서 생산 경쟁 운동을 통해 노동자를 동원하는 데 성공할 수 있었던 비결은 단지 경쟁심이나 명예욕을 자극하는 데만 그치지 않았다는 데 있다. 공산당은 더 나은 삶을 약속함으로써 노동자의 마음을 사로잡았다. 처음에는 무엇보다 기본적인 필요를 충족시키는 것이 중요했다. 국민당의 짧은 집권 기간에 급격한 인플레이션과 식량 부족으로 푸순의 많은 주민은 임금을 받지 못했다. 이들은 콩을 압착해 기름을 짜고 남은 콩깻묵을 이런저런 채소와 섞어 배를 채울 수밖에 없었다.[94] 체불 임금을 지급하는 것이 최우선 과제였다. 왕신산은 해방 후 푸순에서 한 첫 번째 대중 연설에서 다음과 같이 말했다. "모든 현직 임직원과 노동자 동지들에게 발표합니다. (…) 지금 순간부터 기존의 직급에 따라 임금 지급이 재개될 것입니다. (…) 내가 이곳에 도착할 때부터 우리 탄광의 직공들이 겪는 어려움을 잘 알고 있었습니다. 우리의 상급 간부들은 이미 (…) 여러분이 스스로 부양할 수 있도록 임금의 일부를 미리 지급하는 안을 승인했습니다."[95] 이에 더해 신생 사회주의 정부는 심각한 식량난을 완

91 "Lutiankuang bengyan gu."

92 예컨대 다음을 참고하라. Frazier, *Making of the Chinese Industrial Workplace*, 227.

93 Qi, "Yingjie hong wuyue."

94 Meidu Fushun bianxie xiaozu, *Meidu Fushun*, 53.

95 Wang, "Zai di yi ci jun, kuang."

화하기 위해 구호품과 배급품을 신속하게 배분하고, 다른 해방구로부터 더 많은 양식을 지원받도록 요청했다.[96] 이에 따라 노천광의 한 노동자처럼 공산당의 집권이 곧 "배불리 밥을 먹는 것(吃飽了飯)"을 의미한다고 여기는 사람들을 어렵지 않게 찾아볼 수 있었다.[97]

그러나 공산주의 혁명은 최소한의 생존 이상의 무언가를 제공해야만 했다. 소련은 공업 생산이 어떻게 조직되어야 하는지에 관한 모델이기도 했지만, 동시에 더 나은 노동자의 삶이란 무엇인가에 대한 이상을 제시했다.《푸순일보》의 〈위대한 스탈린 동지 치하의 소련〉이라는 기사는 다음과 같이 시작한다. "노동자는 더 이상 억압받거나 착취당하지 않을 뿐만 아니라 그 누구보다도 존중받는다. 노동자들은 모두 가장 고도의 지식과 기술을 소유하고 있으며, 모두 매우 행복한 삶을 영위하고 있다. 그리고 매일매일 더 나아지고 있다. 소련이라는 나라는 실로 노동 인민을 위한 위대한 천국이라고 불릴 만하다."[98] 중국공산당 정부에 1949년은 하나의 분기점이었다. 그 이전의 모든 것이 낡은 것으로 치부되었고, 그 뒤의 모든 것은 새로운 것이라 선언되었다. 이렇게 소련이 제시한 이상을 향해 나아갈 터였다. 현지 언론은 1949년을 전후로 노동자의 삶이 어떻게 개선되었는지에 대한 기사를 자주 실었다. "해방 전에 우리 노동자들은 소나 말처럼 일했다. 그러나 해방 후에는 우리 스스로가 우리 일을 책임지게 되었다." 어느 기사의 설명이었다. 기사는 이어서 노동자들이 누리는 여러 새로운 편의에 대해 자세히 묘사했다. 노동자들은 이제 "도토리 가루" 대신 "흰 밀가루"를 먹게 되었고, "팔꿈치가 드러나고 발가락이 튀어나온" 닳아빠진 옷과 신발 대신 "편안한 간부복과 가죽 신발을 신게 되었

96 Meidu Fushun bianxie xiaozu, *Meidu Fushun*, 53.

97 Zhang, "Jiefang liao de caimei gongren," 287.

98 "Sulian renmin de xingfu shenghuo."

다." 더 나아가 그들은 다양한 여가 활동에 참여할 시간과 기회를 얻었다. "해방 전 노동자들은 쓰레기처럼 짓밟혔지만, 해방 후 우리는 제련되어 강철이 될 운명의 고철과도 같다." 이러한 적절한 공업적 은유를 곁들이며 기사는 마무리된다.[99] 이러한 표현에는 과장된 면이 없지 않았지만, 특히 해방 이전의 어려웠던 시기를 고려할 때 푸순 노동자들의 일상생활 수준이 중화인민공화국 초기에 눈에 띄게 개선되었다는 점에는 의심의 여지가 없었다.

새로운 사회주의 정부는 노동자를 "국가의 주인"이자 "선도 계급"으로 호명하면서 더 많은 존엄을 약속했다.[100] 이러한 흐름의 중요한 요소 가운데 하나는 노동자의 전문성을 인정하는 것이었다. 마오쩌둥 시대에 중국에서 전문성의 문제는 곧 계급 정치의 문제였다. 국가는 전통적인 엘리트만이 지식을 독점한다는 확고한 인식을 깨기 위해 끊임없이 노력했다. 이 문제가 1957년에 전국적인 화두로 떠올랐다. 당의 지도자들은 지식인에게 "홍(紅)과 전(專)을 동시에" 추구하라고 주문했다. 다시 말해, 이는 인민을 위한 혁명의 열정과 과학기술 역량을 결합하라는 요구였다.[101] 푸순 탄광에서는 전문성의 문제가 일찍이 1950년대 초에 제기되었다. 그 초점은 탄광의 기술자와 노동자 사이의 위계를 어떻게 해소할 것이냐였다. 그때까지 대체로 기술자 집단은 기술력을 갖고 있고 노동자 집단은 그렇지 않기에 기술자의 아래에 위치한다고 생각했다. 우선 푸순 탄광 측은 노동자의, 특히 업계에서 수십 년 동안 일한 "노공인(老工人)"의 전문성을 공공연하게 옹호했다. 1951년 푸순 탄광 전역에서 푸순총공회(撫順總工會)가 주최하는 "경로" 대회가 열렸다. 총공회 회장은 고령의 노동자들에게 "젊은

99 Wu and Gu, "Gongren de shenghuo."

100 이러한 약속이 곧 헛된 것이었음을 상하이 노동조합 활동을 사례로 분석한 글로 다음을 참고하라. Perry, "Masters of the Country?"

101 "홍과 전"이라는 문제에 대해서는 다음을 보라. Schmalzer, "Red and Expert."

수습공들에게 업무 경험과 기술력을 전수해 국가 건설의 미래 인재로 거듭날 수 있도록 노력을 배가해 줄 것"을 촉구했다.[102]

공식 담론은 또한 노동자들이 서로에게뿐만 아니라 기술자에게도 가르침을 줄 수 있다는 인식을 장려했다. 이에 따라 기술자들은 작업 현장에서 노동자들과 활발하게 상호작용하고 비공식적인 토론을 벌임으로써 노동자들로부터 무언가를 배워야 한다고 독려받았다. 지역 언론에 소개된 많은 사례 중 하나로 왕시(王喜)의 이야기를 꼽을 수 있다. 승리 광산의 기술자 왕시는 "단순한 기술 위주의 관점(單純技術觀點)"을 버리고 여러 차례 작업 현장으로 내려가 노동자들과 함께 생산을 저해하는 여러 문제를 해결할 방법을 모색했다. 그의 이러한 점이 높은 평가를 받았음은 물론이다. 예를 들어 왕시는 더 이상 필요치 않은 갱도 버팀목을 재활용하기 위해 해체 방법을 찾고 있었다. 그는 이를 위해 장치 하나를 설계했고, 이를 노동자들에게 보여주었다. 왕시는 노동자들의 피드백을 반영해 최종 설계안을 조정했다. 이러한 의견 조율의 결과로 탄생한 버팀목 제거기(하나의 엔진과 그에 연결된 여러 개의 체인이 조절 가능한 삼각대에 부착된 장치)는 성공적이었으며, 한 달에 각 탄갱에서 45세제곱미터의 버팀목을 해체해 회수할 수 있었다.[103] 마오쩌둥 시대의 중국 농업과학을 연구한 과학사학자 시그리드 슈말저(Sigrid Schmalzer)는 해외 지식과 관련이 깊은 양(洋) 전문가들—예를 들어 미네소타대학 출신의 곤충학자 푸저룽(蒲蟄龍)—이 종종 토착 지식과 토(土) 전문가의 창의성에 의지해 새로운 농업 기술을 개발하고 도입했다는 점을 보여주었다.[104] 푸순에서도 마찬가지로 노동자와 기술자 간의 협력에 토대를 두고 여러 기술적 조정과 보완이 이루어졌다.

102 "Zonggonghui zhaokai chunjie jinglao dahui."

103 "Jishi Wang Xi zao gongren bangzhu."

104 Schmalzer, *Red Revolution, Green Revolution*, 47-72.

그리고 이러한 노력은 석탄 생산 증가라는 사회주의 국가권력의 목적에 일조했다.

또한 슈말저의 토 전문가들처럼 푸순의 노동자들도 자신들만의 혁신으로 찬사받기도 했다. 라오후타이 탄광의 전기기기 공장에서 일하는 웨이시지우(魏錫久)도 그러한 사례 중 하나다. 그는 창고에 보관되어 있는 낡은 일제 암반 드릴 몇 대를 발견했다. 웨이시지우는 이 기기를 고쳐 사용했다. 하지만 이렇게 수리한 드릴은 스위치를 켜면 "기관총 소리처럼 귀가 찢어질 듯한 소리"가 났다. 굉음 때문에 노동자들은 작업 중에 의사소통을 제대로 할 수 없었다. 이는 단지 성가신 문제에 그치는 것이 아니라, 안전상의 위협이자 원활한 생산을 저해하는 방해 요소였다. 웨이시지우는 즉시 문제 해결에 착수했다. 며칠 동안 "온 신경을 집중"한 끝에 그는 드릴의 통풍구가 좁은 것이 문제의 원인이라고 결론 내렸다. 이에 통풍구를 넓히는 개조를 시도했다. 그 뒤 그는 자동차의 머플러에서 영감을 얻어 드릴에 비슷한 소음 저감 장치를 고안해 부착했다. 이 두 가지 조치 덕분에 상황이 개선되었다. 새로이 개조된 드릴을 조작해 본 몇몇 노동자는 기뻐서 펄쩍 뛰며 "드디어 우리 귀가 해방되었다!"라고 소리쳤다.[105]

노동자의 전문성이 과연 어느 정도로 널리 인정받았는가에 관해 선전 출판물을 통해 유포된 이상의 내용들, 즉 노동자가 가르침을 제공하고 혁신을 이루는 일련의 사례들은 현실을 정확히 반영한다기보다는 독자에게 열망을 불어넣으려는 의도로 소개되었을 공산이 크다. 그럼에도 수사적으로나마 노동자의 지식과 기술을 인정하려는 이러한 시도가 있었다는 점은 주목할 만하다.[106] 사회주의 시대에 탄소 기술관료주의는 일본이

105 Liu, "Wei Xijiu chuangzao xiaoyinji"; Zhang and Lin, "Wei Xijiu chuangzao xiaoyinqi."

106 사회주의 중국의 과학적 성취(특히 보통의 노동자들에 의한)를 지나치게 미화하는 듯한 문건들을 어떻게 독해할 것인지, 또 진보 정치의 문제의식 속에서 그러한 자료들의 의의를 어떻게

나 국민당 시대에 비해 덜 엘리트주의적인 사람들의 전문성까지도 넓게 긍정하고 활용하고자 했다. 그러나 이처럼 이른바 전문가의 범위가 더 확대되었지만, 그들의 전문성은 어디까지나 국가의 매우 협소한 목적에 부합해야 했다는 점을 거듭 강조할 필요가 있다. 정규 교육을 받은 엔지니어의 지식이든 경험이 많은 노동자의 지식이든, 국가 발전을 위해 생산을 늘리는 데 일조할 수 있어야만 비로소 유용한 지식으로 인정받았다.

만약 자신이 기술자와 동등한 위치에 있다는 국가의 공식 노선에 확신을 갖지 못한다면, 푸순의 노동자에게는 기술자로 신분 상승을 도모하는 방법도 있었다. 1949년부터 여러 해에 걸쳐 푸순 탄광 경영진은 야학을 비롯한 여러 교육 기회를 제공했다. "직공들의 문화와 기술 수준을 높이는 것"이 이러한 교육의 목표였다. 일반 노동자는 기계공학, 전기공학, 화학공학은 물론 광업 및 기계 제작과 관련한 수업을 이수함으로써 직급을 높일 수 있었다. 노동자는 기계공이 되고, 숙련공은 기술자가 될 수 있었다. 일부 노동자와 기계공은 작업장 반장이나 구역장이 되고, 일부 숙련공과 기술자는 보조 엔지니어가 될 수 있었다. 몇몇 수습 기계공은 정식 기계공이 되고, 몇몇 노동자는 기술반장이 될 수 있었다. 그러나 푸순의 노동자 가운데 이러한 교육의 기회를 누린 사람은 그리 많지 않았다. 시행 후 첫 3년간 361명의 노동자만이 이러한 교육 과정을 이수했는데, 이는 10만 명이 넘는 전체 노동자 집단의 극히 일부에 불과했다. 아마도 교육 과정의 수용 능력(1953년에는 겨우 17개 분반만 운영되었다) 때문이거나, 노동자들이 업무 외 이런저런 일로 여유가 없었기 때문일 수도 있다.[107] 혹

읽어 낼 것인지에 대한 일련의 성찰로는 다음을 참고하라. Schmalzer, "On the Appropriate Use of Rose-Colored Glasses."

107 "Fushun meikuang gongye zhuanke yexiao"; "Fushun jishu yexiao"; Fushun shi renmin zhengfu difang zhi bangongshi and Fushun shi shehui kexue yanjiusuo, *Fushun dashiji*, 74.

은 수많은 노동자가 실제로 자신들이 이미 기술자와 동급이라고 여겼기 때문일 수도 있다. 정반대로 자신과 기술자 사이의 구분 선 앞에서 지레 체념해 버렸기 때문이었을 수도 있다.

푸순 탄광은 증산을 위해 노동력을 동원하는 과정에서 여성 노동자에게도 관심을 기울였다. 새로운 사회주의 정권 아래 소위 "해방"된 여성들은 그 상당수가 공업 노동 활동에 진입할 수 있었다. 푸순의 여성 노동자들은 광산 안에서 직접적으로 석탄을 채굴하는 일에는 투입되지 않았다. 그러나 이들은 선탄 공장을 비롯한 여러 보조적인 가공 공장에서 일했다. 공산당 점령 직후부터 푸순 탄광은 여성을 고용하기 시작했다. 푸순 지역 부녀연합회의 수장 허즈(賀之)는 1952년의 연설에서 다음과 같이 말했다. "과거에 대부분은 사무직에 종사하고 몇몇은 전기기기 공장이나 탄광용 램프 공장에서 일했지만, 기술력을 가진 사람은 아무도 없었습니다. (…) 그러나 그 뒤 우리의 영도자들의 지시에 따라 (…) 일부 여성들이 기술을 습득할 수 있게 되었습니다. (…) 현재 국영 및 민간 기업의 여성 노동자 수는 1949년에 비해 22배나 늘었습니다."[108] 자녀를 둔 여성이 집 밖에서 이러한 종류의 노동에 종사할 수 있도록 푸순 탄광 내 여러 단위는 자체적으로 탁아소를 열어 운영했다. 노천광 탁아소는 "밝은 회색의 우아한 서양풍 건물"에 있었다. 내부에는 "하얗게 칠한 벽면" 사이사이로 유아용 침대가 배치되었고, 벽마다 아이에게 분유를 얼마나 먹여야 하는지, 언제 먹여야 하는지, 언제 재워야 하는지를 알려 주는 포스터가 붙어 있었다. 이처럼 위생적이고 정돈된 탁아소의 환경은 어머니가 "안심하고 일하러 나갈 수 있도록" 하기 위한 목적으로 설계되었다.[109] 남성과 마찬가지로

108 He, "San nian lai Fushun."

109 "Lutiankuang de tuoersuo." 공산당은 중국 전역에 탁아소를 설치해 여성을 육아로부터 "해방"한 후 이들의 노동력을 활용코자 했다. 이러한 새로운 노동 안배에 따라 탁아소에서는 모유 수유를 대신한 젖소의 우유가 아이의 보육에서 중요한 역할을 했다. 이에 대해서는 다음을 보

여성도 푸순 탄광의 운영에서 필수적인 존재가 되어 갔다. 예를 들어 전기기기 공장의 여성 노동자들은 "열성적으로 문제 해결책을 찾고" "생산에 대한 높은 열의를 보였다." 이들은 이제 "생산의 최전선에 없어서는 안 될 거대한 역량"으로 인정받았다.[110]

그러나 비록 여성이 공업 노동에 적극적으로 참여하기 시작했다고 할지라도, 여러 측면에서 혁명이 여성의 사회적 역할에 대한 과거의 이해—여성을 가정과 재생산 노동에 묶어 놓는—를 극적으로 변화시켰다고 보기는 어렵다. "현모양처"라는 오래된 이상이 푸순 부녀연합회가 주도하는 담론 지형 내에서 여전히 유지되고 있었다. 예를 들어 1952년, 푸순 탄광 산하 제철소 소속 노동자들의 아내들은 그들의 남편이 일터에서 제대로 성과를 내지 못하고 있다고 느꼈다. 작업 중에 남편 노동자들은 지나치게 많은 양의 폐고철을 만들어 내고 있었다. 이는 원료 취급에서 비효율을 초래할 수 있었다. 이러한 문제를 인식한 후 여성들은 다음과 같이 결론 내렸다. "우리 가운데 많은 아내가 아이를 업고, 이불을 개고, 장작을 패라고 너무 자주 요구하는 바람에 남편들이 제대로 쉬지 못하는 것이 문제다." 아내들은 "더 이상 남편들에게 이런 일을 시키지 않기로" 결심했다. 덕분에 남편들은 일터에서 "두 번 다시 쓸모없는 고철을 만들어 내지 않게 되었다."[111] 마찬가지로, 광부의 아내 왕쉐친(王學勤)은 "가정계획"을 세워 다른 여성들을 참여시킨 공로로 "부녀모범(婦女模範)"으로 선정되는 영예를 얻었다. 기록에 따르면, "그는 집안일에 문제가 없어야 남자들이 광산에서 생산에 집중할 수 있고, 더 많은 생산이 이루어져야

라. Braden, "Serve the People," 59–66.

110 "Jidian chang nügong."

111 Yu, "Feiyue qianjin."

그들의 매일 매일이 나아질 것이라는 점을 잘 알고 있었다."[112] 역사학자 개일 허샤터(Gail Hershatter)는 혁명 전후 산시성 농촌 여성의 삶에 관해 연구했다. 그에 따르면, 1950년대 후반의 대규모 생산 운동의 파도 속에서 국가 차원의 "운동의 시간(campaign time)"과 가정 차원의 "가사의 시간(domestic time)"이 결합함으로써 "전례 없는 강도"의 노동이 여성들에게 부과되었다.[113] 사회주의 중국의 가장 대표적인 공업 도시 중 하나인 푸순은 1950년대 초부터 이러한 결합을 겪어야 했다. 따라서 푸순의 여성 노동자만큼 이러한 노동 강도를 절절하게 체감했던 사람을 찾기란 쉽지 않을 것이다.[114]

국가는 증산을 장려하기 위한 노력의 하나로 노동자가 본받아야 할 모범을 정해 제시했다. 생산 경쟁 운동과 맞물려 등장한 이 모범 노동자 제도는 소련의 스타하노프 운동에 뿌리를 두고 있었다. 1935년에 광부 알렉세이 스타하노프(Aleksei Stakhanov)는 6시간 만에 무려 102톤의 석탄을 채굴하는 기록을 세워 찬사받았다. 스타하노프의 이름을 딴 이 운동은 다른 노동자들에게도 이 모범 노동자를 본받아 생산성과 관련한 여러 기준을 초과 달성할 것을 요구했다.[115] 푸순의 가장 유명한 모범 노동자는 중국 최초의 모범 노동자 가운데 한 명이었다. 장쯔푸(張子富, 1915~1990)라는 이름의 이 노동자는 노천광에서 일하는 광부였다. 그는 여러 작업장에서 생산 신기록을 세우는 데 성공한 "돌격조"를 조직한 인물로 명성을 얻었다. 푸순 탄광은 "그의 강인한 육체 노동력, 노동자를 조직하는 탁월한 능력, 낙관적이고 흔들림 없는 작업 윤리"를 높이 사 장쯔푸에게 "전면

112 "Funü mofan Wang Xueqin."

113 Hershatter, *The Gender of Memory*, 236.

114 사회주의 정부의 요구와 지역사회의 전통적 역할이 결합하면서 어떻게 농촌 여성이 더 큰 부담을 짊어지게 되었는지에 관해서는 다음을 보라. Eyferth, "Women's Work."

115 모범 노동자 제도에 대해서는 다음을 참고하라. Yu, "Labor Is Glorious."

노동영웅(全面勞動英雄)" 칭호를 부여했다.[116] 푸순에 머무는 동안 샤오쥔은 장쯔푸와 친분을 쌓을 수 있었다. 샤오쥔은 장쯔푸가 "열정, 용기, 대담함, 책임감, 창의성, 기지, 침착함 등을 갖춘 일종의 혁명적 낭만주의 정신을 대표한다"라고 묘사했다.[117] 샤오쥔은 장쯔푸가 소설의 주인공으로 삼기 좋은 인물이라고 생각했다. 실제로 《5월의 광산》의 용맹한 주인공 루둥산(魯東山)은 장쯔푸를 모델로 삼아 탄생했다.[118] 수년에 걸쳐 푸순 탄광은 더 많은 모범 노동자를 선정했다. 이들은 모두 생산 속도나 생산량에서 두각을 나타낸 인물이었다.[119] 사회주의 정부가 노동자의 생활 수준과 사회적 지위에 여러모로 관심을 기울였지만, 푸순 안팎에서 노동자의 존재는 결국 그들의 노동에 따라 정의되었다. 그리고 이들의 노동은 끊임없이 높아져만 가는 탄소 기술관료주의의 요구에 부응해야 했다. 국가의 정책 결정자들이 추구한 석탄 의존적인 급속한 공업화 계획은 궁극적으로 노동 현장에서 땀 흘리는 군중의 노고를 제외하고는 성립될 수 없었다.

열악한 열효율의 문제

석탄 생산에 막대한 에너지를 쏟아부었는데도 여전히 공급은 덩달아 늘어나는 수요를 따라잡지 못했다. 1950년대 후반, 중국은 석탄 부족 사태에 직면했다. 저우언라이(周恩來, 1898~1976) 총리는 1957년 11월, 《인민일보》에 기고한 글에서 "개별 공작 단위의 석탄 비축량은 이전보다 더 줄어든 반면, 제조, 운송, 가정용 석탄 수요는 부문을 막론하고 크게 늘어났다"라고 언급했다. 총리는 이러한 수요와 공급 간의 격차가 석탄의 "극심

116 Fushun kuangwu ju, *Canguan shouce*, 45.

117 Xiao, *Dongbei riji*, 771 (August 16, 1949).

118 Xiao, 662 (May 17, 1949).

119 예를 들어 다음을 보라. Wei, "Chang mofan Li Yuming."

한 품귀" 사태의 원인이라고 진단했다. 저우언라이 총리가 이끄는 국무원은 긴박한 상황을 완화하기 위해 반드시 "석탄 생산 증산과 석탄 소비 절약을 동시에 추진(增產煤炭和節約用煤同時竝擧)"해야 한다는 방향성을 제시했다.[120]

석탄 수요는 대약진운동의 개시와 더불어 계속해서 늘어났다. 대약진운동이란 1958~1961년에 진행된 재앙적인 생산 촉진 운동으로, 수천만 명이 아사한 대기근으로 귀결되었다. 1958년 하반기에 마오쩌둥은 강철이야말로 공업 대약진의 "핵심 고리"라는 확신을 갖게 되었다. 그는 공업의 정수라고 할 만한 강철 합금의 생산량을 540만 톤에서 1,070만 톤으로 두 배 늘릴 것을 촉구했다. 마오쩌둥의 지시 후 이어진 철강 생산 운동 과정에서 중국 전역의 인민은 촌락 여기저기에 현지 제작 방식의 토법용광로(土法高爐)를 세우는 작업에 동원되었다. 인민은 악명 높은 이 용광로에 철광석뿐만 아니라 고철과 여타 유용한 도구—조리도구와 농기구 등—를 집어넣었다. 그러나 이러한 시도는 효과를 보지 못했다. 전쟁 영웅 펑더화이(彭德懷, 1898~1974)는 이러한 방식의 강철 생산 운동을 빗대어 "오이로 징을 치는 행위"라며 비판했다. 중국공산당은 이견을 제기했다는 이유로 펑더화이를 숙청했다. 토법용광로를 거쳐 생산된 강철 대부분은 사실 저품질의 선철(pig iron)에 불과했는데, 이는 부분적으로 조리도구나 농기구 등 투입물의 품질이 떨어져서 나타난 현상이었다. 당시 한 논자는 다음과 같이 말했다. "용광로 바닥에서 쏟아져 나오는 쇳물이나 용광로 위에 뜨는 쇳물이나 아무런 차이가 없는 것 같았다."[121] 그러나 토법용광로는 시간, 노동력, 철재 자원의 낭비(이는 궁극적으로는 재앙적인 대가

120 Zhou, "Zengchan meitan he jieyue yongmei."

121 MacFarquhar, *Origins of the Cultural Revolution*, 88-90, 113-16, 193-200. 인용은 115쪽.

를 초래했다)를 상징한 것만큼이나, 동시에 연료의 낭비를 의미하기도 했다. 단순히 용광로가 쓸모없는 철을 대량으로 생산하기 때문만은 아니었다. 애초에 토법용광로는 정상적인 용광로보다도 더 많은 석탄을 소모할 수밖에 없었다. 즉, 열악한 열효율이 문제였다.

석탄공업부는 일찍부터 이러한 문제를 인지하고 있었다. 1958년 11월, 석탄공업부 산하 석탄조달처(煤炭調運司)는 토법용광로에서 철 1톤을 제련하기 위해 약 3톤의 코크스(막 채굴되어 코크스로 가공되지 않은 석탄을 이용할 때는 5~6톤)를 태우고 있다고 지적했다.[122] 이는 당시 중국의 근대식 제철소—이마저도 소련과 미국의 제철소보다 열효율이 떨어졌다—에서 소비하는 코크스의 네 배가 넘었다.[123] 평가 보고서에 따르면, 석탄조달처는 이러한 높은 석탄 소모량과 관련해 "(용광로의 노동자들이) 작업 숙련도가 떨어지고, 쓰이는 철광석의 등급이 열악하며, 코크스의 회분 함량이 높기 때문"이라며 책임을 회피했다.[124] 그러나 열효율의 문제는 토법용광로뿐만 아니라 중국의 다른 공업 부문 전반에도 적용될 수 있었다. 1963년, 경제학자 우위안리(Yuan-li Wu)는 중국 공업 전반이 열악한 열효율의 문제에 시달리는 주된 원인 가운데 하나로, 회분 함량이 높은 코크스를 비롯해 품질이 떨어지는 석탄이 널리 사용되고 있는 현실을 꼬집었다.[125]

사실 석탄 품질 문제는 사회주의 공업화가 시작된 이래로 국가 정책결정자와 채탄업계 종사자가 모두 염두에 둔 문제였다. 석탄의 품질은 석탄이 연소할 때 얼마나 많은 열 또는 열에너지를 방출하는가에 따라 결정된다. 석탄의 품질은 석탄에 회분을 비롯한 여러 불순물이 존재할 때 떨어

122 "Strengthen Coal Washing Work," 1.

123 Wu, *Economic Development and the Use of Energy*, 198.

124 "Strengthen Coal Washing Work," 1.

125 Wu, *Economic Development and the Use of Energy*, 199.

질 수 있다. 이러한 불순물은 석탄의 형성 과정 자체에서 생성될 수도 있고, 채굴과 운송 과정에서 혼입될 수도 있다. 일반적으로 석탄이 형성되는 과정에서 발생하는 불순물은 지하에 묻히기 전에 식물성 물질과 섞이거나, 석탄화 과정에서 나타난 균열 부위로 침전해 들어간 무기 광물들(inorganic minerals)이다. 이때 화학 반응을 거쳐 석탄 내부에 포집될 수 있는 다른 불순물로는 질소와 황을 들 수 있다. 석탄의 채굴과 운송 과정에서 유입되는 불순물로는 주로 주변 암석이나 잔해, 심지어 채굴 작업에 이용된 기계나 도구의 파편들이 포함된다.[126]

당과 국가의 공식 발표에 따르면, 석탄 형성 과정에서 발생하는 불순물은 자연이 만든 우연이지만 생산 과정에서 유입되는 불순물은 인간이 범한 오류다. 1951년 7월, 석탄을 의인화해 일거수일투족을 재치 있게 묘사한 글 한 편이《푸순일보》에 실렸다. 기사의 주인공 석탄은 "국방과 경제 발전의 주역"이라고 자기 자신을 소개한다. 석탄은 푸순이 해방된 이래 자신 또한 그 "주인(석탄을 채굴하는 광부)"과 더불어 "해방(翻身)"되어 "인민의 조국을 위해 일"해 왔다고 밝힌다. 그러나 석탄은 "쓸모없는 암석이라는 이웃이 자신과 한데 섞여 장난을 치기를 좋아하며, 이 때문에 자신의 품질이 떨어졌다"라고 불평한다. 광부의 잘못이 없지 않다. "제 주인은 제 주위의 물질들이 좋든 나쁘든 신경 쓰지 않습니다. 그는 단지 폭약을 터뜨린 다음 전동 삽으로 저를 퍼 올릴 뿐입니다. 적극적으로 (폐기물 더미 사이에서 석탄인 저를) 골라내지 않습니다. 주인은 또한 저를 적재할 때도 부주의한 태도로 일관합니다. 언제나 (질보다) 양만을 추구합니다." 석탄은 자신의 열효율이 떨어지는 현실이 매우 안타깝다. 그러나 이야기는 행복한 결말로 나아간다. 석탄의 품질이 좋지 않다는 사실을 알게 된 광부는 자신의 작업 방식을 바꾼다. 결국 우리의 주인공 석탄은 자신의 "품질이 향

126 Raask, *Mineral Impurities in Coal Combustion*, 29-30.

상"되어 "경제 발전과 국방 발전을 위한 역량이 증가"했으며, 이로써 "군중을 도와 '항미원조'에 동참"할 수 있게 되었다며 자랑스러워한다.[127]

하지만 석탄의 품질 저하가 단순히 인간의 부주의 때문만은 아니었다. 도리어 기술 발전이 초래한 의도치 않은 결과일 수도 있었다. 마오쩌둥 시대의 중국 과학기술에 관해 연구하는 역사가들은 최근 몇 년 동안 사회주의 치하에서 과학기술의 결핍 내지는 실패에 대한 과거의 전제를 뒤집기 시작했다.[128] 여러 연구자는 예컨대, "군중 과학(mass science)"과 같이 자본주의 사회에서는 보기 낯선 접근법을 통해 중국의 과학기술이 일련의 성과를 거두었다는 점을 입증했다. 그러나 탄광의 기계화는 어쩌면 결핍이나 실패가 아니라, 기술이 지나치게 잘 작동한 것이 문제였던 사례로 볼 수 있다. 석탄공업부는 오랫동안, 기계화를 통해 크게 증산을 달성할 가능성에 천착해 왔다. 기계식 채굴은 실제로 더 많은 양의 석탄을 더 빠르게 생산할 수 있도록 했다. 그러나 동시에, 생산된 석탄에 더 많은 불순물이 섞여 나오게 만들기도 했다. 특히 기계 장비가 장벽식채탄법—수직으로 길쭉한 석탄의 면을 깎기 위해 절단기와 적재기가 결합한 대형 기기를 사용해야 했다—에 접목되었을 때 이러한 경향은 더욱 두드러졌다. 이 대형 기기의 회전 톱니는 석탄을 깎아 조각낼 뿐만 아니라, 석탄 주변의 다른 암석이나 광물을 파쇄하기도 했다. 이러한 불순물이 석탄 덩어리에 섞여 운반 컨베이어에 실릴 수 있었다. 1952~1956년, 석탄공업부가 관할하는 탄광에 배치된 대형 절단·적재 복합기가 4대에서 88대로 늘어

127 Fan, "Lutiankuang 'mei' de zishu."

128 이러한 선행연구는 현재 상당히 축적되어 있으며 여전히 성장하는 중이다. 몇 가지 예를 들자면 다음과 같다. Neushul and Wang, "Between the Devil and the Deep Sea"; Schmalzer, *The People's Peking Man;* Fan, "Collective Monitoring, Collective Defense"; Mullaney, "The Moveable Typewriter"; Schmalzer, *Red Revolution, Green Revolution*; and Jiang, "Socialist Origins of Artificial Carp Reproduction."

났다.[129] 사회주의 에너지 레짐의 수요를 충당할 수 있도록 생산이 확대되는 과정에서 이를 뒷받침하기 위한 기술 개발은 생산이 아닌 다른 영역—열효율이라는 차원—에서 비용을 발생시켰다.

불순물을 처리하는 주된 방법은 선탄이었다. 선탄이란 석탄과 기타 불순물의 밀도가 다르다는 점에 착안해 물, 스크린(screens), 지그(jigs) 등을 통해 코크스, 불순물 함도가 높은 석탄, 폐기물을 분류하고 분리하는 공정을 뜻한다.[130] 석탄공업부의 한 보고서에 따르면, 선탄은 석탄을 보존하는 수단이기도 했다. 이 보고서는 100톤의 원탄을 코크스로 전환할 경우, 20톤의 선철을 생산할 수 있다고 추산했다. 그러나 선탄 공정을 거치면, 같은 양의 선철을 생산하는 데 필요한 양의 코크스를 약 90톤의 원탄만으로 제조할 수 있었다. 더 나아가 선탄 공정을 통해 제철용으로는 적합하지 않지만, 가정용이나 발전용으로 사용할 수 있는 "중급탄(middling coal)"을 확보할 수 있었다. 푸순에서는 대체로 원탄 100톤당 20톤의 중급탄이 회수되었다. 보고서는 "더 많이 선탄이 이루어진다면, 전국적으로 막대한 비용 절감 효과를 거둘 수 있을 것"이라고 전망했다.[131] 《인민일보》의 한 기사는 이러한 선탄 공정을 대약진 당시의 최우선 과제와 연결했다. "선탄은 제철 증산을 위한 핵심 연결고리다."[132] 푸순과 같은 대규모 탄광에서 오랫동안 시행해 온 선탄이 1959년에 이르러 제철 증산을 위해 이를 적극 활용해야 한다는 맥락 아래 새삼 최고위 정책결정자들의 주목과 지지를 받았다.[133]

열악한 열효율 문제의 구체적 해결책으로서 선탄에 이목이 쏠렸지만,

129 State Statistical Bureau, *Major Aspects of the Chinese Economy*, 147, 158.

130 Huagong, "Ximei."

131 "Strengthen Coal Washing Work," 2.

132 "Ximei shi zengchan gangtie."

133 Zhou, "Zengchan meitan he jieyue yongmei."

여전히 어려움은 계속되었다. 한 가지 변수는 이 시기에 난립한 수많은 소규모 광산이었다. 대약진운동 기간에 각종 증산 계획을 추진한 석탄공업부는 "사병은 사병에게, 장군은 장군에게"라고 불린 정책을 제기했다. 이는 대형 탄광은 대규모 제철소에, 소형 광산은 중국 농촌 전역에서 인민이 세운 토법용광로에 석탄을 공급한다는 의미였다.[134] 다만 대부분의 소규모 광산에서는 선탄 공정이 시행되지 못했다. 따라서 그로부터 생산되는 석탄은 품질 저하 문제를 면치 못했다. 또 다른 변수는 선탄 설비를 갖춘 대형 탄광조차도 선탄 처리 속도가 석탄 채굴 증가 속도를 따라가지 못했다는 점이다. 이 공장들은 대약진운동 기간에 늘어난 석탄 생산량을 감당하지 못했다. 결과적으로 총 석탄 생산량은 1957년에 1억3,000만 톤에서 1960년에 4억2,500만 톤으로 늘어났지만, 석탄의 평균 품질은 오히려 더 떨어졌다.[135]

게다가 1950년대 내내 엔지니어와 기술자가 용광로, 보일러, 엔진의 효율을 개선하기 위해 분투했지만, 근본적으로 이러한 기계 장치에 계속해서 저품질의 석탄을 대량 투입하는 행위는 일말의 긍정적인 개선 효과까지도 모두 상쇄해 버리고 말았다.[136] 이렇게 석탄의 품질 문제와 산업체들의 무절제한 석탄 소비가 결합하면서 전체 석탄 소비량이 폭증했다. 결국 석탄 총생산량의 약 5분의 1 정도에 해당하는 소형 광산의 석탄 생산분 전체가 사실상 열악한 열효율 문제로 생긴 에너지 손실분을 충당하는 데 쓰이는 지경에 이르렀다.[137]

석탄 품질의 저하 외에도, 생산 속도의 증가는 이미 가혹한 노동 환경

134 "Strengthen Coal Washing Work," 1.

135 Wu, *Economic Development and the Use of Energy*, 40, 125.

136 Wu, 106–8, 125.

137 Wu, 199.

속에서 여러 위협에 노출되었던 광부의 목숨을 한층 더 위험에 빠뜨렸다. 1958년 1~5월에 대형 국영 탄광에서는 53퍼센트, 소규모 광산에서는 10~30퍼센트가량 광산 사고 건수가 늘어났다. 가스 폭발과 광차 충돌 사고를 차치하면, 나머지 탄광 사고 대부분은 과잉 채굴 때문이었다. 석탄의 채굴량과 잔존량의 권장 비율을 초과해 채굴 작업을 강행할 경우, 갱도 붕괴나 (노천광의 경우) 경사면 붕괴 같은 치명적인 사고로 이어질 수 있었다.[138] 이런 의미에서 석탄 품질 저하에 따른 열악한 열효율의 문제란 더 근본적인 병폐로부터 비롯된 하나의 증상에 불과했다. 이 모든 문제는 기계화의 심화와 증산에 집착한 결과라는 점을 고려할 때, 우리는 탄소 기술관료주의라는 에너지 레짐에 내재한 또 하나의 모순을 포착할 수 있다. 그 모순이란 사실상 효용보다 대가가 컸다는 점이다.

"석탄은 사람의 목숨값으로 나온다"

사회주의 정부는 안전 관련 기록을 앞세워 자신을 과거의 정권들과 구별하고자 했다.[139] 푸순 현지 당국자들은 일본과 국민당이 얼마나 폭압적이었는지를 보여주는 근거자료로 사고 통계를 자주 인용했다. 만철 치하에서 광부들 사이에 유행한 한 유행가는 일본인이 중국인의 인명 손실에 대해 무심했다는 것을 반영한다. "이 낡아빠진 사회에서 광부들은 한 서린 노래를 부른다네 / 광부들의 피와 눈물이 모여 강을 이루네 / 그 위로 광차는 하루하루 내달리네 / 아직 숨이 붙어 있는 광부는 몇이나 되는지 그 누가 보았는가?"[140] 1952년에 한 광부는 조금 더 간단명료하게 표현했

138 "Quanguo meikuang yi zhi wu yue fen."

139 마오쩌둥 시대의 안전 사고에 대한 국가의 반응과 개혁개방 시대로 이어진 유산에 대해서는 다음을 참고하라. Brown, "When Things Go Wrong."

140 Fushun shi shehui kexueyuan and Fushun shi renmin zhengfu difang zhi bangongshi, *Fushun shi zhi, gongye juan*, 112.

다. "(일본) 악귀들이 우리 노동자들의 목숨을 빼앗아 석탄과 맞바꿨습니다."[141]

해방 이후 푸순의 지역 언론은 안전 문제를 자주 보도했다. 특정한 광산이나 광산 내 작업 단위에서 장기간 무사고로 일상 업무를 수행한 것을 치하하는 기사 또한 자주 실렸다. 예를 들어 승리 광산 쿵샹루이(孔祥瑞)의 석탄 채굴 작업조가 3년 이상 무사고 생산 기록을 달성했을 때, 한 기자는 그를 인터뷰하며 조장으로서 작업 중 안전을 어떻게 보장할 것인지에 대한 조언을 요청했다. 쿵샹루이의 대답은 경각심으로 요약될 수 있을 것 같다. 그는 조원들의 사소한 안전 위반 행위도 용납하지 않았고, 위에서 떨어지는 작은 석탄 조각 하나까지도 놓치지 않고 잠재적 위험 요소로서 철저히 살폈다고 한다.[142]

그러나 의외로 더 많은 보도 비중을 차지한 것은 안전 위반 사례들이었다. 이것들은 대부분 생산 경쟁 운동 과정에서 일어났다. 경쟁 운동이 탄광의 생산성을 높이는 데 중점적인 역할을 했을지 모르지만, 동시에 경쟁에서 이기기 위해 무리수를 두어 안전을 도외시한 때도 많았다. 예를 들어 1950년 11월에 승리 광산은 두각을 나타내기 위해 안전을 희생시킨 단위로 지목되었다. 앞서 10월에만 승리 광산에서 두 건의 대형 사고가 발생해 세 명의 노동자가 목숨을 잃었다. 간부들의 관료주의적 사고에 비난의 화살이 쏟아졌고, 안전 문제에 대해 더 주의를 기울여야 한다는 요구가 이어졌다. 그러나 같은 식의 사고가 그 뒤로도 수년 동안 반복되었다.[143] 더 끔찍한 사례는 약 1년 반 후 승리 광산에서 발생한 또 다른 사고였다. 당시 한창 진행 중이던 "홍치(紅旗) 경쟁"에서 생산 할당량을 초과

141 Luo, "Kong Xiangrui xiaozu."

142 Luo.

143 "Shengli kuang jingsai zhong hulüe anquan."

달성해 상패와 상금을 받기 위해 혈안이 된 동부 제3광구의 책임자 리치량(李啓亮)이 자신의 담당 지역에서 발생한 사고를 은폐하려 했다.[144] 지방 간부들이 체계적으로 곡물 생산량에 대한 허위 보고를 올려 전국적인 대기근을 일으킨 대약진운동이 시작된 것은 이 사고로부터 몇 년 후의 일이다. 그러나 리치량의 일화는 곧 닥칠 재앙을 예고하는 듯했다.

이러한 사고 중 상당수는 예방할 수 있는 것들이었다. 예컨대 1951년 1월, 라오후타이 광산에서 일주일 사이에 무려 세 건의 사고가 발생했다. 노동자들은 선탄이 완료된 정탄(精炭)을 셰일 암석과 함께 가열하고(둘을 별도로 처리해야 한다), 수레에 과적하고, 적절한 감독관이 없는 상태로 광차를 운행했다. 이러한 행동은 결국 사고와 부상으로 이어졌다.[145] 이에 따라 광산의 간부들이 선전이나 지침을 통해 노동자들에게 안전 관련 교육을 하고 작업 전반에 대한 자각 수준을 높여야 한다는 요구가 잇따랐다.[146] 1954년《푸순일보》에 실린 서한에 따르면, 국가안전기술감찰국의 장싱(姜興)은 최근 라오후타이 광산 내부로 점점 더 많은 담배와 성냥이 반입되고 있다는 조사 결과를 발표했다. 이는 광산 관리자들이 광부들에게 제대로 안전 교육을 하고 있지 않다는 방증이라고 그는 생각했다.[147] 만철 시대와 달리, 사고의 책임을 노동자가 아닌 간부에게 물었다는 것이 앞선 시대와 달라진 점이라면 달라진 점일 것이다. 그럼에도 빈번하게 발생하는 사고는 도통 멈출 줄을 몰랐다.

생산 속도 가속화에 따른 사고 추세는 1950년대 내내 계속되었다. 예를 들어 1954년 1/4분기에 푸순 탄광은 중앙에서 설정한 목표를 8만 톤

144 "Shengli kuang dong keng."

145 "Laohutai kuang fangsong anquan gongzuo."

146 "Jieshou Shengli kuang Laohutai kuang."

147 Jiang, "Laohutai kuang fangsong baoan jiaoyu."

이상 초과 달성했다. 그러나 동시에 823건의 사고가 발생해 821명의 광부가 다쳤고, 10명이 사망했다.[148] 사고에 대한 세간의 주목에도 불구하고, 상황은 나아지기는커녕 오히려 나빠졌다. 1956년, 푸순시 정부는 그 해를 최악의 해로 규정했다. 해방 이래 한 해 동안 가장 많은 생산 관련 사고가 발생했다. 1~10월에 무려 2,100건이 넘는 사고가 발생했고, 36명(그 중 30명이 광산 내부에서 사망)이 목숨을 잃었다.[149] 일부 노동자는 마치 과거의 일본인 경영진을 비판하듯 당시의 상황에 대해 "석탄은 사람의 목숨값으로 나온다(煤是人命換來的)"라며 불만을 드러냈다.[150]

그러나 국가가 가장 우려한 것은 따로 있었다. 즉, 이러한 사고가 생산량을 늘리려는 노력을 저해하고 "국가에 막대한 손실을 초래"할 수 있다는 점이었다. 1956년의 푸순 사고 이후 국가는 매우 세밀하게 보수 비용뿐만 아니라 노동 시간 손실과 채굴되지 못한 석탄량을 파악했다. "1월부터 8월까지 사고로 5만3,694일의 근무일이 날아갔다. 하루 평균 268명의 노동자가 생산에 참여하지 못하게 되었다. 작업 중단에 따른 기자재 손상으로 1만5,377시간의 채탄 작업이 손실되었고, 채굴되어야 했으나 채굴되지 못한 석탄량이 6만7,980톤에 이르렀다. 또한 사고로 파손된 기자재를 수리하기 위해 11만6,329위안이 지출되어야 했다."[151] 공산당은 스스로 일본과 국민당 정권의 수탈과 선을 긋고자 했다. 그러나 사회주의 공업화 프로젝트를 추진하는 데 공산당의 우선순위는 분명했다. 일본이나 국민당과 마찬가지로 공산당 또한 생산을 사람보다 우선했다.

148 "Fushun meikuang shigu."

149 "Fushun shi ge shengchan changkuang."

150 "Fushun meikuang shigu."

151 "Fushun shi ge shengchan changkuang."

결론

1958년 2월, 매서운 겨울바람이 부는 어느 날 아침이었다. 마오쩌둥이 푸순에 도착했다. 자주 그랬듯, 주석은 갑자기 순시에 나섰다. 푸순 방문 일정의 하나로 마오쩌둥은 그에 앞서 탄광촌을 찾았던 수많은 사람과 마찬가지로 노천광을 찾았다. 거대한 구덩이 안쪽 깊숙한 곳을 내려다보던 마오쩌둥은 어둠 속에서 스멀스멀 피어오르는 몇 개의 연기 기둥을 포착했다. 연기의 정체에 관해 물은 그에게, 수행을 맡은 푸순 탄광 측 간부는 재빨리 일본 점령기와 국민당 시절부터 이어져 온 작은 불길이라고 답했다. 마오쩌둥이 대답했다. "우리 자원을 제대로 관리해야 한다. 가능한 한 빨리 불길을 잡기 위해 최선을 다하라. 우리 자원이 헛되이 소진되게 방치해서는 안 된다."[152] 마오쩌둥의 지시는 다소 자기모순적으로 들린다. 1950년대에 공산당 정권이 구축한 탄소 에너지 레짐은 생산만을 중시함으로써 막대한 대가와 낭비를 자초했다. 더불어 마오쩌둥은 화재에 따르는 인명 손실을 고려하지 않은 채 물질적 피해, 즉 귀중한 에너지 자원의 손실에만 관심을 기울였다. 뒤이어 공산당 정부는 대대적으로 에너지를 추출하고 산업 근대성의 허울뿐인 약속을 추구하는 가운데 더 많은 생명을 희생시킬 터였다. 주석의 위와 같은 태도는 대약진의 역사와 너무나도 일맥상통하는 것처럼 보인다.

푸순, 그리고 만주에서 중국공산당은 일본제국의 폐허 위에 자신의 에너지 레짐을 확립했다. 그 과정에서 공산당은 트랜스내셔널한 기술과 전문지식을 활용했다. 1950년대 초에 활약한 소련 기술 고문들뿐만 아니라, 해방 이후로도 잔류한 일본인 엔지니어들과 기술자들로부터 지원을 받았다. 만주는 수십 년에 걸친 일본 통치 기간에 건설된 경제 인프라 덕분에 중화인민공화국 건국 무렵, 중국에서 가장 공업화한 지역으로 두각

152 Shen, "Nanwang '2.13'," 157.

〈그림 6-2〉 〈마오 주석 시찰 푸순(毛主席視察撫順)〉 포스터. 마오쩌둥의 푸순 시찰 일정 가운데 1958년 2월 13일의 서부 노천광 방문 모습을 묘사했다. 포스터는 사회주의리얼리즘 예술 사조를 강하게 반영하고 있으며, 배경에 각종 기계를 드러냈다. (저자 소장 포스터.)

을 나타냈다. 이러한 만주의 위상은 전쟁과 소련의 기자재 철거가 가져온 막대한 피해에도 불구하고 유지되었으며, 특히 일본인 전문가들의 활약과 더불어 푸순 탄광과 만주는 재건될 수 있었다.[153] 만주의 공업화와 경제 발전이 일본의 유산이었다는 사실은 제국주의에 반대하는 우리에게 불편한 진실처럼 보일 수 있다. 그러나 결코 이것이 일본제국 시절을 미화해야 하는 이유가 될 수는 없을 것이다.[154] 우선 만주의 경제 인프라가 만들어질 때 그 뒤에는 수많은 중국인 노동자가 있었다는 사실을 지적할 수 있다. 더 나아가 일본인들이 만주 공업을 설계할 때 사실상 그곳의 피

153 만주 공업에 기여한 잔류 일본인 전문가들에 대해서는 다음을 보라. Matsumoto, *"Manshūkoku" kara shin Chūgoku e*; Hirata, "From the Ashes of Empire."

154 학계에서나 일반 대중 담론에서나 제국주의를 바람직했던 것으로 해석하려는 수정주의적 시도가 없지 않다. 이러한 논자들은 특히 과거 식민지였던 지역에서 상당 기간 경제 발전이 일어났다는 점을 강조한다. 만주에서 일본제국주의가 농업 경제 부문에서 과연 실제로 발전을 야기했는지, 반대로 저발전(underdevelopment)을 초래했는지에 관한 논쟁으로 다음을 참고하라. Myers and Bix, "Economic Development in Manchuria."

식민지 인민의 이익을 대변하려 했던 것은 아니라는 점을 강조할 필요가 있다. 또한 석탄에 기반한 대규모 공업의 확대가 언제나 반드시, 심지어 환경은 두말할 것도 없고 지역 경제의 몇몇 부문에 대해서도 긍정적인 결과를 가져다주지는 못했다는 점을 이해한다면, 해방 이후 만주 경제에 대한 일본의 기여라는 문제를 더 쉽게 받아들일 수 있을 것이다. 다시 말해 우리는 일본이 만주 경제에 미친 "긍정적인" 영향이 있었다는 점을 찬양하지 않되, 인정은 할 수 있을 것이다.[155] 푸순이 잘 보여주듯, 제국 일본이 공산당 치하의 중국에 물려준 문제적 유산은 탄소 기술관료주의를 구성하는 기술적 인프라와 전문지식이었다.

중국공산당이 통치하는 국가는 사회주의 유토피아적 청사진을 실현하기 위한 물질적 조건을 마련할 가능성으로서 탄소 기술관료주의를 해석했다. 중국공산당은 공업화가 자신에게 "부와 힘"을 가져다줄 것이며, 이는 적대적인 세계—해외 여러 나라들은 사회주의 중국의 존재 자체를 변칙으로 간주했다—에서 살아남기 위해 필수불가결한 요소라는 인식을 일본제국 및 국민당과 공유했다. 또한 전임 정권들과 마찬가지로, 공산당은 공업화를 향한 열망을 위해 과학기술을 동원해 생산성을 증대시키는 데 몰두했다. 그 성공을 가늠하기 위해 사회주의 정부는 철, 강철, 전력, 그리고 석탄과 같은 자원의 총생산량에 집착했다. 이러한 지표들은 산업자본주의 시대 초기에 확립된 국가 발전의 척도에 불과했다. 혁명에 관한 그 모든 수사에도 불구하고, 공산당은 이러한 목표들을 결코 다르게 사유(reimagine)하지 않았다(아니 어쩌면 안 한 것이 아니라 할 수 없었던 것일지도 모르겠다). 이 장에서 살펴본 것처럼, 이상의 자원들을 추출하는 데만 환원주

155 중국과 일본의 후대 사람들이 만주에 남긴 일본제국주의의 유산을 나름대로 이해하기 위해 분투하는 과정에 대한 설득력 있는 민족지 연구로는 다음을 보라. Koga, *The Inheritance of Loss*.

의적으로 매달릴 때 그 생산 과정에서 발생하는 문제들, 즉 품질의 문제, 지속 가능성의 문제, 인적 비용의 문제가 은폐된다는 한계가 존재할 수밖에 없었다.

《5월의 광산》이 출간된 지 얼마 지나지 않아 샤오쥔은 다시 한번 당과 마찰을 겪었다. 소설은 출간 과정에서부터 어려움이 있었다. 샤오쥔은 자신이 작가 블랙리스트에 올랐다는 사실을 알게 되었고, 1953년 마오쩌둥에게 탄원서를 보내 선처를 호소했다. 주석의 말 한마디에 모든 게 해결되는 듯했다. 1954년에 큰 문제 없이《5월의 광산》이 출판되었다.[156] 그런데 1년 후 두 명의 무명작가가 함께 쓴 신랄한 비평—당의 비준을 받아 쓴 것으로 추정된다—이 유력 문예지에 실렸다.[157] "이 소설을 읽고 우리는 극렬한 분노를 느낄 수밖에 없었다." 비평은 다음과 같이 이어졌다. "우리는 샤오쥔이 여러 클리셰와 입에 발린 어휘를 사용함으로써, 또 혁명에 대한 열정을 가장함으로써 사회주의 기업, 노동자 계급, 그리고 노동자 계급의 정당을 심히 왜곡하고 중상하려는 자신의 의도를 숨기려 했다고 믿고 있다."[158] 이 소설은 평범한 노동자들이 당의 지시와는 무관하게 초인적인 업적을 달성하는 모습을 묘사하는데, 이 부분이 특히 격렬한 반감을 자아냈다.[159] 또 다른 비평은 샤오쥔이 "노동자 계급에는 지도자, 정치의식, 기술력이 따로 필요치 않고 오직 강인하고 주관적인 정신만 있다"라는 주장을 펼치고 있다며 비난에 가세했다.[160] 그 뒤로도 비판이 줄을 이었다. 결국 샤오쥔은 반우파투쟁(1957~1959) 기간에 당에 의해 숙청당했다. 그는 문화대혁명(1966~1976)이 끝나고 1970년대 말이 되어서야

156 Cohen, *Speaking to History*, 181–82.

157 Goldman, *Literary Dissent*, 221.

158 Hsia, *History of Modern Chinese Fiction*, 278.

159 Goldman, *Literary Dissent*, 221.

160 Goldman, 221.

비로소 복권될 수 있었다.

《5월의 광산》의 클라이맥스는 노천광에서 발생한 사고다. 광부 양핑산(楊平山)과 린펑더(林鳳德)는 일전에 낙석이 발생했을 때 돌무더기에 묻힌 전동 삽을 회수하려 하고 있었다. 바로 그때 또다시 낙석이 시작되었다. 결국 두 노동자와 장비가 매몰되고 말았다. 사람들의 눈에 들어온 것은 "더미 사이로 튀어나온 전동 삽의 목 부분"밖에 없었다. 돌무더기 위로 불꽃이 튀었다. 급기야 "두꺼운 검은 연기 기둥으로부터 화재"가 발생했다. 사실 노동자들은 이런 낙석이 또 일어날 수 있다고 여기고, 사고 발생 며칠 전 상급자에게 이 점을 주의해야 한다고 귀띔했다. 그러나 이러한 경고는 대체로 무시되었다. 이틀 뒤 동료 광부들이 유해를 수습했다. "시신의 얼굴은 알아볼 수 없을 정도로 손상되었고, 그나마 타지 않은 옷과 신발의 잔해로 두 사람을 식별할 수 있었다."[161] 샤오쥔은 자신이 직접 겪은 일을 바탕으로 이 에피소드를 구성했다. 실제로 푸순에서 전동 삽 기사 류훙린(劉宏林)과 그의 조수 리원광(李文光)이 목숨을 잃은 사고가 있었다.[162] 소설에서와 마찬가지로 두 사람은 혁명을 위해 "희생"된 "영웅"으로서 추앙받았다.[163]

《5월의 광산》을 탄소 기술관료주의에 내재한 생산주의적 측면에 대한 비판으로 독해하는 데는 아무런 비약이 필요하지 않다. 등장인물 양핑산과 린펑더를 사망에 이르게 한 사고의 원인을 조사한 후, 광무국 당 서기와 소설의 주인공 루둥산은 탄광 노동자들을 대표해 "관료주의"—간부가 군중의 말을 듣지 않거나 군중의 복리를 헤아리지 않는 태도—를 규

161 Xiao, *Wuyue de kuangshan*, 434–36.

162 Xiao, *Dongbei riji*, 843 (March 25, 1950).

163 FKZ, 62.

탄했다.[164] 샤오췬은《5월의 광산》줄거리를 모두 마무리한 뒤 클라이맥스의 사고와 비슷한 사고—어느 신문 기사를 참고한 것으로 추정된다—가 등장하는 세 편의 단편을 덧붙였다. 이 세 편은 각각 언론 기사의 일부분, 조사 보고서, 사설 요약문의 형식을 따른다. 이 단편들은 사고에 대한 추가적인 세부 내용을 제공하는 한편, 귀책 사유가 있는 탄광 경영진에게 비판의 예봉을 돌린다. 우진의 간부들은 "생산과 복구 관련 수치의 증가만을 맹목적으로 강조"한다는 비난을 받았다. "이러한 강박, 이 주관적인 욕망은 좋은 것처럼 보일 수 있지만" 궁극적으로는 "보잘것없고 자기 과시적인 것"이었다. 결과적으로 "의식적이든 아니든, (이 간부들은) 형식뿐인 '승리'를 추구하며 장기적이고 집단적인 이익, 심지어 노동자들의 건강과 생명까지 희생시켰다."[165] 사회주의 중국 전역의 다른 공업 현장과 마찬가지로 푸순에서도 이러한 강박은 주기적으로 질타를 받았지만, 수십 년 동안 지배적인 영향력을 미칠 터였다.

164 인민공화국 초기 관료주의는 공산당의 1950년 정풍운동(整風運動)과 1951년 삼반운동(三反運動)의 타격 대상 중 하나였다. Andreas, *Disenfranchised*, 32.

165 Xiao, *Wuyue de kuangshan*, 444–45.

한계의 고갈
Exhausted Limits

푸순을 처음 방문한 2011년 여름 어느 날, 나는 건설 공사 현장 한복판에 서 있는 나를 발견했다. 그날 이른 오후에 나를 서부 노천광 바닥까지 안내한 푸순 탄광 측 담당자가 이번에는 노천광 가장자리에 있는 이 반쯤 완성된 건물로 나를 데리고 온 것이다. 중심 건축물은 아직 공사판 비계로 둘러싸여 있었다. 그러나 흰색과 빨간색으로 칠한 외벽과 푸른빛이 도는 얇고 높다란 창문을 알아볼 수는 있었다. 먼지 쌓인 내부의 복도와 방을 헤쳐 가면서 안내원은 잇따라 빈 공간과 아무것도 없는 벽을 가리키며 내게 아직 설치하지도 않은 전시관에 대해 열심히 설명했다. 나도 마음의 눈으로 마치 전시가 보이는 것처럼 열심히 주위를 둘러봤다. 그 공간은 박물관이 될 건물이었다. 2001년에 푸순광업그룹(撫順鑛業集團)으로 재편된 탄광의 경영진은 과거 노천광을 조망할 수 있는 전망대가 서 있던 바로 이 위치에 박물관을 짓기로 했다. 나보다 앞서 이 자리를 거쳐 간 수많은 방문객이 떠올랐다. 몇 달 뒤 푸순탄광박물관(撫順煤鑛博物館)이 정식으로 개관했다.

이듬해 여름에 다시 푸순을 찾았다. 완공된 박물관 건물을 보니 감회가 새로웠다. 건물 앞에는 단상 위로 왼쪽 다리를 오른쪽으로 꼬고 석탄 한 덩어리를 손에 든 채 안락의자에 앉아 있는 마오쩌둥 주석의 동상이 있었다. 이 동상은 몇 해 전 마오쩌둥의 푸순 방문 50주년을 기념하기 위

〈그림 7-1〉 푸순탄광박물관과 그 앞에 있는 마오쩌둥 동상. 동상의 말 아래에 큰 글씨로 새긴 문구는 다음과 같다. "탄도 푸순을 굽어살피사(情澤煤都)." 그 아래 작은 글자로 기록한 내용은 다음과 같다. "몸을 일으켜 마오쩌둥을 기억하라(飜身懷念毛澤東), 행복하게 공산당에 감사하라(幸福感恩共産黨)." (2012년 8월에 저자가 촬영한 사진.)

해 만들어져 노천광 뒤편에 세워졌다. 그러나 박물관 공사가 진행될 때는 일시적으로 철거된 상태였다. 이전에도 그랬는지 모르겠지만, 동상은 현재 베이징을 향해 남서쪽으로 세워져 있다. 명판의 설명에 따르면, 이는 "중국공산당과 그 이전 선대 혁명가들이 착수한 위대한 대의의 세기가 앞으로도 당 중앙위원회의 핵심 영도 아래 대대손손 천지일월(天地日月)처럼 영원무궁할 것이라는 사실을 상징"한다.[1] 여기에는 하나의 미래 비전이 담겨 있었다. 그리고 그 뒤로 펼쳐진 거대한 구덩이에는 과거가 놓여 있었다.

박물관은 선사 시대부터 현재까지 이어지는 푸순산 석탄에 관한 이야기를 들려준다. 전시는 다채롭고 생생하게 구성되어, 그 역사의 풍요로움을 담아내고 있다. 입체 모형들이 꾸미고 있는 전시관에는 푸순의 석탄층이 형성된 원시 시대 식생, 전통 복식에 상투를 튼 남자들이 석탄으로 불을 피운 가마에서 일하는 모습 등 과거 푸순의 모습이 묘사되어 있다. 하지만 박물관의 하이라이트는 20세기 이후의 시대이다. 전시 설명문은 "민족 자본가 왕청야오가 결연히 '용맥'을 채굴해 푸순에서 산업혁명의 막을 올렸다"라고 운을 뗀다.[2] 푸순에서 근대적 광업이 시작되었음을 설명하는 전시관에는 감색 청나라 관복을 입은 왕청야오의 마네킹이 서 있다. 또한 푸순에서 석탄 채굴을 허가할 것을 조정에 요청한 쩡치의 기념비적인 상소문의 복사본이 배치되어 있다. 여기에는 요청을 윤허한다는 광서제(光緒帝)의 붉은 옥새가 찍혀 있다.

푸순의 이후 시대 역사에 관한 전시는 1950년대 이래 지역사와 중화인민공화국사 일반에 대한 공식적 역사서술 등을 답습하고 있는데, 대체로

1 "Mao Zedong shicha Fushun Xi lutiankuang jinian tongxiang jieshi," Fushun Coal Mine Museum, Fushun, China.

2 "Qianyan," Fushun Coal Mine Museum, Fushun, China.

1949년 공산주의 혁명을 기준으로 전후로 구분된다. 혁명 이전 시기의 서사는 주로 일본의 착취에 관한 것이다. 흑백과 세피아(sepia) 색감의 사진들은 탄광과 주변 탄광촌의 성장을 보여준다. 한편, 낡고 조잡한 광산용 수레나 구보 도루의 사무실을 재연한 공간에 비치된 딱딱한 목제 가구 같은 유물들은 방문객에게 과거 푸순 탄광에서의 삶, 노동, 그리고 물질문화를 엿볼 수 있게 한다. 전시는 이 시기 탄광의 공업적 변혁이 "광적인 약탈(瘋狂掠奪)"에 지나지 않았음을 강조한다. 그리고 아마도 이는 상당 부분 사실이었을 것이다. 이를 뒷받침하기 위해 일본의 강도 높은 석탄 채굴이 초래한 인적 비용을 보여주는 지표로서 증가 일변도의 노동자 사상 통계를 도표화해 제시한다. 이와 대조적으로, 혁명 이후의 시기를 다루는 전시는 끊임없는 진보의 서사를 담고 있다. 여기서 진보는 석탄 생산량으로 측정된다. 한 설명문은 "심지어 문화대혁명의 강렬한 파장 속에서도 푸순 탄광의 생산은 절대 중단되지 않았다"라고 역설한다. 방문객에게는 당의 영도, 푸순 노동자들의 근성, 기술 발전의 위대함—박물관 곳곳에 전시된 수많은 광산 기계와 장비는 특히 기술 발전의 위대함이라는 요소를 부각한다—을 통해 이러한 진보가 가능했다는 교훈이 전달된다.

그러나 박물관의 가장 큰 볼거리는 세심하게 선별한 이미지와 유물 컬렉션을 통해 흥미롭게 전달되는 푸순 탄광업의 역사가 아닐지도 모른다. 오히려 건물 뒤편에 있는 10층짜리 전망대가 더 눈길을 끈다. 전망대 꼭대기에서는 눈앞에 펼쳐진 노천광을 제대로 볼 수 있기 때문이다. 종종 안개 때문에 이 거대한 인공 구덩이가 대부분 가려지기도 하지만, 날이 좋을 때 그 광경은 말문을 막히게 한다. 이곳을 2018년에 방문한 어느 블로거는 이 풍광을 다음과 같이 묘사했다. "신비롭고 심오하며, 묘하고 매혹적이다. (…) 층층이 이어진 구불구불한 노천광의 통행로를 보니, 그 우아한 둥근 곡선과 내리쬐는 빛, 풍부한 색채가 마치 천상을 가로지르는 행성의 궤적 같았다." 블로거는 노천광의 작업 현장을 관찰했다. 오일셰일을 실은 전기 열차가 동서를 가로지르는 모습을, 석탄을 가득 실은 트럭이 "긴 뱀처럼 보이는 길을 정해진 경로로 타고 올라가는" 모습을 지켜본 뒤 그것은 "내 시야를 강타하고 영혼을 뒤흔드는 광경"이었다고 고백했다.[3] 90여 년 전의 요사노 아키코와 마찬가지로, 그는 기술적 숭고의 스펙타클에 사로잡히고 말았다.

박물관을 설계한 사람들은 이 블로거와 같은 관람객들이 기계화된 노천광의 위용—즉, 여전히 가동 중인 탄소 기술관료주의의 위용—으로부터 경이로움을 느끼기를 의도한 것 같다. 하지만 이내 볼거리는 고갈되고 말았다. 2019년, 거의 한 세기에 걸친 채굴 활동 끝에 서부 노천광은 완전히 운영을 중단했다. 이는 1976년에 승리 광산 폐광을 시작으로 이어진 푸순 탄광 예하 광산의 폐쇄 사례 가운데 가장 최근에 일어난 일이었을 따름이다.[4] 1980년대 이후 중국 전역에 수많은 박물관이 탄생했다. 이들 중 상당수는 푸순탄광박물관처럼 현지에서 지역적으로 매우 의미가 깊은 특정한 산업에 초점을 맞추고 있다.[5] 푸순탄광박물관은 아마도 푸순이라는 도시 자체를 만든 탄광 산업을 기념하기 위해 만들어졌을 것이다. 그러나 이 박물관 건립 공사의 소음은 푸순 탄광업에 대한 곡소리처럼 들렸다. 계속해서 사라져 가는 옛 과거에 대한 추도의 의미였을까.

수십 년 전과 마찬가지로 푸순의 쇠퇴는 두 가지 모순 사이에서 시작되었다. 첫째, 한때 중국에서 가장 공업화된 지역이었던 탄도 푸순은 전체 국가 경제가 눈부시게 발전하는 시기에 도리어 불황에 빠졌다. 둘째, 푸

3 Wang, "Fushun meikuang bowuguan."

4 "Fushun Transforms Century-Old Coal Mine."

5 포스트 사회주의 시기 중국의 박물관에 대해서는 다음을 참고하라. Denton, *Exhibiting the Past*. 공교롭게도 푸순에는 주목할 박물관이 세 곳이나 더 있다. 즉, 핑딩산학살사건기념관(平頂山慘案遺址紀念館), 레이펑기념관(雷鋒紀念館), 푸순전범관리소(撫順戰犯管理所)다.

순 지역의 석탄 매장량이 여전히 상당하고, 석탄의 전 세계적인 생산량과 소비량이 여전히 매우 많은 상황인데도 푸순의 채탄업은 끝을 향해 가고 있다. 에필로그에서는 이러한 모순들이 어떻게 탄소 기술관료주의에 내재한 한계로부터 비롯되었는지 살펴보고자 한다. 마치 동심원을 그리며 한 구간에서 다음 구간으로 넘어가듯, 우리의 이야기는 푸순을 중심으로 만주 지역 단위로, 국가(중국과 일본 모두) 단위로, 그리고 전 세계 단위로 뻗어 나갈 것이다.

녹슨 공업지대의 "절대로 녹슬지 않는 나사"

선양에서 푸순으로 가는 고속도로는 넓고 중국의 고속도로가 으레 그렇듯 차가 많지 않았다. 버스 창밖을 바라봤다. 처음에는 주변 환경이 그리 눈에 들어오지 않았다. 그저 평범한 녹색, 노란색, 갈색이 평평하게 펼쳐졌다. 멀리 보이는 건물이나 송전탑이 간혹 이 단조로움을 깨뜨리기도 했다. 그런데 한 시간 반 정도의 여정이 중간쯤을 지날 무렵, 아직 완공되지 않은 고층 건물들이 무리 지어 보이기 시작했다. 여름 무더위의 아지랑이가 마천루의 윤곽을 흐리게 했다. 내가 본 공사 현장은 선푸신구(瀋撫新區)라는 이름의 신도시 프로젝트의 하나였다. 선양과 푸순의 과잉 집중된 기업과 인구를 수용하기 위해 설계되었으며, 최근 등장하는 광역 경제 구역이라는 통합 성장 모델을 따른 것이었다. 한때 중국 공업의 중심지였던 둥베이 지역은 1970년대 중반에 개혁개방이 시작된 이래 꾸준히 쇠퇴하고 있다. 1950년대에 중국 공업 생산의 무려 4분의 1을 차지했던 둥베이는 2000년대에는 전국 생산량의 10퍼센트 미만을 담당할 뿐이었다.[6] 선푸신구는 중앙정부와 지방정부가 외자를 유치해 지역 부흥을 도모하려

6 Rithmire, *Land Bargains*, 69-70.

는 대규모 프로젝트다. 한 세기 전 청 조정이 추진했던 것과 다르지 않다.[7] 그러나 속속 들어서는 건물과 달리 사람은 거의 모여들지 않았다. 선푸신구는 중국의 전형적인 "유령 도시," 즉 공실만 가득한 채 과잉 개발된 도시로 전락했다.[8]

내가 탄 버스는 푸순에서 최후를 맞이한 인민해방군 병사 레이펑(雷鋒, 1940~1962)의 이름을 땄다. 교통사고로 사망한 사람의 이름을 교통 서비스에 붙인다는 것이 다소 아이러니하다. 레이펑이 몰던 트럭은 후진하다 전신주를 들이받았다. 전신주가 그대로 트럭 위로 쓰러졌다. 그의 죽음은 그의 삶보다 컸다. 중국공산당은 "레이펑 동지"를 사회주의 시민의 모범, 즉 마오쩌둥 주석의 대의에 진심으로 헌신하는 멸사봉공의 전형으로 현양했다. 사후에 출간된 레이펑의 일기에는 혁명이라는 "기계"에 쓰이는 "절대로 녹슬지 않는 (…) 나사"가 되고 싶을 따름이라는 유명한 문구가 담겨 있었다.[9] 사회주의 정부는 푸순과 중국 전역의 다른 탄광에서 생산된 석탄에 기대어 공업 시설을 움직였지만, 동시에 수없이 많은 노동자에게 의존했다. 비상식적인 생산 목표를 달성하고 까다로운 기계 설비와 부대조건을 어떻게든 유지하는 데 필요한 "절대로 녹슬지 않는 나사"가 되어야 했던 노동자들 말이다.

7 선양을 중심으로 한 이 광역경제지구에 대해서는 다음을 보라. Wang et al., *Old Industrial Cities*, 181–203.

8 Denyer, "In China, a Ghost Town"; Wu and Liu, "Eight Cities Partner." 지도상에 선푸신구를 각인시키기 위해 현지 간부들은 신도시 정중앙에 거대한 고리 모양의 조형물 설치를 승인했다. 높이가 약 152미터가 넘는 이 고리는 약 3,000톤의 강철로 만들어졌으며, 약 1,000만 위안이 소요되었다. 지나치게 비싸고 하등 쓸모가 없어 보여서 이 구조물은 중국 안팎에서 숱한 비판과 조롱을 받았다. 이 고리의 사진들이 온라인에 게시되자, 일부 중국 네티즌들은 "우주로 향하는 포탈"이라거나 "외계인이 지구를 침공하기 위해 만든 관문"이라는 농담을 던지기도 했다. 다음을 보라. "Landmark Building."

9 Mao zhuxi de hao zhanshi Lei Feng jinianguan, *Lei Feng riji*, 94. 레이펑 일기에 관한 역사와 그 역사성에 대한 더 자세한 논의로는 다음을 참고하라. Tian, "Making of a Hero."

다른 지역과 마찬가지로 푸순에서도 1960년대는 정책 조정(調整)으로 시작되어 문화대혁명으로 마무리된 10년이었다. 대약진운동이 일으킨 최악의 기근을 피할 수 있었다는 사실은 푸순이 얼마나 중요한 도시였는지를 잘 보여준다. 식량 부족 현상이 발생하자 영양실조로 온몸이 붓는 노동자들이 많아졌다. 자연히 생산량이 감소했다. 이에 대응해 중앙정부는 약 86톤 이상의 구호 양식을 지원했다. 지방정부는 대체 식량을 배분하고 비주식 식품 배급량을 늘리는 조치를 비롯해 기근을 막기 위해 힘썼다.[10] 푸순 탄광은 대약진 기간에 석탄 생산량을 대폭 늘려 1960년에 사상 최고치인 1,860만 톤을 기록했는데, 이는 제1차 5개년 계획이 종료될 무렵인 1957년 생산량의 두 배를 넘는 수치였다.[11] 이 기간에 허황한 과장 보고가 만연했지만, 이 수치만큼은 정확하다고 판단할 만한 몇 가지 근거가 있다.[12] 훗날 푸순 탄광 측에서 공식적으로 위와 같은 수치를 인용했을 때, 그 의도는 생산량을 자랑하기 위해서가 아니었다. 오히려 이 통계는 이러한 엄청난 생산량 증가가 다른 모든 필수 고려 사항—이상적인 채굴 비율 준수, 고장 나거나 마모된 장비 수리 등—을 무시한 채 생산에만 집착했기 때문에 가능했으며, 그에 따라 후속 작업에 문제가 발생했음을 인정하고 유감을 표하는 맥락에서 제시되었다.[13] 1961년에 대약진이 불명예스럽게 종식된 후 푸순 탄광은 일련의 조정 조치에 착수했다.[14] 이 과정

10 푸순의 경험은 대기근 당시 농촌에 비해 도시를 편향적으로 우대한 식량 정책과 밀접한 관련이 있다. Brown, *City versus Countryside*, 53-76; Wenheuer, *Famine Politics*, 62-74.

11 *FKZ*, 71.

12 대약진운동 시기의 과장 보고가 어떻게 식량 부족 사태를 악화했는지에 대해서는 다음을 보라. Li, *Village China*, 87-92.

13 *FKZ*, 72.

14 1960년대 초 마오쩌둥은 대약진 대기근의 후폭풍 속에 정치 일선에서 일시적으로 물러났다. 그 뒤 1960년 문화대혁명이 시작되기 전까지 류사오치, 덩샤오핑, 저우언라이 등이 주축이 되어 과거의 급진적 정책을 완화시키는 작업에 착수했고, 이 시기를 흔히 조정기(調整期)라고 부른다–옮긴이.

에서 앞선 시기의 비정상적으로 높았던 수치에 비해 생산량 통계가 곤두박질쳤는데도 필요한 작업이 재개되었다.[15]

1966년에 문화대혁명이 발발하자 푸순에도 혁명 광풍이 불어닥쳤다. 노동자들은 대자보를 만들고, 계급의 적으로 낙인찍힌 불운한 사람들에게 공개적으로 폭력을 가하고 모욕하는 투쟁대회를 열었다. 푸순 탄광 내 광산들도 혁명에 걸맞은 새로운 이름을 부여받았다. 서부 노천광은 "훙웨이(紅衛)," 라오후타이는 "훙싱(紅星)," 룽펑은 "훙치"가 되었다. 광부들은 갱도 밑으로 내려갈 때 표준화된 마오쩌둥 사상이 정리된《마오 주석 어록》을 휴대했다. 그리고 작업을 시작하기 전에 반드시 몇 구절을 암송했다. 다른 여느 곳과 마찬가지로, 두 개의 상호 경쟁하는 파벌(느슨하게 조반파(造反派)와 보수파로 특징지을 수 있다)이 출현해 격렬하게 충돌했다. 1968년 가을에 두 파벌이 와해할 때까지 이 분쟁으로 119명이 목숨을 잃고 72명이 중상을 입었다. 광무국을 중심으로 조직되고 인민해방군 측 인사가 위원장직을 맡은 혁명위원회가 1976년, 문화대혁명이 끝날 때까지 탄광을 경영했다.[16] 이 모든 과정을 거치면서도 박물관 전시에서 언급했듯, "푸순 탄광의 생산은 절대 중단되지 않았다." 생산량은 1967년에 530만 톤으로 최저치를 기록하지만, 그 뒤 다시 늘어나 1969~1979년에 연간 1,000만 톤 이상을 유지했다.[17]

15 *FKZ*, 76-78. 대약진 이후 조정기에 대한 개괄로는 다음을 참고하라. Meisner, *Mao's China and After*, 260-72.

16 *FKZ*, 79-82.

17 *FKZ*, 143-48. 전국적으로 보면, 문화대혁명 시기에 석탄 생산량은 꾸준히 증가했다. 심지어 석탄 소비 지역으로 석탄을 운반할 수 있는 역량을 넘어설 정도로 많은 생산량을 기록했다. Thomson, *The Chinese Coal Industry*, 53. 이 시기 석탄 채굴이 팽창할 수 있었던 주요 동력 가운데 하나는 삼선건설(三線建設)이라 불린 대규모 군수공업 프로젝트였다. 미국 또는 소련과의 결전을 대비해 중국공산당 정부는 삼선건설을 통해 내륙 지역에 전략적 요충지를 구축하고자 했다. 1964~1980년에 전국 석탄 생산 중 내륙 지역이 차지하는 비중이 약 40퍼센트에서 거의 50퍼센트까지 올라갔다. 다음을 보라. Meyskens, *Mao's Third Front*, 212.

이와 같은 추출을 가능케 한 푸순 광부들의 처지에서 보자면, 혼란의 시기에 탄광 일을 한다는 것은 특히나 더 위험했다. 대약진운동으로 정점에 달했던 생산주의의 열기가 1970년에 이르러 다시 수면 위로 올라왔다. 광적인 열정에 사로잡힌 푸순 탄광 혁명위원회는 "연간 1,700만 톤으로는 부족하고, 2,000만 톤은 안정적이고, 2,500만 톤은 훌륭하다" 따위의 발언을 쏟아냈다. 탄광 혁명위원회의 근본적인 요구사항은 하루빨리 생산량을 두 배로 늘리라는 것이었고, 이는 푸순 탄광 생산 계획에 반영되며 공식화되었다. 이의를 제기하는 사람들은 "수구 우파" 또는 "구식 보수주의자"로 낙인찍혀 군중집회에서 비판과 비난을 받았다. 서부 노천광에서 광부들은 다시 한번 상부 지층 제거 작업을 방기하고 오직 석탄 채굴에만 전념했다. 여러 차례 낙석 사고가 발생했다. 사고의 여파는 채굴된 대량의 석탄을 노천광 바깥으로 운반하지 못할 정도로 심각했다. 쌓인 채 방치된 석탄에 불이 붙었다. 다 타 버리고 남은 것은 재와 숯덩이뿐이었다. 이러한 상황은 거부하기 힘든 은유로서도 기능했다. 수년간의 조정 정책을 통해 얻은 성과들이 이와 비슷한 방식으로 연기가 되어 사라졌기 때문이다.[18] 노동 환경이 점점 더 위태로워졌고 안전 기준은 더욱 완화되었다. 문화대혁명의 주류 담론 속에서 안전 문제에 대한 우려를 표명하는 것은 부르주아 보신주의로 해석될 여지가 있었다. 또한 안전 관련 규정을 부과하려는 시도는 노동자를 규율하거나 통제하려는 불순한 욕망의 증거로 받아들여졌다.[19] 이러한 행보는 결국 재앙으로 귀결되었다.

내가 1976년의 라오후타이 광산 대형 폭발 사고에 대해 알게 된 것은 은퇴한 광부 왕 씨 덕분이다. 나는 두 번째 푸순 방문 일정 중 왕 씨를 만났다. 우리는 1970~1980년대에 탄광에서 일한 그의 경험에 대해 한창

18 *FKZ*, 83.

19 Wright, *Political Economy of the Chinese Coal Industry*, 183.

이야기를 나누고 있었다. 대화 도중 그가 이 참사를 언급했다. 알고 보니 그는 참사 당시 라오후타이 갱 안에 있었다. 그는 격앙된 목소리와 몸짓으로 말을 이어 갔다. 갑작스러운 힘이 그를 바닥에 내동댕이쳤고 순간적으로 멍해졌다. 곧 아스라이 살 타는 냄새가 나는 듯했고, 왕 씨는 놀라 정신을 차렸다. 즉시 대피하라는 상급자의 명령을 받은 그는 천만다행으로 무사히 갱 밖으로 나올 수 있었다. 왕 씨는 처음 푸순 탄광에 입사했을 때 어떤 관리자가 한 말을 떠올렸다. "악랄한 구(舊)사회에서 일본 악귀들은 석탄을 약탈하는 데만 정신이 팔려 중국인 노동자의 안전에는 전혀 신경 쓰지 않았고, 그래서 가스 폭발이 자주 발생했다." 얼마 뒤 나이 지긋한 노동자가 왕 씨에게 "해방 후에도 B 광산에서 상당 규모의 가스 폭발이 일어나 사람들이 많이 죽었다"라고 귀띔했다. 당시에는 믿기 힘들었다. 자신이 이런 재앙을 직접 경험하게 될 줄은 더더욱 예상하지 못했다.[20] 공식 기록에 따르면, 1976년의 폭발 사고로 92명의 노동자가 목숨을 잃었다.[21]

이런 참사에도 불구하고 푸순의 지도자들은 개혁개방 시대의 개막과 더불어 탄광업의 미래에 대해 낙관했다. 마오쩌둥은 1976년 9월에 사망했다. 그 뒤 마오쩌둥이 원치 않은 후계자 덩샤오핑(鄧小平, 1904~1997)이 1978년 12월 무렵, 대권을 장악했다. 그는 곧 중앙집권적 계획 경제의 족쇄 아래 주춤했던 중국의 생산 역량을 끌어올리기 위해 시장 메커니즘을 신중하게 도입했다. 이 시기에 푸순은 "다칭식 기업(大慶式企業)"이라는 칭호를 얻었는데, 이는 중앙정부의 경제 발전 계획에서 푸순이 중요한 위치를 차지했다는 뜻이다.[22] 하지만 시작부터 여러 난관이 펼쳐졌다. 1976년,

20 친절하게도 왕 씨는 그 뒤 자신의 개인적인 기록물까지 나에게 공유해 주었다. 이러한 문서들 가운데 하나가 〈난망의 4월 14일(難忘的四一四)〉이라는 제목의 미출간 에세이다. 왕 씨의 에세이에는 이 사고에 대한 더 자세한 기록이 있으며, 본문의 직접인용은 이 글로부터 왔다.

21 *FKZ*, 84-85.

22 헤이룽장성 다칭(大慶)에서 유전이 처음 발견된 것은 1959년이었다. 다칭에는 그 뒤 수 년 만에

승리 광산의 지하 작업장이 푸순의 도심지 아래로까지 확장되면서 유흥 지구와 발전소가 있는 지역의 지반이 내려앉기 시작했다. 석탄공업부는 1979년에 승리 광산의 폐광을 허가했다.[23] 그 뒤로도 푸순 탄광 지도자들은 안전과 효율을 최우선 원칙으로 삼고 개혁을 추진했지만, 시장 경제로의 전환이라는 격변 속에서 푸순 탄광은 다른 대형 국유기업들과 마찬가지로 쇠퇴했다.[24]

노동자들도 고통을 겪어야 했다. 1994년에 푸순 탄광 산하의 한 광산에서 2만 명의 광부를 해고하겠다고 발표하면서 노동자들의 불만이 빗발쳤고, 랴오닝성 당국이 개입해 해고 계획을 취하하는 일이 벌어졌다. 문제는 계속되었다. 1999년, 룽펑 광산이 파산을 선언하면서 거의 10만 명의 노동자가 일자리를 잃었다. 이듬해 라오후타이 광산은 전체 직공의 80퍼센트에 해당하는 2만4,000명을 해고했다. "절망의 시위"—사회학자 리칭콴(Ching Kwan Lee)이 중국 러스트벨트(rustbelt)에서 발생한 집단행동을 특징짓는 용어—가 잇따랐다.[25] 2002년 봄에 약 1만 명의 해고 광부들과 다른 업종에 종사하는 노동자들이 쥐꼬리만 한 퇴직금에 반발하며 시위에 들어갔다. 이들은 푸순으로 들어오는 철도와 주요 도로를 차단하고 점거 농성을 벌이다 지방정부로부터 1인당 소액인 75위안씩을 받고 나서야 해산했다. 이후로도 농성을 지속하던 몇몇 사람들은 결국 인민무

거대한 석유 생산 기업이 들어섰다. 머지않아 다칭은 자력갱생과 자연에 대한 혁명적 전복을 특징으로 하는 사회주의 공업화의 모델로 떠올랐다. 1970년대 말에 이르러 다칭 모델이란 효율적으로 관리되고, 그 결과 생산성이 높은 기업을 지칭하는 더욱 일반적인 용어로 자리 잡았다. 다칭의 개발에 대해서는 다음을 보라. Hou, *Building for Oil.* 1970년대 말 다칭 모델에 대해서는 다음을 참고하라. Hama, "The Daqing Oil Field."

23 *FKZ*, 88.

24 *FKZ*, 88-96. 시장 자본주의로의 이행기에 중국의 국영 기업이 직면한 문제들에 대해서는 다음을 참고하라. Naughton, *Growing Out of the Plan*, 284-88.

25 Lee, *Against the Law*, 11-12, 69-153.

장경찰에 의해 강제 연행되었다.[26]

푸순의 끝없는 쇠퇴는 지난 수십 년 동안 둥베이 지역의 경제를 지배했던 국유기업이 지속적인 적자를 기록하며 그 "철밥통"이 녹슬고 깨지면서 불황에 빠진 더 큰 과정의 하나였다. 또한 전 세계적으로 탄광이 줄지어 폐쇄되는 흐름의 일부이기도 했다. 세계은행(The World Bank)은 지난 반세기 동안 유럽, 미국, 중국의 산업 구조조정으로 약 400만 명의 탄광 노동자가 실직했다고 추산한다.[27] 애팔래치아 지역에서 쿠즈바스 일대에 이르기까지, 푸순과 비슷한 수많은 탄광도시가 채굴의 둔화 혹은 중단으로 큰 타격을 입었다. 중국에서는 1990년대 말과 2000년대 초에 다수의 탄광이 문을 닫았다. 광산 폐쇄의 원인 중 하나는 바로 환경 문제다. 탄소 배출을 억제하기 위해 각국 정부는 석탄 사용을 규제하거나 제한하는 정책을 도입했다. 또 대기를 덜 오염시키며, 그 생산과 소비 활동에서 더 적은 탄소 발자국을 남기는 에너지원으로의 전환을 도모했다.[28]

바로 이 지점에서 하나의 딜레마가 발생한다. 탄광 폐쇄에 따른 여러 가지 폐해를 필요악으로 받아들인다고 하더라도, 총체적으로 봐서 이 악이 가져다주리라 기대했던 더 상위의 선이 그다지 실현되지 않고 있는 것처럼 보이기 때문이다. 전 세계 석탄 사용량이 2020년에 코로나19 위기의 파장으로 한풀 꺾였을지 모르지만, 팬데믹이 시작되기 전까지는 꾸준히 상승세가 이어졌으며 2021년 초부터 다시 반등하고 있다.[29] 중국의 석탄 소비량은 탄광 폐쇄가 본격화된 지 10여 년이 지난 2013년, 정점에 달했다. 그 뒤 이 수치는 2014~2016년에 내림세를 보였다. 2010년대 중반

26 Human Rights Watch, *Paying the Price*, 34-35. 푸순에서 실업과 재고용 문제에 대해서는 다음을 보라. Smyth, Zhai, and Wang, "Labour Market Reform."

27 World Bank Group, *Managing Coal Mine Closure*, 9.

28 World Bank Group, 20.

29 Alvarez, "Global Coal Demand Surpassed Pre-Covid Levels."

몇 해 동안 중국 정부가 대기 오염과의 전쟁을 벌이는 과정에서 화석 연료의 소비를 줄일 것을 독려했다. 그러나 침체한 국가 경제를 다시 부양해야 할 필요성이 대두되자, 2017년부터 정부는 석탄 기반 전력 발전에 대한 규제를 완화하기 시작했다. 이에 따라 석탄 소비량도 덩달아 다시 상승했다.[30] 한편 2020년 9월에는 시진핑(習近平) 주석의 유엔 연설이 화제가 되었다. 중국은 2060년까지 탄소 중립을 달성하겠다고 선언했다. 이 약속은 수많은 환경 전문가에게 고무적인 소식이었다.[31] 그러나 이러한 목표가 어떻게 달성될 수 있을 지 판단하기에는 시기상조다. 현재로서는, 그리고 전 세계적인 관점에서 볼 때 석탄은 앞으로도 계속 사용될 것이다.

대가속 시대의 동아시아

화석 연료는 기적의 물질이었다. 20세기 후반은 동아시아 경제 강국들의 등장이 두드러졌던 시기다. 그 첫 주자는 1950~1980년대에 기적에 가까운 성장률을 기록한 일본이었다. 새천년에 접어들면서 이번에는 중국이 기적을 일으켰다. 개혁개방 이후 중국 경제는 연평균 두 자릿수 성장률을 기록했다. 놀라운 경제 성장을 이룩한 이 두 나라의 사례를 설명하는 데는 특정한 정부 정책에서부터 국제적인 정치경제적 여건에 이르기까지 다양한 요인을 거론할 수 있을 것이다. 그러나 하나의 공통점이 있다. 바로 화석 연료 사용의 폭발적 증가다. 환경사학자 존 맥닐(John McNeill)과

30 Feng and Baxter, "China's Coal Consumption on the Rise"; Gao, "China Relaxes Restrictions on Coal Power Expansion." 주목할 만한 또 다른 사례로 중국 정부가 2017년 겨울에 석탄 사용을 금지했던 것을 꼽을 수 있다. 그러나 이 조치는 둥베이 지역의 몇몇 도시에서는 철회될 수밖에 없었는데, 너무 많은 사람이 대체 연료를 확보하지 못해 제대로 된 난방 수단을 갖추지 못했기 때문이다. 특히 가스만으로는 급증하는 수요를 감당하기 어려웠다는 사실이 주효했다. 다음을 참고하라. "China Does U-Turn."

31 Braun, "Is China's Five Year Plan a Decarbonization Blueprint?"

피터 엥겔케(Peter Engelke)는 이 점을 1945년 이후 인류세로 접어들며 지구를 변화시킬 정도로 "대가속화(the Great Acceleration)"된 인간 활동의 핵심적인 특징으로 꼽았다.[32]

1953~1990년에 일본의 주요 에너지 공급원 가운데 석탄이 차지하는 비중은 절반 이하에서 약 6분의 1로 감소했다. 그러나 석탄에서 산출되는 연간 에너지의 양은 거의 세 배나 증가했다. 1953년에 일본 국내 주요 에너지 공급원의 10분의 1 정도를 차지했던 석유는 그 상대적 중요성이 급격히 증가하며 1962년에 석탄을 앞질렀다.[33] 세계 석유 파동이 발생한 1973년, 평균을 계산해 봤을 때 일본은 불과 일주일 만에 1941년 한 해에 걸쳐 소비한 것과 같은 양의 석유를 사용했다.[34] 1990년에 일본은 1953년에 비해 35배 이상 많은 석유를 사용했으며, 그해 석유는 가용 에너지 총량의 절반에 약간 못 미치는 비중을 차지했다.[35] 반면 중국에서는 1980~2010년의 30년을 거치며 석탄 소비량이 연간 7억1,500만 톤에서 32억 톤으로, 석유 소비량이 하루 190만 배럴에서 930만 배럴로 늘어났다.[36] 많은 사람이 이러한 엄청난 에너지 사용량 증가를 그저 경제 성장의 한 면으로 대수롭지 않게 여길 수 있다. 그러나 이는 우리가 탄소와 성장 개념을 지극히 당연하게 연계해 생각하고 있다는 점을 시사한다. 이 둘의 관계성 또한 역사적이고 우연히 구성된 것인데도 말이다.

2차 세계대전 말에 일본이 철저히 파괴되었다는 사실은 안 그래도 급격한 전후 성장을 더욱 기적적으로 보이게 만들었다. 항복 후 일본은 7년

32 McNeill and Engelke, *The Great Acceleration*, 7-27.

33 Japan Statistical Association, "Ichiji enerugii kokunai kyōkū."

34 Samuels, "Sources and Uses of Energy," 49.

35 Japan Statistical Association, "Ichiji enerugii kokunai kyōkū."

36 "China," U.S. Energy Information Administration; National Bureau of Statistics of China, "7-5 Coal Balance Sheet," *China Statistical Yearbook 2012*.

간 미국이 주도하는 연합국 점령 시기를 겪었다. 미국의 지정학적 이해관계가 화석 연료에 토대를 둔 전후 일본 경제 회복을 좌우했다. 초창기에 미 점령 당국은 일본제국주의 국가의 정치적·경제적 구조를 해체하는 데 주력했다. 무엇보다 일본의 전쟁 수행에 앞장섰다는 혐의로 20만 명 이상을 기소해 정·재계 요직에서 추방했다. 또한 자본으로써 전쟁을 뒷받침한 재벌을 해체하기 시작했다. 그러나 수백만 명의 평범한 일본인이 직면한 가혹한 사회경제적 현실에 더해 냉전이라는 새로운 국면이 도래하자, 점령자들은 더 신중해야 할 필요성을 느꼈다. 일본이 공산주의에, 공산주의가 불운한 사람들에게 불어넣는 특별한 마력에 "빠지지" 않도록 "안정"을 우선시하는 것이 더 현명할 수 있다고 여겼다(중국은 곧 공산주의에 "빠지게" 될 터였다). "역코스(reverse course)"라고 불리는 이러한 정책 선회의 특징 중 하나는 한때 숙청되었던 관료들과 자본가들에게 다시 권력을 부여한 것이었다. 미 당국이 보기에 이들만큼 일본의 전후 재건을 제대로 촉진할 수 있는 인물은 존재하지 않았다. 그 대표적인 예가 "A급" 전범으로 수감되었지만 기소되지는 않은 기시 노부스케다. 더욱이 1950년, 한국전쟁의 발발은 전후 일본 재건에 중요한 촉매제 역할을 했다. 개전 초기까지 황폐한 상태로 있던 일본 공업계가 다시 살아나기 시작했다. 미군의 군수물자 조달을 책임지며 큰 이익을 볼 수 있었다.[37]

일본 경제는 빠르게 상승세로 들어섰다. 성장하는 일본 경제는 과거와 마찬가지로 대기업에 의해 주도되었고, 개발주의 국가—가장 대표적인 기관으로 기술관료주의 부처인 통상산업성(通商產業省, MITI)를 꼽을 수 있다—의 통제를 받았다.[38] 그 뒤 수십 년 동안 일본의 이러한 모델에 영감

37 미국의 일본 점령에 관한 고전적 연구로는 다음을 꼽을 수 있다. Dower, *Embracing Defeat*. 역코스를 미국의 이해관계의 변화라는 요인보다 일본 내부의 보수주의적 요소들의 격동이라는 차원에서 설명하는 수정주의적 연구로는 다음을 보라. Masuda, *Cold War Crucible*, 31-37.

38 기존의 상공무성 —2차 세계대전 말에 일시적으로 군수성(軍需省)으로 재조직되기도 했다 —을

받아 대체로 비슷한 궤적을 따라 급속도로 산업화를 이룬 이른바 "네 마리 작은 용," 즉 홍콩, 싱가포르, 한국, 타이완이 등장했다.[39] 이와 동시에 일본은 2차 세계대전 시기에 자행했던 침략 가해 행위로 여러 아시아 이웃 국가들에 상당한 액수의 배상금을 지급해야 할 것으로 예상되었다. 그러나 개별 피해국 정부와의 중개 협정을 통해, 일본 기업이 제공하는 재화와 서비스의 형태로 보상하기로 했다. 이로써 일본은 이득을 볼 수 있었다. 통상산업성과 기타 정부 기관이 민간 부문의 이해관계를 반영해 조율한 이러한 협정을 바탕으로, 일본은 경제 부흥에 필수적인 수출 시장과 원자재에 대한 접근성을 확보했다.[40]

값싼 에너지는 전후 일본 경제의 도약을 이끌었다. 사실 2차 세계대전 직후 일본은 한 차례 석탄 위기를 겪었다. 석탄 생산량이 전시 평균에 비해 턱없이 떨어진 탓이다.[41] 이는 무엇보다 "심화의 전경"(4장 참고)이 초래한 여러 문제가 여전히 해결되지 못했기 때문이다. 위기의 다른 원인은 9,000여 명의 중국인 광부와 14만5,000여 명의 조선인 광부를 각각 본국으로 송환하기로 한 미 점령 당국의 결정이었다. 이 노동자들은 기시 노부스케가 만주로부터 귀국한 후 도쿄에서 상공상(商工相)으로 재임하던 시절에 강제징용공으로서 일본 내지로 끌려왔다. 전후 일본의 관료들은 이

개편해 1949년 통상산업성이 탄생했다. 통상산업성과 이 기관이 일본의 경제 기적에 이바지한 바에 대해서는 다음을 참고하라. Johnson, *MITI and the Japanese Miracle*. 개발주의 국가(developmental state)라는 개념과 이 개념이 일본 바깥에서 펼쳐지는 양상에 관한 매우 생산적인 논의로는 다음을 보라. Woo-Cumings, *The Developmental State*.

39 "네 마리 작은 용"에 대한 비교 분석으로는 다음을 보라. Vogel, *The Four Little Dragons*; Castells, "Four Asian Tigers."

40 Arase, "Public-Private Sector Interest Coordination," 173-77. 히로미 미즈노, 아론 무어 등은 전전 일본이 아시아에서 전개한 식민주의적 개발 프로젝트와 전후 원조의 시혜—식민주의에 대한 배상이 원조의 외양을 띠고 제공되었다—사이의 중요한 연속성을 강조한다. 다음을 보라. Mizuno, "Introduction"; Moore, "From 'Constructing' to 'Developing' Asia."

41 이 석탄 위기를 점령 초기 에너지 위기라는 더욱 거시적인 맥락 속에 위치시키는 연구로는 다음을 참고하라. Metzler, "Japan's Postwar Social Metabolic Crisis."

러한 인간 에너지 부족 문제를 해결하기 위해 즉각 대응에 나섰다. 그들은 탄광이 아닌 다른 광산에서 일하는 노동자들을 탄광으로 재배치했다. 그리고 그들에게 넉넉한 양의 식량 배급을 보장했다. 이는 전쟁 시기에 노예 노동에 시달렸던 사람들은 물론, 전후 일반인도 결코 누리지 못한 칼로리였다.[42] 이러한 조치만으로는 여전히 불충분하다고 판단한 일본 정부는 점령 당국에 이어 두 번째로 석탄업에 많은 공적 자금을 지원했고, 생산한 석탄을 제철업—석탄업은 제철업의 석탄 수요에 크게 의존했다—에 우선 할당하는 "경사생산(傾斜生産)" 제도를 도입했다.[43] 이러한 대응은 성공을 거두었고, 1947년에 석탄 생산량은 목표 생산량인 3,000만 톤을 거의 달성하기도 했다. 그러나 1950년대에 들어 일본 석탄—상대적으로 추출 비용이 높았다—은 값싼 수입 석유에 밀려 고전을 면치 못했다.[44]

일본 정부와 통상산업성은 석유 수입을 규제하는 동시에 다양한 부양책을 통해 국내 석탄업을 지원하고자 했다. 이러한 행보 이면에는 여러 동기가 있었다. 우선 에너지 자급자족을 둘러싼 해묵은 불안이 깔려 있었다. 더불어 한편으로 영향력 있는 석탄업계의 이권을 보호하면서, 다른 한편으로 탄광이 문을 닫고 광부들이 일자리를 잃을 때 예상되는 사회적 혼란을 최소화하고자 했다.[45] 그러나 값싼 에너지를 선호하는 공업 소비자들의 수요를 당해낼 재간은 없었다. 결국 정책결정자들은 수많은 탄광이 살아남는 데 꼭 필요한 여러 정부 지원 정책들을 서서히 철회했다. 1961~1975년에 탄광 수가 570개에서 35개로, 광부 수는 21만 명에서 2

42 Johnson, *MITI and the Japanese Miracle*, 179–80.

43 Johnson, 181–84; Samuels, *Business of the Japanese State*, 92–95; Hein, *Fueling Growth*, 124–28.

44 석유가 석탄을 초월하는 전후 일본의 "에너지 혁명"에 대한 더 자세한 논의로는 다음을 보라. Samuels, *Business of the Japanese State*, 108–32; Hein, *Fueling Growth*, 316–28.

45 Samuels, *Business of the Japanese State*, 108.

만 명으로, 연간 석탄 생산량은 5,500만 톤에서 1,900만 톤으로 줄어들었다.[46] 대조적으로 석유의 수입이 급증했다. 액화천연가스, 액화석유가스, 그리고 원자력—1966년에 일본 최초의 원자로가 가동되었다—이 일본의 에너지 포트폴리오에서 차지하는 비중이 늘어났다.[47] 1973년에 석유 파동이 발생했을 무렵, 10여 년 전부터 이미 석탄을 추월했을 뿐만 아니라 지속해서 석탄과의 격차를 벌려 오던 석유의 중요도는 일본 전체 주요 에너지 공급원의 4분의 3을 차지할 정도로 커졌다.[48] 그럼에도 일본은 여전히 석탄에 크게 의존하고 있었다. 특히 수입산 석탄을 대대적으로 소비했다. 수입산 석탄은 더 싸고 대체로 품질이 더 좋아 1970년대 초에 일본산 석탄을 대체하기 시작했다.[49]

20세기의 마지막 25년 동안 일본은 에너지 부문을 포함해 여러 분야에서 어느 정도의 효율성을 달성한 것으로 널리 알려졌다. 일본은 산업화가 완료된 국가들 가운데 에너지 집약도가 낮은 국가 중 하나다. 즉, 국내총생산의 단위당 에너지 소비량이 적은 나라다. 이는 대체로 1973년 이후 통상산업성과 여러 대기업이 에너지 효율을 높이기 위해 기울인 노력 덕분이다. 이들의 성취는 과거 20세기 전반에 일본 산업계가 연료를 절약하기 위해 분투한 경험에 기반을 둔 것이기도 했다(3장 참조).[50] 이러한 높

46 Samuels, 131. 폐광이 일본 지역사회에 미친 영향에 대한 설명으로는 다음을 참고하라. Allen, *Undermining the Japanese Miracle*; Culter, *Managing Decline*.

47 초창기 일본 원자력에 대해서는 다음을 보라. Yoshimi, "Radioactive Rain."

48 Japan Statistical Association, "Ichiji enerugii kokunai kyōkū."

49 Yoshida, "Japan's Energy Conundrum," 3.

50 Samuels, "Sources and Uses of Energy," 50. 에너지 집약적 제철산업을 중심으로 관전기(貫戰期, transwar) 일본의 에너지 효율 추구를 조명한 연구로 다음을 보라. Kobori, *Nihon no enerugii kakumei*. 통상산업성이 선샤인 프로젝트(the Sunshine Project)에 착수해 태양 에너지와 다른 형태의 여러 에너지 개발에 나선 것도 이 시기였다. 이 계획의 예상치 못한 결과 중 하나는 계산기와 같은 소비재 전자제품에 태양광 기술을 광범위하게 적용했다는 점이다. 다음을 보라. Nemet, *How Solar Energy Became Cheap*, 90-96.

은 수준의 에너지 효율성과 더불어 통상산업성과 다른 정부 기관에서 대기 오염을 비롯한 환경 관련 문제를 완화하기 위해 도입한 여러 정책—예를 들어 탈황(desulfurization) 장비 설치의 의무화 등—이 알려지면서, 일본은 "환경친화적 기술 및 정책 선진국"이라는 이미지를 누리고 있다.[51]

그러나 일본은 여전히 화석 연료로 작동되는 강대국임이 틀림없다. 2017년 현재 일본은 인도와 중국에 이어 세계 3위 석탄 수입국이고, 미국과 중국에 이어 세계 3위 석유 소비국이자 순 수입국이며, 세계 최대의 액화천연가스 수입국이다.[52] 일본 산업계가 석탄과 여타 화석 연료를 더 효율적이고 청정한 방식으로 태운다고 해서 일본이 이용하는 탄소 자원의 절대량이 엄청나다는 사실이 부정될 수는 없다. 더욱이 화석 연료 이용과 관련한 일본의 환경 발자국(environmental footprint)은 비단 열도 안에만 국한되지 않는다. 일본은 탄소 집약적 산업 시설의 상당 부분을 해외, 특히 중국으로 이전시켰다.[53] 또한 전간기 미 제국과 영 제국의 비슷한 사례를 지켜보며 감탄할 수밖에 없었던 선배 일본인 엔지니어들과 달리, 현재 일본은 인도네시아와 중동에서 해외 석유 개발(자국이 쓸 석유 공급을 보장하기 위해)에 참여하고 있다.[54] 2011년, 후쿠시마 제1원전 사고 이후 일본은

51 Imura and Schreurs, "Learning from Japanese Environmental Management," 2. 일본 대기 오염 관리에 대한 다소 승리주의적 연구로는 다음을 참고할 수 있다. Hashimoto, "History of Air Pollution Control," 83-90. 한 연구는 이러한 성과의 이면을 조명하면서, 2015년에 일본에서 대기 오염으로 사망한 사람이 6만 명에 달한다고 추산했다. Cohen et al., "Estimates and 25-Year Trends," 1914. 일본 환경사 연구자들은 한편으로 근대 일본의 산업화가 초래한 환경 파괴를 강조하고, 다른 한편으로 아직도 온전히 파악하지 못한 그러한 파괴가 어떠한 유산을 남기고 있는지 지적한다. 특히 다음을 참고하라. Walker, *Toxic Archipelago*; Miller, Thomas, and Walker, *Japan at Nature's Edge*.

52 "Japan," U.S. Energy Information Administration.

53 Samuels, "Sources and Uses of Energy," 50; Cole, Elliott, and Okubo, "International Environmental Outsourcing."

54 일본과 인도네시아의 석유에 대해서는 다음을 보라. Tanaka, *Post-War Japanese Resource Policies*, 84-91; Eric G. Dinmore, "The Hydrocarbon Ring." 일본과 중동의 석유에 관한 연구로는 다음을 참고하라. Hamauzu, "Changing Structure of Oil Connections";

그 당시 일본 전체 전력의 약 3분의 1을 공급하던 원자력 발전소들의 가동을 중단시켰다(2021년 초 현재 일본의 이용 가능한 원자로 33기 중 9기가 재가동되었고, 16기가 재가동 승인을 기다리고 있다). 부족한 전력 생산분을 보완하기 위해 정부는 재생 에너지에 대한 종래의 투자를 더 강화했다. 그러나 동시에 열정적으로 더 많은 석탄을 이용할 것을 권장하고 있다. 한 분석에 따르면, 석탄은 "전기를 계속 공급하기 위한 가장 빠르고, 가장 저렴하며, 가장 신뢰할 수 있는 방법"이다.[55] 2020년에 일본은 22개의 신규 석탄 화력 발전소 건설 계획을 발표했다. 그중 15개는 이미 착공을 시작했다. 일본은 이미 세계 5위 온실가스 배출 국가다. 만약 신규 석탄 화력 발전소가 모두 완공된다면, 일본은 연간 8,300만 톤의 이산화탄소를 추가로 배출하게 될 것이다. 이는 다른 국가 대부분의 연간 배출량을 합친 것보다 더 많다.[56]

중국의 경우를 살펴보자. 1978년 이후 경제 성장과 더불어 화석 연료 사용이 증가할 것이라고 많은 이가 예상했다. 그러나 놀랍게도 탄소 소비가 가속화되기 시작한 것은 21세기로 접어든 뒤였다. 1978~2000년에 중국 경제는 평균 9퍼센트 성장하고, 에너지 수요는 4퍼센트 증가했다. 2001~2006년에 경제 성장률은 소폭 상승해 10퍼센트 선이었지만, 에너지 수요 증가율은 11퍼센트로 거의 세 배나 증가했다.[57] 개혁개방 시대의 첫 20년 동안 석탄 생산량은 두 배로 늘어나 1996년에 14억 톤으로 최고치를 기록한 후, 세기말에는 10억 톤으로 줄어들었다.[58] 이러한 석탄 증산은 대부분 영세한 기층 광산(소위 향진탄광(鄉鎮煤鑛)이라 불렸다)에 의해 이루

Takahashi, "Iran-Japan Petrochemical Project."

55 Bochove, Takada, and Clark, "Nine Years after Fukushima."

56 Irfan, "Why the World's Third-Largest Economy."

57 Bergsten et al., *China's Rise*, 137.

58 National Bureau of Statistics of China, "7-4 Coal Balance Sheet," *Yearly Data 1999*; National Bureau of Statistics of China, "7-5 Coal Balance Sheet," *China Statistical Yearbook 2001*.

어졌다. 이러한 향진탄광 중에는 집체 공유 기업도 있고 개인 사유 기업도 있었지만, 무엇이든 시장을 지향했다.[59] 이러한 탄광들은 1980년대 전후로 빠르게 늘어났고, 1995년에는 전체 석탄 생산량의 47퍼센트까지 책임지기도 했다.[60] 연구자들은 2000년 이전 중국 경제가 상대적으로 낮은 에너지 집약도를 유지하면서 성장할 수 있었던 원인으로, 경제의 구조적 팽창이 노동 집약적 경공업을 주축으로 이루어졌다는 점과 국유기업의 효율성을 높이려는 개혁이 어느 정도 성과를 거두었다는 점을 제시한다.[61]

2000년 이후 중국의 석탄 소비량은 급격히 증가했다. 2001~2007년, 13억 톤에서 26억 톤으로 두 배 늘어났다. 그 뒤에도 빠른 증가세를 이어가 2013년에는 42억 톤으로 정점을 찍었다.[62] 여러 가지 원인이 이러한 변화를 일으켰을 것이다. 그중 몇 가지를 꼽자면, 중국이 에너지 집약적 중공업과 인프라 건설을 성장의 동력으로 삼는 발전 모델로 빠르게 전환했다는 점, 강철처럼 에너지 소비가 큰 기초 소재를 더 이상 수입하지 않고 국내 생산으로 대체하려 했다는 점 등이다.[63] 중국의 석탄 생산량은 대체로 수요의 증가와 보조를 맞추며 함께 늘어났다. 이는 아시아 금융 위기로 촉발된 경기 침체 속에서 과잉생산을 막기 위해, 그리고 안전, 효율

59 이러한 향진탄광은 개혁개방 시기 중국 경제의 성장에 기여했다고 알려진 향진기업의 일종이었다. 향진기업에 관한 더욱 일반적인 설명으로는 다음을 보라. Naughton, *The Chinese Economy*, 271-94; Huang, Capitalism with Chinese Characteristics, 50-108. 향진탄광에 대한 더욱 상세한 논의로는 다음을 참고하라. Wright, Political Economy of the Chinese Coal Industry, 93-137.

60 Wright, *Political Economy of the Chinese Coal Industry*, 25.

61 Bergsten et al., *China's Rise*, 138-39.

62 National Bureau of Statistics of China, "9-5 Coal Balance Sheet," *China Statistical Yearbook 2015*; National Bureau of Statistics of China, "6-5 Coal Balance Sheet," *China Statistical Yearbook 2008*; National Bureau of Statistics of China, "7-5 Coal Balance Sheet," *China Statistical Yearbook 2003*.

63 Bergsten et al., *China's Rise*, 141-44.

성, 환경 등의 문제를 둘러싼 우려가 눈에 띄게 고조되면서 1998년부터 정부가 탄광들을 연이어 폐쇄했는데도 나타난 결과다. 1997~2000년에 향진탄광의 수가 7만 개 이상에서 약 3만5,000개로 절반 이상 감소했다.[64] 푸순의 사례에서 알 수 있듯, 대규모 탄광 기업도 전혀 타격을 입지 않았던 것은 아니다.[65] 살아남은 탄광 중 상당수는 국가의 투자를 받아 생산성 향상을 위한 기술적 업그레이드를 진행할 수 있었다.[66] 동시에 2003년까지 오스트레일리아에 이어 세계 2위 석탄 순 수출국이었던 중국은 2009년에 순 수입국이 되었다.[67] 생산량과 수입량이 함께 증가하며 중국의 증가하는 석탄 수요를 뒷받침했다. 이 과정에서 환경에 미친 폐해는 더욱 심각해졌다. 이는 단순히 더 많은 석탄을 연소하기 때문만은 아니었다. 더 큰 문제는 대다수 석탄을 선탄하지 않은 채 사용했다는 점이다. 중국 최대 탄전 지대가 있는 화베이는 물이 부족하기 때문에 선탄이 충분히 이루어질 수 없었다. 환경 파괴의 악순환 속에서 선탄되지 않은 석탄을 더 많이 태울수록, 이렇게 인간이 유발한 기후 변화가 가속화될수록, 물 부족 문제도 더욱 나빠질 수밖에 없었다.[68]

화석 연료에 기반한 중국 경제의 부상은 중국 정부가 과학과 기술을 통치의 주요 수단으로 적극 수용한 시기와 맞물려 이루어졌다. 덩샤오핑부터 시진핑에 이르기까지 중국의 최고 지도자들은 신흥 초강대국으로서 맞닥뜨린 무수히 많은 문제를 과학기술적으로 해결해야 한다는 이데올

64 Andrews-Speed et al., "Impact of, and Responses to," 490-91.

65 1998년의 개혁이 불러일으킨 석탄업계의 변화에 대한 간략한 설명으로 다음을 보라. Andrews-Speed, *Energy Policy and Regulation*, 181-83.

66 Andrews-Speed and Ma, "Energy Production and Social Marginalisation," 115.

67 Wei et al., *Energy Economics*, 181.

68 Roumasset, Burnett, and Wang, "Environmental Resources and Economic Growth," 266.

로기를 공유했다.[69] 20세기 말에 이르러, 중국의 국가권력은 "기술 전문 엘리트에 의한 정부 또는 통제"라는 사전적 의미의 기술관료주의를 그대로 실현한 듯했다.[70] 중앙정치국 상무위원회부터 현(縣)급 기관까지 모든 층위의 간부직은 점점 더 대학 교육을 받은 인물들로 충원되었으며, 그중 상당수는 공학이나 자연과학 전공자였다.[71] 경제 성장과 사회 통제가 그들의 주된 관심사였다면, 과학과 기술은 그 목적을 달성하기 위한 수단이었다. 석탄 채굴의 경우, 과학기술의 발전은 추출 규모를 확대하는 데 일조했다. 2001년에는 채굴 기술 및 과정을 완전히 기계화해 1,000만 톤 이상의 석탄 생산량을 기록한 탄광은 전국에 단 한 곳뿐이었다. 그러나 중국이 일시적으로 석탄 의존도를 줄이기 시작한 2013년에는 그러한 대규모 탄광이 53개나 존재했다.[72]

중국은 또한 자국 국경 너머의 세계를 재편하기 위해 계속해서 발전 중인 자국의 과학기술을 활용하고 있다.[73] 2013년, 시진핑은 일대일로(一帶一路) 전략을 발표했다. 일대일로란 중국의 차관과 중국의 전문기술로 도로, 철도, 항만, 전선을 신설하거나 개선해 전 세계의 연결망을 일신하는

69 Greenhalgh, "Governing through Science."

70 *Oxford English Dictionary Online*, s.v. "Technocracy," http://www.oed.com.

71 1978년 이후 중국 기술관료 계급의 대두에 대해서는 다음을 보라. Li and White, "Thirteenth Central Committee"; Li and White, "Fifteenth Central Committee"; Li, *China's Leaders*, 25-50; Andreas, *Rise of the Red Engineers*. 중국에서 기술관료주의 거버넌스가 가장 선명하게 드러난 시기는 아마도 2002~2007년이었을 것이다. 중국공산당 중앙정치국 제16기 상무위원회의 상무위원 9인 전원이 엔지니어로 교육받은 인물이었다. 그 뒤로 중국의 최고지도부는 이러한 조합을 지양하며 경제학, 법학, 정치학 학위 소지자들을 상무위원회에 포함해 왔다. 그러나 기술관료주의적 사유 자체는 여전히 강고하다.

72 Wang, "Development and Prospect," 253; Hu, Liu, and Cheng, "Caimei shi shang de jishu geming."

73 공간적으로 분산된 인프라와 기술 네트워크가 새로이 등장함으로써 후기 자본주의적 자원 추출을 둘러싼 전 지구적 경제 지리가 재편되었다. 해외에서 중국의 활동이 이러한 배경과 어떻게 맞물려 들어갔는지에 관해서는 다음을 보라. Arboleda, *Planetary Mine*.

것을 목표로 하는 대규모 기반 시설 건설 사업을 뜻한다. 이 국가 전략에 따라 중국은 남아시아, 동유럽, 아프리카와 수백 건의 석탄 화력 발전 프로젝트를 추진했다.[74] 한편으로 중국 국내에서는 탈탄소화를, 다른 한편으로 탄소 관련 사업과 기반 시설의 수출을 병행하고 있는 것이다. 이 양자 간의 모순을 관찰자들은 놓치지 않았다. 저널리스트 이사벨 힐튼(Isabel Hilton)은 다음과 같이 지적한다. "결과적으로 (…) 중국은 국내적으로 에너지 청정화와 탄소 배출량 감축을 위해 칭찬받을 만한 노력을 기울이고 있지만, 동시에 일대일로를 통해 그 회원국들을 탄소 과다 배출형 개발 패러다임—정작 현재 중국 자국은 탈피하고자 하는—에 결박시킬 위험이 있다."[75] 일본 및 다른 많은 이른바 경제 선진국들과 마찬가지로, 중국은 오염 혹은 잠재적 오염원의 역외 이전에 대해 대체로 개의치 않는 것처럼 보인다. 실제로는 중국조차도 그러한 행위가 우리 모두의 서식지인 지구에 미치는 악영향으로부터 결코 자유롭지 못할 텐데도 말이다.

이 대가속의 시대에 중국과 일본의 경제 기적을 속도의 차원에서 정의해 보자. 그 가파른 속도는 대규모 화석 연료 연소에 따라 가능했으며, 곧 중의적으로는 시간을 압축적으로 소모해 버렸다는 뜻이다. 한편으로 매튜 후버(Matthew Huber), 제니퍼 웬젤(Jennifer Wenzel) 등이 주장했듯, 화석 연료를 사용한다는 것은 어떤 의미에서 그러한 에너지 자원이 형성되는 데 소요된 수백만 년의 시간을 써 버리는 것과 같다.[76] 다른 한편으로 지금, 이 순간까지 우리 인간은 지질학적으로는 찰나에 불과한 시간 동안 지나치게 많은 탄소를 소비함으로써, 그렇지 않았다면 수백만 년이 걸려 만들어졌을 여러 흔적을 지구 시스템 위에 남기고 있다. 이에 따른 변화

74 Inskeep and Westernman, "Why Is China Placing a Global Bet."

75 Hilton, "How China's Big Overseas Initiative."

76 Huber, *Lifeblood*, 9; Wenzel, "Introduction," 7–8.

는 해양 산성화부터 생물다양성 손실에 이르기까지 다양하다. 그리고 그 영향은 화석 연료의 시대가 지나간 뒤로도 족히 수백만 년 동안 지속될 것이다. 이러한 각도에서 보자면, 결국 한 가지는 분명하다. 산업 사회는 지속 불가능한 현재를 위해 과거와 미래를 모두 불사르고 있다.

화석 연료 판타지의 붕괴

일본제국 건설자들이 푸순의 석탄층을 개발하기 위해 처음으로 광부와 기계 장비를 배치했을 때, 이들이 추구한 추출 작업은 지구의 대지란 그저 세속적인 공간일 뿐이며 그 내부에 어떠한 초자연적 환상도 존재하지 않는다는 인식에 토대를 두고 있었다. 일본인들은 청 왕조의 통치자들이 "미신"에 빠진 채 푸순의 탄소 자원이 지닌 가치를 깨닫지 못했다고 조롱했다. 이들은 "용맥"의 힘이 아니라 근대적인 과학과 기술의 힘을 믿었고, 그 힘을 스스로 생각하기에 올바르고 합리적인 방식으로 발휘해 석탄이라는 귀중한 화석 연료를 개발하는 데 쏟아부었다. 그 과정에서 푸순의 석탄 채굴 현장은 물론 만주 지역 전체가 완전히 변모했다. 노천광은 이러한 행보의 가장 가시적인 상징으로서 푸순을 대표했을 뿐만 아니라, 산업 근대 시대에 동아시아 전역의 수많은 사람을 매료시킨 탄소 기술관료주의의 이상을 대표했다. 그러나 일본인이, 그리고 그 뒤를 이은 중국인이 미처 깨닫지 못한 점이 하나 있었던 것 같다. 푸순을 "결코 고갈될 수 없는 (…) 무궁무진한 (…) 보고"로 이해하는 관념 자체—그토록 극렬한 채탄 활동에 숨을 불어넣은 바로 그 관념 말이다—도 또한 하나의 환상이었다는 점이다.

최근까지 화석 연료에 관한 두 가지 실존적 질문이 공적 담론을 이끌어 왔다.[77] 두 가지 모두 한계에 관한 것이다. 첫 번째 질문은 화석 연료 자원

77 이 질문들에 대한 또 다른 접근으로는 다음을 참고하라. Mitchell, *Carbon Democracy*, 231-

의 가용성의 한계에 관해서다. 이를 가장 잘 드러내는 것이 "피크 오일(peak oil)"로, 전 세계 석유 생산량이 정점에 도달하는 시점이 존재하며 그 뒤로는 생산량이 지속해서 감소할 것이라는 개념이다.[78] 이러한 시나리오는 화석 연료에 이미 지나치게 의존 중인 선발 산업 사회뿐만 아니라, 선발 산업 사회가 에너지를 낭비함으로써 누리는 물질적 안락함과 안정을 갈망하는 후발 산업 사회에도 불안의 근원이 되고 있다. 20세기 전반의 중국인과 일본인—다른 여러 나라의 사람들과 마찬가지로—도 비슷한 두려움을 품고 있었다. 이는 주로 "석탄 기근" 또는 "연료 문제"와 같은 용어로 표현되었다. 비록 지구적 차원에서 탄소 자원이 유한하다는 점을 고민한 소수의 논자가 없지 않았지만, 대부분은 더 협소하게 국가 차원의 에너지 보유량의 고갈이라는 문제를 놓고 씨름했다. 특히 일본 내지의 매장량이 고갈될 것으로 예상되는 가운데, 제국을 팽창시킴으로써 푸순같이 무궁무진해 보이는 에너지 매장지를 더 많이 확보한다는 방침은 일본제국주의자들의 시각에서 볼 때 대단히 매력적인 전망이었다.

두 번째 질문은 우리가 계속해서 화석 연료를 탐욕스럽게 소비할 경우, 인간과 다른 생물종을 부양할 지구의 능력에 한계가 발생할 수 있다는 인식과 관련 있다. 최근 몇 년 동안 우리는 더 맹렬하게 타오르는 화재, 더 빠르게 녹아내리는 빙하, 그리고 여타 인위적인 기후 변화가 일으킨 극심한 기상 이변에 대한 소식을 끊임없이 접하고 있다. 그렇다면 첫 번째 문제에 비해 이 두 번째 질문이 더 시급하다는 데 의심의 여지가 없는 것으로 보인다. 우리는 우리를 파괴할 수단이 완전히 고갈되기도 전에 우리 자신을 파괴해 버릴 가능성이 훨씬 더 농후하다. 과거의 역사 속에도 석탄을 대량으로 연소하는 것이 환경에 미치는 해악을 인식하고 석탄 사용

54.

78 피크 오일 이론에 대해서는 다음을 보라. Deffeyes, *Hubbert's Peak*; Priest, "Hubbert's Peak."

을 억제하기 위해 분투한 인물들이 있었다. 예를 들어, 앞서 살펴본 것처럼(3장 참고) 오사카에서 매연 저감을 위해 길고 긴 싸움을 벌였던 사람들이다. 그러나 당시에는, 산업 사회가 화석 연료를 사용함으로써 대기 중으로 배출하는 막대한 양의 이산화탄소가 일으킬 폐해의 심각성과 불가역성을 제대로 파악한 사람—심지어 오사카의 환경보호론자들을 포함해—이 거의 없었다.[79] 따라서 석탄 생산과 소비의 극대화를 옹호하거나 주도한 과거의 인물들—이 책에 등장한 수많은 중국인과 일본인이 이에 해당한다—이 오늘날 기후 위기로 귀결된 일련의 역사적 과정에 연루되었다는 사실을 충분히 인정할 수는 있겠지만, 단순히 화석 연료 이용을 장려했다는 이유만으로 그들을 마냥 비난하기는 어려울 것이다. 그들은 대체로 행성 차원의 후과(後果)에 대해 무지했다.[80]

그러나 우리가 그들에게 가장 확실하게 책임을 물을 수 있는 문제가 있다. 바로 그들이 탄소 에너지 추출을 심화하기 위해 인간의 생명과 안녕을 외면했다는 점이다. 근대적 화석 연료 채굴이란 본질적으로 제국주의적인 활동으로 볼 수 있는 소지가 크다. 해외 자원을 장악하기 위해 국경 너머로 세력을 팽창하는 과정에서 이러한 경향이 분명히 확인되지만, 이른바 "내부 식민화(internal colonization)" 작업을 통해서도 잘 드러난다. 정부 관료와 대도시 엘리트가 주도해 미국 남서부 선벨트(sunbelt) 지역 나바호족의 영토에서 석탄 채굴과 에너지 개발 사업을 벌였던 사례를 꼽을 수 있다.[81] 이러한 추출 사업들은 무력을 통해 토지를 빼앗기도 했고,

79 기후 변화에 대한 과학계의 합의가 도출되는 과정에 대해서는 다음을 보라. Weart, *Discovery of Global Warming*.

80 과거의 탄소 배출자가 후대인이 발견하게 될 여러 사실을 알지 못한 상태로 자기 행동에 대해 어느 정도로 도덕적 또는 법적 책임을 져야 하는가의 문제는 환경 정의 분야의 흥미로운 연구 주제 중 하나다. 예를 들어 다음을 참고하라. Kingston, "Climate Justice and Temporally Remote Emissions."

81 Needham, *Power Lines*, 246-57.

원주민에게 실현되지 못할 번영의 약속을 남발하기도 했다. 더 나아가 이러한 사업을 뒷받침하기 위해 일한 수많은 노동자에게 빈번하게 폭력을 행사하는 경우가 많았다. 그 무엇보다도 생산을 최우선시한 프레임 속에서 폭력은 효율성이라는 이름으로 가해지는 규율 수단이었으며, 푸순의 사례가 선명히 보여주듯이 그 자체로 안전이나 지속 가능성보다 생산량을 앞세운 결과였다. 탄광 관리자들은 노동자들을 지배하기 위해 폭력을 행사했다. 또한 파헤쳐진 땅이 가하는 또 다른 폭력에 노동자들을 기꺼이 노출시켰다.

2차 세계대전 이후 이러한 폭력의 규모는 줄어들고 있는 것으로 보인다. 부분적으로는 많은 탄광이 폐쇄되었고, 살아남은 탄광의 상당수도 기계화되면서 탄광 노동력의 규모가 축소되었기 때문이다. 그러나 중국에서 석탄 채굴은 최근까지도 대단히 위험한 일이었다. 소형 기층 광산의 공식 사망률은 대형 국영 탄광의 7~8배에 달하는 등 실로 끔찍한 안전 통계로 악명이 높았다. 그러나 위험은 대형 국영 탄광에도 도사리고 있었다. 사고의 발생 빈도는 낮았지만, 한 번 사고가 일어났을 때 그 피해는 오히려 더 심각했다. 2005년, 푸순 서쪽에 있는 국영 푸신 탄광 아래의 쑨자완(孫家灣) 광산에서 가스 폭발이 일어났다. 최소 214명의 광부가 사망했다. 이는 중화인민공화국 건국 이래 단일 탄광 사고로서 가장 많은 인명 피해를 낸 사례로 기록되었다.[82] 쑨자완 광산처럼 둥베이 지역의 오래된 탄광에서 일하는 광부들은 종종 땅 밑 깊은 곳까지 내려가야 했다. 지표면에 가까운 석탄은 이미 다 채굴했기 때문이다. 더 깊게 파 내려갈수록 더 큰 위험에, 특히 가스 사고 위험에 노출될 수밖에 없었다.[83] 2005년 한 해 동안 탄광 사고로 6,000명에 육박하는 사망자가 발생했다. 탄광 사고

82 Weston, "Fueling China's Capitalist Transformation," 77-78.

83 Wright, *Political Economy of the Chinese Coal Industry*, 173.

사망자 통계는 그 뒤 계속 감소해 2018년에 333명으로 역대 최저치를 기록했다.[84]

폭력은 또 다른 형태로도 나타났다. 탄광이 폐쇄되며 일자리를 잃은 광부들이 직면한 불안정한 상황이 그 첫 번째 사례일 것이다. 또한 석유 추출—1965년에 전 세계적으로 석탄을 추월했다—의 문제로 눈을 돌리면, 석유라는 에너지 자원에 대한 접근성과 석유가 가져다주는 부와 권력을 둘러싸고 폭력은 여전히 만연해 있다.[85] 더 나아가, 가속화되는 기후 변화와 더불어 환경 폭력(environmental violence)의 파급력이 훨씬 더 광범위해지고 있다. 과거에는 주로 추출 현장이나 도심의 공업 중심지 인근에 거주하거나 일하는 사람들이 주로 환경 폭력에 노출되었지만, 오늘날에는 전 세계적으로 가장 취약한 사람들에게 가장 큰 피해가 돌아가고 있다. 예를 들어 해수면 상승으로 홍수가 발생했을 때 가장 큰 피해를 보는 사람은 홍수에 취약한 지역에 거주할 수밖에 없고, 홍수를 견딜 수 없는 값싼 자재로 지은 주택에 살 수밖에 없으며, 홍수가 지나간 뒤로도 생활 환경을 복구할 수단이 거의 없는 취약 집단일 것이다.[86] 권력의 불평등이 근대 화석 연료 경제를 탄생시키고 유지하는 폭력을 가능케 하는 것처럼, 탄소의 대량소비 또한 너무나 불평등하게 분배되는 해악을 생산한다.[87]

84 "Deaths from Coal Mine Accidents."

85 석유 생산 과정에서 발생하는 특유의 폭력에 대해서는 다음을 보라. Watts, "Petro-Violence."

86 Islam and Winkel, "Climate Change and Social Inequality," 6.

87 이 대목에서, 그리고 이 책의 다른 부분에서 나의 분석은 제이슨 무어(Jason Moore)나 안드레아스 말름(Andreas Malm) 같은 학자들의 분석과 일치하는데, 이들은 기후 위기를 "인류세"라기보다는 "자본세(Capitalocene)"의 산물이라고 보는 것이 더 정확하다는 태도를 취한다. 자본세 개념은 근대 자본주의의 부상과 더불어 화석 연료 사용의 가속화가 진행되었다는 점을 강조하며, 또한 어떻게 자본주의적 질서가 일으킨 불평등이 기후 위기가 전개되는 과정에서 한층 더 불평등하게 재생산되는지 조명한다. 다음을 보라. Moore, *Capitalism in the Web of Life*, 169-92; Malm, *Fossil Capital*. 내 연구가 무어나 말름과 구별되는 지점은 이토록 환경 파괴적인 자본주의가 전개되는 과정에서 국가의 역사적 역할을 더불어 강조한다는 데 있다. 이 책은 자본세의 핵심에 국가를 위치시켜야 한다는 크리스찬 퍼렌티(Christian Parenti)의 주장과 일

현재 진행 중인 기후 위기의 한복판에서 중국의 존재감은 크다. 중국은 여전히 세계 최대의 이산화탄소 배출국이다. 그러나 역설적으로 중국은 이 행성 차원의 문제에 대응할 하나의 잠재적 모델이기도 하다. 2013년에 중국 정부는 여러 국정 과제 가운데 대기 오염 문제 해결을 최우선 순위로 올렸다. 화베이 지역에서는 겨울에 난방을 위해 석탄을 더 많이 태우기 때문에 일반적으로 계절성 스모그가 발생한다. 그러나 그해 겨울 베이징과 인근 수십 개 도시의 대기질은 전례 없는 수준으로 떨어졌다. 치명적인 PM2.5 초미세먼지 농도가 세계보건기구(WHO)의 건강 기준치에 비해 거의 40배나 높았다. 환경정책 분석가인 바버라 피나모어(Barbara Finamore)는 중국이 "그 초고속 성장과 불균형 개발에 스스로 질식되고 있다"라고 꼬집었다.[88] 또 다른 논평가들은 2013년의 위기를 "에어포칼립스(airpocalypse)"라고 지칭하기도 했다. 이러한 사태에 자극받은 중국 정부는 석탄 사용량 감축을 목표로 하는 일련의 포괄적인 조치를 발표했다. 여기에는 석탄 소비 상한선 설정, 지나치게 과도한 발전 용량을 보유한 석탄 화력 발전소 폐쇄, 발전소에 대한 엄격한 효율성 표준 도입, 전국적 탄소 배출권 거래제 시범 운영 등이 포함되었다. 그뿐만 아니라 탄소 배출과 기후 변화 문제 해결 조치를 총괄하는 환경보호부를 중앙정부에 신설하고 막강한 권한을 부여했다.[89] 관건은 시행이었다. 이러한 정책 중 상당수가 지역사회와 공업계의 기득권을 침해할 수 있기 때문이었다. 그러나 이후 몇 년 동안 어느 정도 진전을 이루었다.[90] 우연의 일치로 이러한 행보는 태양광 및 풍력 발전 역량을 증대시키고 전기자동차 시장을 활성

맥상통한다. Parenti, "Environment-Making in the Capitalocene."

88 Finamore, *Will China Save the Planet?*, 25.

89 환경보호부는 2018년 이후 생태환경부로 개칭되었다-옮긴이.

90 Finamore, 36-60.

화하려는 중국의 꾸준한 노력과 맞물리며 시너지 효과를 냈다.[91] 2017년, 시진핑 주석의 연설문에서 드러나듯 적어도 이때만큼은 중국이 "생태 문명을 향한 전 세계적 노력을 선도하는 선구자"가 될 준비가 되어 있는 것처럼 보였다.[92]

비록 중국이 최근에 다시 석탄의 힘에 의존하는 것처럼 보이기는 하지만, 기후 위기의 심각성을 고려할 때 결국 관건은 과연 강력한 국가—오늘날 중국 정부와 같은—가 등장해 필요한 대응책을 마련할 수 있느냐가 될 수 있다.《서양문명의 붕괴(The Collapse of Western Civilization)》의 저자인 과학사학자 나오미 오레스케스(Naomi Oreskes)와 에릭 콘웨이(Eric Conway)는 가까운 미래에 펼쳐질 하나의 가상 이야기를 풀어낸다. 이 가상의 세상은 기후 변화로 파국을 맞이하며, 이 "거대한 붕괴(Great Collapse)"의 주요 생존자로 중국을 설정한다. 화자는 "중화 제2인민공화국"의 역사학자다. 그에 따르면, "처음에는 위기에 대처할 의지가, 다음에는 대처할 능력이 없는" 자유민주주의 국가들과 달리 중국은 과감히 인구 증가를 억제하고 재생 에너지 경제 체제로 전환한다. 또 해수면이 상승하자 해안가에 거주하는 주민 대부분을 신속하게 내륙으로 이주시킨다. 화자는 다음과 같이 결론 내린다. "기후 변화라는 재앙을 버텨 낸 중국의 능력은 중앙집권적 정부가 필요하다는 점을 입증했다."[93] 앞서 이 책에서 살펴본 것처럼, 국가는 다양한 영감과 야망에 이끌려 화석 연료 레짐의 부상을 향한 길을 닦았다. 그렇다면 이번에는 국가가 파국으로 치닫는 현재의 궤도를 수정하고 방향 전환을 이룩하는 데 일조할 수 있을 것

91 Finamore, 61–101.

92 Finamore, 7. 중국의 "생태 문명" 개념이 어떻게 환경에 대한 우리의 사회과학적 연구를 재검토하게 만드는가에 대해서는 다음을 보라. Zinda, Li, and Liu, "China's Summons for Environmental Sociology."

93 Oreskes and Conway, *Collapse of Western Civilization*, 6, 51–52.

인가?

그러한 가능성을 완전히 기각할 필요는 없을 것이다. 그러나 이때의 국가는 아마도 기술관료주의에 경도되어 있을 공산이 크다. 이를 전제로 지금부터 이 책으로부터 도출할 수 있는 몇 가지 주의 사항에 관해 이야기해 보고자 한다.[94] 물론 이러한 주의 사항이 과학기술적 전문성 그 자체에 대한 비판은 아니라는 점을 처음부터 분명하게 짚어 두고자 한다.[95] 그보다 나는 기술관료주의의 근본적인 전제(이자 문제)인 관념, 즉 오직 과학기술을 동원함으로써 사회의 여러 문제가 식별되고, 이해되고, 해결될 수 있다는 관념에 내재한 한계를 강조하고 싶다.[96]

첫째, 기술관료주의가 반드시 그 목표를 잘 달성하는 건 아니다. 물론 어떤 체제 아래에 있든 인간이 세우는 모든 계획에 대해 이 정도의 말은 다 할 수 있을 것이다. 그러나 기술관료주의를 지지하는 사람들은 원하는

94 이어지는 지면에서 분명하게 드러나겠지만, 나는 환경 위기의 해결을 전적으로 기술관료주의적 국가의 손에 맡기는 방안에 대해 의구심을 가지고 있다. 그러나 시장 메커니즘(국가로부터 독립된 영역이라고 생각할 수 있다는 전제 아래)을 통해 이 위기를 해결할 수 있다는 인식에 대해서는 더더욱 회의적이다. 자본(칼로리 개념처럼)은 종종 통약불가능한(incommensurable) 것들 사이에 잘못된 등가성(환경 위기의 경우에는 "상쇄"라는 개념이 활용된다)을 내세우는 근거가 되면서, 동시에 더 많이 축적한 사람들과 그렇지 못한 사람들 사이의 불평등을 강화하는 경향이 있다. 낸시 프레이저(Nancy Fraser)가 멋지게 표현했듯이, "이곳에서 석탄을 태우는 공장 하나가 저곳에서 운영 중인 나무 농장으로 '상쇄'될 수 있다는 생각은 '자연'이 대체될 수 있고, 통약가능한 단위들로 구성되어 있다는 생각을 당연한 것으로 만든다. 이렇게 될 경우, 장소적 특수성, 질적 속성, 저마다 체감되는 여러 가지 다양한 의미들은 전혀 중요하지 않은 것으로서 무시될 수 있다. (…) 인식론적 추상화를 통해 만들어진 이러한 금융화된 자연(financialized nature) 개념은 그 자체로 자연을 수탈하는 도구가 된다." *Fraser and Jaeggi, Capitalism*, 100.

95 과학적 발견이 사회적으로 구성되었기 때문에 믿을 수 없는 것이 아니라, 바로 그래서 신뢰할 수 있는 것이라고 주장하며 과학을 설득력 있게 옹호하는 태도에 대해서는 다음을 참고하라. Oreskes, *Why Trust Science?*

96 이페이 리(Yifei Li)와 주디스 샤피로(Judith Shapiro)는 중국의 국가 주도적 환경주의에 대해 이목을 끌만한 분석을 내놓았다. 이들은 그 효력을 인정하면서도, 여러 친환경적 조치가 당과 국가의 국내 통제력과 대외 영향력을 강화하는 수단으로 기능한다는 점을 지적한다. Li and Shapiro, *China Goes Green*.

결과를 실현할 수 있다는 압도적인 자신감을 갖고 있다는 점을 고려할 때, 그리고 그러한 자신감의 원천이 스스로 과학의 원칙에 부합하게 일을 진행한다는 믿음, 그리고 과학의 무오류성에 대한 확신에 있음을 고려할 때 위의 명제는 특히 의미심장하다. 이 책 곳곳에서 우리는 기술관료주의적 계획이 의도한 효과를 창출하지 못한 채 좌초한 사례를 무수히 확인했다. 인간 노동에 대한 의존도를 줄이기 위해 기계화를 확대했던 만철의 시도, 다른 공업 분야에 연료를 공급하기 위해 석탄 가격을 억제하려 했던 국가자원위원회의 분투, 그리고 정권을 막론하고 높은 수준의 생산을 달성하거나 유지하기 위해 취했던 각종 조치가 모두 이에 해당한다. 이러한 실패는 단순히 실행 차원에서 무언가 잘못되었거나 예기치 않은 상황이 갑자기 벌어졌기 때문이 아니다. 오히려 애초부터 근시안적이었던 기술관료주의적 계획 그 자체로부터 비롯되었다. 또한 그러한 계획을 세운 사람들이 과학기술적 요소와 중앙집권적 계획의 힘에 지나치게 큰 믿음을 투영한 결과이기도 했다.[97]

둘째, 에너지 문제와 관련해 기술관료주의는 일반적으로 공급 측면의 해결책에만 관심을 기울였다. 현재의, 혹은 예상되는 미래의 에너지 부족 사태에 직면해 20세기 전반의 중국과 일본의 정책결정자와 대중은—전 세계의 수많은 동시대인과 마찬가지로—추가적인 매장지를 발견하고, 대체 연료를 개발하고, 해외의 자원을 확보하기 위해 혈안이 되었다. 비

97 정치사상가 제프리 프리드먼(Jeffrey Friedman)은 기술관료주의를 폭넓게 비판한다. 그는 기술관료주의의 비민주적 성격—위르겐 하버마스(Jürgen Habermas) 등이 비판했던 지점이다—을 문제 삼기보다는, 그 옹호자들이 주장하는 것만큼 기술관료주의가 효과적이지 않다는 점을 집중적으로 파고들었다. 그는 다음과 같이 주장한다. "기술관료주의는 오직 기술관료들이 통제하고자 하는 인간 행동이 믿을 만한 정도로 예측 가능할 때만 그 목적—이러한 목적이 민주적으로 결정되었든 그렇지 않든 간에—을 효과적으로 달성할 수 있다. 그러나 인간 행동을 예측한다는 것은 지극히 어려운 일이다. 심지어 자연과학자가 잘하는 예측 활동보다도 훨씬 더 어렵다. 따라서 효과적인 기술관료주의란 어쩌면 실현될 수 없는 것일지도 모르겠다." Friedman, *Power without Knowledge*, 2-3.

록 일부 연료 효율을 높이려는 시도도 있었지만, 수요를 줄이는 가능성에 대해 고민한 사람은 거의 없었다. 그 대신 탄소 시대 초기—그때만 해도 (적어도 행성 차원에서) 화석 연료가 고갈되는 일은 절대 없으리라 추정했으며, 화석 연료를 태움으로써 우리 모두의 생물권에 미칠 수 있는 부정적인 영향에 대해 거의 알지 못했다—에 굳어진 소비 패턴을 끝까지 고수하려 했다.

삐걱거리는 현재를 살아가는 수많은 사람은 여전히 궁극적으로 지속 불가능한 소비 패턴을 건드리지 않으면서 문제를 풀어 줄 모종의 과학적 해결책을 찾을 수 있다는 희망을 굳게 붙들고 있다. 기술관료주의는 특정한 진보 관념에 얽매여 있다. 이런 진보관은 좋은 삶을 오로지 막대한 에너지 소모와 그로써 가능한 과잉 풍요라는 요소만으로 정의하려 한다. 따라서 기술관료주의는 대안을 상상하는 능력을 제한하는 방식으로 우리의 사유를 고착시켰다. 그러나 이제 우리는 대안을 상상해야만 한다. 카라 뉴 대거트(Cara New Daggett)는 에너지라는 개념의 계보를 추적하면서 19세기 후반의 신생 과학인 열역학이 어떻게 에너지를 일(work)과, 진보를 생산주의와 결부하는 데 일조했는지 검토한다.[98] 그런 다음 포스트워크(postwork)의 지적 전통 위에서 다음과 같이 주장한다. 인류세의 위기에 효과적으로 대처하기 위해서는 경제 성장과 탄소 에너지에 따른 환경 파괴를 분리하는 것보다, 에너지를 일로부터 해방하는 것이 급선무다. 이는 곧 "에너지 자유," 다시 말해 보편적 기본소득, 노동 시간 단축과 같은 조치를 통해 "임금을 받고 생산적으로 일해야 한다는 구속으로부터 더 많은 에너지를 자유롭게 하는 시도"가 필요하다는 주장이다.[99] 이러한 대

98 열역학의 역사에 대해서는 다음을 참고하라. Smith, *The Science of Energy*.

99 Daggett, *The Birth of Energy*, 187-206. 열역학 이론의 등장이 일과 노동에 대한 관념을 어떻게 바꾸어 놓았는가에 관한 선구적 연구로 다음을 꼽을 수 있다. Rabinbach, *The Human Motor*.

안이 급진적으로 보인다면, 실제로 급진적인 제안이기 때문에 그렇다. 그러나 진보에 관한 근대 산업 사회의 이상이 어떻게 지구라는 행성을 붕괴 직전까지 몰고 가고 있는지를 고려할 때, 이러한 이상을 급진적으로 재구성하는 것이야말로 우리의 시급한 과제 중 하나다. 그리고 이는 틀림없이 지난한 작업이 될 것이다.[100]

셋째, 기술관료주의는 인간이라는 요소를 일관되게 과소평가하거나 간과함으로써, 위에서 언급한 것과 같은 폭력, 그리고 이 책 전반에 걸쳐 확인한 여러 폭력의 뿌리를 이루고 있다. 기술관료주의적 계획의 옹호자들은 자신들이 국익이나 인구 전체의 이익을 증진하기 위해 일하고 있다고 피력하곤 한다. 그러나 주로 이러한 계획은 지식과 권력에 대한 특정한 인식에 기반을 두고 있으며, 그렇게 함으로써 너무나도 쉽게 수많은 사람의 안녕과 자기결정을 도외시했다. 이러한 모습은 동아시아에서 탄소 에너지 레짐이 등장하는 과정에서뿐만 아니라, 더 넓은 산업 세계가 작동하는 과정에서 몇 번이고 반복해서 드러났다. 최악의 경우, 기술관료주의적 계획은 의도적으로 다수를 희생시킨 채 극소수의 이익을 도모하는 방향으로 설계된다. 좀 더 나은 경우에도 계획은 빈번하게 추상적인 목표치로 경도되며, 그러한 수치는 계획이 달성하고자 하는 실제적 목표와 반드시 일치하지 않는다. 이 때문에 기술관료주의적인 계획은 기술사학자 데이비드 노블(David Noble)이 말하는 "인간 없는 진보(progress without people)"로 귀결될 가능성이 있다.[101] 이쯤에서 어떤 이는 과연 우리가 더 나은 기술관료주의를 만들 수는 없을지 의문이 들 것이다. 즉, 그 긍정적인 측면(효율성과 전문성에 대한 인정과 같은)은 유지하면서 부정적인

100 아마도 문학은 이러한 대안적 상상을 창출할 수 있는 영역 중 하나일 것이다. 풍요와 끝없는 성장이라는 환상에서 벗어난 미래를 두고 훨씬 더 다양한 서사를 구축할 수 있으리라는 점에서 그러하다. Szeman, "Literature and Energy Futures."

101 Noble, *Progress without People.*

측면(권위주의와 인간이라는 요소에 대한 부주의와 같은)은 거부함으로써 더 인본적이고 지속 가능한 미래를 향해 기술관료주의를 재정향할 수는 없을까? 나 또한 이러한 질문에 대해 확실한 답을 갖고 있지는 못하다. 그러나 다음과 같이 제안하고 싶다. 마오쩌둥 시기 푸순의 보통 노동자들의 전문지식이 인정받았던 사례를 염두에 둘 때(6장 참고), 기술관료주의의 하향식 속성을 완화하는 한 가지 방법은 아래로부터의 관점을 수용하기 위한 여지를 마련하는 것이다. 그렇다면 우선, 포용성을 더하기 위한 노력이 주어진 문제에 대한 해결책을 모색하는 과정에서 견지되어야 할 것이다. 그뿐만 아니라, 애초에 문제 자체가 무엇인지 정의하고 공식화하는 과정에도 비엘리트 현장 전문가의 지식을 수렴해야 한다.[102]

푸순탄광박물관에 들어서면 동굴처럼 생긴 현관 로비가 펼쳐진다. 그리고 갱도를 배경으로 광부들을 묘사한 대형 조형물이 가장 먼저 눈에 들어온다. 이 조각상은 전형적인 사회주의 리얼리즘 스타일이다. 전면에 안전모를 쓴 광부들이 두 팔을 번쩍 들고 당당하게 서 있다. 그 뒤에는 갱도에서 일하는 동료 광부들이 배치되었다. 그중 두 명은 한 조를 이루어 전동 곡괭이를 들고 작업하고 있다. 다른 광부들은 석탄과 광물 찌꺼기를

102 스티븐 해럴(Stevan Harrell)과 몇몇 학자들은 "친환경 개발주의 국가(eco-developmental state)"라는 용어를 고안하고 분석을 진행했다. 해럴은 동아시아 사례를 중심으로 환경 쿠즈네츠 곡선(Environmental Kuznets Curve) —산업화 초기에는 환경이 나빠지지만 경제가 성장하면서 점차 개선된다는 인식으로 대표되며, 국가주의적 해결책을 선호하는 사람들에게 낙관론을 고취하는 개념이다 —이 갖는 한계를 지적한다. 그가 제기하는 한 가지 비판은 친환경 개발주의 국가의 정통성이 압도적으로 개발이라는 문제에 근거하고 있다는 점이다. 즉, 국가는 개발 비전을 현실화하는 데 방해가 되지 않을 때만 환경 개선에 투자할 공산이 매우 크다는 것이다. 그런데도 그는 특히 환경에 대한 문제의식을 지닌 시민이 바람직한 변화를 만들기 위해 국가에 압력을 가하고, 이러한 노력이 성공을 거둔 사례들을 염두에 두면서 희망의 끈을 놓지 않았다. Harrell, "The Eco-developmental State." 아시아의 여러 풀뿌리 전통으로부터 더욱 지속 가능한 미래를 향한 영감을 발굴하려는 또 다른 시도로는 다음을 보라. Duara, *Crisis of Global Modernity*, 18-52.

경사면 위로 실어 나르고 있다. 이 조형물 앞에는 큼직한 글씨로 다음과 같이 적혀 있다. "이것은 중국 인민의 보물이자 인간 노동의 영광스러운 상징이다. 엄청난 노동, 피, 땀, 목숨이 그 대가로 치러졌다." 이 글귀는 샤오쥔의 《5월의 광산》 속 가상의 탄광도시 우진을 소개하는 대목에서 따왔다.[103] 이 말은 우진의 실제 배경인 푸순뿐만 아니라, 그밖의 비슷한 추출의 장소에도 폭넓게 적용될 수 있다. 싫증 난 관람객이라면 조형물 전체를 또 하나의 프로파간다로 치부해 버릴 수도 있을 것이다. 그러나 내 생각에 이 조형물은 탄소가 만든 세상을 지탱하는 데 얼마나 막대한 인간 에너지를 투입해야 하는지 상기시키는 유용한 자료다. 디페시 차크라바티(Dipesh Chakrabarty)는 기후 변화의 현실 속에서 역사를 쓴다는 것의 의미를 곱씹으며 에세이를 썼다. 이미 고전의 반열에 올라선 이 글에서 차크라바티는 지난 두 세기 반 동안 진보라는 관념이 구성되는 과정에서 에너지의 집약적 사용이라는 요소가 얼마나 핵심적이었는지 지적한다. 그는 다음과 같이 말한다. "근대적 자유라는 저택은 (…) 화석 연료 사용의 끊임없는 확대라는 지반 위에 서 있다."[104] 이 책은 바로 이 저택과 그것이 딛고 있는 화석 연료라는 지반의 지하에 또 하나의 깊은 부자유의 지층—탄소 기술관료주의 논리에 따라 작동하는 산업 근대국가가 만들어 내는 인적 비용—이 존재했으며, 여전히 존재한다는 것을 보여주고자 쓰였다.

103 Xiao, *Wuye de kuangshan*, 4.

104 Chakrabarty, "The Climate of History," 208.

감사의 말

이 책을 쓰는 동안 석탄 채굴, 스토리텔링 기법, 설득력 있는 주장을 펼치는 법, 그 외 여러 창조적 파괴 활동을 포함해 수많은 것들을 배울 수 있었다. 그 모든 과정에서 내게 가르침을 베푼 모든 분께 심심한 사의를 표한다.

이 책의 시작은 나의 하버드 대학원 시절로 거슬러 올라간다. 그곳에서 마크 엘리엇(Mark Elliott)의 문하에서 수학하는 행운을 누렸다. 스승으로서 마크는 헌신적이면서도 까다로운 분이었다. 그는 학문적 엄정함과 언어 사용의 정확성에서 높은 기준을 세웠으며, 학생들을 그 고준(高峻)한 이상으로 인도하는 데 많은 시간과 에너지를 투여했다. 마크의 지도에 진심으로 감사한다. 나 자신보다도 훨씬 먼저 내 연구의 잠재력을 알아보고, 늘 그랬듯 나를 다독이며 이끈 이안 밀러(Ian Miller)에게도 감사를 전한다. 앤디 고든(Andy Gordon)은 그때나 지금이나 배려심이 돋보이며 격려를 아끼지 않는 좋은 멘토다. 나는 언제까지고 장기 20세기 중국에 대한 리즈 페리(Liz Perry)의 박식함을 뛰어넘지 못할 것이다. 페리는 중국 안팎의 넓은 세계를 바라보는 내 시야를 길러주었다. 이제 위의 여러 선생님을 동료이자 친구로 부를 수 있으니 영광이라 하지 않을 수 없다.

또한 하버드에서 내 연구에 영향을 준 다른 여러 학자를 만나는 행운을 누렸다. 헨리에타 해리슨(Henrietta Harrison)은 지역적인 것에서 전 지구적인 것을 사유하게 해 주었고, 엘리자베스 쾰(Elisabeth Köll)은 기업 조직과 경영 전문성에 대해, 엠마 로스차일드(Emma Rothschild)는 경제적 삶의 광범위함에 대해, 실라 재서노프(Sheila Jasanoff)는 과학과 국가의 관계에 대해 가르침을 주었다. 학부 시절의 은사님들이 계시지 않았다면 대학원 과정에서 그토록 많은 것을 얻지 못했을 것이다. 특히 매기 궈(Maggie Kuo), 로빈 예이츠(Robin Yates), 그리트 반커베르겐(Griet Vankeerberghen), 브라이언 루이스(Brian Lewis), 엘리자베스 엘본(Elizabeth Elbourne), 프레드 디킨슨(Fred Dickinson), 아즈마 에이이치로(Eiichiro Azuma), 스옌 페이(Siyen Fei), 벤 네이선스(Ben Nathans), 이브 파웰(Eve Troutt Powell), 수 나퀸(Sue Naquin)에게 감사를 전하고 싶다. 이분들은 각자의 방식으로 내가 선생이자 연구자로서 성장하는 데 도움을 주었다. 이분들이 내게 그랬듯, 나도 내 학생들에게 영감의 원천이 될 수 있기를 바랄 따름이다.

푸순의 역사를 연구하는 과정에서 중국, 일본, 타이완, 미국 등지의 수많은 아카이브와 도서관을 방문했다는 점은 그 자체로 푸순의 영향력이 얼마나 컸는지를 보여주는 방증이다. 전문적으로, 때로는 유머를 곁들여 나의 온갖 요청을 처리해 준 푸순시 당안관(檔案館), 랴오닝성 당안관, 지린성 당안관, 지린성 도서관, 상하이시 당안관, 중국 제2역사당안관, 일본 국립국회도서관, 동양문고(東洋文庫), 히토쓰바시대학 도서관, 와세다대학 도서관, 도쿄대학 도서관, 홋카이도대학 아카이브, 규슈대학 석탄연구자료센터, 타이완 중앙연구원 근대사연구소 당안관, 타이완 국사관, 미국 후버연구소, 미국 의회도서관, 코넬대학 왓슨 동아시아 컬렉션의 직원들에게 감사를 전하고 싶다. 또한 10년이 훌쩍 넘도록 나는 하버드의 여러 사서, 특히 옌칭도서관의 마샤오허(Ma Xiao-he)와 구니코 야마다 맥베이(Kuniko Yamada McVey)에게 이 책 및 다른 연구와 관련해 과분한 도움을 받았다. 사료가 역사학자의 학문의 근원이라는 점을 감안할 때, 이분들이

안 계셨다면 나는 아무런 일도 할 수 없었을 것이다.

중국에서도 많은 분의 넘치는 호의를 받았다. 특히 화둥사범대학의 펑샤오차이(Feng Xiaocai), 지린대학의 취훙메이(Qu Hongmei), 랴오닝성 사회과학원의 위즈웨이(Yu Zhiwei)에게 감사의 마음을 전한다. 푸순에 있는 친구들과 지인들에게도 진심 어린 감사를 표한다. 이들은 내게 연구 자료를 건네고, 내 질문에 흔쾌히 답했으며, 그들의 고향 푸순에 대해 알고 있는 모든 걸 일러 주었다. 특히 푸순시 사회과학원의 푸보(Fu Bo)와 왕핑루(Wang Pinglu), 핑딩산학살기념관의 진후이(Jin Hui), 그리고 왕제(Wang Jie)의 도움 덕분에 모든 일이 가능했다. 일본에서는 히토쓰바시대학의 에나쓰 요시키(Enatsu Yoshiki)가 나를 초청해 주었고, 연구를 진행하는 데 필요한 모든 일을 앞장서서 해결해 주었다. 중국근현대사 연구 그룹의 린다 그로브(Linda Grove)와 구보 도루(Kubo Toru), 환경사 연구 그룹의 세토구치 아키히사(Setoguchi Akihisa)와 후지하라 다쓰시(Fujihara Tatsushi)는 그 역동적인 지적 공동체에 나를 기꺼이 받아 주었다. 홋카이도대학 아카이브의 이케가미 시게야스(Ikegami Shigeyasu)는 여러 옛 제국대학의 실습 보고서 사본을 수집해 나에게 공유해 주었다. 규슈대학 석탄연구자료센터의 미와 무네히로(Miwa Munehiro)는 만철 치하의 초대 푸순 탄광장이었던 마쓰다 부이치로가 남긴 문건을 비롯해 여러 귀중한 자료를 소개해 주었다. 두 분께 감사를 표한다. 타이완에서는 중앙연구원 근대사연구소의 천쯔위(Chen Tsu-yu), 린메이리(Lin May-li), 창닝(Chang Ning)이 이 프로젝트를 시작할 무렵 값진 조언을 해 주었으며, 그 뒤 타이베이에서 연구할 수 있도록 많은 편의를 봐주었다. 한 분 한 분이 베푼 선의에 진심으로 감사드릴 뿐이다.

코넬대학교 역사학과에 임용된 뒤 이 책을 쓰기 시작했다. 이곳만큼 소박하면서도 탁월한 역사학자들이 모여 있는 공간은 아마도 없을 것이다.

우정과 동료애를 몸소 보여준 에르네스토 바시(Ernesto Bassi), 주디 바이필드(Judi Byfield), 홀리 케이스, 셤 코크란(Sherm Cochran), 레이 크레이브(Ray Craib), 폴 프리들랜드(Paul Friedland), 마리아 크리스티나 가르시아(Maria Cristina Garcia), 더바 고쉬(Durba Ghosh), 산드라 그린(Sandra Greene), 티제이 힌릭스(TJ Hinrichs), 줄릴리 콜러-하우스만(Julilly Kohler-Hausmann), 빅 코쉬만(Vic Koschmann), 케이티 크리스토프(Katie Kristof), 존 파멘터(Jon Parmenter), 러셀 릭포드(Russell Rickford), 케이 스티케인(Kay Stickane), 로버트 트레버스(Robert Travers), 클라우디아 버호벤(Claudia Verhoeven), 그리고 특히 래리 글릭맨(Larry Glickman), 잇지 헐(Itsie Hull), 타마라 루스(Tamara Loos), 애런 삭스(Aaron Sachs), 에릭 탈리아코조(Eric Tagliacozzo)에게 감사한다. 또한 코넬 과학기술학과의 고(故) 앤 존슨(Ann Johnson), 론 클라인(Ron Kline), 새라 프릿처드(Sara Pritchard), 아시아학과의 닉 애드머슨(Nick Admussen), 키아라 포미치(Chiara Formichi), 손수영(Suyoung Son), 국제비교노동학 전공의 엘리 프리드먼(Eli Friedman), 개발사회학과의 잭 진다(Jack Zinda), 동아시아프로그램의 조쉬 영(Josh Young)과 마이 샤이카누어코타(Mai Shaikhanuar-Cota)에게 감사의 마음을 전한다. 2016년 봄에 앳킨슨 지속가능미래센터(the Atkinson Center for a Sustainable Future)에서 함께 일한 린디 윌리엄스(Lindy Williams), 래비 칸버(Ravi Kanbur), 잭 엘리엇(Jack Elliott)은 실로 든든한 동지였다. 이타카가 그리운 것은 모두 이 선한 사람들 때문이다.

나의 새로운 보금자리인 하버드대학 과학사학과는 따뜻하고 포근한 곳이다. 학과 동료인 이람 알람(Eram Alam), 소하 바유미(Soha Bayoumi), 앨런 브란트(Allan Brandt), 재닛 브라운(Janet Browne), 알렉스 시자르(Alex Csiszar), 피터 갤리슨(Peter Galison), 에블린 해먼즈(Evelynn Hammondsd), 앤 해링턴(Anne Harrington), 맷 허쉬(Matt Hersch), 데이비드 존스(David

Johnes), 히사 구리야마(Hisa Kuriyama), 베키 레모프(Becky Lemov), 리즈 룬벡(Liz Lunbek), 한나 마커스(Hannah Marcus), 나오미 오레스케스, 아메드 라갑(Ahmed Ragab), 새라 리처드슨(Sarah Richardson), 소피아 루스(Sophia Roosth), 찰스 로젠버그(Charles Rosenberg), 새라 셰크너(Sara Schechner), 가브리엘라 소토 라비아가(Gabriela Soto Laveaga), 데이브 웅거(Dave Unger), 나딘 웨이드먼(Nadine Weidman), 벤 윌슨(Ben Wilson)과의 대화와 교류를 통해 많은 것을 배웠다. 히사는 세심하면서도 영감을 주는 멘토였으며, 학과장을 역임한 재닛과 에블린의 아낌없는 지원은 언제나 힘이 되었다. 또 우리 학과에서 매주 '바로바로 글쓰기 모임(Write-On-Site)'을 조직한 가브리엘라를 특별히 언급하고 싶다. 이 모임에서 제공된 디저트와 과일과 커피를 즐기며 이 책의 많은 문장을 써 내려갈 수 있었다. 하버드 과학사학과에 1년간 방문학자로 온 워릭 앤더슨(Warwick Anderson)을 만난 것도 뜻밖의 큰 행운이었다. 그와의 점심 모임 이후 나는 종종 익숙한 문제에 대해 신선한 접근법을 취할 수 있게 되었다. 워릭과 앞으로 이어갈 협업이 기대된다. 앨리 벨서(Allie Belser), 에밀리 보우먼(Emily Bowman), 새라 챔플린샤프(Sarah Champlin-Scharff), 엘렌 가렌트(Ellen Guarente), 마이클 켈리(Michael Kelly), 브리짓 오코너(Brigid O'Connor), 린다 슈나이더(Linda Schneider), 니콜 테리언(Nicole Terrien), 데보라 발도비노스(Deborah Valdovinos), 캐런 우드워드 매시(Karen Woodward Massey), 로빈 윤(Robin Yun)은 나의 학과 생활을 더 쉽게, 그리고 무엇보다 더 유쾌하게 만들어 주었다.

하버드 캠퍼스 곳곳에서 훌륭한 우정과 현명한 조언을 나눠 준 폴 창(Paul Chang), 카터 에커트(Carter Eckert), 아루납 고쉬(Arunabh Ghosh), 수잔 그린할지(Susan Greenhalgh), 데이비드 하월(David Howell), 김선주(Sun Joo Kim), 빌 커비(Bill Kirby), 아서 클라인먼(Arthur Kleinman), 대니얼 코스

(Daniel Koss), 야원 레이(Ya-Wen Lei), 제 리(Jie Li), 고(故) 로드 맥파쿼(Rod MacFarquhar), 고(故) 에즈라 보걸(Ezra Vogel), 알렉스 잘튼(Alex Zahlten)을 비롯한 다른 여러 동료에게도 감사한 마음이다. 특히 신실한 동지이자 책 집필에서도 귀감이 된 데이비드 애서튼(David Atherton)과 더바 미트라(Durba Mitra)에게 특별한 사의를 표한다. 아시아센터, 페어뱅크중국학센터, 하버드-옌칭연구소, 역사및경제학공동연구센터, 라이샤워일본연구소, 웨더헤드국제문제연구센터 덕분에 수많은 학술 행사에 참여하는 소중한 기회를 많이 얻었으며, 특히 이 기관들의 장을 역임한 캐런 쏜버(Karen Thornber), 제임스 롭슨(James Robson), 마이클 쏘니(Michael Szonyi), 리즈 페리, 엠마 로스차일드, 수닐 앰리스(Sunil Amrith), 메리 브린턴(Mary Brinton), 미셸 라몬트(Michele Lamont)는 내 연구와 이 책의 출판을 위해 여러 사항을 지원했다. 이들에게 감사를 보낸다.

이 책에 실린 많은 생각을 여러 기관에서 강연과 발표를 통해 처음 선보일 수 있었다. 컬럼비아대학교, 이화여자대학교, 뉴스쿨, 난양공과대학교, 싱가포르국립대학교, 캘리포니아대학교 버클리캠퍼스, 펜실베이니아대학교, 워싱턴대학교, 미국 기술사학회, 미국 아시아학회, 미국환경사학회 연례학회에서 내 발표를 듣고 질문과 의견을 주신 분들에게도 감사의 인사를 전하고 싶다. 덕분에 내 연구가 새롭고 생산적인 방향으로 나아갈 수 있었다. 또한 이 책의 일부를 발표하고 토론할 수 있도록 나를 초청한 아닌디타 바너지(Anindita Banerjee), 팀 버넬(Tim Bunnell), 그렉 클랜시(Greg Clancey), 진세정(Sei-Jeong Chin), 스테파니 딕(Stephanie Dick), 매들린 동(Madeleine Dong), 마크 프레이저(Mark Fraizer), 만자리 마하잔(Manjari Mahajan), 김동원(Dong-Won Kim), 마이카 무스콜리노, 크리스 닐슨(Chris Nielsen), 아넬리스 라일스(Annelise Riles), 노먼 스미스(Norman Smith), 할럼 스티븐스(Hallam Stevens), 매티 젤린(Matti Zelin), 링 장(Ling

Zhang)에게도 감사를 표하고 싶다.

동아시아를 연구하는 동료 과학기술사학자들은 넓게는 우리 분야, 좁게는 내 연구 프로젝트가 과학과 기술의 지구사들에 관한 새로운 서사에 어떻게 이바지할 수 있을지 끊임없이 고민하게 했고, 크나큰 영감을 주었다. 위아래에 언급된 분들 외에도, 이러한 문제들과 관련해 프란체스카 브레이(Francesca Bray), 메리 브래즐턴(Mary Brazelton), 필 브라운(Phil Brown), 수잔 번스(Susan Burns), 부윤 천(BuYun Chen), 카이쥔 천(Kaijun Chen), 최형섭(Hyungsub Choi), 야콥 아이퍼스(Jacob Eyferth), 파티 판(Fa-ti Fan), 율리아 프루머(Yulia Frumer), 웬디 푸(Wendy Fu), 미리암 그로스(Miriam Gross), 마르타 핸슨(Marta Hanson), 전치형(Chihyung Jeon), 리징 장(Lijing Jiang), 김태호(Tae-Ho Kim), 알렉산드라 코빌스키(Aleksandra Kobiljski), 원화 궈(Wen-Hua Kuo), 이정(Jung Lee), 이승준(Seung-joon Lee), 션 샹린 레이(Sean Hsiang-lin Lei), 안젤라 르엉(Angela Leung), 히로미 미즈노(Hiromi Mizuno), 고(故) 아론 무어, 톰 멀래니(Tom Mullaney), 니시야마 다카시(Takashi Nishiyama), 리사 오나가(Lisa Onaga), 다그마 셰퍼(Dagmar Schäfer), 웨인 순(Wayne Soon), 서소영(Soyoung Suh), 훙훙 틴(Honghong Tinn), 줘위에 왕(Zuoyue Wang), 셸렌 우(Shellen Wu), 다칭 양(Daqing Yang)과 이야기를 나눌 수 있었음을 감사하게 생각한다. 앞으로도 계속될 우리의 대화에 이 책이 부디 유의미한 공헌을 남길 수 있기를 바란다.

이 책을 출간까지 키우는 데 온 마을이 필요했다고 해도 과언이 아니다. 워크숍이나 세미나 같은 여러 계기로, 또는 내 요청에 흔쾌히 응해 수많은 친구와 동료가 원고의 일부 혹은 전체를 여러 단계에 걸쳐 읽어 주었다. 허 볜(He Bian), 데이비드 빅스(David Biggs), 피트 브래든(Pete Braden), 케이트 브라운(Kate Brown), 사쿠라 크리스마스(Sakura Chirstmas), 알렉스 시자르, 줄리안 쥬워츠(Julian Gewirtz), 아루납 고쉬, 앤디 고든, 스티브 해럴(Steve Harrell), 앤 해링턴, 이반 헤플러스미스(Evan Hepler-Smith), 스테판 휴브너(Stefan Huebner), 소피아 칼란차코스(Sophia Kalantzakos), 미키야 고야기(Mikiya Koyagi), 히사 구리야마, 유지니아 린(Eugenia Lean), 제임스 린(James Lin), 수잔 린드(Susan Lindee), 시드니 루(Sidney Lu), 마크 메츨러(Mark Metzler), 이안 밀러, 더바 미트라, 수잔 문(Suzanne Moon), 프로짓 무카르지(Projit Mukharji), 이머 오드와이어(Emer O'Dwyer), 켄 포머란츠(Ken Pomeranz), 리사 로버츠(Lissa Roberts), 제니퍼 로버트슨(Jennifer Robertson), 루스 로가스키, 아론 삭스, 그레이스 션(Grace Shen), 피터 슐먼(Peter Shulman), 가브리엘라 소토 라비아가, 에릭 탈리아코조, 잉자 탄(Ying Jia Tan), 줄리아 토머스(Julia Adeney Thomas), 헤이디 버스쿨(Heidi Voskuhl), 이본 왕(Yvon Wang), 벤 윌슨, 원신 예(Wen-hsin Yeh), 루이스 영의 피드백에 특히 감사한다. 또한 여러 버전의 원고를 꼼꼼히 읽은 유능한 나의 연구조교들인 나일 치텔린(Niall Chithelen), 로렌스 구(Lawrence Gu), 존 하야시(John Hayashi), 루이 화(Rui Hua), 저스틴 웡(Justin Wong), 그리고 특히 이종식(Jongsik Yi)으로부터 큰 도움을 받았다. 이들 그리고 다른 훌륭한 학생들과 함께 공부하며 교학상장할 수 있었던 것은 내게 커다란 축복이었다. 론 설레스키(Ron Suleski), 노먼 스미스(Norman Smith), 고지 히라타(Koji Hirata)는 기꺼이 일부 자료를 공유했다. 데이비드 애서튼과 미키야 고야기는 까다로운 일본어 구절을 어떻게 이해해야 할지 함께 고민했다. 오드라 울프(Audra Wolfe)와 베스 셔로스(Beth Sherouse)는 책을 쓰는 과정에서 문장을 가다듬고 생각을 명확하게 하는 데 도움을 주었다. 하버드 지도 컬렉션 소속 스콧 워커(Scott Walker)는 책의 서두에 실린 멋진 탄광과 철도 지도를 그렸다. 시그리드 슈말저와 토머스 앤드루스는 시카고대학교 출판부의 의뢰를 받아 이 책의 원고를 검토했고, 폭넓고도 유익한 논평으로 책의 최종 품질을 크게 높였다.

남아 있는 사실관계나 해석과 관련한 오류는 모두 나의 책임이다.

시카고대학교 출판부의 캐런 달링(Karen Merikangas Darling)은 놀라울 정도의 인내심, 이해심, 그리고 지지를 보내 주었다. 이번 저서 출간 프로젝트에 그가 쏟은 관심과 투자에 진심으로 감사의 마음을 전하고 싶다. 또한 트리스탄 베이츠(Tristan Bates), 레베카 브루투스(Rebecca Brutus), 제니 프라이(Jenni Fry), 디어드리 케네디(Deirdre Kennedy), 스티브 라루(Steve LaRue), 크리스틴 슈왑(Christine Schwab)을 비롯해 《탄소 기술관료주의》를 제작하는 데 애쓴 시카고대학교 출판부의 모든 분께 깊은 감사를 드린다. 이 책은 컬럼비아대학교 웨더헤드 동아시아연구소의 기획 시리즈의 하나로 출판되었다. 이를 위해 도움을 준 로스 옐시(Ross Yelsey), 아리아나 킹(Ariana King), 유지니아 린, 그리고 퍼스트북 어워드(the First Book Award)를 후원함으로써 제작비 충당에 힘을 보탠 익명의 기부자에게 고마움을 표한다.

연구와 집필 과정에서 후한 연구비와 지원금을 받았다. 자일스화이팅재단(the Mrs. Giles Whiting Foundation), 디킴동아시아과학기술사재단(the D. Kim Foundation for the History of Science and Technology in East Asia), 젊은화교포럼, 일본국제교류기금, 그리고 하버드와 코넬의 여러 연구 센터 및 연구비 지원 기관에 감사를 표한다. 책의 집필을 막 시작했을 무렵, 뮌헨에 있는 레이첼카슨센터(the Rachel Carson Center)에서 인상적인 여름을 보내는 호사를 누렸다. 내가 머물 수 있게 해 준 두 분의 센터장 크리스토프 마우흐(Christof Mauch)와 헬무트 트리슐러(Helmuth Trischler), 뮌헨 시절을 그토록 특별하게 만들어 준 센터의 직원들, 그리고 동지애와 계발적인 대화를 나눈 동료 수혜 연구자들, 특히 에리카 비수멕(Erika Bsumek), 소피아 칼란차코스, 댄 루이스(Dan Lewis)에게 고마움을 전한다. MIT 과학기술사회 프로그램(the Program in Science, Technology, and

Scoeity)에서 방문학자로서 안식년을 보내면서 이 책을 완성할 수 있었다. 애석하게도 코로나19가 우리를 캠퍼스로부터 몰아내기 이전, 단 한 차례 프로그램 오찬에 참석할 수 있었고 최근에야 비로소 MIT의 사무실 열쇠를 받았다. 그럼에도 이 귀한 기회를 제공한 제니퍼 라이트(Jennifer Light)에게 감사하며, 앞으로 더 많은 교류가 이루어지기를 기대한다.

많은 친구가 귀한 시간을 쪼개 나와 이 책에 대해 의논했고, 절실히 필요할 때 꼭 맞는 도움을 주었다. 대학원 시절 동고동락한 친구들은 역사학자의 길이란 어떠한 것인가에 대한 내 생각을 형성하는 데 큰 영향을 미쳤다. 그저 함께 있기만 해도 정말 즐겁다는 것은 덤이다. 비나 아치(Bina Arch), 허 벤, 잭 치아(Jack Chia), 최자명(Jamyung Choi), 사쿠라 크리스마스, 데본 디어(Devon Dear), 데빈 피츠제럴드(Devin Fitzgerald), 토드 폴리(Todd Foley), 크리스 포스터(Chirs Foster), 고지 히라타, 광츠 훙(Kuang-chi Hung), 마사 이토(Masa Itoh), 카일 자로스(Kyle Jaros), 마카베 켈리허(Macabe Keliher), 존 킴(John Kim), 미키야 고야기, 존 리(John Lee), 필립 레만(Philipp), 런위안 리(Ren-yuan Li), 제임스 린, 옌 류(Yan Liu), 스린 로(Shi-Lin Loh), 시드니 루, 이안 매튜 밀러(Ian Matthew Miller), 스테판 림너(Steffen Rimner), 존 슐레진저(Jon Schlesinger), 녠션 쑹(Nianshen Song), 홀리 스티븐스(Holly Stephens), 페이셴 왕(Fei-Hsien Wang), 샤오쉬안 왕(Xiaoxuan Wang), 위안총 왕(Yuanchong Wang), 이본 왕, 제이크 워너(Jake Werner), 팀 양(Tim Yang), 원 위(Wen Yu) 같은 친구들이다. 이 감사의 말 곳곳에 언급한 분들 외에도 곁을 지켜준 에니드 샤츠(Enid Schatz), 구르프리트 싱(Gurpreet Singh), 티파니 쯔비아토프스키(Tiffany Trzebiatowski)에게 감사의 인사를 전하고 싶다.

나에게 가족이란 세상 전부다. 오랜 세월 동안 내게 베푼 가족들의 사랑과 지원에 감사한다. 여동생 트루디(Trudy)와 리넷(Lynette)은 당근과 채

찍을 적절히 섞어 나를 응원했다. 사랑하는 두 동생과의 다음번 재회를 고대하고 있다. 동서 제이슨(Jason)과 처제 고은 씨는 우리 식구에게 언제나 세심한 배려를 아끼지 않았다. 특히 우리가 이타카에서 보스턴으로 이사하는 동안 그들의 집에 머물게 허락한 점에 깊이 감사한다. 장모 김승희 님과 장인어른 김창곤 님께서는 나를 기꺼이 가족으로 맞아 주셨다. 두 분은 여러 해에 걸쳐, 특히 우리 아이들이 태어났을 때와 내가 연구차 해외 출장을 갔을 때 헤아릴 수 없이 큰 도움을 주셨다. 그 노고와 사랑에 감사드린다.

나의 아내이자 가장 친한 친구이기도 한 민주는 시작부터 줄곧 나와 함께였다. 당신의 믿음에 감사드리며, 당신을, 그리고 우리가 함께 일궈온 삶을 사랑한다. 우리 아이들 지우와 서윤이로 인해 정신이 없기도 하지만, 덕분에 언제나 마음의 온기만큼은 가득하다. 누구나 그렇듯, 아이들을 돌보느라 조금은 이 책의 완성이 더뎌졌을지도 모르겠다. 하지만 아이들이 우리 삶에 들어옴으로써, 이 책에서 전하고자 하는 메시지가 더욱 개인적이고 절실하게 느껴졌다. 급진적인 변화가 일어나지 않는 한, 이 아이들은 탄소가 만든, 너무나도 심각하게 망가져 있고 불공정하기 짝이 없는 현재의 이 세상을 물려받게 될 것이다. 변화의 엔진을 가동하기 위해 미약한 톱니바퀴 하나의 역할이나마 내가 할 수 있기를 바랄 뿐이다. 마지막으로, 내 인생 첫 스승이신 나의 부모님께 깊은 감사를 전한다. 내 생각에 나는 딱히 자신감이 넘치는 유형의 사람은 아니다. 하지만 부모님은 나를 안정된 사람으로 키워 주셨다. 부모님의 변함없는 응원 덕분에 내가 현재의 나로 성장할 수 있었고, 이타적이고 모범적인 두 분의 삶을 통해 어떠한 사람이 되고 싶은지 체득할 수 있었다. 사랑과 감사함을 가득 담아 이 책을 부모님께 바친다.

옮긴이의 말[1]

이 책은 "탄소가 만든 세계"에 대한 역사학적 비판이다. 《탄소 기술관료주의》는 현재 우리가 누리는 산업화한 근대 세계의 혜택 이면에 막대한 에너지 소비의 역사가 존재한다는 전제 위에서 시작한다. 하버드대학교 과학사학과의 빅터 샤우 교수는 석탄과 석유로 대표되는 탄소 에너지를 끊임없이 퍼부어야만 유지할 수 있는 대량생산과 대량소비의 세계를 "에너지 집약적 산업 근대성"이라는 개념으로 설명한다. 기후 위기, 여섯 번째 대멸종, 혹은 "인류세"를 둘러싼 최근의 논의들이 잘 보여주듯, 오늘날 우리는 지속 불가능한 이 세계의 대단원을 목도하고 있다. 샤우는 역사가로서 자신의 시좌(視座)가 갖는 역사성과 현재성을 구태여 감추지 않은 채 만주의 탄광도시 푸순으로 독자를 이끈다. 푸순이야말로 "탄소가 만든 세계"가 어떻게 동아시아에 도래해 발전하고 파탄에 이르는지를 보여주는 소우주이기 때문이다.

저자는 20세기 초 제국 일본의 만주 침략과 더불어 일본인 기술관료들에 의해 "탄소 기술관료주의"라는 구조가 형성되었으며, 일제 패망 후 만주와 푸순을 뒤이어 차지한 중국국민당과 중국공산당 또한 이러한 구조를 비판 없이 답습했다고 주장한다. 샤우에 따르면, 탄소 기술관료주의란 "각종 기계 및 경영관리 수단을 통한 화석 연료의 대규모 활용을 이상화

1 옮긴이가 《한국과학사학회지》에 발표한 서평을 수정·보완한 글임.

하는 기술정치 체제"를 뜻한다. 더욱 구체적이고 기술적인 층위에서 탄소 기술관료주의는 석탄 중심의 "에너지 레짐"을 의미하기도 한다.[2] 일본과 중국에서 탄소 기술관료주의가 뿌리내리는 과정은 공교롭게도 근대 국가의 형성 과정과 중첩되었다. 국가는 과학의 힘 및 관료주의적 계획에 대한 맹신과 푸순의 석탄 매장량이 무궁무진하다는 환상을 바탕으로, 최대한 많은 양의 석탄을 최대한 값싸게 채굴해 부국강병을 이루고자 했다. 이러한 의미에서 탄소 기술관료주의는 근대 동아시아의 과학 만능주의, 생산 지상주의, 발전주의와 궤를 함께한다. 저자에게 탄소 기술관료주의와 그 상징인 푸순 탄광은 결코 찬양의 대상이 아니다. 그것은 오히려 수많은 보통 사람의 땀과 피 그리고 환경을 희생시킨 이데올로기였으며, "하늘을 향해 커다란 아가리를 열어젖힌 지상의 괴물"과도 같았다.

《탄소 기술관료주의》의 위와 같은 주장들과 논점들은 여러 선행 연구의 흐름과 무관하지 않다. 이 책은 자원의 개발, 채취, 소비를 둘러싼 정치적·사회적 구조를 집중적으로 다루는 에너지 역사 분야의 논의를 동아시아의 사례에 적극적으로 접목한다. 샤우는 또한 푸순 탄광에 어떠한 기술과 기계 장비들이 동원되었으며, 이러한 기계화가 광부의 노동 관행과 어떻게 교차하는지 조명함으로써 기술사와 노동사 분야의 연구사에 기여하고자 한다. 마지막으로 샤우는 일본 근현대사와 중국 근현대사 분야의 기존 연구 성과를 폭넓게 활용해, 서로 다른 두 민족국가의 역사적 경로 배후에 자리 잡은 탄소 기술관료주의라는 더 근본적인 유사성을 드러낸다.

이 책을 우리말로 옮기기로 마음먹기까지 여러 번 망설임의 순간이 있

2 샤우는 에너지 레짐을 "에너지의 채취, 운송, 소비를 관장하기 위해 한데 묶인 정치적 제도들, 기술적 인공물들, 환경적 조건들, 노동의 배치들, 시장의 힘들, 이데올로기들, 그리고 지식과 전문성의 집합체들"이라고 정의한다.

었다. 책의 물리적·내용적 육중함도 한몫했지만, 무엇보다 제자 된 처지에서 지도교수의 연구서를 번역한다는 것이 외람된 일은 아닐까 하는 고민이 컸다. 그럼에도 샤우 선생님으로부터 세계 최초의《탄소 기술관료주의》번역본은 한국어판이 되면 좋겠고, 번역의 적임자로서 당신의 첫 박사 제자인 나 외에 다른 사람을 생각할 수 없다는 과분한 격려와 칭찬을 받아 작업에 착수하지 않을 수 없었다. 2022년 여름, 내가 하버드대학 캠퍼스를 떠날 즈음의 일이었다. 나와 함께 태평양을 건너온 이 책의 번역 초고가 완성된 것은 그로부터 1년 이상이 지난 2023년 가을이었다. 짧지 않은 시간 동안 샤우 선생님께서는 틈틈이 번역 원고의 진전 상태를 챙겨 주었고, 나의 크고 작은 질문들에 세심하게 대답해 주었다. 번역은 과연 쉽지 않은 작업이었지만, 그럼에도 사제의 정이 한결 돈독해졌음에 마음 한편은 자못 따뜻했더랬다.

특별한 사의를 전하고 싶은 분들이 많다. 빨간소금 출판사에 이 책의 출판을 처음 제안한 박철현 선생님과 나의 은사님이시며 사표이신 박상수 선생님의 격려가 없었다면, 이 책은 세상에 나오지 못했을 것이다. 수많은 참고문헌 가운데 한국어로 번역된 책들의 서지정보를 일일이 확인하는 데 도움을 준 최정훈 선생님께도 사의를 표한다. 번역에 몰두하느라 자주 넋을 놓곤 했던 나를 가장 가까이서 돌봐 준 아내 예원, 어머니 양현혜 선생님, 그리고 동생 다솜의 배려와 응원에도 깊은 감사의 마음을 보낸다.

번역 작업 중에 부친께서 소천하셨다. 작업을 마치고 문득 25년 전의 추억이 되살아났다. 해방전후사와 한국민족해방운동사를 전공한 아버지께서 학생들을 데리고 만주 답사를 떠났을 때, 초등학생이었던 나도 일행을 따라 이 책의 주 무대인 푸순 탄광을 처음 방문했다. 부친도 이를 기억하고 계셨을까. 이 번역서가 완성되기를 애타게 기다리셨고, 생전에 책을 받아 보셨다면 신명 나게 읽으셨을 나의 아버지 고 이규태 선생님의 평안을 빈다. 학문으로 애도를 이어가고자 하는 불초한 아들을 어여삐 지켜봐 주시리라 믿는다.

이렇게 나름대로 아등바등한 끝에, 또 여러 은인의 도움을 받아 한국어판《탄소 기술관료주의》를 겨우겨우 세상에 내놓는다. 책에 미진한 점이 있다면 오롯이 나의 책임이다. 부족하나마 이 책이 여러 독자에게 가닿아 뜻있는 독서와 사유의 시간을 만들어 낼 수 있다면, 옮긴이로서는 더 바랄 것이 없다.

2024년 3월

포항 지곡에서 이종식

참고문헌

줄임말

BJTK Minami Manshū tetsudō kabushiki gaisha Bujun tankō. *Bujun tankō* [The Fu shun coal pits]. [Dairen]: n.p., 1909.

CMWE United States Strategic Bombing Survey, Basic Materials Division. *Coals and Metals in Japan's War Economy*. Washington: United States Strategic Bombing Survey, Basic Materials Division, 1947.

DBDX Zhongguo bianjiang shidi yanjiu zhongxin and Liaoning sheng dang'anguan, comps. *Dongbei bianjiang dang'an xuanji: Qingdai, Minguo* [Selections of archival documents from the northeastern frontier: Qing and Republican eras]. 151 vols. Guilin: Guangxi shifan daxue chubanshe, 2007.

FGY Fushun shi zonggonghui gongyun shi zhi yanjiushi. *Fushun gongren yundong dashiji* [Major events in the history of Fushun's labor movement]. Fushun: *Fushun shi zonggonghui gongyun shi zhi yanjiushi, 1991.*

FKZ Fushun kuangwu ju meitan zhi bianzuan weiyuanhui. *Fushun kuangqu zhi (1901–1985)* [Gazetteer of the Fushun mining area (1901–1985)]. Shenyang: Liaoning renmin chubanshe, 1990.

FMBN Fushun shi zhengxie wenshi ziliao weiyuanhui and Fushun kuangye jituan youxian zheren gongsi, eds. *Fushun meikuang bai nian, 1901–2001* [A century of the Fushun coal mines, 1901–2001]. Shenyang: Liaoning renmin chubanshe, 2004.

ITM Kokugakuin daigaku toshokan, comp. Inoue *Tadashirō monjo [Inoue Tadashirō archives]. Tokyo: Yū shō dō* firumu shuppan, 1994. 168 microfilm reels.

KWD Zhongyang yanjiuyuan Jindaishi yanjiusuo, comp. *Kuangwu dang* [Archives of mining affairs]. Vol. 6, *Yunnan, Guizhou, Fengtian*. Taipei: Zhongyang yanjiuyuan Jindaishi yanjiusuo, 1960.

MGDA Zhongguo di er lishi dang'anguan, comp. *Zhonghua minguo shi dang'an ziliao huibian* [Compilation of archival materials on the history of the Republic of China]. 5 ser. Nanjing: Jiangsu guji chubanshe, 1979–1999.

MSZ Xie Xueshi, comp. *Mantie shi ziliao* [Documents on the history of the South Manchuria Railway Company]. Vol. 4, nos. 1–4. Beijing: Zhonghua shuju, 1987.

MT10 Minami Manshū tetsudō kabushiki gaisha. *Minami Manshū tetsudō kabushiki gaisha jū nen shi* [Ten-year history of Mantetsu]. Dairen: Minami Manshū tetsudō kabushiki gaisha, 1919.

NGB Gaimushō, comp. *Dai Nihon gaikō bunsho* [Documents on Japan's foreign relations]. 73 vols. Tokyo: Nihon kokusai rengō kyō kai, 1938–1963.

NMKY Bujun tankō shomuka. *Nichi-Man taiyaku kōzan yōgo shū* [Japanese-Manchurian dictionary of mining terms]. 5 vols. Fushun: Minami Manshū tetsudō Bujun tankō, 1935.

저자를 알 수 없는 문헌

"1,000 Cars Will Transport Coal for This City." *China Press*, November 20, 1931. 1907–1945 nian Fushun meikuang shigu siwang renshu tongji biao [Tabulation of number of people who died in accidents at the Fushun colliery, 1907–1945]. Fushun Coal Mine Museum, Fushun.

"1943-nen gensan gen'in" [Reasons for the fall in production in 1943]. Fushun Mining Affairs Bureau, Japanese-Language Archival Materials 8–10, no. 336. In *MSZ*, no. 2, 418–22.

"Agreement Concerning Mines and Railways in Manchuria, September 4, 1909." In *Treaties and Agreements with and Concerning China, 1894–1912*, compiled by John V. A. MacMurray, 1:790–92. New York: Oxford University Press, 1921.

"Agreement Concerning the Southern Branch of the Chinese Eastern Railway, July 6, 1898." In *Treaties and Agreements with and Concerning China, 1894–1912*, compiled by John V. A. MacMurray, 1:154–56. New York: Oxford University Press, 1921.

"Aiguo hu quan, gedi xian you youxing" [Patriotic protection of rights, demonstrations continue across the country]. *Dagongbao*, February 25, 1946.

"Anshan Pig-Iron and Fushun Oil Shale." *Manchuria Daily News*, August 13, 1925.

"Artificial Oil Made in Japan." *Oil, Paint, and Drug Reporter*, March 14, 1921.

"Basic Fuel Problem Being Investigated." *Japan Advertiser*, September 24, 1929.

"Bei gakusha dan o heishite Anzan tetsu to Bujun tan o chosa" [Team of American scholars invited to survey Anshan iron and Fushun coal]. *O saka asahi shinbun*, June 24, 1921.

"Beiping luotuo yinian yidu zhi tuo mei shenghuo" [The yearly lives of Beiping's coalcarrying camels]. *Kuangye zhoubao* 411 (December 1936): 418–19.

"Bujun ni okeru Chu gokujin kyo san undo sha taiho ni kansuru ken" [Case regarding the arrest of Chinese Communist operatives in Fushun]. Mukden consul Hayashi Kyu jiro to Foreign Affairs Minister Shidehara Kiju ro, file no. I-4-5-2-011, Diplomatic Archives of the Ministry of Foreign Affairs of Japan.

"Bujun shi yu ran no shiori: Yamaguchi yu ran basu" [A tourist guidebook to Fushun: Yamaguchi tour buses]. Harvard-Yenching Library, Manchuguo Collection, J-0744.

"Bujun tanko bakuhatsu sanju go shisho su" [Thirty-five killed and injured in Fushun coal mine explosion]. *Yomiuri shinbun*, June 29, 1940.

"Bujun tanko so mukyoku shomuka tei ko cho bun [Fushun colliery general affairs bureau to colliery manager] (June 7, 1941). Fushun Mining Affairs Bureau, Japanese- Language Archival Materials 8-8, 226, no. 11. In *MSZ*, no. 2, 593–94.

"*Bujun tanko tōkei nenpo*" [Annual statistical report of the Fushun coal mine]. Fushun: Minami Manshu tetsudo kabushiki gaisha Bujun tanko , 1942, 33. In *MSZ*, no. 1, 246.

"Burgulary at Fushun."*Manchuria Daily News*, June 21, 1917.

"Caizheng, shiye, waijiao san bu hui cheng gao" [Draft of a joint petition by the Ministries of Finance, Industry, and Foreign Affairs] (December 10, 1932). In *MGDA*, ser. 5, no. 1, vol. 4, pt. 6, 492–93.

"Canzao shahai de Zhang Shenfu xiansheng" [Mr. Zhang Shenfu, who was murdered in cold blood]. *Qianxian ribao*, February 21, 1946.

"Chiang Assures Nation on Northeast Problem." *China Weekly Review*, March 2, 1946. "China. U.S. Energy Information Administration. https://www.eia.gov/international/overview/country/CHN.

"China, Soviet Union: Treaty of Friendship and Alliance" (August 14, 1945). *American Journal of International Law* 40, no. 2 (April 1946): 51–63.

"China Does U-Turn on Coal Ban to Avert Heating Crisis." BBC News, December 8, 2017. https://www.bbc.com/news/world-asia-42266768.

"Chinese Civil War Deals Blow to Coal Mines: Suffers More Acutely Than Any Other Industry." *China Press*, February 7, 1929.

"Chinese Miners of Fushun Collieries: Payment in Gold Preferred." *Manchuria Daily News*, May 10, 1927.

"Cho sen shi dai ko gyo" [The four big mining industries of Choso˘ n]. *Keijo nippo*, May 14, 1923.

"Chungking Students Strike." *China Critic*, February 28, 1946.

"Coal and the Manchu's Ghost." *Wall Street Journal*, March 11, 1922.

"Coal Liquefaction and the South Manchuria Railway Company." *Contemporary Manchuria* 4, no. 1 (January 1940): 17–27.

"Coal Shortage Threat." *North-China Herald and Supreme Court and Consular Gazette*, April 7, 1931.

"Colliery Disaster: Explosion of Coal Dust." *Shanghai Times*, January 22, 1917.

"Colliery Explosion: The Fushun Disaster, Theories as to the Cause." *Shanghai Times*, January 23, 1917.

"Commercial and Industrial." *Japan Times*, April 28, 1897. "Dark Future for Coal. *Japan Times*, April 4, 1923.

"Deaths from Coal Mine Accidents in China Fall to New Low of 333 in 2018." *China La- bour Bulletin*, January 24, 2019. https://clb.org.hk/content/deaths-coal-mine-accidents-china-fall-new-low-333-2018.

"Detailed Regulations for Fushun and Yentai Mines, May 12, 1911." In *Treaties and Agreements with and Concerning China, 1894–1912*, compiled by John V. A. MacMurray, 1:792–93. New York: Oxford University Press, 1921.

"Do in ho an iinkai" [Commission for the mobilization law]. *Yomiuri shinbun*, March 25–26, 1918.

"Early Estimates on China's Coal Supply Exaggerated: New Survey of Various Fields Now Complete." *China Press*, January 19, 1928.

"Eruptive Typhus at Fushun." *Manchuria Daily News*, April 16, 1919.

"Establishment and Persons Engaged in Mining by Industry (1893–2003)." Statistics Bureau, Ministry of Internal Affairs and Communications, Japan. Last updated May 1, 2018. https://warp.da.ndl.go.jp/info:ndljp/pid/11095459/www.stat.go.jp/english/data/ chouki/08.html.

"Explanation Given of Disaster at the Fushun Mine in Manchuria Which Cost Lives of 470 Workers." *China Press*, May 1, 1928.

"Fengtian jiaoshe shu gei Fushun xian zhishi de xunling" [Instructions from the Fengtian negotiations office to the Fushun magistrate] (May 19, 1926). Fushun County Archives, no. 1-12860.

In *MSZ*, no. 1, 221–22.

"Frank Hutchinson Entertains with Instructive Story of Manchuria." *Skillings' Mining Review* 10, no. 45 (March 25, 1922): 4.

"Fukuang yijia" [The Fushun colliery as one family]. *Fukuang xunkan* 2, no. 5 (November 1947): 277.

"Fun mofan Wang Xueqin" [Model woman Wang Xueqin]. *Fushun ribao*, September 20, 1952.

"Fushun Coal." *Far Eastern Review* 23, no. 12 (December 1927): 58.

"Fushun Coal Exports to Japan May Be Limited."*Japan Times and Mail*, April 27, 1935. "Fushun Coal Fight Settled Amicably. *Japan Advertiser*, July 17, 1932.

"Fushun Coal Mines." *Far Eastern Review* 12, no. 5 (May 1909): 438–44. "The Fushun Coal Mines. *Japan Times*, October 9, 1906.

"Fushun Collieries." *Shanghai Times*, June 15, 1917.

"Fushun Colliery Development: American Experts Arrive." *Far Eastern Review* 17, no. 8 (August 1921): 513–17.

"The Fushun Disturbance." *Japan Weekly Chronicle*, March 30, 1911.

"Fushun jishu yexiao (yuan kuang zhuan gongren yexiao) xuzhao bianjisheng" [Fushun technical night school (originally, the mining specialty workers' night school) continues to accept students]. *Fushun ribao*, July 23, 1951.

"Fushun jumin Chen Rong deng wushiba ren cheng Fengtian jiaoshe si wen" [Text of the petition from Fushun resident Chen Rong and fifty-seven others to the Fengtian negotiations office]. Fushun County Archives, bag 24, bundle 2, no. 15561. In *MSZ*, no. 1, 138.

"Fushun kuangwu ju dashiji" [Chronology of the Fushun colliery]. *Fukuang xunkan* 2, no. 9 (December 1947): 326–28.

"Fushun meikuang gongye zhuanke yexiao san nian lai peiyang le dapi jishu rencai" [Fushun colliery professional night school cultivates much technical talent in three years]. *Fushun ribao*, January 30, 1953.

"Fushun meikuang muqian kunnan qingxing" [The Fushun colliery's current troubled situation]. *Fukuang xunkan* 2, no. 12 (January 1948): 366–67.

"Fushun meikuang shigu ji wei yanzhong" [Situation with accidents at the Fushun col- liery extremely serious]. *Neibu cankao*, April 26, 1954, 259.

"Fushun meikuang wanhu Huaren shengming caichan san ze" [Fushun colliery trifles with the lives and properties of Chinese, three instances]. *Kuangye zhoubao* 139 (April 1931): 6.

"Fushun meikuang zhiwen guanli guicheng zhaiyi" [Selected translations from relations on fingerprint management at the Fushun colliery]. In *MSZ*, no. 1, 315–16.

"Fushun Miners All Not Like Lambs." *Manchuria Daily News*, September 7, 1927. "Fushun Shale Oil Experiments: All Hopes Fulfilled. *Manchuria Daily News Monthly Sup-plement*, January 1, 1927, 8.

"Fushun Shale Oil Industry: Almost Ready to Be Submitted to Central Government", *Manchuria Daily News Monthly Supplement*, June 1, 1927, 8.

"Fushun Shale Oil Industry Decided to Be Started Next Year." *Manchuria Daily News*, September 3, 1925.

"Fushun shi ge shengchan changkuang jinnian shigu bi jiefang yihou linian yanzhong" [Situation with accidents at the various factories and mines in Fushun the most se- vere since liberation]. *Neibu cankao*, December 6, 1956, 116–17.

"Fushun Transforms Century-Old Coal Mine into Tourist Site." *China Global Television Network*. July 13, 2020. https://news.cgtn.com/news/2020-07-13/Fushun-transforms-century-old-coal-mine-into-tourist-site-S5NhJE70o8/index.html.

"Gas Companies in Japan." *Far Eastern Review* 24, no. 9 (September 1928): 425, 427.

"Ge guo gonghui daibiao tuan zai Dongbei Fushun canguan shi de fanying he women gongzuo Zhong de wenti" [Responses from the group of labor union representatives from various countries to the tour of Fushun in the Northeast and problems with our work]. *Neibu cankao*, May 12, 1952, 89–92.

"God-Send to Japan to Head Off Fuel Famine." *Manchuria Daily News Monthly Supplement*, May 1, 1927, 7.

"Guomei jiuji jian you banfa: fanmai Rimei zhe zhi chufa" [Increasingly more plans for national coal relief: Penalties for those who traffic in Japanese coal]. *Kuangye zhoubao* 216 (November 1932): 761–62.

"Guomei jiuji weiyuanhui cheng" [A petition by the National Coal Relief Commission] (August 25, 1932). In *MGDA*, ser. 5, no. 1, vol. 4, pt. 6, 485–86.

"Guomei jiuji weiyuanhui wei bao song zhangcheng beian zhi Shiye bu cheng" [A peti- tion by the National Coal Relief Commission to the Ministry of Industry to report its constitution for the record]. In *MGDA*, ser. 5, no. 1, vol. 4, pt. 6, 471–72.

"How the Chinese Coal-Mining Industry Is Throttled." *North-China Herald and Supreme Court and Consular Gazette*, June 30, 1928.

"Implementation of Soviet Objectives in China" (September 15, 1947). In CREST: General CIA Records, document no. CIA-RDP78-01617A003000080001-9.

"Japan. U.S. Energy Information Administration." https://www.eia.gov/international/ analysis/country/JPN.

"Japan Industries Retarded by High Production Costs." *Weekly Commercial News*, March 17, 1923.

"Japan Moves Town to Reach Coal Vein." *New York Times*, May 19, 1929.

"Jidian chang nügong jiji zao qiaomen wa qianli zai shengchan zhanxian shang chuang- zao bushao chengji" [Electrical machinery factory women workers enthusiastically finding solutions to problems and tapping potential, making many achievements in the battlefront of production]. *Fushun ribao*, July 11, 1952.

"Jieshou Shengli kuang Laohutai kuang lianxu fasheng shigu de jiaoxun" [Learning from the series of accidents that had occurred at the Shengli and Laohutai mines]. *Fushun ribao*, January 12, 1951.

"Jingji bu Ranliao guanlichu zuzhi zhangcheng" [Regulations on the establishment of the Ministry of Economic Affairs' Fuel Management Administration]. *Jingji bu gongbao* 1, no. 2 (March 1938): 65–66.

"Jingji bu Zhiyuan weiyuanhui zuzhi tiaoli" [Ordinances on the establishment of the Ministry of Economic Affairs' National Resources Commission]. *Jingji bu gongbao* 1, no. 3 (March 1938): 96–97.

"Jinian Zhang Shenfu xiansheng" [Remembering Mr. Zhang Shenfu]. *Fukuang xunkan* 2, no. 12 (January 1948): 361–62.

"Jishi Wang Xi zao gongren bangzhu cai jiang bamu yanjiu chenggong" [Technician Wang Xi succeeds in pit-prop removal research only after seeking help from workers]. *Fushun ribao*, July 13, 1952.

"Jiuji meihuang zuori xu kai huiyi" [Yesterday's meeting for coal famine relief continues].*Shenbao*, November 19, 1931.

"Jumin Liu Baoyu cheng Fushun xian jiandu wen" [Text of the petition from resident Liu Baoyu to the Fushun magistrate] (May 17, 1927). Fushun County Archives, bag 16, bundle 2, no. 12916. In *MSZ*, no. 1, 222–23.

"Juzhang xunci" [Colliery manager's instructions]. *Fukuang xunkan* 2, no. 18 (March 1948): 433–34.

"Kashiwaba Yuichi." *Riben zhanfan de qin Hua zuixing zigong* [The confessions of the Japanese war criminals]. National Archives Administration of China. https://www.saac.gov.cn/zt/2014a/rbzf/rbzf/36by.htm.

"Kensetsu tojo no Manshu keizai o kataru" [On the Manchurian economy in the midst of construction]. *O saka asahi shinbun*, May 10, 1938.

"Ketsuganyu no jitsuyo ka ni Mantetsu yoyaku seiko su" [Mantetsu plan to commercialize shale oil succeeds]. *Jiji shinpo*, April 14, 1934.

"Ko fu su hyaku mei taikyo Fukuoka ni mukau" [Hundreds of miners head to Fukuoka]. *Asahi shinbun*, June 27, 1932.

"Kongo no Mantetsu" [Mantetsu henceforth]. *O saka asahi shinbun*, May 31, 1914.

"Korea Starts Industry on Large Scale: Rivals with Manchuria in Japanese Capital." *China Press*, November 12, 1938.

"Labor Management at the Fushun Coal Mines." *Far Eastern Review* 34, no. 10 (October 1938): 378–82.

"Landmark Building Should Respect the People's Feeling." *People's Daily Online*, November 22, 2012. http://en.people.cn/90882/8029356.html.

"Laohutai Fire Scented by Rats." *Manchuria Daily News*, April 8, 1915.

"Laohutai kuang fangsong anquan gongzuo, qi tian nei jing fasheng san ci shigu" [Laohutai mine slackened safe work practices, three accidents have occurred in a week]. *Fushun ribao*, January 11, 1951.

"Loading Black Powder into 'Gopher Holes.'" *Engineering and Mining Journal* 111, no. 2 (January 8, 1921): 62.

"Local Industrialists Are Alarmed by Coal Shortage." *China Press*, May 8, 1931.

"Long Live May Day—Down with War—Long Live the United Socialist Soviet Republic! (1929)." In *Investigation of Communist Propaganda*, pt. 5, vol. 4, compiled by Special Committee to Investigate Communist Propaganda in the United States, 389–93. Washington, DC: United States Government Printing Office, 1930.

"Lutiankuang bengyan gu he dong caimei duan shengli tupo shengchan jingsai tiaojian: chanliang, chuqin l buduan shangshen" [The rockfall section and the eastern coal- mining section of the open-pit mine have successfully surmounted the conditions of the production competition: Production volume and work attendance rates are going up without stopping]. *Fushun ribao*, November 21, 1950.

"Lutiankuang de tuoersuo "[The nursery at the open-pit mine]. *Fushun ribao*, July 7, 1951. "Manchuria Mine Survey Completed. *Trans-Pacific* 5, no. 4 (October 1921): 39. "Manshu ni okeru Mantetsu no san jigyo [Mantetsu's three enterprises in Manchuria]. *O saka asahi shinbun*, December 25, 1923.

"Manshu sekitan zo san daini ji keikaku" [Increases in Manchurian coal production under the second plan]. *Yomiuri shinbun*, February 16, 1942.

"Mantetsu cho sa bu shiryo kacho cho sa ho koku" [Report by the documents section chief of Mantetsu's Research Bureau] (December 19, 1940). In *MSZ*, no. 2, 403–6.

"Mantetsu no keizaiteki ichi" [Mantetsu's economic position]. *Yomiuri shinbun*, January 12, 1910.

"Manzhou shengwei yi Fushun wei zhongxin de difang baodong de juti jihua de baogao" [Report by the Manchurian committee on the concrete plan concerning the local insurrection centered on Fushun]. In *FGY*, 30.

"Meeting Discusses Shortage of Coal." *Japan Times and Mail*, April 24, 1938.

"Meitan ye shangxie fenhui Shanghai meitan gonghui jiji tonggao" [Urgent notice from the local branch of the Coal Merchants Society and the Shanghai Coal Trade Association]. *Shenbao*, May 17, 1928.

"Mining Industry of Manchukuo. " *Japan Times and Mail*, January 11, 1938.

"Mining in the Far East." *The North-China Herald and Supreme Court and Consular Gazette*, September 21, 1906.

"Mo Desheng huiyi cailiao" [Recollections of Mo Desheng]. Archives of the Pingdingshan Massacre Memorial Hall 27-18. In *Zuixing, zuizheng, zuize*, vol. 2, *Riben qinlüezhe zhizao Pingdingshan can'an zhuanti*, compiled by Fu Bo and Xiao Jingquan, 228–30. Shenyang: Liaoning renmin chubanshe, 1998.

"Mokutan ya sekiyu no jinzo jidai" [The man-made age of charcoal and oil]. *Chu gai shōgyo shinpo*, October 3, 1930.

"More Driving Power." *Japan Times and Advertiser*, March 28, 1942.

"More on Fushun Oil Shale Question." *Manchuria Daily News*, September 1, 1925. "Moukden: Official Sanction of Mining. *North-China Herald and Supreme Court and Consular Gazette*, July 10, 1896.

"Nenryo kyo kai so ritsu sanshu nen kinen taikai "[Commemorative symposium for the third anniversary of the Fuel Society]. *Nihon nenryo kyōkai shi* 4, no. 7 (July 1925): 427–28.

"Nenryo mondai no ju yo naru koto o ippan kokumin ni shirashimuru ronbun" [Essay to inform the general public of important issues concerning the fuel question]. *Nenryo kyōkai shi* 5, no. 7 (July 1926): 736–49.

"The New Cabinet in Peking." *China Review* 2, no. 1 (January 1922): 4.

"New Fushun Shale Oil Plant." *Far Eastern Review* 25, no. 2 (February 1929): 58–62.

"A New Oil Extracting Contrivance Invented by Fushun Colliery Experts." *Manchuria Daily News Monthly Supplement*, October 1, 1925, 7.

"New Oil Shale Plant, Fushun: Axle of Japan's Fuel Supply. *Manchuria Daily News Monthly Supplement*, February 1, 1930, 10.

"Ogawa gishi no Bujun tanko dan [Engineer Ogawa on the Fushun colliery]. *Tokyo asahi shinbun*, July 23, 1906.

"Oong Ordered to Reorganize Honan Mines: Generalissimo Appoints Geologist to Run Joint British Coal Mines." *China Press*, December 1, 1934.

"The 'Proto' Breathing Apparatus." *State Safety News* 32 (June 1, 1918): 2–6. "Public Bath Rate-Cutting. *Japan Times and Mail*, February 21, 1938.

"Quanguo meikuang yi zhi wu yue fen shangwang shigu yanzhong" [Rates of accidents resulting in injury and death in mines across the country from January to May severe]. *Neibu can-*

kao, June 27, 1958, 16–17.

"Railway Electrification in Japan." *Far Eastern Review* 19, no. 8 (August 1923): 511–16. "Record of a Meeting between T. V. Soong and Stalin (August 10, 1945). History and Public Policy Program Digital Archive, Victor Hoo Collection, box 6, folder 9, Hoover Institution Archives, contributed by David Wolff. http://digitalarchive.wilsoncenter.org/document/134355.

"Rotenbori zenko an no naiyo ni cho sa iinkai no shinsa ho shin" [The contents of the provisional plans for the open-pit mine and the review plan of the investigative committee]. *Manshu nichinichi shinbun*, December 25, 1923.

"The Ryuho Coal Mine: Additional Pride of Fushun." *Contemporary Manchuria* 1, no. 4 (November 1937): 55–65.

"Sangyo kaihatsu gonen keikaku daisan-nendo seisan jisseki ho koku" [Report on the actual production in the third year of the five-year plan] (April 1940). Fushun Mining Affairs Bureau, Japanese-Language Archival Materials 8-7, no. 140. In *MSZ*, no. 2, 401–3.

"Science and Life in War-Time China" (Broadcast from London, December, 1944). In *Sci-ence Outpost: Papers of the Sino-British Science Co-operation Office (British Council Scientific Office in China), 1942–1946*, edited by Joseph Needham and Dorothy Needham, 50–55. London: Pilot, 1948.

"Shanghai Faces Coal Shortage". *China Press*, October 28, 1931.

"Shanghai shi meiye tongye gonghui kang Ri weiyuanhui tonggao" [A notice from the Shanghai Coal Trade Association and the Resist Japan Association]. *Shenbao*, September 26, 1931.

"Shengli kuang dong keng di san caimei qu zhang Li Qiliang yinman shigu pianqu ji- angjin" [Li Qiliang, chief of the third mining area of Shengli mine's eastern pit, obscuring the occurrence of accidents]. *Fushun ribao*, March 22, 1953.

"Shengli kuang jingsai zhong hulue anquan shengchan, shiyuefen fasheng liang ci zhongda shigu" [Shengli mine compromised safe production in the midst of competition, two major accidents occurred in October]. *Fushun ribao*, November 12, 1950.

"Shenyang gejie zhuidao Zhang Shenfu" [Various sectors across Mukden mourn the death of Zhang Shenfu]. *Qiaosheng bao*, May 22, 1946.

"Shi bu zhaoji jiuji meihuang huiyi taolun ge an you xiangdang jueding" [Considerable resolution regarding the various items discussed at the Ministry of Industry's meeting for coal famine relief]. *Shenbao*, November 18, 1931.

"Shishaku giin hoketsu senkyo wa Inoue Tadashiro ga do sen" [In special election for viscount peer, Inoue Tadashiro elected]. *Yomiuri shinbun*, October 2, 1910.

"Shi shanghui jiuji meihuang huiyi" [Shanghai Chamber of Commerce meeting on relief for coal famine]. *Shenbao*, October 30, 1931.

"Shiye bu guanyu yufang meihuang si xiang banfa de ti'an" [A proposal by the Ministry of Industry regarding four measures to prevent a coal famine] (October 5, 1931). *MGDA*, ser. 5, no. 1, vol. 4, pt. 6, 466.

"Shots from the Firing Range. "*Excavating Engineer* 11, no. 7 (April 1915): 268. "The Significance of Saghalien. *China Weekly Review*, May 2, 1925.

"S.M.R. against Plan to Put Ban on Coal." *Japan Times*, July 12, 1932. "The South Manchuria Railway Company. *Japan Times*, May 10, 1920.

"Strengthen Coal Washing Work, Raise Coking Coal Quality" (November 19, 1958). In *Chinese Communist Coal Mining Continues Technical Advance*. Translated from the Chi- nese. Joint Publications Research Services report no. 3686, August 11, 1960.

"Sulian renmin de xingfu shenghuo" [The happy lives of Soviet people]. *Fushun ribao*, November 1, 1952.

"Sulian zhuanjia zai wu nian lai dui Fushun meikuang geiyu juda de bangzhu" [Soviet experts have been a huge help to the Fushun colliery these past five years]. *Fushun ribao*, November 6, 1954.

"A Survey of the Coal Mining Industry in Manchuria." *Contemporary Manchuria* 1, no. 4 (November 1937): 66–76.

"Tech Man Who Moves Towns." *Technology Review* 24, no. 2 (May 1922): 189.

"Text of Kung Memorandum on Mine Development Given." *China Press*, March 29, 1931. "Tiedao bu jiuji meihuang banfa [Plan by the Ministry of Railways for coal famine re-lief]. *Shenbao*, November 28, 1931.

"Trade with Manchuria." *Japan Times*, April 30, 1910.

"Transfer of Mining Equipment from Japan to Manchuria Now Mooted to Increase Out- put." *Manchuria Daily News*, April 23, 1939.

"Treaty and Additional Agreement Relating to Manchuria, December 22, 1905." In *Treaties and Agreements with and Concerning China, 1894–1912*, compiled by John V. A. MacMurray, 1:549–54. New York: Oxford University Press, 1921.

"US Planes over New China." *China Monthly Review*, September 1, 1952, 293.

"Waga sekiyu mondai to Bujun san yubo ketsugan no kachi" [Fushun shale oil's value to our petroleum question]. *Manshu nichinichi shinbun*, March 10, 1924.

"Wang Keming huiyi cailiao" [Recollections of Wang Keming]. In *Zuixing, zuizheng, zuize*, vol. 1, *Erzhan shiqi Riben qinlüezhe zai woguo Dongbei canhai beifu renyuan zhuanti*, compiled by Fu Bo, 20–22. Shenyang: Liaoning renmin chubanshe, 1995.

"Wei Huakun jizhang Fukuang" [Wei Huakun, the next manager of the Fushun coal mine]. *Wudiao xunkan* 37 (February 1948): 20.

"World's Largest Shale-Oil Plant." *Far Eastern Review* 26, no. 2 (February 1930): 62–63, 79.

"Wu er bu zuo zhi Fushun meikuang" [No lows to which the Fushun colliery would not stoop]. *Kuangye zhoubao* 155 (August 1931): 3–4.

"Ximei shi zengchan gangtie de zhongyao huanjie" [Coal washing is an important con- nector for increasing steel output]. *Renmin ribao*, September 5, 1960.

"Xuexi Sulian xianjin jingyan wei zuguo gongyehua er fendou" [Learn from the advanced experience of the Soviet Union and fight for the industrialization of our country]. *Fushun ribao*, November 7, 1952.

"Yan Shuting huiyi cailiao" [Recollections of Yan Shuting]. In *Zuixing, zuizheng, zuize*, vol. 1, *Erzhan shiqi Riben qinlüezhe zai woguo Dongbei canhai beifu renyuan zhuanti*, compiled by Fu Bo, 23–25. Shenyang: Liaoning renmin chubanshe, 1995.

"Zhang Shenfu an xiongfan Mo Guangcheng de gongci" [Confession of Mo Guangcheng, murderer in the case of Zhang Shenfu]. *Qiaosheng bao*, August 30, 1946.

"Zhang Shenfu di er, lianjiao zhuanjia Yu Zailin zai Beipiao bei fei qiangsha" [The second Zhang Shenfu, coking expert Yu Zailin shot to death by bandits in Beipiao]. *Libao*, July 9, 1947.

"Zhang Shenfu gushi pingju yanchu" [Zhang Shenfu's story turned into a drama and performed]. *Haiyan* 2 (September 1946): 11. *Zhonghua renmin gongheguo fazhan guomin jingji de di yi ge wu nian jihua, 1953–1957* [The First Five-Year Plan to develop the national economy of the People's Republic of China, 1953–1957]. Beijing: Renmin chubanshe, 1955.

"Zonggonghui zhaokai chunjie jinglao dahui" [General union hosts lunar new year elderly appreciation mass meeting]. *Fushun ribao*, February 10, 1951.

알려진 저자의 문헌

Abe Isamu. *Bujun tan no hanro* [The market for Fushun coal]. Dairen: Minami Manshū tetsudō kabushiki gaisha shomubu chō saka, 1925.

Abiko Kaoru and Shimeno Daiichi. *Manjin rōdōsha no eiyō* [The diet of Manchurian laborers]. Fushun: Mantetsu Bujun tankō , 1941. Liaoning Provincial Archives, file no. xingzheng 2851.

Adachi Masafusa. "Gaien bō shi undō no enkaku" [The development of the smoke abatement campaign]. *Nenryō kyōkai shi* 12, no. 12 (December 1933): 1467–71.

Akabane Katsumi. *Nihon no sekiyu mondai to Bujun san yubo ketsugan no kachi* [Japan's oil question and the value of Fushun's oil shale]. Dairen: Minami Manshū tetsudō kabushiki gaisha, 1924.

Allen, Michael. *Undermining the Japanese Miracle: Work and Conflict in a Coalmining Community*. Cambridge: Cambridge University Press, 1994.

Alvarez, Carlos Fernández. "Global Coal Demand Surpassed Pre-Covid Levels in Late 2020, Underlining the World's Emissions Challenge." IEA, March 23, 2021. https:// www.iea.org/commentaries/global-coal-demand-surpassed-pre-covid-levels-in-late-2020-underlining-the-worlds-emissions-challenge.

Amrith, Sunil S. *Migration and Diaspora in Modern Asia*. New York: Cambridge University Press, 2011.

An Qifu. "Sulian zhuanjia bangzhu zamen zhen rexin" [Soviet experts are really sincere in helping us]. *Fushun ribao*, September 8, 1952.

Anderson, Warwick. *Colonial Pathologies: American Tropical Medicine, Race, and Hygiene in the Philippines*. Durham, NC: Duke University Press, 2006.

Anderson, Warwick. "From Subjugated Knowledge to Conjugated Subjects: Science and Globalisation, or Postcolonial Studies of Science?" *Postcolonial Studies* 12, no. 4 (December 2009): 389–400.

Andō Yoshio, ed. *Nihon keizai seisaku shi ron* [A history of Japanese economic policy].Tokyo: Tō kyō daigaku shuppankai, 1976.

Andreas, Joel. *Disenfranchised: The Rise and Fall of Industrial Citizenship in China*. New York: Oxford University Press, 2019.

Andreas, Joel. *Rise of the Red Engineers: The Cultural Revolution and the Origins of China's New Class*. Stanford, CA: Stanford University Press, 2009.

Andrews, Thomas G. *Killing for Coal: America's Deadliest Labor War*. Cambridge, MA: Harvard University Press, 2008.

Andrews-Speed, Philip. *Energy Policy and Regulation in the People's Republic of China*. The Hague: Kluwer Law International, 2004.

Andrews-Speed, Philip, Guo Ma, Xunpeng Shi, and Bingjia Shao. "The Impact of, and Responses to, the Closure of Small-Scale Coal Mines in China: A Preliminary Analysis." In *The Socio-Economic Impacts of Artisanal and Small-Scale Mining in Developing Countries*, edited by Gavin M. Hilson, 486–503. Lisse: A. A. Balkema, 2003.

Andrews-Speed, Philip, and Xin Ma. "Energy Production and Social Marginalisation in China."

In *China's Search for Energy Security: Domestic Sources and International Implications*, edited by Suisheng Zhao, 96–121. London: Routledge, 2013.

Appelbaum, Richard P., and Jeffrey Henderson, eds. *States and Development in the Asian Pacific Rim*. Newbury Park, CA: Sage, 1992.

Arase, David. "Public-Private Sector Interest Coordination in Japan's ODA." *Pacific Affairs* 67, no. 2 (Summer 1994): 171–99.

Arboleda, Martín. *Planetary Mine: Territories of Extraction under Late Capitalism*. New York: Verso, 2020.

Arimoto Kunitarō . "Toshi kū ki no osen ni tsuite" [Regarding urban air pollution]. *Nenryō kyōkai shi* 9, no. 9 (September 1930): 981–96.

Aurelius. "Manchukuo—The World's Greatest Military Base." *China Weekly Review*, March 9, 1935.

Austin, Gareth. *Economic Development and Environmental History in the Anthropocene: Perspectives on Asia and Africa*. London: Bloomsbury, 2017.

Bacon, C. A. "Coal Supplies of Shanghai: Actual and Potential." *Chinese Economic Journal* 6, no. 2 (February 1930): 195–218.

Bain, H. Foster. *Ores and Industry in the Far East: The Influence of Key Mineral Resources on the Development of Oriental Civilization*. Rev. and enl. ed. New York: Council on Foreign Relations, 1933.

Bank of Chosen. *Economic History of Chosen*. Seoul: Bank of Chosen, 1921.

Bao Min. "Fushun de shiming" [Fushun's mission]. *Fukuang xunkan, jinian te hao* (April 1948): 5.

Barak, On. *Powering Empire: How Coal Made the Middle East and Sparked Global Carbonization*. Oakland: University of California Press, 2020.

Barlow, Tani E. "~~Colonialism~~'s Career in Postwar China Studies." *positions* 1, no. 1 (Spring 1993): 224–67.

Barnaby, Frank. "Effects of the Atomic Bombings of Hiroshima and Nagasaki." In *Hiroshima and Nagasaki: Retrospect and Prospect*, edited by Frank Barnaby and Douglas Holdstock, 1–7. New York: Routledge, 1995.

Barnaby, Frank, and Douglas Holdstock, eds. *Hiroshima and Nagasaki: Retrospect and Prospect*. New York: Routledge, 1995.

Barnes, Nicole Elizabeth. *Intimate Communities: Wartime Healthcare and the Birth of Modern China, 1937–1945*. Oakland: University of California Press, 2018.

Barnhart, Michael A. *Japan Prepares for Total War: The Search for Economic Security, 1919–1941*. Ithaca, NY: Cornell University Press, 1988. (마이클 A. 반하트, 박성진·이완범 옮김, 《일본의 총력전: 1919~1941년 경제 안보의 추구》, 한국학중앙연구원출판부, 2016.)

Bassett, Ross. *The Technological Indian*. Cambridge, MA: Harvard University Press, 2016. Bazhenov, I. I., I. A. Leonenko, and A. K. Kharohenko, "Organization of Production, Labor Productivity and Costs in the Coal Industry of the CPR." Translated from the Russian. Joint Publications Research Services report no. 5198, August 8, 1960.

Beard, Charles A., ed. *Whither Mankind: A Panorama of Modern Civilization*. New York: Longmans, Green, 1928.

Beasley, W. G. *Japanese Imperialism, 1894–1945*. Oxford: Oxford University Press, 1985.

Beer, John J. "Coal Tar Dye Manufacture and the Origins of the Modern Industrial Re-search Laboratory," *Isis* 49, no. 2 (June 1958): 123–31. (W. G. 비즐리, 정영진 옮김, 《일본제국주의:

1894-1945》, 한국외국어대학교출판부, 2013.)

Bergère, Marie-Claire. *The Golden Age of the Chinese Bourgeoisie, 1911–1937*. Translated from the French by Janet Lloyd. Cambridge: Cambridge University Press, 1989.

Berglund, Abraham. "The Iron and Steel Industry of Japan and Japanese Continental Policies." *Journal of Political Economy* 30, no. 5 (October 1922): 623–54.

Bergsten, C. Fred, Charles Freeman, Nicholas R. Lardy, and Derek J. Mitchell. *China's Rise: Challenges and Opportunities*. Washington, DC: Peterson Institute for International Economics; Center for Strategic and International Studies, 2008.

Bernstein, Thomas P., and Hua-yu Li, eds. *China Learns from the Soviet Union, 1949–Present*. Lanham, MD: Lexington Books, 2010.

Bian, Morris L. "Building State Structure: Guomindang Institutional Rationalization during the Sino-Japanese War, 1937–1945." *Modern China* 31, no. 1 (January 2005): 35–71.

Bian, Morris L. *The Making of the State Enterprise System in Modern China: The Dynamics of Institutional Change*. Cambridge, MA: Harvard University Press, 2005.

Black, Brian. *Petrolia: The Landscape of America's First Oil Boom*. Baltimore: Johns Hopkins University Press, 2000.

Black, Megan. *The Global Interior: Mineral Frontiers and American Power*. Cambridge, MA: Harvard University Press, 2018.

Bloch, Kurt. "Coal and Power Shortage in Japan." *Far Eastern Survey* 9, no. 4 (February 1940): 39–45.

Bochove, Danielle, Aya Takada, and Aaron Clark. "Nine Years after Fukushima, Japan Can't Quit Its Coal Habit." *Japan Times*, March 17, 2020.

Boecking, Felix. *No Great Wall: Trade, Tariffs, and Nationalism in Republican China, 1927–1945*. Cambridge, MA: Harvard University Asia Center, 2017.

Bō eichō bō ei kenshū jo senshishitsu. *Kaigun gunsenbi* [Naval war preparations]. Vol. 1. Tokyo: Asagumo shinbunsha, 1969.

Boyer, Dominic. "Energopower: An Introduction." *Anthropology Quarterly* 87, no. 2 (April 2014): 309–33.

Braden, Peter. "Serve the People: Bovine Experiences in China's Civil War and Revolution, 1935–1961." PhD diss., University of California, San Diego, 2020.

Bradley, John R., and Donald W. Smith. *Fuel and Power in Japan*. Washington, DC: United States Government Printing Office, 1935.

Brandt, Loren, and Thomas G. Rawski, eds. *China's Great Economic Transformation*. Cambridge: Cambridge University Press, 2008.

Braun, Bruce. "Producing Vertical Territory: Geology and Governmentality in Late Victorian Canada." *Ecumene* 7, no. 1 (January 2000): 7–46.

Braun, Lundy. *Breathing Race into the Machine: The Surprising Career of the Spirometer from Plantation to Genetics*. Minneapolis: University of Minnesota Press, 2014.

Braun, Stuart. "Is China's Five Year Plan a Decarbonization Blueprint?" Deutsche Welle, March 5, 2021. https://p.dw.com/p/3pfo9.

Bray, Francesca. "Only Connect: Comparative, National, and Global History as Frame- works for the History of Science and Technology in Asia." *East Asian Science, Technology and Society* 6, no. 2 (June 2012): 233–41.

Brazelton, Mary Augusta. *Mass Vaccination: Citizens' Bodies and State Power in Modern China*. Ithaca, NY: Cornell University Press, 2019.

Brooke, John L., and Julia C. Strauss. "Introduction: Approaches to State Formations." In *State Formations: Global Histories and Cultures of Statehood*, edited by John L. Brooke, Ju- lia C. Strauss, and Greg Anderson, 1–21. Cambridge: Cambridge University Press, 2018.

Brooke, John L., Julia C. Strauss, and Greg Anderson, eds. *State Formations: Global Histories and Cultures of Statehood*. Cambridge: Cambridge University Press, 2018.

Brown, Jeremy. *City versus Countryside in Mao's China: Negotiating the Divide*. Cambridge: Cambridge University Press, 2012.

Brown, Jeremy. "When Things Go Wrong: Accidents and the Legacy of the Mao Era in Today's China." In *Restless China*, edited by Perry Link, Richard P. Madsen, and Paul G. Pickowicz, 11–35. Lanham, MD: Rowman and Littlefield, 2013.

Brown, Jeremy, and Paul G. Pickowicz, eds. *Dilemmas of Victory: The Early Years of the People's Republic of China*. Cambridge, MA: Harvard University Press, 2007.

Brown, Kate. *Plutopia: Nuclear Families, Atomic Cities, and the Great Soviet and American Plutonium Disasters*. Oxford: Oxford University Press, 2013. (케이트 브라운 지음, 우동현 옮김, 《플루토피아: 핵 재난의 지구사》, 푸른역사, 2021.)

Brown, Philip C. "Constructing Nature." In *Japan at Nature's Edge: The Environmental Context of a Global Power*, edited by Ian Jared Miller, Julia Adeney Thomas, and Brett C. Walker, 90–114. Honolulu: University of Hawai'i Press, 2013.

Browne, George Waldo. *China: The Country and Its People*. Boston: D. Estes, 1901.

Bryan, Ford R. *Beyond the Model T: The Other Ventures of Henry Ford*. Detroit: Wayne State University Press, 1990.

Bulman, Harrison Francis. *The Working of Coal and Other Stratified Minerals*. New York: Wiley, 1927.

Bunkichi Fujihirada. *Manshū ni okeru kōzan rōdōsha* [Miners in Manchuria]. Dairen: Min- ami Manshū tetsudō kō gyō bu chishitsuka, 1918.

Burton, W. Donald. *Coal-Mining Women in Japan: Heavy Burdens*. London: Routledge, 2014.

Cai Yunsheng. "Saitan kū rii no jihaku" [Confessions of a coal-mining coolie]. *Bujun* 12 (October 1913): 23–27. Fushun Mining Group Documents Room, Fushun.

Cameron, W. H. Morton, ed. *Present Day Impressions of Japan*. Chicago: Globe Encyclopedia, 1919.

Canavan, Gerry. "Addiction." In *Fueling Culture: 101 Words for Energy and Environment*, edited by Imre Szeman, Jennifer Wenzel, and Patricia Yaeger, 25–27. New York: Fordham University Press, 2017.

Cao Shengzhi. "Guanyu Zhang Shenfu zhongzhong" [Several matters regarding Zhang Shenfu]. *Qianxian ribao*, February 24, 1946.

Carlson, Ellsworth C. *The Kaiping Mines (1877–1912)*. Cambridge, MA: Harvard University Press, 1957.

Carr, Edward Hallett. *The Twenty Years' Crisis, 1919–1939: An Introduction to the Study of International Relations*. 2nd ed. London: Macmillan, 1956. First published 1946. (E. H. 카아, 김태현 옮김, 《20년의 위기》, 녹문당, 2000.)

Case, Holly. *The Age of Questions: Or, A First Attempt at an Aggregate History of the Eastern, Social, Woman, American, Jewish, Polish, Bullion, Tuberculosis, and Many Other Questions over the Nineteenth Century, and Beyond*. Princeton, NJ: Princeton University Press, 2018

Castells, Manuel. "Four Asian Tigers with a Dragon Head: A Comparative Analysis of the State, Economy, and Society in the Asian Pacific Rim." In *States and Development in he Asian*

Pacific Rim, edited by Richard P. Appelbaum and Jeffrey Henderson, 33–70. Newbury Park, CA: Sage, 1992.

Cecil, Lamar J. R. "Coal for the Fleet That Had to Die." *American Historical Review* 69, no. 4 (July 1964): 990–1005.

Cederlöf, Gunnel. "The Agency of the Colonial Subject: Claims and Rights in Forestlands in the Early Nineteenth-Century Nilgiris." *Studies in History* 21, no. 2 (September 2005): 247–69.

Chakrabarty, Dipesh. "The Climate of History: Four Theses." *Critical Inquiry* 35, no. 2 (Winter 2009): 197–222.

Chang Ching-kiang. "A Reconstruction Program for 1930." *China Weekly Review*, March 1, 1930.

Chang, Leslie T. *Factory Girls: From Village to City in a Changing China*. New York: Siegel and Grau, 2008.

Chatterjee, Elizabeth. "The Asian Anthropocene: Electricity and Fossil Developmentalism." *Journal of Asian Studies* 79, no. 1 (February 2020): 3–24.

Chen Ciyu. *Riben zai Hua meiye touzi sishi nian* [Forty years of Japan's investment in the Chinese coal industry]. Taipei: Daoxiang chubanshe, 2004.

Chen Gongbo. *Si nian congzheng lu* [Account of four years in government]. Shanghai: Shangwu yinshuguan, 1936.

Chen Jiarang. "Zhang Shenfu xunguo sanshi nian" [Thirty years after Zhang Shenfu died for his country]. *Zhuanji wenxue* 28, no. 2 (February 1976): 39–49.

Chen, Tsu-yu. "The Development of the Coal Mining Industry in Taiwan during the Japanese Colonial Occupation, 1895–1945." In *Studies in the Economic History of the Pacific Rim*, edited by Sally M. Miller, A. J. H. Latham, and Dennis O. Flynn, 181–96. London: Routledge, 1997.

Cheng Linsun. "The Industrial Activities of the National Resources Commission and Their Legacies in Communist China." *American Journal of Chinese Studies* 12, no. 1 (April 2005): 45–64.

Cheng Yufeng and Cheng Yuhuang, comps. *Ziyuan weiyuanhui jishu renyuan fu Mei shixi shiliao: Minguo sanshiyi nian huipai* [Historical documents on the training trip to the United States by National Resources Commission engineers: Team sent in 1942]. 2 vols. Taipei: Guoshiguan, 1988.

Chinese Ministry of Information. *China Handbook, 1937–1943: A Comprehensive Survey of Major Developments in China in Six Years of War*. New York: Macmillan, 1943.

Christmas, Sakura. "Japanese Imperialism and Environmental Disease on a Soy Frontier, 1890–1940." *Journal of Asian Studies* 78, no. 4 (November 2019): 809–36.

Clancey, Gregory. *Earthquake Nation: The Cultural Politics of Japanese Seismicity, 1868– 1930*. Berkeley: University of California Press, 2006.

Cleveland, Cutler J., ed. *Encyclopedia of Energy*. 6 vols. Amsterdam: Elsevier, 2004.

Coble, Parks M., Jr. *The Shanghai Capitalists and the Nationalist Government, 1927–1937*. 2nd ed. Cambridge, MA: Council on East Asian Studies, Harvard University, 1986. First published 1980.

Coen, Deborah R. *Climate in Motion: Science, Empire, and the Problem of Scale*. Chicago: University of Chicago Press, 2018.

Cohen, Aaron J., Michael Brauer, Richard Burnett, H. Ross Anderson, Joseph Frostad, Kara Estep, Kalpana Balakrishnan, et al. "Estimates and 25-Year Trends of the Global Burden of Disease, Attributable to Ambient Air Pollution: An Analysis of Data from the Global Burden of Diseases Study 2015." *Lancet* 389 (April 10, 2017): 1907–18.

Cohen, Lizabeth. *Making a New Deal: Industrial Workers in Chicago, 1919–1939*. 2nd ed. Cambridge: Cambridge University Press, 2008. First published 1990.

Cohen, Paul A. *Speaking to History: The Story of King Goujian in Twentieth-Century China*. Berkeley: University of California Press, 2010.

Colby, Frank Moore, ed. *The New International Year Book: A Compendium of the World's Progress for the Year 1921*. New York: Dodd, Mead, 1922.

Cole, Matthew A., Robert J. R. Elliott, and Toshihiro Okubo. "International Environmen- tal Outsourcing." *Review of World Economics* 150, no. 4 (June 2014): 639–64.

Colliery Engineer Company. *The Elements of Mining Engineering*. Vol. 2. Scranton, PA: Colliery Engineer Company, 1900.

Cook, Eli. *The Pricing of Progress: Economic Indicators and the Capitalization of American Life*. Cambridge, MA: Harvard University Press, 2017.

Coopersmith, Jonathan C. *The Electrification of Russia, 1880–1926*. Ithaca, NY: Cornell University Press, 1992.

Coronil, Fernando. *The Magical State: Nature, Money, and Modernity in Venezuela*. Chicago: University of Chicago Press, 1997.

Coumbe, Albert T., Jr. *Petroleum in Japan*. Washington, DC: United States Government Printing Office, 1924.

Cowan, Ruth Schwartz. *More Work for Mother: The Ironies of Household Technology from the Open Hearth to the Microwave*. New York: Basic Books, 1983. (루쓰 S. 코완, 김성희 등 옮김, 《과학기술과 가사노동》, 학지사, 1997.)

Crawcour, E. Sydney. "Industrialization and Technological Change, 1885–1920." In *The Cambridge History of Japan*. Vol. 6, *The Twentieth Century*, edited by Peter Duus, 385–450. New York: Cambridge University Press, 1998.

Crosby, Alfred W. *Children of the Sun: A History of Humanity's Unappeasable Appetite for Energy*. New York: W. W. Norton, 2008. (앨프리드 W. 크로스비 지음, 이창희 옮김, 《태양의 아이들: 에너지를 향한 끝없는 인간 욕망의 역사》, 세종, 2009.)

Cui Dongyuan. "Lutiankuang chang xianzai yu jianglai" [The open-pit mine's present and future]. *Fukuang xunkan* 1, no. 17 (September 1947): 205–8.

Culp, Robert, Eddy U, and Wen-hsin Yeh, eds. *Knowledge Acts in Modern China: Ideas, Institutions, and Identities*. Berkeley: Institute of East Asian Studies, University of California, Berkeley, 2016.

Culter, Suzanne. *Managing Decline: Japan's Coal Industry Restructuring and Community Response*. Honolulu: University of Hawai'i Press, 1999.

Curry, H. A., N. Jardine, J. A. Second, and E. C. Spary, eds. *Worlds of Natural History*. Cambridge: Cambridge University Press, 2018.

Daggert, Cara New. *The Birth of Energy: Fossil Fuels, Thermodynamics, and the Politics of Work*. Durham, NC: Duke University Press, 2019.

Dangdai Zhongguo congshu bianji bu. *Dangdai Zhongguo de meitan gongye* [Contemporary China's coal industry]. Beijing: Dangdai Zhongguo chubanshe, 1988.

Davenport, L. D. *Open Cut Mining by the Railway Approach System: Fushun Colliery*. Fushun: Technical Advisory Board, South Manchuria Railway Company, 1924.

de Bary, Wm. Theodore, Carol Gluck, and Arthur E. Tiedemann, eds. *Sources of Japanese Tradition*. Vol. 2, *1600–2000*. 2nd ed. New York: Columbia University Press, 2005. First published 1958.

Debeir, Jean-Claude, Jean-Paul Deléage, and Daniel Hémery. *In the Servitude of Power: Energy and Civilization through the Ages*. Translated from the French by John Barzman. London: Zed Books, 1990.

Deffeyes, Kenneth S. *Hubbert's Peak: The Impending World Oil Shortage*. Princeton, NJ: Princeton University Press, 2001.

Delahanty, Thomas W., and Charles C. Concannon. *Chemical Trade of Japan*. Washington, DC: United States Government Printing Office, 1924.

de Magalhães, Gabriel. *A New History of China: Containing a Description of the Most Considerable Particulars of that Vast Empire*. London: Thomas Newborough, 1688.

Demuth, Bathsheba. *Floating Coast: An Environmental History of the Arctic*. New York: W. W. Norton, 2019.

DeNovo, John A. "The Movement for an Aggressive American Oil Policy Abroad, 1918–1920." *American Historical Review* 61, no. 4 (July 1956): 854–76.

Denton, Kirk A. *Exhibiting the Past: Historical Memory and the Politics of Museums in Postsocialist China*. Honolulu: University of Hawai'i Press, 2014.

Denyer, Simon. "In China, a Ghost Town Points to Shifting Fortunes." *Washington Post*, August 24, 2015.

Department of Justice, War Division, Economic Warfare Section. "Report on Fushun, Part 1: Oil Shale Refinery and Dubbs Cracking Plant." June 11, 1943.

Department of Justice, War Division, Economic Warfare Section. "Report on Fushun, Part 3: Coal Hydrogenation Plant." December 16, 1943.

Derr, Jennifer L. *The Lived Nile: Environment, Disease, and Material Colonial Economy in Egypt*. Stanford, CA: Stanford University Press, 2019.

Devine, Warren D., Jr. "Coal Mining: Underground and Surface Mechanization." In *Electricity in the American Economy: Agent of Technological Progress*, edited by Sam H. Schurr, Calvin C. Burwell, Warren D. Devine Jr., and Sidney Sonenblum, 181–208. New York: Greenwood, 1991.

Dickinson, Frederick R. *World War I and the Triumph of New Japan, 1919–1930*. Cambridge: Cambridge University Press, 2013.

Dinmore, Eric G. "The Hydrocarbon Ring: Indonesia Fossil Fuel, Japanese 'Cooperation,' and US Cold War Order in Asia." In *Engineering Asia: Technology, Colonial Development, and the Cold War Order*, edited by Hiromi Mizuno, Aaron S. Moore, and John DiMoia, 113–36. London: Bloomsbury, 2018.

Dinmore, Eric Gordon. "A Small Island Nation Poor in Resources: Natural and Human Resource Anxieties in Trans-World War II Japan." PhD diss., Princeton University, 2006.

Dirlik, Arif. "Developmentalism: A Critique." *Interventions* 16, no. 1 (January 2014): 30–48.

Dong Wenqi. "Wangyou Zhang Shenfu sishi nian ji" [Fortieth-year memorial for my deceased friend Zhang Shenfu]. *Zhuanji wenxue* 50, no. 1 (January 1987): 22–28.

Dong, Yifu. "Coal, Which Built a Chinese City, Now Threatens to Bury It." *New York Times*, October 6, 2015.

Dower, John. *Embracing Defeat: Japan in the Wake of World War II*. New York: W. W. Norton, 1999. (존 다우어, 최은석 옮김, 《패배를 껴안고: 제2차 세계 대전 후의 일본과 일본인》, 민음사, 2009.)

Driscoll, Mark. *Absolute Erotic, Absolute Grotesque: The Living, Dead, and Undead in Japan's Imperialism, 1895–1945*. Durham, NC: Duke University Press, 2010.

Duara, Prasenjit. *The Crisis of Global Modernity: Asian Traditions and a Sustainable Future.* Cambridge: Cambridge University Press, 2015.

Duara, Prasenjit. *Sovereignty and Authenticity: Manchuria and the East Asia Modern.* Lanham, MD: Rowman and Littlefield, 2003. (프라센지트 두아라 지음, 한석정 옮김, 《주권과 순수성: 만주국과 동아시아적 근대》, 나남, 2008.)

Dudden, Alexis. *Japan's Colonization of Korea: Discourse and Power.* Honolulu: University of Hawai'i Press, 2005. (알렉시스 더든, 홍지수 옮김, 《일본의 한국 식민지화: 담로노가 권력》, 늘품플러스, 2013.)

Duke, Benjamin C. *The History of Modern Japanese Education: Constructing the National School System, 1872–1890.* New Brunswick, NJ: Rutgers University Press, 2009.

Duus, Peter. *The Abacus and the Sword: The Japanese Penetration of Korea, 1895–1910.* Berkeley: University of California Press, 1998.

Duus, Peter, ed. *The Cambridge History of Japan.* Vol. 6, *The Twentieth Century.* Cambridge: Cambridge University Press, 1988.

Dyer, Henry. *Dai Nippon: The Britain of the East.* London: Blackie, 1904.

Eastman, Lloyd E. *The Abortive Revolution: China under Nationalist Rule, 1927–1937.* Cambridge, MA: Council on East Asian Studies, Harvard University, 1974.

Eastman, Lloyd E. "Nationalist China during the Sino-Japanese War, 1937–1945." In *The Cambridge History of China.* Vol. 13, *Republican China, 1912–1949*, pt. 2, edited by John K. Fairbank and Albert Feuerwerker, 547–608. Cambridge: Cambridge Univer- sity Press, 1986.

Eastman, Lloyd E. *Seeds of Destruction: Nationalist China in War and Revolution, 1937–1949.* Stanford, CA: Stanford University Press, 1984. (로이드 E. 이스트만 지음, 민두기 옮김, 《장개석은 왜 패하였는가》, 지식산업사, 1990.)

Eckert, Carter J. *Park Chung Hee and Modern Korea: The Roots of Militarism, 1866–1945.* Cambridge, MA: Harvard University Press, 2016.

Edgerton, David. *The Shock of the Old: Technology and Global History since 1900.* London: Profile Books, 2006. (데이비드 에저턴 지음, 정동욱·박민아 옮김, 《낡고 오래된 것들의 세계사: 석탄, 자전거, 콘돔으로 보는 20세기 기술사》, 휴머니스트, 2015.)

Elleman, Bruce A. *Moscow and the Emergence of Communist Power in China, 1925–30: The Nanchang Uprising and the Birth of the Red Army.* New York: Routledge, 2009.

Elleman, Bruce A. "Soviet Policy on Outer Mongolia and the Chinese Communist Party." *Journal of Asian History* 28, no. 2 (January 1994): 108–23.

Elleman, Bruce A., and Stephen Kotkin, eds. *Manchurian Railways and the Opening of China: An International History.* Armonk, NY: M. E. Sharpe, 2010.

Elliott, Mark C. "The Limits of Tartary: Manchuria in Imperial and National Geographies." *Journal of Asian Studies* 59, no. 3 (August 2000): 603–46.

Elliott, Mark C. *The Manchu Way: The Eight Banners and Ethnic Identity in Late Imperial China.* Stanford, CA: Stanford University Press, 2001. (마크 C. 엘리엇 지음, 이훈, 김선민 옮김, 《만주족의 청제국》, 푸른역사, 2009.)

Elman, Benjamin A. *On Their Own Terms: Science in China, 1550–1900.* Cambridge, MA: Harvard University Press, 2005.

Engels, Friedrich. *The Condition of the Working Class in England.* Edited by David McLellan. Oxford: Oxford University Press, 1999. First published in English 1892. (프리드리히 엥겔스 지음, 이재만 옮김, 《영국 노동계급의 상황》, 라티오, 2014.)

Esarey, Ashley, Mary Alice Haddad, Joanna I. Lewis, and Stevan Harrell, eds. *Greening East Asia: The Rise of the Eco-developmental State*. Seattle: University of Washington Press, 2020

Evans, David C., and Mark R. Peattie. *Kaigun: Strategy, Tactics, and Technology in the Imperial Japanese Navy, 1887–1941*. Annapolis, MD: Naval Institute Press, 1997.

Evans, Peter B., Dietrich Rueschemeyer, and Theda Skocpol, eds. *Bringing the State Back In*. Cambridge: Cambridge University Press, 1985.

Eyferth, Jacob. "Women's Work and the Politics of Homespun in Socialist China, 1949–1980." *International Review of Social History* 57, no. 3 (December 2012): 365–91.

Fairbank, John K., and Albert Feuerwerker, eds. *The Cambridge History of China*. Vol. 13, *Republican China, 1912–1949*, pt. 2. Cambridge: Cambridge University Press, 1986.

Fan, Fati. "Can Animals Predict Earthquakes? Bio-sentinels as Seismic Sensors in Com-munist China and Beyond." *Studies in the History and Philosophy of Science* 70 (August 2018): 58–69.

Fan, Fa-ti. "'Collective Monitoring, Collective Defense': Science, Earthquakes, and Politics in Communist China." *Science in Context* 25, no. 1 (2012): 127–54.

Fan, Fa-ti. "Modernity, Region, and Technoscience: One Small Cheer for Asia as Method." *Cultural Sociology* 10, no. 3 (September 2016): 352–68.

Fan Yincang. "Lutiankuang 'mei' de zishu" [Autobiography of coal from the open pit]. *Fushun ribao*, July 28, 1951.

Fedman, David. *Seeds of Control: Japan's Empire of Forestry in Colonial Korea*. Seattle: University of Washington Press, 2020.

Fedman, David. "Wartime Forestry and the 'Low Temperature Lifestyle' in Late Colonial Korea, 1937–1945." *Journal of Asian Studies* 77, no. 2 (May 2018): 333–50.

Feng Hao and Tom Baxter. "China's Coal Consumption on the Rise." *China Dialogue*, March 1, 2019. https://chinadialogue.net/en/energy/11107-china-s-coal-consumption-on-the-rise/.

Finamore, Barbara. *Will China Save the Planet?* Cambridge: Polity, 2018.

Fischer, Frank. *Technocracy and the Politics of Expertise*. Newbury Park, CA: Sage, 1990.

Fogel, Joshua A. "Yosano Akiko and Her China Travelogue of 1928." In *Travels in Manchuria and Mongolia: A Feminist Poet from Japan Encounters Prewar China*, by Yosano Akiko, translated from the Japanese and edited by Joshua A. Fogel, 1–10. New York: Columbia University Press, 2001.

Foucault, Michel. *Discipline and Punish: The Birth of the Prison*. Translated from the French by Alan Sheridan. New York: Pantheon Books, 1977. (미셸 푸코 지음, 오생근 옮김, 《감시와 처벌: 감옥의 탄생》, 나남, 2020.)

Frank, Alison Fleig. *Oil Empire: Visions of Prosperity in Austrian Galicia*. Cambridge, MA: Harvard University Press, 2007.

Fraser, Nancy, and Rahel Jaeggi. *Capitalism: A Conversation in Critical Theory*. Edited by Brian Milstein. Cambridge: Polity, 2018.

Frazier, Mark W. *The Making of the Chinese Industrial Workplace: State, Revolution, and Labor Management*. Cambridge: Cambridge University Press, 2002.

Freeman, Joshua B. *Behemoth: A History of the Factory and the Making of the Modern World*.

New York: W. W. Norton, 2018. (조슈아 B. 프리먼 지음, 이경남 옮김, 《더 팩토리: 공장은 어떻게 인류의 역사를 바꿔왔는가》, 시공사, 2019.)

French, Thomas, ed. *The Economic and Business History of Occupied Japan: New Perspectives*.

London: Routledge, 2017.

Friedman, Jeffrey. *Power without Knowledge: A Critique of Technocracy*. New York: Oxford University Press, 2019.

Fu Bo. "Duli shi shi jiefang Fushun" [Tenth Independent Squad liberates Fushun]. In *Fushun minguo wangshi* [Former happenings in Republican Fushun], edited by Fushun shi zhengxie wenhua he wenshi ziliao weiyuanhui, 251–58. Shenyang: Liaoning renmin chubanshe, 2014.

Fu Bo. "'Jiu-yi-ba' qian de Fushun kuanggong" [Fushun miners before the September 18 incident]. In *Fushun wenshi ziliao xuanji* [Selection of historical materials on Fushun], vol. 3, edited by Zhonghua renmin zhengzhi xieshang huiyi Liaoning sheng Fushun shi weiyuanhui wenshi weiyuanhui, 73–86. Fushun: Liaoning sheng Fushun shi weiyuanhui wenshi weiyuanhui, 1984.

Fu Bo. "Zaixian de lishi yu lishi de qishi" [Reproduced history and history's revelation]. In *Zuixing, zuizheng, zuize*, vol. 1, *Erzhan shiqi Riben qinlüezhe zai woguo Dongbei canhai beifu renyuan zhuanti*, compiled by Fu Bo, 4–22. Shenyang: Liaoning renmin chubanshe, 1995.

Fu Bo. *Zhong-Ri Fushun meikuang an jiaoshe shimo* [The ins and outs of the Sino-Japanese negotiations over the Fushun coal mines]. Ha'erbin: Heilongjiang renmin chubanshe, 1987.

Fu Bo, comp. *Zuixing, zuizheng, zuize* [Crime, proof, guilt]. Vol. 1, *Erzhan shiqi Riben qinlüezhe zai woguo Dongbei canhai beifu renyuan zhuanti* [Special topic on the Japanese invaders' cruel treatment of captured prisoners in our country's northeast during World War II]. Shenyang: Liaoning renmin chubanshe, 1995.

Fu Bo, Liu Chang, and Wang Pinglu, eds. *Fushun difang shi gailan* [A general overview of Fushun's local history]. Fushun: Fushun shi shehui kexueyuan, 2001.

Fu Bo and Xiao Jingquan, comps. *Zuixing, zuizheng, zuize* [Crime, proof, guilt]. Vol. 2, *Riben qinlüezhe zhizao Pingdingshan can'an zhuanti* [Special topic on the Pingdingshan atrocity committed by the Japanese invaders]. Shenyang: Liaoning renmin chubanshe, 1998.

Fuchs, J. R. "Oral History Interview with Edwin W. Pauley." Los Angeles, March 3, 4, and 9, 1971. Harry S. Truman Library and Museum. https://www.trumanlibrary.gov/ library/oral-histories/pauleye#transcript.

Fuess, Harald, ed. *The Japanese Empire in East Asia and Its Postwar Legacy*. Munich: Iudicium, 1998.

Fukushima, S. "Japanese Gas Works." *Japan Magazine* 6, no. 8 (December 1915): 489–90.

Fukuzawa Yukichi. "Datsu-A ron" [Leaving Asia]. *Jiji shimpō*, March 16, 1885.

Fushun kuangwu ju. *Canguan shouce* [Observational record]. Fushun: Fushun yinshuasuo, 1949.

Fushun kuangwu ju meitan zhi bianzuan weiyuanhui. *Fushun kuangqu dashiji, 1901–1985* [Chronology of the Fushun coalfield, 1901–1985]. Fushun: Fushun kuangwu ju, 1987.

Fushun shi difang zhi bangongshi. *Fushun shi zhi* [Gazetteer of Fushun city]. Shenyang: Liaoning renmin chubanshe, 1993.

Fushun shi renmin zhengfu difang zhi bangongshi and Fushun shi shehui kexue yanjiusuo. *Fushun dashiji* [A record of major events in Fushun]. Shenyang: Liaoning renmin chubanshe, 1987.

Fushun shi shehui kexueyuan. *Zhonggong Fushun difang shi* [Local history of the Chinese Communist Party in Fushun]. Shenyang: Liaoning minzu chubanshe, 1999.

Fushun shi shehui kexueyuan and Fushun shi renmin zhengfu difang zhi bangongshi. *Fushun shi zhi* [Fushun city gazetteer], *Gongye juan* [volume on industry]. Shenyang: Liaoning minzu chubanshe, 2003.

Fushun shi tongji ju. *Fushun sanshi nian: 1949–1978 jingji he wenhua jianshe chengjiu de tongji* [Fushun's thirty years: Statistics of the accomplishments in economic and cultural construction, 1949–1978]. Shenyang: Shenyang shi di yi yinshuachang, n.d.

Gamsa, Mark. "The Epidemic of Pneumonic Plague in Manchuria, 1910–1911." *Past and Present* 190, no. 1 (February 2006): 147–83.

Gao, Bai. *Economic Ideology and Japanese Industrial Policy*. Cambridge: Cambridge University Press, 1997.

Gao Baiyu. "China Relaxes Restrictions on Coal Power Expansion for Third Year Run- ning." *China Dialogue*, April 17, 2020. https://chinadialogue.net/en/energy/11966-china-relaxes-restrictions-on-coal-power-expansion-for-third-year-running/.

Gao Kai. "Woguo meikuang gongye de zhanwang" [Prospects for our country's coalmining industry]. *Renmin ribao*, December 2, 1949.

Gao Luming. "Ping–Han yanxian zhi meichan ji qi yunshu maoyi zhi gaikuang" [A sur- vey of coal produced along the Ping–Han railway and its transport and trade]. *Jiao- tong jingji huikan* 3, no. 1 (April 1930): 1–17.

Garon, Sheldon. "Fashioning a Culture of Diligence and Thrift: Savings and Frugality Campaigns in Japan, 1900–1931." In *Japan's Competing Modernities: Issues in Culture and Democracy, 1900–1930*, edited by Sharon A. Minichiello, 312–34. Honolulu: Uni- versity of Hawai'i Press, 1998.

Garon, Sheldon M. *The State and Labor in Modern Japan*. Berkeley: University of California Press, 1987.

Gavin, Martin J. *Oil Shale: An Historical, Technical, and Economic Study*. Washington, DC: United States Government Printing Office, 1924.

Gerth, Karl. *China Made: Consumer Culture and the Creation of the Nation*. Cambridge, MA: Harvard University Asia Center, 2003.

Gerth, Karl. *Unending Capitalism: How Consumerism Negated China's Communist Revolution*. Cambridge: Cambridge University Press, 2020.

Ghosh, Amitav. *The Great Derangement: Climate Change and the Unthinkable*. Chicago: University of Chicago Press, 2016. (아미타브 고시 지음, 김홍옥 옮김, 《대혼란의 시대: 기후 위기는 문화의 위기이자 상상력의 위기다》, 에코리브르, 2021.)

Ghosh, Arunabh. *Making It Count: Statistics and Statecraft in the Early People's Republic of China*. Princeton, NJ: Princeton University Press, 2020.

Giersch, C. Patterson. *Corporate Conquests: Business, the State, and the Origins of Ethnic Inequality in Southwest China*. Stanford, CA: Stanford University Press, 2020.

Gillin, Donald G., and Ramon H. Myers. "Introduction." In *Last Chance in Manchuria: The Diary of Chang Kia-ngau*, edited by Donald G. Gillin and Ramon H. Myers and translated from the Chinese by Dolores Zen, 1–58. Stanford, CA: Hoover Institution Press, 1989.

Gillin, Donald G., and Ramon H. Myers, eds. *Last Chance in Manchuria: The Diary of Chang Kia-ngau*. Translated from the Chinese by Dolores Zen. Stanford, CA: Hoover Institution Press, 1989.

Gilpin, Alan. *Environmental Impact Assessment: Cutting Edge for the Twenty-First Century*. Cambridge: Cambridge University Press, 1995.

Goforth, Paul. "The Battle of the Coal: Fire in Open Pit Adds Drama, Inspires Visitor." *Manchuria Daily News*, October 31, 1933.

Golas, Peter J. *Science and Civilisation in China*. Vol. 5, *Chemistry and Chemical Technology*, pt. 13, *Mining*. Cambridge: Cambridge University Press, 1999.

Goldman, Merle. *Literary Dissent in Communist China*. Cambridge, MA: Harvard Univer- sity Press, 1967.

Gong Yadong. "Fushun meikuang zhi yan'ge ji zuzhi" [The Fushun colliery's evolution and organization]. *Fukuang xunkan: qingzhu zongtong jiuzhi zhuankan* (May 1948): 24–31.

Gooday, Graeme J. N., and Morris F. Low. "Technology Transfer and Cultural Exchange: Western Scientists and Engineers Encounter Lake Tokugawa and Meiji Japan." "Be- yond Joseph Needham: Science, Technology, and Medicine in East and Southeast Asia," *Osiris* 13 (1998): 99–128.

Goodman, Bryna, and David S. G. Goodman. "Introduction: Colonialism and China." *Twentieth-Century Colonialism and China: Localities, the Everyday and the World*, edited by Bryna Goodman and David S. G. Goodman, 1–22. London: Routledge, 2012.

Goodman, Bryna, and David S. G. Goodman, eds. *Twentieth-Century Colonialism and China: Localities, the Everyday and the World*. London: Routledge, 2012.

Goodrich, Carter. *The Miner's Freedom: A Study of the Working Life in a Changing Industry*. Boston: Marshall Jones, 1925.

Goossaert, Vincent, Jan Kiely, and John Lagerwey, eds. *Modern Chinese Religion II: 1850– 2015*. Vol. 1. Leiden: Brill, 2015.

Gordon, Andrew. *Labor and Imperial Democracy in Prewar Japan*. Berkeley: University of California Press, 1991.

Gorz, André. *Ecology as Politics*. Boston: South End Press, 1980.

Gotō Shinpei. "Jinsei to nenryō mondai" [Human life and the fuel question]. *Nenryō kyōkai shi* 5, no. 1 (January 1926): 28–37.

Gottschang, Thomas R., and Diana Lary. *Swallows and Settlers: The Great Migration from North China to Manchuria*. Ann Arbor: Center for Chinese Studies, University of Michigan, 2000.

Graham, Maurice. "Round the World—And Some Gas-Works." *Journal of Gas Lighting, Water Supply and Sanitary Improvement* 104, no. 2380 (December 22, 1908): 820–25.

Great Britain Foreign Office, Historical Section. *Sakhalin*. London: H. M. Stationery Office, 1920.

Greenberg, Dolores. "Energy, Power, and Perception of Social Change in the Early Nineteenth Century." *American Historical Review* 95, no. 3 (June 1990): 693–714.

Greene, J. Megan. "Looking toward the Future: State Standardization and Professionalization of Science in Wartime China." In *Knowledge Acts in Modern China: Ideas, Institutions, and Identities*, edited by Robert Culp, Eddy U, and Wen-hsin Yeh, 275–303. Berkeley: Institute of East Asian Studies, University of California, Berkeley, 2016.

Greene, J. Megan. *The Origins of the Developmental State in Taiwan: Science Policy and the Quest for Modernization*. Cambridge, MA: Harvard University Press, 2008.

Greenhalgh, Susan. "Governing through Science: The Anthropology of Science and Technology in Contemporary China." In *Can Science and Technology Save China?*, edited by Susan Greenhalgh and Li Zhang, 1–24. Ithaca, NY: Cornell University Press, 2020.

Greenhalgh, Susan, and Li Zhang, eds. *Can Science and Technology Save China?* Ithaca, NY: Cornell University Press, 2020.

Grunden, Walter F. *Secret Weapons and World War II: Japan in the Shadow of Big Science*. Lawrence: University Press of Kansas, 2005.

Guojia tongji ju. *Weida de shi nian* [Ten great years]. Beijing: Renmin chubanshe, 1959.

Hama, Katsuhiko. "The Daqing Oil Field: A Model in China's Struggle for Rapid Industrialization." *Developing Economies* 18, no. 2 (June 1980): 180–205.

Hamauzu, Tetsuo. "The Changing Structure of Oil Connections." In *Japan in the Contem- porary Middle East*, edited by Kaoru Sugihara and J. A. Allan, 50–76. London: Rout- ledge, 1993.

Hamlin, Christopher. *Cholera: The Biography*. Oxford: Oxford University Press, 2009.

Handler, Sandra. *Austere Luminosity of Chinese Classical Furniture*. Berkeley: University of California Press, 2001.

Hanley, Susan B. *Everyday Things in Premodern Japan: The Hidden Legacy of Material Culture*. Berkeley: University of California Press, 1997.

Hara Akira. "1930-nendai no Manshū keizai tō sei seisaku" [Manchurian economic control policy in the 1930s]. In *Nihon teikokushugi ka no Manshū : "Manshū koku" seiritsu zengo no keizai kenkyū* , edited by Manshū shi kenkyū kai, 1–114. Tokyo: Ochanomizu shobō , 1972.

Hara Akira. "'Manshū ' ni okeru keizai tō sei seisaku no tenkai: Mantetsu kaisō to Mangyōsetsuritsu o megutte" [The development of policies of the managed economy in Man- churia: A glance at the reorganization of Mantetsu and the establishment of Mangyō]. In *Nihon keizai seisaku shi ron*, edited by Andō Yoshio, 209–96. Tokyo: Tō kyō daigaku shuppankai, 1976.

Hara Seiji. *Harukanari Mantetsu: tsuioku no Mantetsu Bujun tankōchō Kubo Tōru* ["Faraway" Mantetsu: Looking back on Mantetsu's Fushun colliery's head Kubo Tō ru]. Tokyo: Shin jinbutsu ō raisha, 2000.

Hara Teruyuki. "Japan Moves North: The Japanese Occupation of Northern Sakhalin (1920s)." In *Rediscovering Russia in Asia: Siberia and the Russian Far East*, edited by Stephen Kotkin and David Wolff, 55–67. Armonk, NY: M. E. Sharpe, 1995.

Harrell, Stevan. "The Eco-developmental State and the Environmental Kuznets Curve." In *Greening East Asia: The Rise of the Eco-developmental State*, edited by Ashley Esarey, Mary Alice Haddad, Joanna I. Lewis, and Stevan Harrell, 241–66. Seattle: University of Washington Press, 2020.

Harrison, Henrietta. *The Man Awakened from Dreams: One Man's Life in a North China Village, 1857–1942*. Stanford, CA: Stanford University Press, 2005.

Hartman, Howard L., and Jan M. Mutmansky. *Introductory Mining Engineering*. 2nd ed.

Hoboken, NJ: John Wiley and Sons, 2002. First published 1987.

Hartwell, Robert. "A Cycle of Economic Change in Imperial China: Coal and Iron in Northeast China, 750–1350." *Journal of Economic and Social History of the Orient* 10, no. 1 (July 1967): 102–59.

Hartwell, Robert. "A Revolution in the Chinese Iron and Coal Industries during the Northern Sung, 960–1126 A.D." *Journal of Asian Studies* 21, no. 2 (February 1962):153–62.

Hashimoto, Michio. "History of Air Pollution Control in Japan." In *How to Conquer Air Pollution: A Japanese Experience*, edited by H. Nishimura, 1–93. Amsterdam: Elsevier, 1989.

Hayakawa, T. "New Foreign Minister." *Japan Magazine* 9, no. 4 (August 1918): 189–96.

Hayase, Yukiko. "The Career of Gotō Shinpei: Japan's Statesman of Research, 1857–1929." PhD diss., Florida State University, 1974.

He Suhua. "Kangzhan shiqi guoying meikuangye de fazhan" [The development of the state coal-mining sector during the War of Resistance]. MA thesis, National Taiwan University, 1990.

He, Y. G. "Mining and Utilization of Chinese Fushun Oil Shale." *Oil Shale* 21, no. 3 (Sepember

2004): 259–64.

He Zhen. "San nian lai Fushun shi de funü gongzuo" [Women's work in Fushun over the past three years]. *Fushun ribao*, October 1, 1952.

Hecht, Gabrielle. *The Radiance of France: Nuclear Power and National Identity after World War II.* Cambridge, MA: MIT Press, 1998.

Heenan, Patrick, ed. *The Japan Handbook.* London: Fitzroy Dearborn, 1998.

Hein, Laura E. *Fueling Growth: The Energy Revolution and Economic Policy in Postwar Japan.* Cambridge, MA: Council on East Asian Studies, Harvard University, 1990.

Heroy, W. B. "Petroleum." In *Ores and Industry in the Far East: The Influence of Key Mineral Resources on the Development of Oriental Civilization*, by H. Foster Bain, rev. and enl. ed., 118–43. New York: Council on Foreign Relations, 1933. First published 1927.

Hershatter, Gail. *The Gender of Memory: Rural Women and China's Collective Past.* Berkeley: University of California Press, 2011.

Hess, Christian A. "Big Brother Is Watching: Local Sino-Soviet Relations and the Building of New Dalian, 1945–55." In *Dilemmas of Victory: The Early Years of the People's Republic of China*, edited by Jeremy Brown and Paul G. Pickowicz, 160–83. Cambridge, MA: Harvard University Press, 2007.

Hevia, James. *English Lessons: The Pedagogy of Imperialism in Nineteenth-Century China.* Durham, NC: Duke University Press, 2003.

Heynen, Robert, and Emily van der Meulen, eds. *Making Surveillance States: Transnational Histories.* Toronto: University of Toronto Press, 2019.

Hilson, Gavin M., ed. *The Socio-Economic Impacts of Artisanal and Small-Scale Mining in Developing Countries.* Lisse: A. A. Balkema, 2003.

Hilton, Isabel. "How China's Big Overseas Initiative Threatens Global Climate Progress." *Yale Environment 360*, January 3, 2019.

Hirata, Koji. "From the Ashes of Empire: The Reconstruction of Manchukuo's Enterprises and the Making of China's Northeastern Industrial Base, 1948–1952." In *Overcoming Empire in Post-Imperial East Asia: Repatriation, Redress and Rebuilding*, edited by Barak Kushner and Sherzod Muminov, 147–62. London: Bloomsbury, 2019.

Hirata, Koji. "Steel Metropolis: Industrial Manchuria and the Making of Chinese Socialism, 1916–1964." PhD diss., Stanford University, 2018.

Hirzel, Thomas, and Nanny Kim, eds. *Metals, Monies, and Markets in Early Modern Societies: East Asian and Global Perspectives.* Berlin: LIT, 2008.

Hisada Keita. "Chikuhō tankō hatten ki ni okeru gijutsusha no jitsuzō: kō gyō sha Matsuda Buichirō no keieishateki sokumen" [A true picture of technical experts in the development of the Chikuhō coal mines: Mining industrialist Matsuda Buichirō 's managerial profile]. Graduate research paper, Kyushu University, 2012.

Hoar, H. M. *The Coal Industry of the World.* Washington, DC: United States Government Printing Office, 1930.

Hokimoto Hiromi. "Bujun saishū zanryū ki" [Recollections on being left behind in Fushun at the end]. In *Mantetsu shain shū sen kiroku*, edited by Mantetsu kai, 675–81. Tokyo: Mantetsu kai, 1996.

Hokimoto Hiromi. "Saishū zanryū sha no kiroku" [Records of one left behind at the end]. In *Bujun tankō shū sen no ki*, edited by Mantetsu Tō kyō Bujun kai, 259–68. Tokyo: Mantetsu

Tō kyō Bujun kai, 1973.

Honda sei. "Santō kū rii ni tsuite" [Regarding the coolies from Shandong]. *Bujun* 11 (Sep- tember 1913): 26–29. Fushun Mining Group Documents Room, Fushun.

Hornibrook, Jeff. *A Great Undertaking: Mechanization and Social Change in a Late Imperial Chinese Coalmining Community*. Albany: State University of New York Press, 2015.

Hou Defeng, ed. *Zhongguo kuangye jiyao, di si ci* [General statement of China's mining industry, 4th issue]. Beiping: Shiye bu Dizhi diaocha suo, 1932.

Hou Defeng, ed. *Zhongguo kuangye jiyao, di wu ci* [General statement of China's mining industry, 5th issue]. Beiping: Shiye bu Dizhi diaocha suo, 1935.

Hou Li. *Building for Oil: Daqing and the Formation of the Chinese Socialist State*. Cambridge, MA: Harvard University Asia Center, 2018.

Hsia, Ching-Lin. *The Status of Shanghai: A Historical Review of the International Settlement, Its Future Development and Possibilities through Sino-Foreign Co-operation*. Shanghai: Kelly and Walsh, 1929.

Hsia, C. T. *A History of Modern Chinese Fiction*. 3rd ed. Introduction by David Der-wei Wang. Bloomington: Indiana University Press, 1999. First published 1961.

Hu, Cheng. "Quarantine Sovereignty during the Pneumonic Plague in Northeast China (November 1910–April 1911)." *Frontiers of History in China* 5, no. 2 (June 2010):294–339.

Hu Shengsan, Liu Xiuyuan, and Cheng Yuqi. "Caimei shi shang de jishu geming—woguo zongcai fazhan 40 nian" [A technical revolution in coal-mining history: The develop- ment of fully mechanized mining in our country over forty years]. *Meitan xuebao* 35, no. 11 (November 2010): 1769–71.

Hu Shih. "The Civilizations of the East and the West." In *Whither Mankind: A Panorama of Modern Civilization*, edited by Charles A. Beard, 25–41. New York: Longmans, Green, 1928.

Huagong. "Ximei" [Coal washing]. *Renmin ribao*, January 24, 1959.

Huang, Yasheng. *Capitalism with Chinese Characteristics: Entrepreneurship and the State*. Cambridge: Cambridge University Press, 2008.

Huber, Matthew T. *Lifeblood: Oil, Freedom, and the Forces of Capital*. Minneapolis: University of Minnesota Press, 2013.

Human Rights Watch. *Paying the Price: Worker Unrest in Northeast China*. New York: Human Rights Watch, 2002.

Hustrulid, William A. *Blasting Principles for Open Pit Mining*. Rotterdam: A. A. Balkema, 1999.

Iguchi, Haruo. *Unfinished Business: Ayukawa Yoshisuke and U.S.-Japan Relations, 1937–1953*. Cambridge, MA: Harvard University Asia Center, 2003.

Iiduka Yasushi. "Mantetsu Bujun oirushe¯ru jigyō no kigyō ka to sono hatten" [The commercialization of Mantetsu's Fushun shale oil industry and its development]. *Ajia keizai* 44, no. 8 (August 2003): 2–32.

Ikonnikov, A. B. *The Coal Industry of China*. Canberra: Australian National University, 1977.

Immerwahr, Daniel. *How to Hide an Empire: A History of the Greater United States*. New York: Farrar, Straus and Giroux, 2019. (대니얼 임머바르 지음, 김현정 옮김, 《미국, 제국의 연대기: 전쟁, 전략, 은밀한 확장에 대하여》, 글항아리, 2020.)

Imperial Japanese Government Railways. *An Unofficial Guide to Eastern Asia: TransContinental Connections between Europe and Asia*. Vol. 1, *Manchuria and Chōsen*. Tokyo: n.p., 1913.

Imura. "Reconstruction of Manchuria and Mongolia with Their Natural Resources." *Manchuria Daily News Monthly Supplement*, February 1, 1932, 10–11.

Imura, Hidefumi, and Miranda A. Schreurs, eds. *Environmental Policy in Japan*. Cheltenham: Edward Elgar, 2005.

Imura, Hidefumi, and Miranda A. Schreurs. "Learning from Japanese Environmental Management Experiences." In *Environmental Policy in Japan*, edited by Hidefumi Imura and Miranda A. Schreurs, 1–14. Cheltenham: Edward Elgar, 2005.

Inglis, Sam. "Tibetan Headwaters of the Yangtze under Threat." GlacierHub, July 12, 2016. http://glacierhub.org/2016/07/12/tibetan-headwaters-of-the-yangtze-under-threat/.

Inhara, K., ed. *The Japan Year Book, 1933*. Tokyo: Kenkyusha, 1933.

Inhara, K., ed. *The Japan Year Book, 1935*. Tokyo: Foreign Affairs Association of Japan, 1935.

Inoue Tadashirō . "Manshū no tankō " [The coal mines of Manchuria]. *Ō saka mainichi shinbun*, August 7, 1919.

Inoue Toshirō. *Bujun tankō hōkokusho* [Report on the Fushun coal pits] (1913). Unpublished report, Earth Systems Library, Department of Engineering, University of Tokyo, Tokyo.

Inouye, Kinosuke. "Geology of the Southern Part of the Province of Hsinking, China." *Bulletin of the Imperial Geological Survey of Japan* 18, no. 2 (December 1905): 1–49.

Inouye, Kinosuke. "Japan's Position in the World of Coal." *Trans-Pacific* 4, no. 2 (February 1921): 51–55.

Inskeep, Steve, and Ashley Westerman. "Why Is China Placing a Global Bet on Coal?" *NPR*, April 29, 2019. https://www.npr.org/2019/04/29/716347646/why-is-china-placing-a-global-bet-on-coal.

Irfan, Umair. "Why the World's Third-Largest Economy Is Still Betting on Coal." *Vox*, February 18, 2020. https://www.vox.com/2020/2/18/21128205/climate-change-japan-coal-energy-emissions-pikachu.

Iriye, Akira, ed. *The Chinese and the Japanese: Essays in Political and Cultural Interactions*. Princeton, NJ: Princeton University Press, 1980.

Iriye, Akira, and William Wei, eds. *Essays in the History of the Chinese Republic*. Urbana, IL: University of Illinois Center for Asian Studies, 1983.

Isett, Christopher Mills. *State, Peasant, and Merchant in Qing Manchuria, 1644–1862*. Stanford, CA: Stanford University Press, 2006.

Ishibashi, Koki. "Present Status of Properties and Refining of Fushun Shale Oil." In *World Petroleum Congress Proceedings*, edited by World Petroleum Congress, 183–212. Lon- don: Applied Science, 1937.

Ishiwata Nobutarō . "Bujun tankō " [The Fushun coal pits]. *Chikuhō sekitan kōgyō kumiai geppō* 2, no. 29 (November 1906): 33–40.

Ishiwata Nobutarō . "Bujun tankō ni tsuite no jokan" [Impressions of the Fushun coal pits]. *Chikuhō sekitan kōgyō kumiai geppō* 3, no. 33 (March 1907): 4–9.

Ishiwata Nobutarō . "Nenryō jū ō dan (sono jū)" [The warp and weft of fuel (number ten)]. *Nenryō kyọkai shi* 12, no. 10 (October 1933): 1286–90.

Ishiwata Nobutarō . "Waga kuni shō rai no sekitan mondai" [Our country's future coal question]. *Nenryō kyōkai shi* 3, no. 5 (May 1924): 287–312.

Islam, S. Nazrul, and John Winkel. "Climate Change and Social Inequality." DESA Working Paper 152, October 2017.

Itō Kobun. *Caitan jishu rumen* [An introduction to coal-mining technology]. Translated from the Japanese by Zhang Dounan. Fushun: Fushun kuangwu ju mishuchu shiliao ke, 1949.

Jakes, Aaron G. "Boom, Bugs, Bust: Egypt's Ecology of Interest, 1882–1914." *Antipode* 49, no. 4 (September 2017): 1035–59.

Japanese Chamber of Commerce of New York. *Manchukuo: The Founding of the New State in Manchuria*. New York: Japanese Chamber of Commerce, 1933.

Japan Statistical Association. "Ichiji enerugii kokunai kyō kū (Shō wa 28-nendo—Heisei 12-nen-do)" [Domestic supply of primary energy (1953–2003)]. *Nihon chōki tōkei sōran* [Overview of Japan's long-term statistics]. *JapanKnowledge Lib*. 2020. http:// japanknowledge.com.

Jasanoff, Sheila. "The Idiom of Co-production." In *States of Knowledge: The Co-production of Science and Social Order*, edited by Sheila Jasanoff, 1–12. London: Routledge, 2004.

Jasanoff, Sheila, ed. *States of Knowledge: The Co-production of Science and Social Order*. London: Routledge, 2004.

Jensen, Lionel M., and Timothy B. Weston, eds. *China's Transformations: The Stories Beyond the Headlines*. Lanham, MD: Rowman and Littlefield, 2007.

Jevons, William Stanley. *The Coal Question: An Inquiry Concerning the Progress of the Nation, and the Probable Exhaustion of Our Coal Mines*. 3rd ed. London: Macmillan, 1906. First published 1865.

Ji Min. "Zhongguo kuangzhang he Riben gongchengshi de youyi" [The friendship be- tween a Chinese colliery manager and a Japanese engineer]. *Wenshi jinghua* 213 (February 2008): 38–44.

Jiang, Lijing. "The Socialist Origins of Artificial Carp Reproduction in Maoist China." *Science, Technology, and Society* 22, no. 1 (March 2017): 59–77.

Jiang Xing. "Laohutai kuang fangsong baoan jiaoyu, dai yanhuo ru jing xianxiang zhuyue zengduo" [Laohutai mine slackened safety education, the practice of bringing cigarettes down into the pits increasing month by month]. *Fushun ribao*, October 7, 1954.

Jin Huihua, ed. *Zhongguo kuangye jiyao, di liu ci, Xi'nan qu* [General statement of China's mining industry, 6th issue, the Southwest]. Chongqing: Jingji bu Zhongyang dizhi diaocha suo, 1941.

Johnson, Bob. "Energy Slaves: Carbon Technologies, Climate Change, and the Stratified History of the Fossil Economy." *American Quarterly* 68, no. 4 (December 2016): 955–79.

Johnson, Chalmers. *MITI and the Japanese Miracle: The Growth of Industrial Policy, 1925–1975*. Stanford, CA: Stanford University Press, 1982.

Johnson, Edward A. "Geology of the Fushun Coalfield, Liaoning Province, Republic of China." *International Journal of Coal Geology* 14, no. 3 (March 1990): 217–36.

Jones, Christopher F. *Routes of Power: Energy and Modern America*. Cambridge, MA: Harvard University Press, 2014.

Jonsson, Fredrik Albritton. "The Origins of Cornucopianism: A Preliminary Genealogy." *Critical Historical Studies* 1, no. 1 (March 2014): 151–68.

Jonsson, Fredrik Albritton, John Brewer, Neil Fromer, and Frank Trentmann. "Introduc- tion." In *Scarcity in the Modern World: History, Politics, Society and Sustainability, 1800–2075*, edited by Fredrik Albritton Jonsson, John Brewer, Neil Fromer, and Frank Trentmann, 1–17. London: Bloomsbury, 2019.

Jonsson, Fredrik Albritton, John Brewer, Neil Fromer, and Frank Trentmann, eds. *Scarcity in the Modern World: History, Politics, Society and Sustainability, 1800–2075*. London: Bloomsbury, 2019.

Jordan, Donald A. *China's Trial by Fire: The Shanghai War of 1932*. Ann Arbor: University of

Michigan Press, 2001.

Jung, Moon-Ho. *Coolies and Cane: Race, Labor, and Sugar in the Age of Emancipation*. Baltimore: Johns Hopkins University Press, 2006.

Kado Itsumi. *Bujun tankō chōsa hōkoku* [Report on the Fushun colliery] (1914). Unpublished report, Archives of the Department of Resources and Environmental Engineer- ing, School of Creative Science and Engineering, Waseda University.

Kajima, Morinosuke. *The Diplomacy of Japan, 1894–1922*. Vol. 3, *First World War, Paris Peace Conference, Washington Conference*. Tokyo: Kajima Institute for International Peace, 1980.

Kantō totokufu. *Manshū sangyō chōsa shiryō (kōzan)* [Survey documents on Manchurian industry (mining)]. Dairen: Kantō totokufu, 1906.

Kantō totokufu. *Manshū sangyō chōsa shiryō (shōgyō seizōgyō)* [Survey documents on Manchurian industry (commerce and manufacturing)]. Dairen: Kantō totokufu, 1906.

Kaple, Deborah A. *Dream of a Red Factory: The Legacy of High Stalinism in China*. New York: Oxford University Press, 1994.

Karl, Rebecca E. *The Magic of Concepts: History and the Economic in Twentieth-Century China*. Durham, NC: Duke University Press, 2019.

Kashima, K. "Japan Letter." *Journal of Industrial and Engineering Chemistry* 14, no. 10 (October 1922): 988.

Kaske, Elisabeth. "The Price of an Office: Venality, the Individual and the State in 19th Century China." In *Metals, Monies, and Markets in Early Modern Societies: East Asian and Global Perspectives*, edited by Thomas Hirzel and Nanny Kim, 279–304. Berlin: LIT, 2008.

Katō Kiyofumi. *Manekarezaru kokuhin: Abe Ryōnosuke* [An unwelcomed national treasure: Abe Ryō nosuke]. Tokyo: Yumani shobō, 2011.

Kawashima, Ken C. *The Proletarian Gamble: Korean Workers in Interwar Japan*. Durham, NC: Duke University Press, 2009.

Kelkar, Govind S. "The Chinese Experience of Political Campaigns and Mass Mobilization." *Social Scientist* 7, no. 5 (December 1978): 45–63.

Kharohenko, A. K. "Development of the Coal Industry in the Chinese People's Republic." Translated from the Russian. Joint Publications Research Services report no. DC-373, November 18, 1958.

Kido Chū tarō . "Bujun tandan chishitsu chō sa hō koku" [Geological survey report of the Fushun coalfield]. *Chikuhō sekitan kōgyō kumiai geppō* 8, no. 101 (November 1912): 9–17.

King, Amy. "Reconstructing China: Japanese Technicians and Industrialization in the Early Years of the People's Republic of China." *Modern Asian Studies* 50, no. 1 (Janu- ary 2016): 141–74.

Kingsberg, Miriam. *Moral Nation: Modern Japan and Narcotics in Global History*. Berkeley: University of California Press, 2014.

Kingston, Ewan. "Climate Justice and Temporally Remote Emissions." *Social Theory and Practice* 40, no. 2 (April 2014): 281–303.

Kinzley, Judd C. *Natural Resources and the New Frontier: Constructing Modern China's Borderlands*. Chicago: University of Chicago Press, 2018.

Kinzley, William Dean. "Japan in the World of Welfare Capitalism: Imperial Railroad Experiments with Welfare Work." *Labor History* 47, no. 2 (May 2006): 189–212.

Kirby, William C. "Engineering China: Birth of the Developmental State, 1928–1937." In *Becoming Chinese: Passages to Modernity and Beyond*, edited by Wen-hsin Yeh, 137–60. Berkeley: University of California Press, 2000.

Kirby, William C. *Germany and Republican China*. Stanford, CA: Stanford University Press, 1984.

Kirby, William C. "Kuomintang China's 'Great Leap Outward': The 1936 Three Year Plan for Industrial Development." In *Essays in the History of the Chinese Republic*, edited by Akira Iriye and William Wei, 43–66. Urbana, IL: University of Illinois Center for Asian Studies, 1983.

Kirby, William C., ed. *The People's Republic of China at 60: An International Assessment*. Cambridge, MA: Harvard University Asia Center, 2011.

Kirby, William C. "Planning Postwar China: China, the United States and Postwar Economic Strategies, 1941–1948." In *Proceedings of Conference on Dr. Sun Yat-sen and Modern China*, 3:216–48. Taipei: Compilation Committee, 1986.

Kirby, William C. "Technocratic Organization and Technological Development in China: The Nationalist Experience and Legacy, 1928–1953." In *Science and Technology in Post- Mao China*, edited by Denis Fred Simon and Merle Goldman, 23–43. Cambridge, MA: Council on East Asian Studies, Harvard University, 1989.

Kita. "Sekitan kai no jukyū kan" [A look at the supply and demand of the coal sector]. *Ō saka mainichi shinbun*, August 20–23, 1919.

Kitamura Yoshio. "Bujun tankō kara kaette Chū kyō kō gyō no gen dankai" [Returning from the Fushun colliery; the current level of the Chinese Communists' mining industry]. *Taiheiyō mondai* 11, no. 1/2 (February 1955): 1–9.

Kobayashi Hideo. *Mantetsu Chōsabu: "ganso shinku tanku" no tanjō to hōkai* [Mantetsu's Research Section: The rise and fall of "the first think tank"]. Tokyo: Heibonsha, 2005.

Kobayashi Kyū hei. "Gyoyu yori sekiyu seizō shigen hō koku narabi ni sekiyu no seiin nit suite" [The manufacture of petroleum from fish oil and the origins of petroleum]. *Kōgyō kagaku zasshi* 24, no. 1 (January 1921): 1–26.

Kobori, Satoru. "The Development of Energy-Conservation Technology in Japan, 1920–70: An Analysis of Energy-Intensive Industries and Energy-Conservation Policies." In *Economic Development and Environmental History in the Anthropocene: Perspectives on Asia and Africa*, edited by Gareth Austin, 219–43. London: Bloomsbury, 2017.

Kobori Satoru. *Nihon no enerugii kakumei: shigen shōkuni no kingendai* [Japan's energy revolution: A resource-weak country in the modern era]. Nagoya: Nagoya daigaku shuppankai, 2010.

Koga, Yukiko. *The Inheritance of Loss: China, Japan, and the Political Economy of Redemption after Empire*. Chicago: University of Chicago Press, 2016.

Kojima Seiichi. *Nenryō dōryoku keizai dokuhon* [A reader on the economy of fuel and power]. Tokyo: Chikura shobō , 1937.

Kokugakuin daigaku toshokan chō saka. *Inoue Tadashirō monjo mokuroku* [Index to the Inoue Tadashirō archives]. Tokyo: Kokugakuin daigaku toshokan, 1992.

Köll, Elisabeth. *Railroads and the Transformation of China*. Cambridge, MA: Harvard University Press, 2019.

Kopp, Otto C. "Coal." In *Encyclopaedia Britannica*, November 13, 2020. https://www.britannica.com/science/coal-fossil-fuel.

Koshizawa Akira. *Zhongguo Dongbei dushi jihua shi* [A history of urban planning in China's Northeast]. Translated from the Japanese by Huang Shimeng. Taipei: Dajia chubanshe, 1987. First published 1982.

Kotkin, Stephen, and David Wolff, eds. *Rediscovering Russia in Asia: Siberia and the Russian Far East*. Armonk, NY: M. E. Sharpe, 1995.

Koyama Shizuko. *Ryōsai Kenbo: The Educational Ideal of 'Good Wife, Wise Mother' in Modern Japan*. Translated from the Japanese by Stephen Filler. Leiden: Brill, 2015.

Kratoska, Paul H., ed. *Asian Labor in the Wartime Japanese Empire: Unknown Histories*. Armonk, NY: M. E. Sharpe, 2005.

Kratoska, Paul H. "Labor Mobilization in Japan and the Japanese Empire." In *Asian Labor in the Wartime Japanese Empire: Unknown Histories*, edited by Paul H. Kratoska, 1–22. Armonk, NY: M. E. Sharpe, 2005.

Kubo, Tohru. "The Hydraulic Stowage Mining System in Fushun Colliery, South Manchuria." In *Proceedings, World Engineering Congress, Tokyo 1929*, vol. 37, *Mining and Metallurgy*, pt. 5, *Mineral Resources and Mining*, edited by World Engineering Congress, 221–28. Tokyo: Kogakkai, 1931.

Kubo Tō ru. *Bujun tankō hōkoku* [A report on the Fushun colliery] (1912). Unpublished report, Earth Systems Library, Department of Engineering, University of Tokyo, Tokyo.

Kubo Tō ru. "Bujun tankō ni hattatsu seru shase jū ten tankutsu hō " [The hydraulic stowage method developed at the Fushun colliery]. PhD diss., Tokyo Imperial University, 1932.

Kubo Tō ru. "Bujun tankō ni okeru saitanki ni tsuite" [Coal getting machines used in Fushun colliery, South Manchuria]. *Nihon kōgyōkai shi* 50, no. 587 (March 1934): 264–79.

Kubo Tō ru. "Bujun tankō no saitan jigyō " [The coal-mining business of the Fushun colliery]. *Kōsei* 119 (October 1929): 27–33.

Kubo Tō ru. "Saitan no gō rika" [The rationalization of coal mining]. *Sekitan jihō* 7, no. 1 (January 1932): 4–6.

Kubo Tō ru. *TōA no sekitan hōsaku* [General plan for East Asia's coal]. Tokyo: Tō A shinsho, 1941.

Kuboyama Yuzo. *Saishin tankō kōgaku* [The latest in mining engineering]. 3 vols. Tokyo: Kō ronsha.

Kume Kanae. "Heichō zan jiken to sono shū matsu" [The Pingdingshan incident and its conclusion]. In *Bujun tankō shū sen no ki*, edited by Mantetsu Tō kyō Bujun kai, 72–82. Tokyo: Mantetsu Tō kyō Bujun kai, 1973.

Kunisawa Kiyoko. *Katei ni okeru nenryō no setsuyaku* [Fuel economy in the home]. Tokyo: Ō kura shoten, 1920.

Kuribayashi Kurata. "Konwakai ni shimon jisshi ni tsuite" [Discussion council on the implementation of fingerprinting]. In *Mantie midang: Mantie yu laogong* [Man- tetsu's secret archives: Mantetsu and laborers], vol. 1, compiled by Liaoning sheng dang'anguan, 50–53. Guilin: Guixi shifan daxue chubanshe, 2003.

Kurita, J. "Oil Consumption Index to Japan's Industry." *Trans-Pacific* 7, no. 1 (July 1922): 43–50.

Kushner, Barak. *Men to Devils, Devils to Men: Japanese War Crimes and Chinese Justice*. Cambridge, MA: Harvard University Press, 2015.

Kushner, Barak, and Sherzod Muminov, eds. *Overcoming Empire in Post-Imperial East Asia: Repatriation, Redress and Rebuilding*. London: Bloomsbury, 2019.

Lattimore, Owen. *Manchuria: Cradle of Conflict*. New York: Macmillan, 1932.

Lean, Eugenia. *Vernacular Industrialism in China: Local Innovation and Translated Technologies in the Making of a Cosmetics Empire, 1900–1940*. New York: Columbia University Press, 2020.

LeCain, Timothy J. *Mass Destruction: The Men and the Giant Mines That Wired America and Scarred the Planet*. New Brunswick, NJ: Rutgers University Press, 2009.

Lee, Ching Kwan. *Against the Law: Labor Protests in China's Rustbelt and Sunbelt*. Berkeley: University of California Press, 2007.

Lee, Chong-Sik. *Revolutionary Struggle in Manchuria: Chinese Communism and Soviet Interest, 1922–1945*. Berkeley: University of California Press, 1983. (이정식, 허원 옮김, 《만주혁명운동과 통일전선》, 사계절, 1989.)

Lee, En-Han. "China's Response to Foreign Investment in Her Mining Industry." *Journal of Asian Studies* 28, no. 1 (November 1968): 55–76.

Lee, Leo Ou-fan. *The Romantic Generation of Modern Chinese Writers*. Cambridge, MA: Harvard University Press, 1973.

Leech, Brian James. *The City That Ate Itself: Butte, Montana and Its Expanding Berkeley Pit*. Reno: University of Nevada Press, 2018.

Lei Lifang, Fang Yibing, and Qian Wei. "Kangzhan shiqi houfang yejin ranliao de yanjiu: yi Jingji bu Kuangye yanjiusuo weili" [Metallurgical research in the interior dur- ing the War of Resistance: The example of the Ministry of Economic Affairs' Mining and Metallurgy Research Bureau]. *Zhongguo keji shi zazhi* 37, no. 3 (September 2016): 271–83.

Lei, Sean Hsiang-lin. "Sovereignty and the Microscope: Constituting Notifiable Infectious Disease and Containing the Manchurian Plague (1910–11)." In *Health and Hygiene in Chinese East Asia: Politics and Publics in the Long Twentieth Century*, edited by Angela Ki Che Leung and Charlotte Furth, 73–106. Durham, NC: Duke University Press, 2010.

Leiyu. "Minguo 19 niandu Dongbei meikuangye niaokan" [A bird's eye view of the coal- mining industry in the Northeast in 1930]. *Zhongdong banyuekan* 2, no. 18 (October 1931): 5–13.

Leland Stanford Junior University. *Graduate Study, 1915–16*. Stanford, CA: Stanford University Press, 1915.

Lenin, Vladimir I. *Collected Works*. 4th English ed. Vol. 30. Moscow: Progress, 1965.

Leung, Angela Ki Che, and Charlotte Furth, eds. *Health and Hygiene in Chinese East Asia: Politics and Publics in the Long Twentieth Century*. Durham, NC: Duke University Press, 2010.

Levine, Steven I. *Anvil of Victory: The Communist Revolution in Manchuria, 1945–1948*. New York: Columbia University Press, 1987.

Li, Cheng. *China's Leaders: The New Generation*. Lanham, MD: Rowman and Littlefield, 2001.

Li Cheng and Lynn White. "The Fifteenth Central Committee of the Chinese Communist Party: Full-Fledged Technocratic Leadership with Partial Control by Jiang Zemin." *Asian Survey* 38, no. 3 (March 1998): 231–64.

Li Cheng and Lynn White. "The Thirteenth Central Committee of the Chinese Com- munist Party: From Mobilizers to Managers." *Asian Survey* 28, no. 4 (April 1988): 371–99.

Li, Danke. *Echoes of Chongqing: Women in Wartime China*. Urbana, IL: University of Il- linois Press, 2010.

Li Enhan. *WanQing de shouhui kuangquan yundong* [Late-Qing mining rights recovery movement]. Taipei: Zhongyang yanjiuyuan Jindaishi yanjiusuo, 1963.

Li Fuchun. "Guanyu fazhan guomin jingji de di yi ge wu nian jihua de baogao" [Report regarding the First Five-Year Plan to develop the national economy] (July 5–6, 1955). In *Zhonghua renmin gongheguo fazhan guomin jingji de di yi ge wu nian jihua, 1953– 1957*, 157–238. Beijing: Renmin chubanshe, 1955.

Li, Huaiyin. *Village China under Socialism and Reform: A Micro-History, 1948–2008*. Stanford,

CA: Stanford University Press, 2009.

Li Minghe. "Shi nian lai zhi meikuangye" [The coal-mining industry over the past de- cade]. In *Shi nian lai zhi Zhongguo jingji*, edited by Tan Xihong, sec. 1. Shanghai: Zhonghua shuju, 1948.

Li, Yifei, and Judith Shapiro. *China Goes Green: Coercive Environmentalism for a Troubled Planet*. Cambridge: Polity, 2020.

Li Zixiang. "Wai mei qingqiao yu woguo mei gongye zhi qiantu" [The dumping of foreign coal and the future of our country's coal industry]. *Shenbao yuekan* 2, no. 11 (November 1933): 41–50.

Lindee, M. Susan. *Rational Fog: Science and Technology in Modern War*. Cambridge, MA: Harvard University Press, 2020.

Link, Perry, Richard P. Madsen, and Paul G. Pickowicz, eds. *Restless China*. Lanham, MD: Rowman and Littlefield, 2013.

Link, Stefan J. *Forging Global Fordism: Nazi Germany, Soviet Russia, and the Contest over the Industrial Order*. Princeton, NJ: Princeton University Press, 2020. (스테판 링크 지음, 오선실 옮김, 《글로벌 포드주의 총력전: 나치 독일, 소비에트 러시아, 그리고 산업화를 향한 경쟁》, 너머북스, 2023.)

Liu, Andrew B. *Tea War: A History of Capitalism in China and India*. New Haven, CT: Yale University Press, 2020.

Liu Dianxin. "Fushun meikuang kaicai fangfa de yanbian" [Evolution of mining methods at the Fushun colliery]. *FMBN*, 67–77.

Liu Shaoxin. "Wei Xijiu chuangzao xiaoyinji" [Wei Xijiu creates noise-canceling device]. *Fushun ribao*, January 6, 1953.

Lohman, Larry. "Marketing and Making Carbon Dumps: Commodification, Calculation and Counterfactuals in Climate Change Mitigation." *Science as Culture* 14, no. 3 (September 2005): 203–35.

Long, Priscilla. *Where the Sun Never Shines: A History of America's Bloody Coal Industry*. New York: Paragon House, 1989.

Low, Morris F. "Mapping the Japanese Empire: Colonial Science in Shanghai and Manchuria." *Papers of the British Association for Korean Studies* 6 (1996): 134–49.

Lü Shifang. "Sulian zhuanjia gei Fushun meikuang bumen de bangzhu" [The assistance that Soviet experts have been giving the departments at the Fushun colliery]. *Fushun ribao*, February 14, 1951.

Lu, Sidney Xu. *The Making of Japanese Settler Colonialism: Malthusianism and Trans-Pacific Migration, 1868–1961*. Cambridge: Cambridge University Press, 2019.

Lucier, Paul. *Scientists and Swindlers: Consulting on Coal and Oil in America, 1820–1880*. Baltimore: Johns Hopkins University Press, 2008.

Luo Fujun. "Kong Xiangrui xiaozu zenyang zuo dao san nian duo anquan shengchan" [Kong Xiangrui's small group able to accomplish more than three years of safe production]. *Fushun ribao*, March 15, 1952.

Lynch, Catherine, Robert B. Marks, and Paul G. Pickowicz, eds. *Radicalism, Revolution, and Reform in Modern China: Essays in Honor of Maurice Meisner*. Lanham, MD: Lexington Books, 2011.

MacFarquhar, Roderick. *The Origins of the Cultural Revolution*. Vol. 2, *The Great Leap Forward, 1958–1960*. New York: Columbia University Press, 1983.

MacMurray, John V. A., comp. *Treaties and Agreements with and Concerning China, 1894–1912*. Vol. 1. New York: Oxford University Press, 1921.

Maier, Charles S. *Among Empires: American Ascendency and Its Predecessors*. Cambridge, MA: Harvard University Press, 2006.

Maier, Charles S. "Between Taylorism and Technocracy: European Ideologies and the Vision of Industrial Productivity in the 1920s." *Journal of Contemporary History* 5, no. 2 (April 1970): 27–61.

Maier, Charles S. *Leviathan 2.0: Inventing Modern Statehood*. Cambridge, MA: Harvard University Press, 2012.

Malm, Andreas. *Fossil Capital: The Rise of Steam Power and the Roots of Global Warming*. New York: Verso, 2016. (안드레아스 말름 지음, 위대현 옮김, 《화석 자본: 증기력의 발흥과 지구온난화의 기원》, 두번째테제, 2023.)

Manhattan Engineer District. "The Atomic Bombings of Hiroshima and Nagasaki" (June 29, 1946). Atomic Archive. http://www.atomicarchive.com/Docs/MED/index.shtml.

Manshikai. *Manshū kaihatsu yonjū nen shi* [A forty-year history of Manchuria's development]. Vol. 2. Tokyo: Manshū kaihatsu yonjū nen shi kankō kai, 1965.

Manshū shi kenkyū kai, ed. *Nihon teikokushugi ka no Manshū : "Manshū koku" seiritsu zengo no keizai kenkyū* [Manchuria under Japanese imperialism: research on the economy before and after the establishment of "Manchukuo"]. Tokyo: Ochanomizu shobō, 1972.

Manshū tankō kabushiki gaisha. *Manshū tankō kabushiki gaisha annai* [A guide to the Manchurian Coal Company]. N.p.: Manshū tankō kabushiki gaisha, n.d.

Mantetsu. "Tō kei nenpō " [Annual statistics] (1937). In *MSZ*, no. 2, 398–99.

Mantetsukai, ed. *Mantetsu shain shū sen kiroku* [Records of Mantetsu employees at the end of the war]. Tokyo: Mantetsukai, 1996.

Mantetsu rō muka. *Minami Manshū kōzan rōdō jijō* [Mining labor conditions in southern Manchuria]. Dairen: Minami Manshū tetsudō kabushiki gakisha, 1931.

Mantetsu Tō kyō Bujun kai, ed. *Bujun tankō shū sen no ki* [Recollections of the Fushun colliery at the end of the war]. Tokyo: Mantetsu Tō kyō Bujun kai, 1973.

Manuel, Jeffrey T. *Taconite Dreams: The Struggle to Sustain Mining on Minnesota's Iron Range, 1915–2000*. Minneapolis: University of Minnesota Press, 2015.

Mao zhuxi de hao zhanshi Lei Feng jinianguan, comp. *Lei Feng riji* [The diary of Lei Feng]. N.p.: Mao zhuxi de hao zhanshi Lei Feng jinianguan, 1968. First published 1963.

Marks, Robert B. "Chinese Communists and the Environment." In *Radicalism, Revolution, and Reform in Modern China: Essays in Honor of Maurice Meisner*, edited by Catherine Lynch, Robert B. Marks, and Paul G. Pickowicz, 105–32. Lanham, MD: Lexington Books, 2011.

Marx, Leo. *The Machine in the Garden: Technology and the Pastoral Ideal in America*. New York: Oxford University Press, 1964.

Masuda Hajimu. *Cold War Crucible: The Korean Conflict and the Postwar World*. Cambridge, MA: Harvard University Press, 2015.

Matoba Chū . "Bujun tankō ni tsuki" [Regarding the Fushun coal pits]. *Chikuhō sekitan kōgyō kumiai geppō* 3, no. 36 (June 1907): 1–8.

Matsuda Buichirō . "Shisui" [Prospecting]. In *Sekitan kōgyō ronshū* [A collection of papers on coal mining], edited by Takanoe Mototarō , 3.1–3.3. Fukuoka: Hatsubaijo sekizen- kan shiten, 1910.

Matsuda Junkichi. "Matsuda Buichirō shō den" [A biographical sketch of Matsuda Buichirō]

(1996). Typescript, Matsuda ka shiryō , E 11, Manuscript Library, Kyushu University.
Matsuda Kamezō. *Mantetsu chishitsu chōsajo shiki* [Private records of Mantetsu's Geological Research Institute]. Tokyo: Hakueisha, 1990.
Matsumoto Toshirō. *"Manshū koku" kara shin Chū goku e: Anzan tekkōgyō kara mita Chū goku tōhoku no saihen katei, 1940–1954* [From "Manchukuo" to New China: Perspectives on the process of Northeast Asia's reorganization from Anshan's iron and steel indus- try]. Nagoya: Nagoya daigaku shuppankai, 2000.
Matsumura Takao. "Fushun meikuang gongren shitai" [Facts about workers at the Fushun colliery]. In *Mantie yu Zhongguo laogong* [Mantetsu and Chinese labor], edited by Xie Xueshi and Matsumura Takao, 316–62. Beijing: Shehui kexue wenxian chu- banshe, 2003.
Matsusaka, Yoshihisa Tak. *The Making of Japanese Manchuria, 1904–1932*. Cambridge, MA: Harvard University Asia Center, 2001.
Matsusaka, Y. Tak. "Japan's South Manchuria Railway Company in Northeast China, 1906–34." In *Manchurian Railways and the Opening of China: An International History*, edited by Bruce A. Elleman and Stephen Kotkin, 37–58. Armonk, NY: M. E. Sharpe, 2010.
Matsuzawa Dentarō. *Kokubōjō oyobi sangyōjō yori mitaru kakkoku no sekiyu seisaku* [The petroleum policy of various countries from the perspective of national defense and in- dustry]. Tokyo: Ikkyō sha, 1922.
McCormack, Gavan. *Chang Tso-lin in Northeast China, 1911–1928: China, Japan, and the Manchurian Idea*. Stanford, CA: Stanford University Press, 1977.
McDonald, Kate. *Placing Empire: Travel and the Social Imagination in Imperial Japan*. Oakland: University of California Press, 2017.
McElroy, Michael B. *Energy: Perspectives, Problems, and Prospects*. Oxford: Oxford University Press, 2010.
McInnes, William, D. B. Dowling, and W. W. Leach, eds. *The Coal Resources of the World*. Vol. 1. Toronto: Morang, 1913.
McIvor, Arthur, and Ronald Johnston. *Miners' Lung: A History of Dust Disease in British Coal Mining*. Aldershot: Ashgate, 2007.
McNeill, J. R. *Something New under the Sun: An Environmental History of the Twentieth- Century World*. New York: W. W. Norton, 2000. (J. R. 맥닐 지음, 홍욱희 옮김, 《20세기 환경의 역사》, 에코리브르, 2008.)
McNeill, J. R., and Peter Engelke. *The Great Acceleration: An Environmental History of the Anthropocene since 1945*. Cambridge, MA: Harvard University Press, 2014.
McNeill, J. R., and George Vrtis, eds. *Mining North America: An Environmental History since 1522*. Oakland: University of California Press, 2017.
Meidu Fushun bianxie xiaozu. *Meidu Fushun* [Coal capital Fushun]. Shenyang: Liaoning renmin chubanshe, 1959.
Meisner, Maurice. *Mao's China and After: A History of the People's Republic*. 3rd ed. New York: Free Press, 1999. First published 1977. (모리스 마이스너 지음, 김수영 옮김, 《마오의 중국과 그 이후》, 이산, 2004.)
Melosi, Martin V. *Coping with Abundance: Energy and Environment in Industrial America*. New York: Knopf, 1985.
Meng, C. U. W. "More Evidence of Japanese Brutalities at Fushun." *China Weekly Review*, January 7, 1933.
Meng Yue. "Hybrid Science versus Modernity: The Practice of the Jiangnan Arsenal, 1864–1897."

East Asian Science, Technology, and Medicine 16 (1999): 13–52

Merkel-Hess, Kate. *The Rural Modern: Reconstructing the Self and State in Republican China*. Chicago: University of Chicago Press, 2016.

Metzler, Mark. "Japan's Postwar Social Metabolic Crisis." In *The Economic and Business History of Occupied Japan: New Perspectives*, edited by Thomas French, 31–52. London: Routledge, 2017.

Metzler, Mark. *Lever of Empire: The International Gold Standard and the Crisis of Liberalism in Prewar Japan*. Berkeley: University of California Press, 2006.

Meyskens, Covell F. *Mao's Third Front: The Militarization of Cold War China*. Cambridge: Cambridge University Press, 2020.

Miao Shutang. "Woguo meikuang he wasi zuo douzheng de chengjiu" [Achievements in our country's coal mines' struggle against gas]. *Mei* 73 (May 1954): 27–30.

Miller, Ian Jared. *The Nature of the Beasts: Empire and Exhibition at the Tokyo Imperial Zoo*. Berkeley: University of California Press, 2013.

Miller, Ian Jared, Julia Adeney Thomas, and Brett L. Walker, eds. *Japan at Nature's Edge: The Environmental Context of a Global Power*. Honolulu: University of Hawai'i Press, 2013.

Miller, Ian Jared, and Paul Warde. "Energy Transitions as Environmental Events." *Environmental History* 24, no. 3 (May 2019): 464–71.

Miller, Sally M., A. J. H. Latham, and Dennis O. Flynn, eds. *Studies in the Economic History of the Pacific Rim*. London: Routledge, 1997.

Milward, Alan S. *War, Economy, and Society, 1939–1945*. London: Allen Lane, 1977. Mimura, Janis. *Planning for Empire: Reform Bureaucrats and the Japanese Wartime State*. Ithaca, NY: Cornell University Press, 2011. (제니스 미무라 지음, 박성진 옮김, 《제국의 기획: 혁신관료와 일본 전시국가》, 소명출판, 2015.)

Minami Manshū tetsudō kabushiki gaisha. *Bujun yuboketsugan jigyō rengō kyōgikai kiroku* [Records of the combined meeting on the Fushun shale oil industry]. Dairen: Minami Manshū tetsudō kabushiki gaisha, 1925.

Minami Manshū tetsudō kabushiki gaisha. *Dainijū hachi-kai eigyō hōkokusho* [Twenty- eighth company report]. Dairen: Minami Manshū tetsudō kabushiki gaisha, 1928.

Minami Manshū tetsudō kabushiki gaisha. *Economic Construction Program of Manchukuo*. New York: South Manchuria Railway Company, 1933.

Minami Manshū tetsudō kabushiki gaisha. *Katei ni okeru sekitan no takikata* [Ways of burning coal in the home]. Dairen: Minami Manshū tetsudō kabushiki gaisha, n.d.

Minami Manshū tetsudō kabushiki gaisha. *Minami Manshū tetsudō kabushiki gaisha dainiji jū nen shi* [Second ten-year history of Mantetsu]. Dairen: Minami Manshū tetsudō ka- bushiki gaisha, 1928.

Minami Manshū tetsudō kabushiki gaisha. *Minami Manshū tetsudō kabushiki gaisha daisanji jū nen shi* [Third ten-year history of Mantetsu]. Tokyo: Ryū kei shosha, 1976.

Minami Manshū tetsudō kabushiki gaisha. *Report on Progress in Manchuria, 1907–1928*. Dairen: South Manchuria Railway, 1929.

Minami Manshū tetsudō kabushiki gaisha Bujun tankō. *Tankō dokuhon* [A coal-mining reader]. Fushun: Bujun tankō , 1939.

Minichiello, Sharon A., ed. *Japan's Competing Modernities: Issues in Culture and Democracy, 1900–1930*. Honolulu: University of Hawai'i Press, 1998.

Ministry of Information of the Republic of China. *China after Five Years of War*. New York: Chinese News Service, 1942.

Mitchell, Kate L. *Industrialization of the Western Pacific*. New York: Institute of Pacific Relations, 1942.

Mitchell, Kate L. *Japan's Industrial Strength*. New York: Alfred A. Knopf, 1942.

Mitchell, Timothy. *Carbon Democracy: Political Power in the Age of Oil*. New York: Verso, 2011. (티머시 미첼 지음, 에너지기후정책연구소 옮김, 《탄소 민주주의: 화석연료 시대의 정치권력》, 생각비행, 2017.)

Mitchell, Timothy. "The Limits of the State: Beyond Statist Approaches and Their Critics." *American Political Science Review* 85, no. 1 (March 1991): 77–96.

Mitchell, Timothy. *Rule of Experts: Egypt, Techno-Politics, Modernity*. Berkeley: University of California Press, 2002.

Mitchell, Timothy. "Society, Economy, and the State Effect." In *State/Culture: State- Formation after the Cultural Turn*, edited by George Steinmetz, 76–97. Ithaca, NY: Cornell University Press, 1999.

Mitsuki Rokurō . "Jū shū nen no omoide (sono go)" [Memories on the tenth anniversary (number five)]. *Nenryō kyōkai shi* 11, no. 10 (October 1932): 1315.

Mitter, Rana. *China's War with Japan, 1937–1945: A Struggle for Survival*. London: Allen Lane, 2013. (래너 미터 지음, 기세찬·권성욱 옮김, 《중일전쟁: 역사가 망각한 그들 1937~1945》, 글항아리, 2020.)

Mitter, Rana. *The Manchurian Myth: Nationalism, Resistance, and Collaboration in Modern China*. Berkeley: University of California Press, 2000.

Miyakuchi Katashi. *Bujun tankō Ryūhō kō chōsa hōkokusho* [Report on the Longfeng mine at the Fushun colliery] (1923). Unpublished report, Archives of the Department of Resources and Environmental Engineering, School of Creative Science and Engineering, Waseda University, Tokyo.

Mizuno, Hiromi. "Introduction: A Kula Ring for the Flying Geese; Japan's Technology Aid and Postwar Asia." In *Engineering Asia: Technology, Colonial Development, and the Cold War Order*, edited by Hiromi Mizuno, Aaron S. Moore, and John DiMoia, 1–40. London: Bloomsbury, 2018.

Mizuno, Hiromi. *Science for the Empire: Scientific Nationalism in Modern Japan*. Stanford, CA: Stanford University Press, 2009.

Mizuno, Hiromi, Aaron S. Moore, and John DiMoia, eds. *Engineering Asia: Technology, Colonial Development, and the Cold War Order*. London: Bloomsbury, 2018.

Mizutani Kō tarō . "Gunbi seigen to sekiyu mondai" [The limiting of naval vessels and the oil question]. *Sekiyu jihō* 517 (January 1922): 11–14.

Mizutani Kō tarō . "Liquid Fuel and Value of Manchuria." *Manchuria Daily News*, October 19, 1930.

Mizutani Kō tarō . "Manshū ni okeru ekitai nenryō no kaiko to tenbō " [Recollections and outlooks for liquid fuels in Manchuria] (1938). In *MSZ*, no. 3, 819–23, 825–26.

Mokyr, Joel, ed. *The British Industrial Revolution: An Economic Perspective*. 2nd ed. Boulder, CO: Westview, 1999. First published 1993.

Mokyr, Joel. "Editor's Introduction: The New Economic History and the Industrial Revolution." In *The British Industrial Revolution: An Economic Perspective*, 2nd ed., edited by Joel Mokyr, 1–127. Boulder, CO: Westview, 1999. First published 1993.

Molony, Barbara. *Technology and Investment: The Prewar Japanese Chemical Industry*. Cambridge, MA: Council on East Asian Studies, Harvard University, 1990.

Mommsen, Wolfgang J., and Jürgen Osterhammel, eds. *Imperialism and After: Continuities and Discontinuities*. London: Allen and Unwin, 1986.

Moore, Aaron S. "From 'Constructing' to 'Developing' Asia: Japanese Engineers and the Formation of the Postcolonial, Cold War Discourse of Development in Asia." In *En- gineering Asia: Technology, Colonial Development, and the Cold War Order*, edited by Hiromi Mizuno, Aaron S. Moore, and John DiMoia, 85–112. London: Bloomsbury, 2018.

Moore, Aaron Stephen. *Constructing East Asia: Technology, Ideology, and Empire in Japan's Wartime Era, 1931–1945*. Stanford, CA: Stanford University Press, 2013.

Moore, Aaron Stephen. "'The Yalu River Era of Developing Asia': Japanese Expertise, Colonial Power, and the Construction of the Sup'ung Dam." *Journal of Asian Studies* 72, no. 1 (February 2013): 115–39.

Moore, Jason W., ed. *Anthropocene or Capitalocene? Nature, History, and the Crisis of Capitalism*. Oakland, CA: PM Press, 2016.

Moore, Jason W. *Capitalism in the Web of Life: Ecology and Accumulation of Capital*. New York: Verso, 2015. (제이슨 W. 무어 지음, 김효진 옮김, 《생명의 그물 속 자본주의: 자본의 축적과 세계생태론》, 갈무리, 2020.)

Morris-Suzuki, Tessa. *The Technological Transformation of Japan: From the Seventeenth to the Twenty-First Century*. Cambridge: Cambridge University Press, 1994.

Mosley, Stephen. *Chimney of the World: A History of Smoke Pollution in Victorian and Edwardian Manchester*. Cambridge: White Horse, 2001.

Mougey, Thomas. "Needham at the Crossroads: History, Politics and International Science in Wartime China (1942–1946)." *British Journal for the History of Science* 50, no. 1 (March 2017): 83–109.

Mullaney, Thomas S. "The Moveable Typewriter: How Chinese Typists Developed Predictive Text during the Height of Maoism." *Technology and Culture* 53, no. 4 (October 2012): 777–814.

Mumford, Lewis. *Technics and Civilization*. Chicago: University of Chicago Press, 2010. First published 1934. (루이스 멈포드 지음, 문종만 옮김, 《기술과 문명》, 책세상, 2013.)

Murakushi, Nisaburo. *Technology and Labour in Japanese Coal Mining*. Tokyo: United Nations University, 1980.

Murakushi, Nisaburo. *The Transfer of Coal-Mining Technology from Japan to Manchuria and Manpower Problems: Focusing on the Development of the Fushun Coal Mines*. Tokyo: United Nations University, 1981.

Muscolino, Micah. "Global Dimensions of Modern China's Environmental History." *World History Connected* 6, no. 1 (March 2009). http://worldhistoryconnected.press.uillinois.edu/6.1/muscolino.html.

Muscolino, Micah S. *The Ecology of War in China: Henan Province, the Yellow River, and Beyond, 1938–1950*. New York: Cambridge University Press, 2015.

Myers, Ramon H., and Herbert Bix. "Economic Development in Manchuria under Japanese Imperialism: A Dissenting View." *China Quarterly* 55 (July–September 1973): 547–59.

Naitō Yū . "Kō jō keizai yori mita sekitan no riyō " [Viewing coal use from the perspective of the factory economy]. *Nenryō kyōkai shi* 3, no. 5 (May 1924): 334–39.

Naitō Yū . "Nenryō kenkyū no igi" [The significance of fuel research]. *Nenryō kyōkai shi* 2, no. 1

(January 1923): 3–7.

Naitou Hisako. “Korean Forced Labor in Japan’s Wartime Empire.” In *Asian Labor in the Wartime Japanese Empire: Unknown Histories*, edited by Paul H. Kratoska, 90–98. Ar- monk, NY: M. E. Sharpe, 2005.

Nakagane Katsuji. “Manchukuo and Economic Development.” In *The Japanese Informal Empire in China, 1895–1937*, edited by Peter Duus, Ramon H. Myers, and Mark R. Peattie, 73–97. Princeton, NJ: Princeton University Press, 1989.

Nakamura, Takafusa. “Depression, Recovery, and War, 1920–1945.” Translated from the French by Jacqueline Kaminsky. In *The Cambridge History of Japan*. Vol. 6, *The Twentieth Century*, edited by Peter Duus, 451–93. Cambridge: Cambridge University Press, 1988.

Nakamura, Takafusa. “Japan’s Economic Thrust into North China, 1933–1938: Formation of the North China Development Corporation.” In *The Chinese and the Japanese: Essays in Political and Cultural Interactions*, edited by Akira Iriye, 220–53. Princeton, NJ: Princeton University Press, 1980.

Nakamura, Takafusa, and Kō nosuke Odaka, eds. *The Economic History of Japan: 1600–1990*. Vol. 3, *Economic History of Japan, 1914–1955: A Dual Structure*. Translated from the Japanese by Noah S. Brannen. Oxford: Oxford University Press, 2002.

Nakamura, Takafusa, and Kō nosuke Odaka. “The Inter-war Period: 1914–1937, an Over- view.” In *The Economic History of Japan: 1600–1990*. Vol. 3, *Economic History of Japan, 1914–1955: A Dual Structure*, edited by Takafusa Nakamura and Kō nosuke Odaka and translated from the Japanese by Noah S. Brannen, 1–54. Oxford: Oxford Univer- sity Press, 2002.

Nakazato Shigeji. “Kaigun to sekiyu” [The navy and oil]. *Sekiyu jihō* 535 (July 1923): 8–19.

Nathan, Carl F. *Plague Prevention and Politics in Manchuria, 1910–1931*. Cambridge, MA: East Asian Research Center, Harvard University, 1967.

National Bureau of Statistics of China. “6-5 Coal Balance Sheet.” *China Statistical Yearbook 2008*. http://www.stats.gov.cn/tjsj/ndsj/2008/indexeh.htm.

National Bureau of Statistics of China. “7-4 Coal Balance Sheet.” In *Yearly Data 1999*. http://www.stats.gov.cn/english/statisticaldata/yearlydata/YB1999e/g04e.htm.

National Bureau of Statistics of China. “7-5 Coal Balance Sheet.” In *China Statistical Yearbook 2001*. http://www.stats.gov.cn/english/statisticaldata/yearlydata/YB2001e/htm/ g0705e.htm.

National Bureau of Statistics of China. “7-5 Coal Balance Sheet.” In *China Statistical Yearbook 2003*. http://www.stats.gov.cn/english/statisticaldata/yearlydata/yarbook2003_e.pdf.

National Bureau of Statistics of China. “7-5 Coal Balance Sheet.” In *China Statistical Yearbook 2012*. http://www.stats.gov.cn/tjsj/ndsj/2012/indexeh.htm.

National Bureau of Statistics of China. “9-5 Coal Balance Sheet.” In *China Statistical Yearbook 2015*. http://www.stats.gov.cn/tjsj/ndsj/2015/indexeh.htm.

Naughton, Barry. *The Chinese Economy: Transitions and Growth*. Cambridge, MA: MIT Press, 2007. (한광석 옮김, 《중국경제: 시장경제의 적응과 성장》, 한티에듀, 2020.)

Naughton, Barry. *Growing Out of the Plan: Chinese Economic Reform, 1978–1993*. Cambridge: Cambridge University Press, 1995.

Needham, Andrew. *Power Lines: Phoenix and the Making of the Modern Southwest*. Princeton, NJ: Princeton University Press, 2014.

Needham, Joseph. “Chinese Scientists Go to War.” *China at War* 14, no. 3 (March 1945): 56–60.

Needham, Joseph, and Dorothy Needham, eds. *Science Outpost: Papers of the Sino-British Science Co-operation Office (British Council Scientific Office in China), 1942–1946*. London:

Pilot, 1948.

Nemet, Gregory F. *How Solar Energy Became Cheap: A Model for Low-Carbon Innovation*.London: Routledge, 2019. (그레고리 네멧 지음, 정회성·최균·안나경 옮김, 《태양광은 어떻게 성공했나? 세상에서 가장 값싼 에너지원을 향한 여정》, 아모르문디, 2023.)

Neushul, Peter, and Zuoyue Wang. "Between the Devil and the Deep Sea: C. K. Tseng, Mariculture, and the Politics of Science in Modern China." *Isis* 91, no. 1 (March 2000): 59–88.

Nishikawa Tadashi. "Bujun tankō no genjō (ni)" [Conditions at the Fushun colliery (part two)]. *Sekitan hyōron* 4, no. 11 (November 1953): 700–704.

Nishimura, H., ed. *How to Conquer Air Pollution: A Japanese Experience*. Amsterdam: Elsevier, 1989.

Nishiyama, Takashi. *Engineering War and Peace in Modern Japan, 1868–1964*. Baltimore: Johns Hopkins University Press, 2014.

Noble, David F. *Progress without People: New Technology, Unemployment, and the Message of Resistance*. Toronto: Between the Lines, 1995.

Nye, David E. *American Technological Sublime*. Cambridge, MA: MIT Press, 1994. Nye, David E. *America's Assembly Line*. Cambridge, MA: MIT Press, 2013.

Nystrom, Eric C. *Seeing Underground: Maps, Models, and Mining Engineering in America*. Reno: University of Nevada Press, 2014.

O'Dwyer, Emer. *Significant Soil: Settler Colonialism and Japan's Urban Empire in Manchuria*. Cambridge, MA: Harvard University Asia Center, 2015.

O'Dwyer, Emer Sinéad. "People's Empire: Democratic Imperialism in Japanese Manchuria." PhD diss., Harvard University, 2007.

Ogasawara, Midori. "Bodies as Risky Resources: Japan's Colonial Identification Systems in Northeast China." In *Making Surveillance States: Transnational Histories*, edited by Robert Heynen and Emily van der Meulen, 163–85. Toronto: University of Toronto Press, 2019.

Oka, Y. "Electric Power Development in Fushun." *Far Eastern Review* 27, no. 5 (May 1931): 307–14.

Okamura Kinzō . "Bujun yuboketsugan jigyō no genjō ." *Nenryō kyōkai shi* 9, no. 11 (November 1930): 1265–83.

Okunaka, K. "Fuel Problem in Japan." In *The Japan Year Book, 1927*, edited by Y. Takenobu, supplement, 30–36. Tokyo: Japan Year Book Office, 1927.

Olson, Richard G. *Scientism and Technocracy in the Twentieth Century: The Legacy of Scientific Management*. Lanham, MD: Lexington Books, 2016.

Orbach, Danny. *Curse on This Country: The Rebellious Army of Imperial Japan*. Ithaca, NY: Cornell University Press, 2017.

Oreskes, Naomi. *Why Trust Science?* Princeton, NJ: Princeton University Press, 2019.

Oreskes, Naomi, and Eric M. Conway. *The Collapse of Western Civilization: A View from the Future*. New York: Columbia University Press, 2014. (에릭 M. 콘웨이·나오미 오레스케스 지음, 홍한별 옮김, 《다가올 역사, 서양 문명의 몰락: 300년 후 미래에서 위기에 처한 현대 문명을 바라보다》, 갈라파고스, 2015.)

Orwell, George. *The Road to Wigan Pier*. London: Victor Gollancz, 1937. (조지 오웰 지음, 이한중 옮김, 《위건 부두로 가는 길: 조지 오웰 르포르타주》, 한겨레출판, 2023.)

Ō shima Yoshikiyo. "Katei nenryō ni tsuite" [Regarding household fuel]. *Nenryō kyōkai shi* 8, no. 6 (June 1926): 642–44.

Ō shima Yoshikiyo. "Ko Yonekura Kiyotsugu hakase ryakureki" [A brief personal record of the late Dr. Yonekura Kiyotsugu]. *Nenryō kyōkai shi* 10, no. 109 (October 1931), unnumbered back matter.

Osterhammel, Jürgen. "Semi-colonialism and Informal Empire in Twentieth-Century China: Towards a Framework of Analysis." In *Imperialism and After: Continuities and Discontinuities*, edited by Wolfgang J. Mommsen and Jürgen Osterhammel, 290–314. London: Allen and Unwin, 1986.

Oswald, Yannick, Anne Owen, and Julia K. Steinberger. "Large Inequality in International and Intranational Energy Footprints between Income Groups and across Consumption Categories." *Nature Energy* 5, no. 3 (March 2020): 231–39.

Paine, S. C. M. "The Chinese Eastern Railway." In *Manchurian Railways and the Opening of China: An International History*, edited by Bruce A. Elleman and Stephen Kotkin, 13–36. Armonk, NY: M. E. Sharpe, 2010.

Paine, S. C. M. *Imperial Rivals: China, Russia, and Their Disputed Frontier*. Armonk, NY: M. E. Sharpe, 1996.

Paine, S. C. M. *The Wars for Asia, 1911–1949*. New York: Cambridge University Press, 2012.

Pan Huanjing. "Zhang Shenfu furen tan Shenfu" [Madam Zhang Shenfu talks about Shenfu]. *Zhoubo* 2 (March 1946): 7.

Parenti, Christian. "Environment-Making in the Capitalocene: Political Ecology of the State." In *Anthropocene or Capitalocene? Nature, History, and the Crisis of Capitalism*, edited by Jason W. Moore, 166–84. Oakland, CA: PM Press, 2016.

Park, Hyun Ok. *Two Dreams in One Bed: Empire, Social Life, and the Origins of the North Korean Revolution in Manchuria*. Durham, NC: Duke University Press, 2005.

Park, Soon-Won. *Colonial Industrialization and Labor in Korea: The Onoda Cement Factory*. Cambridge, MA: Harvard University Asia Center, 1999.

Parthasarathi, Prasannan. *Why Europe Grew Rich and Asia Did Not: Global Economic Divergence, 1600–1850*. Cambridge: Cambridge University Press, 2011.

Patel, Kiran Klaus. *The New Deal: A Global History*. Princeton, NJ: Princeton University Press, 2016.

Patrikeeff, Felix. "Railway as Political Catalyst: The Chinese Eastern Railway and the 1929 Sino-Soviet Conflict." In *Manchurian Railways and the Opening of China: An International History*, edited by Bruce A. Elleman and Stephen Kotkin, 81–102. Armonk, NY: M. E. Sharpe, 2010.

Pauley, Edwin W. *Report on Japanese Assets in Manchuria to the President of the United States*, July 1946. Washington, DC: United States Government Printing Office, 1946.

Peattie, Mark R. "Japanese Attitudes toward Colonization, 1895–1945." In *The Japanese Colonial Empire, 1895–1945*, edited by Ramon H. Myers and Mark R. Peattie, 80–127. Princeton, NJ: Princeton University Press, 1984.

Peluso, Nancy Lee, and Michael Watts, eds. *Violent Environments*. Ithaca, NY: Cornell University Press, 2001.

Peng Zuocheng. "Zhong-Su youhao tongmeng huzhu tiaoyue dingli yi nian lai Sulian gei women na xie juti bangzhu?" [After one year of the Sino-Soviet Treaty of Friendship, Alliance, and Mutual Assistance, what specific assistance has the Soviet Union given us?]. *Fushun ribao*, February 11, 1951.

Pepper, Suzanne. "The KMT-CCP Conflict, 1945–1949." In *The Cambridge History of China*. Vol. 13, *Republican China, 1912–1949*, pt. 2, edited by John K. Fairbank and Albert Feuerwerker, 723–88. Cambridge: Cambridge University Press, 1986.

Perry, Elizabeth J. *Anyuan: Mining China's Revolutionary Tradition*. Berkeley: University of California Press, 2012.

Perry, Elizabeth J. "Masters of the Country? Shanghai Workers in the Early People's Republic." In *Dilemmas of Victory: The Early Years of the People's Republic of China*, edited by Jeremy Brown and Paul G. Pickowicz, 59–79. Cambridge, MA: Harvard University Press, 2007.

Perry, Elizabeth J. *Rebels and Revolutionaries in North China, 1845–1945*. Stanford, CA: Stanford University Press, 1980.

Perry, Elizabeth J. "The Red Spears Reconsidered: An Introduction." In *The Red Spears, 1916–1949*, by Tai Hsüan-chih, translated from the Chinese by Ronald Suleski, 1–15. Ann Arbor: Center for Chinese Studies, University of Michigan, 1985.

Pietz, David A. *Engineering the State: The Huai River and Reconstruction in Nationalist China, 1927–1937*. New York: Routledge, 2002.

Piper, Liza. *The Industrial Transformation of Subarctic Canada*. Vancouver: UBC Press, 2009

Podobnik, Bruce. *Global Energy Shifts: Fostering Sustainability in a Turbulent Age*. Philadelphia: Temple University Press, 2005.

Pomeranz, Kenneth. *The Great Divergence: China, Europe, and the Making of the Modern World Economy*. Princeton, NJ: Princeton University Press, 2000. (케네스 포메란츠 지음, 김규태·이남희·심은경 옮김, 《대분기: 중국과 유럽, 그리고 근대 세계 경제의 형성》, 에코리브르, 2016.)

Pomeranz, Kenneth. "The Great Himalayan Watershed: Agrarian Crisis, Mega-Dams and the Environment." *New Left Review* 58 (July/August 2009): 5–39.

Pong, David, and Edmund S. K. Fung, eds. *Ideal and Reality: Social and Political Change in Modern China*. Lanham, MD: University Press of America, 1985.

Powell, J. B. "The Marvellous Fushun Colliery." *China Weekly Review*, November 7, 1931.

Priest, Tyler. "Hubbert's Peak: The Great Debate over the End of Oil." *Historical Studies in the Natural Sciences* 44, no. 1 (February 2014): 37–79.

Pritchard, Sara B. *Confluence: The Nature of Technology and the Remaking of Rhône*. Cambridge, MA: Harvard University Press, 2011.

Putnam, Robert D. "Elite Transformation in Advanced Industrial Societies: An Empirical Assessment of the Theory of Technocracy." *Comparative Political Studies* 10, no. 3 (October 1977): 383–412.

Qi Kechang. "Yingjie hong wuyue, jinyibu gaohao laodong jingsai" [Welcome Red May, do a better job with labor competitions]. *Fushun ribao*, May 1, 1951.

Qi Weiping and Wang Jun. "Guanyu Mao Zedong 'chao Ying gan Mei' sixiang yanbian jieduan de lishi kaocha" [A historical inquiry into the development of Mao Zedong's idea of "surpassing Britain and catching up with the United States"]. *Shixue yuekan* (February 2002): 66–71.

Qian Nanjing Guomin zhengfu Sifa xingzheng bu. *Minshi xiguan diaocha baogao lu* [An investigative report on civil customs]. Vol. 1. Beijing: Zhongguo zhengfa daxue chubanshe, 2000. First published 1930.

Quackenbush, William M., and Quentin E. Singewald. *Fushun Coal Field, Manchuria*. Tokyo: General Headquarters, Supreme Commander for the Allied Powers, Natural Resources Section, 1947.

Quanguo zhengxie wenshi he xuexi weiyuanhui, ed. *Huiyi Guomindang zhengfu Ziyuan weiyuanhui* [Remembering the Nationalist government's National Resources Commission]. Beijing: Zhongguo wenshi chubanshe, 2015.

Raask, Eric. *Mineral Impurities in Coal Combustion: Behavior, Problems, and Remedial Measures*. Washington, DC: Hemisphere, 1985.

Rabinbach, Anson. *The Human Motor: Energy, Fatigue, and the Origins of Modernity*. Berkeley: University of California Press, 1992.

Raj, Kapil. "Beyond Postcolonialism . . . and Postpositivism: Circulation and the Global History of Science." *Isis* 104, no. 2 (June 2013): 337–47.

Rawski, Evelyn S. *Early Modern China and Northeast Asia: Cross-Border Perspectives*. Cambridge: Cambridge University Press, 2015.

Read, Thomas T. "The Earliest Industrial Use of Coal." *Transactions of the Newcomen Society for the Study of the History of Engineering and Technology* 20, no. 1 (January 1939): 119–33.

Reardon-Anderson, James. *The Study of Change: Chemistry in China, 1840–1949*. New York: Cambridge University Press, 1991.

Renn, Jürgen. *The Evolution of Knowledge: Rethinking Science for the Anthropocene*. Princeton, NJ: Princeton University Press, 2020.

Richthofen, Ferdinand von. *Baron Richthofen's Letters: 1870–1872*. Shanghai: North China Herald, n.d.

Ritchie, Hannah. "Energy Mix." *Our World in Data*. https://ourworldindata.org/energy-mix.

Ritchie, Hannah, and Max Roser. "Fossil Fuels." *Our World in Data*. https://ourworldindata.org/fossil-fuels.

Rithmire, Meg E. *Land Bargains and Chinese Capitalism: The Politics of Property Rights under Reform*. New York: Cambridge University Press, 2015.

Rivett, Rohan D. *Behind Bamboo: An Inside Story of the Japanese Prison Camps*. Sydney: Angus and Robertson, 1946.

Roberts, Lissa. "Situating Science in Global History: Local Exchanges and Networks of Circulation." *Itinerario* 33, no. 1 (March 2009): 9–30.

Rogaski, Ruth. *Hygienic Modernity: Meanings of Health and Disease in Treaty-Port China*. Berkeley: University of California Press, 2004.

Rogaski, Ruth. "Vampires in Plagueland: The Multiple Meanings of *Weisheng* in Manchuria." In *Health and Hygiene in Chinese East Asia: Politics and Publics in the Long Twentieth Century*, edited by Angela Ki Che Leung and Charlotte Furth, 132–59. Durham, NC: Duke University Press, 2010.

Ross, Corey. *Ecology and Power in the Age of Empire: Europe and the Transformation of the Tropical World*. Oxford: Oxford University Press, 2017.

Rossabi, Morris. "The Ming and Inner Asia." In *The Cambridge History of China*, vol. 8, *The Ming Dynasty, 1368–1644*, pt. 2, edited by Denis Twitchett and Frederick W. Mote, 221–71. Cambridge: Cambridge University Press, 1998.

Roumasset, James, Kimberly Burnett, and Hua Wang. "Environmental Resources and Economic Growth." In *China's Great Economic Transformation*, edited by Loren Brandt and Thomas G. Rawski, 250–85. Cambridge: Cambridge University Press, 2008.

Russell, Edmund, James Allison, Thomas Finger, John K. Brown, Brian Balogh, and W. Bernard Carlson. "The Nature of Power: Synthesizing the History of Technology and Environmental History." *Technology and Culture* 52, no. 2 (April 2011): 246–59.

Rutter, Frank R. *The Electrical Industry of Japan*. Washington, DC: United States Government Printing Office, 1922.

Sabin, Paul. *Crude Politics: The California Oil Market, 1900–1940*. Berkeley: University of California Press, 2005.

Sakamoto Toshiatsu. "Nentō no kotoba" [New Year's address]. *Nenryō kyōkai shi* 11, no. 1 (January 1932): 1–3.

Samuels, Richard J. *The Business of the Japanese State: Energy Markets in Comparative and Historical Perspective*. Ithaca, NY: Cornell University Press, 1987.

Samuels, Richard J. *"Rich Nation, Strong Army": National Security and the Technological Transformation of Japan*. Ithaca, NY: Cornell University Press, 1994.

Samuels, Richard J. "Sources and Uses of Energy." In *The Japan Handbook*, edited by Patrick Heenan, 48–58. London: Fitzroy Dearborn, 1998.

Sand, Jordan. *House and Home in Modern Japan: Architecture, Domestic Space, and Bourgeois Culture, 1880–1930*. Cambridge, MA: Harvard University Asia Center, 2003.

Santiago, Myrna I. *The Ecology of Oil: Environment, Labor, and the Mexican Revolution, 1900–1938*. New York: Cambridge University Press, 2006.

Saraiva, Tiago. *Fascist Pigs: Technoscientific Organisms and the History of Fascism*. Cambridge, MA: MIT Press, 2016.

Satō Jin. *'Motazaru kuni' no shigen ron: jinzoku kanō na kokudo o meguru mō hitotsu no chi* [Resource thinking of the 'have-nots': Sustainability of land and alternative vision in Japan]. Tokyo: University of Tokyo Press, 2011.

Schäfer, Dagmar. *The Crafting of the 10,000 Things: Knowledge and Technology in Seventeenth-Century China*. Chicago: University of Chicago Press, 2011.

Schencking, J. Charles. *The Great Kantō Earthquake and the Chimera of National Reconstruction in Japan*. New York: Columbia University Press, 2013.

Scherer, James A. B. "Manchoukuo Down to Date." *Japan Times and Mail*, January 14, 1934.

Schiltz, Michael. *The Money Doctors from Japan: Finance, Imperialism, and the Building of the Yen Bloc, 1895–1937*. Cambridge, MA: Harvard University Asia Center, 2012.

Schlesinger, Jonathan. *A World Trimmed with Fur: Wild Things, Pristine Places, and the Natural Fringes of Qing Rule*. Stanford, CA: Stanford University Press, 2016.

Schmalzer, Sigrid. "On the Appropriate Use of Rose-Colored Glasses: Reflections on Science in Socialist China," *Isis* 98, no. 3 (September 2007): 571–83.

Schmalzer, Sigrid. *The People's Peking Man: Popular Science and Human Identity in Twentieth-Century China*. Chicago: University of Chicago Press, 2008.

Schmalzer, Sigrid. "Red and Expert." In *Afterlives of Chinese Communism: Political Concepts from Mao to Xi*, edited by Christian Sorace, Ivan Franceschini, and Nicholas Loubere, 215–20. Acton: Australian National University Press, 2019.

Schmalzer, Sigrid. *Red Revolution, Green Revolution: Scientific Farming in Socialist China*. Chicago: University of Chicago Press, 2016.

Schneider, Laurence. *Biology and Revolution in Twentieth-Century China*. Lanham, MD: Rowman and Littlefield, 2003.

Schoenhals, Michael. "Elite Information in China." *Problems of Communism* 34 (September/October 1985): 65–71.

Schumpeter, E. B., ed. *The Industrialization of Japan and Manchukuo, 1930–1940*. New York: Macmillan, 1940.

Schumpeter, E. B. "Japan, Korea, and Manchukuo, 1936–1940." In *The Industrialization of Japan and Manchukuo, 1930–1940*, edited by E. B. Schumpeter, 271–474. New York: Macmillan, 1940.

Schurr, Sam H., Calvin C. Burwell, Warren D. Devine Jr., and Sidney Sonenblum, eds. *Electricity in the American Economy: Agent of Technological Progress*. New York: Greenwood Press, 1991.

Schwartz, Benjamin I. *In Search of Wealth and Power: Yen Fu and the West*. Cambridge, MA: Belknap Press of Harvard University Press, 1964. (벤자민 슈워츠 지음, 최효선 옮김, 《부와 권력을 찾아서》, 한길사, 2006.)

Scott, A. P. "The History of Oil in Japan," In *Present Day Impressions of Japan*, edited by W. H. Morton Cameron, 483–94. Chicago: Globe Encyclopedia, 1919.

Scott, James C. *Seeing Like a State: How Certain Schemes to Improve the Human Condition Have Failed*. New Haven, CT: Yale University Press, 1998. (제임스 C. 스콧 지음, 전상인 옮김, 《국가처럼 보기: 왜 국가는 계획에 실패하는가》, 에코리브르, 2010.)

Scott, J. H. "Changes and Still More Changes in Japan." *Japan Review: A Herald of the Pacific Era* 4, no. 1 (November 1919): 109–11.

Sengoopta, Chandak. *Imprint of the Raj: How Fingerprinting Was Born in Colonial India*. London: Macmillan, 2003.

Seow, Victor. "*The Coal Question* in the Age of Carbon." Joint Center for History and Economics, December 31, 2016. https://histecon.fas.harvard.edu/energyhistory/seow html.

Seta Hidetoshi. *Bujun tankō Rōkudai kō hōkokusho* [A report on the Laohutai mine at the Fushun colliery] (1923). Unpublished report, Library of the Department of Metallurgical Engineering, Osaka University, Osaka.

Shanghai shangye chuxu yinhang diaocha bu. *Mei yu meiye* [Coal and the coal industry].

Shanghai: Shanghai shangye chuxu yinhang diaocha bu, 1935.

Shao, Dan. *Remote Homeland, Recovered Borderland: Manchus, Manchoukuo, and Manchuria, 1907–1985*. Honolulu: University of Hawai'i Press, 2011.

Shapiro, Judith. *Mao's War against Nature: Politics and the Environment in Revolutionary China*. New York: Cambridge University Press, 2001.

Shen, Grace Yen. "Scientism in the Twentieth Century." In *Modern Chinese Religion II: 1850–2015*, edited by Vincent Goossaert, Jan Kiely, and John Lagerwey, 1:91–140. Leiden: Brill, 2015.

Shen, Grace Yen. *Unearthing the Nation: Modern Geology and Nationalism in Republican China*. Chicago: University of Chicago Press, 2014.

Shen Yue. "Nanwang '2.13': huiyi Mao Zedong shicha Fushun" [Unforgettable Febru- ary 13: Remembering Mao Zedong's survey of Fushun]. In *Fushun gongye bai nian huimou*, edited by Zhengxie Fushun shi weiyuanhui, Fushun kuangye jituan youxian zeren gongsi, and Zhongguo shiyou Fushun shihua gongsi, 1:155–58. Shenyang: Shenyang chubanshe, 2008.

Shen Zhihua. *Mao, Stalin, and the Korean War: Trilateral Communist Relations in the 1950s*. Translated from the Chinese by Neil Silver. London: Routledge, 2012. (선즈화 지음, 최만원 옮김, 《마오쩌둥 스탈린과 조선전쟁》, 선인, 2010.)

Shigeto Tsuru. *The Political Economy of the Environment: The Case of Japan*. London: Athlone, 1999.

Shinozaki Hikoji. *Bujun tankō Ō yama saitanjo hōkoku* [Report on the Ō yama mine at the Fushun colliery] (1920). Unpublished report, Kyushu University Archives, Fukuoka.

Shirato Inchū . "Mokutan gasu jidō sha no shinpo ni tsuite" [The progress of the charcoal gas automobile]. *Nenryō kyōkai shi* 10, no. 12 (December 1931): 1406–22.

Shiroyama, Tomoko. *China during the Great Depression: Market, State, and the World Economy, 1929–1937*. Cambridge, MA: Harvard University Asia Center, 2009.

Shulman, Peter A. *Coal and Empire: The Birth of Energy Security in Industrial America*. Baltimore: Johns Hopkins University Press, 2015.

Sieferle, Rolf Peter. *The Subterranean Forest: Energy Systems and the Industrial Revolution*.Cambridge: White Horse, 2001.

Simon, Denis Fred, and Merle Goldman, eds. *Science and Technology in Post-Mao China*. Cambridge, MA: Council on East Asian Studies, Harvard University, 1989.

Sivasundaram, Sujit. "The Oils of Empire." In *Worlds of Natural History*, edited by H. A. Curry, N. Jardine, J. A. Second, and E. C. Spary, 378–98. Cambridge: Cambridge University Press, 2018.

Smil, Vaclav. *Energy and Civilization: A History*. Cambridge, MA: MIT Press, 2017.

Smil, Vaclav. "War and Energy." In *Encyclopedia of Energy*, edited by Cutler J. Cleveland, 6:363–71. Amsterdam: Elsevier, 2004.

Smith, Benjamin Lyman. *Geological Survey of the Oil Lands of Japan*. Tokei: Public Works Department, 1877.

Smith, Crosbie. *The Science of Energy: A Cultural History of Energy Physics in Victorian Britain*. London: Athlone, 1998.

Smith, Norman, ed. *Empire and Environment in the Making of Manchuria*. Vancouver: UBC Press, 2017.

Smith, Norman. "'Hibernate No More!': Winter, Health, and the Great Outdoors." In *Empire and Environment in the Making of Manchuria*, edited by Norman Smith, 130–51. Vancouver: UBC Press, 2017.

Smith, Norman. *Intoxicating Manchuria: Alcohol, Opium, and Culture in China's Northeast*. Vancouver: UBC Press, 2012.

Smyth, Helen. "China's Petroleum Industry." *Far Eastern Survey* 15, no. 12 (June 1946): 187–90.

Smyth, Russell, Zhai Qingguo, and Wang Jing. "Labour Market Reform in China's State- Owned Enterprises: A Case Study of Post-Deng Fushun in Liaoning Province." *New Zealand Journal of Asian Studies* 3, no. 2 (December 2001): 42–72.

Sohn, Yul. *Japanese Industrial Governance: Protectionism and the Licensing State*. London: RoutledgeCurzon, 2005.

Song Yingxing. *Tiangong kaiwu* [The works of heaven and the inception of things]. Taipei: Zhonghua congshu weiyuanhui, 1955. First published 1637.

Sorace, Christian, Ivan Franceschini, and Nicholas Loubere, eds. *Afterlives of Chinese Communism: Political Concepts from Mao to Xi*. Acton: Australian National University Press, 2019.

South Manchuria Railway Company. *Fifth Report on Progress in Manchuria to 1936*. Dairen: South Manchuria Railway Company, 1936.

South Manchuria Railway Company. *Sixth Report on Progress in Manchuria, to 1939*. Dairen: South Manchuria Railway Company, 1939.

Speight, J. G. *The Chemistry and Technology of Coal*. 2nd ed., rev. and enl. New York: Marcel Dekker, 1994. First published 1983.

State Statistical Bureau. *Major Aspects of the Chinese Economy through 1956*. Beijing: T 'ungchi ch'u-pan-she, 1958.

Steffen, Will, Jacques Grinevald, Paul Crutzen, and John McNeill. "The Anthropocene: Conceptual and Historical Perspectives." *Philosophical Transactions: Mathematics, Physi- cal and*

Engineering Sciences 369, no. 1938 (March 2011): 842–67.

Steinmetz, George, ed. *State/Culture: State-Formation after the Cultural Turn*. Ithaca, NY: Cornell University Press, 1999.

Stranges, Anthony N. "Friedrich Bergius and the German Synthetic Fuel Industry." *Isis* 75, no. 4 (December 1984): 642–67.

Stranges, Anthony N. "Synthetic Fuel Production in Prewar and World War II Japan: A Case Study of Technological Failure." *Annals of Science* 50 (1993): 229–65.

Strauss, Julia C. *Strong Institutions in Weak Polities: State Building in Republican China, 1927–1940*. Oxford: Clarendon, 1998.

Suleski, Ronald. *Civil Government in Warlord China: Tradition, Modernization and Manchuria*. New York: P. Lang, 2002.

Summers, William C. *The Great Manchurian Plague of 1910–1911: The Geopolitics of an Epidemic Disease*. New Haven, CT: Yale University Press, 2012.

Sun Yat-sen. *The International Development of China*. Shanghai: Commercial Press, 1920.

Sun Yueqi. "Chuanmei chanxiao zhi huigu yu qianzhan" [Reviewing and forecasting the production and marketing of Sichuanese coal]. *Xi'nan shiye tongxun* 2, no. 2 (August 1940): 41–45.

Sun Yueqi. "Wo he Ziyuan weiyuanhui" [The National Resources Commission and me]. In *Huiyi Guomindang zhengfu Ziyuan weiyuanhui*, edited by Quanguo zhengxie wenshi he xuexi weiyuanhui, 14–67. Beijing: Zhongguo wenshi chubanshe, 2015.

Sun Yueqi. "Zhongguo gongye de qiantu" [The future of Chinese industry]. *Xi'nan shiye tongxun* 12, no. 3/4 (October 1945): 42–43.

Sun Yueqi keji jiaoyu jijin guanweihui. *Sun Yueqi zhuan* [Biography of Sun Yueqi]. Beijing: Shiyou gongye chubanshe, 1994.

Sun Zhongshan. *Shiye jihua* [Industrial Plan]. Shanghai: Shanghai guomin shuju, 1926. First published 1920.

Swope, Kenneth M. *The Military Collapse of China's Ming Dynasty, 1618–44*. London: Routledge, 2014.

Szeman, Imre. "Literature and Energy Futures." *PLMA* 126, no. 2 (March 2011): 323–25. Szeman, Imre, Jennifer Wenzel, and Patricia Yaeger, eds. *Fueling Culture: 101 Words for Energy and Environment*. New York: Fordham University Press, 2017.

Tai Hsüan-chih. *The Red Spears, 1916–1949*. Translated from the Chinese by Ronald Suleski. Ann Arbor: Center for Chinese Studies, University of Michigan, 1985.

Takahashi, Kazuo. "The Iran-Japan Petrochemical Project: A Complex Issue." In *Japan in the Contemporary Middle East*, edited by Kaoru Sugihara and J. A. Allan, 77–86. London: Routledge, 1993.

Takano Asako. *Shimon to kindai: yidō suru karada no kanri to tōji no gihō* [Fingerprinting and modernity: The management of moving bodies and the techniques of governance]. Tokyo: Misuzu shobō , 2016.

Takanoe Mototarō. *Nihon tankō shi* [Gazetteer of Japan's coal mines]. Tokyo: Meiji bunken shiryō kankō kai, 1970. First published 1908.

Takanoe Mototarō , ed. *Sekitan kōgyō ronshū* [A collection of papers on coal mining]. Fukuoka: Hatsubaijo sekizenkan shiten, 1910.

Takenobu, Y., ed. *The Japan Year Book, 1919–20*. Tokyo: Japan Year Book Office, 1920.

Takenobu, Y., ed. *The Japan Year Book, 1920–21*. Tokyo: Japan Year Book Office, 1921.

Takenobu, Y., ed. *The Japan Year Book, 1921–22*. Tokyo: Japan Year Book Office, 1922.

Takenobu, Y., ed. *The Japan Year Book, 1923*. Tokyo: Japan Year Book Office, 1923.

Takenobu, Y., ed. *The Japan Year Book, 1927*. Tokyo: Japan Year Book Office, 1927.

Tamanoi, Mariko Asano, ed. *Crossed Histories: Manchuria in the Age of Empire*. Honolulu: University of Hawai'i Press, 2005.

Tan Beizhan. "Nanjing Guomin zhengfu shiqi guoying meikuang shiye jingying de dianxing: yi Jianshe weiyuanhui yu Huainan meikuang weili de kaocha" [A model of a state-owned coal-mining enterprise during the Nanjing government period: An inquiry through the case of the National Reconstruction Commission's Huainan col- liery]. *Anhui shixue* 2010, no. 2 (February 2010): 106–14.

Tan, Isaac C. K. "Science and Empire: Tracing the Imprint of Dactylography in Manchuria, 1924–1945." *Japan Forum* (June 2019): 1–24.

Tan Xihong, ed. *Shi nian lai zhi Zhongguo jingji* [China's economy over the past decade]. Shanghai: Zhonghua shuju, 1948.

Tan, Ying Jia. "Revolutionary Current: Electricity and the Formation of the Party State in China and Taiwan." PhD diss., Yale University, 2015.

Tanaka Hiroshi. "Shimon ō natsu no genten: Chū goku tō hokubu (kyū Manshū) o aruite" [The origins of fingerprinting: Walking through China's Northeast (former Manchu- ria)]. *Asahi jaanaru* 29 (1987): 21–23.

Tanaka, Shoko. *Post-War Japanese Resource Policies and Strategies: The Case of Southeast Asia*. Ithaca, NY: Cornell East Asia Series, 1986.

Tanaka, Stefan. *New Times in Modern Japan*. Princeton, NJ: Princeton University Press, 2004.

Tanner, Harold M. *The Battle for Manchuria and the Fate of China: Siping, 1946*. Bloomington: Indiana University Press, 2013.

Tanner, Harold M. *Where Chiang Kai-shek Lost China: The Liao-Shen Campaign, 1948*. Bloomington: Indiana University Press, 2015.

Taylor, Frederick Winslow. *The Principles of Scientific Management*. New York: W. W. Norton, 1947. First published 1911.

Taylor, Jay. *The Generalissimo's Son: Chiang Ching-kuo and the Revolutions in China and Taiwan*. Cambridge, MA: Harvard University Press, 2000.

Teh, Limin. "Labor Control and Mobility in Japanese-Controlled Fushun Coalmine (China), 1907–1932." *International Review of Social History* 60, no. S1 (August 2015): 95–119.

Teh, Limin. "Mining for Difference: Race, Chinese Labor, and Japanese Colonialism in Fushun Coalmine, 1907–1945." PhD diss., University of Chicago, 2014.

Thai, Philip. *China's War on Smuggling: Law, Economic Life, and the Making of the Modern State, 1842–1965*. New York: Columbia University Press, 2018.

Thomas, Julia Adeney. "Reclaiming Ground: Japan's Great Convergence." *Japanese Studies* 34, no. 3 (September 2014): 253–63.

Thomas, Julia Adeney, Prasannan Parthasarathi, Rob Linrothe, Fa-ti Fan, Kenneth Pomeranz, and Amitav Ghosh. "*JAS* Round Table on Amitav Ghosh, *The Great Derangement: Climate Change and the Unthinkable*." *Journal of Asian Studies* 75, no. 4 (Novem- ber 2016): 929–55.

Thomson, Elspeth. *The Chinese Coal Industry: An Economic History*. London: RoutledgeCurzon, 2003.

Tian, Xiaofei. "The Making of a Hero: Lei Feng and Some Issues of Historiography." In *The People's Republic of China at 60: An International Assessment*, edited by William C. Kirby, 293–305. Cambridge, MA: Harvard University Asia Center, 2011.

Tiedao bu quanguo tielu shangyun huiyi banshichu, comp. *Quanguo tielu shangyun huiyi huikan* [Collected documents of the National Railway Commercial Transport Meeting]. Nanjing: Tiedao bu quanguo tielu shangyun huiyi banshichu, 1931.

Ting, Leonard G. *The Coal Industry in China*. Tianjin: Nankai Institute of Economics, Nankai University, 1937.

Ting, V. K. "Mining Legislation and Development in China." *North-China Daily News*, May 26, 1917.

Tō A keizai chō sakyoku. *Honpō o chū shin to seru sekitan jukyū* [The supply and demand of coal in our country]. Tokyo: Tō A keizai chō sakyoku, 1933.

Tocqueville, Alexis de. *Journeys to England and Ireland*. Translated from the French by George Lawrence and K. P. Mayer. New Haven, CT: Yale University Press, 1958.

Tooze, Adam. *The Wages of Destruction: The Making and Breaking of the Nazi Economy*. New York: Viking, 2006.

Torgasheff, Boris P. "Mining Labor in China." *Chinese Economic Journal and Bulletin* 6, no. 4 (April 1930): 392–417.

Tsuboguchi Ikuo. "Tan yanghuai zaolin" [Regarding afforestation with acacia]. *Fukuang xunkan* 2, no. 1 (October 1947): 235.

Tsutsui, William M. "Landscapes in the Dark Valley: Toward an Environmental History of Wartime Japan." *Environmental History* 8, no. 2. (April 2003): 294–311.

Tsutsui, William M. *Manufacturing Ideology: Scientific Management in Twentieth-Century Japan*. Princeton, NJ: Princeton University Press, 1998.

Tucker, David. "Labor Policy and the Construction Industry in Manchukuo: Systems of Recruitment, Management, and Control." In *Asian Labor in the Wartime Japanese Empire: Unknown Histories*, edited by Paul H. Kratoska, 25–57. Armonk, NY: M. E. Sharpe, 2005.

Twitchett, Denis, and Frederick W. Mote, eds. *The Cambridge History of China*. Vol. 8, *The Ming Dynasty, 1368–1644*, pt. 2. Cambridge: Cambridge University Press, 1998.

United States Strategic Bombing Survey, Electric Power Division. *The Electric Power Industry of Japan*. Washington, DC: United States Strategic Bombing Survey, Electric Power Division, 1946.

van de Ven, Hans J. *War and Nationalism in China, 1925–1945*. London: RoutledgeCurzon, 2003.

Vogel, Ezra F. *The Four Little Dragons: The Spread of Industrialization in East Asia*. Cambridge, MA: Harvard University Press, 1991.

Vrtis, George, and J. R. McNeill. "Introduction: Of Mines, Minerals, and North Ameri- can Environmental History." In *Mining North America: An Environmental History since 1522*, edited by J. R. McNeill and George Vrtis, 1–16. Oakland: University of Califor- nia Press, 2017.

Wakahara Tomiko. "Ryō ri to nenryō " [Cooking and fuel]. *Nenryō kyōkai shi* 9, no. 10 (October 1930): 1114–22.

Wakeman, Frederick, Jr. *The Great Enterprise: The Manchu Reconstruction of Imperial Order in Seventeenth-Century China*. Vol. 1. Berkeley: University of California Press, 1985.

Walker, Brett L. *Toxic Archipelago: A History of Industrial Disease in Japan*. Seattle: University of Washington Press, 2010.

Wang Buyi. *Bujun rotenbori hōkoku* [Report on the Fushun open-pit mine] (1923). Unpublished report, Library of the Department of Metallurgical Engineering, Osaka University, Osaka.

Wang Daoping. "Kuangye zhuanjia Cheng Zongyang xiansheng xiaozhuan" [Biographical sketch of mining and metallurgy specialist Mr. Cheng Zongyang]. *Zhuanji wenxue* 31, no. 5 (November 1977): 110.

Wang, Dong. *China's Unequal Treaties: Narrating National History*. Lanham, MD: Lexington Books, 2005.

Wang Hongyan. *"Manshū koku" rōkō no shiteki kenkyū : Kahoku chiku kara no nyū Man rōkō* [Historical research on laborers in "Manchukuo": Migrant laborers from North China]. Tokyo: Nihon keizai hyō ron sha, 2015.

Wang, Jianhua. "Development and Prospect on Fully Mechanized Mining in Chinese Coal Mines." *International Journal of Coal Science and Technology* 1, no. 3 (October 2014): 253–60.

Wang Lianzhong. "Fushun meikuang bowuguan canguan ji" [Record of a visit to the Fushun Coal Mine Museum]. *Fushun qiqian nian*, April 13, 2018. http://www.fs7000.com/wap/news/?12296.html.

Wang, Mark, Zhiming Chen, Pingyu Zhu, Lianjun Tong, and Yanji Ma, eds. *Old Industrial Cities Seeking New Road of Industrialization: Models of Revitalizing Northeast China*. Singapore: World Scientific, 2013.

Wang Xinqi. "Mei zhi yongtu ji qi gongye zhizao" [Coal's use and its industrial manufacturing]. *Huabei gongye jikan* 1, no. 2 (December 1930): 11–28.

Wang Xinsan. "Di er ci lai Fushun jieshou kuangwu ju" [Second time coming to Fushun to take over the Mining Affairs Bureau]. In *FKZ*, 280–84.

Wang Xinsan. "Zai di yi ci jun, kuang lianxi huiyi shang de jianghua zhalu" [Excerpts from the speech at the first joint meeting between the military and the colliery]. Fushun Mining Affairs Bureau Archives, file no. 3.1. In *FKZ*, 57.

Wang Yusheng. "Ming xiu Fushun cheng yu Fushun de ming" [The construction of Fushun city and the naming of Fushun in the Ming]. In *Fushun difang shi gailan* [A general overview of Fushun's local history], edited by Fu Bo, Liu Chang, and Wang Pinglu, 75–77. Fushun: Fushun shi shehui kexueyuan, 2001.

Wang, Zuoyue. "Saving China through Science: The Science Society of China, Scientific Nationalism, and Civil Society in Republican China." "Science and Civil Society," *Osiris*, 2nd ser., 17 (2002): 291–322.

Wasserstrom, Jeffrey N. *Student Protests in Twentieth-Century China: The View from Shanghai*. Stanford, CA: Stanford University Press, 1991.

Watt, Lori. *When Empire Comes Home: Repatriation and Reintegration in Postwar Japan*. Cambridge, MA: Harvard University Asia Center, 2010.

Watts, Michael. "Petro-Violence: Community, Extraction, and Political Economy in a Mythical Community." In *Violent Environments*, edited by Nancy Lee Peluso and Michael Watts, 189–212. Ithaca, NY: Cornell University Press, 2001.

Weart, Spencer R. *The Discovery of Global Warming*. Cambridge, MA: Harvard University Press, 2003. (스펜서 위어트 지음, 김준수 옮김, 《지구온난화를 둘러싼 대논쟁》, 동녘사이언스, 2012.)

Wei Ping. "Chang mofan Li Yuming" [Yi Yuming, factory model]. *Fushun ribao*, January 27, 1951.

Wei, Yi-Ming, Qiao-Mei Liang, Gang Wu, and Hua Liao. *Energy Economics: Understanding En-*

ergy Security in China. Bingley: Emerald Publishing, 2019.

Wells, Richard Evan. "The Manchurian Bean: How the Soybean Shaped the Modern History of China's Northeast, 1862–1945." PhD diss., University of Wisconsin–Madison, 2018.

Wemheuer, Felix. *Famine Politics in Maoist China and the Soviet Union*. New Haven, CT:Yale University Press, 2014.

Weng Wenhao. "Zhanhou Zhongguo gongyehua wenti" [The problem of China's postwar industrialization]. *Gangtie jie* 1, no. 3 (June 1943): 5–7.

Weng Wenhao. "Zhongguo dixia fuyuan de guji" [Estimates of China's subsurface natural resources]. *Duli pinglun* 17 (September 1932): 6–10.

Weng Wenhao. "Zhongguo meikuangye de eyun: jingji zhan de yi ge li" [The misfortune of China's coal-mining industry: An example of economic war]. *Duli pinglun* 23 (October 1932): 4–7.

Wenzel, Jennifer. "Introduction." In *Fueling Culture: 101 Words for Energy and Environment*, edited by Imre Szeman, Jennifer Wenzel, and Patricia Yaeger, 1–15. New York: Fordham University Press, 2017.

Weston, Timothy B. "Fueling China's Capitalist Transformation." In *China's Transformations: The Stories beyond the Headlines*, edited by Lionel M. Jensen and Timothy B. Weston, 68–89. Lanham, MD: Rowman and Littlefield, 2007.

White, Richard. *The Organic Machine: The Remaking of the Columbia River*. New York: Hill and Wang, 1995. (리처드 화이트 지음, 이두갑·김주희 옮김, 《자연 기계: 인간과 자연, 환경과 과학기술에 대한 거대한 질문》, 이음, 2018.)

Whitt, Laurelyn. *Science, Colonialism, and Indigenous Peoples: The Cultural Politics of Law and Knowledge*. New York: Cambridge University Press, 2009.

Whitten, David O., and Bessie E. Whitten. *Handbook of American Business History*. Vol. 2, *Extractives, Manufacturing, and Services: A Historiographical and Bibliographical Guide*. Westport, CT: Greenwood, 1997.

Williams, Rosalind H. *Notes on the Underground: An Essay on Technology, Society, and the Imagination*. Cambridge, MA: MIT Press, 1990.

Wilson, Sandra. *The Manchurian Crisis and Japanese Society, 1931–33*. London: Routledge, 2002.

Wittfogel, Karl. *Oriental Despotism: A Comparative Study of Total Power*. New Haven, CT: Yale University Press, 1957.

Wong Wen-hao, "China's Economic Reconstruction in War Time." *China Critic*, September 19, 1940.

Woo-Cumings, Meredith, ed. *The Developmental State*. Ithaca, NY: Cornell University Press, 1999.

Woodhead, H. G. W. *A Visit to Manchukuo*. Shanghai: Mercury Press, 1932.

World Bank Group. *Managing Coal Mine Closure: Achieving a Just Transition for All*. Washington, DC: World Bank, 2018.

World Engineering Congress, ed. *Proceedings, World Engineering Congress, Tokyo 1929*, vol. 37, *Mining and Metallurgy*, pt. 5, *Mineral Resources and Mining*. Tokyo: Kogakkai, 1931.

World Petroleum Congress, ed. *World Petroleum Congress Proceedings*. London: Applied Science, 1937.

Wray, Harry, and Hilary Conroy, eds. *Japan Examined: Perspectives on Modern Japanese Histo-*

ry. Honolulu: University of Hawai'i Press, 1984.

Wright, Tim. *Coal Mining in China's Economy and Society, 1895–1937*. Cambridge: Cambridge University Press, 1984.

Wright, Tim. "'A Method of Evading Management': Contract Labor in Chinese Coal Mines before 1937." *Comparative Studies in Society and History* 23, no. 4 (October 1981): 656–78.

Wright, Tim. "The Nationalist State and the Regulation of Chinese Industry during the Nanjing Decade: Competition and Control in Coal Mining." In *Ideal and Reality: Social and Political Change in Modern China*, edited by David Pong and Edmund S. K. Fung, 127–52. Lanham, MD: University Press of America, 1985.

Wright, Tim. *The Political Economy of the Chinese Coal Industry: Black Gold and BloodStained Coal*. Abingdon: Routledge, 2012.

Wright, Tim. "Sino-Japanese Business in China: The Luda Company, 1923–1937." *Journal of Asian Studies* 39, no. 4 (August 1980): 711–27.

Wrigley, E. A. *Continuity, Chance and Change: The Character of the Industrial Revolution in England*. Cambridge: Cambridge University Press, 1988.

Wrigley, E. A. *Energy and the English Industrial Revolution*. Cambridge: Cambridge University Press, 2010.

Wu Hung. "Tiananmen Square: A Political History of Monuments." *Representations* 35 (Summer 1991): 84–117.

Wu Keyi. "Kangzhan qijian guoying meikuang zhi kaifa ji zengchan liyong" [The devel- opment, increase in production, and use of state-run coal mines during the War of Resistance]. *Ziyuan weiyuanhui jikan* 5, no. 3 (September 1945): 126–49.

Wu Mingyao and Gu Yiyou. "Gongren de shenghuo bian le yang" [Workers' lives have become different]. *Fushun ribao*, September 22, 1952.

Wu, Shellen Xiao. *Empires of Coal: Fueling China's Entry into the Modern World Order, 1860–1920*. Stanford, CA: Stanford University Press, 2015.

Wu Yong and Liu Ce. "Eight Cities Partner for Shenyang Economic Zone." *China Daily*, December 3, 2010.

Wu, Yuan-li. *Economic Development and the Use of Energy Resources in Communist China*. New York: Frederick A. Praeger, 1963.

Xian Min. "Benju jiwu chu gaikuang" [Situation at our colliery's machine manufacturing and maintenance department]. *Fukuang xunkan* 2, no. 6 (May 1947): 290–91.

Xiao Jingquan and Jin Hui. *Wangshi jiu ying: lao zhaopian zhong de Fushun lishi* [Old shadows of the past: Fushun's history in old photographs]. Shenyang: Liaoning renmin chubanshe, 2008.

Xiao Jun. *Dongbei riji, 1946–1950* [Diary from the Northeast, 1946–1950]. Hong Kong: Oxford University Press, 2014.

Xiao Jun. *Wuyue de kuangshan* [Coal mines in May]. Harbin: Heilongjiang renmin chubanshe, 1982. First published 1954.

Xie Jiarong, ed. *Zhongguo kuangye jiyao, di er ci* [General statement of China's mining industry, 2nd issue]. Beiping: Shiye bu Dizhi diaocha suo, 1926.

Xie Shuying. "Cong jianku zhong fendou" [Striving in the midst of adversity]. *Fukuang xunkan* 2, no. 1 (October 1947): 229–30.

Xie Xueshi, and Matsumura Takao, eds. *Mantie yu Zhongguo laogong* [Mantetsu and Chinese labor]. Beijing: Shehui kexue wenxian chubanshe, 2003.

Xu, Yan. *The Soldier Image and State-Building in Modern China, 1924–1949*. Lexington, KY: University of Kentucky Press, 2018.

Xue Yi. *Gongkuang taidou Sun Yueqi* [Sun Yueqi, eminent figure in industry and mining]. Beijing: Zhongguo wenshi chubanshe, 1997.

Xue Yi. "Sun Yueqi yu 20 shiji Zhongguo meitan gongye" [Sun Yueqi and the twentiethcentury Chinese coal industry]. *Zhongguo kuangye daxue xuebao* 2011, no. 3 (March 2011): 102–9.

Yadian. "Youguan Fushun di yi ren kuangzhang Songtian Wuyilang de ziliao" [Information regarding Fushun's first colliery manager Matsuda Buichirō]. *Fushun qiqian nian*. February 25, 2014. http://www.fs7000.com/news/?9102.html.

Yamaguchi Yoshiko and Fujiwara Sakuya. *Fragrant Orchid: The Story of My Early Life*. Translated from the Japanese by Chia-ning Chang. Honolulu: University of Hawai'i Press, 2015.

Yamaguchi Yoshiko and Fujiwara Sakuya. *Ri Kōran: watashi no hansei* [Li Xianglan: half of my lifetime]. Tokyo: Shinchō sha, 1990.

Yamamoto Yū . "Manshū oirushe¯ru jigyō , 1909–31-nen" [Manchuria's shale oil industry, 1909–1931]. *Mita gakkai zasshi* 95, no. 2 (January 2003): 177–98.

Yamamoto Yū zū. *"Manshū koku" keizai shi kenkyū* [Research on the economic history of "Manchukuo"]. Nagoya: Nagoya daigaku shuppankai, 2003.

Yamamuro Shin'ichi. *Manchuria under Japanese Domination*. Translated from the Japanese by Joshua A. Fogel. Philadelphia: University of Pennsylvania Press, 2006.(야마무라 신이치 지음, 윤대석 옮김,《키메라: 만주국의 초상》, 책과함께, 2024.)

Yamaoka, N. "Manchurian Plant with Seam in Places Four Hundred Feet Thick Uses Sand Filling." *Coal Age* 19, no. 20 (May 19, 1921): 897–902.

Yamaoka, N. "Two Strip Pits and Much Allied Industry Operated by Fushun Colliery." *Coal Age* 19, no. 21 (May 26, 1921): 945–49.

Yamazaki Motoki. *Bujun tankō shucchō hōkokusho* [Written report of official trip to the Fushun coal mine] (September 6, 1946). Box no. 2, Kia-ngau Chang Papers, Hoover Institution Archives, Stanford, CA.

Yang, Daqing. "Resurrecting the Empire: Japanese Technicians in Postwar China, 1945–49." In *The Japanese Empire in East Asia and Its Postwar Legacy*, edited by Harald Fuess, 185–205. Munich: Iudicium, 1998.

Yang Naicang. "Fushun meikuang kaicai bai nian huigu" [A review of a century of coal mining in Fushun]. In *FMBN*, 2–15.

Yeh, Wen-hsin, ed. *Becoming Chinese: Passages to Modernity and Beyond*. Berkeley: University of California Press, 2000.

Yeh, Wen-hsin. *Shanghai Splendor: Economic Sentiments and the Making of Modern China, 1843–1949*. Berkeley: University of California Press, 2007.

Yellen, Jeremy A. *The Greater East Asia Co-Prosperity Sphere: When Total Empire Met Total War*. Ithaca, NY: Cornell University Press, 2019.

Yergin, Daniel. *The Prize: The Epic Quest for Oil, Money, and Power*. New York: Simon and Schuster, 1991.

Yiu, Angela. "Beach Boys in Manchuria: An Examination of Sō seki's *Here and There in Manchuria and Korea*, 1909." *Review of Japanese Culture and Society* 29 (2017): 109–25.

Yosano Akiko. *Travels in Manchuria and Mongolia: A Feminist Poet from Japan Encounters Prewar China*. Translated from the Japanese and edited by Joshua A. Fogel. New York: Columbia University Press, 2001.

Yosano Tekkan and Yosano Akiko. "Man-Mō yū ki" [Travels in Manchuria and Mongolia]. In *Tekkan Akiko zenshū* [Complete works of Tekkan and Akiko], 26:3–238. Tokyo: Bensei suppan, 2001.

Yosano Tekkan and Yosano Akiko. *Tekkan Akiko zenshū* [Complete works of Tekkan and Akiko]. Vol. 26. Tokyo: Bensei suppan, 2001.

Yoshida, Phyllis Genther. "Japan's Energy Conundrum." In *Japan's Energy Conundrum: A Discussion of Japan's Energy Circumstances and U.S.-Japan Energy Relations*, edited by Phyllis Genther Yoshida, 1–9. Washington: Sasakawa Peace Foundation USA, 2018.

Yoshida, Phyllis Genther, ed. *Japan's Energy Conundrum: A Discussion of Japan's Energy Circumstances and U.S.-Japan Energy Relations*. Washington, DC: Sasakawa Peace Foundation USA, 2018.

Yoshimi Shun'ya. "Radioactive Rain and the American Umbrella." Translated from the Japanese by Shi-Lin Loh. *Journal of Asian Studies* 71, no. 2 (May 2012): 319–31.

Yoshimura Manji. "Nenryō kyō kai jū nen shi" [Ten-year history of the Fuel Society]. *Nenryō kyōkai shi* 11, no. 10 (October 1932): 1194–1210.

Yoshimura Manji. "Shunjitsu nenryō dansō " [Brief commentary regarding fuels on a spring day]. *Nenryō kyōkai shi* 15, no. 1 (January 1936): 88–91.

Yoshimura Manji. "Waga kuni ni okeru nenryō mondai gaisetsu" [Overview of our country's fuel question]. *Nenryō kyōkai shi* 1, no. 1 (August 1922): 1–13.

You Byoung Boo. *Mantetsu Bujun tankō no rōmu kanri shi* [A history of labor management in Mantetsu's Fushun colliery]. Fukuoka: Kyū shu daigaku shuppankai, 2004.

Young, Arthur N. *China's Nation Building Effort, 1927–1937: The Financial and Economic Record*. Stanford, CA: Hoover Institution Press, 1971.

Young, Arthur N. *China's Wartime Finance and Inflation, 1937–1945*. Cambridge, MA: Harvard University Press, 1965.

Young, C. Walter. *Japanese Jurisdiction in the South Manchuria Railway Areas*. Baltimore: Johns Hopkins Press, 1931.

Young, John. *The Research Activities of the South Manchurian Railway Company, 1907–1945*. New York: East Asian Institute, Columbia University, 1966.

Young, Louise. *Japan's Total Empire: Manchuria and the Culture of Wartime Imperialism*. Berkeley: University of California Press, 1998.

Young, Louise. "When Fascism Met Empire in Japanese-Occupied Manchuria." *Journal of Global History* 12, no. 2 (July 2017): 274–96.

Yu Ge. "Feiyue qianjin de Fushun shi funü men" [Women of Fushun leaping forward]. *Fushun ribao*, August 15, 1952.

Yu Heyin. *Fushun meikuang baogao* [Report on the Fushun colliery]. Beijing: Nongshang bu kuangzheng si, 1926.

Yu Heyin. "Liaoyang Yantai meikuang" [The Yantai coal mines of Liaoyang]. *Kuangye* 4, no. 14 (November 1930): 66–98.

Yu, Miin-ling. "'Labor Is Glorious': Model Laborers in the People's Republic of China." In *China Learns from the Soviet Union, 1949–Present*, edited by Thomas P. Bernstein and Hua-yu Li, 231–58. Lanham, MD: Lexington Books, 2010.

Yu Zailin. "Bensuo liang nian lai ximei lianjiao shiyan baogao" [Report of our bureau's experiments on coal washing and coke production over the past two years]. *Kuangye banyuekan* 3, no. 5/6 (April 1940): 8–12.

Yu Zailin. "Ximei gongye" [The coal-washing industry] (n.d.). In *Ziyuan weiyuanhui jishu renyuan fu Mei shixi shiliao: Minguo sanshiyi nian huipai*, vol. 2, compiled by Cheng Yufeng and Cheng Yuhuang, 1998–2003. Taipei: Guoshiguan, 1988.

Yun Yan. *Jindai Kailuan meikuang yanjiu* [A study of the Kailuan coal mines in modern times]. Beijing: Renmin chubanshe, 2015.

Zallen, Jeremy. *American Lucifers: The Dark History of Artificial Light, 1750–1865*. Chapel Hill: University of North Carolina Press, 2019.

Zanasi, Margherita. *Economic Thought in Modern China: Market and Consumption, c.1500–1937*. Cambridge: Cambridge University Press, 2020.

Zanasi, Margherita. *Saving the Nation: Economic Modernity in Republican China*. Chicago: University of Chicago Press, 2010.

Zhang Dan and Lin Yan. "Wei Xijiu chuangzao xiaoyinqi" [Wei Xijiu creates noisecanceling device], *Fushun ribao*, September 10, 1952.

Zhang Kexiang, and Zhou Zhizhen, *Fushun xian zhi* [Gazetteer of Fushun county]. N.p.: n.p., 1931.

Zhang, Lawrence. "Legacy of Success: Office Purchase and State-Elite Relations in Qing China." *Harvard Journal of Asiatic Studies* 73, no. 2 (December 2013): 259–97.

Zhang Linzhi. "Wei gao sudu fazhan meikuang gongye er fendou" [Fighting for the rapid development of the coal industry]. *Meikuang jishu* 1959, nos. 19/20 (October 1959): 4–9.

Zhang Shenfu. "Woguo de guofang yu zhonggongye" [Our country's national defense and heavy industry]. *Xingjian yuekan* 2, no. 1 (January 1933): 127–61.

Zhang Weibao. *Shiye jihua yu Guomin zhengfu: Zhongguo jindai jingji shi lunwenji* [The *Industrial Plan* and the Nationalist government: Essays in modern Chinese economic history]. Taipei: Tiangong, 2001.

Zhang Weibao, Zhao Shanxuan, and Luo Zhiqiang. *Jingji yu zhengzhi zhi jian: Zhongguo jingji shi zhuanti yanjiu* [Between economics and politics: Special topics in Chinese economic history]. Xiamen: Xiamen daxue chubanshe, 2010.

Zhang Zifu. "Jiefang liao de caimei gongren" [The coal miners who were liberated]. In *FKZ*, 287–88.

Zhao, Hai. "Manchurian Atlas: Competitive Geopolitics, Planned Industrialization, and the Rise of Heavy Industrial State in Northeast China, 1918–1954." PhD diss., Uni- versity of Chicago, 2015.

Zhao, Suisheng, ed. *China's Search for Energy Security: Domestic Sources and International Implications*. London: Routledge, 2013.

Zhao Yuhang, Cheng Tingheng, and Li Jingrong. *Fushun xian zhi lüe* [Draft gazetteer of Fushun county]. N.p.: n.p., 1911.

Zheng Youkui, Cheng Linsun, and Zhang Chuanhong. *Jiu Zhongguo de Ziyuan weiyuanhui: shishi yu pingjia* [Old China's National Resources Commission: Historical fact and as- sessments]. Shanghai: Shanghai shehui kexueyuan chubanshe, 1991.

Zhengxie Fushun shi weiyuanhui, Fushun kuangye jituan youxian zeren gongsi, and Zhongguo shiyou Fushun shihua gongsi, eds. *Fushun gongye bai nian huimou* [A glance back on a century of Fushun's industries]. Vol. 1. Shenyang: Shenyang chubanshe, 2008.

Zhongguo Guomindang zhongyang weiyuanhui dangshi weiyuanhui, comp. *Zhang Jingjiang xiansheng wenji* [Collected works of Mr. Zhang Jingjiang]. Taipei: Zhongyang wenwu jingxiao, 1982.

Zhongguo jindai meikuang shi bianxie zu. *Zhongguo jindai meikuang shi* [Modern history of coal mining in China]. Beijing: Meitan gongye chubanshe, 1990.

Zhonghua renmin gongheguo Guojia tongji ju gongye tongji si. *Woguo gangtie, dianli,meitan, jiqi, fangzhi, zaozhi gongye de jinxi* [The past and present of our country's iron and steel, electric power, coal, textile, and papermaking industries]. Beijing: Tongji chubanshe, 1958.

Zhonghua renmin zhengzhi xieshang huiyi Liaoning sheng Fushun shi weiyuanhui wenshi weiyuanhui, ed. *Fushun wenshi ziliao xuanji* [Selection of historical materials on Fushun]. Vol. 3. Fushun: Liaoning sheng Fushun shi weiyuanhui wenshi weiyuanhui, 1984.

Zhong Lian. "Da ke zhuyi zhi meihuang wenti" [The coal famine problem that is much deserving of attention]. *Yinhang zhoubao* 15, no. 42 (November 1931): 3–4.

Zhou Enlai. "Zengchan meitan he jieyue yongmei tongshi bingju" [The concurrent increasing of coal production and saving on coal consumption]. *Renmin ribao*, Novem- ber 2, 1957.

Zhu Dajing. "Shi nian lai zhi dianli shiye" [The electrical power industry over the past decade]. In *Shi nian lai zhi Zhongguo jingji*, edited by Tan Xihong, sec. J. Shanghai: Zhonghua shuju, 1948.

Zhu, Xiaoqi. "Re-examining the Conflict between Japanese Coal and Fushun Coal in 1932: Conflict Mediation and Policy Motivation of the Japanese Government." *Waseda University Journal of the Graduate School of Asia-Pacific Studies* 21 (April 2011): 229–56.

Zinda, John Aloysius, Yifei Li, and John Chung-En Liu. "China's Summons for Environmental Sociology." *Current Sociology Review* 66, no. 6 (October 2018): 867–85.

찾아보기

가

나

다

라

마

바

사

아

자

차

카

타

파

하

기타

탄소 기술관료주의

1판 2쇄 발행 2024년 12월 5일 | **1판 1쇄 발행** 2024년 4월 24일

지은이 빅터 사우 | **옮긴이** 이종식 | **디자인** 신병근 선주리 황지희

펴낸이 임중혁 | **펴낸곳** 빨간소금 | **등록** 2016년 11월 21일(제2016-000036호)

주소 (01021) 서울시 강북구 삼각산로 47, 나동 402호 | **전화** 02-916-4038

팩스 0505-320-4038 | **전자우편** redsaltbooks@gmail.com

ISBN 979-11-91383-45-4(93910)

•책값은 뒤표지에 있습니다.